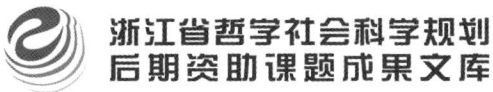

浙江省哲学社会科学规划
后期资助课题成果文库

唐君毅先生年谱长编

Tangjunyi Xiansheng Nianpu Changbian

汪丽华　何仁富　著

中国社会科学出版社

图书在版编目(CIP)数据

唐君毅先生年谱长编/汪丽华,何仁富著.—北京:中国社会科学出版社,2018.9

(浙江省哲学社会科学规划后期资助课题成果文库)

ISBN 978-7-5203-1230-1

Ⅰ.①唐… Ⅱ.①汪…②何… Ⅲ.①唐君毅(1909—1978)-年谱 Ⅳ.①K825.1

中国版本图书馆 CIP 数据核字(2017)第 257422 号

出 版 人	赵剑英
责任编辑	宫京蕾
特约编辑	乔继堂
责任校对	李 莉
责任印制	李寡寡

出 版	中国社会科学出版社
社 址	北京鼓楼西大街甲 158 号
邮 编	100720
网 址	http://www.csspw.cn
发 行 部	010-84083685
门 市 部	010-84029450
经 销	新华书店及其他书店

印刷装订	北京君升印刷有限公司
版 次	2018 年 9 月第 1 版
印 次	2018 年 9 月第 1 次印刷

开 本	710×1000 1/16
印 张	45.75
插 页	2
字 数	752 千字
定 价	189.00 元

凡购买中国社会科学出版社图书,如有质量问题请与本社营销中心联系调换
电话:010-84083683
版权所有 侵权必究

前　言

汪丽华　何仁富

（一）

唐君毅，现代大儒，中国现代新儒家代表人物，中国现代思想家、哲学家、教育家，被誉为"二十世纪中国最大的人文主义者""文化意识宇宙的巨人"。《简明不列颠百科全书》（原《大英百科全书》）专设了"唐君毅"词条：

> Tang Junyi（TANG CHUN-I）（1909.1.17—1978.2.2）哲学家，中国哲学史家，四川宜宾人。一九三二年于南京中央大学哲学系毕业，后担任中央大学助教、讲师、教授、哲学系主任；后期任香港中文大学讲座教授。对西方和东方哲学进行了综合和发展，除了以七卷《中国哲学原论》对中国整个哲学传统予以系统的再解释之外，在两卷本《生命存在与心灵境界》中建立了一个新的哲学体系，将宇宙万事万物都看作是求超越的过程，生命存在不仅是为存在而存在，乃是为超越自己而存在；心灵的活动也是在这个基础上，从现实的生活逐渐向上求更高的价值，最后止于天德与人德一致的最高价值世界。他的世界观是继承和发展中国儒家传统的人文主义的世界观。他的这部著作发表后，西方有学者认为可和柏拉图、康德的著作媲美，并誉之为中国自朱熹、王阳明以来的杰出哲学家。①

---

① 《简明不列颠百科全书》"唐君毅"词条，第 7 卷 677 页，中国大百科全书出版社 1985 年版。《唐君毅全集》卷 37《纪念集》（上）第 4 页，北京：九州出版社，2016 年。《唐君毅全集》卷 30《纪念集》第 8 页，台北：学生书局，1991 年。以后凡引内容出自《唐君毅全集》，皆注明两个版本，分别以"《唐君毅全集》（九州）"和"《唐君毅全集》（学生）"标明。

唐君毅出生于四川宜宾，十七岁就读于北京大学，后转学于中央大学（现南京大学）哲学系。大学毕业后，先后在成都多所中学任教，后任教于中央大学哲学系，并曾任哲学系主任。一九四九年，与钱穆、张丕介等到广州，后往香港，创建新亚书院，任新亚书院教务长。后，新亚书院与联合书院、崇基书院合并成立香港中文大学，唐君毅任香港中文大学文学院院长、哲学系主任、新亚研究所所长。一九七八年病逝于香港。二〇〇九年，唐君毅诞辰百年纪念时，香港中文大学特在新亚书院旁边的广场立唐君毅铜像。

作为儒家的信仰者和践行者，唐君毅认为，"儒家事业"是"儒学""儒德""儒教"的统一体，是"信""德""慧"的三位一体，用现代术语说，儒家是哲学、道德、宗教的三者合一，是即哲学即道德即宗教的综合性事业。在这一"三位一体"的事业中，儒家事业作为宗教信仰，是建立在对直接关联于道德实践之道的信仰基础上的；作为哲学智慧，是对自发的道德实践信念的自觉扩充和普遍化。很显然，儒家作为"教"的宗教信仰事业和作为"学"的哲学智慧事业，都是以道德实践为根据、为核心的，都是指向作为"德"的道德实践事业的。作为道德实践的儒家事业，根本的就是，人在自发的道德信念的基础上，对超越于具体当下事例和境遇的无限胸襟与心量的自觉呈现和培养。

唐君毅自谓：

> 儒者之存在于社会，既不能是一光凸凸不作事的圣贤，亦不能如基督教之神父牧师、佛教之和尚之赖人供养；因其皆能为人赐福免祸，并为人相婚丧礼。然儒者不能祸福人；而相礼纵亦可为儒者之职业，此要为将来之事。则儒者精神，在今日社会之各种专业中，仍宜有较相近之若干专业，为其较易于表现之处。
>
> 于当今之世，我们比较应多寄望其表现儒者精神之人物，应为非公务员之政治家，与非专门学者之教育家，此即传统之所谓君与师。而除此二者外，则应为体现孔子作《春秋》之精神之新闻记者，与编辑及出版家，及体现孔子周游列国之精神之社会政治文化运动者，与类似教士之传教之周游的讲学者。①

---

① 唐君毅：《儒家之学与教之树立及宗教纷争之根绝》。《唐君毅全集》（九州）卷14《中华人文与当今世界》（下）第71页；《唐君毅全集》（学生）卷8《中华人文与当今世界》（下）第86页。

也就是说，在唐先生看来，在现代社会，真正有机会并能承担起"儒家之道""圣贤之道"的现代职业者，是政治家、教育家、新闻文化人、社会政治文化运动家四类人。因为在现代社会，相对于其他职业的从业者而言，这四类人更需要"儒者"的超越和担当精神，因而也更有可能成为儒家事业——根本上只是自觉和显现无限胸襟与心量的道德精神——的现代承担者。不管是政治家还是教育家，不管是新闻工作者、编辑、出版家还是社会政治文化运动者和讲学者，其实他们所做的工作，都是人的工作，是关涉他人的权利、心灵成长、人心导向、精神方向的事业。所有这些事业的共同性，就在于都必须是在更高的一个层面去体贴、关怀、引导其他人，而这必然涉及在从事相关事业时对己和对人的胸襟与心量问题。

作为一位现代哲学家与思想家，作为一位儒者，唐先生不是在纯书斋中演绎自己的哲学体系，而总是关怀着社会文化问题，悯怀着社会人心。唐先生谓：

> 我个人最关怀的，既不是纯哲学的研究，也不是中国哲学的研究，而是关乎社会文化问题的研究和讨论。……我以为社会文化的问题，才是当今这个时代和未来时代最重要的问题。比较起来，前二项都不是切关时代的问题了。我并不关心我个人哲学体系的对错或哲学研究的成就；我最关心的，同时也寄望青年人都关心的，就是我们整个民族、社会、文化的大问题。①

唐先生是这样坚信的，也是这样践行的。唐先生尽管没有参加任何政党，没有从事过任何政治活动，但他对中国现代政治生活的关注，对中国社会民主政治建设和社会生活发展的潜心思考和美好构建，对人文社会理想的坚守，足可以担当起"政治家"的头衔。唐先生终生从事教书育人，学而不厌、诲人不倦，是真正的"教育家"。唐先生大学毕业不久，就在成都与人合办《重光》杂志，后又与周辅成先生等创办《理想与文化》，到香港后在新亚书院又创《新亚学报》，其主要文章也是通过《民主评论》《人生》

---

① 唐君毅：《上下与天地同流——关于中国哲学研究与治学答问》，《唐君毅全集》（九州）卷25《中国古代哲学精神》第556页；《唐君毅全集》（学生）卷9《中华人文与当今世界补编》（上）第401—402页。

等杂志刊发的,其对新闻、编辑、出版等文化事业的高度投入,表明他是真正的"新闻文化人"。唐先生倡导中国文化复兴运动,他在新亚书院曾经连续主持两年多一百多场的中国文化讲座;他参加十多次国际学术会议,讲课遍及欧洲、北美、亚洲等多个国家和地区;他亲笔撰写并由张君劢、徐复观、牟宗三与他本人联名于一九五八年元旦发表的《中国文化与世界——我们对中国学术研究及中国文化与世界文化前途之共同认识》,被称为现代新儒家的文化宣言书,所以,唐先生也是一位真正的"社会政治文化运动者"和"周游各处的讲学者",是一位真正的"传道者"。唐先生的一生,实际上是集他自己认为的现代社会儒家事业的可能承担者的四类角色于一身的,他用有限的身体承担起了无限的精神,用有限的生命担当起了无限的使命,真正承担起了儒家的事业。

(二)

就真实职业而言,唐先生一生以教书为业,以著述为生,以弘扬、传播和发展中华文化为理想。在思想学问上,以儒家为根基,汇通中、西、印三大文化系统,"其著作奥衍浩瀚,驰骛八极,要以立足于人生,开辟生命之本源,建立道德理想之人文世界,以启导我民族无限向前向上之生机为其鹄的。其一九七六年秋在医院亲作最后一校之《生命存在与心灵境界》,凡一千二百余页,乃其平生学思之综化,亦即其思想体系之完成。涵摄广大而一以儒家之尽性至命为归极。其造诣所至,著作所及,我国自'哲学'一词成立而有专科之研究以来,盖未尝有也"①。

唐君毅勤于著述。在其五十年左右的著述生涯中,出版专书二十种,发表论文近三百篇,凡一千三百余万字。台湾学生书局一九九一年出版《唐君毅全集》三十卷,九州出版社二〇一六年出版新编《唐君毅全集》三十九卷。其中,《中国哲学原论》六大卷,为二十世纪中国学人撰写的最具分量的中国哲学史著作;《生命存在与心灵境界》则是最为系统的哲学思想著作。

关于唐先生的哲学著述及哲学体系,唐先生自己有好几次自觉的概

---

① 治丧委员会:《唐君毅先生事略》,《唐君毅全集》(九州)卷37《纪念集》(上)第2页;《唐君毅全集》(学生)卷30《纪念集》第6页。

括、总结和表述。

在一九五四年二月一日撰写的《人文精神之重建》自序中，唐先生认为自己思考的中心问题是如何应对西方文化对中国文化的挑战，并进而将其凝练为三个标志性的信念：

> 这些文章之中心问题，即百年来西方文化对中国文化之冲击之问题。西方文化思想之最后一次对中国文化之冲击，即来自俄国之马列主义之征服中国大陆。由追问马列主义如何会征服中国大陆，即可引到对中西社会文化历史之各种省察，以及世界未来之社会文化理想之方向的问题。在中国人之立场上说，即主要是中国未来社会文化之方向的问题。此问题本来很大，我所思索的，只是这一大问题中的一方面。而我之一切文章之讨论此问题，都是依于三中心信念，即：人当是人；中国人当是中国人；现代世界中的中国人，亦当是现代世界中的中国人。①

在一九六七年八月十七日的日记中，唐先生明确提出了自己哲学思想的主题不外乎立三极、开三界、存三祭：

> 二十年来所论以告世者，可以立三极（太极、人极、皇极），开三界（人格世界、人伦世界、人文世界），存三祭（祭天地、祭祖宗、祭圣贤）尽之。人格世界开于人各修己而内圣之道成，太极见于人极。人伦世界开于人之待人而内圣之道见于人，人极始形为皇极。人文世界开于人之待天地万物，而皇极大成，无非太极。祭天地而一人之心遥契于太极，所以直成一人之人格，祭祖宗而后世之情通，所以直树人伦之本，祭圣贤而人格之至者得为法于后世，而人文化成于天下。立三极依于智，开三界依于仁，存三祭依于敬。②

---

① 唐君毅：《人文精神之重建》自序。《唐君毅全集》（九州）卷10第2页；《唐君毅全集》（学生）卷5第4页。
② 唐君毅：日记，1967年8月17日。《唐君毅全集》（九州）卷33《日记》（上）第105页；《唐君毅全集》（学生）卷27《日记》（上）第139页。

在一九七二年六月二十六日的日记中，唐先生将自己主要著述概括为以早期著作《人生之体验》中"心灵之发展"一文的核心观念为主线的九个环节：

  三十岁前之《中西哲学比较论集》，只述而不作，其后之所作乃以《人生之体验》中之《心灵之发展》一文为基，由此第二步为见此"心灵之发展"于"人生之行程"（亦见《人生之体验》），第三步为由此"人生之行程"之表见于人之文化与德性而成《文化意识与道德理性》一书，第四步为用此理论以讲《中国文化之精神价值》，第五步为发挥此书以论现代之文化问题而有《人文精神之重建》《中国人文精神之发展》及今所辑之继此二书而写之《中华人文与当今世界》，第六步为用之以为初学写《哲学概论》，言知识论当归于形上学，形上学当归于人生论，第七步为由此以论中国哲学之基本观念之历史发展是为《中国哲学原论》，第八步为回归于心灵以观照人类之哲学境界是为《心灵三向与心灵九境》所由作，第九步则为吾年来所思之"人类反面之罪恶之起原"及"社会政治之祸患根原"之问题也。①

在一九七八年一月十五日撰写的《中国文化之精神价值》一书第十版自序中，唐先生将自己的著述分为四类，但更加看重《中国文化之精神价值》一书的中心地位：

  吾在港、台所出版之著述，约分四类：一类为吾尚在大陆之时已出版或已成书，乏论人生文化道德理性之关系之著，如《人生之体验》《道德自我之建立》《心物与人生》，及《文化意识与道德理性》等。第二类为来港以后表示个人对哲学信念之理解及对中西哲学之评论之著，如《哲学概论》，及《生命存在与心灵境界》二书，此二类之书，皆可谓为本书之纯哲学理论之基础所在。第三类为与本书同时，或继本书而写之评论中西文化，重建人文精神、人文学术，以疏

---

① 唐君毅：日记，1972年6月26日。《唐君毅全集》（九州）卷33《日记》（下）第258页；《唐君毅全集》（学生）卷28《日记》（下）第347页。

通当前时代之社会政治问题之一般性论文,此共编为《人文精神之重建》《中国人文精神之发展》《中华人文与当今世界》三书。皆由引申发挥本书最后三章,谕中国文化之创造之文中所涵蕴之义理,并讨论其所连及之问题而作。第四类为专论中国哲学史中之哲学问题,如心、理、性命、天道、人道之著,此即《中国哲学原论》中之《导论篇》《原性篇》《原道篇》《原教篇》之所以著。而此诸书,则可谓为对本书所只概括涉及之中国哲学之基本观念,而据之以论中国文化者,作一分析的思辨与历史的发展的论述。故二十五年来吾所出版其他之著,无不与本书密切相关。本书之论述哲学与中国文化诸问题,自不如吾其他之著之较为详尽。然自本书所涵蕴之义理,并连及之问题之丰富,而富启发性言,则此吾之他书皆不如此书。①

在为自己最后一部著作《生命存在与心灵境界》写的后序中,唐先生梳理了自己思想成长、发展的历程,并强调自己一生的思想都有贯穿于其中的一贯之道:

  吾今之此书之根本义理,与对宇宙人生之根本信念,皆成于三十岁前。昔叔本华谓人之三十岁前为人生之本文,三十岁后则只为人生之注脚。吾以吾一生之学问历程证之,亦实如是。吾亦初不欲过尊吾之少年,而自贬其后之生活之历史也。
  吾于三十岁前后,尝写《人生之体验》与《道德自我之建立》二书,皆以一人独语,自道其所见之文。吾当时虽已尝读古今东西之哲人之书,然此二书对他人之说,几无所论列,而其行文皆极幼稚而朴实。然吾自谓此二书,有一面对宇宙人生之真理之原始性,乃后此之我所不能为。吾今之此书之规模,亦不能出于此二书所规定者之外。此固可证吾之无大进步,然亦证宇宙人生中实有若干真理,历久而弥见其新也。至于此后三十年中,吾非无所用心,而知识亦尽有增

---

① 唐君毅:《中国文化之精神价值》第十版自序。《唐君毅全集》(九州)卷9—1第7—8页;《唐君毅全集》(学生)卷4第11—12页。

加。然千回百转，仍在原来之道上。①

（三）

学界最早对唐君毅思想的评述，是一九三五年熊十力先生致唐君毅的一封信，这封信批评了其《中国文化之根本精神论》一文中关于"中国先哲之宇宙观为无体观"的观点。一九三八年七月九日，贺麟在日记中开始关注唐君毅："我读《重光杂志》中唐君毅的文章，觉得唐君的文字明晰、见解弘通，于中西哲学皆有一定的研究。其治学态度、治学方法、所研究之问题，均与余相近似。"一九四七年，贺麟在《当代中国哲学》一书中对唐君毅的《道德自我之建立》进行了评点，并将唐君毅的思想归为唯心论。一九五二年，法国学者勃里尔撰写的《中国哲学五十年》，首次把唐君毅介绍给西方哲学界，该书把唐君毅归为黑格尔主义者和道德主义者，并简要介绍了唐著《道德自我之建立》。一九七五年，美国哲学家狄百瑞主编《新儒学之开展》，其中收录了唐君毅的英文论文《刘宗周道德心之学说与实践及其对于王阳明的批评》，并以此专辑献给唐君毅。一九七七年，美国哲学家墨子刻《摆脱困境——新儒学与中国政治文化的演进》一书第二章以"唐君毅的儒家自我完成的概念"专章介绍了唐君毅的思想，尤其是《中国文化之精神价值》的思想。

但是，真正让"唐学"具有时代回音的，是唐君毅逝世以后。一九八二年，李杜出版了第一部研究唐君毅思想的专著《唐君毅先生的哲学》。一九九四年，张祥浩出版了内地第一部研究唐君毅的专著《唐君毅思想研究》。至今，两岸学术界已经出版研究唐君毅思想的各种著作十余部。同时，据不完全统计，在各种学术期刊、学术会议上发表的有关唐君毅的研究论文和文献资料，中国内地和港台地区各有三百篇左右。目前已有的研究成果，基本上涉及了唐君毅思想的主要方面，包括哲学体系、形而上学、知识论、道德哲学、政治哲学、文化哲学、历史哲学、美学思

---

① 唐君毅：《生命存在与心灵境界》后序。《唐君毅全集》（九州）卷26《生命存在与心灵境界》（下）第361—362页；《唐君毅全集》（学生）卷24《生命存在与心灵境界》（下）第479页。

想、佛教思想、人格理论、人文思想等。

一九九〇年学生书局出版《唐君毅全集》竖排繁体字版，有了第一部由唐先生弟子唐端正先生撰写的《唐君毅先生年谱》。唐端正先生的《唐君毅先生年谱》，以民国纪年，以弟子身份，对唐君毅先生的主要生平事迹和学术思想做了介绍。该年谱的材料，主要根据唐君毅先生的著述、日记、书信及新亚书院、新亚研究所的文献，同时也参考唐先生逝世后的纪念文字，"其间有人、事、时、地相出入者，则参考众说订正之，决无一语出自杜撰"，因此，是一部比较完整、可信的年谱。

但是，一方面，该年谱仅十四万字，对于唐君毅这样的生命、生活与学术、思想同样丰富的现代大儒来说，过于简略，不足以为一般读者和学者了解唐君毅提供充分的信息；另一方面，对于内地读者来说，该年谱还有几点需要厘清：（一）完全按照民国的纪年方法；（二）以弟子身份描述和呈现老师的生命世界，用语和表达上可能会有强烈的主观情感；（三）有过多的内地读者不太熟悉的用语和表达方式；（四）对谱主的学术论文和著作的介绍不够全面，而且侧重点的取舍不足以全面反映唐君毅的生命与学问。

正是基于对唐端正先生的《唐君毅先生年谱》的以上认识，也是基于我们对唐先生生命与学问的体悟，我们决定以唐先生的书信、著作、日记为基本素材，以师友亲人的回忆为重要参照，撰写唐君毅先生年谱长编。

唐先生是大思想家，而不是一般的活动家，因此，本年谱长编，特别注重对唐学术著述的介绍。在年谱中，将对重要的学术著作、学术论文、学术事件，做出比较客观、翔实的介绍。可能的情况下，做出我们自己的分析。

谱主作为终生以教育和学术为职业的大家，在教育上有诸多实践贡献和理论思考。特别是对于新亚书院、新亚研究所的创建、发展，更是呕心沥血，做出了杰出贡献。因此，年谱长编将对谱主的教育思想、教育贡献、教育实践给予特别的关注。

（四）

作为年谱，视角是谱主从出生到去世整个一生的生命经历、学术活动、学术思想，同时要关注谱主本人与他的时代、社会的关系。因此，本年谱包括四个部分。

第一部分"谱前"，叙述唐先生的家族历史、出生背景、家乡人文，为谱主的生命奠基。

第二部分"年谱"，叙述唐先生从出生到去世的全部生命经历、学术经历、学术活动、主要学术著述及思想，其中，对于每一个阶段的重大学术活动、重要学术著作将集中介绍。

第三部分"谱后"，叙述唐先生去世后，学人、学生、友人、亲人对谱主的历史地位、学术思想、生命人格以及生活态度等的评价与回忆，从多个维度彰显谱主的生命性情。

第四部分"附录"，主要包括不太适宜直接纳入年谱，而又对了解谱主的生命人格与思想学术十分重要的几个维度的资料，包括：唐先生夫人的简介，唐先生的著述年表，九州出版社39卷简体字版和学生书局30卷繁体字版《唐君毅全集》的基本目录，研究唐先生思想的"唐学"的发展状况。

本年谱的撰写，遵循如下原则。

一、本年谱以谱主本人的著作、回忆为基础，以谱主的日记、书信为基本线索，参照亲友回忆，逐年编撰谱主的生活史、生命史、学术史、思想史合一的较为详细的年谱。

二、对唐先生生平中的基本事实资料，皆以唐先生自己的著述、日记、书信以及唐先生逝世后的纪念文献为原材料进行一一查证，并直接在文中以脚注方式列出材料出处。对于引用于《唐君毅全集》的文献，皆在脚注中同时注明九州出版社和学生书局两个版本的卷次、书目和页码，以方便读者查证和进一步阅读唐先生著作。

三、根据唐先生亲人特别是唐先生夫人谢廷光女士和唐先生弟弟唐君实先生的回忆文章及其他相关研究著述，完善唐先生的生活资料文献。

四、作为一份关于唐先生这样的大思想家的年谱，本年谱有大量对唐先生主要著述的介绍，尤其是与其生命密切相关的新亚教育的相关文献，在不同阶段有代表性的单篇重要论文，呈现"学术年谱"的特性。

五、本年谱使用公元纪年，一九四九年以前的年谱括号标注民国纪年年份。

六、本年谱采取虚年记岁，即谱主出生当年即算一岁。

二〇一五年九月二十六日中秋节，于杭州

二〇一六年十二月三十日新年前夕，修改于杭州

二〇一七年二月五日，再修改于海南白沙木棉湖

目　　录

谱前 ·· (1)
　(一) 先世 ·· (1)
　(二) 祖居 ·· (3)
　(三) 父母 ·· (5)
年谱 ·· (20)
　一九〇九年（清宣统元年）　一岁 ······················· (20)
　一九一〇年（清宣统二年）　两岁 ······················· (21)
　一九一一年（清宣统三年）　三岁 ······················· (21)
　一九一二年（民国元年）　四岁 ························· (22)
　一九一三年（民国二年）　五岁 ························· (22)
　一九一四年（民国三年）　六岁 ························· (22)
　一九一五年（民国四年）　七岁 ························· (22)
　一九一六年（民国五年）　八岁 ························· (24)
　一九一七年（民国六年）　九岁 ························· (24)
　一九一八年（民国七年）　十岁 ························· (24)
　一九一九年（民国八年）　十一岁 ······················· (25)
　一九二〇年（民国九年）　十二岁 ······················· (26)
　一九二一年（民国十年）　十三岁 ······················· (26)
　一九二二年（民国十一年）　十四岁 ····················· (27)
　一九二三年（民国十二年）　十五岁 ····················· (28)
　一九二四年（民国十三年）　十六岁 ····················· (34)
　一九二五年（民国十四年）　十七岁 ····················· (34)
　一九二六年（民国十五年）　十八岁 ····················· (41)

一九二七年（民国十六年）　十九岁 …………………………（44）
一九二八年（民国十七年）　二十岁 …………………………（47）
一九二九年（民国十八年）　二十一岁 ………………………（54）
一九三〇年（民国十九年）　二十二岁 ………………………（56）
一九三一年（民国二十年）　二十三岁 ………………………（57）
一九三二年（民国二十一年）　二十四岁 ……………………（60）
一九三三年（民国二十二年）　二十五岁 ……………………（62）
一九三四年（民国二十三年）　二十六岁 ……………………（64）
一九三五年（民国二十四年）　二十七岁 ……………………（67）
一九三六年（民国二十五年）　二十八岁 ……………………（71）
一九三七年（民国二十六年）　二十九岁 ……………………（74）
一九三八年（民国二十七年）　三十岁 ………………………（76）
一九三九年（民国二十八年）　三十一岁 ……………………（80）
一九四〇年（民国二十九年）　三十二岁 ……………………（87）
一九四一年（民国三十年）　三十三岁 ………………………（99）
一九四二年（民国三十一年）　三十四岁 ……………………（114）
一九四三年（民国三十二年）　三十五岁 ……………………（117）
一九四四年（民国三十三年）　三十六岁 ……………………（119）
一九四五年（民国三十四年）　三十七岁 ……………………（128）
一九四六年（民国三十五年）　三十八岁 ……………………（131）
一九四七年（民国三十六年）　三十九岁 ……………………（135）
一九四八年（民国三十七年）　四十岁 ………………………（144）
一九四九年　四十一岁 …………………………………………（150）
一九五〇年　四十二岁 …………………………………………（154）
一九五一年　四十三岁 …………………………………………（165）
一九五二年　四十四岁 …………………………………………（174）
一九五三年　四十五岁 …………………………………………（181）
一九五四年　四十六岁 …………………………………………（189）
一九五五年　四十七岁 …………………………………………（211）
一九五六年　四十八岁 …………………………………………（241）
一九五七年　四十九岁 …………………………………………（255）

一九五八年　五十岁	(280)
一九五九年　五十一岁	(331)
一九六〇年　五十二岁	(341)
一九六一年　五十三岁	(350)
一九六二年　五十四岁	(374)
一九六三年　五十五岁	(387)
一九六四年　五十六岁	(412)
一九六五年　五十七岁	(424)
一九六六年　五十八岁	(430)
一九六七年　五十九岁	(443)
一九六八年　六十岁	(449)
一九六九年　六十一岁	(462)
一九七〇年　六十二岁	(473)
一九七一年　六十三岁	(479)
一九七二年　六十四岁	(490)
一九七三年　六十五岁	(499)
一九七四年　六十六岁	(517)
一九七五年　六十七岁	(534)
一九七六年　六十八岁	(548)
一九七七年　六十九岁	(566)
一九七八年　七十岁	(602)

谱后 (621)
　(一) 历史地位 (621)
　(二) 思想学术 (624)
　(三) 文化运动 (632)
　(四) 教育教学 (638)
　(五) 生命人格 (642)
　(六) 家国情怀 (652)
　(七) 生活轶事 (656)

附录 (660)
　(一) 唐君毅先生夫人 (660)

（二）唐君毅先生著述年表 …………………………（677）

（三）《唐君毅全集》简目（学生书局1991年）…………（694）

（四）《唐君毅全集》简目（九州出版社2016年）…………（696）

（五）唐学研究与发展 ………………………………（705）

后记 ……………………………………………………（711）

谱　　前

（一）先世

唐君毅先生出生于四川宜宾，祖上则是从广东迁入四川。
关于先世入川的具体时间，唐先生自己有两种不同的说法。
在《怀乡记》中，唐先生说：

> 我的祖籍是广东客家。……大概是我的七世祖，才由广东五华到四川。据说他到四川后成了孤儿。十五六岁，便为制糖店佣工，因得主人信赖，借与本钱，后便独立制糖，生意极好，糖由宜宾一直运出三峡。后来糖船翻了，乃在金沙江畔，购地业农。勤俭积蓄，在我四世祖，便有五六百亩田。①

在《〈孟子大义〉重刊记及先父行述》中，唐先生说："六世祖以岁荒，乃远徙四川宜宾。"

一九七八年二月唐君毅先生逝世时，治丧委员会发布的《唐君毅先生事略》，及唐端正编著的《唐君毅先生年谱》，依据《〈孟子大义〉重刊记及先父行述》，持六世祖始入川说。"先生祖籍广东五华。六世祖以岁荒移川，由糖工起家。后于金沙江畔置地产业农，遂为四川宜宾县人。先生之祖父树寅公，始就塾读书，未冠而殁。"

---

① 唐君毅：《怀乡记》。《唐君毅全集》（九州）卷14《中华人文与当今世界》（下）第372页；《唐君毅全集》（学生）卷5《人文精神之重建》第596页，卷8《中华人文与当今世界》（下）第446。

唐先生弟弟唐君实记载：

> 吾家父母唐、陈二家祖先在移居四川之前，皆为广东嘉应州长乐县（今五华县）客家。明代末年四川经历多次战乱，人口锐减，据可靠记载，东、西两川人丁尚不及二百万，人烟稀少，田土荒芜。清廷乃作移民湖广填四川之举，于是现在川民谈及祖先大半皆谓来自湖北麻城县孝感乡，据推测麻城、孝感乃迁川大军集散所在，并非所有迁川百姓均属隶麻城、孝感之谓。唯此二地移居四川为最早一批，当属事实。此后福建、广东等省移民四川所居田地则远不如先入川之湖广居民之沃土丰产。于是陈家到宜宾溯金沙江（过去习以岷江为长江上游本源，知金沙江为主源乃清代开国以后）而上，经柏溪过廿里，家居打鱼村（顾名思义乃一捕鱼村落）。唐家则由柏溪渡江沿江而上约四五里之水漕头。始则为人打短工，继而有积蓄购田地。水漕头以隔江与涨水时瀑布流水岩相望得名。而唐家主要田地在柏溪廿里外之滥坝，谅系其后发家后新购者。唐家族中一部分仍世居柏溪，由广东入川者，另一支则世居县城廿里之三官楼，早已互不往来。①

宜宾唐君毅学术思想研究会会长骆为荣先生，对唐先生先世何时入川曾做过详细考订。他从唐先生幺叔、宜宾市建委退休干部唐煜先生处获得咸丰刻印版十六开本《唐氏谱系》，经仔细研读，并赴重庆与唐先生胞弟唐君实先生印证，得出如下结论：唐家以元代友胜公为一世祖；第十五世宗禧公于清康熙年间随"湖广填四川"携子唐文风由广东嘉应州长乐县（今广东梅州市五华县）入川，后置田产于叙州府宜宾县柏树溪金沙江对岸的普安乡周坝村，遂为四川宜宾人氏；唐先生是友胜公的第二十二世孙，属"培"字辈，亦即入川始祖唐宗禧的七世孙；唐先生言自七世祖入川，实是自他而上溯第七代，在时间辈序上没有问题，只是更准确的表述应该是"自十五世祖由粤入川"②。

宜宾学院何一通过考证唐氏十九世祖唐泽（润泉）等编咸丰二年版

---

① 唐君实：《亲人事略》。未刊稿。
② 骆为荣：《唐君毅家族何时入川辨识》，《唐君毅故园文化》总第1期，2002年9月，第12页。

（一八五二年农历十一月成书）《唐氏谱系》，认可骆为荣先生的考订结论。①

唐先生先祖由粤入川后，最初所事尽管与书香不涉，但却一直保持着客家人尊崇文化的风气。由十九世祖唐泽（润泉）所撰《唐氏谱系序》有云："修谱所旨，在让后世子孙知祖一脉渊源。春露秋霜，仁敬之心油然而生也；辨其亲疏，知大宗小宗；岁时往来，敦宗睦族之道皇然讲也。按其□（此处残）业，知祖宗创业之艰难，为士者，成食旧德；为农者，咸服九畴；善继善述之意殷然凛也。子孙而才，固能丕振家声，不才，亦不至罔知尊卑之分。是上以求承先人之基绪，下以为后世之贻谋；外以培祖姓之仁恩，内以笃本支之孝悌者。"《唐氏谱系》定，自二十二世及以下四十世字辈云："培育共朝佐，时逢运启昌。麟骧邦国瑞，骏烈殿廷香。乐道希周孔，怀仁绍晋阳。同心光祖绪，永锡庆明良。"②

依据《唐氏谱系》的字辈排序，唐先生为"培"字辈。

（二）祖居

唐氏祖屋位于宜宾县柏树溪金沙江南岸周坝水漕头，即今宜宾市宜宾县普安乡周坝村第七组。尽管唐先生半岁便随父母客居成都，但他对家乡史事并不陌生，而且还特别有兴致。在唐先生的著述中，我们可以看到这样的叙述："宜宾大名戎州，又名僰道，初亦为夷人所居。""我家距上流不远，便是屏山汉夷杂处之区了。"③ 宜宾县"本西南夷僰国地也。汉武帝开置僰道县"，"王莽改曰僰治"，"梁为戎州治"，"隋大业初，复曰僰道"，"唐为义宾"，"宋曰宜宾……元明因之，皂清因之……"④

---

① 何一：《悲情儒者与儒者悲情——唐君毅生平、学术研究》，光明日报出版社2011年版，第30页。

② 唐泽（润泉）等编撰：（清）咸丰版《唐氏谱系序》。原无断句标点，引文断句标点为何一所加。转引自何一《悲情儒者与儒者悲情——唐君毅生平、学术研究》，光明日报出版社2011年版，第33页。

③ 唐君毅：《怀乡记》。《唐君毅全集》（九州）卷14《中华人文与当今世界》（下）第373页；《唐君毅全集》（学生）卷5《人文精神之重建》第598页，卷8《中华人文与当今世界》（下）第448页。

④ （清）刘元熙纂修：《宜宾县志》（卷3）《建置沿革志》。

唐先生故居实有两处，水漕头是唐先生的出生地，另一处在周坝村第五组，距水漕头约300米，因唐先生自幼过继与老房子的主人、膝下无儿的大伯做儿子而拥有。

周坝村坐落在依山傍水、东西走向，约三平方公里的冲积坝上。当地土壤肥沃、水源丰富、阳光充足，盛产甘蔗、柑橘和蔬菜。西南水陆毗邻云南，近处江北岸即是宜宾县治柏溪镇。金沙江对岸西北方是唐母陈太夫人的诞生地窦坝。东距宜宾城中心十余公里。古南丝路穿坝而过。

唐先生出生地祖屋占地一亩余。主体建筑为青瓦泥木结构四合院平房，形制整齐简洁朴素。房屋坐南朝北，唐先生即出生在四合院正面主屋。屋后近处有竹林和菜地，远处即是"鹞子山"的"南来山色"。门前是"水漕头"，远眺是金沙江"碎米滩"，江对岸有"滴水岩""千佛岩"。据唐先生胞弟唐君实回忆，从前，大门楣木上有为避鬼驱邪设置的一个口含短剑的"吞壳儿"；两侧是父亲撰写的对联："东去江声流汩汩，南来山色莽苍苍"；堂屋有母亲撰写、二妹唐至中书写的对联："旧岁云除，世短意恒多，读书尚友古人，回首烟云幻空相；长江环绕，水流心不竟，学种时师老圃，偶栽桃李荫吾庐。"①

据何一实地考察②，水漕头是一宽约数丈、十数丈长，由金沙江水长期冲刷而形成的逆江而偏西南方向延伸的一条岔沟，末端正好止于唐家大院正门附近，故曰"水漕头"。每当涨水时，江水则顺沟逆溢至唐先生家门前。唐先生在《怀乡记》里有"与江水有缘"句。

一九九五年八月二十三日，已故著名学者萧萐父先生③在参加第二届"唐君毅思想国际研讨会"间隙，参观了唐先生故居，其间感慨嘘唏，曾得七律一首云：④

　　金沙浪涌峨眉秀，几代灵根育大家。

---

① 唐君实：《重返水漕头故居回忆战时片段岁月》。未刊稿。
② 何一：《悲情儒者与儒者悲情——唐君毅生平、学术研究》，光明日报出版社2011年版，第31页。
③ 萧萐父先生是唐君毅在成都省立师范附小读书时的国文教师萧中仑先生之子，萧唐两家为世交。
④ 萧萐父：《富有之谓大业——1995年8月在宜兴唐君毅思想国际研讨会上的发言》，《吹沙二集》，巴蜀书社2007年版，第483页。

铁笔义风泣魑魅，精思慧业粲云霞。
心通九境堂庑广，智摄三环去路赊。
世纪桥头试凝望，神州春色漫天涯。

（三）父母

唐家移居川中共已七代，其初三代身世皆不甚了了。唐先生太公讳漪字东山。

唐先生弟弟唐君实记载："太公有八个儿子，但最疼爱的是阿公。……太公在阿爸六岁时去世，还以为老人家在睡觉呢，等了好久都不见醒来，才晓得永远醒不转来时，便放声恸哭起来，一直哭了许久才止住。"①

唐先生二妹唐至中在《从太公到哥哥》中记载："太公知广，好读书，藏书多，他有两句家训：'人不读书便愚蠢；书要读，官可以不做。'"② 基于这样的人生理念，东山公开始送儿子树寅公入学塾就读。唐先生自己也回忆："我祖父一代才开始读书。"③

祖父讳树寅，读书有慧根，年仅二十而暴病卒。

父亲唐迪风公，名烺，生于光绪十二年（一八八六年）五月十七日。初字铁风，后改字迪风，别字渊嘿。迪风公是遗腹子，无兄弟姐妹，从小曾过继给其三伯母，受其抚养。母亲卢氏苦节一生，因而唐迪风事母至孝，并对此终生感念。

因父亲早逝，迪风公出世深受太公喜爱，两岁教识字，四岁课以四书。六岁时太公病逝，七叔续教迪风公读四书五经，十二岁读《庄子》，尤喜《盗跖》篇。一九〇四年十八岁应童子试，为乡中末科秀才。然后就学于成都叙属联中及法政专门学校。

---

① 唐君实：《阿爸和我们一家在成都的日子》，《唐君毅故园文化》总第 7 期，2005 年 10 月，第 6 页。

② 《唐君毅思想国际会议论文集》（Ⅳ），香港：法住出版社，1990 年，第 224 页。

③ 唐君毅：《怀乡记》。《唐君毅全集》（九州）卷 14《中华人文与当今世界》（下）第 373 页；《唐君毅全集》（学生）卷 5《人文精神之重建》第 597 页，卷 8《中华人文与当今世界》（下）第 447 页。

受革命风潮影响，唐迪风也参与到"反传统"和"革命"的行列中。十几岁时竟把庙里泥菩萨扔进厕所；同时，自剪发辫，自改服饰，有"复明"之志。一九一二年民国建立，二十六岁的唐迪风受聘为成都《国民公报》主笔，先后两度掌管报务。唐迪风"性刚直，不为不义屈，不为权势移，长身美髯，望之有如侠士"。尝立论主持正义，曾赋《贺新凉词》，有"武士头颅文士笔，竟纷纷化作侯门狗"句，以挞伐当时党人文士的趋炎附势之风。① 一九一四年，胡文澜督蜀，因其为政不协民心，唐迪风遂撰文加以评斥，并以此开罪当局，几欲查封报馆，他挺身而出，甘当文责。之后，应李宗吾之邀，任教于江油省立第二中学。李先生《厚黑学》即首先发表于唐迪风主持的《国民公报》上，唐迪风还为之作序。之后，唐迪风专事传道授业于成都各学校，先后任省立第一中学、省立第一师范、外国语专门学校、重庆联中、省立第二女子师范、南充中学及嘉陵高中、华西大学、成都师范大学、成都大学、四川大学等校教席，终生不仕。

一九二一年，迪风公应重庆联中之聘，举家迁往重庆，与彭云生、蒙文通、杨叔明、邓绍勤、刘泗英等为同事。

唐迪风为学，最初十分推崇章太炎，好文字音韵之学，甚至加入过章太炎组织的统一党。② 其学问初也与儒学不契，曾出题命学生列举孔子之失。自一九二〇年母逝，"哀毁过情而得脑病"，"伤之而病，病则万念灰，灰而反求于先圣贤之书"。③ 之后学问路向遽变，返其本而归宗儒家。

一九二五年，南京法相大学开办，唐迪风举家借贷三百元往南京，并游学南京支那内学院。欧阳竟无希望收唐迪风为弟子专研佛学，迪风公当面向欧阳竟无大师明志曰："弟子不愿学佛，愿学儒。"欧阳大师不以为忤。南京游学三载，先后搬家三次，第一次住保泰街，第二次住丹奉街，第三次住在居安里七号。

一九二七年举家回蓉，唐迪风与吴芳吉（碧柳）、蒙文通（尔达）、彭举（云生）及刘咸炘（鉴泉）诸先生一起创办敬业学院，被推为院长。

---

① 唐端正：《唐君毅先生年谱》，《唐君毅全集》（学生）卷29第2页。

② 唐君实：《阿爸和我们一家在成都的日子》，《唐君毅故园文化》总第7期，2005年10月，第6页。

③ 刘咸炘：《唐迪风别传》。《唐君毅全集》（九州）卷36《亲人著述》第9页；《唐君毅全集》（学生）卷29《先人著述》第11页。

学院只设立文学院，吴芳吉主持中国文学系，蒙文通主持中国历史系，刘咸炘主持中国哲学系，彭云生为教务。敬业学院初期以唐迪风家为校舍，学生仅二十余人，"皆有志于国学研究者"。唐迪风授经，彭云生授史，杨叔明授诗词。这时正值北伐战争风起云涌，虽扰攘不断，但是唐迪风诸人仍闭门讲学，"一以端本为务，弦歌之声不绝"，"一堂肃然"。在成都期间，唐迪风与辞去北京大学讲席、回乡任成都大学教授的李璜于成都少城支矶石街隔邻而居。据李璜先生回忆，每夜必闻迪风先生朗诵《孟子》，气壮声宏，遂"为之起敬"。后经老友彭云生介绍相识，得见唐迪风"长身美髯，望之有如侠士"。闲暇之时，唐迪风喜欢邀李璜一道，面对深秋黄叶，高谈世道人心，忧虑民族文化几成绝灭，动情处常"慷慨激昂，语声惊路人"。①

唐迪风为人，肫挚耿介，狂狷性格，世以"唐疯子"喻之。他尝题诗自画像："虚堂琴声，空山月色。汝是何人，我也不识。"② 迪风好与人交谈，常有动容之举。其声高而壮，言语多直致，常有"惊言高论"。"隔舍听之，若有所呵斥"。③ 又有时"呈志情急，至于流涕"，常使人"为之动"。④ 平日为学，喜抄录圣贤奇文。暇余时则对所藏奇石摩挲不倦。夫人陈大任的诗句可以作为佐证："玲珑花小石，诳我过江来"，"欲行还却曲，翘首更低回"⑤。

唐迪风问学，欧阳竟无称之"可以适道"。⑥ 蜀中贤达徐子休先生谓之"能笃行"；吴芳吉先生推尊为川中学问之正；彭云生先生则谓其学问

---

① 李璜：《我所认识第唐君毅先生——其家教与其信行》。《唐君毅全集》（九州）卷37《纪念集》（上）7页；《唐君毅全集》（学生）卷30《纪念集》第13页。

② 唐迪风：《自题像四言四句》。《唐君毅全集》（九州）卷36《亲人著述》第98页；《唐君毅全集》（学生）卷29《先人著述》第109页。

③ 刘咸炘：《唐迪风别传》。《唐君毅全集》（九州）卷36《亲人著述》第9页；《唐君毅全集》（学生）卷29《先人著述》第12页。

④ 欧阳竟无：《唐迪风墓志铭》。《唐君毅全集》（九州）卷36《亲人著述》第7页；《唐君毅全集》（学生）卷29《先人著述》第9页。

⑤ 陈大任：《拾石过江至窦坝望见旧宅》。《唐君毅全集》（九州）卷36《亲人著述》第121页；《唐君毅全集》（学生）卷29《先人著述》第131页。

⑥ 欧阳竟无：《唐迪风墓志铭》。《唐君毅全集》（九州）卷36《亲人著述》第7页；《唐君毅全集》（学生）卷29《先人著述》第9页。

直截透辟近于陆象山,艰苦实践近于李二曲。① "自成成人之志,皆未克遂。成书数卷,非其至者"②。

唐迪风一生主要著述有《孔学常谈》《孔门治心之道》《孟子大义》《诸子论释》《志学傻闻》《广新方言》《治学日记》,以及语录、诗集、文集等。但是,只有《孟子大义》一种,因彭云生于一九三一年刊印并由《学衡》杂志转载而得以传世,其余群补毁佚。《孟子大义》后由唐先生根据《学衡》所载,重刊于香港和台湾,并收入《唐君毅全集》第二十九卷《先人著述》。

一九三一年五月十日,唐迪风因染时疫卒于宜宾老家,享年四十五岁。

对于唐迪风的染病去世,唐君实有如下回忆:

> 阴历四月底,宜宾老家的四叔、五叔突然打电报要阿爸回去,没有听到阿爸阿妈商量什么,就匆忙地决定阿爸一个人回去。那时我们心里都不赞同阿爸回去,阿爸还说二天回来会给我们带好看的新书回来呢,谁知道阿爸回去不到一个星期,又得到宜宾来的电报,竟是阿爸病故的噩耗,一时我们全家老少哭做一团,但又觉得电报不十分明白,还抱一线希望。第二天便急忙赶了长途车回去,十叔送我们到乐山,在我们上了木船后好久,十叔还在岸上望着我们的船远远行去,船到牛喜场,就弃船上岸,为了省去四十里路,虽说要多花路费,可争取提早到乡下家中。在柏树溪过江时,问及船工我家的情形,他已知道阿爸回来不久便病逝的事情。等我们走到水漕头时,天已黑尽,特别是在四叔房里天井小格外黑暗,穿过一些巷道到了堂屋,阿爸的棺材就放在当中,我们都放声大哭起来。过后我们又仔细地看了这堂屋的一切,似乎非常陌生,阿爸的棺木的右面供有一座灵房,是三伯婆的,听堂兄姊说,阿爸曾拜继与她,从小把阿爸带大,就像亲生一样爱抚过阿爸,阿爸回来就看到她灵房,就非常伤感,经过旅途劳

---

① 彭云生:《孟子大义》跋。《唐君毅全集》(九州)卷36《亲人著述》第84页;《唐君毅全集》(学生)卷29《先人著述》,第93页。

② 刘咸炘:《唐迪风别传》。《唐君毅全集》(九州)卷36《亲人著述》第9页;《唐君毅全集》(学生)卷29《先人著述》第11页。

顿，一到家乡就这样，对阿爸身体当然有相当影响，加以接连几天都在整理家中存放书籍没有好好休息，所以很快就得了病。①

迪风公葬于宜宾县横江镇山中，墓现已不可寻。

迪风公有子女五人，唐君毅先生是长子；二女至中；三女德叔，早年去世；四女恂季；五子慈幼（唐君实）；六女宁孺。

唐先生母亲陈大任，是陈勉之的女儿。关于唐先生父母的认识和结合，唐先生弟弟唐君实回忆：

> 那时唐家在周坝说得上大户人家，七叔公生病曾派人去二十里外的窦坝请医生来看病，正巧请来的是我们后来的家公陈勉之先生，由于看病来往频繁，从而知道不但医术高超，而且很有学问，在当教书的老师。在看病过程中认识阿爸，很赏识阿爸的用功读书及为人，遂选为女婿，那时七娘与阿妈都未出阁，不知怎么缘故，选定了阿妈。②

陈勉之乃书香人家，熟读诗书，医道亦高，教书为业，业余行医，曾任教于成都淑行女校。一八八七年（清光绪十三年）二月十二日，陈大任生于宜宾县窦坝村。因其生期传谓百花生日，父亲乃以"卓仙"字之，③"又以文王之母大任之名赐吾母"④。陈大任虽出生书香之家，但终为女流，因此儿时与姊妹从未得到父亲教课识字。据唐君实回忆：母亲与七娘识字读书艰辛不少，没有老师，只得趁胞弟（九舅）午后放学之际于门前相候求教，为补助记忆，乃作画于字侧，想尽一切办法找书读。由于勤奋而进步较快，写作上可谓无师自通。一次外公有事至母亲及七娘宿舍，骤然看见墙上贴满字画，经询知均为七娘及母亲作品时，深感惊异和意外，赞誉有加。并常说自己的学问都传给了女儿（母亲婚后不久七娘病

---

① 唐君实：《阿爸和我们一家在成都的日子》，《唐君毅故园文化》总第7期，2005年10月，第8页。

② 同上书，第6页。

③ 唐焜：《大嫂陈大任及"思复堂稿"》，《唐君毅故园文化》创刊号，2002年9月，第9页。

④ 唐君毅：《母丧杂记》。《唐君毅全集》（九州）卷8《哲思辑录与人物纪念》第13页；《唐君毅全集》（学生）卷3《人生随笔》第64页。

逝）女婿了，蜀平（九舅）还差得远哩。① 直到陈大任与唐迪风结婚后，方得就学于其父亲陈勉之执教的成都淑行女校。

陈大任十九岁时与唐迪风成婚。婚后除有两年时间任职简阳女子师范教师、重庆省立第二女子师范图书馆管理员和女生训育员及短期负责敬业学院女生训导之外，余皆尽瘁于操劳家务，教子成人。

陈大任从小即有主见，决不随波逐流。儿时读《天雨花》小说，非常佩服女主人公左仪贞的为人，暗中以之为榜样。其为人果毅，不畏惧权势，亦不亲昵权贵，自谓"生性不知与俗浮沉"。②

陈大任才思敏捷，感受深切，运笔细腻隽永，凡有感于山川风物、世道人情、家国爱恨，都能发而为诗，淳朴而情真。欧阳竟无推为"蜀中奇女子"③，并评论其人品曰："夫人之德，古所难能，况兹末世。迪风往矣，佳嗣如君毅，能学圣学，是直接孟母之贤，岂陶母欧母之所可毗哉！"④ 有《思复堂遗诗》五卷凡二百余篇传世。"思复堂"是其先夫唐迪风为其诗稿题名。⑤ 李证刚先生评价其著："以腴挚之情，寄于真朴之笔，一片性灵，奚假雕饰？诗之言志，实际在斯。由此进而游心物初，颐神道腴，直入《三百篇》之室矣！章法整饬，气韵醇茂，盖其余事。"⑥《思复堂遗诗》后由唐先生刊印于香港和台湾，并收入《唐君毅全集》第二十九卷之三《先人著述》。

陈大任于一九六四年二月二十六日（农历正月十四）病逝于苏州寓所，葬于苏州灵岩山五龙公墓，享年七十七岁。

对于母亲的去世和安葬，唐先生弟弟唐君实记载：

---

① 唐君实：《母亲给我们留下的教诲》，《唐君毅故园文化》总第 11 期，2009 年 12 月，第 14—16 页。

② 刘雨涛：《刘雨涛文存》（自印未刊行稿），第 396 页。

③ 欧阳竟无：《唐迪风墓志铭》。《唐君毅全集》（九州）卷 36《亲人著述》第 7 页；《唐君毅全集》（学生）卷 29《先人著述》第 9 页。

④ 欧阳竟无：《为陈大任题字》。《唐君毅全集》（九州）卷 36《亲人著述》第 108 页；《唐君毅全集》（学生）卷 29《先人著述》第 119 页。

⑤ 唐君毅：《思复堂遗诗》编后记。《唐君毅全集》（九州）卷 36《亲人著述》第 206 页；《唐君毅全集》（学生）卷 29《先人著述》第 222 页。

⑥ 李证刚：《为陈大任题字》。《唐君毅全集》（九州）卷 36《亲人著述》第 109 页；《唐君毅全集》（学生）卷 29《先人著述》第 120 页。

母亲离开我们后,哥哥汇了安葬的钱,安葬在苏州灵岩山附近的五龙公墓(为当时较好之公墓),墓地编有号次,哥哥于梦中所见完全一样。一九六八年"文革"浩劫波及亡灵。苏州近郊所有墓地均被挖掉,墓基碑无一幸免。……后十四年(一九七八年,引者),而哥哥病逝于香港九龙,哥哥去世十六年后(一九九四年,引者)六妹病逝于广州,又二年(一九九六年,引者)二姊病逝于苏州,六妹临终前深深以父母在天不得安宁为大恸。遗嘱拟安葬父母衣冠于异国。不得已而如此,当可蒙父母谅解。一帆、远帆、可帆三姊弟多方设法,终于能将乃母骨灰及祖母祖父衣冠冢安葬于美国,并将二姊、三姊(一帆等称二爸爸、三爸爸)姓名生卒年月署于墓碑以志不忘。至哥哥坟墓则早于病逝后安葬于台北阳明山矣。父母亡灵得与二姊三姊六妹同在一地长久安息,也吾辈所企望者欤。①

唐先生的父亲与母亲恩爱有加,彼此尊敬,所建构的爱情与婚姻关系,在"夫妇"之伦中所彰显出来的人格力量和生命影响力都是十分巨大的,尤其是对唐先生这样一个深切敏感的早慧生命来说。在唐先生与未婚妻谢廷光的情书中,在阐释了他的崇高的爱情理想后特别指出:崇高的爱情整个说来是他很早便怀抱的理想,犹如其全部的人生理想。但是,他自己并非要想亲自去实现它,因为爱情理想的实现并不只是"个人的事",还需要一个"对手方",这"对手方"必须是有与自己相同精神深度的人,而且自觉地了解此一崇高理想。由于自己还未曾"看见过"这样的异性,所以也就"从未追求女子,因为莫有值得我追求的女子"。在唐先生的生命经历和生命意识中,自己的父母之间的爱情婚姻实践是完全符合自己的"理想爱情"的。他对他的恋人说:"据我所知的一切已成夫妇关系,唯一能实现此理想而表现我上述的爱情关系的,只有我的父亲与母亲的爱情关系。他们的关系真是足贵,他们彼此之爱、敬、容让、了解、体贴及生死不渝的永久关系,真是可贵。"②唐先生认为,父母之间

---

① 唐君实:《目前的一些片段事迹》。未刊稿。
② 唐君毅:致廷光书,1940年5月5日。《唐君毅全集》(九州)卷30《致廷光书》第66页;《唐君毅全集》(学生)卷25《致廷光书》第88页。

的这种理想爱情的实现所呈现的境界，在他父母的著作中尤其是在母亲的诗中是可以读到的："你只要读我母亲悼我父亲的诗，你便知道他们的爱情真是最高的爱情。我前一晌读之，我忘他们是我之父母，我只把他们之关系视作客观的爱情关系看，我也觉非常感动。除他们以外我真是未见过，这也不是我一人之私言，差不多凡知者无不如此说。"① 正因为对父母之间这份爱的深切感受，唐先生立志："我如果与人有爱情关系，便要是那种关系才足贵。"②

唐先生父母对唐先生的影响是深远的。这种深远，不只是对于唐先生的生命成长来说，甚至对其生死哲学的体验和思考来说也是如此。就这种影响的方式而言，不只是在唐先生父亲的"书教"和母亲的"诗教"中，更重要的是在唐先生父母的生命实践中。从唐先生所说的"我母亲悼我父亲的诗"和文中，我们完全可以读出这种潜移默化的身教影响，在此略录纪念诗歌三首和祭文一篇：

壬申夏四月二十七日回忆一首：③

服制期欲除，往迹不我遗。历历情如昨，哀心靡自持。
成都临别言，一月以为期。痛彼羹道电，肝腑为烂糜。
羹道疫方炽，奈何苦相催。人皆谋引避，而反促君归。
视弟若同生，忧喜恒随之。函电急星火，岂忍故乖违。
宅心素已广，浑忘险与夷。持志廉以正，不识人我欺。
友朋狂催走，顺路游峨眉。仓卒即就道，哪复与之辞。
向晚绽行衣，惴惴心惊疑。幼女惮远别，不寝索父啼。
凌晨独兴早，步步共追随。却顾摩尔顶，此去不多时。
好好勤读书，当买新书回。含涕向母怀，车轮行复迟。
迟迟几顾盼，隐隐尽通逵。三五凄以立，见此怀多悲。
弥月即回还，何用伤别为。携幼入君室，怅然搴君帷。
案墨研犹浓，书册叠累累。累累展以阅，一一君钞批。

---

① 唐君毅：致廷光书，1940年5月5日。《唐君毅全集》（九州）卷30《致廷光书》第67页；《唐君毅全集》（学生）卷25《致廷光书》第88页。
② 同上。
③ 陈大任：《壬申夏四月二十七日回忆一首》。《唐君毅全集》（九州）卷36《亲人著述》第138—140页；《唐君毅全集》（学生）卷29《先人著述》，第151—152页。

不觉泪已洒，强与儿游嬉。游嬉愈依依，数问父归期。
牵衣复出房，引领独欷歔。回心反初念，怦跳忽如痴。
沿途宁非吉，风露苦凄其。著书初脱稿，精神固不支。
更值行旅劳，何禁百感摧。乡居多暑湿，地僻无良医。
药物储行囊，恐君未知之。本图相与偕，计议各参差。
虑我疾病多，虑我风波危。优裕欲我共，劳苦不我施。
我愁君不乐，君忧我不知。临行何仓卒，事事措非宜。
悔恨心如捣，反复想容辉。容辉不复忆，操心增惶惑。
惶惑将如何，恨无双飞翼。起坐失其序，日望日西匿。
忽忽甫经旬，佳音哪易得。儿女争来集，喃喃问消息。
层霾一旦开，夜月添颜色。来日倚虚幌，相将布胸臆。
明日方午寝，见君坐案侧。惊喜速问讯，君归何乃亟。
如何不我应，何事沉默默。须臾不见君，愁云漫天黑。
辗转久寻思，道远何可测。悲哉此何时，苍天曷有极。

遣悲怀①

天地生万物，各遂其常理。雨露滋芳华，风雷厉柔靡。
仁人赞化育，立德修文纪。而曰仁者寿，胡不保之子。
岂伊凤不至，于何伤麟死。世方逐横流，滔滔者皆是。
悬景自孤光，天风无定止。躬欲使其淳，人斯谁与己。
惟感平生言，惧同草木毁。朝获闻大道，夕死斯可矣。
泰山竟尔颓，吾其奚仰止。同穴知何年，永痛无穷已。
正声久不闻，悲歌犹在耳。既命救人间，夫何充天使。
世诚不可为，宁灭先圣轨。圣轨固昭彰，子去谁率履。
形骸虽幻化，精诚实相契。待当休明世，吾子复兴起。
至人值嘉会，驾言心转喜。全家欢重聚，情钟良足恃。
吾子居何方？安得以语此。哀思如循环，天应成人美。

---

① 陈大任：《遣悲怀》。《唐君毅全集》（九州）卷36《亲人著述》第143页；《唐君毅全集》（学生）卷29《先人著述》第154页。

记梦①

人天虽乖隔，至诚能感通。魂兮归乎来，窗月光玲珑。
忽睹坐观书，故衣故时容。惊疑旋复喜，喜极泪沾胸。
何期三秋别，于今一旦逢。儿女沉哀疚，遑论独我躬。
子今果在此，原非昨梦同。明明非昨比，晓日升已东。
顾我但微笑，何必形影从。死诚得所归，生乃实懵懵。
死生与离合，执此皆愚庸。闻之心断绝，欲呼声转穷。
欲听耳无聪，欲视眼无瞳。隐约君颜色，遽尔乘晨风。

祭迪风文②

维孔子二千四百八十二年七月十六日。陈大任谨以香楮烛帛、羊一、豕一之仪，致祭于唐君迪风之灵位，而泣曰：呜呼！痛哉！成都相别，不数日，而子竟至此耶！宁儿哭送君时，君抚儿曰：爸爸去，不久即归来。言犹在耳，吾君遽忍至此耶！自送君去后，携儿入室，见君所钞书，叠叠满案。披阅之，不禁泪涔涔下。至夜，儿辈围坐读书，独无君在座，亦不觉凄然者久之。犹以君暂别，聊可自慰。有时回想平日仪容，茫如隔世。有时臆度沿途及回乡情况，心必震惊。念吾君此去，宁有他虞。因谓至儿曰：汝父被叙电催去，他日该不至再促我也。悬悬之心，忽起忽伏，未尝一日去诸怀也。

原约至嘉定当与我信，眼欲穿而音仍杳。然五月九日始得来书，知君安抵叙矣。书中云：连日天阴，船中数日，丝毫未病。奉读之下，释然自解曰：我前日实疑虑，所生幻想，方待归来，将此中情思缕述于君也。

明日午寝，则见君坐窗前，我即起谓君曰：子已归来，盍不一语，而再，而三，君终不答。比醒，复大疑之。吾君殆病矣乎！追省信中云云，岂君之慰我者耶！越日而凶电果至，时如天地崩裂，神魂

---

① 陈大任：《记梦》。《唐君毅全集》（九州）卷36《亲人著述》第147页；《唐君毅全集》（学生）卷29《先人著述》第158页。
② 陈大任：《祭迪风文》。《唐君毅全集》（九州）卷36《亲人著述》第149—155页；《唐君毅全集》（学生）卷29《先人著述》第160—169页。

飞逝。旋因电码未详，意君急病，或尚犹以可治也。克日捷道奔回，未至门而心胆俱碎。天乎！痛哉！吾君果长此已乎！号痛欲与俱。又为诸儿是痛，抚棺几绝，而君仍偃然不起。

呜呼迪君！彼时君之精诚来感通我耶！欲我即归耶！恨我究未深信其事之果验也。计梦君来蓉之日，即君弃我之日也。痛哉！此益使我抱无穷之憾，而不能顷刻忘已。彼时，吾君孤怀欲语，而谁可语也！呜呼！迪君！我之痛何可言，我之悔尤亦终无已时也。君本不欲回乡，而竟回乡。其谁使之耶？神耶？鬼耶？而莫或止之耶！天耶？命耶？夫何使我至此极耶！

大嫂临危，属家事于两弟。两弟急于星火，不惜千里迭电促君归。君不忍负两弟意，两弟之两电，则不啻为君之催命符也。君一生不怨、不尤，视死如归，自无遗恨。惟我与儿辈，自今以往，终不能一刻忘此两电也。两弟拍电时，叙城流行症正烈，行人皆缩足，而两弟未之知耶？抑两弟不胜家事之劳，急欲待卸而未之思耶？呜呼！两弟今后，受托之责，其将谁卸？其将望谁分忧分劳？向谁相催、相迫？呜呼迪君！吾固知两弟未虑及君，竟至于斯也。然两弟今后之痛心疾首，不知为何如也！

呜呼迪君！前日数阻君归。君曰：恐无以对两弟。不去，心反不安，且难得与崔卢先生同船，借可顺游峨眉。我复请君：我与至儿分一人随君。君言：我二人易病，不如君一人去为愈。不得已，听君径去。既而，闻君因护送冯胡二女生，直至叙，故未与诸人同游。抵叙后，又特为二生待轮船，留城中四日。复亲送二生上船后，乃于端午前一日回乡。当送二生时，君痔疾大作，步行甚苦，且往返数日于炎日之下云。呜呼！我何忍卒闻。彼时我与至儿或随君，当不使君如此忍艰耐劳，中途则脱然共诸人游矣。孰知君为保我等之安全，置己身于不顾，而致罹斯疾也。呜呼痛哉！吾君此次之行也，无往而非我之咎。每一念及，恸极椎胸，悔之莫及矣！

忆君自先姑见背，居常寡欢。逢先姑忌日、生辰，益感伤不已。时虽设计排遣，然终难得君欢娱。惟儿辈怡怡一室，君每顾而乐之。尝谓我曰：诸儿皆比我强，我生而未见父，阿母如得见诸孙逐渐长大，不知如何喜爱也。言时辄泣下，若不自胜。因此，知君非儿女在侧不欢。每有行，必令一儿相从。此次君竟一人回乡，加之三伯母、七叔母、二兄之灵位均设在堂。三伯母，君自幼呼之为母，事之如母。其视君也，一若所生。君与相别，五六年来，尤时时在念者也。闻侄辈言君惫甚，甫抵家，即顶礼跪伏灵前，涕泣不可以起。端午日，又亲购食品以飨二老人及二兄之灵。迨病已殆，复强扶楼取晒藏书，其间又在在皆先姑手泽遗痕。君茕茕相对，不知若何悲戚。闻姑母言，曾见君晒书廊下，在书丛中反复周寻，又数数太息，似有无限隐情。然询君则先舅之文稿也。呜呼伤已！君之孝思，哀且苦矣！如此等等，毋乃重君之病欤！其谁体君之心而慰之以言？审确病情而慎之以药？是皆我与至儿未追随左右之罪，夫复何尤？呜呼哀哉！

忆我年十八来归，彼时与君浑然孩童也。君长我一岁，颇能好学。我乃不知所从，居则惟女红是务，出则联袂以嬉以游。先姑爱子媳若命，略不责所以。人有讥笑言于先姑者，先姑弗顾焉。我恃而无惮，益恣其憨状逾年。初别君，随父并诸姊妹赴蓉，夜宿船中。梦与君嬉戏，竟掷石江边，君忽失足溺水，我大哭呼君，声闻吾父，父唤醒我，问以故，我寂然无以应，旋闻父作叹惋声，盖慈父实已体察儿女之情已。此二十五年前事，犹宛在心目也。

曾与君约：设君诚有不幸，必与君俱。且喜君体质较康强，要不至在我之先，则我之所虑又未以为忧也。然又恐我固多病，旦夕且死，自计则善而于君之情境，则必不堪遗此诸幼。君将奈何思之，复泫然相依以泣。君抚慰我曰：毋庸神经之过敏也。呜呼痛哉！孰知昔为君悲者，而适成其自悲矣！今我生意尽矣，每闻宁儿哀呼阿父，毅至等背吾啜泣，此心已寸寸断，惟竭力忍泪托残喘于诸儿。恍惚间，又疑此身仍在梦也。其真梦也耶！不情之棺，胡为而在堂也？信然耶，世间竟有无父之儿耶？世间之父，亦如君之爱儿耶！依依子母，更相为命，更相为慰，又胡为而然也。天道果如斯耶！呜呼悲已！

呜呼迪君！与君虽夫妇，而实师友也。一旦不见，如婴儿之失母，又如左右手之失援。顾瞻俯仰，谁可与语？如有不善，谁为告诫？我有不学，谁为勉勖？我事理不明，谁为析疑破惑？佳节良辰，谁与寻幽探胜？触处陈迹，倍增凄怆。凡昔同游玩之地，从此均成绝诀。同放纸鸢之石阜畔，更何忍见黄土一抔？我之哀思日日系于堂中，今将移向于此，吾足何忍临其境？吾身何日同其穴？同其穴矣，又不知彼此能相见否也。此身一日不死，则一日不能忘也。

夜或兀坐灯前，仿佛与君展书共读。竹窗风过，仿佛君激昂慷慨声。临饭即欲奉君所嗜菜，仿佛来尝。宁儿啼饥，仿佛仁慈恺悌坐儿膝上，食之糖饵。呜呼迪君！是精诚无乎不在也。我思君之诚，无时不然也！其或能相感而一见君之颜色乎！前于清夜，特步庭中，诚虔敬祝君归来。满庭月色仍如旧日，四顾回还，独不见君影形。惟惨澹灵灯，愈助人凄绝，更进而伏棺静听，频频呼君，仍不闻君动息。呜呼痛已！迪君乎！其有知欤？抑无知也欤？

呜呼迪君！素与君心心相印，兹独无感应乎？呜呼迪君！既不能形影相接，希常于魂梦相通。梦中偶见君，忽非可亲之容，岂以我平日好持己见，与君争论，故以此不屑之教诲以教诲我乎！呜呼吾君！平日启发我者，无所不用其极也。恨我役役终年，不知何者为学，更不知君之所以教忆，君语我有云：学非求功利也，尽其在己而已。我习焉不察，凡所为，莫不与君背驰。及其弊端百出，君反引为己咎，自责其遇，而我仍长恶不悛。君又以涵泳篇等置我侧，更亲磨墨裁纸，令我钞书，意我游心于此以纾积弊。

呜呼迪君！我始终不悟，吾君在天，其不瞑目矣！君尝言我父为读书人，而我从未读书，恒以为深惜。每以至言激动我。我生性不知，与俗浮沉。君时隐其孤衷，殷殷开导我云：良书即无友之人之良友也。尝思之我年四十，而壮心未死。昔既不体父之志，以略尽其孝。今且无以副君之望，而励其行。抚躬内怍，不觉汗之浃背。年来方奋志为补牢之计，早晚从君学问。呜呼痛已！往日君谆谆诲我，我偏悠忽，旋听旋即置之殊，未味乎其言也。今而知欲学而君不留。思聆君之教，而不复得矣。呜呼！虽天之绝我，命实为之。呜呼迪君！我不肖之罪极矣！负君实深矣！今将何以自勉，以报君之爱我乎。诸儿赖有父风，能使率其性，以继承父志。差可塞己之过，而慰君之灵已。

君一生学不厌、教不倦。守先待后，其志可齐先圣。自与君相处，惟见君朝夕废寝忘餐，深研群书。时有所得，便忻然绕室；或中夜起，援笔记录；或呼予以告，廿余年如一日。平居则恬然自适其适，躬行所学，勇猛精进。自奉菲薄，而酷好置书。君曾拟售藏书若干，以偿债务之急，及济然眉之需。我即竭力赞成，但以君素所宝爱，终未割爱。我愚而不学，每好反对君置书。君以此，往往忍情抑性而从我。呜呼痛已！君且谓我曰：学与食，食犹可绝，而学不可一日间断也。又曰：如不赖先哲之书，则日沦于禽兽，亦不自知。呜呼迪君！惟君之书史等，当命儿等检收韫藏。我纵断炊饿且死，亦不忍拂君之心，而卖君所爱。迪君乎！君如可作，即倾家供君所好，乞食而得偕君亦所甘而不辞。呜呼已矣！夫复何言？

吾君每言及孔孟学术垂绝，辄感慨欷歔。毅然以振起斯文自任，并以此教学子。授课时常常披肝裂肺，大声疾呼，痛哭流涕。其苦心孤诣，我常为君抆泪。因以"徒劳精力，于人何补"之言劝君，君曰：倘能唤醒一人，算一人。智者不失人，亦不失言。吾非智者，惟恐失人。吾不得已也。忆民十一年，君代蒙公甫老伯作挽某生联云："嗟予衰病余生，痴心望后进人才，挽回气运；愿尔英灵有感，高兴补此番遗憾，再到娑婆。"此虽小品，亦略见君所以期望后学之苦心，非一朝一夕也。

近年中，乃兢兢于著述之事。已成之书外，人学史蕴蓄已久，开始草创，而未终篇。其他欲作者，正复不少。呜呼吾君！已知人心风俗不可挽回矣！君之大愿未偿，吾君之心苦矣！昔孔子以道不行，欲乘桴浮于海，而欲子路从之。今君独舍我而逍遥天外，而不令从。噫！殆我之命矣夫！虽然吾君实不得已，而暂以身殉道，待他日再来中国也。果尔，则后会可期也。吾君禀性与貌，迥殊凡俗，想无异今生。我自能识君，君亦必识我也。迪君乎！然欤否欤？其来明示我也。往日，君上课时，感精神不济，曾语君勿为家计而勉任其难。君曰：宁有是哉！若图一身、一家自肥、自逸，计天下何事不可为？呜呼迪君！实因竭思劳神，而益羸其躯乎！吾君一生所为，无非急公忘私。视己之病，漠如也。且恐我与儿辈以君病为忧，又屡讳疾不言，从前我错认君身体康强，故日疏慵，致君或竟亏于微渐，而我犹不知，未尽心之罪，容可逭耶！

乡日民十五年，偕君客金陵。我卧病，吾君时陪坐床头，持书谈咏。凡君一言一笑，藉减轻病中苦痛不少。其他延医调药炊爨，以及小孩琐屑等事，吾君莫不躬自为之，寒夜深宵犹劳劳未寝，日初曙即起，然灯载读载炊，饭毕挟策，徒步二三里雪地，就竟师讲学。迨归来，衣履间坚冰白雪，耀然夺目。君亦弗之顾。惟殷殷余病是问。天乎！痛哉！我不学无德，多愁善病，累君实多多矣！我之罪，更万死何赎！呜呼！痛哉！吾君盛德，胡先我以去，我之不肖，可死久矣。彼苍瞆瞆，一何至此！

　　念君最崇孔圣，雅好《论》《孟》诸书。特于君灵前早晚虔诵，并令儿辈轮流奉读。恨我平日未能如君之事我以事君，兹欲补前愆于万一，顾可得哉！当我读至君所爱之章句，忽觉君音容如出其上，如在其左右，辄伏案痛哭，不可卒读矣！

　　呜呼迪君！过去之事，诸多茫然。忆及一二，靡不使此心如割。犹忆君往日，凡出入儿辈，莫不争相迎送。君如归稍晚，宁儿必不食不寝以待。闻履声至，皆大喜拥出，扶将君入室，宁儿依依膝下，惟恐君又去。然君尤亲爱备至，抚摩不辍。顾谓我曰：儿等如此情笃，何忍远离。如有行，必偕一家去。呜呼痛哉！所谓神耶！鬼耶！何弄人至此极耶！天耶！天耶！此恨有终期耶！

　　惟吾君服膺孔孟，并著书阐明其理。其理长存，则吾君精神亦长在也。吾又何用其悲。为顾君子之道，而今暗然，君之形体与之俱隐。他日此道光大，吾君之形体与之俱显，道其寄于君之身欤！二十年后，国运将回，吾君真当出矣。我恸极辄引此自慰，吾君其何日来也。哭泣陈辞，吾君闻乎不闻？哀哉！

年　　谱

一九〇九年（清宣统元年）　一岁

唐先生讳君毅，学名毅伯，公元一九〇九年（清宣统元年）一月十七日，农历戊申年十二月二十六日，出生于四川省宜宾县柏溪老家水漕头老房子。

如果按照旧历算法，唐先生从出生到戊申年底为一岁，只有五天。如果按照新历算法，先生自出生至一九〇九年底为一岁，比较接近一岁的实足年龄。而且有关于唐先生的史料，也大多数用实足年龄计算，所以本年谱所述的唐先生年岁，都按照新历的算法。

唐先生自谓："唯忆吾母尝对吾言，谓十九岁来归吾父，三载乃育吾。吾初生，头骨丑异，母畏人笑，时以手加以按摩，乃渐浑圆。"[1]

唐先生半岁时，随迪风公及陈太夫人乘木船去成都。某次停船，陈太夫人失足掉入水中，唐先生当时被抱在怀里，幸好两人都得救了，并且没有大碍。

抵达成都后，唐先生同父母及祖母，一起入住锦江街（后名蜀华街）蹇家大院。迪风公始教中学，继执教于省立第一师范。唐母则入读其父执教的淑行女校。女校实行寄宿制，学生只允许周末放假时回家，平时待哺的唐先生，只能由其祖母卢氏和用人，每日两次送至女校校门房就乳。唐先生自谓："初，吾外祖陈勉之公，于清末任教成都女子师范，吾才半岁，吾母即与吾父同去成都，往就学焉。其时女生，例须住校，非星期六

---

[1] 唐君毅：《母丧杂记》。《唐君毅全集》（九州）卷8《哲思辑录与人物纪念》第14页；《唐君毅全集》（学生）卷3《人生随笔》，第65页。

不得返家。每日由家中老仆抱吾至校中门房，就乳两次。"①

关于唐先生出生时的情况以及成长中的生命性格，在唐先生50岁生日时，唐先生母亲写有祝寿诗《为长子毅五旬生日作》，有母亲视野的陈述和阐释②：

> 融融冬日，暖如春昼。漠漠大地，孕育灵秀。吾儿降生，一元初透。东君与立，旧岁告休。恭元春喜，贺粥米酒。煌煌华堂，宴集亲友。敬献鲜花，旋奉佛手。烛燃龙凤，香喷金兽。爆竹于庭，磬鼓三奏。肃肃威仪，依次荐羞。童稚欢腾，玩狮舞虬。儿生逢辰，因缘巧遘。纷其内美，得天独厚。名儿曰毅，坚尔信受。浴儿芳香，衣儿文绣。重以修能，人天共佑。勤斯敏斯，匪伊邂逅。……

一九一〇年（清宣统二年）　两岁

唐先生幼年读书，都由母亲教授，在两岁时候，母亲就教他识字。

唐先生自谓："吾年不及二岁，母即教吾识字，并教以火柴排其字形。母尝道吾二岁时事，谓一日天未明，而帐中失吾所在，即起乃见吾已坐椅上，以火柴排字于桌上，并自取糕饼而食，燃灯视之，其上皆遍布黄蚂蚁云。吾父以忙所务，恒傍晚乃归，故吾幼年读书，皆母所教。"③

一九一一年（清宣统三年）　三岁

陈太夫人在《为长子毅五旬生日作》一诗中，回忆先生三岁时的事情，有"三岁免怀，忘其美丑。喜弄文墨，凡百好求。趋庭问字，意义必究。憨态孜孜，恐落人后。阿舅笑曰，此儿似猴"的话语。

---

① 唐君毅：《母丧杂记》。《唐君毅全集》（九州）卷8《哲思辑录与人物纪念》第14页；《唐君毅全集》（学生）卷3《人生随笔》，第65页。

② 陈大任：《为长子毅五旬生日作》。《唐君毅全集》（九州）卷36《亲人著述》第200—201页；《唐君毅全集》（学生）卷29《先人著述》第217页。

③ 唐君毅：《母丧杂记》。《唐君毅全集》（九州）卷8《哲思辑录与人物纪念》第14—15页；《唐君毅全集》（学生）卷3《人生随笔》，第65—66页。

一九一二年（民国元年）　四岁

一九一三年（民国二年）　五岁

春天，陈太夫人在简阳女子简易师范担任教务主任，同时教课三十小时以上，无暇照顾孩子。唐先生随迪风公留成都，住锦江街。

此时，唐先生的祖母卢氏虽然在世，因为不习惯长久住在成都，常往来于宜宾、成都之间，所以平时家里只有迪风公与唐先生两个人。唐先生每天下午一个人坐在宽敞而又寂静的堂屋的门槛上，等候迪风公教学回来，在孤独寂寞之中，他经常喜欢沉思冥想。

唐先生从小敏感，每到黄昏，或天色阴暗，就皱眉扁嘴，露出想哭的神情。想到天不知有多大，就被这种想法震骇。稚小的心灵里，一直对宇宙怀有苍茫之感。

暑假将至，唐先生随迪风公去简阳接陈太夫人。一天，唐先生被一大群学生包围，考问运算加减乘除，唐先生应答如流，引得众人嘻哈大笑。

先生的外祖父常对亲戚指着唐先生说道："我的这个孙子比其他孩子要聪明。"陈太夫人则常常告诫先生说道："锅盖揭早了，饭就烧不熟了。"因此，先生虽然常常受到亲戚及父亲的朋友的称赞，仍没有骄傲的神色。

一九一四年（民国三年）　六岁

父亲迪风公开始用《老子》一书教唐先生。

一九一五年（民国四年）　七岁

当时章太炎新编白话文《教育经》，内容有文字学与诸子学，由于迪风公最佩服章太炎，于是就嘱咐先生读这本书。

迪风公给先生讲了一个故事，说道地球有一天将会毁灭，日光渐淡，只剩下一个人与一只狗相互陪伴，唐先生记念着这个故事，一直没有忘记。他曾经看见雨后，地面因太阳蒸晒而爆裂的景象，就忧虑地球将会被破坏，世界将会毁灭。

> 大概在我六七岁的时候，父亲教我时，向我讲一个故事，听这个故事到今六十年了，我总摆在心中。故事是小说，讲的是世界末日记，说在地球上有一天，太阳的光变成暗淡，太阳热力慢慢减少。当然这在科学上是承认的。最后人都死光了，只剩一个人带着一条狗。这个故事使我总想到地球是有一天要毁灭的，小的时候，我尝见天上下雨，太阳晒后地面裂开，当时我就想，恐怕地球要破裂了，世界要毁坏了。世界会毁坏的思想常常在我心中。世界会毁坏，我个人也会毁坏，是不是有一个可以不会毁坏的东西。照我个人的哲学来讲，我是相信世界是有不会毁坏的东西的，当然，你们同学是不是真的相信这个就很难说了，可是，这个问题是从很小的时候问起的。我相信这个世界是应该有一个不会毁坏的东西。①

> 忆吾年七八岁，吾父迪风公为讲一小说，谓地球一日将毁，日光渐淡，唯留一人与一犬相伴，即念之不忘；尝见天雨，地经日晒而裂，遂忧虑地球之将毁。②

此事对唐先生影响深远。自谓"我追溯我之对于一切以看生物眼光看人之思想，所以有反感的根原，亦即我哲学思想的根原，最早应当是六七岁左右时一段经验……我想这就是我之哲学思想与一切对人性之看法的根原。为什么人会想到世界的毁坏？这中间即包含人性之神秘、人性之尊严，与其异于禽兽之所在。这可以用求生存、性欲，求权力欲与交替反应之活动来说明吗？不可能。因为这一切活动，都系于世界之有在。而人在想世界毁灭时，是世界在其心内之不存在，亦即此一切活动之不可能。我如何能想世界之毁灭，而能忍受此一之存在于我心中呢？后来我有确定

---

① 唐君毅：《民国初年的学风和我学哲学的经过》。《唐君毅全集》（九州）卷8《哲思辑录与人物纪念》第103页；《唐君毅全集》（学生）卷3之2《病里乾坤》第132页。

② 唐君毅：《生命存在与心灵境界》"后序"。《唐君毅全集》（九州）卷26《生命存在与心灵境界》（下）第352页；《唐君毅全集》（学生）卷24《生命存在与心灵境界》（下）第466页。

的了解，即人是一具超越物质世界性的存在。当时当然不知道"①。面对这样一个"地球毁灭"的故事，幼小的唐先生并不只是以"客观"的方式"关注"地球这个"身外之物"，而是直接联想到自己，联想到生命的死亡问题。"世界会毁坏，我个人也会毁坏"。将自己植入"地球毁灭"这样一个想象性的真实场景，地球的毁灭就不单是地球这个"东西"的毁灭，而成了"我"这个真实存在的"生命"的一同毁灭。正是这种"自我生命"与"地球"的同位化，强化了死亡恐惧本身，由此也逼得唐先生要去探寻"是不是有一个可以不会毁坏的东西"，"这个问题是从很小的时候问起的"。这个问题的逼问，使唐先生以后慢慢走向建构和确证这个"不会毁坏的东西"的哲学探索之路。

一九一六年（民国五年）　八岁

父亲迪风公在《国民公报》担任撰写重要评论的报刊编辑工作，唐先生随家人住成都报社。一天，家人都改穿新衣，像和尚袍，但是袖子略小。迪风公想要复兴明代的衣冠，就举家为倡，让全家人都穿。

一九一七年（民国六年）　九岁

父亲迪风公在唐先生十岁之前，不教先生读儒家典籍，只教《老子》、唐诗、司空图《诗品》，又让他背诵《说文解字》，先生对此感到非常苦恼。

一九一八年（民国七年）　十岁

在进入成都省立第一师范附小读书前，唐先生没有走进过学校。其发蒙和最初的性情养成，除却环境因素，全赖家庭父母的教育与影响。对此，唐先生自己感受颇深："关于家庭教育我觉得关系太大，人之根本性

---

① 唐君毅：《我对于哲学与宗教之抉择——〈人文精神之重建〉后序兼答客问》。《唐君毅全集》（九州）卷10《人文精神之重建》之附录，第452页；《唐君毅全集》（学生）卷5《人文精神之重建》之附录，第566页。

格之养成全在家庭,由父母的爱而出发的教训亦最有力。"① 他出版的第一本书是一九三四年二十五岁时所编,由南京拔提书局出版的《中国历代家书选》,在《〈中国历代家书选〉编辑旨趣(代序)》一文中,他认为:"教育之道,盖亦多端;然家庭之教,当为首要。"② 其原因有四:一是天伦之内,爱敬出乎自然,爱则教之切,敬则感言深。二是家人之间,性习相近,相知相恤,可以做到有的放矢。三是学校教育,多始于成童;而习以成性,恒在孩提。若启蒙无术,养正斯难。四则当时中国之学校教育,多贩卖知识偏枯之教,忽视人格陶镕;故教以义方,唯赖家庭。

唐先生自谓:"十岁后乃入小学,课程中有手工一种,吾所最苦,母恒代作纸盒等,以当成绩。"③

一九一九年(民国八年)　　十一岁

春天,唐先生进入成都省立第一师范附小读高小,寄宿在学校中。学校每星期一的第一堂课是修身课,由省立第一师范校长祝屺怀先生亲自执教。国文则由萧中仑先生执教,萧先生以《庄子》的《逍遥游》与《养生主》为教材。唐先生对这种国文课非常感兴趣,而且印象深刻。在《怀乡记》中,唐先生说自己"后来学哲学,亦许正源于此"。萧先生白发飘然,超凡脱俗,看起来就像神仙中人,被人称为"萧神仙"。萧先生精通医术,唐先生曾经请他为母亲陈太夫人治伤寒。

唐先生与父母住成都。成都是文化古城,有众多文化古迹。南门外有奉祀诸葛武侯的武侯祠,西门外有奉祀杜甫的杜甫草堂,东门外有纪念唐代女诗人薛涛的薛涛井及送别的望江楼,北门外有佛寺昭觉寺,城外西南有道观二仙庵、青羊宫,城中则有县立文庙、省立文庙及关岳庙。父亲迪风公经常带唐先生到这些古迹游览,同时为唐先生讲述这些历史人物的生平故事,并讲解寺庙中的对联及碑碣的意义。这种教育,对唐先生的一生

---

① 唐君毅:致廷光书,1940年11月。《唐君毅全集》(九州)卷30《致廷光书》第124页;《唐君毅全集》(学生)卷25《致廷光书》第174页。

② 唐君毅:《〈中国历代家书选〉编辑旨趣(代序)》。《唐君毅全集》(九州)卷1《早期文稿》第150页;《唐君毅全集》(学生)卷10《中华人文与当今世界补编》(下),第575页。

③ 唐君毅:《母丧杂记》。《唐君毅全集》(九州)卷8《哲思辑录与人物纪念》第14页;《唐君毅全集》(学生)卷3《人生随笔》第66页。

影响极大。唐先生对中国文化的尊崇，实际上即植根于此。成年后的唐先生，常常暗自庆幸自己不失为一个中国人，并且说这都是家庭环境与社会文化环境的功劳。以后在中国南北各地，足迹所到的地方，也养成了必定会去名胜古迹、庙宇祠堂参看的习惯，并自言，在徘徊瞻顾之中，遥念古人，环顾当世，能启发无尽的思想智慧。①

一九二〇年（民国九年）　十二岁

祖母卢氏逝世。

唐先生读神怪小说后，经常睡梦里充满神怪。曾经想亲自写一部小说，另造许多神怪，与所读的书相比较。

父亲迪风公说唐先生有哲学思想，但是唐先生自己当时还不知道哲学是什么。

一九二一年（民国十年）　十三岁

父亲迪风公与彭云生、蒙文通、杨叔明各位先生共同答应重庆联合中学的聘用，举家迁往重庆。当时重庆联中校长为熊浚（字禹治），而蒙文通、杨叔明两位先生都出身于清末经学家廖平所办的成都国学院。于此可见，当时的重庆联合中学人才荟萃。

重庆联中位于重庆两路口的骆家花园，是川东书院旧址。学校礼堂上有大成至圣先师孔子的神位。当时的两路口，还基本上是一片乡村景象。学校的后面，有山名为鹅项颈。站在山上，可以左瞰长江，右瞰嘉陵江；登上山顶，是浮图关，夕阳古道，秋风禾黍，容易使人产生思古的幽情。

唐先生于是年秋考入重庆联中，联中也成为唐先生学习哲学的发源地。一九四四年夏，唐先生与母亲、二妹至中偕游重庆两路口一花园时，曾登至最高处，指着重庆联中笑对妹妹说："那里就是我学习哲学的发

---

① 唐君毅：《中国之祠庙与节日及其教育意义》。《唐君毅全集》（九州）卷14《中华人文与当今世界》（下）第164页；《唐君毅全集》（学生）卷8《中华人文与当今世界》（下）第197页。

源地。"①

在重庆联中学习期间，第一年的国文课，由迪风公讲授。迪风公以孔子、孟子、老子、庄子的文章作为教材，诱发学生对诸子书的兴趣。唐先生在同班中年龄最小，但是各科成绩都很优异。唐先生还善于思考和质疑，当时刘泗英先生讲时事，唐先生常常起立质疑，让刘泗英先生语塞。父亲迪风公听说此事后，加以训斥，但刘泗英先生则欣赏他年纪轻轻而有想法，不以为忤。②

唐先生在十二岁半以前，一直随父母居住和生活在成都。考入重庆联中后，随家人住重庆两路口江滨大溪沟，在此居住长达四年。在这里居住期间，有一天有军队想强占唐先生家的房子，唐先生与他们争论，被士兵劫持，陈太夫人忽然赶到，直接牵着唐先生离开，兵士顿感惊愕。③

唐先生一家当时客居成都，不重过节，见人过年熙熙攘攘便讨厌。是年，唐先生曾作了一白话诗，反对过年。当时的理由，是根据自己当时的科学知识，说地球绕太阳便成一日，而地球绕太阳，乃日日如是，不能指定某一日为年之始，我们亦可任定一日为年之始。④

一九二二年（民国十一年）　　十四岁

唐先生在联中读书的第二年，由蒙文通先生教授国文。蒙先生以宋明儒学为教材。

父亲迪风公选孙夏峰的《理学宗传》一书供唐先生自学。一日，读到陆象山于十余岁时，即悟"宇宙即吾心"之理，唐先生突然产生一种莫名的悱恻之感，不能自已。

---

① 唐至中：《我的哥哥》。《唐君毅全集》（九州）卷38《纪念集》（下）第574页；《唐君毅全集》（学生）卷30《纪念集》第653页。

② 李璜：《我所认识的唐君毅先生——其家教与其言行》。《唐君毅全集》（九州）卷37《纪念集》（上）第7页；《唐君毅全集》（学生）卷30《纪念集》第14页。

③ 唐君毅：《母丧杂记》。《唐君毅全集》（九州）卷8《哲思辑录与人物纪念》第14—15页；《唐君毅全集》（学生）卷3《人生随笔》第66页。

④ 唐君毅：《中国之祠庙与节日及其教育意义》。《唐君毅全集》（九州）卷14《中华人文与当今世界》（下）第166页；《唐君毅全集》（学生）卷8《中华人文与当今世界》（下）第199页。

又，父亲迪风公曾经为唐先生朗诵孟子去齐一段，先生也深为感动，以至于哭泣。

又，下雨时水位上涨，寓所的阶石被水淹没，唐先生曾经思考，这块石头在我们看不见时是否存在呢？当时的结论是，既然不被看见，就等同于不存在。

唐先生读梁启超《人生之目的何在》一文。该文大概内容是，世人都很忙，并列举可忙碌的事情有百余种之多。可是，究竟是为了什么而忙？却没有真实的答案。唐先生读此文，突然领悟到人生目的在于求快乐，甚至认为，杀身成仁，其实也是为了求心中的快乐。

此时的唐先生还认为，一切满足声色享乐的欲望都是罪恶的，身体最为可鄙。所以，一切关于身体的欲望都应该消除。人生的目的，就是绝欲；因为绝欲，才能忘我；忘我，才能利他而有道德。所以，此时的唐先生将佛家的绝欲当作人生的极致。

将绝欲的理论与人生求快乐的观念融会贯通，唐先生认为，人满足欲望时所达到的心境，就是没有欲望。因此推论，人如果能够无欲，那么，他的心境就是永远快乐的。唐先生当时自以为，这种思想是空前的一大发明。

在十三四岁时，因受新文化运动文章的影响，唐先生把跪拜当作奇耻大辱。因此，回乡上坟祭祀，也不跪拜。直到父亲迪风公逝世，才开始领悟到，跪拜是出于情不自禁。

一九二三年（民国十二年）　十五岁

是年，是唐先生生命中极为重要的一年。

十五岁的唐先生开始立志向学，确立效法圣贤的志向。"吾年十四五时，即已有为学以希贤希圣之志。"① 在此年生日，遥念先圣之德，更念及自己对华夏文化的重光之责，当有以自任。遂含泪赋二诗述志：②

---

① 唐君毅：《生世》。《唐君毅全集》（九州）卷7《病里乾坤》第3页；《唐君毅全集》（学生）卷3《病里乾坤》第10页。

② 唐君毅：《生日》。《唐君毅全集》（九州）卷32《日记》（上）第159页，卷1《早期文稿》第1页；《唐君毅全集》（学生）卷27《日记》（上）第235页。

孔子十五志于学，吾今忽忽已相埒。
孔子七十道中庸①，吾又何能自菲薄？
孔子虽生知，我今良知又何缺？
圣贤可学在人为，管他天赋优还劣？

泰山何崔巍，长江何浩荡！
郁郁中华民，文化多光芒。
非我其谁来，一揭此宝藏。

此番立志，对唐先生一生的志业走向意义重大。十七年后的一九四〇年，已经在重庆教育部做特约编辑的唐先生，曾经带弟弟唐君实到大溪沟去寻找曾住过的李家洋房。在费了一番周折找到后，"哥哥兴致勃勃，我却已毫无印象，无动于衷"。过后唐先生诧异地向二妹、四妹说："弟娃对大溪沟李家洋房一点不感兴趣"。唐君实后来说："现在我回想到那时的冷漠态度，自己也觉得陌生，不理解。"② 由此可见那次少年立志在唐先生心目中留下了深刻的记忆。

此番立志及重庆联中这个哲学精神的"发源地"，对于唐先生具有很重要的生命安顿意义。三年后，当他在南京问学及精神上遭遇困扰时，曾

---

① 引者注：本诗为唐先生夫人谢廷光整理旧物时从旧纸片上抄下来的，在唐先生《日记》1956年6月30日"廷光代笔"中有如此说明："今天已是六月三十日，后天我们要搬家了。在此生活了六年余，临别不禁依依。虽然桂林街时代，我们甚穷，但穷中有乐，有我们生活的意义，有时三人一同读诗唱词或听毅兄讲读书为人之道，我们的生活十分愉快，在扰攘的环境中，我们的精神是宁静的。几日来毅兄清理杂物，发现了他少年时的诗章写在零零碎碎的纸上，特为钞记于日记中。"在简体字版《唐君毅全集》中又同时以"少年诗作十五首"为题收录于《早期文稿》。原诗第二句在《日记》中的抄写是"孔子十七道中庸，吾又何能自菲薄"。编入《早期文稿》时也保持原样。但是，在与王康先生反复讨论后，引者认为，此句应该是"孔子七十道中庸，吾又何能自菲薄"。这一点也得到王康先生的认同。因为孔子视"中庸"为至德，自言七十"从心所欲不逾矩"，这种"从心所欲不逾矩"的境界也就是"中庸"境界。因此，说"孔子十七道中庸"很难成立。同时，唐先生时年十五，如果孔子十七即"道中庸"，那么后半句"吾又何能自菲薄"也不合适。因此，笔者推论，此句或者是唐先生写时笔误，或者是谢廷光先生抄录时笔误。故在此处引用时改为"孔子七十道中庸"。

② 唐君实：《我对哥哥的一些回忆》。《唐君毅全集》（九州）卷38《纪念集（下）》第590页；《唐君毅全集》（学生）卷30《纪念集》第675页。

写下这样的诗句："三年前朝夕相伴的学校，她呀，是我知识的母亲。""我于是立志归来，我于是登程西行。""我又回到我亲爱的重庆。""归来啊！只希望——身上的伤痕能够痊愈。"①

十五岁的唐先生开始了人生的第一段恋情。由于父母在重庆省二女师任教，有人介绍该校学生刘志觉于唐先生父母。唐先生以刘为该校学生的缘故，最初不愿意。经父母再三劝导，方才同意订婚。继而与刘通信数年，感情尚好。但唐先生要终生从事学问，刘则喜好参与政治，信仰国家主义，二人思想不同。因此，在书信往来中，时有小矛盾。这段恋爱持续了五年，至唐先生二十岁"有疾而终"。

十五岁的唐先生开始了终生未曾放弃的写日记的习惯。唐先生自谓："吾自十五岁始为日记，至十八岁，日记共数十册，十九岁南下时，存友人映佛法师处。彼后取而阅之，与我一长信，大加赞赏。大约吾三十以前，几日日有所思，亦日日有所记。"②而且自己"对此诸日记，亦甚自珍惜"。③

十五岁的唐先生与同学建立了珍藏一生的少年友谊。当时正值新文化运动浪潮影响四川，共产党人萧楚女、恽代英、张闻天等，都曾到重庆联中演讲，声言要铲除五千年传统文化遗毒。而唐先生则与联中几位少年朋友，却要融贯中外古今，不肯盲目跟随潮流，并曾与吴竹似、陈先元、高介钦、游鸿如、宋继武、映佛法师等共八人，在联中旁骆家花园的亭子里结为异姓兄弟，成立"克社"。一九二五年秋天，当唐先生从重庆联中毕业后，就与这群少年朋友各奔前程，而且前途各异。此番少年交游的阅历，在唐先生脑海里留下了极为深刻的印象，也为终生执于仁人之道提供了最初的生活感悟。这群少年朋友在《怀乡记》等多篇文章中被温馨提及，特别是后来，唐先生还专门为文《记重庆联中几个少年朋友》④，分别于一九六三年一月、三月刊于台湾《四川文献》第十三期、第十四期，

---

① 唐君毅：《嘉陵江畔的哀歌》。《唐君毅全集》（九州）卷1《早期文稿》第16页；《唐君毅全集》（学生）卷3《人生随笔》第9—12页。

② 唐君毅：《生命存在与心灵境界》"后序"。《唐君毅全集》（九州）卷26《生命存在与心灵境界》（下）第354页；《唐君毅全集》（学生）卷24《生命存在与心灵境界》（下）第469页。

③ 同上。

④ 唐君毅：《记重庆联中几个少年朋友》。《唐君毅全集》（九州）卷14《中华人文与当今世界》（下）第379—390页；《唐君毅全集》（学生）卷8《中华人文与当今世界》（下）454—468页。

并在一九六六年三月《民主评论》第十七卷三期重刊。

吴竹似原名吴卓士，是一个世家子弟，中学一年级时，已经可用英语对话，在联中读不满一年，就转学到上海。约二十岁，在南京创办《新民报》，未过二十四岁，就因为肺病而去世。

陈先元比唐先生长三四岁，老成持重，擅长文言文。曾为先生讲《秋水轩尺牍》，并喜欢为先生修改文章。在中学三年级时，转学川东师范，并加入由共产党人萧楚女、张闻天等人发起的平民学社，有改革社会的理想。先生去北平升学时，曾将全套的北京《晨报》副刊、上海《时事新报》副刊《学灯》、《民国日报》副刊《觉悟》，以及《新青年》《向导》《创造周报》等期刊赠与陈先元。后来，陈先元在临终前，忽托朋友代笔，写信给先生。说自己已经病危，将不久人世，对人世间一切都没有什么留恋，只是与先生的友情"难舍难舍"。事后先生反省与陈先元的友情，既不基于事业，也不基于学问、兴趣与道义，而仅仅是精神生命的相契合，先生从这里才悟到人世间有纯友情的存在。

高介钦是彭云生先生的内侄，能诗善画，性好饮酒，纯粹是艺术家性格，在联中同学一年，便去往北平国立美术专门学校攻读。后来先生往北平升学，高介钦亲自去前门车站相接，并且同住兼善公寓。高君本来有未婚妻名叫秋心，因为秋心成愁，隐意不好，就醉心于北平女师大的女生欧阳霞。当时欧阳小姐在新舞台主演《少奶奶的扇子》，名震一时。高介钦出于青年人的浪漫情怀，常说"生亦爱，死亦爱"，后来因为所求不遂，曾经书写"你走你阳关路，我走我独木桥"的对联，悬挂在墙壁上，孤芳自赏；又曾经对着唐先生长时间痛骂欧阳小姐。可是，数月后，欧阳小姐竟与高介钦结婚，并洗尽铅华，恪守妇道，勤俭持家。唐先生在成都与她相见时，她的言谈率直亲切，就像长嫂一样。唐先生因此领悟到，不仅文章可由绚烂归于平淡，人品也可以。只是高介钦在婚后数年就因为肺病亡故，他的夫人不久之后也谢世，造化弄人，良堪浩叹。

游鸿如原名鸿儒，入重庆联中时，只有十三四岁，入学考试国文第一。他的床上一直堆满《二十二子》等书籍。他曾与唐先生相约，每周读《宋元学案》一学案，并将成为圣人作为彼此的目标。但是，他更加注重道家精气神的修炼工夫，无事便静坐，主张退化论，不将胡适、陈独秀等人放在眼里。后来因为不忍心见到人民啼饥号寒，才决心从事实际的社会政治事业，先加入青年党外围的起舞社，又将同级同学中优秀的二十四人组成克社。刚开始,其他同学认为唐先生性情孤僻,反对他加入,游鸿如力排众议,才让唐先生也成为克社社员之一。一九二五年,唐先生与游君一同前往北平,投考北京大学,游君仍然考得国文第一。但是,因为其余科目成绩欠佳,未被取录,攻读法政大学。

游君前往北平后,思想渐渐左倾,先将其名鸿儒改为鸿如,后更与宋继武同时加入共产主义青年团,唐先生始终未加入,所以他常用不革命即反革命责骂唐先生。唐先生曾给他写信诘问政治主张不同,是否就友谊无存,他回信说道:"战场上是不能互相握手的。"在一九二七年的国民党清党运动中,宋继武被捕枪毙,游鸿如则逃往南京,迁居唐先生家。他谈到党内的斗争,自己恋爱中的挫折,与回忆中学时的思想,感到矛盾苦恼,不能自拔,几乎自杀。唐先生陪他遍游南京的山水,多方宽解安慰。依靠唐先生的友谊,最终使游鸿如再生。大概在一九三三年,唐先生在重庆与他重游儿时旧地,在茶馆谈天,游君忽然站在凳子上,对唐先生高声说:"我当过青年党,当过共产党,当过国民党;曾过儒家式生活,曾过道家式生活,亦曾读佛典,曾读洋书,我现在要为中国人建立一人生哲学,你可以帮我忙。"当时唐先生觉得他的狂态虽稍嫌滑稽,但是志向是值得嘉许的。此后过了三四年,唐先生忽然接到游鸿如的信,信中说为求证道,已入三禅天境界,因为一念矜持,走火入魔,已势不能久,将带着孽离开,茫茫前路,不知哪里才是终点。信中还说,只希望唐先生在他死后,为他念《金刚经》半月。书信内容,字迹工整,和平常一样,信末有游夫人附言,说鸿如已于某月某日辞世,年纪还不到二十八岁。

映佛法师在中学第三年级才转入重庆联中,后与唐先生一起前往北平。唐先生在一九二七年由北平到南京时,曾将十五岁至十八岁的日记存放在他那里。映佛法师未经同意,偷看了唐先生全部的日记,并写信到南京盛赞唐先生。之后,映佛法师又前往南京支那内学院,跟着欧阳竟无先生游历,再次与唐先生同在一起。映佛法师平常不苟言笑,唐先生曾将他恬静悲悯的情怀,与欧阳竟无先生泰山乔岳的气象相提并论。刚开始他不吃长斋,也不劝人信佛,并且关心朋友的婚姻问题。他的老师父素来主张佛法与世间法应该相结合,故培养映佛法师读完大学。映佛法师为了报答师恩,表示绝不还俗。他的老师去世后,映佛法师开始追随陪伴欧阳竟无先生,直到欧阳竟无先生在江津病逝,支那内学院停办。此后,映佛法师也不知所终。

以上诸人，都是唐先生在《怀乡记》及《记重庆联中几个少年朋友》两文中所描述的，少年知交，对唐先生一生，有着深切的影响。

十五岁的唐先生确立对"心"的悟道。唐先生自己说："对此心之能自觉之一义，吾于十五岁时即见及，终身未尝改。"① 对"心"之能自觉的见及，以及"心"在理论体系中的核心地位，是唐先生思想的根基所在。"人心、我心、本心、天心，仁与理体，异名同实。唯其异用，俨然有别。明其一贯，表其同体，异用周流，名之为道。"② 对唐先生来说，"心本体"与世间万象亦即一切文化活动之间的关系是"理一分殊"的关系；"心本体"是本是一，是人类一切实践的价值和意义渊源；人的文化活动是分殊，是形下之末。这一理论构架的最基本的理据，是对"心"之自觉的觉悟和肯定。唐先生十五岁时建立的"心"能自觉的信念，终生不改。

又，曾经听人介绍唯识论，说物相都是认识所变现的，当时就觉得赞同。

又，读《孟子》及《荀子》，唐先生开始思考性善性恶的问题。此时的唐先生认为，人性其实兼有善恶，并且说孟、荀都确实相信人性有善恶；只是孟子对于人性的恶，称之为欲，荀子对于人性的善，称之为心罢了。唐先生还著文五千余字，证实自己的说法。父亲迪风公主性善，不赞同唐先生的说法。唐先生则断断争辩，丝毫不折服。唐先生对人性的这样一种看法，前后坚持达五年之久。

又，看见杂志上讨论心理学的文章，说到人有种种本能，而各家说法又有不同。唐先生于是通过阅读这些心理学文章，思考人的本能或基本心理究竟有多少的问题。当时的结论大概有六种，而且认为都生于人的求同的自觉。比如，仁爱之心，始于我对他人的同情；好名之心，始于希望别人同情我；即使是人对事物的好奇，也是在求证新奇的事物与以往所了解的事物的相同，而加以类比，目的也是求同。当时自己认为这是一大发明。

---

① 唐君毅：《生命存在与心灵境界》"后序"。《唐君毅全集》（九州）卷26《生命存在与心灵境界》（下）第354页；《唐君毅全集》（学生）卷24《生命存在与心灵境界》（下）第470页。

② 唐君毅：《人生之体验》"附录：心理道颂"。《唐君毅全集》（九州）卷3，第218页；《唐君毅全集》（学生）卷1，第319—320页。

又，读梁漱溟先生的《东西文化及其哲学》，感觉他认为人类文化最终将归入佛家的方向，并要求人们摒弃欲望，此种学说非常正确。此时，唐先生大概抱着一种极端反时代的人生观，不求个人的欲望幸福与自由权利，而要超绝尘俗，并将这当做孔子的思想。但是，唐先生对梁先生又有提倡儒学而反对佛学的言论，觉得非常奇怪。对梁先所说的儒家崇尚直觉，善恶是非应该依靠直觉，尤其不以为然。唐先生认为，如果一切凭直觉，那么就没有什么理由可说了。唐先生当时从事学问思考，是坚持一定要追溯理由的。对中国先圣先贤的书，虽然很小就开始学习，但是仍然觉得里面的理由不足以说服自己。所以，从少年时到三十岁以前，唐先生的思想方式，基本上是走西方哲学的路子，这也训练了他非常严格的逻辑思维。

一九二四年（民国十三年）　十六岁

唐先生的八叔祖从家乡写信给迪风公，想请唐先生过继到先生的大伯母家。唐先生开始竭力反对，认为大伯母已经有女儿，男女平等，何必再要自己过继。后来八叔祖屡次来信，用大义来责怪迪风公，说不应该太拂逆寡嫂的心。唐先生担心父母会为难，就答应了。

是年冬天，全家回宜宾。唐先生勉强向大伯母行过继之礼。这是唐先生从半岁离老家后，首次返乡。

唐先生在重庆联中校刊上发表《荀子的性论》。这应该是唐先生发表公开看法的第一篇文章，可惜未能保留下来。

又，作《临江仙》词："雾下归萤秋夜静，篱花竹影斑斑，素辉斜照绮窗前，未知明月夜，为何到人间？故雁不来花又谢，芳心尘土谁怜？石阑凭倚晓风寒，遥思千里外，珠泪自潜潜。"

一九二五年（民国十四年）　十七岁

春，唐先生从重庆联中毕业。毕业后，与克社六人先后赴北平升学。

对于开始步入青年生活的唐先生来说，幼年、童年和少年的欢乐一去不复返，他作诗表达了这份情怀：

残照映疏林，暮鸦啼乱枝，
徘徊芳草径，我心悲与凄。
忆我幼年时，事事萦我思，
犹忆二三岁，敏慧世所奇。
亲朋交口赞，所成未可期，
日月随节易，童年背我驰。
感事戕我心，处世触藩篱，
心伤不能复，藩篱焉可越。
怆然望前途，抚膺徒踯躅，
临渊羡鲲龙，登高惭鸿鹄。
有志随流水，此心如槁木，
得失乌足计，死生犹梦觉，
旦暮数十年，何为自束缚，
不如饮羌酒，寄情满樽渌。①

在父亲迪风公送唐先生往北平上学的分别之际，唐先生经历了一次强烈的"超越性感受与体验"。对于这次离别父亲的想象性生死体验，唐先生在晚年三次回忆记载，除了书面文字和口头文字以及详略的区别以外，"事情"本身以及由此引发的内心体验都是一致的。

> 吾年十七岁，吾父送吾至船上，同宿一宵。至凌晨，而忽闻船上之机轮声。吾父登岸，乃动离别之情。然吾之下一念，即忽然念及古往今来无数人间之父子兄弟夫妇，皆同有此离别之情，而生大感动。②

> 我大概从十六七岁的时候，中学毕业读大学，就开始到北平读书，父亲送我上船，与父亲一齐睡在囤船上，天亮的时候，我就上船了，父亲便要离开。当然，在这个时候，小孩子会有一种离别的感

---

① 唐君毅：《感怀》。《唐君毅全集》（九州）卷32《日记》（上）第160—161页，卷1《早期文稿》第2页；《唐君毅全集》（学生）卷27《日记》（上）第236页。

② 唐君毅：《生命存在与心灵境界》"后序"《唐君毅全集》（九州）卷26《生命存在与心灵境界》（下）第352页；《唐君毅全集》（学生）卷24《生命存在与心灵境界》（下）第467页。

情,一下子觉得很悲哀,而这个一下子的悲哀突然间变成不只是属于我个人的,也不是由读书来的,忽然想到古往今来可能有无数的人在这个地方离别,也有无数的人有这种离别的悲哀,一下子我个人的悲哀没有了,个人离开家里的悲哀没有了。这个普遍的悲哀充塞在我的心灵里面,这个古往今来离别的悲哀也不知有多少,这个是无穷无尽的,不只是过去有人离别,将来也有人离别,甚至中国有,外国有,这个时候,这个情感变成了普遍的情感。①

至于吾对超越世界之存在之感受与体验,则始于吾十七岁,吾父送吾乘船至北平读书之一经验。忆吾父既送吾上船,当夜即宿于船侧之一囤船之上,吾初固不感父子相别之悲也。及至次晨,船之轮机转动,与囤船相距渐远,乃顿觉一离别之悲。然当吾方动吾一人之悲之际,忽念古往今来,人间之父子兄弟夫妇之同有此离别之悲者,不知凡几,而吾一人之悲,即顿化为悲此人间之有离别,更化为一无限之悲感;此心之凄动,益不能自己,既自内出而生于吾心,亦若自天而降于己。吾亦以是而知人生自有一超越而无私之性情,能自然流露,是乃人生之至珍之物也。②

如果说"地球毁灭"故事激发的是生命底层的"死亡恐惧"的生命情感,那么,"父亲离别"激发的则是伴随生命的"关系性成长"而生长的"分离焦虑"的生命情感。

"船之轮机转动,与囤船相距渐远,乃顿觉一离别之悲";"忽闻船上之机轮声,吾父登岸,乃动离别之情";"天亮的时候,我就上船了,父亲便要离开……一下子觉得很悲哀";这种在"离别"发生时的一刹那升腾起的"分离焦虑"和"离别之情""离别之悲",是每个有"自觉意识"的个体生命尤其是青少年都可能会出现的。对于大多数人来说,这种"私人性""个人化"的"离别""悲情"一旦升腾,往往会直接影响当

---

① 唐君毅:《民国初年的学风与我学哲学的经过》。《唐君毅全集》(九州)卷8《哲思辑录与人物纪念》第103页;《唐君毅全集》(学生)卷3《病里乾坤》第142页。

② 唐君毅:《超越心情与傲慢之根》。《唐君毅全集》(九州)卷7《病里乾坤》第6—7页;《唐君毅全集》(学生)卷3《病里乾坤》第15页。

下个体的心理反应和行为表现,诸如流泪、痛哭等,并会在"一段时间"左右离别者的现实心境。

但是,给唐先生留下深刻印象的,不是这份由自己之私情而升起的离别"悲情"本身,而是他在那一刹那的"一念翻转"所作的"普遍化"升华。"吾之下一念,即忽然念及古往今来无数人间之父子兄弟夫妇,皆同有此离别之情,而生大感动。""吾方动吾一人之悲之际,忽念古往今来,人间之父子兄弟夫妇之同有此离别之悲者,不知凡几,而吾一人之悲,即顿化为悲此人间之有离别,更化为一无限之悲感;此心之凄动,益不能自已,既自内出而生于吾心,亦若自天而降于己。"这种才动"离别悲情"即"一念翻转",此离别之悲情非我一人所有,而是古往今来的一种普遍化人类情感。因为当这"一念翻转"将当下此时的情感体验推及遥远的古往今来和无数他人时,想到古往今来可能有"无数的人"在"这个"地方"离别",也有"无数的人"有这种离别的"悲哀",这"一念"将个人此时的"离别悲情"融入到了"古往今来""无数人"的"离别悲情"之中了,在这个无数人的"离别悲情"的普遍性生命情感中,个人此时的"离别悲情"就算不了什么大的"悲情"了。因为这个"普遍的悲哀"就充塞在当下自我的心灵里面,这个"古往今来离别的悲哀"不知有多少,它是无穷无尽的。因为不只是过去有人离别,将来也有人离别;中国有,外国也有。这个时候,这个"情感"就变成了"普遍的情感"了。

唐先生对自己这种想象性体验的分析,是将它定位为"超越世界之存在之感受与体验"的。在与父亲离别时,产生的离别悲情"当然是主观的情感,但是主观的情感也可以一下子普遍化的"。这个"普遍化"是自己亲身"经验到"的,不是"推论"出来的。"当时我是觉得我一下子想到古往今来的人无数的离别,一下子个人的离别的悲哀变成了古往今来所有的离别的悲哀,当然这古往今来一切人我并不晓得是谁,而我这种情感有多大,我也不晓得。但这个是真的东西!"① 这个被"经验到"的、"非个人"的、"普遍"的情感,就不只是因为个人心境而产生的"具体情感"了,而是具有"普遍理性"的、"情理交融"的情感,"一个既是情

---

① 唐君毅:《民国初年的学风与我学哲学的经过》。《唐君毅全集》(九州)卷8《哲思辑录与人物纪念》,第111页;《唐君毅全集》(学生)卷3《病里乾坤》,第142页。

又是理的'东西'"。

这个经由"理性"翻转后"既是情又是理"的"东西",唐先生此时还没有找到最准确的词汇来表达,在晚年则直接将之命名为"性情"。这个"情且理"的"性情"是唐先生整个思想中最基础性和本质性的:"我的哲学中,宇宙也好,人生也好,最后的东西是什么呢?是一个又是情又是理的东西,不是情、理两个,情的普遍化是理,理的具体化是情。"①这个"情理一体"的性情,也是个体相互通达、彼此了解和理解的最真实的人性基础。

刚到北京上学时,在露天看电影,唐先生再一次经历了仁心顿彻的想象性超越体验。

> 年十七,就学北平,一夜至当时之一大学广场中,见演中山先生未逝世前之一电影。时繁星满天,吾忽念此人间中之志士仁人如中山先生者之所为,在此广宇悠宙中,诚如沧海之一粟。然此志士仁人,必鞠躬尽瘁以为之,抑又何故?吾一面仰视苍穹,一面回念人间,恻怛之情,即不能自已,觉吾之此情,若悬于霄壤,充塞宇宙,而无边际。②

> 吾于十七岁赴北平就学,时正当国民革命潮流澎湃之日。吾亦尝觉此革命为一庄严神圣之事,当时之青年之所崇拜者,即为孙中山先生。一日吾闻北平之民国大学,将重映中山先生在广州时之纪录片,吾遂往观。忆其时与亲人共坐于一露天之广场之上,夜凉如水,繁星满天。吾乃一面看银幕所映中山先生与其革命同志共同行动之电影,一面遥望此繁星之在天。一念之间,忽感此中山先生与其志,皆唯居此地球之上,而此地球则为一甚小之行星,与此天上无尽之繁星相较,此地球诚太空之一尘之不若。何以此一尘不若之地球上之志士仁人,如今之银幕所见者,必洒热血,掷头颅,以成仁取义,作此革命

---

① 唐君毅:《民国初年的学风与我学哲学的经过》。《唐君毅全集》(九州)卷8《哲思辑录与人物纪念》,第111页;《唐君毅全集》(学生)卷3《病里乾坤》,第142页。

② 唐君毅:《生命存在与心灵境界》"后序"。《唐君毅全集》(九州)卷26《生命存在与心灵境界》(下)第352页;《唐君毅全集》(学生)卷24《生命存在与心灵境界》(下)第466—467页。

救人之事业？此诚不可解。宇宙，至大也；人，至小也。人至小，而人之仁义之心，则又至大也。大小之间，何矛盾之若是？吾念此而生大惶惑，大悲感。当时之心念之转动，回还于满天之繁星、所见之银幕及露天之广场之间，其种种之波荡与曲折，曾记之于日记，而此日记已不存，今亦不复更忆。唯忆当时之心念转动，皆真悲恻之情相俱，直至电影终场，吾之泪未尝离目，若与天上繁星共晶莹凄切而已。①

如果说六七岁时关于"地球毁灭"的想象性体验重点在"生"与"死"的感通，"离别父亲"的想象性体验重点在"个人"与"人类"的感通，那么，这次"看电影"的想象性体验所呈现的，重点便在"人"与"宇宙"的感通。

"繁星在天"的现实观看场景，带给了唐先生一种完全超越当下观看电影本身所具有的情感体验。他将电影中的"人"与"天"对照起来了，他将"有限而崇高"的"人类事业"与"无限而神秘"的"宇宙存在"对照起来了。他"一面仰视苍穹，一面回念人间"，在这种对照中，"恻怛之情，即不能自已"。他所"恻怛"者在于，孙中山先生及其同志的革命理想和所从事的事业是人类之事业；人类是居住在地球上的；地球只是太阳系的一颗行星；太阳系又只是"在天繁星"中的一颗普通恒星。相比于宇宙长河中交相辉映的无穷无尽的"在天繁星"来说，地球是如此之微小，"太空之一尘之不若"也！"何以此一尘不若之地球上之志士仁人，如今之银幕所见者，必洒热血，掷头颅，以成仁取义，作此革命救人之事业？"这让唐先生深感"不可解"而顿生"大惶惑"。这一"惶惑"是"天""人"对照必然产生的惶惑，是无限与有限带来的现实心灵撞击所产生的必然的心灵震撼。

但是，唐先生在此并不只是停留在这一"惶惑"的情感撞击之中。他将自己的这份情感"悬于霄壤，充塞宇宙，而无边际"。在这一无边无际的想象性情感体验中，一方面想到的是"人"之存在与"宇宙"存在之间的"小"与"大"的对照，一方面想到的是人之"心"所建构的

---

① 唐君毅：《超越心情与傲慢之根》。《唐君毅全集》（九州）卷7《病里乾坤》第7页；《唐君毅全集》（学生）卷3《病里乾坤》第15—16页。

"理想"和"事业"之"大"与宇宙之"大"的对照。"宇宙,至大也;人,至小也。人至小,而人之仁义之心,则又至大也。大小之间,何矛盾之若是?"这种"天人""身心"的对照带来的,就不只是"大惶惑",而且是"大悲感"。以至于"心念转动,皆与悲恻之情相俱,直至电影终场,吾之泪未尝离目,若与天上繁星共晶莹凄切而已"。唐先生在这里"感动"和"悲悯"的是,人类如孙中山先生者,生活在"太空之一尘之不若"的地球上,以其如此弱小的身躯,却可以由其"仁义之心"开显出惊天动地的伟大理想和事业!人类的这份"仁义之心",不仅改变着人类自己,也让宇宙因之而改变模样。

赴北平升学的事情并不顺利。初考北京大学未予录取。这对自幼受众人夸耀,既为长,又胸怀大志,而且敏感悲情的唐先生来说,是一个不小的挫折。初至北京,又兼水土不服,终至病倒。之后,改入中俄大学,想借此了解中苏关系,并阅读一些马克思、列宁著作。同时也继续备考北大。

唐先生作《满江红》词表明志向。词云:"……嘉陵江上渡船稀,野塘蒲里蛙声急,急煞人,水热火尤深,谁拯溺。大道晦,横流决,身未死,心先灭,挽狂澜既倒,吾安逃责。破浪乘风当有时,壮志休为闲愁泣。自今后,重振好精神,须勤力。"由此可见唐先生当时心境之一斑。

到达北平之后,受到左倾党派思想影响,唐先生和一行的少年朋友们开始对中学导师的政治思想产生怀疑。其中,以游鸿如的转变最为明确。

是年,任教于重庆联中及省二女师的父亲,因为不满学校当局在聘任工作中对朋友邓绍勤的不公正做法,愤而辞职,携家眷东下南京,到法相大学(支那内学院)投于欧阳竟无大师门下,由此而得以结识交游常于该院驻学讲习的梁漱溟、熊十力等。唐家在南京先后搬过三次家,第一次住保泰街,第二次在丹凤街,第三次住在居安里七号。①

居家南京,除迪风公为《甲寅》等刊物撰稿的少许润笔外,并无经济来源,生事日艰。那时家境并不富裕,家中田产租金显然无法维持一家的生计与兄姊的读书之需。唐母陈太夫人《除夕戏作》曾对此生活境况有所描述:"今年更比去年穷,零米升升过一冬。搜箧已无衣可典,御寒尚有酒盈盅。布衾如铁知宵永,窗牖来风待晓融。又是一回逢岁暮,依然

---

① 唐君实:《阿爸和我们一家在成都的日子》。未刊稿。

羁旅客江东。"①

一九二六年（民国十五年）　十八岁

是年，唐先生再考北京大学，入北京大学哲学系预科。老师有熊十力、汤用彤、张东荪、金岳霖诸先生。

其时，恰好是国民政府北伐前夕，青年大多力求思想进步。而进步的最高标准，无形中都以马克思主义为依归。当时，唐先生的好友，大多数已经参加共产党，信奉唯物论与唯物史观。唐先生本人，虽然赞成社会、政治、经济的平等理想，但并不赞成唯物史观用生产力、生产关系的变动来说明道德的变动。他认为，人求平等之心，是以良心为基础的，此良心不能用唯物史观或唯物论加以说明。唐先生以此信念与好友讨论，结果被讥讽为腐朽的唯心论者。

一方面，被好友抨击思想太右；另一方面，唐先生的未婚妻刘志觉女士又嫌弃他思想太左，每天为了政治党派而烦恼。加之患上胃病与脑病，唐先生身心感到非常痛苦。

在北平期间，唐先生思考的哲学问题，首先是心灵生命与物质的问题。当时认为，物质的身体对心灵生命是一种束缚，物质是一种心灵生命以外的存在。而心灵生命既然进入物质的身体，就一直追求超拔。这是一种物质的身体与心灵生命的二元论。刚开始，唐先生认为这种二元论是颠扑不破的。因为心能自觉，被心所感觉的物不一定能自觉，二者就应该有本质上的差别。对心能有自觉这样的信念和想法，唐先生在十五岁时已经理解，而且终身不曾改变，所以，唐先生与唯物论也几乎是终生都不契合。不过，尽管不信奉唯物论，却同时深信，事物的存在一定有它的原因，人的意志行为，也都由原因决定，并没有自由可言。所以，此时的唐先生也并不相信佛家唯识论，而是将心外之物看作实际的存在。

大率吾去北平后所思之哲学问题，首为心灵生命与物质之问题。此乃兼由当时之心理学之论心身问题来。吾当时之想法，是物质的身

---

① 陈大任：《除夕戏作》。《唐君毅全集》（九州）卷36《亲人著述》第128页；《唐君毅全集》（学生）卷29《亲人著述》第138—139页。

体,对人之心灵生命,乃为一束缚,物质乃一生命心灵以外之存在,而生命心灵既入于物质,则恒求超拔,以还于自身。此物质身体与心灵生命之二元论,吾初以为颠扑不破。以心能自觉,其所觉之物不必能自觉,二者即应有本质上之不同。对此心之能自觉之一义,吾于十五岁时即见及,终身未尝改。故对唯物论,亦终身未尝契。然吾当时虽不信唯物论,亦深信事物必有因,为其存在之理由。吾当时以为人之意志,并无自由,其意志如何,行为如何,一一皆有因决定。然人生必求乐,唯绝欲乃能得乐,故人类最后皆必绝欲,以入于类似涅槃之境,亦为其必求乐之因所决定。吾当时固亦不信佛家唯识之论,而以心外之物、身体之物,应亦为实有,然后有吾人自此身体之物质超拔之要求。然此一绝欲之思想,固与佛家小乘思想同一趣向。吾于青年之时,何以有此思想,似难解。然实则亦正由青年时之多欲之故。人之欲至多者,即更有去此一切欲之一大欲也。①

唐先生之所以对唯物论无法达到心灵与精神的契合,除了自己对心之能自觉的信念外,也与他对人生有许多无限悲悯情怀的体认有关。对人生的无限悲悯情怀的体验,最早有六七岁时关于"地球毁灭"的想象性体验,更多的则是十六七岁到十八九岁上大学期间关于"生离""死别"等的想象性体验。这些想象性的超越体验,逼得唐先生要去探寻"是不是有一个可以不会毁坏的东西""这个问题是从很小的时候问起的"。对这个问题的逼问,使得唐先生以后慢慢走向建构和确证这个"不会毁坏的东西"的哲学探索之路。

这一类事情,在我年轻的时候,时时出现,这就成了后来学问的根本。……我后来的思想就是回顾这种我曾经自己亲自受过的经验,去说明这种经验。说这种经验完全是经验主义所说的个别的经验,我想也不是,我想是个情理合一的经验。我思想就是要去说明这个东西,要说明这个东西就有很多麻烦。你怎么去说明?用什么理论去说

---

① 唐君毅:《生命存在与心灵境界》"后序"。《唐君毅全集》(九州)卷26《生命存在与心灵境界》(下)第354—355页;《唐君毅全集》(学生)卷24《生命存在与心灵境界》(下)469—470页。

明它呢？因为有人承认这个，有人不承认；不承认，你要批评他，他可以再提出疑问，你要答复他。这样反反复复地去想，这样子逼我走上哲学的路。①

　　这类悲悯情怀的体认，在二十岁以前，唐先生时有体验。即使成年后，也偶尔会有。在香港时，曾经听一位法师以梵音诵读超度十界众生的经文，长达两小时之久，唐先生的眼泪不曾干过。在母亲陈太夫人逝世时，唐先生在庙里待了十天，也常对庙中法界众生神位礼拜。对唐先生来说，这种弥天盖地的悲情，都是突然发生的，如同从天上降下，与所学的世间知识，全不相干。唐先生因此知道自己生命中，其实原本有一个真诚恻怛的仁体，而佛家的同体大悲心，也是原本就拥有的。这些仁体悲心，虽然偶然才显露，但是从十余岁以来，尽管唐先生的哲学思辨经历种种曲折，但大部分趋向于说明这一仁体悲心。这并不仅仅是满足个人的理智兴趣，而在于自助助他，以此求得共同倡导这种仁体悲心来救世。

　　当时的北京大学，虽然自由批评、自由讲学之风很盛行，但一般理性的批评，往往只向外用，完全失去中国文化反求诸己的自省精神。教授们在自己的教室中，多用轻薄话、俏皮话相互讥骂。唐先生对此非常反感。

　　唐先生在北平，曾听过许多名人演讲。在北大读预科时，胡适虽然在北大讲"中国哲学史"，但唐先生只去旁听过一次。胡适讲"我们对西方文化的态度"，说到东方文化知足而保守，西方文化不知足而进取。唐先生听后，认为全都不对。因为在唐先生看来，人越知足越好。而且大致上推崇西方文化中向上进取精神与民主自由思想者，大都缺乏一种道德宗教的力量，所以，唐先生当时总觉得他所说的有不足之处。

　　唐先生也曾听梁漱溟先生讲"中国文化史"。梁先生为人诚恳，只是当时一般青年因为他研究军阀史，就称他为"军阀的变相走狗"。他讲王阳明的致良知，青年都视为过时，并骂他所讲带欺骗性。唐先生曾经听梁漱溟先生讲治哲学的八个阶段，感到非常相契。他谈到治学的第一阶段要有问题，第二阶段要有主见，第三阶段要将自己的主见与别人的主见相比较评价，通过这样修改自己的主见或批评别人的主见。唐先生那个时候自

---

① 唐君毅：《民国初年的学风与我学哲学的经过》。《唐君毅全集》（九州）卷 8《哲思辑录与人物纪念》第 111—112 页；《唐君毅全集》（学生）卷 3《病里乾坤》第 143 页。

认为已经到他所说的第四、第五阶段，只是对他讲的内容已经不记得了。不过，对于梁漱溟先生喜从直觉讲中国文化，唐先生最初不以为然，认为直觉纯任主观，最不可靠，只有理性才可靠。又一次，梁先生以"人心与人生"为题，做连续性的公开学术讲演，唐先生最初也购券入座听讲，后来因为左派对梁先生攻击，唐先生就中途缺席了。

唐先生对鲁迅办的《语丝》、章士钊办的《甲寅杂志》以及吴稚晖先生的言论等，都极少相契合。

是年，唐先生在旅京重庆联中同学年刊上发表《论列子杨朱篇》，惜已不存。

一九二七年（民国十六年）　十九岁

唐先生在北平游学一年半后，在这年春天去往南京探亲。当时父母及弟妹住居安里七号，斗室陋巷。这个地方与支那内学院相距数里，迪风公徒步来往，风雨不辍。

与家人相叙不到一月，迪风公因为生计日渐艰苦，就带着妻儿还乡。此番全家返川，途经武汉，因唐先生大舅公一家住武汉，亲戚可以相互照应，便在武汉及大舅公乡下的家小住。其间，父亲迪风公险被当地农会捕杀。唐君实回忆：

> 突然有一天来了一个人带了口信说，阿爸被关押起来啦。阿妈带了盖被携着四姊和我到五里界镇上去，原来阿爸被锁在一间土地屋里，外面上了锁，就是一间中等的屋子，有张方桌，一张木床，其他什么东西都没得，我们也带了饭去，阿爸见到我们，并不显得着急，态度还很安详。但阿妈却很着急。过了四五天阿爸被放了回来。城里回来的农民协会的负责人说抓错了人，他们要抓的是没胡子的人，却把有胡子的人抓来，弄错了，也没有什么赔不是的话，就白白地冤枉关了好几天，后来我们才知晓得他们要抓的是大舅公，他才是没有胡子的人。①

---

① 唐君实：《阿爸和我们一家在成都的日子》，未刊稿。

大概在乡下住了三个月，收到宜宾老家汇款，一家人离开武汉，搭船分段沿长江上行，回四川老家。经宜昌到重庆，在船上，两位当兵的因为没有船费，险被船上的茶房推入江中。父亲迪风公不忍，为两人付了大部分船费。到重庆后，二人强要为迪风公搬运行礼，结果两人各搬一件大件行李，去而无踪。

在重庆逗留几天后，便启程经合川到了南充。父亲迪风公在县中教书一学期。

年底，一家人回到成都，住少城支矶石街四十二号。其间，迪风公与彭云生等人在成都住家附近创办敬业学院，请陈太夫人负责女生的训导。彭先生在成都国学院受过教育，笃信中华文教。敬业学院开办后，成为当时气焰最盛的左倾学生集体攻击的目标。迪风公虽然不隶属任何政治组织，但是喜欢讲政治。迪风公在敬业学院做院长一学期。除了在敬业学院教书外，同时在四川师大、四川大学文学院兼课。

唐先生一人留在南京，转读东南大学哲学系，副修文学系。东南大学的前身为南京高等师范，后来改名为中央大学，素以严谨、扎实、勇于探索著称，与北大、清华鼎足而三，为全国最有名的最高学府之一，人才辈出，当时老师有熊十力、汤锡予（用彤）、方东美、李证刚、宗白华、何兆清诸先生。唐先生与程石泉先生是同学，形影不离。当时南京左右两派均拉拢青年，唐先生因此对政治深感厌烦，所以专心走学术的道路。唐先生自谓：

> 我是民国十六年由北京大学至南京中大。中间休学了一年。于民国二十一年在中大毕业。我初去中大时之哲学系，原属哲学院。当时之教育部名大学院。蔡元培先生是大学院长。故规定大学中有哲学院。但其中只有一哲学系。此制只行一年，后来哲学院取消，哲学系即属文学院。系主任最初是汤锡予（用彤）先生。他教我们西洋哲学史、知识论、英国经验主义，与中国佛教史。后来是宗白华先生。他教尼采、倭伊铿，及人生之形式与美学及艺术哲学。教授有何兆清先生，教哲学概论、柏格孙哲学与法国现代哲学；及胡渊如先生教中国哲学史及老庄哲学。在我三年级时，方东美先生到中大，教科学哲学与人生、新实在论，与价值哲学。另有冯文潜先生只在中大教一年，他教伦理学与柏拉图哲学。

当我在二年级时，有熊十力先生来教唯识学。但熊先生因病，只教三月，即离开中大。

大约在民国十五年以前南京东南大学时期，刘伯明先生、柳诒徵先生等曾树立一西方科学与中国人文历史并重之教育理想，此不同于当时之北大之学风是本科学精神以怀疑中国之历史文化之价值者。我虽曾在北大读书，而未在南京东大读书，但我自始认为南京东大之教育理想比较健康。不过东大变为中大以后——即我在中大读书的时期——似乎此教育宗旨已渐模糊。因中大在政治中心的南京，若干教师与同学，亦染些政治气习。至于中大迁往重庆以后，则此时之师生初颇有一艰苦教学的精神。我亦是在民国廿九年才回母校正式教书。①

尽管从北京到南京，努力寻求新生活的开始，但唐先生在北京困顿的抑郁心绪仍残留心间。唐先生初到南京，曾赋诗抒怀：

感怀（其一）

江南二三月，春色勾人履，
飞花舞陌头，乱扑游人侣，
吾心反凄然，郊原独徙倚，
临池鉴清癯，神情何颓靡，
旧恨逐烟生，新愁随波起，
我生何不辰，飘泊同浮羽，
狂飙振林木，吾身何所止？
我欲登高山，悬崖高难跻，
我欲临深池，泉水深无底，
我欲御波行，狂涛安可驶，
我欲坐如痴，荒原谁与椅，
我欲卧如尸，大地皆冰矣，
乾坤莽浩浩，容身不吾许，
中心怆以摧，俯仰泪如雨，

---

① 唐君毅：致杨士毅，1974年1月7日、1月8日。《唐君毅全集》（九州）卷31《书简》第397、399、398页；《唐君毅全集》（学生）卷26《书简》第518、520、519页。

吾闻古人言，艰难唯一死，
吾身既如此，留恋空复尔。

感怀（其二）
踯躅陟山侧，荒冢累累列，
蔓草任纵横，萤火随明灭。
愚智同枯骨，尧桀谁能别？
显赫与沉沦，冥冥不相识，
千秋万岁后，碑碣浑无迹，
没世名不称，何足萦胸臆。①

唐先生从十七岁游学在外，习染上世风，崇尚西方哲学，认为中国先哲的言论、析义、辨理皆不严密，因而看作是迂腐不切合实际的言论，对于当今世事没有益处。所以每次探亲，他与父亲迪风公谈论学术，都保持相反的见解，用辞语气之间，更没有为人子的神态。而迪风公却对此采取宽恕的态度。他曾经感叹道："你现在不赞同我的话，在我死后，你应该就会明白的。"唐先生事后追述起这些事，深感愧疚，但是当时不知道这番言论的痛切之处。

一九二八年（民国十七年）　二十岁

年初，应南充嘉陵高中之聘，父亲迪风公前往嘉陵高中教书。在南充嘉陵高中时，校长叶子端突然生病去世，迪风公撰写了祭文和挽联。

是年，二十岁的唐先生，因为精神灵性上的冲突，心理上的诸多纠结，事理的诸多曲折，进而导致身体上的多重疾病，烦恼痛苦发展到极端，几欲自杀。

春天，应未婚妻刘志觉女士邀约，唐先生从南京赴上海相会。没想到在火车上遗失了日记，心中闷闷不乐。加之刘志觉又以参加其政治团体相强迫，唐先生不同意，愤而分手。

---

① 唐君毅：《感怀》。《唐君毅全集》（九州）卷1《早期文稿》第3页，卷32《日记》（上）第161—162页；《唐君毅全集》（学生）卷27《日记》（上）第236—237页。

这件事对唐先生的影响是巨大的，可以说是二十岁的唐先生身心痛苦几欲自杀的一个"诱因"。一方面，与未婚妻刘志觉的感情尽管谈不上深厚，毕竟交往五年，何况唐先生是一个"不愿负人"之人，所以，尽管与刘志觉的分手是"道不同不相为谋"的必然结果，但毕竟是自己一段情感投入与牵连的丧失。另一方面，更为重要的是，从十五岁开始记日记所积累下来的思想情感，因此而完全佚失，无异于将当下的自己与过去的自己完全割裂了！因为对于情感饱满、思想敏锐的唐先生来说，自十五岁起，日日记日记，自己所思、所想、所感、所受，全部在这些日记里面。唐先生自谓，十五岁至三十岁，"此十五年中乃学问最进步之时，日记中所记之生活反省及思想皆最详，札记中则包含三十以前之思想系统，此皆我过去最宝贵者"。① 因此，这件事当时对唐先生的生命情感和心理带来的冲击是可以想象的，以至于在晚年撰写《生命存在与心灵境界》述自己思想之缘起时，还强调"此我之日记之失，使我不得自见其少年思想之发展，亦不无遗憾也"。②

就灵性精神上说，尽管唐先生十五岁就基本确立了对"心能自觉"的信念，但是，此等信念是需要哲学上的自我说明的。二十岁前的唐先生，一方面相信"心能自觉"，同时又相信实在论；一方面认为人生超越欲望才能得到快乐，另一方面又不相信唯识论而认为身体为实有。可以说，在这一阶段，唐先生的哲学思考正处在实在论向理想唯心论过渡的阶

---

① 唐君毅：日记，1954年3月4日。《唐君毅全集》（九州）卷32《日记》（上）第113页；《唐君毅全集》（学生）卷27《日记》（上）第169页。

② 唐君毅：《生命存在与心灵境界》"后序"。《唐君毅全集》（九州）卷26《生命存在与心灵境界》（下）第354页；《唐君毅全集》（学生）卷24《生命存在与心灵境界》（下）第469页。另，抗战爆发后，唐先生虑及家藏文献有为日机炸毁之虞，遂将先父遗著连同自己的日记等，移至成都双流乡下彭家场刘姓友人家中以求保全。解放后因刘家是地主，所以在清算运动中，家里所藏册籍悉数被运至造纸厂化为纸浆"而永成湮灭，呜呼痛哉"。1954年3月4日日记："四妹昨来信……我们所存刘家之书，云以刘家为地主之故而被没收，我十五岁至卅五年之日记与札记诗稿等，皆已无踪迹矣。我在此十五年中乃学问最进步之时，日记中所记之生活反省及思想皆最详，札记中则包含三十以前之思想系统，此皆我过去最宝贵者，今已不知所在矣。"现存编入《唐先生全集》之《日记》（上）、《日记》（下），除因病或旅次不便由夫人代笔外，均自己亲为。记事自1948年5月31日至1978年2月1日逝世前一日，除"吾母逝世，吾日记亦断"外，一日不落。或记事或议事，特别是一些重要观点的雏形和人生节点的总结，均首见于日记中。

段。在这样的思想范式转变阶段,灵性精神的痛苦以及由此引发的生命烦恼,可想而知。

唐先生一生最佩服的有两个人:一位是梁漱溟先生,一位是欧阳竟无先生。

梁漱溟和欧阳竟无二位先生,对唐先生的启发特别多。当然,唐先生对二位先生的佩服,也不限于学问,更重要的是在人格上的感召。对熊十力先生,唐先生也十分佩服,认为他为人很真,很了不起,在学问上,不仅是一个佛学专家,而且是一位有独创性的哲学家。只不过,唐先生的思想,在与熊十力先生接触前,就已经基本确定,只是在熊十力先生处得到印证而已。

梁先生对学问真诚,欧阳先生则情感真切,都能使人直接感动。梁先生喜欢从直觉讲中国文化,唐先生刚开始不以为然,认为直觉纯粹是任意主观,最不可靠,只有理性才可靠。后来年岁越长,越重视直觉的地位。至于欧阳先生讲唯识论,唐先生也不能接受。因为如果万法唯识,境由心生,那么别人以及自己父母的身体,也由我的内心变出。如果这样,那么别人的心灵,也没有存在的余地。而且如果一切都不能离开我当下之心,那么童年的我也可能不存在,而只有现在的我才存在。甚至当我不被反省时,现在的我也不存在。

唐先生当时在南京铁路旁,想到这里,顿时觉得世界即将毁灭,一切都归于虚无。但是,如果一切皆归于虚无,则唯识论亦不能建立。

> 我当时想,一切东西、他人,都是我心变出来的,都变成像我心中的东西,他人便没有心,父母亲都是我心中变出来的东西,这个不行。再其次我还有一个道理,都是我自己想出来的:如果一切都是离不开我当下的心的话,我过去怎样,过去小孩的我是否有呢?我过去时候的心怎么样,我怎晓得它有呢?我现在的心能想到过去,说过去的心是有的,是根据现在的心;但也可能过去的心是没有的,只有现在的心。我开始作哲学思辨,大概就在这个时候,想了几天,如果说过去的心灵也是我现在心灵变的话,我便只有现在的我,过去的我根本没有。再进一步,现在的我如果不被反省的话,现在的我也没有了。如果被我反省的话,现在的我便是过去的我,那么这个我就没有了。当时我是在南京一个铁路的旁边,我忽然想到这里,我想这个世

界毁灭了,没有了;过去的我没有了,现在的我也没有了。这个唯识论想到极端,一切都不能建立,最后归到虚无主义。如果是虚无主义,这个唯识论也不能建立。……我只知道我的心,我怎样能承认别人的心。这从唯识论不能建立,一定要先承认我认识的对象自己存在,然后你可以说这个桌子存在,别人的身体存在,别人的心灵存在。我如果开始讲唯识论的话,先就有许多心,但我不知道别人有没有心。而且如果讲唯识论的话,先就要否认客观的物的独立存在,以至否定他人身体之独立存在,以至最后不能建立很多的心的存在。当时我就是这样想。①

唐先生当时拿这个见解去问欧阳先生的学生王恩洋先生。王先生认为,唐先生所想并不是佛学。因为唯识论承认我心之外,还有他心,并没有唯我论这样的说法。但是,唐先生对唯识论承认从一开始就有多心同时存在的说法,仍有疑问。因为如果我之境,全部由我的心识所变现,那么,我如何能肯定他心的存在。照理,必须先肯定我认识的对象存在,别人身体的存在,才能肯定别人心灵的存在。

在大学时期,唐先生并不喜欢唯心论,而是喜欢实在论。因为实在论认为,我认识一个东西,是个关系,它自己独立存在。别人的身体也是独立存在,别人身体的活动和我是差不多的,所以我才可以知道别人的心,也是独立存在,父亲母亲朋友也是独立存在,然后我才能同他们讲道德关系、伦理关系。如果不讲实在论,便通通不能讲。

正是由于对实在论的坚信和追问,唐先生当时曾经自学大量自然科学知识。他自修微积分,读爱因斯坦、普朗克、海森堡等人的一般性科学著作,对一般生物学与心理学书籍也浏览不少。他认为,由科学通向哲学,才是哲学的正途。

对文学艺术性的生命哲学,唐先生认为,只可以欣赏,不应该视为哲学的正宗。所以,在呈递给方东美先生的报告中,唐先生曾经直接评论他的学说,只是方先生不将这视为冒犯。当时,熊十力先生在中央大学讲课三个月,教授新唯识论,也说到宇宙有大生命。唐先生不能把握其涵义,

---

① 唐君毅:《民国初年的学风与我学哲学的经过》。《唐君毅全集》(九州)卷8《哲思辑录与人物纪念》第108—109页;《唐君毅全集》(学生)卷3《病里乾坤》第139—140页。

曾在课室中质问熊先生。熊先生大笑,没有回答。唐先生后来也不再问。

当时,唐先生思考的一个重要问题,是自然界中的无生物、生物与人的存在层次问题。

罗素新实在论的中立二元论,认为心物都由事件元素构造,因此不能区分心物的层次。唐先生认为不能接受,而且对罗素只是从记忆与行为角度来讨论心,尤其不以为然。

摩根、亚历山大、怀特海等人认为,自然宇宙是一个创造进化的历程的学说,与生物学中的生物进化论是相契合的。由于他们认为人类居自然创造进化的最高层位,足以维护人道的尊严,唐先生认为他们的学说可取。但是,每一家都认为自然的创造进化没有止境,现在存在的宇宙,虽然有心的人是最高的,但是未来的宇宙,也可以进化出一个更高的存在。亚历山大由此提出自然的神性,怀特海由此提出自然创造的进化,摩根由此提出自然的目的性原理。对此,唐先生有些疑惑。

唐先生当时曾经如此思考:如果真的这样,那么,今天有心的人类,对自然进化出的更高的存在而言,应该就像如今一般的动物。现在一般的动物不能知晓有心的人的事情,人也不能知道未来的更高的存在的事情。如果这样,那么,这个有心的人的一切生活、知识与哲学,也都只属于这个有心的人的主观的东西;那个更高的存在,应该另有他的生活、知识与哲学。于此,唐先生对一个问题便颇有感触:这个创造进化的哲学,是否也只属于此有心的人的主观,而不能客观应用于比这更高的存在的人的身上?可是,我们所说的更高的存在,既然依于这个哲学,如果这个哲学不能客观应用,那么就不能说一定有更高存在;如果这个哲学能客观应用,那么这个更高的存在,也不一定必然高于我们现在所知道的存在的心灵。因为这个更高的存在,也只是这个心灵所感知到的存在。

这样一条思路,引导唐先生走上西方唯心论的道路。

依据这样一种思路,就人是一个自然存在而言,自然界虽然可能出现一个更高于人的存在,但是从人的心能思考出可能有这一切存在而言,此心是在他所思考所感知的一切存在的上一层位的,也在自然创造的唯一时间历程之上或之外,才能思考这个全程是如何如何的。只有这样,人才有生物学上的进化论与上面所说的自然的创造进化哲学。

此心思考这个全程的思想,自身也是一个历程。但是,此心的思想,也能更好地自我思考此思想的历程。因此,对这个超越于历程之上的能思考的心灵主体，必须加以肯定；否则，一切历程的思维、知识与哲学，都不可能存在。

这一历程可以说有进化、有变化。但是，思考此进化与变化的心灵主体，应该无所谓进化与变化。因为如果它也由进化而变化、毁灭，那么，这个进化的理论也将变化、毁灭，由是，这个关于进化的理论也就不能成立。但是，如果这个心灵无所谓进化，那么，说这个心灵是自然进化至某阶段才突然创造出的言论，以及说自然中最初只有物质的言论，也不能成立。我们应当说：即使在自然界中只有物质的时候，这个心灵的自身早已存在，只是潜伏而没有显现而已。所谓自然进化从只有物质到有生物、有动物、有人的心灵，也应当说是这个从开始就已经存在的心灵由潜伏而显现的历程。这个心灵现在既然显现为一个能思想一切可能存在的存在，成为位居一切可能存在之上一层位的超越主体，那么，它今后的事情，只是更充分显现它自身所包含的存在，而不能说，这心灵的存在自身可以再进化为超心灵而非心灵的存在。尽管此心灵固然能超越它自身而更有所显现，但是，这种自己超越之事，也不能使它失去自身，而只能从它自身内在出发。

这样一条坚持心灵主体自我显现的思路，唐先生是先从进化论的哲学转进而逐渐形成的。特别是当他进入德国古典哲学的思想世界后，这样一种心灵主体地位的确立就更明确了。

唐先生从实在论转到唯心论，阅读了德国古典哲学家康德、费希特、黑格尔的著作，也阅读了新黑格尔主义布拉德雷、鲍桑葵的书。

根据康德的理论，自然界的存在，只属于我们可能经验的世界；而能够运用范畴去理解可能经验世界中的自然存在的超越统觉，其地位一定居于自然世界之上；而人的理性，更可以在无经验对象的地方使用这些范畴来虚构一个超越的对象而求理解它。唐先生从这里发现，理性心灵乃是超越于经验世界中的自然存在之上和之外的。

根据费希特的理论，存在这一概念的原始意义，不能离开思想中的"是者是、非者非"的置定而说。而在黑格尔理论中，存在范畴在第一义上是纯粹的思想。费希特和黑格尔的存在即主体的思想，使唐先生更加从自然存在的问题，跃至精神存在的问题。由此，唐先生便不再只认为从自然科学进入哲学，才是研究哲学的正确方法了。

在这个阶段，唐先生虽然有一种超越普遍的悲情，护念人类、众生与世界，但是由于这种悲情不曾离开其个人孤独的内心，所以，他自己一直认为它能与天地万物为一体，同时代的人都不足以知晓它。由此而不免自以为超凡脱俗，从而生出大我慢。唐先生曾在晚上梦到自己独自一人行经地下，岩石层层，随着身体的穿行而破；向上登至天，天门随着脚步而打开。醒时曾经用诗记录，说："穿回地壁层层破，叩击天门步步开。"

　　忆二十岁时，尝夜梦一人独经地下，岩石层层，随身而破；更独上登于天，天门户户，踏步而开；醒时尝为诗以纪之，有"穿回地壁层层破，叩击天门步步开"之句。而吾初不知其皆出于吾之自负能超凡绝俗之傲慢心也。吾更不知此傲慢心之正可与个人之好胜、好名之私欲烦恼，互为因缘；而使吾之心之发自天理者，终亦为济我之私欲之资，乃使吾之烦恼亦重于吾之同伴之上。然吾其时，则固不能自觉其故，而亦未知所以自救之道也。①

　　由此，灵性精神上的冲突转变为了心理上的纠结。"于二十岁左右，更自负不凡；乃时叹人之不我知，恒不免归于愤世嫉俗之心，故烦恼重重。"② 由于灵性精神及心理、事理的纠结和痛苦，也影响了自己的身体健康。这一年，"身体特多病。脑、肺、肠、胃、肾，皆无不病"。③ 在身、心、灵全方位的苦恼逼迫下，青年心境，烦恼重重，唐先生经常想自杀。作《梦二十岁死》诗云："我本峨眉采药仙，赤尘不到白云边，为缘意马无人管，游戏人间二十年。"又："死中滋味耐君尝，旧恨新仇两渺茫，此去不知何处好，彩云为被岭为床。"④

　　作为"凡人"的唐先生，终于无法忍受和自持，觉得无以自解。于是函告父母，禀告与刘志觉的事及自己病况。信中并有"不欲久居人世"之语。还附上十九岁生日照片一张，题"遍体伤痕忍自看"等语。

---

① 唐君毅：《超越心情与傲慢之根》。《唐君毅全集》（九州）卷7《病里乾坤》第9页；《唐君毅全集》（学生）卷3《病里乾坤》第18页。

② 唐君毅：《生世》。《唐君毅全集》（九州）卷7《病里乾坤》第3页；《唐君毅全集》（学生）卷3《病里乾坤》第10页。

③ 同上书，第10—11页。

④ 唐君毅：《梦二十岁死》。《唐君毅全集》（九州）卷32《日记》（上）第162页，卷1《早期文稿》第3页；《唐君毅全集》（学生）卷27《日记》（上），第237页。

母亲陈太夫人接到来信后，连夜失眠。父亲迪风公向友人借得路费，陈太夫人就带着两岁的六妹宁孺从成都出发，到南京探视。当时交通非常不便，从成都到重庆必须乘轿子，重庆以下又得几次换船。当时，社会风气不良，偷抢之事，随处发生。陈太夫人到重庆，遇上火灾，行李衣物，全被烧毁。数十日间，历尽千辛万苦，才到达南京。

　　对于母亲的到来和所经历的辛苦，唐先生深感懊悔。暑假，身体逐步康复，便送母亲回成都。然后又去南充探望在嘉陵高中授课的父亲迪风公，并代为批改学生的文章。寒假前返回成都。第二年春天返南京上学。

　　对于此次千里探儿，唐母陈太夫人有诗《到南京探望毅儿》曰："万里迢迢出蜀都，为儿何暇计征途。世间只识穷通理，毋怪时人笑我迂。"①

　　二十岁的唐先生经历了几乎全副生命的病痛，并且"几欲自杀"，又在亲情的温暖中重新开始了新的生命征程和新的哲学慧思。在他满二十岁的生日时（一九二九年二月五日，农历戊辰年十二月二十六日），他作了《生日》一短文以述志怀："今日吾生，试去回思，二十年来，忆儿时敏慧，亲朋惊赞，少年志趣，几次安排，十五之年欲为孔子，十七曾思辟草莱，年三六想投书革命扫荡尘埃，虽然志志成灰，任逝水韶光去不回，但志多思广，心存万象，振新文化，舍我其谁，使身常在，病魔不绕，转思潮何足道哉，君莫笑，我葫芦中药，你自难猜。"②

一九二九年（民国十八年）　　二十一岁

　　年初，迪风公本计划去南充教书。半路上突然生病，便折回成都，在成都教书，从此不再到南充去。全家从泡桐树街搬到仁厚街刘湘的公馆，与彭云生、蒙文通两家住同一院落。因为暑期唐先生返回成都，一家人在华新街的德义厚像馆拍了一张"全家福"照片。这是唐先生父、母、兄弟姊妹全家到齐的唯一的照片。

　　唐先生继续在南京读书，住中央大学十三斋七十八号。平常，唐先生

---

①　陈大任：《到南京探望毅儿》。《唐君毅全集》（九州）卷36《亲人著述》第130页；《唐君毅全集》（学生）卷29《先人著述》第141页。

②　唐君毅：《生日》。《唐君毅全集》（九州）卷32《日记》（上）第162页，卷1《早期文稿》第3—4页；《唐君毅全集》（学生）卷27《日记》（上）第237—238页。

喜欢与友人去鸡鸣寺喝茶。吃茶期间，大家谈心，天南地北，上下古今，唐先生却在一边只顾看自己爱看的书。有时，合上书本凝视着玄武湖沉思，半天不说话；有时，又微笑，甚至笑出声音，若有所得，若有所悟。①

这年暑假结束后，唐先生没有返回南京读书，而是休学一年，待在成都。休学期间，当时任四川大学中国文学院教务长的蒙文通先生，聘请唐先生和游鸿如到四川大学每周任教两小时，唐先生讲授西洋哲学史，游鸿如讲授中国文化史。两人当时都只是读过两年大学的大学生，却为大学三年级学生授课，而且学生中有年龄接近三十的"大"学生。不过，面对比自己大得多的学生讲课，唐先生依然可以做到毫无愧色。对于此事，唐先生事后追记时，仍有些战战兢兢，说当时蒙先生聘请他们，完全是糊涂聘请，而自己也是糊涂应命，可谓"胆大妄为""不自量力"。

唐先生在四川大学只执教半年。这次在四川大学的授课，是唐先生第一次教学经历，也开启了他终身从事教育事业的先河。后，又在成都大成学校等学校受聘教书。当时的成都，还保存中国传统的尊师重教之风，唐先生受学校聘请去教书时，都是校长亲自送聘，在送聘书时，校长还向年纪轻轻的唐先生三揖为礼，以表达郑重和托付。这对于在大学中深受西方文化影响的唐先生来说，是十分新鲜的事，所以"大为惊异"。更有甚者，当时成都大成学校的校长徐子休，躬行儒学，乃士林所宗，尽管自己已经年逾七旬，但是在给老师送聘时，还要给年轻教师亲自跪拜。对于这样的良风美俗，唐先生既觉得惊异，也深受感动。

在唐先生返回四川期间，未婚妻刘志觉女士刚好离开四川，彼此感情进一步冷淡。后来会面之时，双方已没有什么好感，关系因而完全破裂。

本年，唐先生在《中央大学半月刊》第一卷第六期上发表《孟子言性新论》一文。该文署名"唐毅伯"，是目前收集到的唐先生最早的学术论文。全文三千多字，核心是要说明"孟子所谓性自有其特殊涵义，与吾人通常所谓性或中国其他论性者如荀韩诸子之不同"。其论证方式则是："一则以通常所谓本能之义按诸孟子性善论而见其与孟子之言相枘凿；二则举《孟子》书中有关孟子所谓性之内容之言，以见孟子所谓性之内容

---

① 谢斯骏：《忆君毅》。《唐君毅全集》（九州）卷38《纪念集》（下）第608—609页；《唐君毅全集》（学生）卷30《纪念集》第683—684页。

不同于吾人通常所谓性之内容,然后指出孟子所谓性之涵义为何。"从学术和思想上说,论文尽管还不能算完善,但是,其所彰显的周密的理性论证风格和反思精神,已经奠定了唐先生后来"即哲学以言哲学史"阐释中国哲学史的方法论基础。该文在学生书局版《唐君毅全集》中收入第十八卷《哲学论集》第一篇;在九州出版社的简体字版《唐君毅全集》中,则编入第一卷《早期文稿》。

一九三〇年(民国十九年)　二十二岁

全家搬住成都奎星楼街的厢房。由于此地树木过多,地势低洼,房屋潮湿,母亲陈太夫人生一场大病,萧中仑对症下药,挽回了性命。冬春之际,一家搬进横通顺街袁家房屋居住。

一月,在《中央大学半月刊》发表署名"唐君忆"的《嘉陵江上的哀歌》。

六月,在《中央大学半月刊》发表署名"唐毅伯"的《研究中国哲学应注意之一点》。唐先生强调,"吾人不知名词之殊义,其必然产生之结果,一为妄解古人之哲学,二为妄评古人之哲学。有妄解恒继以妄评,妄解诬人,妄评自诬,同为求真之大障"。为了把握哲学名词的真意,特别对"名""欲""知"进行了义理疏解。此文开启了唐先生对中国哲学史自有概念的研究与关注,是晚年撰写中国哲学"原论"的最早尝试。唐先生指出:

> 读书之道,善学者,得鱼而忘筌,渡江而舍筏。不善学者,执辞而害意,望文以生义。不知异名或有同解,同名反生殊义。于是楚材晋用,李戴张冠。妄加揣托,舛谬丛生,自来主奴出入之见,门户意气之争,大均由于此。聚讼嚣嚣,徒殚精力。然以学本所以知"共相",故异中见同易;知"共名"后易执此为"共相",故同中别异难。①

---

① 唐君毅:《研究中国哲学应注意之一点》。《唐君毅全集》(九州)卷1《早期文稿》第20、23页;《唐君毅全集》(学生)卷18《哲学论集》第11、13页。

唐先生休学一年满后，暑假期间回宜宾探望过继的大伯母。随后返回南京复学。

十二月，在《中央大学半月刊》发表署名"唐毅伯"的《柏格孙与倭铿哲学之比较》。

另外，在某报哲学副刊发表《对行为派心理学之论理的批判》一文，惜已无存。

一九三一年（民国二十年）　二十三岁

五月，过继唐先生的大伯母去世。由于曾经过继给大伯母、在即将成年之际又被赶出家门的唐绍伯认为大伯母把他赶出家门不公正、不合理，在大伯母去世后，提出要求承继部分产业。住在老家的四叔、五叔急电催促唐先生父亲返乡处理，也电报唐先生回老家奔丧。

因为事情急，父亲迪风公一人从成都返回老家。路上匆匆，忙迫劳顿，在县城顾不得片刻歇息，就直接赶到金沙江畔的码头上回周坝的木船，四十里上水的水路，回到水漕头老房子已是黄昏傍晚，弃船徒步到家已是天黑。第二天，在精力很差情况下，又将视同生命的书籍从关闭的室内搬到天井晾晒。过度的疲劳、体力的支出、精神的刺激，第三天便病倒下来。因为乡下没医生，看病要走五里路。不得已，迪风公为自己开下一副内有八钱吴茱萸的药，煎服后第二天便不能说话，中午过后，便不幸离世。

在成都的唐母陈太夫人及各位弟妹得知迪风公去世的消息，立即坐车到乐山，然后坐船从乐山返回宜宾奔丧。

由于路途遥远，直到母亲陈太夫人返回宜宾后的第三天，唐先生才因奔大伯母之丧回到宜宾。抵家才骤然知道父亲迪风公去世，号啕大哭，不能自已，连走到堂屋那一段路，都几乎走不动，由寝室奔往父亲灵堂，只走了三分之一路，便全身瘫痪，寸步难行，哀恸之情，无以复加。

父亲的丧事，唐先生带着弟弟和阴阳先生走遍周坝整块平地，没找到合适的墓地，加之告贷不成，后来实在没办法，便决定先不埋葬，暂时殡起来，直至阴历七月十六日始出殡。而在大伯母方面，由于生前欠下的医药费用，及身后购买衣衾棺木，亦负债累累，结果只有出售田产，偿还债务。当时，曾经过继给唐先生大伯母的唐绍伯，在部分族人的怂恿下，想占夺唐先生过房承继的产业。唐先生不甘受欺,据理力争,于是成讼。经历这么多事,扰攘三月有余,唐先生才返回南京上课。此时,中央大学已经开课两个月了。

唐先生返回南京的同时,母亲和弟妹搭船回到成都。因为唐先生的十一舅以为唐母和弟妹一时不会搬回成都,便把横通顺街的住房退了,家具等则全部搬到了十一舅家中。于是,唐母重新租房,搬住锦江街。此时,唐家完全没有收入来源,生活十分困难。迪风公的朋友们筹措了一笔款,作为迪风公的奠仪送来,一家人靠这笔钱用了好一阵子,渡过难关。直到第二年,唐先生从南京大学毕业回成都,同时在几个中学教书,家中经济上才开始宽裕一点。

父亲的去世,极大地影响了唐先生的人生形态,提前开始了他"践道仁者"的生命历程。当时唐先生大学尚未毕业,而弟妹皆幼,于是他责无旁贷,早早肩负起养家糊口的责任。

> 二十二岁我过继之母去世,我父亲亦去世。此时我大学尚未毕业便回家,而又遭他人欺负想占我家中产业,于是成讼事。那年暑假回家一方面要办过继之母及父亲丧事,一方面还要与人打官司,打官司本非我愿,母亲意亦不要产业,但另外的族中人要鼓励我去作,另外的族中人又别怀用心。在当时的情况下,二妹在敬专尚未毕业,四妹才在小学毕业,一家人的生活教育之责便在我一个二十二岁多的青年身上,我记得那时有一次全家坐船回家,我在船头掌舵,我远望着前面的青山绿水,手中持着舵,我突然感到全家的生命便负在我掌舵的手上,我不觉感伤起来。①

另一面,经此变故,唐先生的"一生之病,自此竟逐渐消失"。父亲的病故所激发起来的责任感、使命感及道德感,完全改变了唐先生的"自命不凡"的傲慢心:

> 我十六岁才回乡,以前从未上坟,亦无祖宗之观念。记得祖母在

---

① 唐君毅:致廷光书,1940年4月2日。《唐君毅全集》(九州)卷25《致廷光书》第51—52页;《唐君毅全集》(学生)卷25《致廷光书》第66—67页。

时，他从故乡到成都，总是带一本家谱。每见我无聊，便说你何不看看家谱。我觉非常好笑，家谱有什么好看呢？而且我在十三四岁时，便看了新文化运动时反对跪拜的文章，故以后回乡，亦不再上坟，祭祀时亦不跪拜，若以此为奇耻大辱。到我父亲逝世，才知祭祀跪拜，乃情不容已。后来回乡，便总要去上坟，晨昏亦亲在天地君亲师之神位及祖宗神位前敬香。我同时了解了人类之无尽的仁厚恻怛之情，皆可由此慎终追远之一念而出。①

后来，唐先生撰写《人生之体验》时，有"说死亡"一节，无异于是对自己从父亲之死所获得的生命体悟与生命智慧的陈述：

亲爱的人死亡，是你永不能补偿的悲痛。
这没有哲学能安慰你，也不必要哲学来安慰你。
因为这是你应有的悲痛。
但是你当知道，这悲痛之最深处，不只是你在茫茫宇宙间无处觅他的音容。
同时是你觉得你对他处处都是罪过，你对他有无穷的忿心。你觉得他一切都是对的，都是好的，错失都在你自己。
这时是你道德的自我开始真正呈露的时候。
你将从此更对于尚生存的亲爱的人，表现你更深厚的爱，你将从此更认识你对于人生应尽之责任。
你觉唯有如此，才能挽救你的罪过于万一。
如是你的悲痛，同时帮助你有更大的人格之实现了。②

对于自己在二十岁左右的烦恼痛苦以及父亲病故而致好转，唐先生后来在《病里乾坤》中做了分析。他说，自己二十岁左右既是最有超越性情感体验之时，也是自己"烦恼最重之时"。"此其他烦恼如不见知于人

---

① 唐君毅：《怀乡记》，《唐君毅全集》（九州）卷14《中华人文与当今世界》（下）附录二第374—375页；《唐君毅全集》（学生）《中华人文与当今世界》（下）附录二第449页，卷5《人文精神之重建》之附录第599页。

② 唐君毅：《说死亡》，《唐君毅全集》（九州）卷3《人生之体验》第57—58页；《唐君毅全集》（学生）卷1《人生之体验》第87—88页。

等，皆纯由一己之私所发，然亦与吾之超个人之心情，……互为因缘；乃使吾之精神，似日进而又日退。"为什么"一己之私所发"之烦恼可与"超个人之心情"互为因缘呢？唐先生认为，因为少年时的"超个人心情"的引发，一方面是"纯由自发"，另一方面也"只对自己而现"，是"如天降"突然而来，是只属于自己个人的秘密。这样的心情本身就不是"与人交谈之所生"，因此也不必告之于人。而且在自己少年时小学中学的同学中，也"罕有足以语此者"。如此，自己便"恒有孤独之感"。在自己的孤独中，尽管可以不时生发"超越普遍之悲悯之情"，以念及人类、众生与世界。但此悲悯之情，"乃自上而下，以覆盖于吾所思之人类、众生及世界之上，则又未尝离于吾之孤独之心之外也。吾之同伴，不能知吾孤独中之所思，则吾尽可于独居之时，自与天地万物为一体，而视吾之同伴，为不足以知我者，而若与我为异类。吾益超凡绝俗，乃益见吾之同伴之凡俗。吾之傲慢，遂潜滋而暗长"。

唐先生强调，这一出自自己一己之私的烦恼之减轻，"乃始于吾父逝世，而吾自知对吾母及妹弟之有责"。自己由此而懂得，一切人都只有在其具体行事上，"自为其义所当为"者，才能自拔于个人之孤独以外；否则，"人虽存希圣希贤之念、悲天悯人之怀，而不能自绝其一念反缘而生之自命不凡之傲慢，则人终为小人之归"。正由于此开悟，唐先生从此归宗儒学、儒家和儒教，在哲学、道德、宗教多个维度上以安顿自己的生命实现自己生命之意义与价值。

一九三二年（民国二十一年）　二十四岁

唐先生从南京中央大学哲学系毕业。唐先生系旧制中学毕业，按理，大学阶段须读两年大学预科、四年本科。只是因为当时实行学分制，修满学分，即可毕业。所以，唐先生除休学一年外，实际上只用了五年时间即完成大学教育。

八月八日，唐先生回到成都家中，与陈太夫人及弟妹团聚。

在家中，唐先生常常为妹、弟讲《老子》《庄子》，并带往萧中仑先生处，请讲《庄子》与《楚辞》。休闲时，又经常带弟、妹到花会、百花潭、草堂或田间、野外去郊游，路过青羊宫大石桥时，还去称一二斤带壳花生，对弟妹说，花生最好，贫富共赏，价钱不贵又好吃。唐先生对家里母亲和弟妹的关爱，使一家人度过了丧亲的悲痛。唐君实先生回忆说，"事后回味起来，在锦江街住家那短短的一二年里确实是家中最快活的日子。"

当时的成都，人浮于事，找工作不易。唐先生在中学任教的几位同学，各让出部分授课钟点给唐先生，于是得以在敬业、蜀华、天府、成公等中学教授论理学、人生哲学以及国文等课程。只是薪俸微薄，不足以供弟弟妹妹上学接受教育的费用，不得不借贷为生。

据赖高翔先生回忆：

> 吾与君毅之初相识，盖在一九三二年，其时吾方毕业大学。任教蜀华中学。有资州师范校长某君，请代聘教务一人。吾时居西马棚街，与吴君毅师槐树街巷衢邻比。偶遇谒吴师，谈及此事。吴师云："唐君毅兄，其人品行学问俱佳，中大毕业，且又迪风先生之子也。"吾因转告某君。已有成说。某君忽又改聘他人，吾深以受欺于人、失信于师为耻。在蜀华上课，言之而叹。蜀华负责主持人傅君，亦同学也。当即告吾，"此事不难，我校聘教哲学，便可成全"。即具一聘书，嘱吾转送。蜀华中学在锦江公学旧址，地名锦江街，后改为蜀华街。君毅家即居此街，吾往叩门致聘，略谈数语而别，见其面容枯瘠，衣履垢脏，以为笃学深思之士不修边幅者之常情，而未知其家之窘也。①

当时的成都，交通落后，交通工具只有人力车。唐先生不会骑单车，而所兼课的几个学校又地点分散，城东城西，南郊城北都有，有时乘不上人力车，只得跑路行进，时常跑得汗流浃背，才到课堂。

唐先生在中学任教时，经常是思如泉涌，但是又不能畅所欲言，于是每每讷讷不得出其口，自言有如满壶汤丸倒不出之苦。此种情形，在唐先生往后的公共场合讲话中，仍然存在。

对家人外人，唐先生都是一副仁慈心肠。一夕，月光惨淡，有盲父女弹唱行乞，先生之六妹立人围中，先生忽至，出铜钱嘱六妹于演唱后以谢

---

① 赖高翔：《忆唐君毅教授》。《唐君毅全集》（九州）卷37《纪念集》第96页；《唐君毅全集》（学生）卷30《纪念集》第119页。

歌者。须臾，先生复来，又出数毫钱，并谓盲父女为真正之音乐家，言下不胜伤感。①

四月，唐先生在《建国月刊》发表《英、法、德哲学之比较观》。

五月，唐先生在《建国月刊》发表《中国哲学与中国文学之关系》。

九月，为纪念歌德逝世一百周年，唐先生在《国风月刊》"圣诞号"发表《孔子与歌德》一文。为了将纪念歌德的文字印成专集，在清华大学读研究生的周辅成先生开始与唐先生直接通信。周先生与陈先元稔熟，曾在陈先元处得阅先生所赠的各种报纸的全套副刊，心仪唐先生的为人已久。自此之后，二人即成好友。唐先生去世后，周先生多次为文纪念唐先生，阐释唐先生的生命学问，撰写《回忆唐君毅先生》《健全的人道主义哲学》《唐君毅的新理想主义哲学》等重要文章。

另外，在《西南评论》发表《西南的夷人与诸葛孔明》。此文惜已无存。

一九三三年（民国二十二年）　二十五岁

冬，友人许思园赴美留学，推荐唐先生到中央大学替代他的教职。唐先生遂回中大哲学系任助教，每周教课四小时。尽管课时不多，但唐先生对教学非常投入，大部分时间都用于备课。有闲时，即读书或写文章。

刚到中央大学，唐先生与许思园、杨荫渭先生同住教习房。月薪八十元，唐先生将四分之三汇返家中，孝养母亲和供弟妹读书，仅以四分之一留作自用。南京是当时的首都，生活费高。唐先生又常招待来客，还有长客，比如其堂叔子与表弟即曾在唐先生处居住半年以上，故经济拮据。一九三七年七月，二妹唐至中跟随彭云生先生由成都去南京听欧阳竞无大师讲学，其间曾为唐先生清理书物，遍寻其皮袍不见，问询亦不作答。后来，在箱子中的小包里发现一张当票。由此足见唐先生的克己。②

在离家赴南京中央大学就任时，唐先生曾作诗云：

---

① 唐宁孺：《忆大哥》。《唐君毅全集》（九州）卷38《纪念集》（下）第604页；《唐君毅全集》（学生）卷30《纪念集》第678页。

② 唐至中：《我的哥哥》。《唐君毅全集》（九州）卷38《纪念集》（下）第577页；《唐君毅全集》（学生）卷30《纪念集》第658页。

蜿蜒长江水，送我返蓉城，
言归方二载，重登万里程，
披衣待晓曦，渐渐天微明，
妹忙雇车子，弟忙作汤羹，
母为治行装，箱箧理频频，
长跪别父灵，儿今又远行，
父灵应有验，佑母长安宁，
蹀躞登车去，车声何辚辚，
但闻叮咛语，哽咽不成声，
低头避人面，有泪还自吞，
郊原樵牧少，田圃待春耕，
锦江在何处，回首乱烟横，
父去人间世，悠悠历两春，
犹殡柏溪畔，萧萧无墓门，
每当风雨夜，念及泪满襟，
贫者士之常，知命夙所钦，
唯兹大事在，何以解予心。①

此时的唐先生，已经不再是一个被烦恼和傲慢包围的青年，而是一个担待着家国天下责任的年轻儒者。

随着唐先生离开成都远赴南京教书，家中情形也发生变化。二妹至中到北城小学当级任老师，因为离家远，天天住在学校。四妹考入省城女中，在校住校。母亲陈太夫人因为成公高中女生搬走，之后不再担任学监回到家中，全家从锦江街搬家到斌升街沈家房子居住。

是年，唐先生主编《文化通讯》；

唐先生在《建国月刊》发表《真伪问题》；

在《图书评论》发表《评许思园著〈人性与人之使命〉》；

在成都某刊发表《有关科学的相对论之哲学问题》，惜此文已不存。

---

① 唐君毅：《离家赴宁》。《唐君毅全集》（九州）卷1《早期文稿》第5页，卷32《日记》（上）第164—165页；《唐君毅全集》（学生）卷27《日记》（上）第241页。

一九三四年（民国二十三年）　二十六岁

由于日军在中国北方的侵略，北方已经烽火连天。还在清华大学读研究生的周辅成先生由北京移居南京，住中央大学附近，与唐先生第一次谋面。二人因已有通信，加之对各自的文章多有感佩，所以一见如故，于各自室内或凉亭茶肆，各畅所怀。两人都认为，中国人要将自己文化特点向世人宣示；在这种宣示中，对文化各部分加以分别阐明，固然十分重要，但是，对整体文化精神的阐明，则尤为重要。而阐明中国文化整体精神这一项工作，非待有魄力者勇于承担不可。

唐先生当时，有此当仁不让之志。因此，不惜道路艰难，发愤遍读西方典籍，期望从中西哲学及文学艺术的比较中，精心力索中国文化的精神价值。为了对罗素及分析哲学予以公平的评价，刻苦钻研数理逻辑；为了对实用主义做公平的评价，认真钻研詹姆士与杜威的著作。在遍览西方各种主义和思潮后，唐先生觉得，欧洲古典哲学与中国传统哲学在精神上最为较近，而且也比英、美哲学更为健全。

二月，唐先生署名"君毅"在《文化通讯》上发表《治中国哲学应改变之几种态度》一文。该文初步表达了唐先生的比较文化思想和对研究中国哲学的基本立场。唐先生强调：今后中国人治中国学术有几种态度是应改变的：（一）应从以西洋眼光、印度眼光看中国学术的态度到以中国眼光看中国学术的态度；（二）从所谓"整理国故"的态度到学中国学的态度；（三）从先有结论后寻证据的态度到先寻求假设后搜集证据的态度；（四）从先怀疑批判的态度到先同情的态度；（五）从分析的研究态度到综合的研究态度。

三月，唐先生在《文化通讯》上发表《中国今后所需要介绍之西洋思想》一文，提出了自己关于融摄西方主流文化的文化建设观。唐先生强调，一个原有高尚文化的民族，它所需要介绍的其他民族的思想，至少应该合乎下列两条件之一：（一）这种思想是该民族中所感缺乏的；（二）这种思想是其他民族的思想重心。只有合乎这两条件的思想，才值得介绍给这原有高尚文化的民族。基于这两条标准，唐先生认为，以后国人对于西洋思想的介绍，应从下列数方向努力。一、正统派思想的介绍。所谓西洋正统派之思想，即指自柏拉图、亚里士多德以降至康德、歌德、黑格尔一派之思想。

二、生命哲学、纯正浪漫主义之介绍。西洋思想虽结晶于正统派，然近代西洋人之生命情调实表现于西洋之生命哲学、浪漫主义。三、科学思想之介绍。西洋之科学思想，最具体之表现，仍在西洋之论理学，及科学的哲学。现在要介绍西方思想，自应从西洋之论理学及科学的哲学努力。

唐先生还在《文化通讯》发表署名"野"的《诗人与词人——杜甫与李白》，署名"君毅"的《中国民族自救运动之最后觉悟》，署名"百海"的《柏溪随笔》。

六月，在《哲学评论》第五卷第四期发表《三论宗与柏拉得来现象论之比较》。吴宓与张东荪先生读此文原稿后，咸称奇才，特别推荐予《哲学评论》刊发。

七月，唐先生选编了《中国历代家书选》，并撰写《〈中国历代家书选〉编辑旨趣》为前言。该书于次年五月在南京拔提书局出版，是唐先生出版的第一本书。

在唐先生上千万言的著述中，《柏溪随笔》是一篇看似没有多少分量而实际上极具特色和意义的文本，在台湾学生书局版的《唐君毅全集》中，收入全集第三卷之《人生随笔》。《柏溪随笔》有"之一"和"之二"，均为编者所加，原文都名《柏溪随笔》。《随笔》一于一九三四年三月发表于《文化通讯》一卷三期，发表时署名"百海"。《随笔》二为作者早年友人、妻弟谢斯骏提供，发表于何处已不清楚在《随笔》二最后有一小段作者的附记："誊录旧作随笔二十四则。熄灯见月色朦胧，知天将晓。闻梅庵枭声，还步至六朝松下，待明月归去。忽成打油诗二句：'谁知月落星稀后，一片清冷万古心'，前二句不可得。然我深深祈愿：我之心灵长住此时心境，故附笔于此。二十六年一月二十九日黎明。"由此可知，《随笔》二的完整稿成于一九三七年一月二十九日。但是，作者在附记中说得很清楚，是"誊录旧作随笔二十四则"，因此，此稿的内容肯定是成于这之前。

《柏溪随笔》之一有十六节，一千四百余字。《柏溪随笔》之二有二十四节，一千八百多字。但是，"之二"的十四、十七、二十节与"之一"的十六、一、二节内容重复。所以，两篇《随笔》的内容合计有三十七节，三千余字。

作为一个文本，《柏溪随笔》很可能是唐先生从其十五岁就开始一直坚持的《日记》中摘录出来的"即兴"之作，不能算作唐先生"自著的第一本书"。唐先生有写日记和笔记的习惯,早年的日记尽管后来因为各种原因全部丢失,但是从笔记(日记)中整理文本成专文、专书,也是唐先生写作的一个重要形式,包括其划时代巨著《生命存在与心灵境界》也是在多年"哲学笔记"的基础上"整理"写作而成。

就内容而言,《柏溪随笔》所呈现的是这个阶段唐先生这个真实生命对生命本身的洞察和体悟,其生死哲学思想呈现为"人"与"文"的辩证互动,以人立文,以文化人,实现理想卓绝的人生。在相当意义上,《柏溪随笔》给我们呈现了唐先生早期思想萌芽的基本情态,在相当意义上具有标志性意义。

唐先生对人生的理解是充满诗意和理想的,"人的生活,应该如明月一样,须得是多方面的。好比明月映在千万江湖中一样。人的生活应该如明月,虽是多方面的,然而并不因此扰乱内心的统一与安静。好比明月虽然留影在千万江湖中,她的本身仍高高地悬在天空!"这种"诗意"和"理想性"既体现在他伟岸高卓的人格企求,也体现在他辩证和谐的人生领悟,更体现在他超越生死的智慧洞达。

唐先生思考人生,尽管首先是为了化解他自己的诸多人生困惑,但这种思考并不是只凭私己感受的自我哀叹。唐先生自幼饱读传统诗书,大学期间则全面阅读西方哲学家、文学家的著作,并广泛涉猎佛教经典。因此,其对人生的思考一方面是建立在对中西方人生哲学的广泛研读的基础上的。《柏溪随笔》中有将近一半的内容是在谈论"人文"。而这些关于"人文"的思想,或者强调对传统人类文化的学习,或者强调纯粹精神文化的创造,或者强调现实人文理想的落实。

唐先生思想成熟于三十岁左右,标志性著作是《人生之体验》《道德自我之建立》(准确地说是《人生之路》十部曲),核心思想是道德人生;核心问题是"人当是人"的问题;核心概念是"道德自我";主题是"立人极"而建构人格。唐先生中期思想的转折,是到香港后由关注人生问题过渡到关注普遍性的文化问题,标志性著作是《文化意识与道德理性》,核心思想是中国人文精神的重建;核心问题是"中国人当是中国人";核心概念是"道德理性";主题是"立皇极"而阐发人文。唐先生晚期思想的总结,是其对中西印三大文化的最终判教,标志性著作是《生命存在与心灵境界》,核心思想是心灵九境;核心问题是"现代世界的中国人当是现代世界的中国人";核心概念是"生命存在";主题是"立太极"而梳理天地人伦。

如果对照思想成熟后的唐先生著作，我们会发现，《柏溪随笔》中的"人生"思想与《人生之体验》和《道德自我之建立》的主题思想是相印证的，而《柏溪随笔》中的"人文"思想则开了《文化意识与道德理性》中对各种文化形式的讨论的先河。

唐先生的生命情调和学术智慧，使得他一直以两个人写作。一是作为真实的人用生命在写作，目的是医治自己生命之病，犹如他在《人生之体验》自序中说的，这些文本是写来自己看的，不是为了示人的，最后结集为《人生之体验》《道德自我之建立》（也包括中晚年撰写的《人生之体验续编》《病里乾坤》），其中一个重要的形式就是日记。另一个是作为学者，撰写学术论文，表达自己的思想意见和呈现自己的学术研究成果，用以示人的写作，早期主要是对中西哲学思想的比较，而最后成书《中西哲学思想比较论文集》。

唐先生自幼受家学熏陶，十五岁就立希圣希贤之志，二十岁身心痛苦几欲自杀，二十二岁父亲去世就担当起全家之责，他根本上是一位靠生命体悟而不是靠理性思考的早慧思想者。其终生著述的核心，也在于立三极（人极、皇极、太极）。因此，真正可以代表他早期思想成果（而不是学术成果）、标志着唐先生思想之真正"开悟"的，不是那些"学术文本"，恰恰是这两篇总共三千余字的《柏溪随笔》。

一九三五年（民国二十四年）　二十七岁

《柏溪随笔》的"开悟"，标志着唐先生思想基本构架的形成，那便是"人"与"文"的辩证互动、"生"与"死"的相互证明。而这样一种思想构架还需要一个坚实的基石，即形上本体的支撑。从上大学开始，唐先生思考的最为核心的哲学问题，便是如何确立"心"的地位问题，他对物质、生命、心的关系的追问，对自然界各种存在的层次问题的探索，对"心"何以要接受此现实世界的追问，以及在哲学学习过程中从进化论、实在论到德国唯心论的心路历程，都是为了解决这一问题。

而对于这一问题的答案，则是其一九三五年二十七岁时的"玄武湖之悟"得到的。

吾二十七八时少年气盛，尝自谓于宇宙人生根本真理，已洞见无遗，足开拓万古之心胸，推倒一世之豪杰，不免狂妄自大。然吾后忽生一问题，即此宇宙人生之真理应为普遍永恒，亦应为人人所能见，则何以必待我而后见？此不应理。后又更知凡人之思想，无不能超出于其所知者所思者之上，则人无不可自觉其思想之超越于其所知所思之古往来今一切思想家之上，亦无人不可有此狂妄自大。由此二反省，而吾遂转而念吾所自谓新发现之真理，应早已为人所发现，亦应早已为人所言及，或为人之所已言及之真理之所涵。吾于是转而求见此我之所知所思者与古今之哲人所言及者其相契合之处何在为主。由此遂络续发现，吾自谓新发现者，多为人所早发现，如诗人所谓"莫道君行早，更有早行人"。吾后来之读书及与人谈论，乃多求见人之所是之处何在，与前之处处见他人所言者之非之态度，大异其趣。然此一态度，实乃由一极大之狂妄之反省之所转成。此一反省，要在反省及真理之必有普遍永恒性，应为人人所能见，先觉后觉，必同归一觉，则一切真理应皆先已内具于一切人之心，而人亦终必能自觉其所内具之真理，此真理为成就人之精神生活者，而精神生活至极者，则为圣为佛。吾遂信一切人皆必能成圣成佛。然此真理若兼为宇宙之真理，应为人与其余有情生命所依以存在之真理。人能自见此真理，何以其余之有情生命，定不能觉悟此真理，而亦有精神生活，更由无数之转生以成圣成佛？吾以为一切人与一切有情生命之不觉悟此真理，以成圣成佛，只由有消极的阻碍之者之故；而阻碍之者，无不可破，则一切人与一切有情生命即应毕竟成圣成佛。

　　吾之悟得此义，在南京玄武湖。及今尚忆悟后之当时情节，乃吾一人行湖畔，见城墙上阳光满布，如一切有情生命皆一一成圣成佛于一无尽光辉之中，当时曾感一大欢喜。此亦吾二十七八岁时之一事也。①

这段记载非常详尽地说明了这次"玄武湖之悟"的场景、背景和开

---

①　唐君毅：《生命存在与心灵境界》"后序"。《唐君毅全集》卷26《生命存在与心灵境界》（下）第360—361页；《唐君毅全集》（学生）卷24《生命存在与心灵境界》（下）第477—479页。

悟的内容。大致来说，可以分为这样几个体悟环节。

其一，自以为把握了宇宙人生真理的傲慢。

其二，两重"应理"的自我反省，说明真理的普遍永恒性。

其三，哲学态度的转换，不求"创新"，但求"契合"。

其四，真理的普遍永恒性证明人心的自足及人皆可成圣成佛。

其五，真理的普遍永恒性同样证明一切有情生命皆可成圣成佛。

其六，一切人和有情生命之未悟真理、未成圣成佛，只因消极的阻碍，而此消极阻碍最终都将可破，因此，一切人和有情生物成圣成佛是理所当然的。

唐先生在玄武湖所悟出的人及一切有情生命皆可"成圣成佛"的根本大道，是基于这样的理性逻辑的：

自己之"心"洞察了"宇宙人生真理"——真理的普遍永恒性说明"心灵"的超越独立性——我作为"有心之人"能悟到真理，他人亦能（先觉后觉同归一觉）——自觉心灵内具的真理便可有真正的精神生活——精神生活的最高境界便是成圣成佛——人以及一切有情生命皆可因自觉心灵内部之真理而成就精神生活而成圣成佛。

这样一种内省和反思的逻辑，是建立在唐先生自己的生命体验和对中西哲学智慧的了解和学习基础上的。

是年，唐先生发表的论文著作有：

五月，南京拔提书局出版《中国历代家书选》；

六月，在《中央大学文艺丛刊》二卷一期发表《中国文化根本精神之一尝试解释》；

十一月，在《学术世界》一卷六期发表《论不朽》；

十二月，在《论学》第二期发表《中国艺术之特质》；

另外，在《新中华》三卷二十四期发表《二十世纪西洋哲学之特质》等文。

《论不朽》一文，一九三三年二月十三日初稿，一九三四年三月二十七日改稿，一九三五年十一月发表于《学术世界》第一卷第六期。该文可以看作唐先生"玄武湖悟道"的另一种文字呈现。

唐先生对于流行的十种不朽论一一做了分析，包括：物质不朽论、生物不朽论、事业不朽论、社会不朽论、存在不朽论、价值不朽论、智慧不朽论、伟大人格之不朽论、大我精神不朽论、个体流转不朽论。通过分析发现,"主张不朽之十说,殆皆未能完满。故不少哲人遂倡不朽问题根本不能成立之论,欲藉取消此问题以解决此问题。此论亦有十种",包括:一、人应只尽人道论。二、无时不死论。三、生即无限论。四、死者休息论。五、人应顺自然论。六、死根本不可遇论。七、求不朽为原人思想论。八、有死生方贵论。九、求不朽出于生活意义之贫乏论。十、求不朽由于太重视人主观之要求论。唐先生对此十论也一一分析,"各种否认不朽问题之说,其建立之主张均不能立;而一切欲取消此问题以解决此问题者,亦无不陷于失败"。

在批判分析的基础上,唐先生指出,人的不朽要求是正当的,不朽也是可能的,并提出了建构"完善不朽论"应具备的条件。不朽要求的正当性,一是自道德而言为正当;二是自论理而言为正当。而不朽的可能性体现在五个方面:一、如宇宙为合理,必不能使吾人主观之要求永为主观之要求;二、如宇宙为合理必不能有断灭;三、人之生命为一过程不能倏忽停止;四、人要求不朽即可证人非一有限之存在;五、身体与心二者间只有函数关系。

最后,唐先生提出,为了避免不朽说的十个方面的缺点,完善的不朽论,必须具备八个条件。(一)必须以人格之不朽为对象。(二)必须以普遍人格之不朽为对象。(三)不能以抽象之大我不朽漠视小我之不朽。(四)不能将小我视作有定数之实体。(五)应将小我只视一生命经验之焦点。然亦不能谓此焦点于死时立即散去,使小我未遂其志即消灭,而谓只有一混沦之大我生命经验存在。须同时说明生命之超过个体性及个体性如前文所举。(六)须承认个体流传有限度内之可能,并说明于何种限度内可能,且须说明投胎时与父母精神肉体之各种关系,而不悖乎各种科学所证明之事实。(七)须说明其他生物朽或不朽之原因。(八)须说明此不朽之生命经验与物质世界之关系。①

唐先生指出,完善的不朽论,非同时具此八个条件不可。可是,同时具备此八项条件,又是最难之事。因为一一经度这八个条件,必然引起无量的矛盾观念。可是,如果不一一经度此八个条件,又终难形成完满的不朽说。此时的唐先生,尽管智慧和心气都已经非常人所比,但他自己也依

---

① 唐君毅:《论不朽》。《唐君毅全集》(九州)卷2《中西哲学思想之比较论文集》第363页;《唐君毅全集》(学生)卷11《中西哲学思想之比较论文集》第446页。

然不敢说就可以承担此天下重任，而只是提出期望，发出疑问。所以，在文章的最后，唐先生设问："孰有愿本此八条件以建立一不朽说者乎？予企望之矣！"但是，正是这一发问和期望，让唐先生本人的全副生命和理论思考都始终围绕在这一"完善不朽论"的建立上，并以其全副生命和理论思考做出了精彩的回答。唐先生的回答，一方面基于中国哲人尤其是儒家的基本立场，另一方面又充分运用西方式逻辑论理的方式，在唐先生不同时期的著作中都有比较集中的呈现。

三十岁左右撰写的《人生之路》十部曲（包括《人生之体验》《道德自我之建立》《心物与人生》三书），是第一次比较全面的对此问题的正面回答。从主要的标题就可以看到其论述和论证问题的方式和其所持的基本立场，比如："物质与生命""人心在自然的地位""生活之肯定""心灵之发展""自我生长之途程""人生的旅行""道德之实践""世界之肯定""精神之表现"，等等。

五十岁左右撰写的《人生之体验续编》《病里乾坤》和《中国文化之精神价值》等著述，则进一步在人文世界展开自己的生死体悟，其基本立场和论证方式从一些文章的标题就可以呈现，诸如："俗情世间中之毁誉及形上世界""心灵之凝聚与开发""人生之艰难与哀乐相生""立志之道及我与世界""死生之说与幽明之际""人生之虚妄与真实""人生之颠倒与复位""病里乾坤""中国先哲之人心观""中国先哲之人生道德理想论""中国之人格世界""中国之宗教精神与形上信仰——悠久世界"，等等。

晚年的《生命存在与心灵境界》通过生命心灵的三向九境，"一一经度"各种矛盾对立的中西学说，将人的生命最终立于"天德流行"的不朽之境。其心灵九境的客观、主观、超主客观的逻辑设定，基本上就是他在这里提出的不朽之可能性的五个证明的系统呈现，而其对"道德实践境"和"天德流行境"的强调，则是其一直坚持的中国哲人立场的最为完满的呈现。唐先生用他的全部生命建构起了自己所期待的"完善的不朽论"。

一九三六年（民国二十五年）　二十八岁

继续在中央大学做助教，同时思考人生道德问题和研究东西方哲学。

唐先生在二十八岁前，对新黑格尔主义者洛慈、布拉德雷、鲍桑葵、罗伊斯等人的客观唯心论与绝对唯心论著作，有着浓厚的兴趣和高度的精神契合，因此无不涉猎和认真阅读。

只不过，此时自己的生命情调还与自然、社会、历史不能完全契合，总觉得自己的心灵位于世界的边缘，没有必须接受现实存在的自然、社会、历史世界的充分理由。因此之故，曾经求仙学道。而且在静坐之中，也有与西方神秘主义类似的证悟。唐先生认为，自己的心灵，如果自世界撤退，即可自见其内具有一无限的灵明，入于永恒，超于生死。因此，自始即觉得自己与此世界的关系为可黏可脱的；自己的灵明，在世界的边缘，亦可即可离。

在说明人必须降入此现实世界的理由方面，在西方哲学家中，唐先生最欣赏的是费希特与黑格尔由纯粹自我或纯思中的理性出发，以演绎出此现实世界存在的绝对唯心主义形而上学。对于罗素与怀特海的数学原理，一开始即设定若干原始观念、基本命题与推演原则，却全不说其所以必须如此设定之理由的逻辑原子主义推演方式甚为反感。对卡尔纳普谓逻辑语法只涉及符号、不关意义的逻辑经验主义推演方式，更无从理解。但是，对洛慈、布拉德雷与鲍桑葵的逻辑书，联系知识的发展以论逻辑的推演方式，则觉得能够理解。

唐先生当时认为，现代逻辑直下提出若干基本观念、基本命题与推演原则，便从事推演，乃属于非理性的表现。唐先生认为，在进行逻辑推论之先，应该首先预设一理体，作为理性的基础。此为唐先生在二十七八岁时所形成的思想规模，此后亦不能逾越。

> 吾以为人之求知识与思想之理性之进行，其基本原则，应是凡说某事物是如何如何者，当兼说其何以不如何如何，乃能满足理性之要求。吾当时观现代之逻辑之公理法直下提出若干基本观念、基本命题、推演原则，便从事推演，则视为非理性者。此非理性者，应预设一理性基础。此基础为一理体或 Logos。对此 Logos，吾于读黑格耳至鲍桑葵之书以后，自谓已发现。此乃一三度向之理体，而又可销归于一虚灵无相之心，以为其性之理体。此一理体与空间之三度，及自然存在之物之诸大类，如无生物、生物、动植物之分，以及自然宇宙之基本定律，如万有引力等，及人之精神生活方向，皆可应合。此吾二

十七八岁所形成之思想规模，今亦不能逾越者也。①

是年，唐先生发表的文章有：

三月，在《中心评论》发表《杂论哲学》；在《中山文化馆季刊》三卷四期发表《庄子的变化形而上学与黑格尔的变化形而上学之比较》；

五月，在《中心评论》发表《中国宗教思想之特质》；

六月，在《新民月刊》二卷四期发表《中西哲学问题之不同》；

七月，在《西南评论》三卷二期《赴西南评论社欢迎夷族代表宴会后之感想》；

九月，在《文哲月刊》一卷八期发表《论中西哲学中本体观念之一种变迁》；

十二月，在《哲学评论》发表《老庄易传中庸形而上学之论理结构（大纲）》；

另外还有在《中心评论》发表的《国人对文化应改变之态度》及《论中国艺术之特色》。

《中西哲学问题之不同》一文在对比中西方哲学态度的不同后，重点分析了中西方哲学所着重的哲学问题的八个方面的不同，进而指出：

> 我们不能毫无保留的把西洋哲学问题，套在中国哲学书上。要知道中国哲学自有他所着重的问题。这些问题因为中国从前的哲学家重行不重知……等等原因，所以没有自觉的提出；而现在研究西洋哲学的人，因其一肚子装的都是西洋哲学观念，仍把这些问题掩蔽了。所以，我现在不嫌词费的举出八个重要问题的不同来。我的意思并不说西洋的哲学问题中国绝对没有，我只是说两方着重的问题不同。②

唐先生这种中西哲学比较研究的态度，比那个时代大多数学人完全以西方哲学话语套用到中国哲学研究中的研究范式更为客观、公允。

---

① 唐君毅：《生命存在与心灵境界》"后序"。《唐君毅全集》（九州）卷26《生命存在与心灵境界》（下）第360页；《唐君毅全集》（学生）卷24《生命存在与心灵境界》（下）第477页。

② 唐君毅：《论中西哲学问题之不同》。《唐君毅全集》（九州）卷2《中西哲学思想之比较论文集》第70页；《唐君毅全集》（学生）卷11《中西哲学思想之比较论文集》第91页。

《国人对文化应改变之态度》明确指出,"国人近来对文化的几种态度是错误的,若不根本改变,中国文化莫有前途,不能有什么文化建设"。进而提出了我们对文化应该采取的正当态度,包括:一、我们不是为生存而有文化,乃是为文化而求生存;二、功利主义不是估量文化价值的唯一的标准;三、纯粹文化与一般文化不应当偏重;四、我们不应当取单纯的欣赏主义的态度来对文化;五、人类的文化创造是日进无疆的,所以中国的文化建设,不只在建一适合当前情势的某一型态的文化,我们同时当注意以后文化的开展问题。唐先生强调,他的根本主张,是认为我们应当从文化的本身看文化。文化是与自然相对的,所以文化现象不是自然现象,文化生活不是自然生活。因此我们不能说文化的目的在求我们自然的生存,不能拿有无利于我们生存的功利主义的眼光去估量文化的价值,不应当看轻似无关于我们生存问题的纯粹文化。文化现象、文化生活不属于自然现象、自然生活,人类的文化现象、文化生活便当自有其创进的行程,所以我们不能以文化的目的来适应环境。我们不应当只注重此时此地的文化问题,应当同时注重将来文化如何开展的问题。

一九三七年(民国二十六年) 二十九岁

七七事变发生后,唐先生于八月与二妹至中乘船由南京返回四川。在行船途中,夜里多次从梦中惊起,面向栏杆,大呼:"二妹!二妹!"同舱人指示二妹在上铺后,才又睡下。一会儿,又起来看二妹是否在床铺,大概深恐其堕入江中。兄妹情深,形诸梦寐。

返回成都后,在成都华西大学,以及成都、成公、天府、蜀华等中学任教,每周上课共三十二小时。教课之余,唐先生与友人一起创办《重光月刊》,出钱出力,鼓吹抗战,同时宣传复兴重光中国固有的学术文化。当国家民族处于危亡之际,书生报国,此亦不失为一当然之途。

当时,李源澄到蜀华教书,与赖高翔深相契合。李源澄经常与唐先生一起到位于文庙西街的赖高翔寓中共谈。一次,三人各述所企求,唐先生云"我所企求者自由"。又一日论及中国古昔文家之思想,唐先生谓:"我最喜陶渊明诗,以其哲学思想之丰富,为其他文士所不及也。"又一日谈及支那内学院宜黄邱先生之死讯,唐先生黯然不怡者久之,既而叹曰："何好人之易逝也。"又一日共论中国文化之精神，唐先生谓赖高翔的心性行为可为中国文化之代表，赖深愧此言。又一日，李源澄告诉赖高翔，说唐先生闭门一月，撰著一书，已将告成。于是，二人同往唐先生家拜访，叩其大略，唐先生云："书名尚未确定，原拟名人生之路，以其与基督教福音相似，故未用也。"①

其时，唐先生父执周守廉先生给唐先生介绍四川大学教授王叔驹先生之女为女友。唐先生四妹恂季曾与王小姐同学，表示反对。唐先生顺四妹之意，此事到此为止。

又，唐先生朋友蔡冀公先生给唐先生介绍其姨妹张小姐。陈太夫人认为，张家甚为富有，亲戚又多官宦，与自家不是同一类，不合适。唐先生承母亲意思，婉言谢绝。

是年，唐先生发表的文章有：

一月，发表《柏溪随笔》于某报刊，即现《唐君毅全集》收录的《柏溪随笔》（二），由唐先生妻弟谢斯骏提供的钞存稿；

四月，在《学灯》上发表《中国哲学中自然宇宙观之特质》；

七月，在《论学》上发表《朱子道体论导言》。

《中国哲学中自然宇宙观之特质》一文近两万字，是为了落实自己所主张的以中国哲学本身的范式来研究中国哲学的一个重要范例。唐先生谓：

> 我一向觉得近人研究中国哲学都好以西洋哲学眼光来研究，以西洋哲学上之思想格套来硬套。现在真要了解中国哲学思想，必须先把中国哲学思想从西洋哲学思想的格套中解放出来。所以，反须先作总论一类文章，使中国哲学的特色逐渐明白起来。而且中国各哲学家之自然宇宙观虽各不相同，然与西洋或印度思想较，则可将其小异抛掉，专就其大同处来看。我觉得这样去看，不仅可以看中国哲人之自然宇宙观与西洋印度之不同，而且可以暗示中国哲学路数与西洋印度之差异，以至中国哲人心灵所寄托之特

---

① 赖高翔：《忆唐君毅教授》。《唐君毅全集》（九州）卷37《纪念集》（上）第96—97页；《唐君毅全集》（学生）卷30《纪念集》第120页。

殊境界。①

依据这样一种研究态度和方式，唐先生认为，中国哲学上的自然宇宙观之特质，就是处处用"圆融通贯"的看法，去看自然宇宙。中国哲人对于自然哲学上的问题，都不作一偏之见，而以执两用中的办法去解决。他们解决此类问题的方法步骤虽常不免粗疏笼统，不及西洋印度哲人之精密谨严，但其结论实甚高明，足增吾人对于固有文化之自信。

进而，唐先生概括了中国哲学中自然宇宙观的十二个特点，并逐一分析阐释：（一）宇宙以虚含实观；（二）宇宙无二无际观；（三）万象以时间为本质观；（四）时间螺旋进展观；（五）时间空间不二观；（六）时间空间物质不离观；（七）物质能力同性观；（八）生命物质无间观；（九）心灵生命共质观；（十）心灵周遍万物观；（十一）自然即含价值观；（十二）人与宇宙合一观。

一九三八年（民国二十七年）　　三十岁

是年，唐先生仍在华西大学、华西高中及省立成都中学三校任教。

四川省立成都中学高中文科班，班中学生三十余人，唐先生担任《中国先秦学术史》《逻辑》两科教学。

据当时的学生伍仕谦回忆，唐先生极受同学欢迎，在教学方面，最善于综合一些相关的资料，进行排比分析，启发学生思考。在《中国先秦学术史》一科，唐先生选的教材是《庄子·天下篇》《淮南子·要略》《荀子·非十二子》《史记·孟子荀卿列传》《老庄申韩列传》《汉书·艺文志》等。每篇详细讲授，最后叫同学考虑："先秦诸子是否出于王官？"如果非出于王官，又应该怎样认识？他也不同意胡适的说法。这样一来，使同学对先秦各家学术的大旨，都有一些眉目，也能进行独立思考。他最后总结说：要研究一个问题，不能浅尝辄止，不可半途而废，要掌握资料，弄清全局，再深入局部性的专题研究，才能见微知著，洞察隐微。唐先生对先秦文献中难解的词汇，常常能以浅近的比喻、通俗的词句解释，

---

① 唐君毅：《中国哲学中自然宇宙观之特质》。《唐君毅全集》（九州）卷2《中西哲学思想之比较论集》第74页；《唐君毅全集》（学生）卷11《中西哲学思想之比较论集》第95—96页。

使学者明白易懂。在讲《庄子·天下篇》中"神何由降，明何由出"两句时，唐先生谓："以神明言灵台灵府之心，为庄子之所擅长。神与明之异，惟在神乃自其为心所直发而说，明则要在自其能照物而说，故明亦在神中。"①

唐先生喜欢和同学接触，下课后和同学们随便聊聊，有时还问一些小问题，了解学生们的思想情况、知识程度、理解能力。当时省成中校址，在今成都市第二中学。校内大体育场与教室中间，一湾流水，千竿翠竹，竹阴深处，有茅亭一所。唐先生课余之暇，每与同学三五人，闲谈于此，上下古今，无所不谈。有一天，唐先生说："这里都是很好的读书环境。你们看'凤尾森森，龙吟细细'，可不是潇湘馆，而是'有竹居''竹友楼''竹筠轩''竹香斋''竹保堂'，这些古代学人读书的所在，正好是师友切磋的佳境。诸位切莫辜负了少年时光。环境好，可以移人的性情，也可以激发人的志气。同在一个学校，同受一些老师的教诲，有些人能够把握时机，将来有所成就，而有些人却与草木同腐。坠茵坠泥，非关命运，而在各人主观的努力。"②

唐先生还常常对学生谈治学经验与读书方法。他说：

> 治学宜重视基础，要广读群书。你们年轻，记忆力强，理解力丰富。中国典籍多，只要能读懂，你就读。多记笔记，多写心得，读哲学书，难读，但不要怕难，慢慢去理会。你们将来不论学自然科学或社会科学，总得有一点哲学知识。有人一听到哲学二字就吓倒了，以为玄妙不可思议。一谈到哲学就是老、庄、申、韩、程、朱、陆、王、尼采、黑格尔、马克思。这些人的书，你不妨去涉猎一下，对你是有好处的。有人说"科学愈发达，哲学愈贫困"，这是胡说。科学与哲学，二者相辅相成，科学愈发达，哲学愈进步。③

唐先生在成都教中学，与中央大学同学好友谢绍安常相往还，其弟谢

---

① 伍仕谦：《我所知道的唐君毅先生》。《唐君毅全集》（九州）卷37《纪念集》（上）第171页；《唐君毅全集》（学生）卷30《纪念集》第212—213页。

② 伍仕谦：《我所知道的唐君毅先生》。《唐君毅全集》（九州）卷37《纪念集》（上）第172页；《唐君毅全集》（学生）卷30《纪念集》第214页。

③ 同上书，第215页。

斯骏也与唐先生稔熟。前一年，谢绍安先生便向唐母陈太夫人提及唐先生的婚事，将自己的妹妹谢廷光女士介绍给唐先生。在母亲同唐先生谈几次后，他便答应了。后又由谢绍安征求妹妹的同意，是年，彼此开始通信，以期"暑期以后会面时用较正式之形式决定"二人订婚之事。

五月十六日，唐先生给谢廷光女士写了第一封信，并随信寄去了自己三年前写的《柏溪随笔》。在这第一封信中，唐先生作了一个多维度的自我介绍①。

首先是自己的生命人格和人生志向。从十四五岁以后，因为父亲的教训即有志于学问。十五岁生日那一天，曾经含着眼泪作了几首要立定志向的诗。以后虽然时觉精神懈怠，但大体上总是向着这一方向去。自己对于学问的理解，并不只重在知识，生活的充实，人格的完成，一向是自己为学究竟的目标。只是因为自己素与社会一般人不大合得来，而十年来都是一人在外漂荡，虽然到处都有朋友，也时有人称赞，但精神上终感着一种悲凉，遂造成一种孤介的性格，如《柏溪随笔》便是在这种情调下写的。自己也承认，悲凉的情绪到底是不健全的情绪，孤介的性格到底不及和平温润的性格，所以近年来遂逐渐加以改变。

其次是自己的学问兴趣。从纯粹学问方面说，唐先生说自己的兴趣一向在哲学，文学只是欣赏而已。哲学尽管使自己受过许多苦痛，然而到底是可爱的，宇宙人生微妙的道理确实令人玩味不尽。同时，唐先生还说，中国真正的哲学家太少了，应该多有几个，许多朋友于此鼓励、扶持自己，其中，谢廷光的哥哥谢绍安便是最早的一个。唐先生自己也渐渐相信自己真能成为哲学家。因为"哲学的天才其本质在能常常自反，在永远有原始人小孩子那样的心，那样好奇，那样新鲜，我想我是有的，我想只要假以年或使我再能到他处读书，我必然有特殊之成就，与古人比美，又何难哉"。

再次是自己的社会文化理想。对于国家民族，自己想在文化教育上贡献力量。唐先生报告了自己最近办《重光月刊》，"办此刊贴钱贴精神不少，也算我对国家民族所尽的一些责任"。

最后是自己的家庭责任。"我对我的弟妹我当尽我的力培养他们造一

---

① 唐君毅：致廷光书，1938年5月16日。《唐君毅全集》（九州）卷30《致廷光书》第41—43页；《唐君毅全集》（学生）卷25《致廷光书》第51—54页。

种专门的学问，他们都有志趣，都不安于平凡，所以我一定要尽我的责任，使他们有专长，所以我希望朋友的妹妹也如此。"

在后来给谢廷光的书信中，唐先生言自己三十岁已经建立起基本的哲学思想规模：

> 去年一月十七日我三十岁，我自己认为我之哲学思想规模已立，我之人生观大体已定，我自命为已到三十而立之年。我现在已成立一哲学系统可以由数理哲学通到宗教哲学。其解决哲学史上之问题，许多地方真是神工鬼斧、石破天惊。我的志愿想在十五年内写三部大著作，一关宇宙者、一关人生者、一关宗教者，自以为必传后世。①

在晚年《生命存在与心灵境界》一书完成后写的后序中，唐先生自谓：

> 吾今之此书之根本义理，与对宇宙人生之根本信念，皆成于三十岁前。昔叔本华谓人之三十岁前为人生之本文，三十岁后则只为人生之注脚。吾以吾一生之学问历程证之，亦实如是。吾亦初不欲过尊吾之少年，而自贬其后之生活之历史也。
>
> 吾于三十岁前后，尝写人生之体验，与道德自我之建立二书，皆以一人独语，自道其所见之文。吾当时虽已尝读古今东西之哲人之书，然此二书对他人之说，几无所论列，而其行文皆极幼稚而朴实。然吾自谓此二书，有一面对宇宙人生之真理之原始性，乃后此之我所不能为。吾今之此书之规模，亦不能出于此二书所规定者之外。此固可证吾之无大进步；然亦证宇宙人生中实有若干真理，历久而弥见其新也。至于此后三十年中，吾非无所用心，而知识亦尽有增加。然千

---

① 唐君毅：致廷光书，1940年10月11日。《唐君毅全集》（九州）卷30《致廷光书》第104页；《唐君毅全集》（学生）卷25《致廷光书》第144页。引者注：唐先生此处所言"去年一月十七日我三十岁"，是指1939年1月17日，唐先生满三十周岁。本年谱采取虚年记岁，因此1938年即唐先生三十岁。

回百转,仍在原来之道上。①

是年,唐先生发表的论文有:一月,在《重光月刊》一期发表《抗战之意义》,在《重光》一、二期发表《中国哲学中天人关系论之演变》;二月,在《重光》二期发表《宣传民众者应有之认识——再论抗战之意义》《中国教育应有之根本改造》;三至四月,在《重光》三、四期发表《中西哲学问题之不同》。

在关于《抗战的意义》一文中,唐先生指出,中国实际上已走入长期抗战的过程中,抗战已成不容已的客观形势。但是我们要抗战的力量能够加强,绝不中途妥协,须人人均能直接间接参与抗战工作,须人人均能认识此次抗战的意义。唐先生列举了抗战的十种意义,第一层从中国当前的情势上说,第二层是从国际情势上说,第三层是从抗战使国内军事政治统一上说,第四、五层从抗战使中国社会中心从城市转移到乡村方面说,第六层是从抗战使中国社会组织严密上说,第七层自抗战可以挽救人心之浮靡上说,第八层自抗战可以引发中国民族潜伏的刚健之上说,第九层自抗战可以使我们对于自己的民族精神有明显的自觉方面说,第十层自抗战所以继续发扬中国文化于未来方面说。总而言之,都是就道德文化上说此次抗战的意义。

在《宣传民众者应有之认识——再论抗战之意义》一文中,唐先生进一步指出,此次中国之抗战乃为报仇雪耻而战,为保存此世界唯一博大悠久之民族而战,为保持人的文化而与禽兽之文化战,为保存负创建世界未来文化之责之民族而战。所以,此次抗战的意义之神圣,远过于人类史上任何民族间之战争。每一个人能直接间接参与此神圣之战争,乃自己无上的光荣。唐先生认为,认识到抗战的神圣意义,是宣传民众者自己必须本以建树自信的,只有这样,自己的精神先有所激发,才可以感召民众。

一九三九年(民国二十八年) 三十一岁

是年,抗日战争进入胶着状态,日本飞机频频扰乱后方,作为大后方

---

① 唐君毅:《生命存在与心灵境界》"后序"。《唐君毅全集》(九州)卷26《生命存在与心灵境界》(下)361—362页;《唐君毅全集》(学生)卷24《生命存在与心灵境界》(下)第479页。

的成都也警报不断,生活极不安定。

暑假时,母亲陈太夫人与二女至中、六女宁孺返回宜宾老家。至中在疏散到柏溪的宜宾中学任教,宁孺在该校读书。唐先生四妹恂季随四川大学迁往峨眉山,五弟慈幼在成都参加大学入学考试后,回到宜宾家中等待发榜。后,五弟慈幼考上四川大学化学系及政治大学会计专修科,唐先生电报阻止弟弟去政治大学读书,谓无学术价值。

唐先生则转往重庆,到已经迁至重庆的教育部做特约编辑。在教育部的工作,主要是代教育部长陈立夫改写一部哲学书,以陈立夫名义出版,月薪为三百元。

对于在教育部的这份工作,唐先生是十分犹豫的。

一方面,此项工作完全由上级安排支配,没有任何自主性,索然无味;而且教育部作为官僚机构,官僚们与唐先生的作风也大不一样;唐先生又恐怕陷入政治漩涡,失去精神自由;基于以上考虑,唐先生本极不愿意赴任。

另一方面,作为家中长子,在父亲去世后已经不得不承担起家庭重责,弟弟妹妹的生活、教育费用,急需用钱;父亲迪风公去世已经八年,由于家中经济窘迫,始终未能正式安葬;二妹至中为帮补家计,教书多年,无法实现自己升学深造的志愿。这些都让唐先生耿耿于怀,内心不得安宁。

再加之,当时唐先生在华西大学任教,并于乡间中学兼任授课,收入折扣后,仅得一百二三十元,比正常时候的薪水少收二百元,经济更加显得窘困。而且由于战时,所任教的中学已开始疏散迁移,大学能否加课也不可知,而下学期马上有四妹、五弟两人将在大学寄宿,六妹则要在中学寄宿,至少需一百五十元以上才能维持。

再加之,唐先生自己酷爱思考与学术研究,如果兼课太多,时间牺牲极大,这又妨碍自己的学术研究。

面对以上种种,唐先生感到难于抉择,精神极度痛苦。最终,现实战胜理想,仍然接受了教育部特约编辑的工作。

六月,在与谢廷光女士的信中,对此等内心纠结作了陈述:

> 父亲去世已八年,赖家庭中人之能体谅,大家刻苦,所以还能平静的过去。但是这半年来却是苦了我。首先想着弟妹的学业决定要继

续下去，五弟要住大学、六妹要住中学，记得父亲不在时，四妹才初入中学、五弟尚在小学。这八年来使他们一在大学二年级，一在中学毕业，在我们的家庭，实不容易。而今后所需之教育费将更多。其次又想到二妹，她教了多年书，收入虽少，但是为家庭牺牲的较我尤多，她最迫切造学问的志愿不得遂，这都是我不能有力量帮助她之故。其次还有妹弟们的婚事，这是母亲最着急的。而母亲料得很远，她又常想到办理婚事所需之金钱等。所以她近来特别俭省，而常未请佣人，我们虽晓喻她也无用。因为家中有存款时是不多的。我们因为母亲之俭省而太劳也都弄得很不安。还有因学校疏散，我少收二百元之薪水，亦使家中现状很窘。而父亲八年未正式安葬，已定暑假葬，这亦需不少钱，所以这半年来我心理常常都在不安中。如果我要求多找一点钱，我便只有到重庆。然而我实在看不惯政治上排挤倾轧之风，而且我怕会因环境的关系而失去我精神自由，使我不能成为出类拔萃的文化创造者。但如果要完成我文化创造的使命，我只好在此间暂不与政治发生关系，保我上不臣天子、下不友诸侯之自由。然而金钱又不够。如果要教多一些课，则时间全牺牲，亦不能作我之学术工作。①

在同一封信中，唐先生还分析了自己的人际环境和人生期待。

由于战争的原因，大量教育人才迁移到西南地区，这导致了教育界内部的帮派体系。在当时的成都教育界，便有所谓的"北大帮""中大帮"。唐先生自己不屑于同这些人讲帮拉派。自己住过北大，但不属北大系；住过中大，也不属中大系。自己有很多朋友，但无一人是纯由同学关系而结为朋友的，朋友大半既不是同学，也不是同乡。自己多年来能够在社会上立脚，主要是因为一些朋友自动地好意帮助和自己的学问能力，而不是依赖帮派或者任何党派势力而立脚的。基于这样一种人际态度和现实人际环境，唐先生认为，对自己来说，重庆也不好，成都也不好。只是因为一方面不愿意失去自己精神的自由，一方面又要尽自己的家庭责任，才不得已选择重庆。

---

① 唐君毅：致廷光书，1939年6月。《唐君毅全集》（九州）卷30《致廷光书》第104页；《唐君毅全集》（学生）卷25《致廷光书》第144页。

对于自己的人生期待，唐先生自言，一方面，自己爱文化的创造，爱真善美的世界；另一方面，自己又需要金钱以实现弟妹的教育，使母亲不太辛劳。这两方面的期待都是好的。但是，在现实世界，不同的"好"又常常是冲突矛盾的。一般人面对这种冲突，往往只看眼前的财、色、名，所以没有更多的烦恼和痛苦。但是，唐先生自己不是也不愿做一个这种"一般人"，而是希望自己做一个"特殊的人"。

特殊的人永远是苦痛的。一方面，他宝爱自由，有真善美的观念和责任的观念；另一方面，他又不免需要一般人所需要的东西。他需要钱财，为的使他有余时来从事文化创造，来尽他的家庭责任。他需要名誉，因为他如永在社会沉沦，便不能把他真善美的理想普遍化，由社会的同情而更鼓励他的努力。他需要爱情，因为他的冥心独往，昂头天外，超出尘表所生的寂寞要人来补足慰藉。他要实现理想，需要现实的扶持，而他又不屑于与一般人一样地去追求现实。他自己造成他自己的矛盾冲突，他自己作成他自己的苦痛，他的性格决定他悲剧的命运。

然而，特殊人的这种悲剧命运，社会上的一般人又多是不会同情他、了解他的。因为，一般人不知道他何以要求真善美。他们不相信人会有超凡绝俗的精神。另一方面，神和天生的圣人也不会了解他，因为神和天生的圣人不知道他何以一方面要追求超世间的东西，一方面却仍忘不了世间的东西。因此，"一般人"与"神圣"，他们的生活都是和谐一致的；只有"特殊的人"——人而有神性的人，则永远是在矛盾冲突中过日子。

唐先生认为，这种"特殊的人"古今中外有很多，而且自己知道自己正属于这一类"特殊的人"。同时表示，自己性格带来的一切，自己愿意承担，不怕苦痛，并相信伟大的灵魂是要用苦痛来滋养的。此时的唐先生，想将来当一位教育家，或者文化运动家，因而现在想有更高些的社会地位。但是，如果将来自己的社会地位与自己理想冲突，将随时准备牺牲自己的一切社会地位，为天地留正气。

八月，给谢廷光女士信，言自己八月二十日从成都回宜宾，然后到重庆就职。

因为战争原因，周辅成先生也到了成都。当时生活窘迫，曾想到南洋隐居。唐先生去信云："兄竟也是道不行，拟乘桴浮于海欤！"一对患难知己，相濡以沫。周先生当时和一些朋友组织办了《群众》（不定期），为的是在抗日战争中，尽自己所能尽的能力，表示自己救国的意愿。周辅成先生还为唐先生主办的《重光月刊》写过几篇文章,也受唐先生邀约参加过《重光》的编辑会议①。

后来有一天,周辅成先生忽然接到一家出版社的稿约,以很高的稿酬约请周辅成先生写一本普及性的哲学大纲。此时的周先生正处穷困之际,对于这等好事自然是求之不得,当即应承下来,并匆匆交稿。后来才得知,此稿本来是约请唐先生撰写的,处于同样艰困情况的唐先生却将这样的机会让给了自己,心中感愧万端。

十月,唐先生宿壁山青木关教育部所在地,其地原为一古庙温泉寺,以一小神殿作为唐先生的临时寝室。当夜卧于神龛之侧,松风无韵,静夜寂寥,素月流辉,槐影满窗。唐先生倚枕不寐,顾影萧然,平日对人生的所感所触一一顿现,交迭于心,于是起而濡笔成文《古庙中一夜之所思》。一九四四年《人生之体验》出版时,收入该书作为导言附录,并易名为"我所感之人生问题"。

该文以"消极悲凉"的情调,侧重抒发对人生的"疑情";而自己平时所思考的"人生根本问题"又于其中皆有"透露"。

其一,人生茫昧无知之悲。唐先生的体悟和反思是从人生的茫昧无知开始的。我们对自己最熟悉的生活环境是茫昧无知的,为什么白日喧嚣夜晚宁静?为什么月光可见而月亮却不可见?支撑我们住房的片瓦和支柱为何不动?我们对自己存在于其中的时空是茫昧无知的,明见房屋中有"空"却不知"空"为何物;"空"未发声,而自己却感受到"无声之声";无声无形是"空",对自己却又明显感到压迫感,为什么?我们对身心灵明关系是茫昧无知的,感觉器官可以感受到自己的身体及器官的存在,可是这些有形的身体为什么与自己的灵明精神相连?如何联系的?我们心念的孤寂决定了人生的孤寂,在我未出生前,对我要处于如此这般的时代和环境,一无所知;在我死之后,"我将何往,我亦不得而知也";我唯一所知的只是,我出生于这个时间,居住于这个地方,都只是"暂住"而已。

其二,人情冷暖无定之悲。唐先生体悟到,由于每一个人来到这个世界上都具有"唯一无二"的身心,这就决定了人生在根本上是孤独寂寞

---

① 周辅成:《记君毅先生若干事》。《唐君毅全集》(九州)卷37《纪念集》(上)第62页;《唐君毅全集》(学生)卷30《纪念集》第81—82页。

的。但是，人天然地不能忍受这种绝对的孤独寂寞，于是发展出爱、同情和了解，以填充每个人内心的孤寂。但是，这种爱、同情、了解又十分艰难。人与人的相互了解需要经过言语态度的媒介，由此变得十分艰难。尽管在人与人之间确实有"莫逆于心""相忘无形"的相知者，但是，"莫逆者，莫逆时之莫逆；相忘者，相忘时之相忘耳"。在现实人际关系中，不仅他人对自己不能有绝对的爱与同情，自己对自己也不可能有完全绝对的"爱"与"同情"，我们经常会自我责备、自我怪罪，甚至自我怨恨。

其三，宇宙冷酷荒凉之悲。从人与人相知、相爱、相互了解、相互同情的艰难，唐先生进而想到圣贤的"大爱"让人敬佩，可是圣贤之大爱在无限之宇宙时空中也显得苍白无力，在此彰显出宇宙之不仁及其荒凉冷酷。圣贤之仁与宇宙之不仁是完全矛盾的，而人之能思考这一点又强化了人生及宇宙的荒凉冷酷。

其四，亲爱之人疏远之悲。既然一般意义上的人与人之间的相知、相爱无法安顿和化解人生的困惑，甚至圣贤之仁心大爱在宇宙的冷酷荒凉面前也只是更显悲悯无助，那么可以安顿我们生命困惑的，便只有我们身边至亲之人的爱，因为这是我们可以直接感受到的爱。但是，至亲之人彼此间的爱也会逐渐疏远，同样让人悲凉孤寂。我们与自己的至亲至爱之人的"相遇"，只是在此数十年之中。在至亲之人中，兄弟姐妹同出于体，本身相爱无间。但随着个人成长，每个人都将恋爱结婚成家，他们与自己的爱人也是相爱无间的。但是，在子女一辈，他们兄弟姐妹之间的相待相爱，就不如父母辈之间的相爱"无间"了，而是"有间"。爱越传而越淡，不待数百年之后，而吾与吾弟妹之子孙，已相视如路人矣。人类生命代代相循，由无间之爱逐渐疏远直至相忘，犹如被主宰一般。

其五，人之同情共感之悲。人类生命不仅因为时间的流逝而必然从相爱无间而最终相忘，而且即使人与人之间，即使至亲相爱之人之间，要实现真正心理上的同情共感、相知共鸣也是十分艰难的。人自知孤寂而且各自彼此孤寂。当我们进行如此这般的哲学沉思时，房中阒无一人，因此我们不能将当下的感触告诉他人。我如此这般的感触，唯有我自己的灵明自知。所以，"吾之所以为吾，绝对孤独寂寞之吾也"。

以上五个层面，人生茫昧无知之悲、人情冷暖无定之悲、宇宙冷酷荒凉之悲、亲爱之人疏远之悲、人之同情共感之悲，便是唐先生在"古庙中一夜之所思"所体悟到的人生悲情。面对如此这般的人生悲情，唐先生

"悲不自胜",甚至"吾悲吾之悲,而悲益深"。但是,哲学家唐先生不会只是有此悲,他更要反思此悲。"此悲何悲也?""吾缘何而悲?"这种反思所得的结论,便是唐先生在此古庙一夜所思之真正所悟。

唐先生认为,我们"悲"之"所悲"者,"悲人生之芒也,悲宇宙之荒凉冷酷也"。① 我们"悲"之"缘由",是因为我们心中有爱。我爱我亲爱之人;我希望人与人之间都能够相知而无间,可以同情而不隔,可以永爱而长存;我更希望人类社会可以化为爱的社会,爱之德可以充于人心而发为爱光,如此,人与人之间便可以光光相摄,万古无疆。正由于我心中有这份大爱,我才会有如此之大悲。

既然因为"爱"而生"悲",爱不能绝,悲亦不能绝,人生是否便苦海无边?唐先生的回答则是:"悲缘于此爱,爱超乎此悲。"当然,此"爱"非彼"爱"也!"悲缘于此爱"之"爱",是现实具体的爱,是爱亲人、爱世人、爱社会之爱,此"爱"是有对象的爱,亦是相对的爱。"爱超乎此悲"之"爱",乃是对爱之本身的爱,是无尽之爱,是遍及人我、弥纶宇宙之爱。对这一超越俗情世间具体对象之爱的体悟,是唐先生此"古庙一夜之思"的最终结论,也是其根本性情呈现的最高智慧。此"无尽之爱"即是人之"仁心"所在。尽管我们不知道此爱自何而来,更不知道可以按照什么样的方式去贯彻此爱,但是,我知道"吾有此爱"。正是对"吾有此爱"的坚信,才可以让自己以此"爱"(大写的爱)去爱当下之悲,并安顿自己之悲。

是年,唐先生发表的文章有:三月在《新西北月刊》发表《中西哲学问题的分野》,四月在同刊发表《中西哲学中关于道德基础论之一种变迁》。

《中西哲学中关于道德基础论之一种变迁》一文实际上撰写于一九三六年十二月,是唐先生早期比较研究中西哲学的系列论文之一。在前一年,唐先生曾经写《论中西哲学中关于本体观念之一种变迁》一文,主旨在说明:西洋哲学最初是离现象求本体逐渐到即现象求本体之趋向;中国哲学最初是即现象求本体逐渐却微有离现象求本体之趋向。唐先生认为,这样一种中西哲学向不同方向发展而若相交合的趋向,不仅

---

① 唐君毅:《我所感之人生问题》。《唐君毅全集》(九州)卷3《人生之体验》第24页;《唐君毅全集》(学生)卷1《人生之体验》第40页。

在形而上学中看得出来,在人生哲学中也看得出来。该文是就中西哲学中关于道德基础论的一种变迁,说明中西方哲学发展的这样一种趋向。

唐先生认为,道德哲学家寻求其道德观念的根据时有两个方向:一是在我们自己生命本身求道德观念的根据,道德的源泉即内在于我们生命的本身;一是在我们自己生命外求道德观念的根据,以道德观念另有其客观的宇宙的泉源,并不在我们生命本身中。西洋道德哲学最初是自生命本身外客观的宇宙中求道德的基础,逐渐认识生命本身外的道德基础即在我们生命自身,在生命本身内求道德的基础。中国道德哲学最初是在生命本身求道德的基础,逐渐认识从我们生命本身发出的道德,如何流出,洋溢于客观的宇宙,同时即认识道德根原于我们生命自身,亦即根源于客观的宇宙。

对于"何以西方一定要到后来才知道在生命本身求道德基础,而在中国则极早已知在生命本身求道德基础"这个问题,唐先生提出了以下解释。一、因为中国古代人的宗教信仰比较不甚强,并不相信神在宇宙间有多大的地位。二、农业民族所接触者为欣欣向荣之植物。他们见一切枝叶,都从种子本身发出,都是由内而外,必种子本身有生机,然后才能生;因而易觉人类之道德行为乃自人本身发出,道德基础在人心内。三、农业民族中父子兄弟夫妇同处一家,家庭之情谊易于增长。人在家庭享受之爱大于其他处所享之爱,因易觉家庭为爱之源泉,爱为道德之源泉,而觉家庭为道德之源泉。且因家庭中人相与之爱不待外求,遂觉爱乃由各人心中所自发,由各人心中自然流出者。四、客观的道德律的建立原是由要求正义而起,而正义的要求原是人与人间相争斗冲突求公平而起。希腊与犹太两民族都是商业民族,其重视正义实非偶然。而中国民族根本是农业民族,自不易孕育出平等的观念、补偿的观念。

对于自己的研究结论,唐先生强调,目的并不在提供结论,而在于提出一种对于中西道德哲学发展的看法,以便让人知道,中西道德哲学思想发展是不同的,不能够轻易拿来随便比附;同时也是要让人知道,这两种道德哲学思想发展的趋向虽不同,实质上又是彼此首尾相含若相交合的,由此可暗示人类的道德问题根本上仍是相同的。

一九四〇年(民国二十九年) 三十二岁

是年某日,唐先生与李长之先生相偕拜访牟宗三先生。唐先生在重庆教育部任特约编辑，牟先生则在曾家岩编《再生》杂志。二人神交已久，但相见是本年才开始，此后即常相往还。

唐先生不喜欢唯物论，但并不反对辩证法。两人相见之初，唐先生即表示，唯物辩证法讲不通，精神生活的辩证法则可以讲。牟先生一九三一年曾与张东荪先生等从逻辑观点写批判辩证唯物论的文章，也知道唐先生精通黑格尔哲学，于是请唐先生略述黑格尔辩证法之大义。唐先生从黑格尔思想讲到新黑格尔主义，从黑格尔的精神辩证法讲到英国新黑格尔派布拉德雷的消融的辩证法，系统流畅，玄思深远，郁勃而出。因为唐先生的才智及慧思，牟先生也因而顿悟到辩证法的意义及其可能的理据，并由此而知唐先生确有其深度与广度，不是一般浮泛小慧者可以相比的。当然，相较于唐先生辩证法的历史主义，牟先生对唐先生道德自我中的超越动力与恻怛襟怀，更为欣赏，并称："与唐先生相会谈，得以开发吾之慧解于多方，良师益友，惠我实多，我终身不敢忘。"①

其时，牟先生已完成《逻辑典范》一书，正开始撰写《认识心之批判》。牟先生强调，逻辑的根源在于理性，因此才可以达成理解、构成知识。对于牟先生关于逻辑的著作所展现出来的分析与建构之才，唐先生自谓不能及，并认为牟先生的书已经证成：现代逻辑也不能超出理解理性而另有所根据，这一点与西方由康德、黑格尔至鲍桑葵的相关学说遥相应合。

又，二人都喜欢怀特海。

唐先生与牟先生闲谈，其所触发的思考与体会，自谓多于与熊十力先生的交流。彼此莫逆于心，遂成好友，且成终生挚友。

此时，欧阳竟无先生和熊十力先生也都迁居四川。唐先生在南京时，曾经经常赴支那内学院听欧阳竟无先生讲论。当时熊十力先生出版《新唯识论》一书，欧阳先生曾经在唐先生面前，一一列举批评《新唯识论》的错误。在重庆时，唐先生数次前往江津拜见欧阳先生。基于自己的仁心和理想主义，唐先生建议欧阳先生与熊先生相晤面论，以求探讨是非、确证真理，归于一是。但是，二人都认为，对于彼此在学问和思想信念上的差异，不是通过辩论可以解决是非的，所以唐先生的愿望终竟成空。

---

① 牟宗三：《悼念唐君毅先生》。《唐君毅全集》（九州）卷 37《纪念集》（上）第 14 页；《唐君毅全集》（学生）卷 30《纪念集》第 23 页。

唐先生当时认为，欧阳竟无、熊十力等诸先生，为人皆以全部生命唯道是求，实可敬佩；但是，各自所成的学问，又始终不能相互理解、沟通，实在是人间悲剧。唐先生常常为此而嗟叹彷徨，不能自解。

不过，对于此等事，唐先生依据其超越情感，也自有种种超越的会悟。唐先生认为：世间除了无意义的文字、自相矛盾的语言、说经验事实而明显违背经验事实的语句外，一切言说不同义理的语言，无不可以在特定观点下成立。如果区分其所言说的种类、层位，就其适合的层位、种类言说，也无不可使人获得教益。因而，就其自身所适合的层位、种类和机缘而言，每一种学说和理论都可以说是最好的。由此，唐先生对于中国佛家的判教思想有特别的领会，并以此还观古今中外哲人所提出的相异相反的各种理论，发现它们都是上天的密意，以契接相异相反的机缘条件，成就哲学教化的流行。这一思路，开启了唐先生于晚年《生命存在与心灵境界》中所完成的中西印各种文化之心灵精神三向九境的大判教。

在某一次唐先生往江津拜候欧阳竟无先生的过程中，欧阳先生希望唐先生搬到内学院跟他学佛，不必再在大学教书，并以其首座弟子吕秋逸先生的同等待遇供给唐先生一切。并谓："你父也是我学生，可以当曾晳，你可以当曾子。"唐先生当下即回答说："我不只要跟先生学佛，还要学更多学问。"欧阳先生顿时大怒，骂唐先生辜负他一番厚意。盛怒中，欧阳先生忽然语带悲恻地说："我七十年来，黄泉道上，独往独来，无非想多有几个同路人。"唐先生听罢，不禁深心感动，俯身下拜。欧阳先生亦下拜回礼。不过，这只是佛家平等之礼，并非表示唐先生已皈依欧阳先生。因此，当时欧阳先生并不谅解唐先生，说今后也不希望再相见。临别时，欧阳先生送至门外。当时月光满地，唐先生回顾欧阳先生的背影，心想此后也再难彼此相见。到达江边时，烟月迷蒙，上船前，送行者倚栏问唐先生："今天是欧阳先生全幅真性情呈露，你将如何交代？"唐先生当时远眺江水，默然无语。一年后，唐先生在重庆参加四妹婚礼，乘便再拜访欧阳先生，欧阳先生执唐先生手于案上，写东坡词"婚嫁事希年冉冉"数字相赠，安慰唐先生，以后可更安心于学问。唐先生由是深切体悟到，真正拥有宗教精神的人，其胸怀实有不可测量的宽平深挚。① 每每念至

---

① 刘雨涛：《怀念唐君毅先生——唐君毅先生二三事》。《唐君毅全集》（九州）卷37《纪念集》（上）第164—165页；《唐君毅全集》（学生）卷30《纪念集》第205—206页。

此，即恻然欲哭，并谓，如果自己的身体可以一分为二，愿分自己之身做欧阳先生的弟子。

一九三七年至一九三八年的冬春之际，熊十力先生入川，先住重庆，旋即到璧山。璧山县中学校长钟芳铭欢迎他住下。熊先生的学生刘公纯、钱学熙夫妇也随后到达。一九三九年夏天（约八月初），因为马一浮先生主持的复性书院在乐山乌尤寺内创建，熊先生应马先生之聘，提任讲座，遂有乐山之行。九月十三日，复性书院举行开讲礼。九月十五日，书院正式开学。九月十七日，熊先生作《复性书院开讲示诸生》，就书院规制、地位、性质和研究旨趣等问题，以及学风、学习方法等，作长篇开讲谈话。但是，就在这年秋天，熊十力与马一浮在书院规制及用人和学生没有文凭不便就业谋生等问题上意见分歧，产生了一些隔阂。马一浮主要希望培养几颗读书种子，学生自愿来读，其他一切不管；熊十力则希望考虑学生的实际生活问题。熊十力认为马先生有一点"执古之道，以御今之有"。不久，熊十力辞去了书院讲席，并于十月中下旬离开复性书院。

在熊十力先生住四川五通桥黄海化学研究所期间，唐先生不时往访。一次，熊先生对唐先生说："我老了，我的学问尚无人继承，学生中惟你与宗三可以寄望，今后你不要再到大学教书，就跟我住在一起，钻研学问。"唐先生回答说："我不但要跟先生，而且要学更多学问。"熊先生听后十分生气，以沉重的语调说："你们年轻人就是好名好利，完全不能体会老年人的心情。"唐先生知道伤了熊先生的心，乃默然退下。①

唐先生一向认为熊先生聪明睿智，表里洞达，而自己则执见甚深，胶滞锢蔽。对于熊先生的学说思想，唐先生虽然也有所会通，但是在哲学义理上，所契于熊先生者，自谓已先自见得。且又以其言太高，学者难入，哲学应循序渐进，方可成学成教。熊先生尝与韩裕文先生函，谓唐先生与牟先生，皆自有一套，非能承其学者，而寄望于韩裕文先生。唐先生于其临终巨著《生命存在与心灵境界》一书后序中云："熊先生一生孤怀，亦唯永念之而已。"②

---

① 刘雨涛：《怀念唐君毅先生——唐君毅先生二三事》，《唐君毅全集》（九州）卷37《纪念集》（上）第164页；《唐君毅全集》（学生）卷30《纪念集》第205页。

② 唐君毅：《生命存在与心灵境界》"后序"，《唐君毅全集》（九州）卷26《生命存在与心灵境界》（下）第362页；《唐君毅全集》（学生）卷24《生命存在与心灵境界》（下）第480页。

四月，致函谢廷光女士，谓曾用全部精力，为教育部写一部完全属于抽象理论的哲学书，字数有十六万。当时，唐先生所作的各种文章、札记，已发表、未发表的，已有二三百万字。并且立志在十五年内写成三部大著作：其一关于宇宙、其一关于人生、其一关于宗教。唐先生欲先整理已写成二十六万字的《人生之路》，并拟写一本中国哲学史，同时写一本论中国文化前途的书。曾谓其学问除上帝及历史可以估定其价值外，并世之人，无一人能了解。

> 我的学问在中国哲学界的人几无不相当知道，我无论在大学中学中教书，我总可得一些人的赞美，我到教部来全是因陈部长见我之文章而特请我来写关于中国未来文化最重要之哲学著作。我今年三十一岁，我作的文章札记已发表未发表者有二三百万字。在一般人看我无论那一方面都不在人之下，但是这些对我算什么。我的生命力全在我的内部，我将来的发展是无限量的。我老实对你说，在学问方面，现代人无一人能全了解我，除了上帝及历史可以估定我的价值，现代人是不够的。①

是年十月，中央大学哲学系主任宗白华先生邀唐先生返重庆沙坪坝中央大学哲学系任讲师，月薪二百八十元。虽然比教育部的收入低，但是，因为唐先生本来不喜欢在机关任职，而从事教育工作又可与青年接近，于是决定离开教育部到中央大学任教。唐先生在教育部任职前后仅一年多。到中央大学后，住柏溪中央大学分校，不时去沙坪坝校本部上课，教授中国哲学史和哲学概论。由于住地与学校较远，一次去上课往往半月，因此归来时，宿舍内到处已是尘埃蛛网，有如隔世之感。此时，唐先生就读中央大学时的老师李证刚、方东美、宗白华、何兆清等都仍在校任教，此外尚有陈康、熊伟、胡世华诸先生，教授阵容之整齐，可与当时的西南联大哲学系媲美。

唐先生自与谢廷光女士通信以来，两人的爱情于是年曾因一些误会而产生波折。谢女士对唐先生的第一个印象，即觉得唐先生为人太过严肃，

---

① 唐君毅：致廷光书，1940年4月2日。《唐君毅全集》（九州）卷30《致廷光书》第51页；《唐君毅全集》（学生）卷25《致廷光书》第65页。

开口就谈人生意义，说人生要吃苦，要尽责，等等。当时谢女士刚上大学，仍然很喜欢玩儿，也未有一定抱负，对一些有性格、思想比较有深度的人，还根本不能了解，在与唐先生相处的过程中特别紧张，因此而生出一些误会。这大概是两人爱情关系产生波折的原因。

这一年，两人相隔千里，仅靠书信彼此连接。唐先生给谢女士写了不少独特的"情书"。由四月至十一月内，现保留在《致廷光书》一书中的唐先生写给谢女士的情书，尚有十四封。在这些书信中，唐先生不但吐露其蕴藏心底的情怀，而且由此也显现了唐先生对爱情的真挚以及他生命的真性情。由于唐先生有极强烈的道德意识，常常要对自己的行为做道德的反省，因而也常觉得自己有许多过错与罪恶。但是，唐先生自谓有一点长处，即愿意认错，愿意努力改悔，愿意承受由过错而来的苦痛，并以这些苦痛为灵魂的粮食。与此同时，唐先生又并不被罪孽感压倒，因为他认为：人总是有过恶的，人之可贵在向善，无过恶也无善。一切生物中，只有人真知向善，但是也只有人才有过恶，过恶与善同时存在，善之所以成其为善，即在能反乎过恶。

其中写于五月五日的一封信，近万言，涉及唐先生对人生、生命、哲学、爱情、婚姻等诸多问题的看法。就内容来说，与其说这是一封写给恋人的情书，不如说是一篇自我宣示的哲学论文。在信中，唐先生强调，人一方系于超越的精神界，一方系于现实的物质界。人真正所求的都是他内部世界的扩大而通到他人内部的世界。所以人所求的便是打破那原始的对峙关系的隔阂，而与他人之精神性灵相通。所以人愿了解人，愿被人了解。人生最后的目的是实现那全人类的大精神大人格，即宇宙的大精神大人格。一个真能以实现全人类的大精神大人格为终身事业而不丝毫以为苦的人，是谓安而行之的圣人。圣人以全人类之心为心，即上帝的化身。他一人之心通至一切人之心，是为至大之大心。然而成圣只是我们普通人至高之理想，我们只能向他逼近而不能期其必成。

在信中，唐先生还强调，男女关系则是要化生理关系为精神关系，而以此生理关系为精神关系之象征。然而人与人的关系只有男女关系才有此生理关系之象征。我们说人所求的只是其内在精神自我之扩大，扩大其自我是要与他人精神相通，相通即求合一，合一即自我之扩大。然而一切人与人精神相通，只有男女关系中才有实际的象征，因为有身体上之要求合一。此外的一切人与人精神相通均无如此之象征。然而，精神相通必须要求有一象征。精神相通是内部的，象征是外部的，内部又要与外部合一，而只有男女关系才有此外部之合一的象征。所以男女间有三重合一的关系，这就是男女之爱在一切人类爱中之特殊地位。

唐先生自认这样一种崇高的爱情是自己的理想。因为这一理想的实现须有对手方，这对手方必须是有与自己相同精神深度的人，而且自觉地了解此理想。但是在现实生活中，这样的异性自己从来不曾看见过，所以也从未追求女子，因为莫有值得自己追求的女子。现在谢女士"适逢"做了唐先生的"对手方"，所以便希望对方了解自己的这个理想，并共同实现。因此，唐先生对于自己写给谢女士的这些书信，非常看重，希望对方：

> 你看我的信一定要忘了你自己看，再放进你自己看，再忘了你自己看。我望你牺牲一些时间再看一次，我自己也看了二次。我忘了我自己来看此信，我觉得这信真不是我写的，而是神使我写的。其中的意味真是深厚不可测，决不可从文字上求。①

> 无论我们的婚姻成不成，总之你如能由我最近一些信而接触到我之生命精神，对于你是幸福的。但如你不能真忘了你自己，躺下全身，在山间水涯去默默的感受，你是感受不到的。我希望你能感受到，因为我此信不能有第二人看了。一切东西都希望投到一更高的东西，如我信中所表现之生命精神为你所感受。则你包融了它，它便算投到一更高的东西了。其实说到最后我的一切希求都是不重要的，唯一重要的乃是你要透视过我信纸之后面而感受它，真是妙不可言。②

> 我的信你一定要带到山野中空旷的地方去看。看了再想，最后要忘却文字而化为一纯粹意味。我写出的话都是自相矛盾的。但后面有不矛盾的意味，那是我生命精神之本身。你看此信一方面用清明的理

---

① 唐君毅：致廷光书，1940年5月27日。《唐君毅全集》（九州）卷30《致廷光书》第84页；《唐君毅全集》（学生）卷25《致廷光书》第115页。

② 唐君毅：致廷光书，1940年5月27日。《唐君毅全集》（九州）卷30《致廷光书》第84—85页；《唐君毅全集》（学生）卷25《致廷光书》第116页。

智看，一方面用热烈的情感看，一方面忘了你自己看，一方要把你自己放进去看。这于你必有益。你想透了于矛盾中看见不矛盾时，再看一次，你便更了解我了。①

尽管经过了一些波折，但是在唐先生的反复"说理"和"动情"后，谢女士对唐先生的了解和崇敬也越发增加，彼此的感情也更加深。到了八月，唐先生便有了如下"总结"：

> 我们的婚姻的确是可贵的，因为我们过去有的罪过，我们都忏悔了，我们都曾甘愿受罪过的惩罚，我们都曾甘愿受惩罚的痛苦而认为应当，这是一非常崇高的道德。我们过去都曾彼此不满，但是不满的时候也不曾即作出先负对方的行为，只不过意念动摇而已。②
>
> 我们之间有自责有同情有相互的尊重与相互的宽恕。我们之所以愿意永远相爱，我想根本上全是爱对方这些道德的品质，我们都不是出于纯占有的动机而希望与对方结合，我们是爱彼此的人格而希望共同生活以求彼此的人格道德之进步，生活内容之充实与提高。我们最初都是曾忘了我们自己的私愿，而但希望对方另得佳伴，我们都曾想我们的婚姻绝无希望，然而最后我们的私愿都得满足。天使我们苦痛，使我们自反自责，使我们以自己的自反自责来自然的感动对方，澈入对方的心。天使忘了自己的无私的爱者，获得他们的爱者而满足他们的私愿，使两个努力实现无私的理想的灵魂结合为一，使各遂其私，各得一有无私理想的灵魂为其包摄的内容，这真是神的奇迹。③
>
> 我们的关系的确是可贵，你说在人间世不可多得。我真不大相信与我们并世的青年男女间会有如我们的关系者。我们间的关系不是靠任何一般人的条件，在根本上我们各人所凭借的只是一片赤诚，我们

---

① 唐君毅：致廷光书，1940年5月28日。《唐君毅全集》（九州）卷30《致廷光书》第91—92页；《唐君毅全集》（学生）卷25《致廷光书》第125—126页。

② 唐君毅：致廷光书，1940年8月27日。《唐君毅全集》（九州）卷30《致廷光书》第95页；《唐君毅全集》（学生）卷25《致廷光书》第130页。

③ 唐君毅：致廷光书，1940年8月27日。《唐君毅全集》（九州）卷30《致廷光书》第95页；《唐君毅全集》（学生）卷25《致廷光书》第130—131页。

以赤诚来作攻入对方的心的武器,我们都胜利了。

我们并不曾在一块住多久,我们只是书信往还,我们全靠精神的交通来跨越时空的距离,像这样的婚姻关系我们怎能不珍爱,我们以后必需认定我们这种婚姻关系本身便是值得珍爱的,而不断坚固它充实它,这才不辜负神所赐与我们的婚姻关系。①

我觉得我们彼此相待最可贵的地方是无论何时都尊重对方的意思,我们双方的书信都曾有一时是想对方已离开我,但各人仍愿表示各人片面的忠诚。然而我们如此求对方时,我们尽管把自己的情形表示得极热烈,我们都不丝毫勉强对方,我们都是各人尽各人的心,而让一切待对方决定,我想我们彼此爱对方的人格是真的,然而我们最爱的是对方的意旨,是对方对我之爱之本身,我不是只爱你,是爱你之爱,这一种爱之爱,是人类最高的爱,是忘了一切条件的,连对方人格之好处都可以暂时忘掉的。②

此时,唐先生已有一成型的哲学系统,可由数理哲学通到宗教哲学,其解决哲学史上之问题,自谓有"鬼斧神工、石破天惊"之效③。唐先生当时认为,"人类在现在之所以遭受这样多苦难,都由于崇尚暴力不重理性",所以自己"要发扬哲学的价值以开发人类之理性"。而哲学中只有重人格的哲学、重精神的哲学、重爱的哲学,才最能使人类之理想提高,所以唐先生希望自己的哲学便是重人格、重精神、重爱的哲学。唐先生自谓:

> 我自己认为至少在现代中国尚莫有其他的学哲学者能像我这样对于人格之价值、精神之价值、爱之价值不特有更深切的体验,而且能贯通古今中西印三方先哲之学说,以一新体系之面貌说出者。所以我

---

① 唐君毅:致廷光书,1940年8月27日。《唐君毅全集》(九州)卷30《致廷光书》第95页;《唐君毅全集》(学生)卷25《致廷光书》第131页。
② 唐君毅:致廷光书,1940年8月27日。《唐君毅全集》(九州)卷30《致廷光书》第95页;《唐君毅全集》(学生)卷25《致廷光书》第133页。
③ 唐君毅:致廷光书,1940年10月11日。《唐君毅全集》(九州)卷30《致廷光书》第104页;《唐君毅全集》(学生)卷25《致廷光书》第144页。

自己觉得我的责任非常之大，我希望我的哲学书，能为一改造现世界之残忍冷酷欺骗丑恶的力量之一，以解除人类今日之苦难于万一。①

为了清除现实世界之残忍、冷酷、欺骗与丑恶，以解除人类之苦难，唐先生希望宣传一种爱之福音于世界，并希望"集合一些学问上的同志来共同研究学问著作，并办书店、办杂志、办报纸、办学校来共同作一种促进人类理想社会之实现的工作"。唐先生强调，这是自己"最高的志愿"。②

唐先生认为人生应该是多方面的，一个完满的人格之生活，应有宗教信仰（神）、艺术文学欣赏（美）、学术研究（真）、社会事业（善）及家庭中的父子兄弟夫妇之相爱、社会上的师友之相敬之外，同时也当有比较好但不可必之社会名誉，与不感太苦的物质生活。唐先生自称自己是想成为一个各方兼顾的人格，即儒家的中庸之道。

此时的唐先生，在宗教上是相信佛学的，信灵魂不灭，而且信净土实有。

谢廷光女士当时读教育及心理学。唐先生认为，现代心理学还太幼稚，太忽略高级精神现象之研究。行为派、完形派都只是在知觉现象及交替反射现象上用功夫，对于高级精神现象研究得太少。就教育学而言，唐先生认为，现代人太忽略家庭教育，应该注重家庭教育，因为人的根本性格之养成全在家庭，由父母的爱而出发的教训亦最有力。

唐先生认为，要对人类心理和高级精神现象多有了解，不必限于读现代所谓科学心理学的书，文学、哲学的书也需要读。他自己喜欢詹姆士、斯宾格勒、卢梭、贝斯塔洛齐、蒙台梭利、爱伦凯，并开列以下书单，劝谢女士阅读，并将读书所需要注意之重点列出。③

在外国方面：柏拉图之《理想国》及《五大对话集》，亚里士多德之《伦理学》，卡莱尔之《英雄与英雄崇拜》，叔本华之《悲观集》，泰戈尔

---

① 唐君毅：致廷光书，1940年10月19日。《唐君毅全集》（九州）卷30《致廷光书》第116页；《唐君毅全集》（学生）卷25《致廷光书》第162页。
② 唐君毅：致廷光书，1940年10月19日。《唐君毅全集》（九州）卷30《致廷光书》第116页；《唐君毅全集》（学生）卷25《致廷光书》第162页。
③ 唐君毅：致廷光书，1940年11月。《唐君毅全集》（九州）卷30《致廷光书》第125—126页；《唐君毅全集》（学生）卷25《致廷光书》第175—177页。

之《森林哲学》《新月集》及《飞鸟集》，梅特林之《青鸟》，亚米契斯之《爱的教育》，卡洛尔之《爱丽斯梦游仙境》，托尔斯泰之《复活》，莎士比亚之《哈姆雷特》《罗米欧与朱丽叶》及《暴风雨》，歌德之《浮士德》，弥尔顿之《失乐园》，《新约》中之《约翰福音》，《旧约》中之《诗篇》《雅歌》《箴言》及《创世纪》，《维摩诘经》等。

在中国方面："四书"《老子》《庄子》《列子》《礼记》《近思录》《呻吟语》，《史记》中之《项羽本纪》《孔子世家》《留侯世家》《伯夷列传》《孟尝君列传》《信陵君列传》《平原君列传》《春申君列传》《刺客列传》《游侠列传》《苏秦列传》《张仪列传》《屈原列传》，《诗经》中之《国风》，《楚辞》中之《离骚》《九歌》，《古诗十九首》，苏武李陵唱答诗，陶渊明、王维、孟浩然、韦应物、柳子厚、苏东坡的诗，苏东坡、辛弃疾的词，《水浒传》《红楼梦》《封神榜》《西游记》《镜花缘》《西厢记》《琵琶记》《桃花扇》《牡丹亭》《长生殿》，朱光潜之《文艺心理学》《谈美》《给青年的十二封信》，丰子恺之音乐家画家传等。

唐先生以为，这些文学哲学书，都是可以使人识见更广大、胸襟更超脱、智慧更增加、人格更完满的书。因此，唐先生希望谢女士都找来认真读，但也不必读得太苦。

> 如你们学校有便借来看，有些什么书你可告我，莫有的我以后可买点寄与你看，你可以把我上所写的抄下来，发现何人有便借来看。以上的书约五十部，我希望你能看一半，可以选着看，每一部书我都可以说出你看了有何益的道理来，不过今亦不必说了。你相信我的话，我便望你去看，不过我不要你看得太苦，如无趣味便换一种来看，而且不要在精神不好时看，因为这些书都是提高心胸，要出于爱好的心理去看，勉强当作义务如读教科书，便不能得其益处。还有你看时不要想马上得什么益处，现在纵似乎对你无益，将来你必可发现它们对你之益处。①

此时的唐先生，尽管在学问上极有自信与把握，但在实际生活上，却

---

① 唐君毅：致廷光书，1940年11月。《唐君毅全集》（九州）卷30《致廷光书》第126页；《唐君毅全集》（学生）卷25《致廷光书》第177—178页。

常常对自己无办法。由于自己"决不甘于为一普通人",一方面"自负之大,自尊之强,所以稍微一点气,都不能受";另一方面,"从二十二岁起便负弟妹教育之责,而且以无钱留学之故,毕业后好些年都受人压迫"。如此便导致现实生活中的诸多烦恼和痛苦。譬如,唐先生二十多岁在京沪各杂志发表了不少哲学论文,远近的人都以为他是中大正式教授,然而当别人知道他那时只是一个助教时,因为地位低,转而便轻视他。对这种地方,唐先生"是非常的气"。唐先生认为,自己"本来是一神经质的人,我思想用得太过,意志上受了许多阻碍,所以我常常有许多人生荒凉的感触,常常自觉如浮云之无根飘荡于天地间,所以情绪上非常不健全"。①

在这种烦恼和痛苦中,唐先生常常觉得自己如一仙人降生,是一上不在天下不接地的幽灵般的存在。常常觉得世间一切都飘忽不定,如在雾中。自己的日常生活常常都是乱的,饮食起居自己都不能管,在家里弟妹们天天监督才好一些,一人独处便很糟糕。晚上总是多噩梦,几乎每天黎明都要呻吟,所以常常怀疑自己是犯罪被贬谪到人间的仙人。常常自己怜悯自己,有时恐怕自己智慧开得太早会早夭,怕自己学问未成、著作未成而死。常常觉得自己的心情如在荒郊失母的孩子,有时又觉自己如花,恐怕未开尽而凋零。尽管这种缥缈荒凉的情绪,帮助唐先生产生许多超妙的哲学思想,但却很不适于实际的世界。实际世间的事物之变化容易刺激自己,而自己又很清楚自己比他人更不能受刺激,于是,唐先生往往在受刺激后便常想自己的精神之根本是生在天上,不在人间地上,以此自我安慰。但是,唐先生很清楚,"这不是一健全的人生,健全的人生应当两头生根"。所以,唐先生自己很想在地上生根,使自己在实际世界安定下来,所以曾经想集合一些同志,除共同研究学问及写作外,创办杂志、报纸、学校、书店,以促进人类理想社会的实现。

唐先生下笔甚健,写作时可以不眠不食,"思想开时,观念即风起云涌,如有神力下笔千言",援引先哲之言,往往只凭记忆,不及查考,故

---

① 唐君毅:致廷光书,1940年10月11日。《唐君毅全集》(九州)卷30《致廷光书》第105页;《唐君毅全集》(学生)卷25《致廷光书》第145页。

一日之间，曾写二万字。①

此时，唐先生《人生之体验》一书稿成。作为《人生之路》的一部分，后收入《人生之体验》的《生活之肯定》《心灵之发展》《心、理、道颂》在不同刊物发表。

是年，唐先生发表的文章有：

在《学灯》发表的《生活之肯定》《心灵之发展》《略论作中国哲学史应持之态度及其分期》；

在《文史哲季刊》发表的《心、理、道颂》；

在《中苏文化》发表的《如何了解中国哲学上天人合一之根本观念》。

一九四一年（民国三十年）　　三十三岁

是年六月，国民政府教育部学术审议会正式审定唐先生为副教授，而且是从一九三九年算起，因此，依理第二年即满三年可以升任正教授了。唐先生受聘中央大学时无副教授之名，第二年发聘书时亦无此名义，后来有少数与当局接近的人疏通，当局才改了。唐先生事先不知，所以应了聘，到了学校才知有例外。于是向哲学系主任提抗议，学校当局说此时已迟了。本年哲学系全体同事又向学校当局抗议，才允下年改名义。因为自前年起，即使外国回来者，亦一定要有博士学位与著作才能任副教授，要副教授三年才能升正教授。本年度学术审议会审查结果，许多学校聘为教授、副教授的都被驳回了。而唐先生则审议通过，且从前年（一九三九年）算起。唐先生送审的著作都是自己二十八岁以前作的，证明文件中有一张主要的是二十一岁时在川大教了两点钟书的证明文件。②

时周辅成先生在重庆国立编译馆任编审工作，常与唐先生见面相叙。尽管彼此生活十分艰苦，但仍能以全部精神顾念整个民族的深重灾难。唐先生与周辅成先生都想用理论证明中华民族与其文化，曾几经考验，越遇

---

① 唐君毅：致廷光书，1940年10月11日。《唐君毅全集》（九州）卷30《致廷光书》第104—105页；《唐君毅全集》（学生）卷25《致廷光书》第144页。

② 唐君毅：致廷光书，1941年6月2日。《唐君毅全集》（九州）卷30《致廷光书》第150页；《唐君毅全集》（学生）卷25《致廷光书》第210—211页。

困难，越能发扬光大，所以都坚信，日本的武士道精神终必在中国文化精神前覆灭。为此，唐先生乃与几位朋友，共同发起创办《理想与文化》期刊。发刊辞由先生执笔，印刷费由江津县一位爱国商人捐助。时梁漱溟、熊十力、张君劢诸先生及内学院的学者，均来稿支持。只可惜出了五期，因出资商人破产而停刊。

在《理想与文化》的发刊辞中，唐先生提出了五点基本信念和办刊旨趣：

一、我们相信人之所以为人，在其有理想，时时总有一遥望见到的生命远景来领导其现实的生命行程。比人高的存在或比人低的存在，都可以不需要理想，然而人不能不需要理想。理想是人类生命发展的动力。

二、因为我们相信人是有理想的，所以我们认为学术文化的作用，在开辟我们的理想，充实我们的理想，提升我们的理想，使之日趋于广大深厚高卓，而为其所领导的现实生活有更丰富的意义与价值。因此我们不赞成唯物主义、功利主义的学术文化观。

三、我们相信人的理想是自发的，自动的，出自心之所不容已的。只有出自心之所不容已的，才是真理想。而且只要我们之理想是出自心之所不容已，我们之狭小的理想自会开辟而广大，贫乏的理想自会充实而深厚，卑下的理想自会提升而崇高。而且人生的理想是各方面的，所以我们立言务在真实的各抒其所见，不求强同。我们绝对尊重人的精神自由。我们相信必须人各有其精神自由以建立其理想，人人的理想之光互相映发，然后学术文化才能发展。

四、我们绝不鄙弃政治、经济、实用科学在文化中的地位，但是我们相信文化的核心是哲学、文学、艺术、宗教、纯理科学。现在中国社会所流行的浅狭的功利主义的学术文化观，使人太忽略后者的重要。我们愿意施一点矫枉之力，所以我们登载的文字希望是偏于这几方面的。

五、在此世界人类沦于浩劫，中华民族坚苦抗战救国的时代，我们不能直接的从事以战争维持正义的工作，但是我们不能不想到战后的整个人类文化问题，中西文化的关系问题。关于这问题，我们相信可以有各种不同角度、不同深度的看法。但是无论从那角度看，只要有相当深度，都是值得提出供他人参考。所以关于此方面的文章，我们希望能多多登载。而横的文化问题之讨论，基于纵的历史之认识，所以我们希望多有些历史研究的文章。①

这一年，日寇正猖狂轰炸重庆。唐先生曾对学生说："日本人自己原没有多少文化，过去文化全由中国输入，明治维新后，学了一点西洋的技术文明，便耀武扬威，将来必然自食其果。"②

这一年，唐先生与谢廷光女士的爱情生活，亦天真，亦严肃。有时两周不得谢女士函，便去信告以两周不冲凉，并谓以后若再接不到来信，以后也再不冲凉。可是，当执谢女士之手时，又会忽然提防自己陷溺于爱情之中，不能自拔。这一年唐先生写给谢女士的书信，《致廷光书》中还留存十四封。

在四月的信中谈了自己对心理学和哲学的看法。唐先生认为，现代心理学由研究意识而研究行为，只重生理心理学，以外表之实验为唯一之工具，否认内省，不注重高级精神现象，根本要不得。实验同心理之生理基础的研究，只是初步工作，不是心理本身之研究。至于潜意识派心理学，唐先生对弗洛伊德和阿德勒都不太赞成，而比较欣赏荣格。因为弗洛伊德以性来说明一切，阿德勒以自表欲来说明一切，都太偏了。唐先生以为，除此二者外，人之爱真产生科学哲学、爱美产生文学艺术、爱善产生道德、爱神产生宗教之活动与之平等重要。唐先生强调，研究精神，研究心理，必靠内省，必靠内心的体验、直觉、反观，而这里面读文学书很要紧，因为文学描写心理即是最直接的描写，所以要了解人类心理不能不学文学、艺术等。至于组成体系则自然是需要，但这是第二步工作。在搜集材料方面，则除内省自己心理、观察旁人心理以外，读文学书就很要紧。

唐先生认为，人类的爱情其实也不是性，那是一真美善神加进去的混合体。人根本是一精神存在，身体只是精神的表现，人之饮食只是为

---

① 唐君毅：《理想与文化》发刊词。《唐君毅全集》（九州）卷16之《宗教精神与人文学术》第43—44页；《唐君毅全集》（学生）卷10《中华人文与当今世界补编》（下）第32—33页。

② 寿而康：《回忆唐君毅先生》。《唐君毅全集》（九州）卷37《纪念集》（上）第177页；《唐君毅全集》（学生）卷30《纪念集》第220页。

借物力来表现精神活动，所以生理也隶属于心理。身体只是精神的衣服，身体只是不自觉的精神凝成体。所以，男女间的爱情只是精神与精神要求合一，自然他有时会抱她，但他当时只是觉一精神冲动在内要抱着对方的精神，其相抱不过是象征而已。身体不过衣服，精神才是真正的身体。

唐先生认为，哲学要以智慧的情人自居，学哲学要以整个宇宙人生为爱情的对象。你如果爱一个人就必须对他体贴温存，所以学哲学便须对"宇宙人生"体贴温存，这就是爱宇宙人生的智慧。你必须对于智慧迫切地表示亲爱，然后智慧才爱你。你越爱智慧，智慧越爱你，最后你便与智慧拥抱为一体。你的生命与智慧互相渗透融化。最后你也分不出爱、与智慧、与你，此三者的分别，这是真正的哲学精神。

唐先生对谢女士的感情，有时过于理想化。在六月二日的信中，唐先生写道：

> 光妹：我与你理想的未来生活是我们共同为人类之文化努力，我们应当使我们自己为青年之模范，我们一天应多多工作，这种理想你赞成吗？光妹：你常觉我以男女之爱为一种手段，其实我是主张人都应以男女之爱隶属于更高之理想。如二人之间不只有男女之爱一种，其实其中还当有兄妹之爱、朋友之爱、师生之爱、同志之爱，与人与人间应有之相互之爱。至于通常所谓男女之爱，则动物亦有之，并无足贵，可贵的是隶属于更高的理想，包括其他种种爱的男女之爱。然而这样的男女之爱是神圣化了的，是经了洗礼的，这样的男女之爱之表示，便成了共同在实现更高的理想的象征。关于这一点一定要在观念上弄清楚，然而一般人便弄不清楚。我认为如果弄清楚了，则一切男女之间的行为，便都成了自觉的行为。①

由于担心唐先生在爱情上的理想化导致误会，母亲陈太夫人十分焦虑唐先生婚姻有变化。加上唐先生曾经过房给他大伯母，久不结婚，那边亲族压力也极大，甚至要为此打官司，因此常有人向母亲陈太夫人提亲，想

---

① 唐君毅：致廷光书，1941年6月2日。《唐君毅全集》（九州）卷30《致廷光书》第148页；《唐君毅全集》（学生）卷25《致廷光书》第208—209页。

为唐先生介绍女友。当时唐先生与谢女士的关系尚未公开，所以家里也颇难应付。

是年六月十三日，唐先生写信央请谢女士到重庆，然后一道回家，以释众疑。谢女士应约而来，燃起了先生炽热的恋情。二人从重庆，经泸州，回宜宾唐先生老家，然后到嘉定（乐山）、眉州，回谢女士家，后又到新都、成都。年底时，唐先生回忆此一幸福行程，作诗填词多首，寄怀情感。以"怀所思"为名的两首如下：

其一

犹忆蓉城会，仓卒订盟约。
心心未深印，惭愧身相属。
谣诼生间疑，知浅致翻覆。
幸赖各多情，友谊愿永续。
自责恕他人，凄迷吐心曲。
互望有新欢，自愿长寂寞。
精诚交感赴，皆悔负前约。
疑去信益深，致一情日笃。
藕断复相连，藕丝乃外束。
丝丝外相绕，孔孔内相入。
佳人怀内美，兰芷在幽谷。
游目过郊原，昔我所未瞩。
今兹交已深，清风来馨馥。
柔情何深婉，坦易复贞淑。
高志忘轩冕，双栖慕林壑。
爱我天资秀，爱我胸怀卓。
济世赖贤哲，望我成其学。
念我遭世艰，念我体气弱。
如彼幽兰花，失溉将零落。
愿以血和泪，溉我成其学。
旧知复新知，乐兮乐莫乐。
长叹生别离，相思寄天末。
天末何所有？白云纾漠漠。

何日重相见，泪共樽前落。

其二

所思在何处？迢迢望天末。
剑阁何崔巍，万里飞难越！
素书寄频频，书来字字读。
笔颤想天寒，腕冷谁温握？
字密识情柔，芳心如可掬。
掬之不盈手，爱之不忍覆。
置书怀胸前，披窗望明月。
皎如瑶台镜，应照颜如玉。
不见镜中人，大宇何寥阔。
寥阔兮大宇，清光兮遍入。
万里兮遥隔，清光兮同覆。
清光满我庭，清光满我屋。
清光兮在床，清光兮在褥。
太初即有光，爱如光所育。
光处即吾爱，良夜忘孤独。
欢会来梦中，私心向神祝。①

相见时难别亦难。此一见面相伴行程，也为唐先生增添了许多离愁别恨。

十月十六日，唐先生于成都送谢女士返校，当日即写信给谢女士：

> 许多事想起真令人难过，我昨天还同你开玩笑，似乎不信你今天早上匆忙中我大声催你上车，虽然你了解我，但是我现在想来都好似有无穷的疚心，光妹你知道吗？……光妹我对你一切都放心，我只不放心你的身体，你的身体还是不算好，在此乍暖还寒时候，你要为你

---

① 唐君毅：《怀所思》。《唐君毅全集》（九州）卷30《致廷光书》192—193页；《唐君毅全集》（学生）卷25《致廷光书》第276—277页。

的爱好生将息。我以后一定使我生活有秩序些，爱整洁一些。使身体更好，望你也将对我唯一不放心的事放下心来。①

十一月十六日分别一月后，唐先生致谢女士书，感叹：

分别已一月了，这似水般的韶光送去了一月前似火般的热情。……一月前的生活真太令人回忆了，我们之间有共同的欢笑，也有共同的流泪，有相互的责备，亦有相互的忏悔，光妹：你可曾记得我们每当吵了哭了后，总有一次更热烈的彼此之慰藉，这原是因为眼泪使我们精神更纯化，纯化后的精神才有更深的爱的表示。然而在一切爱之表示中，我们中间仍保持一种距离，这些事都有一相反相成的道理。爱只有节制才能使爱流不致泛滥而枯竭，反积蓄成渊深的清潭，再升华蒸发为美丽的爱之霞彩，亦只有别离才能使爱流变得更长远，将来聚汇时有更充实的水量。我们还是不要为离别而悲哀吧。②

十一月十八日又写信言：

近来我真是非常的苦痛，自然我离开了你同母亲、二妹他们是我苦痛之一。但是此外还有无数的内心痛苦。然而我最痛苦的是我之痛苦不能向你们说，因为我不愿使他人为我痛苦。我又莫朋友我可以向他倾吐一切，我又有我的自尊不愿意人对我表示假同情，所以一切痛苦便只有吞在心怀。有时真怀疑天为什么要生我，使我成这样一个人，我一方面可以在理智上解决一切宇宙人生问题而无遗憾，另一方面在情绪上竟一点问题都不能解决。光妹，实际上我是一弱者，我常想安慰他人一切的痛苦，我不受一点安慰都可以，然而，又偏常常希望有人能了解我一切，而与我以安慰。我总是在矛盾中生活，这真是最不好的事，我尤不愿我的矛盾生活感染到别人，我有时真想就让我

---

① 唐君毅：致廷光书，1941年10月16日。《唐君毅全集》（九州）卷30《致廷光书》第153页；《唐君毅全集》（学生）卷25《致廷光书》第217页。
② 唐君毅：致廷光书，1941年11月16日。《唐君毅全集》（九州）卷30《致廷光书》第155页；《唐君毅全集》（学生）卷25《致廷光书》第221—222页。

自己把自己毁灭吧,不要使人受我不健全生活形态的影响。然而,一切责任的观念又不能允许我毁灭自己,而且我的哲学又是相信灵魂不死,如果死了一切都完了固然是好,要不然,我还是要在三界流转,又怎样得了呢?……我近来深感到我生命力的衰弱,似在黄昏道上的旅客,不知宿店在何处,我的苦痛全是精神的,有时常幻想我宁肯自地狱里的刀山上踏过,不肯受这许多精神上的苦痛。①

唐先生自言其苦痛有三。第一种苦痛在把过去、未来与现在分不清楚,想象与事实分不清楚。第二种苦痛是爱两种极端相反的人格:一是经过各种矛盾而综合成完整之人格,二是纯洁朴素、玉洁冰清之人格。唐先生自言近乎前一种人,却企慕着后一种人,并祈望谢女士属后一种人,可使先生净化。失望后,又不知谢女士能否成前一种人,故曾想与谢女士纵身入北冰洋,在冰天雪地中,将他们身心化为莹洁。唐先生之第三种苦痛是神性与人性的冲突。在神性一面,对人类有无尽的悲悯,可以原谅人的一切。但神是普爱众生的,不能与任何人有特殊关系,如要尽量发展其神性,只能爱普泛之人类,当宇宙的情人。如果要与任何人发生一种特殊关系,那人性中的弱点,便与唐先生离不开。凡此种种,都是唐先生苦痛之根源。因有此等痛苦,有时登山临水,想着许多过去的事,便不禁悲从中来,经过江上的沙滩、岸上的树林,便觉过去的事如在目前。

十一月十九日又与谢女士信云:

我近来真是太痛苦了,无论什么我都想哭,我时时对着悠悠苍天、茫茫大地都禁不住落泪。……我通通是自己苦恼我自己。光妹我老实同你说,我苦痛的不与他人相干,我是发觉我的幻影消失了。我从许多事中我近来对于人间的真善美失去了信心,最初认为是真的,后来发现是虚伪、善美化为丑恶。

……我不愿人信为真的东西变为虚幻,我愿意一切的一切藏在心之深处,使人不要再在美善的东西上发现丑恶。我对于真善美虽已幻灭,这一切幻灭的苦痛,我个人担当了吧,我再不忍心使人们多感一

---

① 唐君毅:致廷光书,1941年11月18日。《唐君毅全集》(九州)卷30《致廷光书》第157—158页;《唐君毅全集》(学生)卷25《致廷光书》第224—225页。

次幻灭的悲哀了。

……光妹：我近来有时苦痛到无以自己时，我只有想世界上人们所受的苦痛的总量是相等，如果我多受点，他人便少受点，如果是如此我的心便安了。不然我真是难于活下去了。光妹，我现在才知道我自己是最不幸的人，十多年来为了家庭，为了学问，我忘掉了一切人间幸福，我要求真善美，最后他们仍然幻灭；然而，我还留下一念不愿他人再感幻灭的心，以至我的一切苦痛都不敢向任何人说，一齐藏在内心，只怕痛苦之蛇，会食尽我的心血，我会成为废人，再不能作什么了。①

十一月二十日的信又说：

光妹：我近来理智全失去了控制情感的能力。

……光妹，我现在才知道理智上我虽然能解决一切，然而在情绪上我是一点把自己都无法。我不知近来如何这样思念你，一刻也不能去怀。

……我一上午东混西混不能作一件事，又莫有人谈话。下午我躺在椅上，真有说不出的悲哀，我很想不教书马上回家去，或到你那里看看你。光妹，我现在已走到人生路上最危险的时期，我对于知识失去了信心，对于社会的名位失去了信心。我天天看报，看世界的战云不知何时可以散开，我又对于人类前途失去了信心。佛与上帝是如此之遥远，我不能直接感受他们的力量，我对他们也失去信心。光妹：我真不了解我自己何以会如此之陷溺于情感中，我从前笑他人，我莫有料到我自己竟会如此。光妹：我好多年最珍贵的是我的著作，但是我近来虽天天翻来看，竟引不起我一点兴趣，我觉得好像一点价值都莫有。光妹，我现在感到这一切的一切，都是空虚空虚，只有人间的爱，才是唯一的真实。

……光妹，我在莫有人爱我时，我那很长的寂寞时间都度过去，莫有感受什么烦恼。然而有了你的爱后，真是使我难于忍受这当前的

---

① 唐君毅：致廷光书，1941年11月19日。《唐君毅全集》（九州）卷30《致廷光书》第161—163页；《唐君毅全集》（学生）卷25《致廷光书》第229—232页。

寂寞。

　　……我如何能安定我的心来作事啊？光妹，我真是到了一精神上的最大的危机了。①

十二月五日的信仍然是：

　　我近来的生活，仍然是非常苦痛，因为此地太寂寞了。而且许多世俗的事使我烦恼。尤其是我近来想到我自己的身世时，时有无限感伤。

　　……我望莲花开得红红的，莲蓬长得大大的，荷叶长得团团的，我自己就比如莲心，纵然苦点也不要紧。但是我一天只是工作工作，我渐渐觉到我生命力之空乏，似乎已走到生命的晚境。这两年来我才感到只有责任、只有工作，会使自己生命衰弱到根本不能工作，不能尽什么责。

　　……我有取于宇宙，我也把我自己贡献给宇宙。这本来是最高卓的人生态度。然而因为我生命力日衰。我感此态度之难于维持，我希望有所享受，然而我不能享受任何东西，所以我真是悲哀。我想着也许在数百年以后，我的书如得流传人间，别人一定以为我是怎样生活丰富的人，那里知道我一世只在凄凉寂寞烦恼苦痛中过活呢？光妹：我今夜望月，看见无边的大宇，充满着清光，我自己看见我之瘦影落在草地上，真使我十分同情我自己。②

但是，到了十二月十四日，唐先生给谢女士信开始便说："我现在完全自一月多以来的苦痛中解放出来了。我告诉你，我昨夜作了的一个伟大的梦，爱：请你不要再替我耽忧了。"原来，正当唐先生走在人生最危险的歧途，对一切失去信心，而陷于极度痛苦与空虚之际，十二月十三日晚，忽然做了一个伟大的梦，使唐先生回复了昔日的宁静与奋发，这可以

---

　　① 唐君毅：致廷光书，1941 年 11 月 20 日。《唐君毅全集》（九州）卷 30《致廷光书》第 168—169 页；《唐君毅全集》（学生）卷 25《致廷光书》第 241—243 页。
　　② 唐君毅：致廷光书，1941 年 12 月 5 日。《唐君毅全集》（九州）卷 30《致廷光书》第 173—175 页；《唐君毅全集》（学生）卷 25《致廷光书》第 247—250 页。

说是唐先生情感生活的转捩点。

唐先生梦见：

> 我在一严冬的广原上行走，四野都是衰草，一望无际，天上弥漫着阴云，四野不见一个人，我踽踽的独行着，我望着那黯淡的长空，我想飞上去，但是我不知天梯在何处，天路亦不可得，我似有无尽的悲伤，忽然我的足自地上升起，一直便踏上层层的阴云，我正在高兴，不料天上飞下无数的冰雹，雷电自四方向我射击，我觉我身体已化为火灰，向太空四散。我找不着我身之所在，但我觉我仍在不断的上腾，好似一蒸气之上升，渐渐透过层层的阴云，我忽然落到一地方，俯看地都是白玉砌成，万星灿烂在太空，十个明月布在天上，俨为白昼之光明，然而莫有一点白昼之炎热，清风吹来，又暖和，又清凉，我看见多少亭台楼阁，都是水晶作成，到处都是奇花异草，嘉树茂林，树上之鸟，唱着人间最美的歌，高入云霄，我慢慢的走过一道桥，便远远的看见前面一广场，有许多青年男女在那里整着队列，他们都很沉静庄严的立着，我听着他们亦在唱歌，唱的是宇宙之赞美诗，我于是走向前去，忽然那广场不见了，化为一巍峨雄壮金碧辉煌的庙宇，我走向庙宇去，闻着庙中事神的香烟，令人感着非常静穆安谧。我走进庙宇一看，却不见一个神，我一直走到大殿，似乎有点像我们那次同游的二仙庵，忽然从门后出来一仙风道骨的老人，他的须眉尽白，目中露出非常慈祥柔和的光，他似乎与我极相熟，他唤一声君毅你来了？我听着他充满着慈爱同情而高兴的声音，我忽然淌下泪来，不觉跪下了，因为我忽然觉得他就是我所求的真美善化成的肉身，当我跪下时，我忽然想到我的身体在经过乌云时，一身已打湿弄污，觉到自己非常惭愧，不配到此神圣的地方来。但是我刚跪下，我却发见我身上之衣服完全换了，我穿的衣似乎是彩霞织成，我的手好似变成美的玉石斫成，我觉得我似乎通体透明，莫有一点人间的污秽，我起来觉得非常惊讶。那老人忽然执着我的手，将要说谈，但是当他将说未说时，我忽然发现我同他已不是在庙宇，而是在一春天的郊原中，他于是举起手指着自然说道：
>
> ……孩子，生命是一条无尽的长流，永远向前开创发展，生命的意义在由现在到未来，不在回想过去，过去的事已过去便不复再来。

> 你过去有苦痛与罪过，我知道，但是那一切的一切已过去了。孩子，你看河中的波，前波渗融到后波，前波便消灭了。只有那不断向前流的波，才是真实。你应当筑一生命的防线，把过去截断，不要再让过去来扰乱你的现在与未来。你生命的流不要逆流，你看那逆流的水，造成洄水沱，会造成多少掀天的波浪，打坏多少的船只。孩子，你生命的流，要向前流，你的一切过失，只要诚心诚意的改悔，便如那流偏向一边的波，再重归正道，那便不是不正的波了。
>
> ……孩子，我知道这一月多以来是太苦痛了，你对于真善美曾一度失去信心，但是真善美是永远存在的，你看这自然便永远是真实无妄，充满着美。
>
> ……你因为对于真善美之失望而苦痛，这同时即证明你还在要求真善美，真善美还在你的内心，真善美是不会离开你的。
>
> ……孩子，你有慧根，你有性灵，你有对于人类之责任感，你有许多事要做，你再不要让苦痛来销毁你的生命力了，你应该爱惜自己，多为人类作一点事。孩子，我知道你爱你的光妹，正因为你愈爱她，觉得她好，所以对于她过去之一点瑕疵，更觉是一憾事。因为一个东西愈好，你必愈望它完满无缺，我很了解你的心理。但是你只要了解我刚才同你说之一切话，你便不当再怨她了。你要知道，她之爱你，也许比你爱她还深；因为她常想她曾对不住你，你恐怕她意志薄弱，未来对你怎样不可知，但是你对于你从前接近的女子，都能忘去不留痕，怎知她不能呢？你只以为你能有坚贞之美德，以为他人便不能有，这是你的自私处。孩子，你还是相信她吧①。

然后老人引领先生到一座用碧绿琉璃筑成之宫殿，与谢女士相见，两人均得到超化，获致重生：

> 想起我们之小别，因许多对不住对方的事，不觉又抱着痛哭一场。但是，哭完后如雨过天晴，内心非常的晴朗，于是我们一道出去，经度池塘边的小路过去，便是一大森林，有一点像我们在眉州你

---

① 唐君毅：致廷光书，1941年12月14日。《唐君毅全集》（九州）卷30《致廷光书》第178—181页；《《唐君毅全集》（学生）卷25《致廷光书》第255—261页。

乡间之某家坟园，不过大得多，我们携着手向着林木走进，忽然又见一空地，四围都是参天大柏，中间原是一遍开野花的坟墓。我们走上去看那碑上写的是毅光之墓四个大字，我们非常惊讶，才知道我们是真死了而再生。

……我们彼此感激对方最深的爱，我们抱着注视彼此的目中，都有一泓清水，足以净化彼此之灵魂。我们将泪揩干，同诵着古人的诗：玉界琼田三万顷，著我扁舟一叶，素月分辉，明河共影，表里俱澄澈，悠然心会，妙处难与君说。①

读诗的声音把唐先生自梦中惊醒。梦境是如此清楚，唐先生"赶快起来，把它照样写下，丝毫不曾增添"。在记下全部梦境后，唐先生感叹道：

爱，真太奇怪了，我觉得这梦是神的启示，这梦指示着我们互相勉励的方向，告诉我们只要能不断求精神的上升，离开人间的污浊，我们便可使我们之灵魂化为美丽与圣洁，成为一崭新的人格。爱，我们的人格可以下降，亦可以上升，我们可以入地狱，也可以上天堂，人应当以理想来规范他自己，人可以自己改造自己，这是人性之无比的尊严，人本性的好不足贵，只有自己重新建造的完满的人格才足贵。人必需自己造他自己的命运，我这一月多来的苦痛是觉我什么都莫有而到一绝对的空虚，但是从绝对的空虚中，我感到我可以将一切都重新造起来，那无量大的空间，什么都莫有，然而正因其一无所有，所以能无所不有。②

唐先生经历一个多月痛苦的煎熬，终于如火凤凰从火中重生，并以无比的勇猛，要在无中创造一切。而且确实在此之后，唐先生的生命创造力得到了充分的彰显。这一点，在唐先生一生的历程中，是非常值得注意的。

---

① 唐君毅：致廷光书，1941年12月14日。《唐君毅全集》（九州）卷30《致廷光书》第183—184页；《唐君毅全集》（学生）卷25《致廷光书》第262—265页。
② 唐君毅：致廷光书，1941年12月14日。《唐君毅全集》（九州）卷30《致廷光书》第184—185页；《唐君毅全集》（学生）卷25《致廷光书》第265页。

是年，唐先生《中国哲学史》与《爱情之福音》稿成。

唐先生最初在母校中央大学开设中国哲学问题一课，发有若干讲义，原本希望就中国哲学各种问题分别加以论述，以哲学义理发展的线索为本，以历史资料佐证。后来在撰写过程中，感到一家思想的各个方面颇难分别孤立而论，于是便弃置其事。数年后，改教中国哲学史，感到断代分家讲述，顺而易行，于是尝试应当时教育部之约，写一部通俗的中国哲学史，十五六万言。由于其中宋明儒学一部初只占三四万言，感觉其分量太轻，于是又逾二年，加以扩充，达三十余万言，其中关于王船山一篇，更是独占十余万言。此后，由于学问兴趣转变与进步，觉得今是而昨非者，不可胜数，对旧稿之率尔操觚，不能当意，故除已发表的小部分外，其余皆视同废纸。及至晚年，撰写《中国哲学原论》六大卷，完成自己对于中国哲学史的"即哲学言哲学史"的再创造。

至于唐先生写作《爱情之福音》一书的动机，大概由于他妹妹的婚姻与自己婚姻所引发，并认为恋爱与婚姻的问题，应赋予更高的意义。青年人喜谈恋爱而认识不深，故欲以此书为开导，并愿与谢廷光女士共同实践之。此书原稿是用毛笔写的，唐先生曾交给在中央大学的学生寿而康看过。寿先生回忆：

> 那时我正在养病，也正耽溺于初恋，我仔细揣摹读了一两个月。它使我觉得，唐先生是一位理想主义者，他不是一个普通研究哲学的学者，而是一个通过精深的独立思考而把儒家的学说，贯通到宇宙人生中事事物物中去的思想家。他宅心是那么仁厚，又是那么刚健而严肃，他的说理细腻委婉而鞭辟入里，使人读过他的文章以后，奋然起信，而提高到一个圣洁崇高的境界。①

该书初版于一九四五年一月，由正中书局印行。书题原署"克尔罗斯基（Killosky）著，唐君毅译"，实并无"克尔罗斯基"其人，而为作者所托。唐先生为什么要假托作者，主要有两方面的原因：一是因为书里面的智者以先知的口吻训诲世人，不符合唐先生谦虚的个性，所以书成以

---

① 寿而康：《回忆唐君毅先生》。《唐君毅全集》（九州）卷37《纪念集》（上）第177页；《唐君毅全集》（学生）卷30《纪念集》第221页。

后，他不愿以真实姓名发表；二是因为唐先生以未婚青年的身份去指导同辈的青年恋人，虽然以大智大慧洞彻幽微，却仍不便让读者知道自己的真实身份。事实上，一九四七年，唐先生在成都与父亲迪风公的学生罗运贤先生相遇，当时罗著述甚多，颇有名气，曾面告不信是唐先生出版的《爱情之福音》，后闻知是译本，方肯相信。

能直接说明唐先生是《爱情之福音》的作者的证据，是唐先生在结婚前后写给谢廷光女士的书信。收入《致廷光书》的一九四〇年五月的"第六信"是一封很长的信，内容是关于男女爱情的理想及其形上意义的，与《爱情之福音》中的内容极为相似。一九四〇年十月十九日的"第十三信"中，第一次提到了写书的计划。在这封信中，唐先生认为，"人如依着婚姻及爱情的正当道理去实践，必可减少许多怨旷之男女之苦痛，……所以我想著一部关于婚姻爱情的道理的书，使人间多有些美满的姻缘，我愿意以我自己作例证，我要同你实践我认为正当的道理，并由实践中去补充修正这道理"①。一九四一年十一月二十日的"第二十六信"再次说到此书，"我那论婚姻之道一书，不知你可能找着人抄否？"② 由此可以知道，这时《爱情之福音》一书应该已经完成。

《爱情之福音》一书共五章。正如唐先生自己在"译序"中所说的："第一、二章是泛论爱情与婚姻的哲学，第三、四、五章是论爱情与婚姻之一般问题。"第一章"灵与肉"侧重讨论爱情的形上本质，说明爱情是宇宙生命所决定的精神现象。第二章侧重讨论爱情的形上转化，说明两性情爱和以之为基础的人类其他爱如父母对子女之爱、子女对父母之爱、兄弟姐妹之爱等之相互转化。第三章"爱情中的道德"讨论了爱情生活中的基本道德原则。第四章"爱情之创造与条件"讨论如何以创造性的态度对待爱情。第五章"论爱情中之罪过与痛苦"讨论爱情生活中的情感体验。全书以"已认识了真理"的波斯先知德拉斯"将走到喜马拉雅山去隐居，沉入于宇宙的真实"而来到印度为背景，以那些作为先知的崇拜者的男女青年向先知请教有关爱情与婚姻的问题为线索，以先知的"启

---

① 唐君毅：致廷光书，1940年10月19日。《唐君毅全集》（九州）卷30《致廷光书》第115页；《唐君毅全集》（学生）卷25《致廷光书》第160—161页。

② 唐君毅：致廷光书，1941年11月20日。《唐君毅全集》（九州）卷30《致廷光书》第170页；《唐君毅全集》（学生）卷25《致廷光书》第244页。

发、教育、训导"为形式展开对爱情婚姻的哲学讨论。

该书认为，男女之爱，均为同一来源，因宇宙间根本上只有一种爱，只有一个精神实在、生命本体，一切的爱都是那精神实在、生命本体在人心中投射的影子，都是在使人接触那精神实在、生命本体。故爱情在人生活动中，可以通往形而上的真实，使人道德进步，精神上升。唐先生又认为，爱情与婚姻可以使人幸福，但只能使以责任观念主宰爱情婚姻者幸福。此等责任，乃对自己的责任、对社会人类的责任、对宇宙灵魂的责任。幸福是不可以有意追求的，因为幸福是透过一种行为之践履而得。男女之爱的目的，是要脱离原始的生物本能。越长久的夫妇，必然成为纯粹道义的关系，忘掉彼此之男女关系，而成为纯粹的朋友。这种朋友乃经历身体之结合而超化出精神的结合。

是年，唐先生发表的文章有：在《时代精神》发表的《物质与生命》（该文是《人生之路》之一部，后收入《心物与人生》一书）。

此时，学术界有一种广泛传说，谓陈立夫先生的《唯生论》是唐先生代笔的。唐先生的学生刘雨涛为了澄清事实真相，曾以此问唐先生。唐先生不假思索地说："是陈立夫先生自己写的，我只是帮他润色而已。"周辅成先生亦谓当时替教育部改写书事，共有几个人负责，只由唐先生总其成而已。

一九四二年（民国三十一年）　　三十四岁

春节期间，唐先生与周辅成先生同往北碚勉仁书院熊十力先生处拜年，正遇到有两位前辈来拜年离开。熊先生一面说这两位前辈要他同去重庆一个官办学校内办研究所，他严辞拒绝的态度，一面大谈他自己从小在乡里受欺，后来参加辛亥革命以及自己苦学的经过。从早上九点左右直谈到午饭，午饭后又谈到晚饭，晚饭后还继续谈，他讲得详细，讲得动人，尤其是谈自己家贫受欺，使得亲人亲友也受欺的情况，以及谈到读书时遇到古人命运可悲的地方，不禁声泪并下，久久不停。唐先生被熊先生对生活和学问的真诚所感动，两眼不动地注视着熊先生，严肃地深思，满脸是泪。唐先生和周先生不仅是为了熊先生个人处境而共鸣，而且是感到我们这个民族，我们人类在这个苍苍茫茫的世界中，免不掉要受命运的摆布，但也免不掉要在苦难中去求生存，去寻光明，而一洒同情之泪。

此年，经历了去年见面的兴奋和分别的痛苦及"伟大的梦境"开示的超越后，唐先生在与谢廷光女士的爱情生活中获得了更多积极能量。

一月三日的信中说：

> 今天算来是你阴历生日，昨日我想起，便作了几首诗，今天上午又作了几首，共成十九首，比你年岁少六数，都是记我们过去之事者。一首记一事，是择最值得纪念者来作的。①

一月十四日信中说：

> 悲观烦恼是不能维持他自己的一种心态，因为悲观烦恼是一种不安，不安的本身便含一种矛盾，凡是自己矛盾的东西都不能长久存在，所以不安的心理本身也不能长久存在，悲观烦恼不能解决任何问题，一件事你为之悲观烦恼，那件事还是那件事，你的悲观烦恼是枉然，而且世间一切的不幸，自形而上的眼光来看，都是可以在永恒的世界中化除的，所以总可以看淡它。过去的过失只要我们精神真离开它，把它潜在心中的种子断绝得干净，便等于不存在，只怕我们不能真断绝其在心中之种子而已。这些是我根本的信念，我只是在离开这些信念而为魔鬼所扰乱时，才会悲观烦恼，那只是一时的情感冲动，在我恢复我的理境时，一切都莫有了。②

基于自己的生命体悟，唐先生在《爱情之福音》中专门讨论了"陷溺于爱情的罪过"。唐先生认为，如果一个人找到了自己所爱的对象，在有了爱情生活之后，便忘记了自己过去未来的一切世界，并常常因此而妨碍自己的其他工作与责任，这便是犯了"沉溺于爱情"的罪过。客观上说，对两个相爱的人来说，当他们在一起共处时，因为此时此地只有他们二人，他们在此时此地本不见其他的人，他们的心完全沉浸在一刹那的欢

---

① 唐君毅：致廷光书，1942年1月3日。《唐君毅全集》（九州）卷30《致廷光书》第189页；《唐君毅全集》（学生）卷25《致廷光书》第271页。

② 唐君毅：致廷光书，1942年1月14日。《唐君毅全集》（九州）卷30《致廷光书》第195页；《唐君毅全集》（学生）卷25《致廷光书》第281页。

乐中，这并不算罪过。因为他们如此的状态，是宇宙灵魂的意旨，是"爱情生活"的本有内容。只是，他们不可以真忘了他们之外的世界，忘了他们在世界上应尽的其他责任。

如果他们以为，人生的意义只在于与自己所爱的人共同享福，那么便犯了莫大的罪过了。因为即使你忘了世界，世界上的他人也并不曾忘了你。在你们沉浸于享受欢乐的同时，或许正是你的父母想念你的时候，或许正是你的朋友、你的同事想着你的时候。在你们沉浸于享受欢乐的同时，世界上还有许多无依无靠的人在啼饥号寒，还有许多痴男怨女在咨嗟叹息，他们希望世界上"任何人"可以给予他们一点帮助与安慰，而这"任何人"中，便包含了你。在你们沉浸于享受欢乐的同时，世界上还有许多哲人、科学家在劳心焦思宇宙的真理；有许多艺术家、文学家在结构经营他们的杰作；有许多社会改造家在奔走呼号；有许多战士在洒热血、抛头颅。那些求真、求美、求善的人，他们都是为了"整个人类"而努力，而"整个人类"中便包含了你。

唐先生强调，如果沉溺于爱情生活中的男女真忘了他们对于世界的责任，便可以尝试在所爱的人的怀中做如上的沉思与反思。这种沉思与反思，可以让沉溺于爱情中的情侣，突然间抽身舍弃自己沉溺于其中的欢乐。一个人如果可以如此实践几次，自然就会逐渐认识到自己对于世界的责任，而不至于再以爱情妨碍自己的工作和对世界的责任。唐先生自己便是在这种沉思与反思中超越了"陷溺于爱情之罪过"的。

在爱情的滋养下，唐先生可以全身心投入新的工作中，"陷溺于"学问之中，甚至"忙得吃饭睡觉均未安静过"。但是，这种忙并未让唐先生产生过多烦恼，反而偶能恢复童年心境。一月二十四日，在给谢廷光写完信后，"我便出去玩了一阵，太阳晒得人懒洋洋的，满地有许多野花，上面有蜻蜓飞过，我便去捉蜻蜓，忽然间我好似回到二十年前在小学中读书时偶然出去玩的心境"。① 唐先生自谓"确偶能恢复童年心境"，并指出小孩子的心境有几点特征：一是能忽然忘了过去之一切，纯粹沉没在现在；二是对于极简单的事发生浓厚的兴趣，因他能将全生命向一点事贯注；三是莫有未来的忧虑，所以小孩子与宇宙本体最接近。至于要如何回复小孩

---

① 唐君毅：致廷光书，1942年1月24日。《唐君毅全集》（九州）卷30《致廷光书》第198页；《唐君毅全集》（学生）卷25《致廷光书》第288页。

子的心境,唐先生认为,第一是要少忧虑,第二是要从容。

是年,唐先生发表的文章有:在《理想与文化》发表的《发刊词》《道德之实践》。《道德之实践》是唐先生撰写的《人生之路》十部曲中的一部,后收入《道德自我之建立》一书出版。

一九四三年(民国三十二年)　三十五岁

是年,谢廷光女士毕业于城固西北师范学院教育心理学系,在四川洛碛师范讲授教育学及教育心理学等课程。

是年,唐先生与谢廷光女士结婚。两人于一九四二年在重庆订了婚、拍了照,没举行任何仪式。时隔一年多,在重庆上清寺鲜英老先生家宅"特园"举行了隆重的婚礼。唐母、二妹至中和五弟君实都到场参加,出席婚礼的男女宾客,有程兆熊、鲜老先生、鲜季明、程行敬、李长之、柯柏薰及唐先生中央大学的同事,共一百多人。婚后两年,谢廷光患宫颈癌而终生不育,后经唐母同意,过继四妹唐恂季的长女安仁,其晚年由女儿安仁和女婿王清瑞博士回港侍奉。

谢廷光与唐先生结婚后,二人相互敬爱,相依为命,彼此以"光妹""毅兄"相称。伉俪情深,一直为亲友侪辈所钦羡,受学生后辈所敬重。

唐先生对自己的婚姻非常慎重,除考虑配偶的品学外,又考虑其与母亲陈太夫人相处的问题,又怕自己早婚会影响弟妹深造,故常谓自己是家中六分之一,婚事也要征求大家意见。唐夫人谢廷光回忆说:

> 婚后共同生活,初初亦有不习惯之处,但你对我的爱是无微不至的,我感到你的爱有许多方面,除了男女之爱而外,我好像在你那里得到了一种类似保育的母爱,因为你念我是一无母的孤女,你处处体贴我照顾我。有时又觉得我们是兄妹之爱,朋友之爱,师生之爱……总之我整个的生命都给你的爱包裹着了,我觉得我是世界上最幸福的人。①

---

① 谢廷光:《致廷光书》"后序"。《唐君毅全集》(九州)卷30《致廷光书》第206页;《唐君毅全集》(学生)卷25《致廷光书》第299—300页。

两人的爱情婚姻生活，在唐先生的爱情婚姻理论指引下，创造出了二十世纪中国学人婚姻生活的典范。

是年，印度甘地几次被捕入狱及绝食，重庆报章时有报道，唐先生均极为关注。唐先生十分关怀东方智慧，以甘地为印度哲学之化身，甘地精神救了印度文化，也救了东方智慧。唐先生曾读甘地自传，认为甘地是真正了解佛家"我不入地狱，谁入地狱"精神的人，他的不合作运动，绝不是托尔斯泰所谓无抵抗主义，而是一个民族在抬起头来时，反抗压迫的正义行动。中国也是一个被列强欺凌、深受苦难的民族，故唐先生同情甘地，赞美甘地，深切希望甘地的斗争能取得胜利。一日，报纸误传甘地已死，在江津县城街道上，周辅成先生以此消息相告，先生登时脚步停下来，面对周先生大叫一声，"呀！"脸上变色，用脚向地重重地击了几下，失声大哭，脸色苍白，泪如雨下，口中喃喃不绝地说："他死了！他死了吗？"其心情之沉痛，直可代表中华民族对甘地之同情与哀悼。其悲痛的思想情感经过很多天才恢复正常。

是年，唐先生五弟慈幼在重庆歌乐山工作，唐先生则在沙坪坝教书，兄弟二人彼此互相探望。时公教人员待遇低微，为节省车费，彼此来往，只得走路。每当其弟离开沙坪坝上山时，先生经常担心他会摔到山沟去，再也不能相见，故必待其弟来信后方始放心。

是年，唐先生第一本专著《中西哲学思想之比较研究论集》在正中书局出版。前此出版的《中国历代家书选》，属选辑性质，不得称为专著。只是，该书后来在唐先生心目中已全无地位。唐先生于一九七六年为《人生之体验》一书写重版自序时云："在我出版此书之前，曾出版《中西哲学比较研究论集》，表面看来，该书文字比此书多一倍，充满人名书名，似乎内容丰富，实则多似是而非之论，故我愿视此书为我出版之第一本书。"①

该书包括十三篇论文：一、导言：中国文化根本精神之一种解释；二、论中西哲学问题之不同；三、中国哲学中自然宇宙观之特质；四、如何了解中国哲学上天人合一之根本观念；五、论中西哲学中本体观念之一种变迁；六、中西哲学中关于道德基础论之一种变迁；七、中国艺术之特

---

① 唐君毅：《人生之体验》"重版自序"。《唐君毅全集》（九州）卷3《人生之体验》第4页。《唐君毅全集》（学生）卷1《人生之体验》第3页。

质;八、中国哲学与中国文学之关系;九、中国宗教之特质;十、庄子的变化形而上学与黑格尔的变化形而上学之比较;十一、中国哲学中天人关系论之演变;十二、老庄易传中庸形而上学之论理结构;十三、略论作中国哲学史应持之态度及其分期。另有附录三篇:二十世纪西洋哲学之一般的特质;论不朽;孔子与歌德。全书内容丰富,对中国哲学的诸多方面进行了中西比较,可谓那个时代中西思想比较的重要著作。尽管不可由此了解唐先生的中心思想,但其思想递嬗之迹在此可循,而且其对中西哲学思想比较的诸多观点和方法,具有极大的启发性。

是年,唐先生发表的文章有:

在《理想与文化》发表的《世界之肯定》《精神之表现》《自我生长之途程》(几篇文章都是唐先生《人生之路》的内容);

四月,在《思想与时代》发表的《略论中国哲学与中国文学之关系》;

六月,在《时代精神》发表的《心在自然之地位》(也是《人生之路》的内容,后收入《心物与人生》出版)。

一九四四年(民国三十三年)　　三十六岁

是年,抗日战争胜利前夕,日子也过得最艰苦。唐先生当时在沙坪坝,在中央大学教学、著作之余,还得为一家人——母亲、妻子、弟、妹的吃饭问题忙碌,徒步买粮食,"蓬松着头发,脸上挂着汗珠,背背着米袋在沙坪坝急匆匆、气嘘嘘地走着,吃力地从粮店背米回家"。① 唐先生到重庆后,常常希望能与母亲同住,又希望弟妹能有较好的读书环境,前一年结婚后,此种愿望更加强烈,不时在与母亲的信中提到。是年,二妹至中在中大实验中学任教,唐先生接母亲、二妹与自己一起居住。为了与母亲一起居住,登记了中央大学柏树村宿舍,舍去坚固漂亮且地势高敞而有地板的单人宿舍,又屡次亲自去磁器口添置各种用品,煞费苦心。柏树村宿舍乃是由水稻田新建的简陋平房,位置比汉渝马路尚低数丈,共两间。母亲同二妹一室曾请木工铺为地板,而唐先生一室却十分潮湿。一遇

---

① 李赐:《记君毅师二三事》。《唐君毅全集》(九州)卷37《纪念集》(上)第180页;《唐君毅全集》(学生)卷30《纪念集》第224页。

下雨，地滑难行，唐先生双脚患湿气长久不愈。暑假前，陪二妹去看吕凤子先生回渝后，即患回归热，病重。许多学生经常到柏树村宿舍看望唐先生，每有同事或学生来探望时必下床坐，娓娓而谈，有如平日。但客人告辞后，往往周身疼痛，不能起立。

为了妹妹的成长，春假时，唐先生特地带二妹至中去壁山看吕凤子先生。同年又带二妹去向李证刚先生求教书法，又要二妹去中央大学哲学系旁听宗白华先生讲美学。在实验中学及江南大学，唐先生不时在教室外听二妹讲课，事后又指出缺点，还在百忙中抽出时间为二妹偷改作文卷子。幼妹宁孺转学南岸广益中学高中部。由于男同学顽皮，每天到教室时，其座位都有不少石灰泥土之类，心中甚为不乐。因胆子小，不敢向老师反映，积累既久，某日，忽然退学回沙坪坝。唐先生非常生气，立即陪妹再去学校。

是年，唐先生升为正教授，并被中央大学哲学系推为系主任。唐先生一直认为，自己为人过于敦厚，无能力办事，所以再三推辞。只是哲学系诸先生，多为唐先生大学时的老师，不忍过分拂逆，于是勉强接任。接任后，推举许思园与牟宗三两先生入中央大学哲学系。初时阻力极大，唐先生恐不易通过，以至数夜失眠。最终以月薪四百元聘请许、牟两先生。当时唐先生自己的月薪只有三百二十元，宗白华先生以新旧聘约差距较大，提请文学院增加唐先生薪酬至三百八十元。

自牟宗三先生到中大任教后，知己畅叙，乐共晨夕，为唐先生平生一大快事。但许思园先生任中大教授不久，即向唐先生表示不满方东美先生，背地诋毁，犹为未足，更发表文章，加以攻击。方先生亦不慊于许，时对唐先生有所流露。唐先生在二人之间，疏通劝解，隐恶扬善，费尽唇舌，二人最终亦不能相互和谐共处。其后许先生去江南大学时，仍以为唐先生偏袒方先生，屡次向助教谈及。后助教相谓曰："许先生因恶方先生而及唐先生，唐先生从无一言不满于许，足见唐先生之气度矣。"许与助教之言多传于唐先生，亦不与计较，待之如故①。

当时友人李长之先生与柯柏薰女士新婚，夫妻性情不合，时有龃龉，二人分别向唐先生倾诉。唐先生屡为调停劝解，不时直指双方错误，二人

---

① 唐至中：《我的哥哥》。《唐君毅全集》（九州）卷38《纪念集》（下）第583页；《唐君毅全集》（学生）卷30《纪念集》第665页。

卒致和好如初。

又有友人某，生性聪颖，唐先生知其染上吸鸦片恶习，曾多方设法，加以规劝，时而疾言厉色，责其为嗜欲奴隶，时而代为文发表，以示省悟，促其悔改，卒以积重难返，无法戒除，唐先生恒为此惋惜不已。①

是年，唐先生教授大学二年级学生中国哲学史课程。"二年级总共只有十五六个学生。但由于唐先生讲授的中国哲学史别开生面，有许多很独到的创见，富有崇高的学术价值。因此，其余系科的大学生，甚至有几位研究生也选修了唐先生的中国哲学史。每次唐先生上课，教室里坐得满满的，如果来迟了，会找不到座位。唐先生讲课不是单纯宣读讲义（不是照本宣科地念讲义），而是把他的论点和论据，全神贯注地、热情洋溢地向学生们阐述出来，并加以适当的解释和评论，启发学生领会所讲的内容，从而诱导学生思考问题。唐先生一面讲课，一面辅之以手势，往往讲完三节课，讲得来满身大汗，甚至力竭声嘶了。唐先生讲授的中国哲学史的内容，大体上是唐先生的'一家之言'，是唐先生研究中国哲学史的心得体会，可以说是另创一格，不同凡响。但唐先生也决不是故步自封，孤芳自赏，而是博采众家之长，用以充实和丰富他的中国哲学史体系。"②

唐先生教学，常与学生作个别谈话，常向学生说："为学当贯彻始终，勿凭一时之兴趣，勿以所学枯燥而中止。要能甘寂寞，要有人不知而不愠之精神。"学生来家请教，从未以工作忙而拒绝，常谈至夜深，亦无倦容。故学生待唐先生如兄长般亲切。

唐先生教人，向来路子宽，有方法，语言富暗示性，以启发人之自觉，从来不使人有畏首畏尾、无所适从之感。常谓大国手教不出大国手，要二国手才教得出大国手。故对于学生后辈恒鼓励多而责备少。某次，唐先生与学生谈及国内南北大学培养青年后辈方法的不同时，明确指出：

> 北方大学教授宽厚爱人，对后辈青年稍有成就，辄多方予以鼓励，尽力培养。南方大学教授则往往对学生要求过严，师生感情也不

---

① 唐至中：《我的哥哥》，《唐君毅全集》（九州）卷38《纪念集》（下）第583页；《唐君毅全集》（学生）卷30《纪念集》第665页。

② 刘雨涛：《我所认识的唐君毅先生》，《唐君毅全集》（九州）卷37《纪念集》（上）第159—160页；《唐君毅全集》（学生）卷30《纪念集》第199页。

如北方之融洽。甚且个别教授门户之见深，知识私有之观念强。由于南北大学教育方法之不同，效果自殊。故若干年来，北方大学人才济济，而南方殊寥寥也。①

唐先生前著《人生之路》共十部，后分三编：第一编易名为《人生之体验》，第二编易名为《道德自我之建立》，第三编易名为《心物与人生》。是年，《人生之体验》在中华书局出版，《道德自我之建立》在商务印书馆出版。

《人生之体验》一书，正文连附录一篇，都是一九三九年至一九四三年所写，写的时间，不谋而合，都在孟春。写成以后，曾先分别在《学灯》《理想与文化》及《中大文史哲季刊》发表。该书重直陈人生理趣，颇带文学性，多譬喻象征之辞，旨在启导人向内在自我求人生智慧，于中西先哲之说，虽多所采择，然绝去征引，融裁为一，称心而谈。其立义，无论证，亦无外表的形式系统，各部义蕴交流互贯，中心思想即透露文中。所以没有纲目式的结论可供人把握。

唐先生在写作该书时，不是要想提出一种人生哲学学说，也不是为了宣扬某一派人生哲学学说。写作该书，根本不是为人写的，而是为己写的。所谓为己，也不是想整理自己的思想，将所接受融摄的思想凝结于书。只是自己在生活上常有烦忧，极难有心安理得、天清地宁的景象。虽然自己时时都在激励自己，责备自己，但是犯了过失，总是再犯，过去的烦恼，总会再来。于是在自己对自己失去主宰力时，便把自己由纯粹的思辨中所了解的一些道理，与偶然所悟会到的一些意境，自灵台中拖出来写成文字，为的是使自己再看时，它们可更沉入内在自我，使自己精神更能向上，自过失烦恼中解救。如此这般，一部不能解救，便写第二部。在写任一部时，都是心中先有一朦胧的理境，任其自然地展开，但作者并不把此理境展开表露到最高的清晰程度，而是让文字处于轻雾笼罩着理境的边缘，为的是使写出的文字更富于暗示性、诱导性，使自己再看时，精神更易升入此理境中去。

唐先生写该书各部时的心境各不相同，大体都是出于解救自己的烦恼

---

① 唐至中：《我的哥哥》，《唐君毅全集》（九州）卷38《纪念集》（下）第584页；《唐君毅全集》（学生）卷30《纪念集》第666页。

过失的动机，想使自己的精神沉入理境中去。虽是出于解救过失的动机而写该书各部，但在写作时，却并无与烦恼过失挣扎奋斗的情调，而是站在自己烦恼过失之外静观自己，对自己与一切现实存在的人，时而不胜其同情恻悯，时而又不胜其虔敬礼赞。所以写作时常常感触一种柔情的忐忑，忍不住流感动之泪。在此心境情调下，自己便自然超拔于一切烦恼过失之外，而感到一种精神的上升。

唐先生在该书导言中曾说：

> 我对愈早之人生哲学之著作愈喜欢。我喜欢中国之六经，希伯来之《新旧约》，印度之《吠陀》，希腊哲学家之零碎箴言。我喜欢那些著作，不是他们已全道尽人生的真理，我喜欢留下那些语言文字的人的心境、精神、气象与胸襟。那些人生于混沌凿破未久的时代，洪荒太古之气息还保留于他们之精神中。他们在天苍苍野茫茫之世界，忽然灵光闪动，放出智慧之火花，留下千古名言。……这些语言文字，曲折参差，似不遵照逻辑秩序，然雷随电起，隆隆之声，震动全宇，使人梦中惊醒，对天际而肃然，神为之凝，思为之深，这是我最喜欢上列之原始典籍之理由。①

在列举了自己阅读和熟悉的从古希腊到近现代西方几乎所有重要的伦理学家和人生哲学家的哲学思想和哲学著作后，唐先生谓：

> 就整个西洋之人生哲学伦理学著述看来，总是表现向上祈求，向前向往，向外追求捕捉之态度。西洋哲人，仰视霄汉，赞彼天光，企而望之，俯而承之，其欲超离凡俗，以达灵境者，恒须先辟除榛莽，用层层上升之思路，以开拓其心灵，提升其境界。故西方式辩证法，实为昭示人生发展之历程之必需工具。
>
> ……西洋人向上追求之精神，至宗教上之天国信仰而平衡止息。然中国人无西方式之天国之信仰，则永远向上追求之人生态度，终使人坠入空虚，必当求内有所止。既内有所止，则西方式辩证法可用亦

---

① 唐君毅：《人生之体验》"导言"。《唐君毅全集》（九州）卷3《人生之体验》第4页；《唐君毅全集》（学生）卷1《人生之体验》第13—14页。

可不用也。①

东方人之精神形态，永与西方人不同。西洋人总是在那儿有所祈求向往，有所追求与捕捉，其心灵太不安，太动荡。哲学家亦如是，故很少能达心安理得之境者。西哲人格之伟大处，唯表现于其为真理而牺牲之精神，努力向上求超拔其现实自我之态度。然其努力向上之动力，或是原始的自然生命力。这生命力强悍迈往，滚滚滔滔，继续不懈，死而后已。故其一生，多可歌可泣，如巴斯卡、卡莱尔、费希特、尼采、杞克果，皆其人也。然彼等既缺中国哲人自乐其道、自慊自足之心境，天机畅达、廓如太虚之胸襟；亦缺印度哲人闭藏内敛、渊默玄深之气象，度己度人、悲悯众生之心肠；故我对西洋哲人之精神，景仰之、心爱之，而不能顶礼之、膜拜之。虽柏拉图黑格耳复生，我亦不能心悦诚服之，不愿倾吾之生命精神与之。然吾于孔子释迦以及若干中、印哲人则愿。②

至于印度哲人的著作，唐先生所喜爱者，为佛学中般若宗之经，谓其"涤荡情见，使人意消，忘怀世务，心与天游。此与读西哲书觉理网重重，攀缘无尽，情志激荡，四顾彷徨，乃截然不同之二种境界"。

至于中国先哲之书，唐先生认为，如孔子之言，皆不离日用寻常，即事言理，应答无方，下学上达，言近旨远，随读者高低，而各得其所得。《论语》一书，更可见孔子温良恭俭之至性，仁民爱物之胸怀，以及孔门师弟间雍容肃穆之太和气象。孔子元气浑然，一片天机。孟子则浩气流行，刚健光辉。其所为言，皆截断众流，壁立千仞，直心而发，绝无假借。其性善之义，仁义内在之说，发明孔子之微意，从此为中国人生哲学，立下不拔根基。孟子刚健光辉，乾道也；荀子博厚笃实，地道也。孟子高明，而荀子沉潜。孟子发强刚毅，荀子文理密察。孟子之言修养之方，透辟而未及精密，荀子则庶几乎密矣。道家之老、庄，能使人游心太

---

① 唐君毅：《人生之体验》"导言"。《唐君毅全集》（九州）卷3《人生之体验》第13—14页；《唐君毅全集》（学生）卷1《人生之体验》第25—26页。

② 唐君毅：《人生之体验》"导言"。《唐君毅全集》（九州）卷3《人生之体验》第14页；《唐君毅全集》（学生）卷1《人生之体验》第26—27页。

初,寄情妙道。其自现实超拔之心,同于西洋理想主义者,而无彼企慕祈望之情。其足以涤荡情见之效,与佛家同,而无彼永超生死苦海之悲愿。然循老、庄之道,高者可以丧我忘形,返于大道,游于天地之一气;低者亦可致虚守静,少私寡欲,渣滓日去,清光日来。

在遍览中西印主要人生哲学著作后,唐先生认为,"必读西哲印哲书,而后益知中国先哲之不可及,知其中庸之高明也。若夫未能读西印哲之书者,则读孔子之言,必须去其我慢,体会涵泳,优柔餍饫,亦终可受其潜移默化,而神明自得也"①。

唐先生《人生之体验》是汇通中西印各种人生哲学思想,以中国儒家人生哲学为宗,以自己生命体验为根基的人生哲学典范著作。读者阅读《人生之体验》一书时,如果能虚心涵泳,即可循此而横通东西大哲之心。

《道德自我之建立》一书出版后,当时学术委员会对之评价甚高,决定给予一等奖,并拟将二等奖给予《汉魏两晋南北朝佛教史》作者汤用彤先生。但因汤先生为唐先生老师,故稍加考虑即表示,如此安排不能接受,只有将一等奖与二等奖名次对调,才便于接受。结果学术委员会尊重唐先生意见,将二书的得奖名次互调。学术委员会的"审查报告"如此评论该书:

> 作者平日研究哲学,必甚详博,故参考材料,虽未一一标明,能想见其详赡,结构完善,创见颇多,有独立体系,自成一家学说。自身叙述有系统,改进旧说多贡献。
> ……全书回环发挥,精义络绎。②

《道德自我之建立》除导言外分为三部。
在导言中,唐先生言:

---

① 唐君毅:《人生之体验》"导言"。《唐君毅全集》(九州)卷3《人生之体验》第15页;《唐君毅全集》(学生)卷1《人生之体验》第28页。
② 吴敬恒:《评唐君毅著〈道德自我之建立〉》。《唐君毅全集》(九州)卷4《道德自我之建立》第146—147页;《唐君毅全集》(学生)卷1《道德自我之建立》第185—186页。

本书之写作，原非为人，而是为己。只缘我自己，时不免精神不安，颇少天君泰然，海阔天空之景象。常念一切精神之不安，皆由陷于现实自我，不能超拔。而我若干年来思想之结果，已使我深信形上界之真实自我之存在。在此思想与生活之矛盾间，故我常欲有以自责自励，以改造自己之过失。我在作此诸文时，复正当数年前，精神最不安之时。每独步空山，临旷野，天高地迥，觉宇宙之无穷，怀古思来，嗟吾生之悠忽。念平生所学，到此竟无受用，何以为人？于是将昔日所思，而切于自己之生活者，写成此书。恒中夜起坐，一灯荧荧，遥望星月，炯然与吾心相照，顿觉万感俱寂，灵光炯露。书成，藏诸箧中，本未示人。然每当悔吝复生之时，即展卷自读，总能使庶几之志，揭然有所存，恻然有所感。前年冬《理想与文化》创刊，乃陆续在该刊发表。发表以后，他人亦多有读之，而有所感发者。以友人牟宗三、周辅成、李源澄诸先生之鼓励，乃决定一并付印。①

　　第一部"道德之实践"，提出道德生活之本质为自觉地自己支配自己，以超越现实自我，继而本此观念，说明道德之自由、人生之目的及道德心理与道德行为之共性，而归于论生活道德化之所以可能。唐先生认为，人根本上是能自觉的，所以对我们自己或世界，本来可以有不同之自觉的态度，如了解之态度、欣赏表现之态度、祈祷皈依之态度，及去支配或实践之态度。由了解之态度，有科学哲学之生活；由欣赏表现之态度，有文学艺术之生活；由祈祷皈依之态度，有宗教之生活；由支配实践之态度，有道德政治经济之生活。道德政治经济之生活，都是赖行为上或心理上的实践工夫，去求有所支配。其中经济生活所想支配的，是物；政治生活中所想支配的，是我以外之他人；而道德生活所想支配的，则是自己。然而自己支配自己的生活，必需是自觉的，乃成道德生活。此部以对第二人称的教训体裁而写出。

　　第二部"世界之肯定"，追溯道德自我在宇宙中之地位，先从怀疑现实世界之真实与现实世界之不仁出发，进而指出人皆不忍见此世界之不仁与虚幻，而反证形而上的真实自我之存在、道德心灵之存在与心之本体之

---

① 唐君毅：《道德自我之建立》"导言"。《唐君毅全集》（九州）卷4《道德自我之建立》第1页；《唐君毅全集》（学生）卷1《道德自我之建立》第23—24页。

存在，并以心之本体之真实至善为道德自我之根源；进而说明心之本体，即现实世界之本体，故由道德自我出发所欲实现之道德价值理想，必能实现于现实世界，由此而肯定现实世界之真实性。此部第一节，自怀疑现实世界之虚幻与不仁出发，而归于上无所蒂、下无所根之悲凉感慨的心境。第二节论心之本体之体会，即由第一节之怀疑现实世界之不仁，转到对于此怀疑之心灵之肯定。此颇似笛卡尔在《沉思录》中所表述之思想过程。第三节生灭即不生灭，乃本部之中心。此节中论感觉认识中之心、身、物三者之关系是：由身物之质力之相消除，乃有感觉——即身物之质力，由消除而不存在时，正感觉与其直接所对显出之时——以说明感觉与其直接所对，乃自心所显。并由身物之质力，对心而言，乃一限制，以论生灭即不生灭。第四节即论心之本体无限制，故至善，其中亦无所谓苦与错之存在。进而论身体之有限制，而我们复欲将此有限者当作无限用，乃有罪恶、痛苦、错误。在此节中，往复对辩，层层深入，直至最后，遂将第一节怀疑现实世界之不仁之心境，转化为一种肯定现实世界之心境。此所肯定现实世界，即道德自我所肯定之现实世界，亦即"为实现形上的心之本体而存在"之现实世界，为道德自我实践道德而存在之现实世界。此部以第一人称的默想体裁写出。

　　第三部"精神之表现"，认为自心之本体为一充内形外之真实言，即名为精神实在。故即以精神实在一名，代替心之本体一名，以说明现实世界之物质、身体皆为精神之表现。进而指出现实生活中，饮食男女、求名求利等活动，皆为同一精神实在表现之阶段，使人知一切人之生活，均可含神圣之意义。由此遂正式提出性善之义，并论罪恶、苦痛之关系，说明苦痛、罪恶，皆为精神实在之一种表现。再次，即本于一切道德心理，与非道德心理之出于一原，而论一念之陷溺，即通于一切罪恶，一念不陷溺，即通于一切之善。最后论精神实在之最高表现，为使社会成真善美之社会，而归宿于论一切文化、教育事业之重要性。此部以对第三人称之描述体裁而写出。

　　整体说来，第一部说明道德生活之本质，第二部说明道德自我之根原——心之本体之形上性，第三部说明此心之本体，即充内形外之精神实在，为超现实世界、现实生活，而又表现于现实世界、现实生活者。三部各本问题的发展，层层深入，自成一体。

　　此书的中心，唯说明当下一念的自反自觉，即超凡入圣之路。全书重直陈义理，于古今道德哲学各派之成说，无所讨论。著者思想的来源，在西方主要取资于诸理想主义者，如康德、费希特、黑格尔等为多，但根本精神则为东土先哲之教。唐先生认为道德价值隶属于形而上的自我；而道德心理、道德行为的天性，在于要求超越现实自我的限制。其所谓道德自我，实即儒家传统上所谓本心本性。故，所谓道德价值表现于超越现实自我之限制，实即传统上所谓反身而诚、尽心知性而已。该书重此当下一念的思想，乃自孔、孟、禅宗、王阳明以下所同然，为中国哲学骨髓之所在。所以，唐先生此书，乃是以全新的思想语言，对传统观念做全新的注解与阐释。全书文笔朴实而单纯，内容多本于察识，鞭辟入里，与《人生之体验》一书比较，则观照之意味少而策励之意味重。

《人生之体验》与《道德自我之建立》两书，皆为唐先生三十岁前后以一人独语方式，自道其所见的文字。对古今中外哲人之书，虽无所论列，但其行文纯真朴实，有面对宇宙人生之真理的原始性。所以唐先生于其临终巨著《生命存在与心灵境界》后序中，有"今之此书，亦不能出于此二书所规定者之外"之语。

是年，唐先生发表的文章有：

在《文史杂志》发表的《中国文化中之艺术精神》《写在哲学专号之前》《辨心之求真理》；

在《哲学评论》发表的《〈意味之世界〉导言》。

一九四五年（民国三十四年）　　三十七岁

是年秋，抗战胜利，日本投降。中央大学哲学系人事纠纷日益严重。唐先生以彼此均属师长或友好，尽力调解，希望彼此均能和平相处，结果彼此均认为唐先生褊袒对方，使其左右为难。

唐先生在重庆中央大学任教时，常拜访其中学老师蒙文通、彭云生、杨叔明诸先生，尝称彭先生学问很好，诗文和书法造诣很深。有一位叫帅净民的先生，唐先生父亲迪风公曾聘往敬业学院任教，大部分时间均在中学及师范学校任教。此人一生坎坷，并不知名，但对西藏密宗很有研究。一次，唐先生向帅先生请教密法之密，及非此不能断所知障而证无学道义，帅先生引海公"何处摔倒，何处爬起"之语作譬喻，唐先生顿时省悟，非常满意帅先生的答复。帅先生有时说，好多作品都是多余；唐先生则以为，情志所之，尽有成就，不可废也。帅先生尝称道唐先生是个绝顶聪明人，一说就懂，前途未可限量。另有一位叫萧公远的先生，人称萧神仙。其学从陈抟、邵雍一派易学发展而来，他教人时，总是首先口授《易经》，并非开始便涉神怪，故不属巫术，只是道家的一个流派。当时，成都许多声名显赫的人物都向他皈依道教。唐先生曾对其学生刘雨涛讲述萧神仙的故事，略谓成都警备司令严啸虎往见萧神仙，萧神仙谓其背后有两个女鬼，并指出两女鬼的样貌衣饰，严啸虎当堂吓得面如土色，原来两女鬼正是被严啸虎枪杀的两个姨太太。唐先生相信人死后灵魂不灭。①

梁漱溟先生在《怀念哲人唐君毅先生》一文中，曾抄录唐先生早年论及人死后的文字云：

> 人死只是其身体之销毁，然而身体这东西，自始即一销毁中之存在，而于此销毁中表现心理活动，所以人之身体，自生至死，只是心的本体的活动之一段过程表现。所以人之有死后的生活，或第二代的身体，来继续其心体活动之表现，是不成问题的。②

由此可见，唐先生对生死鬼神诸问题，具有浓厚的探索兴趣。

是年，唐先生《爱情之福音》在正中书局出版。

是年，唐先生发表的文章有：

在《学灯》发表的《介绍科学思想概论》《易传之哲学浅释》及《〈人生之体验〉序》；

在《中国文化》发表的《中国原始民族哲学心灵状态之形成》；

在《文化先锋》发表的《孟子性善论新释》；

在《新中华》发表的《中国原始民族哲学思想之特征》。

《中国原始民族哲学心灵状态之形成》和《中国原始民族哲学思想之特征》两文是唐先生讨论中国原始民族哲学思想的独特文字。唐先生将从上古至周初的中国哲学思想称为原始的民族哲学思想，它们大都是中国古

---

① 刘雨涛：《怀念唐君毅先生——唐君毅先生二三事》。《唐君毅全集》（九州）卷37《纪念集》（上）第166页；《唐君毅全集》（学生）卷30《纪念集》第206—208页。

② 梁漱溟：《怀念哲人唐君毅先生》。《唐君毅全集》（九州）卷37《纪念集》（上）第5页；《唐君毅全集》（学生）卷30《纪念集》第10页。

代人在其实际的文化生活如宗教生活、政治生活、道德生活中，由经验的积累而悟会到、流露出的哲学思想，是在论事或记事时，以教训式的格言写出。中国原始民族哲学思想与中国古代民族所处的自然环境和其求生存的经济生活方式密切相关。中国古代人，在其自然环境和经济生活形态中所启发的心灵状态，与孕育西洋文化与哲学的古代希腊人与近代日耳曼人在其自然环境、经济生活形态中所启发的心灵状态绝不相同；由种植植物而生之天地相感、天地人和谐之意识，在不以农业为主、不居于乡村的创造希腊文化的城市人，与以游牧为主的日耳曼人，都是不会真正有的。唐先生进而从宗教思想、政治思想、道德思想三个方面讨论了中国原始民族哲学心灵的特征，及其对中华文化和中华民族的深远影响。

在宗教思想方面，中国先民，除崇拜天神外，社稷之神，亦为其最所崇拜之对象，此即神遍在地上；先民以神遍在地上，故人神之间的距离亦缩短了，因而缺乏人与天神对立的意识，缺乏天神自有其意志的想象；同时，缺乏神造人的神话与原始罪恶观念，天帝只是道德的人格，人的本性并不低于天帝，所以人修其德，即可上邀天福，进而与天帝相配；天帝极早即成为道德之人格，且天帝周行遍于地上四方，而中国古代各民族，又处于同一平原，同在天帝所覆盖之下，故有"天命靡常"的观念，由此而不重祈祷而重修德，即不直接祈求上帝，而是求诸自己，自信有可以感通神明之力。

在政治思想方面，古代圣王施政，以安民爱民为原则，天子作民父母，以为天下王。由安民爱民，而于必要时采纳民意，自系事所宜有，只是尚未可谓为民本主义。中国古代之政治，为贵族政治，各部落国家之执政者，盖皆贵族；但天子为维系人心，因施仁而求贤为助，则亦势所必然。中国古代天子对于群后，望其皆能臣服，而此种要求之达到，亦即协和万邦、天下大同理想之实现，此表示最高的政治理想是一种和平之实现，中国人爱好和平的精神，远在上古已可得其征。

在道德思想方面，中国先民的道德观念与其宗教观念及政治观念，关系极为密切。古希腊人所重的道德品目，乃正义、勇敢、节制、智慧。吾先民所重者，则为宽仁、温恭、敬老、尊古。正义源于商人之最重公平，重在人我权利义务之得其平；而宽仁则重在容人，恰与正义相对。勇敢源于尚武，中国古代军农不分，故武人之勇，亦不特予标出；而温恭则正与勇武相对。节制乃消极的遏欲，先民亦重节制，然尤重无怠；无怠偏重积极的工作，与节制亦相对。智慧源于惊奇及对新异事物的注意，为哲人所特重之德，重智慧则常信赖自己之判断，故希腊哲人多反传统；而重古训，则须承继传统。所以，西洋哲人常不惜推翻前哲，中国哲人则常以阐扬前哲之说为己任。

一九四六年（民国三十五年）　　三十八岁

是年夏，友人李源澄先生主持灌县灵岩书院，唐先生往讲学十余天，给学生们讲授中国哲学史等课程。①

是年秋，中央大学由重庆迁返南京。唐先生被华西大学社会系借聘半年，实则只有三个月，至十一月间，唐先生始返南京授课，教授一年级哲学概论及二年级中国哲学史。其五弟亦在南京工作，其余家眷，均在成都。

唐先生当时住丁家桥中大教授宿舍，学生黄振华住丁家桥学生宿舍。由于住所离得很近，黄振华常于晚间"与同学数人往唐师住处有所请教，唐师每次谈话辄滔滔不绝，强调中国哲学以及中国文化之价值，尝至深夜而不能停，而且每次谈话总是我们发言的机会少，而唐师讲话的时间多，使我们感到唐先生对中国文化的深厚热情，以及对后生学子期望之殷"。②

是年，唐先生发表多篇研究中国哲学的论文，这些论文主要是前一年写成。在一九四五年十一月十日给夫人谢廷光的信中写道："我在此一月半中写了中国哲学史十万字。三四年来均未写文，……我想即以此十万字与你作生，好不好？"③

是年，唐先生发表的文章有：

在《理想与文化》发表的《宋明理学之精神论略》；

在《文化先锋》发表的《易经经文所启示之哲学思想》；

在《中国文化》发表的《略辨老庄言道之不同》；

---

① 刘雨涛：《怀念唐君毅先生——唐君毅先生二三事》。《唐君毅全集》（九州）卷37《纪念集》（上）第167页；《唐君毅全集》（学生）卷30《纪念集》第209页。

② 黄振华：《唐君毅先生与现代中国——悼念一代文化巨人之殒落》。《唐君毅全集》（九州）卷37《纪念集》（上）第108页；《唐君毅全集》（学生）卷30《纪念集》第135页。

③ 唐君毅：致廷光书，1945年11月10日。《唐君毅全集》（九州）卷30《致廷光书》第212页；《唐君毅全集》（学生）卷25《致廷光书》，第309—310页。

在《灵岩学报》发表的《佛学时代之来临》；

在《学灯》发表的《汉代哲学思想之特征》。

《宋明理学之精神论略》一文发表于《理想与文化》第八期，后易名为《宋明理学家自觉异于佛家之道》，编入《中国哲学原论·原道篇》之附录中。《宋明理学之精神论略》一文发表后，支那内学院张德钧及王恩洋二先生曾著文评斥，以为反对佛学。实则，唐先生此文，只是述而不作。该文分四个部分分析和阐释了儒学特别是宋明理学与佛学的区别，包括：为学之动机；生灭与生生不已之几；心性与天理；天道、人性与圣道之互证。

首先，佛学以求解脱、得涅槃为目的。其所以欲求解脱，初源于视世界为无常。无常故苦，尤以生死为然。故人之信佛，亦多出于解脱生死之动机。但是，儒家素无"无常故苦"的世界观。无常即变易，变易之义，即含生生之义。生生之事，自儒家而言，乃所乐而非所苦之事。故儒家初不自生死苦之解脱问题出发，而自如何成德之问题出发。宋明儒学，即欲讲明圣人"万物皆备于我""与天地合德"的一种通内外、贯物我之心境，及此圣人心境所根据的心性，与尽心知性的工夫。

又，佛家使人观空、证空，乃因人对生生不已的大化流行，析为一件一件之事而起执着所致。如果人自始即不将宇宙的大化流行作分别观，且肯定变易之中，自有一生生不已的真几潜运，那么佛家谈空说有，就都失其所对了。这便是张横渠所以诋佛家"诬天地为幻妄"，二程所以评佛氏"生死成坏，自有此理，何者为幻？"朱子所以谓"释氏一切皆虚，吾儒则一切皆实"的理由所在。

又，基于对生生不已之真的肯定，宋明儒乃进一步谓佛氏知心而不知性，知心而不知天命。此乃在宋明儒程朱一派，最喜以此斥佛。自宋儒开始自觉地复兴儒学，即反对释氏之自心说境空，而肯定宇宙之为实。故周濂溪、张横渠、程、朱等，即皆以心与天对言。周濂溪之太极、横渠之太和、程朱之理，皆为天地万物共同之本源，非我所得而私，故虽内在于心，复外在于万物者。唯其不仅内在于心，然后不随个人心虑之起灭，而能永恒存在，为天地万物所以生之共同根据。万物之所以生，皆赖此本原之所赋予，以为其所以生之根据，或其所以生之性、生之理。此之谓天命之谓性。

又，儒家既以成德为最重要的问题，即以求善为最重要问题，得善而乐此生、安此生，即证生必以善为其内容，生必以实现善为事。故生为真实，宇宙生生不已之几为真实，同时即当基于"生之内容以善为真实"，而言"生生不已之几"亦是善的相续显现之几。此即谓"继之者善"。生生不已，善必求继。故，宇宙以生生不已而为真实，即以善必求继而为真实。宇宙之所以必须恒久，即根于善之必须相继，此之谓以圣道证人性，以人性证天道。此即天道、人性与圣道之互证。

一九七三年，唐先生在将该文收入《中国哲学原论·原道篇》附录时，特别加了一个前言，对于儒佛关系做了进一步的概括和阐释，以升华此文的内容。

  吾今以为一切哲学之中心问题，乃生命价值观念问题。一切形上学知识论之玄思玄辩，皆为护持其价值观念而立，乃属第二义。吾意佛家之根本精神，在对有情之生命心灵中之苦痛、染污、迷妄、罪恶等，一切负价值之事物，原于生命心灵之自觉或不自觉之执着、封闭者，最能认识真切，而于此动大悲愿，求加以超化解脱之道。佛家以般若证空，是为成就此超化解脱。龙树《大智度论》卷二十，谓般若为诸佛母，大悲为般若母，诸佛之祖母。欧阳竟无先生定悲为支那内学院校训。其旨最弘深，世莫能及。又佛家深信生命心灵之存在与活动，不限于当生，而有无尽之前程，在凡则业力不失，在圣则功德无尽。此二者皆非儒者所重，亦非儒者所能反对。此即佛之立根处不可拔者也。

  然儒者之精神则在对生命心灵之存在之美善等正面价值，先有一积极之肯定，而学者则当自求其生命心灵之存在与活动之原始的方向之端正，以切问而近思，下学而上达。至于其上达之所届之境界，则罕加以想象推述。而人果能以其全幅之生命，为其所欲实现正面之价值所充实者，亦不必对此境界，与其生命之无尽之前程，先加想象推述，使人生外羡外慕之心。佛家之由此生命之有种种苦痛，而以求自此苦痛解脱，为生命之目标，儒者亦恒以为此非人之为学，其原始的方向之所当在。此苦痛固为人所欲避。于一切有情之苦痛，深心悲悯，固出于至仁。然一切有情苦痛之原，则在其不自觉或自觉的定限其生命心灵活动于一方向。此即佛家所谓妄执。生命心灵活动，有其所定限之方向或妄执者，必有苦痛。此妄执与苦痛，固皆为一负面而无价值者。然以苦痛对妄执，则有破妄执之用。合而观之，亦未尝不表现一正面之价值。故吾在另一书，谓此世界之有苦痛，所乃以成就生命心灵之破执，而使其存在得由封闭而开通之一"法界方便"。此非谓此生命之有苦痛与妄执之事，不堪动人之悲悯。唯当知此乃法界中之奥秘，于此悲，亦当知自节耳。

至于人于其苦痛，能以坚忍心加以承担，同时直下用之为破执之资，以成更开通之生命心灵者，则在儒者，乃视为一在本原上更端正之人生态度。在此态度中，则人必需同时先积极肯定此一能承担苦痛之生命心灵之存在之正面的价值。生命受苦，以成其生命之开通。生命所受之苦，亦不能超于其所能承担之能量之外。此即生命之庄严与伟大，而生命亦非只为可悲悯之存在者也。今体此庄严伟大，即能更转而尊生、乐生，并肯定此生命之存在即是善，即是有价值。此即儒者之基本态度。儒者之言尊生、乐生，亦非于世间之苦痛、迷妄、罪恶等负价值，闭眼不见，漠然无情，唯认为须于其正价值，先有一肯定，方能据之以化除一切具负价值之事物耳。

佛家思想之发展，至于言一切众生皆有常乐我净之佛性，亦正是以此具正价值之佛性之肯定，以为拔苦转业之所据也。唯儒者之言尊生、乐生，肯定此生命之存在即是善，即是有价值，则又不必自其具佛性说之；而可直至其是人、是一生命存在，或只是一存在说。此即形成儒者对人与宇宙中之一切存在，直下加以一积极肯定，而视为有真实不虚之态度，而显与佛家之教重消极破执，而以成其救度之业，重本般若谈空理，大不同者。然佛家所空者，只是生命中妄执染污。空妄执染污，乃意在成就一真实不虚之常乐我净之生命，则与儒者之目标，亦相应合。至其余之体用本迹之抽象的形上学哲学观念上之异同，皆次要者，亦莫不可加以疏通。儒者之积极肯定此人或生命存在之善与价值，亦不能否认：此人与生命存在之活动之有种种定限，而致之过失罪恶苦痛，待于超化拔除。

吾观宋明儒者，则正是除承受以前儒者之正面人生文化理想之外，兼能深知人之生存于此王龙溪所谓"缺憾世界"中，而有种种气质之偏蔽、情欲、私心、习气、意见、光景，为吾人之生命存在活动之定限、桎梏、网罗，待于种种之工夫加以化除，方能致此生命之流行，皆合乎天理，而纯亦不已，而达于至善之境者。则宋明儒者之精神中，亦正有佛家之去妄破执之精神在；故为中国儒家思想之当有之一发展者也。①

一九四七年（民国三十六年）　三十九岁

是年春夏之交，唐先生在南京四牌楼中央大学校本部东南院二楼的大教室内，讲唯心与唯物的问题。谓精神与物质既是不同质的东西，依唯物论观点，谓物质产生精神，精神是第二性，物质是第一性；则何尝不可以倒过来说，谓精神产生物质，物质是第二性，精神是第一性。时牟宗三先生亦在座。

当时，中央大学学生如周绶章、武元亮、梁玉文、刘孝瑜、高谧、陈光权、席抢英、苗力田、唐国镇、晏成书、刘绍伦、关展文、陈雪林、汤有仁、高天陞、张境清、刘雨涛等，均对唐先生极为尊敬与佩服，其中唐国镇与刘雨涛都是四川人，与唐先生有同乡之谊，故与唐先生最为亲近。

七月，唐先生自南京返回四川省亲。唐先生带着女儿安仁在眉山的三苏公园玩，回家路上，她走累了，发脾气不走，要大家抱她，唐先生坚持不抱，说："让她自己走！让她自己走！"声音非常坚定。② 在宜宾老家，他与家人承接先辈遗风，将家中田土，全部免费托交表亲陈家人氏等佃农代种。此善举，竟然免除了唐家人在故乡"土改"中的诸多麻烦。这一次他在老家作短暂停留后，便急返南京，从此就再也没有回过故乡。

是年秋，中央大学哲学系人事纠纷达到至为激烈阶段，中央大学哲学系决定要解除唐先生任系主任时聘用的牟宗三与许思园两位先生的教授职务。此时唐先生已经不再担任系主任一职。牟宗三先生是唐先生的至交，学问造诣有目共睹。许思园先生对唐先生有恩，曾留学英、法十余年。据唐先生学生刘雨涛回忆，许思园曾是方东美的学生，许先生在出国前即与方先生多有龃龉。许先生回中央大学任教授不久，即向唐先生表示不满方

---

① 唐君毅：《中国哲学原论·原道篇》"附录"。《唐君毅全集》（九州）卷21《中国哲学原论·原道篇（三）》第347—349页；《唐君毅全集》（学生）卷16《中国哲学原论·原道篇（三）》第419—421页。

② 谢斯骏：《忆君毅》。《唐君毅全集》（九州）卷38《纪念集》（下）第609页；《唐君毅全集》（学生）卷30《纪念集》第688页。

东美先生，并对其学术、人品恣意放言。而方先生亦对许先生多有不满。唐先生在方、许二人之间尽力做疏通劝解、隐恶扬善的弥缝工作，但是二人终不兼容，经年累月，遂成积怨。而方东美先生一直是哲学系事实上的精神领袖。最终，中央大学哲学系决定解除牟宗三与许思园两位先生的教授职务。唐先生为朋友仗义执言，均无法挽回，遂决定与朋友共进退，决意辞去中大教职。① 蔡仁厚先生曾经评价道："这件事上，唐先生为了'正是非'，为了对朋友作道义上的支持，不惜离开母校，实充分地表现了一种情义深重的古风。他以'性情'对'意气'，为师友风义作了一次庄严的见证。"②

此时，无锡江南大学初创，学校创办人荣德生先生聘请唐先生、牟先生、许先生为江南大学教授。为了体现对朋友的道义支持，唐先生接受了江南大学的聘任。但是，江南大学不允许唐先生同时兼任中央大学教席，并要唐先生出任教务长之职。唐先生本不愿意担负教育行政工作，唯以朋友相强，终无法推辞。而中央大学方面，又不肯放唐先生。为此唐先生感到十分为难。母亲曾经给小妹信中说到此事："汝兄太不忍拂人之意，致优柔寡断。此次于中大、江大两校之去留问题上，汝兄精神上受损不小。"几经周折，中央大学才允许唐先生请假一年，在中大所开课程，明年补上。

当时，江南大学文学院院长为钱穆先生，研究所所长为许思园先生。由于当时中央大学哲学系人事纠纷已无可收拾，系主任刘国钧先生因此辞职，就任兰州图书馆馆长。中央大学哲学系系主任一职，悬虚达半年之久。

是年秋，母亲陈太夫人和夫人谢廷光等家眷移居无锡，唐先生得以侍奉母亲以尽孝道。

是年，唐先生发表的文章有：

在《历史与文化》发表的《中国古代民族之凝合意识》；

在《东方与西方》发表的《中西文化之不同论略》《论墨学与西方宗

---

① 刘雨涛：《方东美先生与中央大学哲学系》。《刘雨涛文存》，第 304 页。刘雨涛 1943—1947 年就读于中央大学哲学系，唐先生是其毕业论文的指导教师，又有同乡之谊，与另一四川籍同学唐国镇平时最与唐先生亲近，至唐君毅离开大陆前一直保持联系。

② 唐端正：《唐君毅先生的生平与学术》。《唐君毅全集》（九州）卷 37《纪念集》（上）第 225 页；《唐君毅全集》（学生）卷 30《纪念集》第 279 页。

教精神》；

在《学原》发表的《王船山之性与天道论通释》（上、中、下）；

在《历史与文化》发表的《朱子之理先气后义疏释——朱子道德形上学之进路》（上、下）；

在《文化先锋》发表的《中国科学与宗教不发达之古代历史之原因》；

在《新生月刊》发表的《当前时局之回顾与前瞻》。

《朱子之理先气后义疏释》一文，后改名为《由朱子之理先气后，论当然之理与存在之理》，编入《中国哲学原论·导论篇》附录中。唐先生此文于是年暑假脱稿于重庆化龙桥，意在说明宋明儒学之理，应为当然之理兼存在之理，要在反对当时冯友兰、金岳霖二人的《新理学》及《论道》二书，"本西方哲学以由逻辑分析而出之共相形式，为宋明儒学中之理，以质或能为气，以逻辑上之先后，论理先气后"之说。

该文认为，朱子言理先气后，一不是客观存在的时间上之先后，二不是主观心理认识客观所对之自然次序之先后，三不是知识论上之先后，四不是逻辑上之先后。因此，必须在吾人内在的当然之理，与实现此理之气的关系之体验中，才能明白朱子理先气后的意义。因为宋明理学家的根本问题，只是如何作圣的问题。由问如何作圣，而对宇宙人生加以反省。其反省乃所以知如何作圣之道。作圣之道，在乎以理导行，故其所求之理，初重在"应如何"之当然之理，而不重在宇宙"是如何"之存在之理。既然朱子所承的理学问题，原是当然之理的问题，就应该以言当然之理为主，以言存在之理为次。所以，我们也应当先向内反省我们对当然之理的直接体验，以使朱子所谓"理先气后"可以得到其直接可指之处，然后再说明此"理先气后"何以对于一切存在之理亦可说。

如果我们反省自己对于当然之理的体验，就会发现，"当然之理"呈现给我们的首先是一种命令的姿态，命令我们应该遵此理而行，以实现此理。所以，当我们自觉一个当然之理时，即有不容我们不遵此理而行、不得不使此理实现于我之感。此即所谓"道德义务感"。当我们将此义务感重加分析即知，我们此时是先有"当然之理"的命令之自觉，而继之以"当然之理不容我不遵之而行"的自觉。我们遵此理而行以实现之，乃是气之动。气的活动即"去实现理"的"去实现"。我们是先有"理之命令"的自觉，而后有"气从之动"的自觉。唐先生认为，此即为"理先气后""理主气从"之言的最初直接有所指处。只要我们一旦觉知"理之命令",便不容我不去实现它,我即有求实现它的心气,于是更遵之而行,此即"有理必有气"之所指。既遵理的命令而以心气实现之,我们此实现的活动,即为理所贯彻、所寄托、所表现之处。故,此"实现之"的心气活动中,即有所实现之理,此即"有气必有理"之所指。唐先生认为,朱子所谓"有理必有气""有气必有理""理先气后""理主气从",最初之实所指者,即在此。

进而,唐先生以如下八个层面展开了对当然之理与存在之理的形而上学追问:一、当然之理本身是一种存在者之理。二、当然之理为存在者所以存在之根据之一种。三、一切存在之物皆自具仁之理之可能。四、一切存在之物必具仁之理之先验的建立。五、仁之理之超个人自觉性,仁之理即生之理。六、一切存在之物之生之事,必根据形上的生之理。七、一切存在之物之理,皆根据生之理而名理。八、论无不仁、不生之理。其论证过程在于:

> 首在由仁之事与万物之事之相同,以证万物之可有仁之理。次则本仁者之道德意识作一先验推论,以肯定万物必有仁之理。再次,则由仁之理即去成物之理,即表现生之事之生之理,而谓仁之理即生之理;仁之理之为理,与其是否被自觉无关。再次则言生之事必根据之一生之理。最后则明一切特殊之理皆本于一生之理。①

由吾人之本于吾之仁之理、生之理之直接体验,以体验其直接呈现于吾之生之事,而唯见一生之理、仁之理;则生之事之生之理,匪特为超越生之事之外表之相,而存于其内部者,亦且为内在于生之事之外表之相中,而表现于其外部者。而其所表现于外部等,又内在于我之体验,而为我生之理、仁之理之直接表现者。由此而当前之宇宙之一切生之事,即皆此"通物我之仁之理、生之理"之直接表现,

---

① 唐君毅:《中国哲学原论·原道篇》"附录"。《唐君毅全集》(九州)卷21《中国哲学原论·原道篇(三)》第416—417页;《唐君毅全集》(学生)卷16《中国哲学原论·原道篇(三)》第504页。

而皆可于其中见我之仁矣。①

该文论证逻辑严谨，具有很强的形而上特征，可以说是对儒家之仁道的现代形上证明。首先辨"逻辑先后"等并不是"形上先后"。其次，由"当然之理"的直接体验，以说明其超主观意义，并彰显其为形上的"先于气"的意义。再次，由"当然之理"的超主观意义，以说明其为"存在者所以存在"之理，是"一切存在之特殊之理所根据"之理。唐先生论此"当然之理"是"存在之理"的方式是，由外表的类比，以知其可有；本道德理性为先验之推论，以建立其必有；以仁者唯以成物为事，明仁之理即生之理；以纯粹理性之推论，明一切生之事皆根于生之理，一切特殊之理，皆根于一生之理。四途会合，内外呼应，而后归于即万物之生生，以体验仁之理即存在之理。由是，而仁之理即为当然之理，亦为存在者所以存在之理乃明。

《王船山之性与天道论通释》一文分上中下三篇发表，后编入《中国哲学原论·原教篇》第二十章"王船山之天道论"，第二十一章"王船山之性命天道关系论"，第二十二章"王船山之人性论"。在"前言"中，唐先生言：

> 船山之哲学，重矫王学之弊，故于阳明攻击最烈。于程、朱、康节，皆有所弹正，而独有契于横渠。其著作卷帙浩繁，又多是注疏体裁，思想精义，随文散见，其文之才气盛大，恒曼衍其辞，汗漫广说，颇难归约。同类之语，重复叠见各书，尤难选择何者最宜作为代表，加以引用。吾虽尝全读其书二度，亦不敢言于其书之要领，皆得之无遗。大约其书，以《周易内外传》《读四书大全说》《诗广传》《尚书引义》《思问录》《正蒙注》《读通鉴论》《宋论》为最重要者。②

---

① 唐君毅：《中国哲学原论·原道篇》"附录"。《唐君毅全集》（九州）卷21《中国哲学原论·原道篇（三）》第417页；《唐君毅全集》（学生）卷16《中国哲学原论·原道篇（三）》第505页。

② 唐君毅：《王船山之天道论》。《唐君毅全集》（九州）卷22《中国哲学原论·原教篇》第413—414页；《唐君毅全集》（学生）卷17《中国哲学原论·原教篇》第515—516页。

唐先生认为，王船山的哲学思想取客观现实的宇宙论进路，初非儒家心性论的进路，因此特取张横渠的气论，但去其太虚之义。王船山以气为实，颇似汉儒。但是其言气而又重理，其理仍为气之主，则近于宋儒，而异于汉儒。不过，其所谓理虽为气之主，谓离气无理，谓理为气之理，则同于明儒。而其即器似言气，从不溯气于未始有物之先，则又大异于明儒。又，船山言气，不言一气之化，而言二气之化；二气之德为乾坤，故其讲易，主乾坤并建，谓太极即阴阳二气之化的浑合。此又异于先儒二气原于一气之说。王船山论性，则谓天以气授理于人，以为人之性；人能受理而性独善。故船山言性，特重人物之性的差别，而严辨人禽之异。其言性具于心，而心非即性；性无不善，而心有不善之几，即不善之源，致情有不善。故，船山不任心而尊性，亦不宠情以配性，而主"以性治情"。情之不善，不原于气质，而原于气质与物相感应之际。故气质善而不可说恶，即气之性善而不可说恶。由此而本气以确立性善之义。这一点，不再像宋儒多归恶之原于气。由此，在修养工夫上，乃可立真正的养气践形之功。养气而浩然无敌，乃可克复险阻，成真正事业，以人事继天功。

唐先生认为，船山的根本思想，即在由性即气之性，而畅发性善气亦善之义。恶不在气而在情，善不在心而在性。故即情不足以知性，任心不足以见性，舍气实足以孤性。即情知性，即心见性，则明儒即心之知觉运动、视听言动、喜乐哀怒以言性之说。舍气言性，则程朱以理言性，气为理蔽之说。即情言性，其病只在重气机之鼓荡，而不知气之凝结而蕴于内者，或不免以人欲为天理。舍气而但以理言性，则不免以观理为重，而轻养气，或流于山林枯槁。而此二者，在船山看来，则皆为宋明儒思想之邻于佛者；必剔而去之，乃可以严儒佛之壁垒。由此以论中国历史文化，则尤能见其精彩，非昔之宋明儒者所及。

《中国科学与宗教不发达之古代历史之原因》一文①强调，论中国缺乏科学与宗教的历史原因，当先论中国缺乏科学与宗教之精神上的理由与根据，说明中国人缺乏科学与宗教精神之精神状态之本质，亦即说明没有什么精神的状态是一种缺乏科学精神宗教精神的状态。进而，唐先生认

---

① 唐君毅：《中国科学与宗教不发达之古代历史之原因》。《唐君毅全集》（九州）卷27《中国古代哲学精神》第24—53页。《唐君毅全集》（学生）卷9《中华人文与当今世界补编》（上）第90—124页。

为，宗教精神之一必需条件是承认超"个人精神"的"客观精神"或"人格"之精神。而科学精神之一必需条件，是使我们个人之精神分别凝注于空间中分布之客观事物之精神。此二者当然不是宗教精神科学精神之充足条件，但是其必需条件。如缺乏，绝不能有真正之宗教精神与科学精神。

唐先生认为，中国宗教科学不发达的原因，不外宗教精神与科学精神皆根于主客对待的意识与分的意识，而中国古代民族以其自然环境与实际生活的形态，缺乏主客的对待意识，缺乏分的意识，缺乏人与自然、自己、民族、部落，与其他民族对待的意识。由此而原始宗教信仰中神与人距离不大，神的超越性不显，亦即原始宗教的宗教性不强。而一切文化皆自宗教中分化出，其中科学精神与宗教精神乃同根于不满足的意志，相反而相成；道德精神与艺术精神则根于满足的意志，异源而合作。由此，中国古代原始宗教精神的发展遂同化于道德精神；而中国原始的科学精神，则因为原始宗教精神的薄弱，中国古代宗教道德尚仁礼而不尚智，数的意识不发达，历法医术融入艺术精神，而无独立的发展。

当然，唐先生强调，以上讨论只是说明中国古代科学与宗教在历史事实上的无，并非谓其必不可有。历史上先行事件，并不能必然地决定其继起事件，自然环境与实际生活之形态，尤无对人类之精神活动文化形态有决定的作用。历史原因的探索只能有消极的说明，而不能以前进的方式作积极的说明。即我们不能说人所处的自然环境实际生活的形态是如何，积极的必然的能决定人未来的心灵活动、文化精神的如何发展。

《中国古代民族之凝合意识》① 从如下问题入手：中国的版图大于欧洲，而人民数目大致相等，何以欧洲许多民族许多国家互相对立，未能凝合为大民族、大国家，而中国则早已为一整体国家，一大民族？该文指出，中国古代政治社会中即具备各种文化的凝合意识的种子，此种子在数千年历史中发芽滋长，即中国成为今日如此大民族的根据。

唐先生认为，中国古代民族凝合趋向自来甚强，其根据在于古代民族宗教信仰少冲突，天神信仰早就普遍建立。由此而演绎和派生出中国古代

---

① 唐君毅：《中国古代民族之凝合意识》。《唐君毅全集》（九州）卷27《中国古代哲学精神》第54—75页。《唐君毅全集》（学生）卷9《中华人文与当今世界补编》（上）第125—149页。

民族多方面的凝合意识和力量，包括宗教意识、道德意识、政治社会意识、艺术意识、农业意识、历史意识、文字意识等等。其中，最重要的是原始的敬、宽、仁之尊天敬祖的宗教道德意识。周以前爱民安民协和万邦戒矜求贤之教由之而生，周初的封建宗法井田之制度缘之而成，敬老尊古的历史意识亦由之而培养。此数者之全即成中国古代礼教的内容。而诗乐之教升歌作赋，则所以辅佐礼而为亲诸侯以和民族的一种辅佐力量。而诗乐中与中国文字之富图画性，皆表现一艺术精神。故中国古代民族凝合的原则，即中国原始民族的宗教道德艺术意识。

唐先生强调，尽管不能说中国民族趋向于凝合的宗教道德艺术意识是中国所独有，但是可以肯定的是，此各种意识是中国人很早即特别发达的。由此我们即可说，中国民族文化中凝合的力量实远胜于其他民族。中国古代民族部落之多，历代侵入中原的民族之多，没有理由说中国民族的复杂性不及欧洲。然而欧洲至今分裂为数十国家，而中国仍是统一的一国。其中原因固可溯之地理上的条件，然而中国在此地理环境中即成就如此文化，其中具备各种使民族凝合的各种意识，乃中国成为统一民族的根由。而欧洲各国分裂则兼由其历史文化中缺乏中国历史文化所具备的凝合意识，不能只归罪于其自不同地域来的民族之复杂、文化之复杂，亦是其历史文化所为之故。

《当前时局之回顾与前瞻》[①] 一文是一篇反省国共内战而标明自己立场的独特政论文章。在此文中，唐先生通过对国共两党斗争历史与现实的分析，通过对国民党、共产党的政治主张和理论主张的分析，一方面基于现实提出了内战将继续的"悲观想法"，一方面又基于理想提出了国共整合国家统一富强的"乐观想法"。

一方面，唐先生认为，国民党政府与共产党的战争，根本是两种社会意识、两种客观的社会政治理想分途发展，各走极端，而抹杀另一面之重要的必然结果。而此两种社会政治理想，一为国家民族之独立与统一，一为社会主义经济制度的实现，本可不冲突，之所以导致如此冲突，则由于数十年来中国社会政治思想始终未能真建立起健全的国家观

[①] 唐君毅：《当前时局之回顾与前瞻》。《唐君毅全集》（九州）卷15《东西文化与当今世界》第125—134页；《唐君毅全集》（学生）卷10《中华人文与当今世界补编》（下）第34—45页。

念、国家意识。……除非此二种政治理想能趋于融合，中国民族求独立、求建国的运动，与社会主义经济改造运动能合流，除非求国家统一的社会意识与求平均财富的社会意识凝而为一，除非中国人能以国家政治的力量，一面重建中国文化，一面改革经济，中国的内战将必然继续下去。纵然一方全胜，如果这两种意识未趋统一，一方势力仍将顺此二种意识的分化而分裂，而战事仍将再起。这就是唐先生对于当时中国时局的绝对悲观的看法。

另一方面，唐先生认为，从整个中国文化与历史来看，中国自来的文化理想中，明显是可以同时肯定国家与社会主义经济的。孔子与整个儒家文化传统，即一方要讲《春秋》大义，一方要讲均财富的。而这传统源远流长，根深蒂固，结在中华民族的心里。现在所谓社会主义意识与民族国家意识，根本即是从此传统流出而互相分裂成的二种意识。因其分裂而各走极端，遂亦忘其本，于是造成社会意识的自相矛盾，以致形成战争。然而我们只要真知此本存在于中国历史文化长流中，则知分裂之流终将汇合。而各走极端的政治理想，终将自觉其本同而趋于统一。唐先生强调，这既是他关于中国时局与前途绝对乐观的想法，也是应该有的根本出发点。

正是基于这一根本出发点，唐先生非常自信地宣称："我可以斩截的断定，社会主义之实现与中国民族之求独立与国家之统一，在理论上绝无不相容性。将来在中国实行的社会主义必须接上中国之历史文化，而化为中国式的。所以我们说中国民族之求独立与建国之运动与社会主义之经济制度之实现，在理论上必可统一。"① 而且预言："在当前的情形下，谁先认识先实践此一条大路，谁胜利。如真都认识了，则亦用不着战争。如一方不认识而只专恃武力，则纵然此方在军事上一时胜利，其自身亦将再分裂，而最后胜利者只是在此大路上走的人。这是我对于中国政治前途的预言。"②

---

① 唐君毅：《当前时局之回顾与前瞻》。《唐君毅全集》（九州）卷15《东西文化与当今世界》第132页；《唐君毅全集》卷10《中华人文与当今世界补编》（下）第43页。

② 唐君毅：《当前时局之回顾与前瞻》。《唐君毅全集》（九州）卷15《东西文化与当今世界》第134页；《唐君毅全集》卷10《中华人文与当今世界补编》（下）第44—45页。

一九四八年（民国三十七年）　四十岁

是年春，江南阴雨连绵。一日上午，唐先生在江南大学临时校舍礼堂主持学术讲座，忽然，礼堂后面隆然巨响，传来一片倒塌之声，学生在惊恐中均奔向讲坛，争相由左侧小门逃生，一时秩序大乱。讲坛上其他教授均已从左侧小门逃出后堂，唯先生一人，走向讲坛前沿，高呼镇定，并指挥学生疏散。后知倒塌者只是礼堂附近的围墙，与礼堂本身无关，才又恢复讲演。唐先生之临难不惧，处变不惊，于此可见。①

是年夏，唐先生亲往鹅湖书院，筹备复校。唐先生认为，书院教育不失为良好的办学方式。所以，自抗战胜利伊始，即企图恢复宋代朱陆曾在那里讲学的鹅湖书院。鹅湖书院在江西省铅山县北十五华里处的乡间，当时由程兆熊先生在该处开办信江农业专科学校，后扩充为农学院，并为国民政府国防部代办两班青年军屯垦职业训练，学生共千余人。唐先生往访，为学生讲孔子、耶稣、释迦牟尼、苏格拉底，并在此撰写《文化意识与道德理性》一书。唐先生当时与程先生相约，先由农专附设鹅湖书院，然后逐渐改为由鹅湖书院附设农专。此事不仅得程先生赞成，钱穆、牟宗三、李源澄、周辅成诸先生亦赞成。唐先生得此鼓励，乃积极安插朋友到信江农业专科学校工作，以为重建鹅湖书院做准备。

是年六月中，唐先生辞江南大学教务长职，并感叹"下期摆脱教务，当可较闲也"。六月十九日在日记中自言，深感处人办事，必须处处沉着，见侮不辱，并且须出语斩截，方能有力。自问为人过于仁柔，苦口婆心，用之于教育则宜，用之于办事，则太啰嗦，使人不得要领，无所适从。

七月二日，与钱穆、牟宗三、林宰平、韩裕文诸先生游太湖。

七月十三日开始，连续几日每日抄船山文五六小时。

八月，与多位好友游苏州、嘉兴、杭州，并开展文化学术讲座，然后去江西鹅湖书院讲课、写作，至九月上旬方返回杭州，到苏州，回南京。八月九日，与牟宗三、徐复观到苏州。十四日，与牟宗三赴杭州，访熊十力先生。十五日，至熊先生处谈，夜与牟宗三及谢幼伟泛舟西湖。十六

---

① 常念兹：《忆先师唐先生君毅——纪念先生逝世五周年》，《唐君毅全集》（九州）卷37《纪念集》（上）第174页；《唐君毅全集》（学生）卷30《纪念集》第216—217页。

日，与牟宗三同至灵隐寺访巨赞法师。十九日，乘浙赣路车至上饶。二十日，程兆熊来访，同至信江书院，当晚信江农专学生开欢迎会，唐先生讲农业与文化之关系。二十二日，乘船至鹅湖书院。在书院期间，除了讲座，主要撰写《文化意识与道德理性》一书。

是年秋，唐先生一方面返回中央大学授课，同时在无锡江南大学兼课，另一方面又分其心力于恢复鹅湖书院的工作，非常繁忙。母亲、夫人、小妹等家眷一并到南京，二妹则留无锡工作。中秋前，母亲、幼妹到无锡，二妹至中提议中秋去苏州游览。母亲担心唐先生届时到无锡而不欲去苏州，妹妹谓，哥哥有嫂侄在宁，不会来，于是同去苏州。等到次日返回无锡，发现唐先生果然曾经来过。母亲知道唐先生来而复去，不得见母及妹妹，必甚失望，十分后悔苏州之行。并告诉二妹至中："记得民国三十年在宜宾乡下时，哥哥尚未结婚。暑假中，廷光来玩，与之同去眉山看谢姻伯。回来我以'久望毅儿不至书以示之'一诗与看，他顿时神色黯然。"① 平日，母亲心中稍有不快，唐先生常常最先感到，并总是想尽办法安慰，直至母亲心情舒畅为止。

十一月初，与徐复观先生谈时局。唐先生认为，其时之中央政府必迟早崩溃，中共标举民主意识、民族意识取得胜利后，迟早亦必与国际派分裂。未来政府，唯有一方面行社会主义，一方面保存国家民族意识，方能存在。故曾欲发动一文化思想运动，一面标举民族国家大义，一面主张平均财富，不惜两面受敌，并准备自我牺牲。八日日记言："今日应一面标民族国家大义，一面求均财富。此须一方反共党，一方反政府。此时如有此一文化思想运动出现，则纵共党胜，彼自身或其中之一派仍可回头自求转变而与苏俄脱离关系。并接上中国之历史文化。如此则吾人虽失败而牺牲，吾人之所号召之义仍有客观价值。惟吾人如发动此运动必准备两面受敌与必要时之牺牲，昨夜念及此，拟将家庭谋一安顿，即作献身社会国家之准备。"

十一月中旬，因为国共内战时局变化，决定与家人从上海坐船返川。十九日下午，五弟、夫人廷光、女儿安仁、五弟夫人成蕙同车赴上海。二十日，唐先生与母亲、六妹赴上海。因为时局稍好，且路费不足，并念行

---

① 唐至中：《我的哥哥》。《唐君毅全集》（九州）卷38《纪念集》（下）第585页；《唐君毅全集》（学生）卷30《纪念集》第667—668页。

期太匆忙，母亲、廷光、成蕙、六妹等皆不愿在乱时分离，故决定暂不行。后，因为无船返回四川，便又陆续回到南京。

十二月初，时局极度紧张，唐先生迁居中大宿舍大钟亭二十四号。十一日，与母亲乘民裕轮抵上海。十四日晨民裕轮开行后，返回学校上课。在与母亲临别时，唐先生告诉母亲陈太夫人："儿未尝为官吏，亦不隶任何政党，唯儿上承父志，必以发扬中华文教为归，今世乱方亟，以后行无定所，今有妹等侍养，望勿以儿为念"云云。当时母亲答曰："汝必欲与中华文教共存亡，则亦任汝之所之矣。"①

是年，唐先生发表的文章有：在《文化先锋》发表的《中西文化之一象征》；在《学原》发表的《泛论阳明学之分流》；在《理想历史文化》发表的《论中国原始宗教信仰与儒家天道观之关系兼释中国哲学之起源》。

其时，唐先生正草拟《文化意识与道德理性》一书之宗教部分，同时撰写《哲学概论》大纲及《中国哲学史》大纲。

《中西文化之一象征》② 一文认为，西方文化的重心在宗教与科学，其道德基础在宗教。中国文化的重心在道德与艺术，其宗教皆道德化，科学皆艺术化。宗教精神，仰视天光，企慕灵境，以希上达天心，奉持天命。而道德精神，则重实践其所应为。应为者何，尽其性，以尽人性、尽物性是也。性之原本是天命，亦上通于天心。宗教精神由下而上达；道德精神由上而下达。超形以事天，宗教精神；践形以尽性，道德精神。超形以事天，则宛若临之在上；践形以尽性，则质之在旁。临之在上，则道体为超越，如鸢飞唳天；质之在旁，则道体为内在，如鱼跃于渊，宗教精神必贯注于道德，道德精神未尝不根据于宗教，理固宜然。但中西文化，于此二者偏重不同，西方文化精神的最直接象征是"火"，而中国文化精神的最直接象征是"水"。

火热烈而水润泽，火有爆炸性，而水有涵容性。西方人欲膨胀有限，而成无限，故造成人格内部的爆炸，显灵感成天才，亦成疯狂。天才疯

---

① 唐君毅：《母丧杂记》。《唐君毅全集》（九州）卷8《哲思辑录与人物纪念》第16页；《唐君毅全集》（学生）卷3《人生随笔》第67页。

② 唐君毅：《中西文化之一象征》。《唐君毅全集》（九州）卷14《中华人文与当今世界》（下）第182—191页；《唐君毅全集》（学生）卷8《中华人文与当今世界》（下）第219—229页。

狂，一物而二态。西方尚天才而中国人尚中庸。疯狂天才的瑰意奇行，都是无限的精神自有限的现实生活爆炸而出的产物。无限的精神与有限的现实生活相融顺，则人无疯狂，亦无所谓天才。但是，精神必求无限，因此，想让无限的精神与有限的现实生活相融顺，是至难之事。故，中国人重器识与胸襟，器识广而胸襟大，则现实生活虽有限，而心的容量无限。天才的精神，求无限之表现；圣贤的心量，求无限之摄受与涵容。精神求无限之摄受与涵容，则现实生活还他有限，而胸怀洒落，上下与天地同流，左右与世俗其处，其器度，汪汪乎若万顷之波，澄之不清，搅之不浊，推恩以仁民爱物，如泉源之不息，而不觉精神之有所限。

中国人善容，故自个人而言，无精神之爆炸；自民族而言，则尚和平而不重战争。要让自己民族权力无限扩张，必然期求征服与宰制他民族，而散发其内热，如此，则不能不导致争战。以自己民族雍容博大之精神，包涵其他民族，则必与其他民族求协调，求相安。水必相涵濡，而其冲突，必归于相容，不似火的相焚而相毁。故此，水可比喻民族间之间的和平相处，而火只可比喻民族间的争战。不过，中国人求相容亦有缺点。人与人相容，如果胸量器度不足以相济，则大家容易趋于勉强的貌合。貌合而神离，外相容和而内相忌，委屈之情如果没有乐教以舒展，乃容易阻抑其生命力。或者诒于前而逸于后，则人与人相处之道则甚苦。此便不如西方人的率真和自我表现。

中西精神如水火，都有其价值，亦皆有其弊端。去弊之道，一般论者往往直接表面地认为宜截长补短，使水火相济，毋使相灭。但是，唐先生认为，相济并非必须求诸外，相反相成，源自旁通，互为其体。反身而求，亦未始不可。

《论中国原始宗教信仰与儒家天道观之关系兼释中国哲学之起源》①是一篇关于中国古代哲学和思想文化的很有分量的长文，文章的出发点是：由原始的宗教信念到哲学观念的发生，宜有一理性与信仰的冲突时期；西洋、印度哲学最初都以批判怀疑的姿态出现，何以中国哲学独不经与宗教信仰冲突的阶段而即发展？中国古代文化中何以没有发生哲学智慧

---

① 唐君毅：《论中国原始宗教信仰与儒家天道观之关系兼释中国哲学之起源》。《唐君毅全集》（九州）卷27《中国古代哲学精神》第76—104页；《唐君毅全集》（学生）卷9《中华人文与当今世界补编》（上）第150—181页。

与原始宗教信仰的冲突？进而，全文以如下结构展开相应讨论：中国古代哲学中怀疑论无神论思潮为非必须经过者，原始天神观念与儒家天道观念之异同，对天神之报恩意识为由天神观念至天道观念之转变关键，普遍的道德精神之重视为完成天神观念至天道观念之转变者，由天道观念至体天道法天道之道德精神与艺术精神，论天神观念中之至善的形上实在信仰之保存于孔孟之天道观念中，总论中国哲学史之发展途程与西方印度之不同。

唐先生认为，中国文化史与哲学史的发展，是一种特殊无二的形态。中国人的哲学智慧乃自然地转化原始天神信仰而成为哲学上的观念。中国古代哲学中儒家形上学关于道体的观念即原始天神信仰的直接化身；由此宗教信仰无须先被怀疑批判，再重新自觉地、理性地加以建立，而只是使宗教信仰通过人的自觉理性淘汰其附加物，加以自觉的、理性的印证；由此印证即使宗教信仰中的天神理性化，而成天道；进而自觉内在此天道为人心所直接感通的形上实在，而宗教信仰直接化为哲学观念；宗教信仰中应保留的内容，皆保留于哲学观念之中。如此，宗教信仰为哲学观念所代替而又像未尝被代替，此亦即中国原始宗教信仰去而不返而又不知其所往。

原始天神信仰与孔孟天道观念具有本质上的共同性，天神与天道皆为万物共同的本原，遍在万物而永恒，而且同为至美而启示道德命令。儒家之孔孟是直接化过去的天神为天道。儒家之所以可以化过去的天神信仰为天道的哲学智慧，其根据在于儒家继承的中国古代宗教中所包含的重报恩的道德意识，及其所新建的道德形态。重"报"的意识是中国原始宗教信仰中所原有的，是重祭祀父母、祖先的必然结果。"重报"本身，是一种使神人更接近、转平神人关系的一种精神意识，亦即升人而渐齐于神，使神更减其超越性。此乃是增强人的道德意识、减弱人的宗教意识的一种宗教的道德意识。儒家特提出此点予以说明，并将此宗教信仰直接转化为道德命令，并非儒家凭空创出。当然，儒家之所以能真正转化原始宗教中的天神信仰为天道观念，还在于儒家对道德意识本身的普遍重视，将在神前自觉罪孽卑逊求依的人生态度，转而为自觉天命即性，吾性本善，刚健独立自强不息的人生态度。如此，人直承天道而伸，继天以前进，并践形天道以下注此形上之道于形中。此转化即中国原始宗教意识至儒家形上的道德意识的一贯相承，而儒家建立此形上道德意识，原始宗教意识即渐自然融入其中。

中国原始天神信仰转化为儒家哲学的天道观念,其关键在儒家对于道德精神的重视。而其归结则为体天道之表现于自然宇宙之中。儒家天道观念与天神观念之不同,在后者为一超越的精神人格,而前者只是启示人以道德命令教训的一个形上实在。二者都是遍于万物之至善的实在。儒家由道德精神之重视,将天神观念异于天道观念的性质除去,天神观念即转化为天道观念;同时又保存天神观念之同于天道观念之中,这便保证了由天神观念转化为天道观念时,原始宗教信仰中所包含的对于遍在万物之至善的形上实在的信仰仍不致丧失。由此可知,儒家的道德精神、艺术精神,一方化除原始天神信仰异于天道信仰之处,一方亦同时保存原始天神信仰之同于天道信仰之处,此即保存至善之形上实在的信仰。

唐先生认为,在先秦哲学中,除儒家最能承古代文化,在哲学上将天神信仰的合理部分全保留,不合理部分除去外,道家的天与道及墨家的天也都保留了原始天神信仰的一方面。道家之道与天所保留者,乃天的形上的实在意义,而不重天之至善之义。墨家之天所保留者,为天之人格的赏善罚恶及爱利人民之义。道家乃以个人艺术眼光看天,而墨家则虽以社会道德眼光看天,然此社会道德眼光亦即功利眼光。墨家以天为有人格,则保留原始天神观念较多。但墨子信天神而非命,不免以天神为有欲,不重人对天的祈求,又不重人的罪恶问题,且以天神赏善罚恶之事只表现于现世界,重人的实际的努力,故终不能发展为中国的宗教。至于道家言天言道,虽持天或道为外在吾心且无主宰作用的自然,然其天或道究不失为形上实在,且道家重以艺术精神欣赏自然,于是自然皆含精神生命的意义,故道家于原始天神信仰,亦是自然转化为天道观念。中国后代哲学,承儒墨道而发展,故于天皆既未明显视之为神,而复兴原始的天神信仰,亦从未以为西方自然主义所谓的无生命无形上根据的自然。

所以,中国人的思想,根本上非科学宗教精神所主宰。中国人以道德精神艺术精神看形上实在,任何形上实在皆一方内在于人心,一方内在于自然,而自然也并不是不表现生命精神意义的存在。西方哲学是通过宗教的启示、科学知识的批判、知识论的讨论以肯定道体的。在宗教启示中,人必先与神对待;在科学知识中,人与自然必先对待。故,西方哲学对道体的肯定乃为间接肯定;因为其为间接肯定,故对此道体终不能无距离感。而中国哲学肯定道体，根据于道德精神、艺术精神而肯定，故不须先强调道与我、我与自然的对待，即可直接肯定我与道及自然根于一道体；由是而对道体无距离感。间接肯定则论证多，直接肯定则譬喻多；有距离感则言之严肃，无距离感则言之亲切。由此，中西哲学虽可汇通，而往昔面目仍是截然不同的。而之所以如此，皆由中国哲学承原始宗教意识而发展，与西方哲学的情形不同所致。

一九四九年　四十一岁

是年，时局更加紧张，唐先生当时来往于南京、无锡之间，而南京随时面临战火。

一月十八日，唐先生送四妹、五弟、年弟、姻母及年弟之物上江泰轮。船上极挤，劳顿不堪。考虑到有老人，有已病之姊及小孩，照料实为困难，便写信至汉口转五弟，嘱其路上勿着慌。

送走亲人后，唐先生一人留无锡、南京。尽管战争迫在眉睫，仍然每日读书写作。此时正撰写《文化意识与道德理性》一书，每日几千字，到二月十三日，完成论道德部分约三万六千字。在日记中记载到：此书全部之成约三十万字，再作一附论，教育、法律与历史文化之全体者，即可完矣。

二月下旬，广州华侨大学校长王淑陶先生约先生与钱宾四先生赴穗讲学，但学校及学生挽留唐先生及钱先生，赴粤事颇感困难。三月二日，给王淑陶先生去信决定暂不去粤。

四月四日，与二妹及钱先生同赴上海。五日，与二妹赴杭，访牟宗三。七日，与钱先生同乘金刚轮赴粤。十一日，抵广州，王淑陶先生派人来迎。当时，熊十力、谢扶雅、陈荣捷诸先生亦避乱在穗，唐先生因谢扶雅先生介绍，始与陈荣捷先生认识。

由于时局不安，唐先生思种种国家问题，皆无能为力，心绪不宁。

六月七日夜，与二妹及钱宾四先生乘船抵港。唐先生与钱先生同任教于沙田大围铜锣湾的华侨工商学院。当时谢幼伟先生与张丕介先生亦在港，唐先生与他们时有往还。为了生活方便，母亲亦旋命夫人谢廷光到香港，与唐先生共患难。但直到八月十九日，夫人才与六妹到达香港。

七月十八日，二妹至中乘飞机返回重庆。八月六日，因华侨工商学院被征用，唐先生与钱先生住华侨中学。

八月九日，李稚甫先生到港，欲办孔学院。当时，预料到共产党解放全中国可能成为现实，担心中国文化将断绝，颇为感慨，又当孔子两千五百年纪念，故颇欲孔学院能成立。但事最终未成。连续几日撰写纪念孔子文《孔子与世界圣哲》及孔孟人禽之辨、义利之辨、王霸之辨、夷夏之辨新释等文。

八月二十四日，唐先生返穗，宿李稚甫先生家。其时，广州已临近解放。无党无派，而且在经济上甚至赞同社会主义，只因在哲学观点上不认同唯物主义的唐先生，怀着万般复杂的心情，于九月十日再度赴港。从此，唐先生就再也没有回过大陆。

十月十日，与钱宾四、张丕介、崔书琴、谢幼伟、程兆熊、刘尚一诸先生创办亚洲文商夜学院，以钱先生为院长。夜学院初只租赁九龙佐敦码头附近伟晴街华南中学内三间教室上课。另在附近炮台街租一幢四百尺左右楼宇为宿舍，内除杂陈八九张铁架床做学生宿位外，另间有仅容一张行军床、一桌、一椅的房间作为钱先生的寝室与办公室。此即为亚洲文商学院大本营，此外，无其他设备。后程兆熊先生由台湾招来十多位学生，炮台街无法安置，正当情势窘迫之际，幸得上海商人王岳峰先生挺身而出，给予经济上的支持，乃在香港北角英皇道海角公寓内租用若干房间，做临时的宿舍和教室用，白天上课，晚上作为宿舍休息。如此，草创时期的亚洲文商夜学院，也有了分校。当时，正校与分校学生合共不过五十人左右，由钱先生教中国通史，唐先生教哲学概论，张丕介先生教经济学，崔书琴先生教政治学，刘尚一先生教国文，一位夏先生教英文。谢幼伟先生则去了南洋，程兆熊先生去了台湾。

当时，唐先生与钱先生均往来于沙田、九龙、香港之间。每当唐先生与钱先生均在九龙有课时，唐先生即在炮台街宿舍内与学生同睡铁架床上，于梦寐之中，常作"天呀！天呀！"的呼喊。唐先生最初和程兆熊先生同住于友人所办的华侨中学内，那是一间教室，把课桌合起来睡。他常在睡梦中叫天，把程先生吵醒。随后，唐先生夫妇与程先生隔房而居，程先生在夜间，每每隔壁听到他梦话。① 唐先生当时的心境，由此可以

---

① 程兆熊：《悼唐君毅教授》。《唐君毅全集》（九州）卷37《纪念集》（上）第55页；《唐君毅全集》（学生）卷30《纪念集》第69页。

想见。

十一月十四日，六妹到华侨工商学院注册读书。二十日，请两桌客代六妹与胥灵臣订婚仪式。校中清静，借此与彼等一些生活上的教训。

是年，唐先生发表的文章有：在《学原》发表《王船山之文化论》《王船山之人道论通释》《道德意识通释》；在广州《大光报》发表《至圣先师孔子二千五百年纪念》；在《民主评论》发表《从科学世界到人文世界》《人文世界之内容》《唯物论文化效用平论》；在勉仁文学院《院刊》发表《论家庭之道德理性基础》。

《王船山之文化论》《王船山之人道论通释》后编入《中国哲学原论·原教篇》的第二十三、第二十四、第二十五章，重在梳理王船山的人道论和文化哲学思想。唐先生对王船山的文化思想非常重视，认为"在中国则欲救清儒之失，不以考证遗编，苟裕民生为已足，而欲建立国家民族文化之全体大用，则舍船山之精神，其谁与归。"①

《道德意识通释》《论家庭之道德理性基础》两文是《文化意识与道德理性》的两章。

《从科学世界到人文世界》《人文世界之内容》两文后来编入专著《人文精神之重建》第一部之二、三。唐先生强调：

> 我理想的世界，我不名之为联合国的世界，不名之为社会主义的世界、共产主义的世界，而名之为以德性为中心而人文全幅开展的世界；不名之为一大同的世界，而名之为一太和的世界。我理想的世界中之人生，不只名之为人人能各尽所能各取所需的人生，人人都能满足其欲望，不断的享幸福的人生，而名之为德慧双修的人生，福慧双修的人生，而一切幸福皆从德慧来。②

唐先生在原则上反对只以政治经济的范畴划分世界，认为只有先跳出这些政治经济的范畴来划分世界的观念，才能了解理想的世界，实现理想

---

① 唐君毅：《王船山之人文化成论》（下）。《唐君毅全集》（九州）卷22《中国哲学原论·原教篇》第547页；《唐君毅全集》（学生）卷17《中国哲学原论·原教篇》第669页。

② 唐君毅：《科学世界与人文世界》。《唐君毅全集》（九州）卷10《人文精神之重建》第21页；《唐君毅全集》（学生）卷5《人文精神之重建》第45页。

的世界。唐先生理想的世界是全幅开展的人文世界。人文中包括政治经济，但主要内容是艺术、文学、宗教、道德、科学、哲学。政治经济只是人文的最外部一层，最表面一层。理想的世界是以德性为中心而全幅开展的人文世界。在此世界中，每个人生活的重心，在了解真理，欣赏美，实践道德上的善，而与天合德，与神灵默契。这中间有无限的天地。

唐先生"理想的世界是人文的世界"是针对整个近代文化之弊端而说的。在西方近代文化中，由于人只根据一时的科学结论形成其宇宙观、人生观与科学技术运用的不当，乃使人不免背离整个人文，面向自然，物化人生。唐先生认为，科学只是人文的一种，科学意识只是人生意识的一种，建基于一时的科学结论的宇宙观人生观，只是人的宇宙观人生观的一种。我们必须以人文之全体和协发展的理念，代替科学至上的理念；以其他人生意识限制科学意识；以建基于其他人类文化意识，如宗教经验、道德经验、艺术经验的宇宙观，限制只建基于一时科学结论的宇宙观。理想的世界，理想的人生标准，依于我们看重整个的人生、多方面的人生要求，与人性之全体。这种看重整个人文，多方面的人生要求，与人性之全体的精神，大体上来说正是东西传统学术文化之正流的共同精神。所以，我们的目标，亦可说是求世界性的文艺复兴，可以说是要求重建人类之常道。

唐先生认为，人文润泽人生，人文充实人生，人文表现人性，人文完成人性。脱离人文的人生，是空虚的人生，是自然的人生，是只表现动物性的人生。违悖人性的人文，是片面发展的人文，是桎梏人生之人文。片面发展的人文乃人性之片面发展所生。片面发展人性所成之人文之固定化，即脱离整个的人生要求而桎梏人生，湮灭人性。在人文的世界，人不仅是人，而且必须自觉他是人，异于禽兽、异于物，自觉地求表现其人性，以规范限制超化其动物性、物性之表现。人之异于禽兽主要在其心，所以人文世界之人，必重人的哲学、心的哲学。基于这样一种人文认识，唐先生提出了他理想的人文化的社会理想：

> 在我们理想之社会，人人都有较高之文化意识与德性，但我不相信一种绝无人我之分别、无家庭之分别、无国家之分别之浑然一体之世界，可以实际的实现，而且即是一最好的世界，如许多人所想。因为如果此世界实际上真成如此，则一切人成为一个人。人与人间无差

别，亦将无感通精神之必要。人如无可私之一切，亦将无逐渐化私为公之道德的努力，无由狭小的自我逐渐扩大，以爱家庭，而国家，而天下之历程。如果我们再想一理想的世界，其中一切人，均只有一个想想、一个意志、一个情感，过着同一文化生活，再无一切之差别；则人之思想之交流莫有了，情意之互相关切莫有了，文化活动之互相观摩、欣赏，互相砥砺、批评，与互相影响、充实，互相提携、引导之事，都莫有了。这将只是人文世界之死亡，而不见有人文世界之存在生长。所以我们理想的世界，不是无异之人与人同之世界，而是有异而兼容、相感、相通，以见至一之世界。异而相感相通之谓和。所以我们不名我们之理想世界为大同之世界，而名之为太和之世界。和与同之不同，是我们所最须认识的。①

一九五〇年 四十二岁

由于不断地奔波和操心，以及写作、授课的劳累，唐先生已经感到身体有所亏欠。在是年一月一日的日记中特别提醒自己："自今日起决定注意身体。"二月一日，得二妹自汉口来信，知道二妹已经与母亲、女儿安仁出川赴无锡，甚感欣慰。

是年二月二十八日，由于得到王岳峰先生经济上的支持，亚洲文商夜学院改组为新亚书院。唐先生日记言："今日下午迁移桂林街新校舍。学校由夜校改为全日上课之书院，此实赖王岳峰先生之资助。"王先生慨然以发展海外文化教育事业为己任，认为新亚书院应为一所现代性的国际大学，内设文、理、法、商、医务学院，故其规模决不能小于香港大学。唯大处着眼、小处着手，故初步发展，租用九龙深水埗桂林街六十一、六十三、六十五号三、四楼，作为校舍，除四楼用作教室外，三楼则用作办公室、学生宿舍及教员宿舍。由此，唐先生等支撑的到港后的教育事业，总算有了一个栖居之所。

改组后的新亚书院，钱先生仍任校长，唐先生任教务长，张丕介先生

---

① 唐君毅：《理想的人文世界》。《唐君毅全集》（九州）卷10《人文精神之重建》第43页；《唐君毅全集》（学生）卷5《人文精神之重建》第71—72页。

任总务长。新亚书院初期原设文史系、哲学教育系、经济学系、商学系、农学系及新闻社会系。农学系第一年开设后，因未能设立附属农场，中途停办。新闻社会系在第一年开设后，因校舍不敷，亦停办。文史系主任由钱先生兼任，哲教系主任由唐先生兼任，经济学系主任由张丕介先生兼任，而商学系主任由杨汝梅先生担任。唐先生、钱先生、张先生三人均在三楼分住一房间，彼此朝夕相处，相依为命。

新亚书院办学旨趣，在其招生简章中有概括的说明。内云：上溯宋明书院讲学精神，旁采西欧大学导师制度，以人文主义之教育宗旨，沟通世界东西文化，为人类和平、社会幸福谋前途。本此旨趣，一切教育方针，务使学者切实了知为学、做人同属一事。在私的方面，应知一切学问知识，全以如何对国家社会人类前途有切实之贡献为目标。唯有人文主义的教育，可以救近来教育风气专门为谋个人职业而求智识，以及博士式、学究式的为智识而求智识之狭义的目标之流弊。

新亚书院的教育注重为人与为学相统一的通才教育。其校训是"诚明"。诚明二字见于《中庸》。《中庸》："诚者，天之道也。诚之者，人之道也。"又："自诚明，谓之性。自明诚，谓之教。诚则明矣，明则诚矣。"诚是德性行为方面的；明是知识了解方面的。诚是一项实事，一项真理；明是一番知识，一番了解。其校徽是根据汉墓出土的"孔子问礼于老子"画像设计，中间镶上校训"诚明"二字。其校歌歌词为校长钱穆先生所作："山岩岩，海深深，地博厚，天高明，人之尊，心之灵，广大出胸襟，悠久见生成。珍重珍重，这是我新亚精神。十万里上下四方，俯仰锦绣，五千载今来古往，一片光明。五万万神明子孙。东海西海南海北海有圣人。珍重珍重，这是我新亚精神。手空空，无一物，路遥遥，无止境。乱离中，流浪里，饿我体肤劳我精。艰险我奋进，困乏我多情。千斤担子两肩挑，趁青春，结队向前行。珍重珍重，这是我新亚精神。"

新亚书院还有独特的具有中国传统文化气息的二十四条学规，由钱先生、唐先生、张先生以及吴俊升先生共同讨论拟定：

凡属新亚书院的学生，必先深切了解新亚书院之精神。下面列举纲宗，以备本院诸生随时诵览，就事研究。

（一）求学与做人，贵能齐头并进，更贵能融通合一。

（二）做人的最高基础在求学，求学之最高旨趣在做人。

（三）爱家庭爱师友爱国家爱民族爱人类，为求学做人之中心基点。对人类文化有了解，对社会事业有贡献，为求学做人之向往目标。

（四）祛除小我功利计算，打破专为谋职业谋资历而进学校之浅薄观念。

（五）职业仅为个人，事业则为大众。立志成功事业，不怕没有职业，专心谋求职业，不一定能成事业。

（六）先有伟大的学业，才能有伟大的事业。

（七）完成伟大学业与伟大事业之最高心情，在敬爱自然，敬爱社会，敬爱人类的历史与文化，敬爱对此一切的知识，敬爱传授我此一切知识之师友，敬爱我此立志担当继续此诸学业与事业者之自身人格。

（八）要求参加人类历史相传各种伟大学业伟大事业之行列，必先具备坚定的志趣与广博的知识。

（九）于博通的知识上再就自己材性所近作专门之进修，你须先求为一通人，再求成为一专家。

（十）人类文化之整体，为一切学业事业之广大对象，自己的天才与个性，为一切学业事业之根据。

（十一）从人类文化的广大对象中，明了你的义务与责任，从自己个性的禀赋中发现你的兴趣与才能。

（十二）理想的通材，必有他自己的专长，只想学得一专长的，必不能具备有通识的希望。

（十三）课程学分是死的，分裂的；师长人格是活的，完整的。你应该转移自己目光，不要尽注意一门门的课程，应该先注意一个个的师长。

（十四）中国宋代的书院教育是人物中心的，现代的大学教育是课程中心的。我们的书院精神是以各门课程来完成人物中心的，是以人物中心来传授各门课程的。

（十五）每一个理想的人物，其自身即代表一门完整的学问。每一门理想的学问，其内容即形成一理想的人格。

（十六）一个活的完整的人，应该具有多方面的知识，但多方面的知识，不能成为一个活的完整的人。你须在寻求知识中来完成你自己的人格,你莫忘失了自己的人格来专为知识而求知识。

（十七）你须透过师长,来接触人类文化史上许多伟大的学者,你须透过每一学程来接触人类文化史上许多伟大的学业与事业。

（十八）你须在寻求伟大的学业与事业中来完成你自己的人格。

（十九）健全的生活应该包括劳作的兴趣,与艺术的修养。

（二十）你须使日常生活与课业打成一片,内心修养与学业打成一片。

（二十一）在学校里的日常生活,将会创造你将来伟大的事业,在学校时的内心修养,将会完成你将来伟大的人格。

（二十二）起居作息的磨炼是事业,喜怒哀乐的反省是学业。

（二十三）以磨炼来坚定你的意志,以反省来修养你的性情。你的意志与性情将会决定你将来学业与事业之一切。

（二十四）学校的规则是你们意志的表现,学校的风气是你们性情之流露,学校的全部生活与一切精神是你们学业与事业之开始。敬爱你的学校,敬爱你的师长,敬爱你的学业,敬爱你的人格。凭你的学业与人格来贡献于你敬爱的国家与民族,来贡献于你敬爱的人类与文化。

新亚书院成立之初,共聘请专任教授八人,各支月薪五百元,连同房租与杂费,学校全年预算将近十万元。这是一笔庞大的数字。因为得到王岳峰先生在经济上的支持,人人相信新亚将有一番光明的前途。当时校内师生固然非常兴奋,校外人士亦为之欣羡不已。但是,开学两月后,由于王岳峰先生的企业受到致命打击,无法继续支持新亚,经费来源断绝,新亚书院立即陷入极度危险的深渊。当时唐先生与钱、张二先生同为学校负责人,均焦急万分。教授薪金可以拖欠,课程却必须继续,房租必须按月支付,工读生的生活费亦不可减,更不能停。新亚当时从学生所收到的学费,只占书院总开支的百分之二十,远不足够。为了维系新亚书院的运转,只好如张丕介先生所形容的,学习武训行乞办学的精神,四出劝人募捐。一方面,校长钱先生到台湾筹募捐助,一方面教师暂缓领薪酬,四处张罗。香港、九龙两地朋友,莫不热心协助。只是相识者多为两袖清风、逃亡来到香港的知识分子,他们多半自顾不暇,捐助一两次,便无能为力。于是,唐先生等只有不停向报纸、杂志投稿,领取微薄的稿费,拿稿费以补助书院，虽是零星收入，亦聊胜于无。张丕介先生把夫人的首饰都拿出来典当以支持新亚。是年冬，钱先生赴台北募款见蒋介石，得到蒋答应从办公费中节省，每月支持新亚三千元。

在桂林街时期，新亚书院的学生大多数是由大陆流亡赴港的青年，他们向往中国文化传统，有强烈的国家观念和民族观念，他们把学校当作一个大家庭。在生活极端困顿之下，人人努力学习，对师长衷心崇敬，在课程之外，锻炼自己，承担文化的使命。当时学校不雇工人，实行工读制度。由于学校无医药设备，对一些贫病交迫、举目无亲的学生，学校亦要为他们接洽私人医生，为他们免费治疗，而所谓"新亚精神"，亦因此逐渐形成。

自上一年广州解放后，由于对未来的不确定感，由大陆流亡到香港的学者日众。他们之中有以香港为中途站稍留即去的，也有暂时观望等待机会的。这些学者大多学有专长，热爱中国文化。新亚书院自迁入桂林街后，即成为流亡学者交会的场所。学人来访虽多，但限于学校有限的规模与经费，无法一一聘任。

是年冬，为了充分发挥这些流亡学者的文化热情，新亚书院创办文化讲座，由唐先生主持其事。于每星期日晚邀请学者来校作公开的专题讲演。文化讲座的听众，来自四面八方，讲后热烈讨论，充分表现学术自由与思想自由的精神；文化讲座的讲者，虽无报酬，然共叙一堂，讨论学术，亦可略慰寂寞的流亡生活。这一文化讲座从是年冬天起，共举办一百三十九次，持续达三年之久。讲座内容遍及新旧文学、中西哲学、史学、经学、理学、各大宗教思想、中国传统艺术、戏剧、绘画、诗歌、社会学、经济学等。三年中，皆由唐先生主持其事。这些讲演的内容，后由孙鼎宸先生收集不完整的笔记，请原讲者修正补充后，编印成《新亚书院文化讲座录》，成为新亚教育的重要文献之一。据讲座录所载，讲演者除专门学者外，包括儒、佛、耶、回诸教人士，除唐先生本人外，计有钱穆、罗香林、饶宗颐、林仰山、牟润孙、简又文、吴克、张莼沤、黄天石、杨宗翰、刘百闵、徐庆誉、谢扶雅、印顺法师、融熙法师、彭福牧师、张性人、梁寒操、吴俊升、王书林、何福同、章辑五、曾克端、余雪曼、罗梦册、余协中、张丕介、沈燕谋、伍镇雄、张云、程兆熊、张公让诸先生。由此亦可见唐先生与当时学人交往之一斑。

是年五月二十一日，六妹与胥灵臣结婚。唐先生对六妹和胥灵臣多有教诲，希望他们勿忘学问，但是深感难以有效。日记中感叹："习俗环境移人，我亦无法。对家庭中人与亲戚只能望之能生存，甚难勉以道义，往往用力多而成效少。学问事业之相勉皆只能求之于师友，此点我以后当记住，以免自讨烦恼，浪费精力。"二十三日，与夫人谢廷光、六妹、胥灵臣回拜数位客人。但是在访完二友后，胥灵臣忽然不愿同去了，唐先生很是生气。二十四夜，与六妹与灵臣说回拜的理由，言"人不能太小孩气太任性"。并自谓："我喜教人，常使人不快，以后宜少责人。"①

唐先生到香港后一直十分惦记母亲。日记中言"我常念母亲，但不能返内地"。于是希望接母亲到香港一同居住。六妹宁孺在港与胥灵臣先生结婚不及半月，即返大陆迎唐先生母亲陈太夫人及唐先生之女公子安仁小姐来港，因为时局不定暂缓。十一月十五日，六妹终于接到母亲一起到达香港。当时以桂林街住址狭窄，母亲陈太夫人乃与其六女同住，唐先生每隔二三日即往问起居，并视母亲是否长胖，然后出游。

生活稍微安定，同时也出于对时事的反思和维系新亚书院之需，唐先生非常勤奋地撰文，除非特别忙于事务，几乎每日撰文三四千、五六千甚至万言。

唐先生在到香港之前，从未为文批评共产党。到香港后，鉴于国内情况日益不如自己所期待，特别是听闻共产党当时对学术的抨击，念及当时中国能对思想文化窥见本源者不多，自认为护卫文化的尊严责无旁贷，由此开始为文批评共产党。但是，整体态度还是比较温和，而且侧重在文化层面。七月九日日记中言：

> 我在以前从未作文评共（产）党，到香港后因见彼等之报对人对学术肆无忌惮，国内情形日坏，乃作文评论。彼等决不容异论，则我回内地，必只缄口结舌。今日中国对思想文化灼见本原者不多，我此时实不能不挺身负责。共党将来如失败，我等今日之文章终有用处。如继续保持政权，并改变其最高原理与一面倒于俄国之政策而成功，则我们少数人之牺牲亦无所谓。总之彼等今日之对文化学术之根本观

---

① 唐君毅：日记，1950年5月21—24日。《唐君毅全集》（九州）卷32《日记》（上）第40页；《唐君毅全集》（学生）卷27《日记》（上）第60页。

点为错误。我既治此学，即当就此处弹正，其刻苦耐劳之处固好，但此与马列主义无关，无论如何其学术底子是错的。如我们不批评，谁肯犯其忌讳。①

是年，唐先生发表的文章有：

在《民主评论》发表《孔子与人格世界》《略论真理之客观性普遍性》《宗教精神与人类文化》《中国近代学术文化精神之反省》《胡思杜批判胡适感言》；

在《理想与文化》发表《述本刊之精神兼论人类文化之前途》《人类宗教意识之本性及其诸形态》；

在《教育通讯》发表《斥拉丁文化中国文字运动——论中国文字拉丁化之不必要与不可能》；

在《香港时报》星期专论发表《人类罪恶之根源》。

《孔子与人格世界》一文，其后由人文出版社印成独立小册子发行。在此文中，唐现实将中西方人格世界综合论述，列出了六种人格类型：（一）纯粹之学者、纯粹之事业家型，如康德、苏格拉底等，此种人物堪崇敬者甚多。（二）天才型，此指文学艺术哲学上之天才，如贝多芬、莎士比亚、歌德、李白等。（三）英雄型，此可谓一种在政治上军事上创业之天才，如刘邦、唐太宗、亚历山大、拿破仑等。（四）豪杰型，屈原、墨子、玄奘、鲁仲连、荆轲、马丁·路德等。（五）超越的贤圣型，如穆罕默德、耶稣、释迦、甘地、武训等。（六）圆满的贤圣型，如孔子及孔子教化下之圣贤等。唐先生强调，在这六种人格类型中，居于后者的价值，尽管不必都比在前者为高，但却可以依次加以解释，如此可以逐渐凑泊到对孔子人格的了解。

论及豪杰精神，唐先生谓：

> 豪杰之士……其行径，常见其出于不安不忍之心。在晦盲否塞之时代，天地闭而贤人隐，独突破屯艰而兴起，是豪杰之精神。积暴淫威之下，刀锯鼎镬之前，不屈不挠，是豪杰之精神。学绝道丧，大地

---

① 唐君毅：日记，1950年7月9日。《唐君毅全集》（九州）卷32《日记》（上）第42页；《唐君毅全集》（学生）卷27《日记》（上）第64页。

陆沉，抱守先待后之志，悬孤心于天壤，是豪杰之精神。学术文化之风气已弊，而积重难返，乃独排当时之所宗尚，以涤荡一世之心胸，是豪杰之精神。

……豪杰之士，其人虽已没，千载有余情。故奋乎百世之上，百世之下，闻者莫不兴起。

……豪杰之士有真知灼见，真担当时，以一人之百折不回之心，使千万人为之辟易，乃真表现创造性的自由精神，为天地正气之所寄。斯真堪尊尚已。①

以上一段文字，在唐先生去世后，陈文山先生在其悼文中引述，以为乃可作为唐先生全副真性情真肝胆的自然流露，其足以表达唐先生生平之气象与行状，胜过他人千万首挽词②。

论及孔子圆满的圣贤人格，唐先生谓：

孔子之大，大在高明与博厚。释迦耶稣之教，总只向高明处去，故人只觉其神圣尊严。孔子之大，则大在极高明而归博厚，以持载一切，肯定一切，承认一切。所以孔子教化各类型的人，亦佩服尊崇各类型之人格。他不仅佩服与他相近的人，而且佩服与他似精神相反的人。……孔子之精神，乃御六龙而回驾，返落日于中天。融生命之壮采，咸依恃于仁体。任云兴而霞蔚，乐并育于太和。唯此德慧，上友千古，下畏后生。则哲人往而长在，逝者去而实留。德慧其而永恒在斯，大明出而虚空充实。斯悠久以无疆，即至诚而如神。大地不必平沉，山河何须粉碎？皆永恒之大明之所周布矣。现实世界，由此得被肯定有所依，而参赞化育曲成人文，利用厚生之事，皆得而言。此即孔子大明终始，云行雨施，厚德载物，含弘光大之精神，所以为

---

① 唐君毅：《孔子与人格世界》。《唐君毅全集》（九州）卷 5《人文精神之重建》第 170—171 页；《唐君毅全集》（学生）卷 5《人文精神之重建》第 224—226 页。
② 陈文山：《敬悼唐君毅先生吊唁新亚精神——并告新亚研究所师友同仁书》。《唐君毅全集》（九州）卷 37《纪念集》（上）第 130 页；《唐君毅全集》（学生）卷 30《纪念集》第 163 页。

圆满。①

《人类罪恶之根源》一文，可谓唐先生从一九五四年开始撰写、每年一篇、一九六一年出版的《人生之体验续编》的一个初步尝试，即对人生负面的反省。

唐先生认为，人类罪恶的根源，既不能简单说来自自然环境、社会制度，也不能直接说来自人的生物本能或者人心，因为所谓心，只是一明觉，能感觉，能知觉，能辨别，能记忆，能想象推理之心，其本身无所谓罪恶。罪恶只在于人心不能以其求真、求善、求美、求神的明觉，规范主宰人的生物本能，使人性不能全幅呈露而有蔽，才陷于罪恶。唐先生谓：

> 罪恶只生于人性之不能全幅呈露而有蔽，即呈露于人之人性，不能主宰规范其生物本能；人只是求其个人之生物本能之满足，只求其物质欲望、男女欲望之满足，声色货利之满足，于是人才真陷于罪恶。罪恶之根不在人之心性……而只在人之自蔽自限于私的生物本能、声色货利动机之满足。此蔽、此限、此私，乃真正的罪恶之本。②

但是，人因诱于声色货利之欲而自蔽自限，不能使真善美等价值理想全幅实现，尚不是最大的罪恶，若假握善美为期世盗名的工具，以济其私欲，才是人之真罪恶所在。唐先生强调：

> 人之只求其个人对货对色之欲之满足，遂沉溺其中，而不知真美善之文化生活，只是人之初级的罪。此即同于谓人之只顺其生物本能之发展求声色货利之满足而不表现其人之特性，为初级的罪。更高级的罪，是为求其生物本能之发展，声色货利之满足，而自觉的瞒昧真美善之标准，自觉的违悖文化生活上之要求。更高级的罪恶，是自觉的以文化生活为满足其生物本能声色货利之欲之工具或手段。……此

---

① 唐君毅：《孔子与人格世界》。《唐君毅全集》（九州）卷5《人文精神之重建》第180—182页；《唐君毅全集》（学生）卷5《人文精神之重建》第237—239页。

② 唐君毅：《人类罪恶之根源》。《唐君毅全集》（九州）卷8《哲思辑录与人物纪念》第55—56页；《唐君毅全集》（学生）卷10《中华人文与当今世界补编》（下）第107页。

种使人之文化生活不特不能主宰其私的欲望，不特为私欲所瞒昧蒙蔽，且反而为私欲畅遂其自身之工具，而造成真善美之颠倒，人之人性与生物本能之颠倒，文化生活与自然生活之颠倒，才是人之真罪恶所在。①

然而，已知真善美之价值的人，何以仍会昧其良知，歪曲善恶，淆乱是非？人为什么会一往贪财好色，会有人性与生物本能之颠倒，自然生活与文化生活之颠倒？如果人只有生物本能，是不能造成此种罪恶的，因为其他动物并无此种罪恶。唐先生指出，人类此一罪恶的根源，乃在人心底层的权力意志。生物本能中饮食男女之欲，虽亦为权力意志的表现，但此等欲望总是有限的，故其本身不必是罪恶。但人有了意识或心，自觉地追求无限的权力，甚至伪装真善美，以求名位的保持与权力的扩张，这才成为万恶之本。唐先生认为：

> 生物的饮食男女之要求之表现总是有限，人之纯本能的物质之欲望与性之欲望亦是有限的，所以其本身非必罪恶。但是人有了意识或心，则人可有一追求无限权力之意志，从心底透出来。……如此一往贪财好色者，其所自觉地追求者只是一支配财色之权力之无限制的增大。人之有此自觉的无限制增大权力的要求，乃由人在观念上、意识上、精神上，能替未来之我之活动范围打算，而求其扩大以生。因人在观念上、意识上、精神上对于一切所喜爱的东西，都可以无定限的设想其增多，以至无限，而无定限的扩大我自由取用之活动范围，人才有无限积累财富、佳丽三千之贪欲，人亦才有为此贪欲之满足而自觉的瞒昧蒙蔽人之求真善美的人性，颠倒人性与人之生物本能之地位，以人之文化生活为私的欲望之工具之一切罪恶。②

因此，唐先生认为，人之纯粹权力欲上的罪恶，实是比一往贪财好色

---

① 唐君毅：《人类罪恶之根源》。《唐君毅全集》（九州）卷8《哲思辑录与人物纪念》第56页；《唐君毅全集》（学生）卷10《中华人文与当今世界补编》（下）第107—108页。

② 唐君毅：《人类罪恶之根源》。《唐君毅全集》（九州）卷8《哲思辑录与人物纪念》第57—58页；《唐君毅全集》（学生）卷10《中华人文与当今世界补编》（下）第109—110页。

更深更大的罪恶。唐先生指出：

> 所谓纯粹求权力之动机，即为求自己之权力范围之扩大，而缩减他人之权力范围，或再使他人之权力皆隶属于自己之权力，而支配主宰他人的精神之动机。人在贪财好色之权力欲，人所欲主宰支配者只是物质与异性。而在纯粹之权力欲中，人所欲主宰支配者，即他人之精神之本身。纯粹之权力欲，乃以他人精神本身为对象。而他人本身亦是有权力欲者，故人能支配主宰他人精神本身，人乃有最大量最纯粹之权力欲之满足。纯粹之权力欲之内容乃以压下或征服他人之权力欲，或再使之隶属于我为核心。有此权力欲者，其所以欲获得财富女色，皆所以便于向人眩耀示威，及由控制他人之生存条件以控制其精神。……权力欲真是一人心中的撒旦，每一念中都站在我们旁边之撒旦。①

唐先生认为，人的权力欲最大的出现场合，则在人类之政治活动中。唐先生谓：

> 政治之本质，本是求权力之合理的分配安排，固亦是求一种善，但政治上求权力之合理的分配安排常难达目的，而一切不合理之权力欲则特易在政治场合中表现。……人类之罪恶在政治中表现者较在其他任何文化领域中为多。因政治是关涉全社会，影响最大，而在政治场合中，人亦有最大权力欲之满足，因而政治又天然为人类中本来权力欲特发达的人所角逐之场所。②

唐先生并不认为人类的这种罪恶，包括政治生活中的罪恶是无解的。因为在人的心里，除了有"权力欲"这一"撒旦"，还有人心的"上帝"存在。唐先生谓：

---

① 唐君毅：《人类罪恶之根源》。《唐君毅全集》（九州）卷8《哲思辑录与人物纪念》第59页；《唐君毅全集》（学生）卷10《中华人文与当今世界补编》（下）第111—112页。
② 唐君毅：《人类罪恶之根源》。《唐君毅全集》（九州）卷8《哲思辑录与人物纪念》第61页；《唐君毅全集》（学生）卷10《中华人文与当今世界补编》（下）第113—114页。

人之权力欲，只是要战胜他人，征服他人，支配他人，而否定他人精神之自主与独立。……其本质，只是一征服支配之意志，其表现则无论凭借什么都可以。而相反的精神，则是肯定他人之精神之自主与独立、求公平分配人我权力之正义感；对人谦卑辞让之礼，柔和慈悲之仁，知此权力欲之一往发展乃为罪恶之智；真正美善而不自蔽自限、自欺欺人，且绝去一切对真善美学术文化之独占心念，此即人心中之上帝。①

人类的政治乃是人类向上力量与向下力量交织错综互相纠缠之场合，或上帝与撒旦互相纠缠之场合。……人类要减少政治场合中之罪恶，在个人方面说，只有政治上的人物自觉的肯定道德文化修养之重要，而自觉的以此修养来调制自己与政治上之同志的权力欲，多有一点谦卑慈悲精神，爱真美善的热诚，而不只以道德文化为政治活动之装饰与工具。在社会方面说，则只有使社会真正之道德文化之力量，足以监督政治、影响政治、提高政治。②

一九五一年　四十三岁

唐先生到香港后，发表的文字日多。

十二月二十五日，日记中自言：

此二年中写完《中西文化理想与价值》四十万言，《人心与人格世界》六万言，《人生之智慧》二万言，补《人文之德性基础》六万言，《孔子与人格世界》四万言，其他论文约十万言。其中论近代西方及中国学术文化之发展者各一篇，论宗教精神、人类罪恶之起原者各一篇，论中国传统精神文化者一篇，论联合国之使命及人类之创世纪各一篇，评中共之清算父母者二篇，论中国自由精神一篇，斥苏联

---

① 唐君毅：《人类罪恶之根源》。《唐君毅全集》（九州）卷8《哲思辑录与人物纪念》第60页；《唐君毅全集》（学生）卷10《中华人文与当今世界补编》（下）第112—113页。

② 唐君毅：《人类罪恶之根源》。《唐君毅全集》（九州）卷8《哲思辑录与人物纪念》第62页；《唐君毅全集》（学生）卷10《中华人文与当今世界补编》（下）第114—115页。

字典以圣经为狂幻传奇者一篇，反中国文字之拉丁化者一篇，编哲学概论讲义约五万言，中国文化之潜力三万言，共七十六万言。①

在完成大量教学、教务、人事等工作的情况下，以手书、抄写完成如此多的学术论文，为文之勤奋快捷，思维之敏捷开阔，实非常人所能为。这种高强度的工作节奏，让唐先生十分疲倦，在日记中经常看到"疲倦""甚倦"等字样，有时亦感叹："连续著文整理文无少暇甚倦，以后当少写文矣。"②

唐先生反省文字之道，有诸多深切感受。

> 文章之言对敌、命令、讽刺、打倒为事者易作，以平心析理述事者较难，以转邪归正，引人向上及表现自己向上之精神更难，以感人使人自然兴起而向上者最难。③

又，自省过去所作文字，有各种不同风格。如《人生之体验》《人生之智慧》为抒怀式，《道德自我之建立》为反省式，《心物与人生》为辩论式，《文化意识与道德理性》《朱子理气论》为析理式，《孔子与人格世界》为说教式，《中西哲学比较研究集》《王船山学述》为述学式。并言："以前盖不自觉所作文字风格各异，以后当求自觉的用之，当可有进步处。"④

又，自省于作文时，领悟人之精神若能贯注于当前事物中，即所谓敬，此即与绝功利之心相通。"近来写文，对作人精神当处处充满于当前

---

① 唐君毅：日记，1951年12月25日。《唐君毅全集》（九州）卷32《日记》（上）第70页；《唐君毅全集》（学生）卷27《日记》（上）第106页。

② 唐君毅：日记，1951年9月7日。《唐君毅全集》（九州）卷32《日记》（上）第65页；《唐君毅全集》（学生）卷27《日记》（上）第98页。

③ 唐君毅：日记，1951年2月24日。《唐君毅全集》（九州）卷32《日记》（上）第54页；《唐君毅全集》（学生）卷27《日记》（上）第82页。

④ 唐君毅：日记，1951年4月22日。《唐君毅全集》（九州）卷32《日记》（上）第57页；《唐君毅全集》（学生）卷27《日记》（上）第86页。

之事中之意有所了解，精神充满于事即是敬，与绝功利之心通"。①

唐先生反省道：

> 念我及此间师友皆不免有种种凡心习态，意气客气，此非澈底刮垢磨光，痛相针砭，则一切理想上之好名辞终与罪恶夹杂同流。念人类前途之艰难，吾人今日不发大心愿，世界终将沉沦。自念我之文字与若干师友之文字亦多缺至诚恻恻之意，终不免随时下习气而多浮语虚词，何能透至他人性情深处。又念真宗教精神之高远与宋明理学家之鞭辟近里真不可及，内心深感难过愧悔。②

唐先生又思及：

> 中国近年学术界人物，北大出者大皆放肆而非阔大，南高东大出者大皆拘紧而不厚重。如梁漱溟、熊十力、欧阳竟无、吴碧柳诸先生等皆自社会上出，乃可言风度、气象、性情。今之一般学术界人物之文能谨严者已不多，能有神采性情愿力者尤少。③

唐先生此时认为，身体为精神的表现，身体的奥秘即精神的奥秘，身体生活与精神生活有密切的关系，并言：

> 身体生活之有秩序即可养精神。此点我一向忽略，实非。④
>
> 形上形下之合一，我以前只知此理，全未用功，今后终当自己对自己之心理生活有一支配力方好。哲学本身亦可使人入魔生病。虚理与实理不同，我在楼边明知不能落下，皆怕。此实亦由以虚之可能为

---

① 唐君毅：日记，1951年8月8日。《唐君毅全集》（九州）卷32《日记》（上）第64页；《唐君毅全集》（学生）卷27《日记》（上）第96页。

② 唐君毅：日记，1951年12月31日。《唐君毅全集》（九州）卷32《日记》（上）第71页；《唐君毅全集》（学生）卷27《日记》（上）第107页。

③ 唐君毅：日记，1951年5月21日。《唐君毅全集》（九州）卷32《日记》（上）第59页；《唐君毅全集》（学生）卷27《日记》（上）第89页。

④ 唐君毅：日记，1951年5月21日。《唐君毅全集》（九州）卷32《日记》（上）第58页；《唐君毅全集》（学生）卷27《日记》（上）第88页。

实之故。①

唐先生与夫人谢廷光谈到人心生疑的反省。夫人谓她有时亦常疑人疑自己,"如人失物,以为人以为我,如人说话,以为人说我"。唐先生自认此点与自己相同,而且此种心理在自己身上时常发生,如自己以前又疑自己一字不识并疑人看不起自己等。此种疑情恒有极端强烈而使一身不安之感。唐先生自知此为一病态,但常不能免。在反思此种理由何在时,夫人谓由于人的下意识中一切事皆可为,故有此疑。但唐先生自己反复思此问题,觉得此乃由于一本原上之罪恶,即不相信自己,与不相信人。不相信自己,由当下之自己与过去之真自己忽然脱节,而以一切可能之事为真实,并由于人之过度之好名心而恐怖万一之失其名誉。大约人之心灵本为自由而可凝注于任何一观念而以为事实,如文学家、哲学家更易如此。再加以对人之信之忽然产生疑与极端之好名心、得失心,而心全然外倾,即致此。此乃一极深之精神病态,由此可透入许多宇宙人生之奥秘。但此病终当去之方是。其要在拨去"可能"之幻想而一切归于"实事"。②

唐先生母亲在港与六妹同住,唐先生除随时前往问候并陪同游玩外,特别带母亲诊治常年老病痔疮。经多方医治,到三月下旬基本痊愈。唐先生在日记中言:"母亲痔疮过去常流血,迄今六年,今已愈可谓了一大事。以后再调治腰痛之病并服补药,则可以长寿矣。"并感叹"乱世老人能健康亦实不易。念人类皆在水深火热中,吾人应负之责任甚多,我亦当注意身体为是"③。

十一月廿九日,胥灵臣先生来信,希望唐先生六妹宁孺去广州。当时胥先生任职民生轮船公司。因为宁孺女士已怀孕多月将生产,母亲亦希望同去广州,照料其六女生产。唐先生的意思是暂时不去,一时商量不定。并因此反省自己:"我之最大缺点在不定,无论在内心意念与说话态度行

---

① 唐君毅:日记,1951年5月21日。《唐君毅全集》(九州)卷32《日记》(上)第59页;《唐君毅全集》(学生)卷27《日记》(上)第89页。
② 唐君毅:日记,1951年5月11日。《唐君毅全集》(九州)卷32《日记》(上)第58页;《唐君毅全集》(学生)卷27《日记》(上)第88页。
③ 唐君毅:日记,1951年3月17日。《唐君毅全集》(九州)卷32《日记》(上)第55页;《唐君毅全集》(学生)卷27《日记》(上)第83页。

动上皆然。以后宜首在行路与说话时力求从容稳定。"① 经过反复考量，母亲和六妹一同返回广州。

十二月八日，唐先生与夫人谢廷光女士及女儿安仁小姐，送太夫人至罗湖桥头，唐先生站立在火车路旁，目送母亲背影在夕阳斜照中消失，百感交集，潸然下泪。此次分别，竟是唐先生母子的生离死别，此后直到一九六四年二月二十六日母亲去世，唐先生都未能再见母亲一面。唐先生母亲陈太夫人素多病，每病则自虞不起，在香港时曾对唐先生说：阅报知港地有只费三百元完丧葬者，他日彼若有不测，则三百元已足。由此可知唐先生其时之困境，不忍相累。送别母亲，唐先生将六妹家的家具数件搬到自己家中，整理书物，并与母亲一信，并感言："此十日均以母亲、六妹走事忙，明日可开始作他事。"②

是年，乃新亚书院开办的第二年，经济极度拮据，教员及学生的流动性都极大。这些教员和学生因为向慕或响应新亚的教育理想而来，又由于种种不得已的现实原因而去。但是，当他们散到世界各地时，都为新亚做义务的宣传。这些宣传，使一间学生人数不足五十人的小小学校，声势浩大。"新亚"之名，由是不胫而走。

是年，唐先生发表的文章计有二十余篇：

在《民主评论》发表《西洋文化精神之发展》（上、下）《圣经是"狂幻的传奇"》《人究竟是不是人》《中国艺术精神下之自然观》《中国艺术精神》《中国文学精神》（上、下）；在《张君劢先生七十寿辰纪念集》上发表《经济意识与道德理性》；

在《人生》发表《人生之智慧》《说生命世界心灵精神世界之存在与客观性》《人格之类型》（上、下）《泛论中国文学中之悲剧意识》《中国传统之人生态度》（上、中、下）；

在《华侨日报》发表《论人类免于毁灭的道路与联合国之文化使命》；

在《新思潮》发表《诺斯诺圖论东西文化之会通》；

在《自由人》发表《从纪念孔子诞辰论中国自由精神》；

---

① 唐君毅：日记，1951年12月10日。《唐君毅全集》（九州）卷32《日记》（上）第79页；《唐君毅全集》（学生）卷27《日记》（上）第105页。
② 唐君毅：日记，1951年12月9日。《唐君毅全集》（九州）卷32《日记》（上）第79页；《唐君毅全集》（学生）卷27《日记》（上）第105页。

在《人文学刊》发表《家庭、国家、天下之观念再建立序论》。

《中国艺术精神下之自然观》《中国艺术精神》《中国文学精神》（上、下）《泛论中国文学中之悲剧意识》诸文，后编入《中国文化之精神价值》第十、第十一章，是唐先生关于文学、艺术的思想最集中的体现。唐先生认为，中国的艺术文学精神，与中国先哲的自然宇宙观、人生观及社会文化生活密切相连，而艺术文学精神又是人内心的情调直接客观化于自然与感觉性的声色及文字符号之中，因此，由中国文学、艺术见中国文化的精神尤易。

《人格之类型》（上、下）后编入《中国文化之精神价值》第十二、第十三章，是唐先生继《孔子与人格世界》一文后又一篇重要的关于"人格"世界的文章。唐先生认为，真正能在具体现实世界表现中国人所向往的人生理想的，是那些在中国历史中曾经出现而为人所崇敬的人格。由中国社会所崇敬的人格，可以发现中国人生之理想的超越性与现实的存在性的结合，从而显示中国人之人生的真价值和意义所在。在将西方人所崇敬的人格类型区分为"社会事业家、发明家型""学者型""文学家、艺术家型""军事家、政治家、社会改造家型"和"宗教人格型"的基础上，唐先生指出，尽管此各种人格型的精神不同，但是皆表现一种"超凡俗或超现实以向往企慕一理想"的精神。进而，唐先生认为：

> 人之超越现实之精神表现，可为一往直前之向慕理想，而亦可为超越此一往直前之态度本身，或此超越精神之本身，转而着重于现实或凡俗中实现超越的理想。前者为西方人格精神之所特表现者，而后者则为中国人格精神之所特表现者。①
>
> 在中国人精神中，不似西方人之多冲动，不似西方人之随处生执着。由是而其表现之人格精神，并非复一往直前之超越精神，而多为一方肯定现实，而同时于其中实现超越的理想之精神，复较少西方式之冲动或执着者。此为中西人格世界之大别。②

---

① 唐君毅：《中国之人格世界》。《唐君毅全集》（九州）卷9《中国文化之精神价值》第257页；《唐君毅全集》（学生）卷4《中国文化之精神价值》第395页。
② 唐君毅：《中国之人格世界》。《唐君毅全集》（九州）卷9《中国文化之精神价值》第258页；《唐君毅全集》（学生）卷4《中国文化之精神价值》第396页。

进而，唐先生列出了中国人所崇敬的十一种人格类型，并与西方主要人格类型对比进行讨论，展示中国人的人格精神。这十一种人格类型及其与西方人格类型的对应是："有功德于民生日用之人物""学者""文学家与艺术家"；此三者与西方对应的人格类型相似，只是人格精神不同。"儒将与圣君贤相""豪杰之士""侠义之士""气节之士"为中国的"社会政治性人格"。"高僧""隐逸"与"仙道"为中国的"宗教性人格"。"独行人物""圣贤"则为中国的"道德性人格"。

《人生之智慧》一文后编入《心物与人生》一书第二部第五章。这是一篇用诗意文字写成的关于东西方各种典型人生智慧的文字，包括唯心论者叔本华的"盲目意志慧"，生命主义者尼采的超人理想"生命冲动慧"，唯物论者马克思的"物质欲望慧"，理性的自然主义者斯宾诺莎的"自然理性之道德慧"，理想的理性主义者康德的"自觉理性之道德慧"，诗哲歌德、席勒的"艺术和乐慧"，理想国建立者柏拉图的"智义慧"，奥古斯丁的"宗教谦信慧"，儒家精神说明者子思的"人性人文全德慧"，释迦牟尼的"勇猛空明悲悯慧"，等等。该文文字诗意优美，理趣跃然纸上。如唐先生自己在"前言"中说：

> 哲学非诗。以诗之体裁，表达哲学理境，恒不免流于玩弄，而难尽理之精微。此文更不足以言诗。然世方溺于唯物功利之说，一指瞑目，一尘蔽天，不见其大。古人：兴于诗，立于礼。欲有所立，先须有兴。则以略具情韵之文，尚论往哲精神；发思古之幽情，以兴俳恻之心，抑亦大雅之所不废。此文除第一、二段，唯在引端，未关宏旨外，余尚论古人处，皆心知其意之后，作如是我闻之言。意在见彼百虑殊涂，归于一是。复多以中土之陈言，表西哲之理趣。然亦未敢厚诬前哲，削足适屦。其偏重西哲，盖因其立义较易引人入胜，非谓其理境之高，过于中印哲人也。世之君子，幸加垂察而明教之。全文端绪颇多，而实互相照映，亦颇有言近旨远、文约义丰之处，初学未能骤达，宜反复研寻，当终有悟处。若浮气相临，或不免失之交臂矣。①

---

① 唐君毅：《人生之智慧》。《唐君毅全集》（九州）卷 5《心物与人生》第 191 页；《唐君毅全集》（学生）卷 2《心物与人生》第 215 页。

另一方面，该文内容积极多元，在唐先生面临诸多人生负面考验的生活阶段，仍有如青年时期一样对人生积极面如此充分肯定之胸襟，委实是生命性情使然。唐先生自己说：

> 我相信在那人类未来的前途中，人类一定是更能依照那一切圣哲之真美神圣爱敬慈悲之道走的。而且我一定要去作我一些份内的事，那我亦就可重回到人间，回到我的家庭与社会人群内了。……我原来正在此走向更好的人类未来前途之路上，而此世界亦确实是将要遵我们所闻之圣哲的指示而前进，到真正和平安宁之境界的。于是我的心亦当下获得一和平安宁。①

《中国传统之人生态度》（上、中、下）后以《中国先哲之人生思想之宽平面》编入《人文精神之重建》第三部。唐先生认为，中国先哲的人生思想亦即其文化精神，有其高明精微一面，有其广大博厚一面，有其宽平舒展一面。欲论其高明精微一面，须从中国的性与天道之哲学透入；欲论其广大博厚一面，须从中国的人格世界及社会政治文化上去了解；欲论其宽平舒展一面，则可从中国前人的自然世界观、人生观、道德观去体会。该文即从世界观、人生观、道德观三个方面"体会"中国先哲人生思想之"宽平舒展"一面。

在世界观上是宽平舒展的世界观。中国传统思想之大慧，即彻始彻终认定世界一切，皆变有所不变，争有所不争，分有所不分，在一切物之感通中看出仁，一切物之并存中看出互为宾主之礼。老庄知一切变化，皆在天地中变，一切变化皆出乎无有，而入乎无有，人能致虚守静，而万变不扰其心。儒家知天不变，太极不变，仁心不变，以宇宙间每一变化，皆源于物与物之感通，每一感通皆如男女之相感通而相亲。此中，儒家思想尤可为中国传统思想之代表。儒家精神，原是对人对物处处有情而能敬天地万物的。由此观自然，则视物之相与亦有情，并视万物之间，亦宛然互为主宾而有礼。

在人生观上是个体与全体相涵。中国之传统思想最尊重个人的道德责

---

① 唐君毅：《人生之智慧》。《唐君毅全集》（九州）卷5《心物与人生》第237页；《唐君毅全集》（学生）卷2《心物与人生》第283页。

任及生活情趣。儒家思想所以尊重个人，是由于认定人之仁心原都是能涵盖世界，与天地万物、人类社会一切人或群体组织，在精神上相流通，与之为一体的。当我与一特定人物发生直接关系时，我与他之间即有一生命活动的相了解，精神上的相感通。只要此相了解感通是真诚的，无私意间隔的，则我当下便与所接之人、物为一体，我之仁心即昭露于相对并存的我与人、物的关系中。"一感一应，即一阳一阴，互相照映，成成全体。对一特殊之所感，付以一特殊之应，即是一空前绝后，当下浑成而独立之全体。……由此而我们即可于部分而见全体，于特殊而见普遍。"①

在道德观上是平等慧与差别慧一体的道德生活。依中国儒家的道德生活理想，凡我与对象有关系处，我即当使我之真诚仁心充满实现于其中。关系不同，则我之真诚仁心之充满表现于其中之方式亦不同。然而却无一种关系，在原则上为我们所当否认。因一切关系，在原则上皆各为特殊，而不可相代替。不可相代替，则皆为绝对，而无一能在原则上被否认。由此，要说人生的责任，在原则上必须说是无穷尽的。对一切与我发生之人物或群体社会，我都有责任。一切责任在原则上都是平等。一切责任，皆是各为一特殊责任，而无一能压倒其他。我们只要否定了某一特殊责任，或否定了与某一对象之关系之存在，即否定了我们之真诚的仁心实现之一情境。我们之真诚仁心，便在此否定之念中，生了一缺漏。我们之真诚的仁心，就其本身说只是一个。唐先生强调：

> 了解儒家道德生活理想中，包含至重复至轻之责任，便知儒家的圣贤气度，根本上是宽平而舒展的。他视一切人伦关系，为平等的重要。他即能对一切人伦关系中之人物，与之一安顿。他知他的位分，在一时一地，只是一特殊的位分，在此位分有所当作之特殊的事，则知在不同位分之他人，另有其当作之他事。并知自己在改变其位分，或易地以处于他人之位分时，亦将有当作之他事。于是他遂由其仁心之能肯定一切人之所当作，而显一宽平舒展之局度与器量。人之所以为人，至尊贵者乃其德性。德性同依于仁心，而其表现，则随人之气质之刚柔，人所居之位，所当之时，而万殊。由是而依儒家之思想，

---

① 唐君毅：《中国先哲之人生思想之宽平面》。《唐君毅全集》（九州）卷10《人文精神之重建》第190页；《唐君毅全集》（学生）卷5《人文精神之重建》第250页。

人亦实际上，无论作什么事，在社会从事何职业，参与何部门之文化活动，为农、工、商、学者、文学家、艺术家、科学家、哲学家、政治家或宗教家，都是可以的。然而其德性其人格之价值，则只系于其所以作此事之心。只有德性之心，见人之尊贵。所以一切职业，一切文化活动本身，并无绝对之高低。①

一九五二年　四十四岁

是年春，钱子厚先生给梁漱溟先生去函，希望梁先生邀请唐先生回国。得梁先生信后，唐先生分别给梁漱溟先生、钱子厚先生回函，言自己暂不返回国内的思考与看法。

在给梁先生的信中，唐先生一方面言：

> 私意民族精神之昭苏之所向，仍将为一自意识思想至社会生活之一顶天立地之独立国家之建立。毛主席谓马列主义为武器，然用武器之主体之精神终不被自觉。先生所以取人为善、与人为善之精神长居于坤位而不能被自觉以居乾位。毅终忧武器之诱，中华民族之沉浮于国际之漩流而民族生命之嫩芽长漂没以终去也。②

另一方面亦强调：

> 黄河九转，终必朝东。殖民地岂可久居，年来梦魂缭绕回国之事几月必一次，然若必先自认昔日思想皆封建之唾余，或资本主义所决定之形态，则良知所在，毅所不忍为。尤以此间二学校中，亦有少数青年相与共学，依依之情，更难相舍。遥念孔子亦尝欲居九夷，此间所教亦中国之青年。人生在世，求所以自尽及报国之道亦多端，故此

---

① 唐君毅：《中国先哲之人生思想之宽平面》。《唐君毅全集》（九州）卷 10《人文精神之重建》第 196—197 页；《唐君毅全集》（学生）卷 5《人文精神之重建》第 257 页。

② 唐君毅：致梁漱溟，1952 年春。《唐君毅全集》（九州）卷 31《书简》第 11 页；《唐君毅全集》（学生）卷 26《书简》第 16 页。

间但可一日居，即拟暂不返国。①

在给钱子厚的信中，唐先生言：

> 弟之来此本属偶然，因未解放前，一大学约讲学，初意亦拟早返国。唯弟所授为哲学，而今日授哲学必须以儒家为封建思想，唯心论为资产阶级之辩辞，以宗教为鸦片烟，此皆与弟素所言者不合。夫真理自在天壤，固不以人之识与不识而异。然违心所安，以厚诬古人，弟所不忍为。夫人生在世，所能补益于人者实极有限，而要以尽其份位之责为第一。本心无处可瞒昧，一处瞒昧，则无处不瞒昧矣！弟行能无似，唯愿以此自守，然兄等之厚意，弟固已心感矣。家母及内子均住此间，继以生活不适，家母与舍妹已移住广州。弟亦非有意长住此。殖民地何以居？唯弟在此间仍是在二校教书，亦有数学生依依左右。学问不能独立，俟将来学术自立，或弟学得一劳动技能以后，当谋返国内。②

是年，新亚书院仍处于最为困难时期，唐先生全副精神均尽瘁于办理新亚书院。六月在《新亚校刊》创刊号中，撰写《我所了解之新亚精神》，阐释了自己所理解的新亚书院之讲学精神。唐先生谓：

> 新亚书院讲学的精神，亦正是一方要照顾中国的国情，一方要照顾世界学术文化的潮流。新亚书院的同人，正是要在中国的国情与世界学术文化的潮流之中间，尝试建立一教育文化的理想而加以实践。③

唐先生强调，古老的亚洲，古老的中国，必须新生。只有当最古老的亚洲、最古老的中国获得新生；中国得救，亚洲得救；而后世界人类才真

---

① 唐君毅：致梁漱溟，1952年春。《唐君毅全集》（九州）卷31《书简》第12页；《唐君毅全集》（学生）卷26《书简》第17页。
② 唐君毅：致钱子厚，1952年春。187—188页；《唐君毅全集》（九州）卷31《书简》第187—188页；《唐君毅全集》（学生）卷26《书简》第248—249页。
③ 唐君毅：《我所了解之新亚精神》。《唐君毅全集》（九州）卷16《新亚精神与人文教育》第8页；《唐君毅全集》（学生）卷9《中华人文与当今世界补编》（上）第457页。

能得救。中国文化的一贯精神是生心动念，皆从全体人类着眼。世界上此时亦唯有包括中国在内的古老的亚洲最迫切地需要新生。这当是新亚定名的本义，也是新亚师生愿与一切中国人、一切亚洲人共抱的一遥远志愿之所在。唐先生认为，亚洲是世界一切伟大宗教的策源地，它们都未死亡。甘地精神中有印度的慈悲，孙中山的精神中有中国的仁道，基督教至今仍为西方精神的最后托命所，回教仍是凝合回教世界的一大力量，而中国文化精神潜存于中国人心，只要发扬光大，断然能复兴中国。人类如果莫有源自亚洲的伟大宗教精神与中国的儒家道家所培养出的各种德性，如仁爱、慈悲、谦让等，人类定然毁灭。因而亚洲人与中国人，亦当永远不忘其所固有的德性及文化精神，而求有新的觉悟。中国人与亚洲人必须对其历史文化中之有价值者，能化旧为新，求其以通古今之变。所以，新亚的精神，新亚的教育文化理想，不外一方希望以日新又日新的精神去化腐臭为神奇，予一切有价值者皆发现其千古常新的性质，一方再求与世界其他一切新知新学相配合，以望有所贡献于真正的新中国、新亚洲、新世界。

是年，新亚书院因经费来源断绝，无法支付校舍房租及少数教师的钟点费。虽然在香港四处筹措，依然只是杯水车薪，无济于事。校长钱穆先生为此远赴台湾，捐募经费，却在台北淡江英专演讲时，不幸房顶塌落，被打得头破血流，几乎丧命。

是时，正值香港政府颁布商业登记条例。所有港九私立学校，均须到工商署办理登记，自认为营利企业。此一消息，在新亚同人中引起极大反响与激动。因为依照中国传统教育观念，学校并非营利团体，而是神圣的教育事业。新亚同人等引以自豪的，也正在于此，因此岂能自认为是营利企业，办商业登记。为此，钱先生从台湾来信，斩钉截铁说绝不向工商署办商业登记，宁为玉碎，不为瓦全，必要时宁愿关门大吉，也不可造成中国文化的污点。为此，张丕介先生与当时学校的法律顾问赵冰大律师详商对策，准备到高等法院申请将新亚书院登记为非谋利团体。但要完成此法律手续，必须聘请律师起草学校的组织大纲与条例，送呈法院，等待调查批准。为了挽救学校命运，赵先生于久病之余，挺身而起，独力承担此极为烦难的工作。

为此，唐先生在《华侨日报》发表《私立学校登记与社会人士心理》一文，痛论此私立学校登记之事。唐先生强调，依中国历史文化传统的标准，从来没有人真主张教育是牟利的。中国的文化传统，自始认定教育与牟利不可得兼。尽管现在中国文化在一天一天地堕落，国家如此贫弱，而又在分裂中，然而教育不是为牟利这一点文化意识，确尚未丧失。而且这个国家不会永远贫弱、不会永远分裂。唐先生希望在香港不会再有商人的教育家与学店，以保持中国人教育的一点命脉，并认为这将是香港政府对中国人民最珍贵的友情。①

一年后，香港政府终于批准新亚书院豁免商业登记，香港政府对于这间流亡学校，总算是另眼相看。

七月七日，新亚书院第一届毕业生毕业。新亚书院在湾仔六国饭店的二楼西餐厅举行了第一届毕业典礼。②毕业生只有三人，余英时和张德民两位毕业生参加了仪式。全体师生及眷属朋友，不过五六十人，典礼隆重而热烈，但对学校前途的隐忧，见乎辞色。校长钱先生因在台养伤，未能参加。

十月廿六日，唐先生反省其过去，写文虽多，然未写攻击人、讽刺人的文字，亦未写逢迎人或媚世悦人的文章，并常求于文中勿有伤及他人及骄傲夸耀的语气，此乃自己的好处。但是，自己写文乃因常要说出自己异乎流俗处而未能尽量求使人喻解，自谓此乃仁智不足之故，后宜改之。又反省，谓自己有一天生厌恶机械性活动或纪律组织的性格，所以少年时厌恶军事操；一九三三年在南昌直斥当时国民党中蓝衣社的理论并欲自内部加以修改；当时程兆熊嘱其代写一文化宣言，即首指出中国文化精神为宽容博大；一九四○年在国民政府教育部时，对陈立夫的思想，唐先生就特别希望其能改变；即使现在厌恶共产党的一些做法，根本理由亦在其与自己重宽容博大的精神不合。并谓，若干年来的思想，已经逐渐使广博的思想秩序化，因此，以后在生活上，亦应当改正"无条理而杂乱之病"，当求其秩序化才是，而且这并不违背自己重宽容博大的胸襟境界。③

是年，应香港大学中文系主任林仰山先生邀请，唐先生往香港大学兼

---

① 唐君毅：《私立学校登记与社会人士心理》。《唐君毅全集》（九州）卷16《新亚精神与人文教育》第5—7页；《唐君毅全集》（学生）卷9《中华人文与当今世界补编》（上）第418—420页。

② 唐君毅：日记，1952年7月7日。《唐君毅全集》（九州）卷32第81页；《唐君毅全集》（学生）卷27《日记》（上）第122页。

③ 唐君毅：日记，1952年10月26日。《唐君毅全集》（九州）卷32第87页；《唐君毅全集》（学生）卷27《日记》（上）第130—131页。

任教职，教授中国哲学。

除了新亚书院繁重的教学、教务任务，唐先生无时无刻不在全神贯注地阅读与沉思。是年，对存在主义者海德格尔、马塞尔的著作多有用功。由于全副生命用于工作与思考，一切日常生活，均由夫人谢廷光女士悉心照顾。

是年，唐先生发表的文章有：

在《新亚校刊》发表《我所了解之新亚精神》；

在《华侨日报》发表《私立学校登记与社会人士心理》；

在《自由人》发表《中国民主思想之建立》；

在《中国学生周报》发表《说青年之人生》；

在《摩象》发表《康德哲学精神》《费希特之理想主义哲学》；

在台湾师大《人文学刊》发表《生命世界与心灵精神世界》；

在《新思潮》发表《海德格尔之存在哲学》；

在《民主评论》发表《人类的创世纪》《论西方之人格世界》《论中国之人格世界》《如何了解儒家精神在思想界之地位》《试说收复大陆后之立法精神》《论接受西方文化思想之态度》（上、下）《宗教精神之伟大》《自由、人文与孔子之精神》《纪念意大利名哲克罗济逝世》《人文与民主之基本认识》；

在《人生》发表《中国传统社会文化之精神》《自然与人文》《五四谈青年教育》《说人生在世之意义》《西维宅论现代文明生活的弊端》《中国知识分子如何而有气概》《美之欣赏与人格美之创造》《联合国的文化使命》《与青年谈中国文化》；

此外还有新亚书院文化讲座讲词《知识中之真理之意义与标准》，通俗哲学小丛书《中国之乱与中国文化精神之潜力》等。

《中国之乱与中国文化精神之潜力》分上、下两篇，其中上篇"中国今日之乱之文化背景"后编入《人文精神之重建》第三部，下篇"中国文化精神与其潜在力量"后收入《中华人文与当今世界补编》（下）。

唐先生认为，尽管中国近代几十年的混乱都有其文化精神的原因，但我们却不能将中国数十年的混乱归罪于中国文化精神，并由此对中国文化精神彻底加以改造及否定。一是势上不能。中国五千年的文化历史，五千年中国的文化精神不是再有数十年即可以加以彻底改造否定的。二是理上不能。用以否定中国文化精神的观念理想要有力量，必须经过自己的意识认可而成为自己，而且须与自己民族生命心灵及人格存在情调气味相合。三是义上不当。中国数十年的混乱，是由于世界文化与中国文化的相互冲击，其悲剧所以产生，乃是由于一种好与另一种好的相矛盾冲突，而未配合得好。①

唐先生分析了中国文化精神的种子，认为中国思想在根本上是尊重人而视人道之本为仁道的，同时是要人知心之不可物化，并要人相信仁为心之性与人性善的，并提出中国文化精神的八个特点。第一，绝对不容许视人为手段工具。第二，人有心、有善性、有仁心。第三，人人自身是一目的而非手段，人有其精神生活、内心生活与文化生活，而各有其尊严，而应相敬。第四，人能情通万物，及于家，及于国，及于天下，及于自然世界，及于上下千古之历史文化世界。第五，由仁心之流行必及于天下世界，中国思想早有世界主义。第六，中国人因视自然宇宙为流行发育之境界，而对之特有情。第七，中国文化精神因重人与人之相敬而特重推让，故中国过去社会缺阶级对峙，人民亦罕向政府要求平等自由，故无西方式民主政治。第八，中国思想中因早信人性善而人各有其人格之尊严。唐先生认为，由此八点，可以了解中国文化精神真充量的发展其自己，即可以解除其过去文化意识的矛盾，而通接于世界文化的道路。②

据此，唐先生强调：

> 中国文化精神有无比的大力，他是直接贯注于中国之全部人之生命与心灵之深处……这个精神只是一客观的存在于整个民族社会历史文化中，并通过全中国之人心而存在于今日者。他绝对不属于任何一私人，或一政党。他只是一浩浩的长流在寻求他自己之道路，完成其自身的发展，而无声无息向着他之自然且合乎当然的方向流。顺天者存，逆天者亡。他即是中华民族的上帝。人要以私心利用他、占有他、违反他，总是心劳日拙。而只以一虔敬心，虚心认识他、相信他的人，他可以对之加福。真是鬼神之为德其至矣乎，洋洋乎如在其上，如在其左右，体物而不可遗。他对一切中国人皆有同样的爱，然而他却无私惠私恨。一切的意气，在他之前必须平下。你一切的努力

---

① 唐君毅：《中国今日之乱之文化背景》。《唐君毅全集》（九州）卷第199—216页；《唐君毅全集》（学生）卷5《人文精神之重建》第260—282页。

② 唐君毅：《中国文化精神与其潜在力量》。《唐君毅全集》（九州）卷15《东西文化与当今世界》第173—197页；《唐君毅全集》（学生）卷10《中华人文与当今世界补编》（下）第170—199页。

必须是为了他。而他亦即是你之最内在的自己，在你自己中有数千年无数的祖先之生命之生理心理精神之交融成的力量之整体潜在着，这就是他。而你能依他的意旨而行，你即是实现你之为人、你之为中国人。而此精神同时使你与世界文化精神之一切有价值之方面，如科学民主之精神相通接。由是而实现你之为中国人，与实现你之为世界人，是一事不是二事。世界上的人，亦须知扶助中国人之成为真正的中国人与使中国人成为世界人，亦是一事而非二事。由是而使中国依中国文化精神而立国与依世界文化精神而立国是一事而非二事。中国文化之精神我们上面只说一点，即一切以人为本。所以成为中国人，亦只是成为人。中国人之成人、成中国人、成世界人，真正是三位一体。中国之成为中国，成为真正的人的国家，与成为与世界相协和的国家，亦是三位一体。①

《论接受西方文化思想之态度》（上、下）后收入《人文精神之重建》第四部。该文指出，中国百年来的灾难，由于外感与内伤，造成了整个民族精神上的虚怯。贯彻于百年来知识分子心底的感情，始终是恐怖、怯弱、羡慕、卑屈之感，与惭愧、虚心、好人之善的心相夹杂。这两种动机，后者是自动的、向上的，前者是被动的、向下的。中国今日知识分子真要接受西方文化思想，必须彻底觉悟，首要的便是确立我们对中国历史文化的自信心，由此自信心，便可培养我们的气概。由此，我们接受西方文化，便不致出自怯弱、羡慕、卑屈的态度。这种文化自信心从何建立呢？唐先生认为，我是中国人，我当然有对中国历史文化的自信心。但是，我们只须直接自觉我是人，人人便都可有一顶天立地之气概。人必须假定，什么外在假借凭借都莫有了时，只有赤裸裸的个人，依然觉得上是天、下是地，我立于宇宙间，而其精神足以涵天盖地、通贯古今，才是真正的自立，才见真正的气概。这个气概，上不自天来，下不自地来，中不自他人来，而只由自己对自己之内在的人格尊严，与无尽的不忍之心的自觉而来，亦即由人自觉其是人而来。这个自觉，与缘之而生的气概，只要

---

① 唐君毅：《中国文化精神与其潜在力量》。《唐君毅全集》（九州）卷15《东西文化与当今世界》第196—197页；《唐君毅全集》（学生）卷10《中华人文与当今世界补编》（下）第197—198页。

我是人，不管我是否是中国人，都是当有能有的。而启示人之自觉，激发人之此气概，此气概又绝不显为对他人的凌驾与骄傲，亦即原是中国儒家精神之神髓。因此，人只要真求成为人，人便须有堂堂正正，顶天立地，而涵天盖地通贯古今的气概。

唐先生认为：

> 中国数十年文化思想上一个不正确的观念，即胡适之先生等所谓文化赛跑，中国跑在后面之说。这种说法用以激励国人努力，其心不可厚非。然只知自后追赶，而不知综合贯通，便不能真激发知识分子之创造精神。
>
> ……中国当前的灾难，不全是中国文化不好，亦不是西方文化不好，而是二种不同的文化精神之互相冲击，如两股水之相冲击，把中国人之精神生命力冲散了，士气冲弱了，一切自信心与气概，都消失了。
>
> ……五千年的文化精神的光辉，就在一切神明华胄的内心深处，它一定要昭显出来，去照耀祖国，照耀世界，使世界成为一各种民族文化不相凌驾，一方各自独立生长，一方互相融摄，而具体的实现太平、太和、大同之理想的世界。至于于无数的具体的问题，由经济、政治、社会、日常生活，至伦理、宗教、文艺、哲学等各方面之具体的问题，与相关联之具体的事业，则待我们从各方面去用心，去从事。①

一九五三年　四十五岁

一月一日，应王道先生《人生》杂志社的约稿，写《怀乡记》一文。

该文是了解唐先生的重要文献资料。在文中，唐先生对自己的家世渊源、出生地的自然人文环境，在宜宾、成都、重庆上学的经历和体验，都作了详细的叙述，并多有感叹。在文章最后，唐先生特别抒发了自己的乡土人文情怀：

---

① 唐君毅：《论接受西方文化思想之态度——中国知识分子自作主宰的精神气概的建立》。《唐君毅全集》（九州）卷10《人文精神之重建》第253—254页；《唐君毅全集》（学生）卷5《人文精神之重建》第327—328页。

> 处此大难之世，人只要心平一下，皆有无尽难以为怀之感，自心底涌出。人只有不断的忙，忙，可以压住一切的怀念。我到香港来，亦写了不少文章。有时奋发激昂，有时亦能文理密察。其实一切著作与事业算什么，这都是为人而非为己，亦都是人心之表皮的工作。我想人所真要求的，还是从那里来，再回到那里去。为了我自己，我常想只要现在我真能到死友的坟上，先父的坟上，祖宗的坟上，与神位前，进进香，重得见我家门前南来山色，重闻我家门前之东去江声，亦就可以满足了。①

遗憾的是，唐先生终未能实现而且至今亦未能实现自己"从那里来，再回到那里去"的人生"真要求"。

二月七日，陈伯庄先生至桂林街寓所，与唐先生下围棋至夜。

是年春，多次催促移民局咨询和办理母亲入境证明，均无结果。五月十八日，"得母亲一函谓不能来，想系出境证未许之故，颇不快乐，并与母亲一函，请其改请单程不知可否"。六月十日，终于办理好母亲入境手续，"赴移民局领母妹入境证"。但是，直到七月八日，"母亲来信谓出境证仍未得，已不能来矣"。②

是年，新亚书院的发展否极泰来，迎来转机。当时，美国在香港设立亚洲协会，并由艾伟（James Ivy）先生主持其事。艾伟先生作为一个美国青年，向往中国文化，同时结识新亚书院学生多人，因而详知书院宗旨、历史及现况，慨然有意协助。经数次恳谈，决议新亚书院接受该协会初步的援助，建立新亚研究所，由该协会拨助专任研究人员的研究费，而以其中的半数，转交新亚书院，以应付学校最低限度的经费需要。是年秋，新亚书院在九龙太子道租赁一层楼宇，成立新亚研究所，开始购置图书。新亚自此打开国际援助之门，步入新阶段。

继亚洲协会之后，美国耶鲁大学的中国雅礼协会亦决定与新亚合作。该会在湖南开办雅礼中学及湘雅医学院，历有年所，成绩卓著。新中国成

---

① 唐君毅：《怀乡记》。《唐君毅全集》（九州）卷14《中华人文与当今世界》（下）第377—378页；《唐君毅全集》（学生）卷8《中华人文与当今世界》（下）第453页。

② 唐君毅：日记，1953年5月18日、6月10日、7月8日。《唐君毅全集》（九州）卷32《日记》（上）第98、99、100页；《唐君毅全集》（学生）卷27《日记》（上）第146、148、150页。

立后，此项合作事业中断，乃拟就台湾、菲律宾、新加坡和香港四地中国人办理的教育或医药事业中，选择目标进行经济援助。卢鼎（Harry Rudin）教授携带此项使命到香港调查，由新亚学生奚会璋介绍到桂林街校舍参观，对新亚简陋的校舍与少数师生的状况一目了然。此时，恰逢高等法院正式批准新亚书院为"为教育而教育"的社会事业单位，可以豁免商业登记。数日后，新亚书院举行第二届毕业典礼，卢鼎教授应约观礼，目睹新亚师生欢聚一堂、热情洋溢与其不折不挠的精神，深为感动。于是决定援助新亚的计划。次年（一九五四年），雅礼协会派驻香港的代表郎家恒（Charles Long）先生来港履新，执行双方合作计划，从此新亚书院的发展乃进入全新阶段，规模越大，合作者越多。

八月，唐先生在致胡兰成信中言哲学乃自己之红尘。唐先生谓：

> 弟自知理障太重，常苦不能解脱，唯初意亦非如此。弟在中学读书时，即有许多感触，与人说总说不通，故渐习了思辨，后又以大半时间读西哲书，后乃返而求诸六经。积习难除，故所造不能一切洒落自在。弟在此对自己之解释，是如《红楼梦》所谓人在重还太虚幻境之先，不能不先在红尘中走一遭。哲学乃弟之红尘也。而对中国当前之时代说，则中国昔贤礼乐之教，太柔和，圣贤言语，智慧太高，如不济以刚性之理论思辨，辅以知识，则不能护法。昔贤谓儒门淡泊，收拾不住豪杰。今日之情势正相同。①

唐先生当时由于经济拮据，每月微薄的薪水仍须供养在大陆的母亲和妹弟，所以，凡是要满足消遣的想法，便常往不必花钱太多的地方。唐先生喜欢带家人游太平山。山顶有一餐厅。当夫人与安仁小姐还未到香港时，唐先生常一人到山顶餐厅写文章，有时整天在那里抽烟吃茶，也不记得吃东西。唐先生最喜欢的《孔子与人格世界》一文，就是在那里写成的。因此，此后唐先生亦经常带夫人和安仁小姐到太平山游览。每次上山，围着两个山峰散步，安仁小姐满山去采花，唐先生则与夫人边走边唱。唐先生常唱少儿时候的童军歌，唱到《哥哥华盛顿，弟弟拿破仑》

---

① 唐君毅：致胡兰成，1953 年 8 月 30 日。《唐君毅全集》（九州）卷 31《书简》第 196 页；《唐君毅全集》（学生）卷 26《书简》第 260 页。

时，一副眉飞色舞、勇往向前的神态，一片童真。有时又会与夫人共唱："雨打江南树，一夜花开无数，绿叶渐成荫，下有游人归路，与君相逢处，莫道春将暮，把酒祝东风，切莫怱怱归去。"① 真可谓其乐融融。唐先生此时也喜欢到香港中环石板街一带的旧书店买书。石板街是一条陡斜的古老大街，唐先生常常喘着气、流着汗，一家一家书店跑。店内的书，由地下堆至天花板，唐先生总在那里全神贯注地翻阅。

是年，唐先生在正中书局出版《中国文化之精神价值》一书。该书到一九七七年十一月便发行十一版。

该书的写作，动念于十年前，其初意乃为个人补过。一九三六年，唐先生曾作长文《中国文化之根本精神论》，发表于《中央大学文艺丛刊》。当时曾提出"天人合一"与"分全不二"作为解释中国文化的根本观念。此后几年陆续对中国哲学、文学、艺术、宗教、道德皆有所论，后辑成《中西哲学思想之比较研究集》由正中书局于一九四三年出版。此书印刷之际，唐先生个人的思想正有所进境，因此，该书一印出即深致不满，并曾致函正中书局，勿再版。不过，书局一九四八年又再版，后唐先生要求停止重印。唐先生认为：

> 该书自表面观之，内容似甚丰富，且根本观念与今之所陈，亦似相差不远，然实则多似是而非之论。盖文化之范围至大，论文化最重要者，在所持以论文化之中心观念。如中心观念不清或错误，则全盘皆错。余在当时，虽已泛滥于中西哲学之著作，然于中西思想之大本大源，未能清楚。②

唐先生遂发心另写一书，以赎前愆。

此后，因个人生活的种种烦恼，唐先生对于人生道德问题多有用心。对"人之精神活动恒自向上超越"以及"道德生活纯为自觉的依理而行"诸义有较真切的会悟，遂知人有既内在又超越的道德自我，或心之本体。

---

① 谢廷光：《忆先夫唐君毅先生》。《唐君毅全集》（九州）卷38《纪念集》（下）第505页；《唐君毅全集》（学生）卷30《纪念集》第595页。
② 唐君毅：《中国文化之精神价值》"自序《述本书缘起》"。《唐君毅全集》（九州）卷9《中国文化之精神价值》第1页；《唐君毅全集》（学生）卷4《中国文化之精神价值》第3页。

于是，有《人生之体验》与《道德自我之建立》二书的出版。自此之后，对此心此理，更不复疑。于中西理想主义以至超越实在论者之胜义，日益识其会通。由是乃知：夫道，一而已矣，而不讳言宗教。并于科学精神、国家法律、民主自由等概念，逐渐一一得其正解。

至于讨论中国文化问题的著作，在国人方面，如熊十力、牟宗三先生之论中国哲学，钱宾四、蒙文通先生之论中国历史，梁漱溟、刘咸炘先生之论中国社会与伦理，方东美、宗白华先生之论中国人之生命情调与美感，程兆熊、李源澄、邓子琴先生之论中国农业与文化及典制礼俗，唐先生认为，这些著作皆可帮助中华民族之民族精神的自觉，比清末民初及新文化运动时的各种议论已较为客观公允。至于西哲方面，黑格尔之历史哲学，凯泽林之哲学家旅行日记，及斯宾格勒、罗素、杜威、诺斯罗普、汤因比等人对中国文化的论列，唐先生认为，亦多旁观者清，颇有深入透辟之论。尽管如此，唐先生仍以为憾者在于，"引申分析中国哲学之智慧，以论中国文化之精神价值之著，而统之有宗、会之有元者，尚付阙如"。①由是，唐先生在十年中发奋完成两书，先成《文化之道德理性基础》一书，以明文化之原理，再进而论中西文化之精神价值。由于二书卷帙浩繁，一时不易出版，故将后一书之下部论中国文化部分单独刊行，即《中国文化之精神价值》。

该书以西方文化思想中之异于中国者为背景，以突出中国文化之面目。因此，对于具体的历史社会事实，所论者较少；而对于中国文化的特殊精神，则力求以较清楚的哲学概念加以表达；而对于中国之人生意趣、文艺境界、人格精神、宗教智慧等，皆以"方以智"之道加以剖析，而终归于见天心、自然、人性、人伦、人文、人格之一贯。

对于中国文化精神，唐先生不取时贤无宗教之说，而是主张中国哲学、道德与政治的精神，皆直接从原始敬天的精神而开出。所以，中国文化不是无宗教，而是宗教融摄于人文。唐先生自谓，此意也是自己今昔见解中最为相反者，而且是屡经曲折的思维而后得到的。因此，对于中国宗教精神中的天地鬼神观念特致尊重，并以为可以补西方宗教精神之不足，而且可以为中国未来的新宗教之基础。唐先生强调，中国文化精神之神

---

① 唐君毅：《中国文化之精神价值》"自序《述本书缘起》"。《唐君毅全集》（九州）卷9《中国文化之精神价值》第3页；《唐君毅全集》（学生）卷4《中国文化之精神价值》第6页。

髓，唯在充量的依内在于人之仁心，以超越的涵盖自然与人生，并普遍化此仁心，以观自然与人生之一切，兼实现之于自然与人生而成人文。而仁心即天心也。此义在该书随处加以烘托。

该书首四章纵论中国文化的历史发展，第五章至第八章论中国先哲之自然观、心性观，及人生道德理想，第九章至第十四章，则先论中国的社会文化与人在自然之生活情趣，次论中国文化中的艺术文学精神，再次论中国文化中的人格世界，终论中国人的宗教精神与形上信仰。最后三章则专论中西文化的融摄问题，以解除百年来中西文化之纠结，而昭示中国未来的文化远景。

唐先生强调，该书论中国文化，虽然重在论其过去，而用意则归向于指出中国未来文化创造的道路。唐先生以太极、人极、皇极三极一贯之意，以明圆而神的中国文化精神，可以全部摄取方以智的西方文化精神，以展开中国未来的人文世界。并认为，中西文化的融合，不是一取长补短之事，而是完成中国文化自身当有之发展、实现中国文化理念当有之发展。因此，依唐先生的哲学理念来看，中西文化的融合，乃天造地设之事。由此，中国百年来中西文化之争，对中学为体西学为用与全盘西化之二极，唐先生自谓，其书可在哲学理念上实现真实的会通，并由此而有中国未来文化的新面目。

对于该书的写作风格，唐先生自谓：

> 每章皆自具经纬，各章之义复互相映照，而每章立义，皆先浅近易晓者，以次第及于精微。故即在初学，但循序以读，皆可得解。亦可先阅艺术文学精神、人间世界、人格世界数章，因所论较为具体，可引发兴味，再及其他。①

唐先生本人十分看重此书的价值。一九七八年一月十五日，在逝世前半月，唐先生为该书第十版写了自序。在该自序中，唐先生将一九五三年此书出版后在香港、台湾出版的著述分为四类，并认为，在内地时期撰写的《人生之体验》《道德自我之建立》《心物与人生》《文化意识与道德

---

① 唐君毅：《中国文化之精神价值》"自序《述本书缘起》"。《唐君毅全集》（九州）卷9《中国文化之精神价值》第5页；《唐君毅全集》（学生）卷4《中国文化之精神价值》第9页。

理性》等泛论人生文化道德理性之关系之著，和到香港后撰写的表示个人对哲学信念之理解的《哲学概论》《生命存在与心灵境界》等著作，"此二类之书，皆可谓为本书之纯哲学理论之基础所在"。至于第三类、第四类著述，唐先生自谓皆与此书密切相关。第三类为与此书同时，或继此书而写的评论中西文化，重建人文精神、人文学术，以疏通当前时代社会政治问题的论文，共编为《人文精神之重建》《中国人文精神之发展》《中华人文与当今世界》三书。唐先生认为，这些书"皆由引申发挥本书最后三章，论中国文化之创造之文中所涵蕴之义理，并讨论其所连及之问题而作"。至于第四类专论中国哲学史中的哲学问题，如心、理、性命、天道、人道之著，即《中国哲学原论》的导论篇、原性篇、原道篇、原教篇。唐先生言：

> 而此诸书，则可谓为对本书所只概括涉及之中国哲学之基本观念，而据之以论中国文化者，作一分析的思辩，与历史的发展的论述。故二十五年来吾所出版其他之著，无不与本书密切相关。
> ……本书之论述哲学与中国文化诸问题，自不如吾其他之著之较为详尽。然自本书所涵蕴之义理，并连及之问题之丰富，而富启发性言，则此吾之他书皆不如此书。①

是年，唐先生发表的文章有：在《民主评论》发表的《西方文化之根本问题》（上、下）《印度与中国宗教道德智慧之方向》《中西社会人文与民主精神》《学术思想之自由与民主政治》《〈中国文化之精神价值〉自序》《新年向世界人士敬陈二义》《亚洲国际社会主义者大会感言》；在《自由学人》发表的《科学意识与道德理性》《文学艺术与道德理性》；在《人生》发表的《王著〈人类自救之路〉再版序言》《人心如何会求真美善》《怀乡记》《宋著〈人生的艺术〉序》《精神与文化》《学问与哲学》《与青年谈学问之阶段》《人文世界之概念》《学问与学问方法之限度》《精神空间之开拓》《说读书之难与易》《中西文化之反本与开新——〈人文精神之重建〉序》《说日常的社会文化生活》。

---

① 唐君毅：《中国文化之精神价值》"第十版自序"。《唐君毅全集》（九州）卷9《中国文化之精神价值》第7—8页；《唐君毅全集》（学生）卷4《中国文化之精神价值》第11—12页。

《西方文化之根本问题》(上、下)一文后编入《人文精神之重建》第五部。该文开宗明义即提出：

> 现时代世界上一切人，都知道西方文化之种种长处而加以赞美。人们都知道赞美现代西方人在工业技术上、科学哲学上、文学艺术上、宗教上、政治经济制度上的成就。而我个人尤赞美西方人之超越精神，客观化其理性之精神，尊重个人自由之精神，及其文化多端发展之精神，认其为东方人从来所不及。然而西方文化却至少遭遇二根本问题。此二根本问题，是西方哲人自来尚未认真考虑的，亦不是只顺现在上述西方文化精神去发展，所能解决的。此一为如何保持西方文化之悠久存在之问题，一是如何真获致人类之和平相处之问题。①

进而，唐先生在对西方古典哲学精神中最有代表性的柏拉图、亚里士多德进行反省后指出，柏拉图式精神不能成就生命之悠久，缺乏和天下的理念；亚里士多德思想中则只有形式的永恒而无生命的悠久；由古代希腊精神诞生出的科学精神不能成就其自身的悠久；而相应的社会文化多端发展的精神则导致分裂人文世界的人心动机。进而，唐先生又对基督教精神、康德和黑格尔有关悠久与和平的精神进行了反省。在基于对西方文化最重要的四种精神即超越精神、学术文化多端发展的精神、重个人自由的精神、客观化理性的精神的充分认识的基础上，唐先生强调，西方文化之根本缺点即在于，对于"致天下和平成人文悠久"的问题未得到解决。而要解决此根本问题，必须回归东方智慧。在中国思想，先秦诸子即以如何"和天下""定天下""安天下""平天下""治天下""均调天下"为问题，故中国早统一，而历史上之战争，毕竟较西方为少。印度思想中，重忍让慈悲，即使印度被侵略，而未尝侵略人。

唐先生强调：

> 今日为西方文化思想所主宰之世界不能和平，人类随时有毁灭之

---

① 唐君毅：《西方文化中之悠久与和平问题》。《唐君毅全集》(九州)卷10《人文精神之重建》第339页；《唐君毅全集》(学生)卷5《人文精神之重建》第429页。

虞，正当归其一原因于西方思想之传统本未将这些问题早当作问题，为其思想主流之理性主义理想主义基督教思想尚不涵蕴此二问题圆满解决之故。而此缺点之最深的关键，如再追问下去，便当说在西方理性主义理想主义与基督教，都只重在本理性以向上向外，形成理想，使之高，使之远，而未注重到如何能自内部开拓吾人理性之自身，使之大，求其久，即未能向下体察人在内心中，自然生命中，习惯生活中，社会人文中，之一切非理性反理性之存在，而谋自根上加以超化之故。①

西方文化之所缺，正是东方之所长。而只有在西方取此之所长，将其所信为超越之天理，皆加以内在化，使之流行，以彻上下，以礼乐精神之圆而神，运于其人文分途之方以智之中，而化其哲学家为兼儒者之人，以裁成社会之人文，方为真正之致天下之太平，成人文之悠久之道也。②

《人文世界之概念》一文后编入《心物与人生》。该文将人文领域分为九个方面：知识学术、生存技术、艺术、文学、经济、政治、法律、道德、宗教、教育，并一一做了概念的梳理、内涵的界定。

一九五四年　四十六岁

三月三日，收到四妹寄来的信函告知，四妹回四川双流彭家场过问唐先生家所存于刘家的大量书籍资料，得知因为刘家是地主而被没收。唐先生深感遗憾。在四日的日记中记载此事，并言：

> 我十五至卅五年之日记与札记诗稿等，皆已无踪迹矣。我在此十五年中乃学问最进步之时，日记中所记之生活反省及思想皆最详，札

---

① 唐君毅：《西方哲学精神与和平及悠久》。《唐君毅全集》（九州）卷10《人文精神之重建》第385页；《唐君毅全集》（学生）卷5《人文精神之重建》第483页。
② 唐君毅：《西方哲学精神与和平及悠久》。《唐君毅全集》（九州）卷10《人文精神之重建》第387页；《唐君毅全集》（学生）卷5《人文精神之重建》第486页。

记中则包含三十以前之思想系统，此皆我过去最宝贵者，今已不知所在矣。唯闻父亲之日记手稿尚多存于宜宾云，此则可慰。①

三月十五日，唐先生于日记中自谓过去写作，可分五个时期：

> 自廿六岁至廿九岁数年皆喜论中西哲学问题之比较后辑成《中西哲学之比较论集》于正中出版，卅岁至卅三岁数年中喜论道德人生，成《人生之体验》及《道德自我之建立》二书在中华、商务印行，卅四岁后应教育部之约写《中国哲学史纲》十七万言，至卅六岁复补作《宋明理学论》廿万言，后又写《朱子理气论》七万言，此文后只零星在刊物上发表若干篇，大约见于《理想与文化》《历史与文化》及《学原》，卅八岁至四十一岁时写《文化之道德理性基础》，其中有二篇四十二岁时乃完成，四十一岁至今则又著重论中西文化及人类文化前途等问题而针对时代立言。回想起来，皆四年一变，乃不期然而然者亦异事也，不知此后数年尚如何。②

是年，新亚书院与雅礼协会合作开始，在九龙城嘉林边道扩设分校，第一任雅礼协会代表郎家恒先生来校履新。三月三十一日，新亚校董会开会，唐先生等招待耶鲁至新亚协商合作事的代表。四月一日，唐先生与新亚同人及郎家恒先生同往寻觅新校址。在合作后的新亚书院，唐先生仍任教务长及哲学教育系主任。

是年，牟宗三先生在台湾筹建"人文友会"，唐先生极为赞成，并借此阐释自己对于儒教及儒家事业的设想。唐先生认为，只有哲学之论，人的性命终无交代处。西方在此有宗教，除哲学外皆只存信之而不必论之。中国过去有儒教，现今则无，所以入基督教者日多。基督教义固有所偏，而其风习亦多与中国文化不合，而信者亦罕能尽其诚。唐先生在致牟宗三先生的信中谓：

---

① 唐君毅：日记，1954年3月4日。《唐君毅全集》（九州）卷32《日记》（上）第113页；《唐君毅全集》（学生）卷27《日记》（上）第169页。

② 唐君毅：日记，1954年3月15日。《唐君毅全集》（九州）卷32《日记》（上）第114页；《唐君毅全集》（学生）卷27《日记》（上）第170页。

中国昔有儒教，今则无有，故人入基督教者日多。基督教义固有所偏，而其风习亦多与中国文化不合，而信者亦罕能尽其诚。弟因觉今日讲学，不能只有儒家哲学，且须有儒教。哲学非人人所能，西方哲学尤易使人往而不返，而儒教则可直接人之日常生活。在儒为教处，确有宗教之性质与功能，故曾安顿华族之生命。而今欲成就其为教，必须由知成信，由信显行，聚多人之共行以成一社会中之客观存在——如社团或友会（友会之名较好），此客观存在，……尚须有与人民日常生活发生关系之若干事业。此盖凡宗教皆有之。唯有此事业，而后教之精神乃可得民族生命之滋养，而不致只成为孤悬之学术团体，此诸事业即属于儒家所谓礼乐者。礼乐乃直接润泽成就人之自然生命。人之自然生命之生与婚姻及死，皆在礼乐中，即使人之生命不致漂泊无依。①

对于儒教在社会事业中的存在方式，唐先生谓：

基督教徒在社会存在的基础，即主持婚礼与葬礼，佛教只是主持葬礼不能主婚礼。而儒家之礼，则兼重生日诞辰与冠礼及葬后之祭礼，此是对人之自然生命自始至终与以一虔敬的护持，而成就其宗教之任务。弟以为此将为儒教徒之一社会事业。此外，则养老恤孤，救贫赈灾，亦为儒者过去在会社所指导，而力行之一事，今皆入佛教徒与基督教徒之手。亦当为今后儒教徒之一事。此诸事皆不只是学术理论，亦非属狭义之政治，而为流行遍及于社会人民生活之最现实的方面者，故可尽澈上澈下，通无形与形而极高明以道中庸之道。唯礼乐之订定，非义精仁熟不能为，且不能为，且不能无所因袭，亦不能过于与当世诡异，以动世人之疑。弟为此彷徨而不知所决。②

对于儒教事业开展的着手点，唐先生谓：

---

① 唐君毅：致牟宗三，1954 年 8 月 14 日。《唐君毅全集》（九州）卷 31《书简》第 118—119 页；《唐君毅全集》（学生）卷 26《书简》第 158 页。
② 唐君毅：致牟宗三，1954 年 8 月 14 日。《唐君毅全集》（九州）卷 31《书简》第 119 页；《唐君毅全集》（学生）卷 26《书简》第 158—159 页。

> 弟日前唯思及民间家中天地君亲师之神位及孔子庙二者……弟尝思自先保存此二者下手。天地君亲师之神位之君字，或改为圣字或人字，孔庙即成讲学之所，唯其他之礼器与乐章为何，则茫然不知所答。如何"治之于视听之中而极之于形声之外"，此真是化民成俗之大学问，尚非一般之外王之教所能摄。弟想将来吾人亦须向此用心。唯此皆与今日知识分子所用心之处相距太远，仍必须先由义理之当然处一一开出思路。因而先引起人之问题，拓展人之心量之哲学工作，必须先行，冀由广泛的思功，逐渐逼归定向之行事。①

对于儒教事业实现的条件，唐先生以为，在现实条件下，以友会凝聚成教会，仍只能先"存之于心"。因为：

> 以时运考之，终吾人之一生，此志业皆将在困顿中，而无由遂。然人心不死，此理必存，大道之行，终将有日。
> ……人文友会事，仍须能以讲义理为重，而不宜流于形式，以免先造成阻隔。
> ……在实现条件上，弟亦常有许多想法，耶稣释迦，皆先及于无多知识之人，孔子之弟子皆以德性胜，吾人则先自有知识入，而所遇之环境，亦是知识分子之环境，凡知识皆曲，故必由曲导曲以成直，此是大难处，然亦终无法避去也！②

十月十九日，唐先生收到牟宗三先生在台湾发起的"人文友会"数次聚会的记录文本，觉得牟先生与其学生的问答已有宋明人讲学之风，甚善事也。

十一月十五日和十二月九日，连续两封给劳思光先生的信中，唐先生详细说明了自己对宗教信仰及宗教与道德关系的理解。唐先生谓：

---

① 唐君毅：致牟宗三，1954 年 8 月 14 日。《唐君毅全集》（九州）卷 31《书简》第 119—120 页；《唐君毅全集》（学生）卷 26《书简》第 159 页。
② 唐君毅：致牟宗三，1954 年 8 月 14 日。《唐君毅全集》（九州）卷 31《书简》第 120 页；《唐君毅全集》（学生）卷 26《书简》第 159 页。

在究竟义上，圣神自不可二，因而不能有外在神，然自诸圣之同证一圣境或同呈显一圣心上说，则有一普遍之圣境圣心，既内在于诸圣而又超越于每一圣之个体，克就其超越每一圣之个体处而观，则为一超越而客观之圣境圣心，而此即是神心神境。如外在之义同于此所谓客观，则亦可说。此中之问题之核心，在诸圣之是一是多，如为一，则神圣之二概念全然合一，则只有内在神，另无超越客观神，如佛家之华严以诸佛即一即多，则可废一切圣神之分。然至少在成圣之功夫历程中说，诸可能之圣是多，因而吾人如欲成圣，而吾人尚在工夫历程中时，吾人只为一可能之圣；圣已成的现实之圣，如孔子，此现实之圣即对吾人为超越，由此而兴宗教性之崇敬之情，因而对于诸圣同证之圣境圣心——即神境神心——亦可兴宗教性之崇敬之情。此崇敬之情，诚为似向外，然其根则在吾人自己之欲由可能之圣以成现实之圣。吾人自己之欲由可能之圣以成现实之圣，此本身为向内的道德要求。而依此向内的道德要求，即发为向外的对现实之圣神之宗教性之崇敬；而此向外之宗教性之崇敬，又转使吾人自证吾人之要求吾人自己之由可能之圣成现实之圣一事本身为真实可能或必然可能的；此即道德生活与宗教生活之相依为用。①

唐先生认为，宗教与道德既关联又区别：

  愚以宗教道德分别之所系，仍可如世俗之说，即一在实践，一在信。行道有德于心，谓之道德，宗教中则必含若干所宗之信仰，为一般经验所不能证实，亦不能否证者。凡遇可由经验否证之宗教中之信仰，终必被称为迷信，但世间大宗教中有若干原则性信仰，乃各宗教所同——原则上可允不被否证，如死后之精神存在、永恒的正义（如善必被赏、恶必被罚），及能通众心之神心之存在是也。……凡此等信仰皆非一般经验之所能证实，亦无法加以否证，而一般之道德亦不在此处立根，亦为一般科学所存而不论者。论之者为形上学，而形上学之是否可能是一问题。由各宗教之各有其形上学，与形而上学派之

---

① 唐君毅：致劳思光，1954年11月15日。《唐君毅全集》（九州）卷31《书简》第267—268页；《唐君毅全集》（学生）卷26《书简》第351—352页。

多，则形上学诚难言。而决定各宗教之各种不同信仰孰为真，尤难言也。而宗教生活之进于形上学者，则在于承认肯定此证形上实在如神佛之存在、人之精神之存在等外，并求与人有一感通之关系。此或为祈祷，或为默念，或表为各种礼乐。自宗教信仰中之包含不可由经验证实之形上存在言为隔，而自宗教生活本身，则又皆为求隔者之转成不隔，此世间一般宗教之情状也。①

唐先生认为，宗教信仰的基础是宗教心情，而宗教心情则源于道德心：

> 宗教心情当由道德心情出，而宗教心情亦为道德上当有者。自此言则亦可谓属于道德；唯道德是形践上事，宗教为信上事；道德只及明，宗教必通于幽；通于幽使幽者明，而后宇宙为大明之终始。中国儒者之多，即道德即宗教，礼教实即含宗教，知天即宗教情调。《中庸》曰："肫肫其仁，渊渊其渊，浩浩其天。"由肫肫其仁而至渊渊其渊、浩浩其天，即儒者之由道德心情至宗教心情之言也。②

唐先生认为，真正能够给予宗教信仰以宗教心情支撑的道德心，是人充量发展而至乎其极的仁心。此仁心发展至极，则可于人我之仁心的相感通处及万物之化育上见天心。仁心发展至极，必要求人精神之不朽，并肯定允恒之正义。因此，唐先生谓：

> 世界各大宗教之原则上之若干信仰，吾人亦皆可肯定其价值，而当允许其存在。唯依充量发展之仁心之宗教信仰，则不能谓只有耶稣一人为独生子，不能有永恒的地狱，亦不能有外在于人之仁心、天心、神心，因如此则天心神心有隐蔽，有秘密，而有所不仁，则为仁心所不当肯定其存在者。因而必须于人之仁心圣心中见天心，以真肯

---

① 唐君毅：致劳思光，1954年12月9日。《唐君毅全集》（九州）卷31《书简》第269—270页；《唐君毅全集》（学生）卷26《书简》第354页。
② 唐君毅：致劳思光，1954年12月9日。《唐君毅全集》（九州）卷31《书简》第271页；《唐君毅全集》（学生）卷26《书简》第356页。

定仁心圣心天心之不二。至于此中何以不只用一名？则以仁心是自个体人上说，圣心自个人仁心完全实现上说，而天心则自诸圣同心一心上说，而显于人我之仁心交感处及天地之化育中者也。依人之仁心而求与死者有精神上感通，顺人之仁心之先，表现为孝，故必有祭祖。顺人之仁心，必尊圣贤，故包含祭圣贤，连对天地之祭。①

唐先生认为，三祭之中本身就包含有宗教之为宗教的全部意义：

三祭中祖宗为一宗，《礼记》谓继祖为宗；天为一宗，庄子谓以天为宗；孔子死时叹曰"天道能宗予"，则宗圣贤为一宗。圣贤能教，祖宗能教，孔子谓"天有四时，庶物露生，无非教也"，则天亦能教。承宗起教，即为宗教。不必如佛家之宗下教下，亦不必依西方宗教言也。②

唐先生认为，祖宗、圣贤、神（天）是宗教信仰中应该同时存在的：

纯从宗教心情上说，只崇敬一圣，或只崇敬一普遍之神或一祖先亦可，但充极宗教心情之量，则须包含此三者。祖先是个体生命之本源，各人各有其祖先，此如房屋之诸柱。圣为个体之实现其内在的超越主体或普遍理性或本心之全者，此心性为个体中所具之超个体之原则，亦即宇宙本体之所在，故圣如房屋中由四边直贯至屋顶之梁栋。克就诸圣之所同证或交会之境或心或宇宙本体之自身而言，即天或神也。有圣而无天，则群神之观念使人心散驰；有天而无群神，则天人无通路；有圣神之崇敬而无祖先之崇敬，则各个体生命对其个体生命之本源无分别之系属感，此如无房屋之诸柱而屋顶则或将飞驰而去，或不免倒塌也！③

---

① 唐君毅：致劳思光，1954年12月9日。《唐君毅全集》（九州）卷31《书简》第270页；《唐君毅全集》（学生）卷26《书简》第355页。
② 唐君毅：致劳思光，1954年12月9日。《唐君毅全集》（九州）卷31《书简》第271页；《唐君毅全集》（学生）卷26《书简》第355—356页。
③ 唐君毅：致劳思光，1954年11月15日。《唐君毅全集》（九州）卷31《书简》第268页；《唐君毅全集》（学生）卷26《书简》第352页。

唐先生还认为，宗教生活必须有礼乐支撑：

> 宗教生活必赖礼乐之支持，此为社会文化中之事，对之作哲学的说明，只为少数哲学家之事，而一切哲学说明终不免畸轻畸重，或偏重一端，不能同满。宗教的哲学之问题待研究者实甚多，吾人今日唯有将哲学研究与社会文化之运动双管齐下，亦不必待一一宗教的哲学问题皆有答案，乃向社会提倡一宗教精神宗教生活也！①

唐先生谓：

> 愚尝听西方式宗教音乐与印梵音中超渡亡魂之音，皆为之愤悱不能自已。西方式之宗教音乐，足引人上达之心、祈求之意矣；梵音中之超渡亡魂之音，足显人之悲悯之至情矣；然吾望有能赞天地化育之音乐，表对圣贤之崇敬而绝一切祈求之意之音乐，与怀慕父母祖先而通百世之心之音乐。吾知有此无声之乐之存在于宇宙间，如遇之，将能辨之，然吾非大音乐家，则不能写出之。王船山先生曰乐以澈幽，又曰诗者幽明之际也。无诗乐以澈幽明，则礼教不得而言，宗教亦不得而言。穷哲学之辨，亦知止乎其所不知至矣！②

十二月四日，唐先生开始向蔡鹤鹏老师学太极拳。

是年，唐先生发表的专著为在亚洲出版社出版的《心物与人生》。该书共分两部。第一部《物质、生命、心与真理》，原为唐先生在一九四一年前拟名《人生之路》一书的第三部分。前两部早已分别以《人生之体验》和《道德自我之建立》出版，此部本由中华书局印行，只是因为，唐先生当时认为，讲哲学，从自然界之物质、生命，讲到心灵、知识、人生文化，固亦是一路，却是最弯曲的路，不如由道德文化反溯其形上学根据，再讲宇宙论，更能直透本原，故曾将此部停止出版。但此后多

---

① 唐君毅：致劳思光，1954 年 11 月 15 日。《唐君毅全集》（九州）卷 31《书简》第 269 页；《唐君毅全集》（学生）卷 26 第 352—353 页。
② 唐君毅：致劳思光，1954 年 12 月 9 日。《唐君毅全集》（九州）卷 31《书简》第 271—272 页；《唐君毅全集》（学生）卷 26《书简》第 356—357 页。

年的经验发现，一般青年学生和社会上的人，所容易感到的哲学问题仍是如何从自然宇宙去看人的生命心灵之地位价值，以定其人生文化理想的问题。人们如此去想，容易有常识、一般科学知识，与流行的哲学意见作凭借，但是亦可随意引出意见，而止于一些肤浅混乱之谈。唐先生此部著述，则一方求不违常识所共许与已有的科学知识，一方用比较谨慎的态度，反复的辩论方式，去次第廓清一般人对此等问题的随意论断与肤浅混乱之谈；其用意则在于，指示出"提高人心在宇宙之地位"的哲学思想方向。此部以一根思想线索，贯注于反复的论辩之中，使人对自然宇宙的认识，由物至生物至心，一步一步深入而渐达高明。读者只要耐心依序去看，并将前后文的思想自己加以综合贯通，即可逐渐扩展为通达其真理的自然宇宙观，确见生命世界高于物质世界，心灵世界高于生命世界，而为自然宇宙的中心。

第二部《人生与人文》，多为曾在《人生》杂志发表而加以改正的论文，其中《生命世界心灵世界之存在性与客观性》一文，可说是直接此书第一部来的；而《人心与真美善》《精神与文化》《人文世界之概念》《人生之智慧》四篇论文，则合以说明人类文化皆原于心灵精神求实现真美善等价值。

今将两部合并为一书，名为《心物与人生》。因为两部的主题与风格相近，同重指示哲学思想的方向，而未尝和盘托出全部结论。唐先生强调：

> 读者无论读此书的任何一部，如果能由此会通于其他真理、其他思想，则是读者的成功，亦是著者的安慰。如果只停于此书之所说，则是读者之失败，亦是著者的失望。此书是一桥梁，一道路，而尚非一安息的处所。其中所当通到的，比其所已表达的多。第一部如此，第二部更是如此。①

所不同的只是，第一部以自然为中心，从物质、生命论到人心，与人心之求真理，以提高人心在宇宙中之地位。第二部则以人自己为中心，而

---

① 唐君毅：《心物与人生》"自序"。《唐君毅全集》（九州）卷5《心物与人生》第3页；《唐君毅全集》（学生）卷2《心物与人生》第5页。

从人心论到人生与人文。前者属枯燥的论辩，后者则较有情味；前者是对话体，后者是论述体与抒情兼说理的韵文体。然而，即使在第一部以严谨的逻辑辩论方式写成的文字中，唐先生依然能将其哲理诗化，透露宇宙的生机，与生命的灵气，令人心思透达。如云：

> 你可曾到那自然界去看，遍郊原的青黄碧绿，想他们都在欢呼生命的胜利？你可曾想到随便一滴水中，空气之任一小部分，在显微镜下，都可发现无数的微生物？你可曾想到，在千万岩石之隙中一株小树，无涯的沙漠中一片草原，这中间，都包含着宇宙的生命意志，展现着天地之生机。在冰天雪地中，几条海狗之相偎相倚，蚁穴之旁，二个蚂蚁之轻轻一触，这中间都有生命互相感通的情谊。你又可曾想到，任何一株的花树，都在潜伏着希望，其花花结果，果果都落在地上，生芽长树，遍野成林。①

是年，唐先生发表的文章主要有：

在《民主评论》发表的《我对哲学与宗教之抉择》《人类精神之行程》（上、下）《罗近溪之理学》《说中国今后之翻译工作》《钱宾四先生还历纪念》《对新政府之希望》；

在《人生》发表的《人文主义之名义》《感觉界与超感觉界》《覆牟宗三先生书》；

在《东方文化》发表的《张横渠之心性论及其形上学之根据》；

在《中国学生周报》发表的《说学问之生死关》；

在《新亚校刊》发表的《谈阅读与听讲》；

在《民主潮》发表的《答劳思光先生书》；

在《幽默》发表的《海上遐思记》；

另有，在新亚文化讲座收录的《西方人文主义之发展》，在《学海书楼讲录》收录的《王龙溪学述》。同时又写《我们的精神病痛》及《墨孟庄荀言心申义》，只是两文均至一九五六年才发表。

《我对哲学与宗教之抉择》一文，后以《人文精神之重建后序兼答客

---

① 唐君毅：《"生命世界""心灵精神世界"之存在性与客观性》。《唐君毅全集》（九州）卷5《心物与人生》第151页；《唐君毅全集》（学生）卷2《心物与人生》第172页。

问》为副标题,作为"后序"编入《人文精神之重建》一书的附录。此文是唐先生第一次比较系统地说明自己的学术和思想发展历程,对了解唐先生哲学思想的背景与对宗教的态度,极为重要。

唐先生撰写此文有三个方面的动机。

第一,是自己在校对《人文精神之重建》一书时,感觉到一大堆文章,只是泛论中西社会文化问题,而未曾述及自己在哲学思想与宗教信仰上之所宗主,故想写一文,略补此缺。

第二,自己多年在大学讲中西方哲学,感到人们要学哲学或研究宗教,通常皆有一求确定信仰与得安身立命之地的动机。

> 真正的哲学家宗教家,决不同于哲学史家宗教史家,他必须有所主张,有所信仰,而以其自己之觉悟或信仰,启发人之觉悟或信仰。
>
> ……他必须时时有所信,或求有所信。他有所信时,他即愿意自己一个人,面向苍茫的宇宙,将其所信负责。这一个负责,是对其真与妄都要负责。如真,则负责坚持;如妄,则负责舍弃,决不躲闪。
>
> ……否则他之思想总在摇荡,而在一是如此又非如此,非如此又是如此之状态中,或什么都不是之状态中。此便只是一游魂,非独立的有个体性之人。我由此感到讲哲学与宗教之学,除客观的介绍各派学说外,必须现身说法。说出自己之所信。①

第三,邓泽民先生在《华侨日报》上接连四日刊登一文,批评唐先生去年在《民主评论》所发表的《西洋文化之根本问题》一文中对于基督教与和平问题的意见。邓君此文使人生一印象,好像唐先生是反对基督教的,这完全不合事实,因此唐先生觉得有把自己对宗教教理的抉择及对基督教的希望说清楚一点的必要。

唐先生在二十岁以前,对哲学问题的可能答案的初步抉择是:绝欲的快乐主义的人生观、二元论机械论的世界观、实在论的知识观。六七岁时的一段父亲讲地球将毁灭的经验,生出"如何能想世界之毁灭而能忍受此

---

① 唐君毅:《我对于哲学与宗教之抉择——〈人文精神之重建〉后序兼答客问》,《唐君毅全集》(九州)卷10《人文精神之重建》第452页;《唐君毅全集》(学生)卷5《人文精神之重建》第563页。

一存在于我心中"的疑问，不自觉地有了"人是一具超越物质世界性的存在"的经验。十三四岁时读梁任公先生一篇论人生目的何在的文章，认为人杀身成仁，只为求心中快乐，确立一种绝欲的快乐主义的人生观；认为心之自觉绝不能全同化于或归并到其所觉的身与物，因而成一种二元论的世界观，此二元论之思想使唐先生无论如何不能相信唯物论，亦反对过唯心论。在十八九岁时，看了一些佛家唯识的书，觉其离识无境的思想与自己坚持的二元论相违，乃想出几个驳论，在论证以驳唯心论的过程中，开始作西方式的哲学思索。

唐先生第一次感到自己哲学思想的困难，是二十一岁读了詹姆士在《彻底经验论集》中的一篇论文：认为人只有意识之流，此流只是一波浪式经验，后一经验涵接前一经验而生时，前一经验即为客体对象，后一经验即为主体自我，因而根本无所谓单一的意识或自觉或自我。这一观点与唐先生原来以自觉与对象为二的二元论的想法全然不同。由此，唐先生的思想生一大激荡，而觉得有多了解研究他人哲学的必要，同时觉得有革新以前思想的必要。此时，唐先生尚在大学读书，自己用了"同一律"与"感相间之关系"两个原则来说明宇宙一切存在及各种人类的习惯与心理活动，此二原则的运用只限在经验中，故任何超越的本体或实在，皆绝对不能存在。后看了不少英美新实在论者的书，使自己开始相信，可能被经验而未经验之潜在的共相一定是有的，因而不能停在经验主义、现象主义上。当自己开始相信宇宙间有无数可能存在的潜在的共相，其中包含无穷的真善美等价值时，唐先生产生了无数的欢喜。由是，对于苏格拉底、柏拉图所谓哲学的爱情，对理型世界的企慕，以及现代如罗素、桑塔耶那等的心灵所安身立命之地，都觉得有所契合。

新实在论者最喜欢攻击唯心论者，特别是新黑格尔主义者布拉德雷。为了找出唯心论者的错误，唐先生看布拉德雷的《现象与实在》一书，并由此引入读康德、黑格尔等唯心论宗师的书。读了黑格尔的《精神现象学》，才知道在新实在论一往平铺的哲学境界外，另有层层向上升高的哲学境界。此后，唐先生所泛览的书更多，几乎任何哲学宗派的书，只要能得到，都要看一看。三十岁左右，便走到喜欢西方唯心论之路。由此再去看中国先秦儒家、宋明理学、佛学，才发现，它们又有超过西方唯心论的地方。直至一九四八年后，唐先生才对宗教的价值有所肯定，同时充分认识到儒家中的宗教精神。

唐先生在追述其对中西哲学宗教思想的抉择经过时，自谓是一段从自己的成见中杀出血路来的历史。又认为，如真要求真理，必须在思想态度上有所抉择，是随自己自然形成的习见或流俗的习见去思想，或顺自己的真知所及去思想，必须先有一个抉择。如果只随自己的习见、流俗的习见去思想，则我们当下的心便总在被动的状态。因此，思想抉择的第一步，便是要超越自己自然形成的习见或流俗的习见去思想，或处处求顺自己的真知所及去思想。

思想抉择的第二步，是抉择自己要求一种什么真知。唐先生谓：

> 大体上说，直接求实用实践的真知，是一条大路；求纯学术上的真知，是一条大路。在后者中历史学是一条路，科学是一条路，哲学是一条路。一个人可以求不同路上之真知，亦可发现其会通。但是在开始点上看，这些决定是不同方向的路。①

求历史上的真知，是求了解事的流变；求科学的真知，是求了解原理原则。但一切求科学、历史上之真知的心境中，都必然包含客观事物或客观对象与求了解之心的对待，在根本上，其求知活动方向，是向外伸展的。而哲学的路，在其开始点是与科学、历史立于反对地位的，其求知活动的方向，首要的是把我们向外凝聚环绕于特定对象的求知活动抽回来，或扩散开，以弥缝各种知识与知识间的裂痕、内外主客相对的裂痕，进而返回到其求知活动之本，自觉其心灵之全。唐先生谓：

> 人之求知，最初一步必然是要向外而向特定对象的。
> ……但是一个人在不同时间，必须抉择他是在研究历史、哲学或科学，而自觉的安排其求知活动的方向；同时，在其一生亦或须抉择他以哲学或某种历史或科学之研究为主。②

---

① 唐君毅：《我对于哲学与宗教之抉择——〈人文精神之重建〉后序兼答客问》。《唐君毅全集》（九州）卷10《人文精神之重建》第461页；《唐君毅全集》（学生）卷5《人文精神之重建》第573页。

② 唐君毅：《我对于哲学与宗教之抉择——〈人文精神之重建〉后序兼答客问》。《唐君毅全集》（九州）卷10《人文精神之重建》第463页；《唐君毅全集》（学生）卷5《人文精神之重建》第576页。

进而，唐先生认为，走哲学的路，亦有两条路须要抉择：一条路是从实用实践生活上及自己在人类社会历史中所处的地位，随处体认反省以到哲学，这大体可说是东方哲学之路。另一条路，是从科学知识引进到哲学之路，此可说是一般西方哲学之路。东方哲学之路最广大、最简单，但走此路，必须有道德上的真诚，否则易流于恍惚或狂妄。西方哲学之路较适合现今之时代，而且比前一条路切实稳当，绝不易流于恍惚狂妄，但是要从这条路会悟到东方圣哲的境界，须从好多西方的哲学派别中翻出去，必须经历思想上极其曲折漫长的路。

而走西方哲学之路也有两条：一是直接傍随科学知识的路，二是反溯科学知识所由成的路。所谓傍随科学知识的路，即是指就某一科学或多种科学的原理，将其概括化而形成一种宇宙观，进而决定人生观的路。此哲学活动只是比科学活动更广，但是其所得到的原理是直接从专门科学所得的原理加以推扩概括而成，因而，只要能在任一科学中发见可资以概括的说明宇宙的原理，皆可成立一门哲学。西方各时代各种自称为科学的哲学，或西方与今日中国不以知识论为基础的一切宇宙论，均是如此建立的。在这条路上从事哲学活动的人，其科学知识越广博，而抽离、推扩概括的理智能力越强，则错误越少，成就越大。但是，无论其成就如何大，只要其所依据的特殊科学理论改变，则其哲学理论必然变得不适切或不真。因而，此种科学的哲学永不能成为绝对的必然，人亦永不易由此哲学得到安心立命的信仰。

所谓反溯科学知识之所由成的路，有不同层次的哲学。第一层次的哲学，是就已成的科学知识系统，考察其方法、理论是否有逻辑上的必然，以及此知识系统依照何种基本假定、原则与概念，进而分析此基本假定、基本原则、基本概念的意义，将其清晰起来。此即所谓"科学之批判"的哲学。这一种哲学在西方发展到现在，便是逻辑实证论的解析技术。第二层次的便是作为哲学的逻辑经验论。把逻辑经验论当作一对科学知识之解析技术来看，与当作一般哲学来看，意义是不同的。前者不与任何哲学为敌，亦不能与任何哲学为敌。后者则对知识论、形而上学有所主张：一方面说知识论上的实在论、观念论之争无意义，形而上学不可能，价值判断只是表情语句；另一方面在知识论上，是以感觉经验为证实语句真伪的最后标准的经验论者及否认逻辑原则的先验理性基础的约定论者；在形而上学上为现象主义者或不可知论者；在价值论上为主观价值论者、相对论者。唐先生认为，在哲学上这只是休谟到马赫的老路。第三层次是真正的经验主义哲学。任何真正的经验主义哲学，比起纯粹的科学批判的哲学工作，更能反溯科学知识之所以成立的根由。因为纯粹的科学批判的哲学工作，可以不问科学知识系统之所以为人所建立的理由，以及人所依据的基料在哪里的问题，而经验主义则定然肯定：人能建立一切科学知识系统的最原始一点，在人的感觉经验。这一哲学活动在于，把上穷碧落、下达黄泉的科学求知活动加以反省，回头看到此求知活动的始点，乃是人当前最具体、最现实、最原始的感觉经验。这是要赖一种更向内收敛反省才能达到的结论，因而是一种逆科学之道而行的哲学之道。

但是，一切感觉经验主义，或一切在感觉经验以外只肯定一种分析的理智能力的思想，肯定得仍然太少，而破坏得太多。我们如从深一层面用心思考，便可知道，只是基于感觉经验，与由经验而成的习惯、交替反应及其他任意约定的原则，以论明科学知识成立的根由和基础，是绝不可能的。同时，以经验上尚无例外语句的重复，说明因果原则与逻辑上的必然，亦是不可能的。承认逻辑上的必然，而否认有内在的或先验的理性，也是不可能的。而依感觉经验主义以否定超经验的形上事物，认为形上学命题无意义，也只能是根据对"意义"之意义的任意约定，或对命题种类的任意约定，此约定本身，亦是无客观意义的。

据此，唐先生指出，从经验感觉以否定先验理性及形上事物或形上学命题，如不可能，则可开出超感觉经验主义的哲学之道路。在西方传统哲学中，重要者有三条。

第一条路主要是依理性的原则，将其客观化为构成形上实在的原则的理性主义者之路。此即笛卡尔、斯宾落萨、莱布尼兹哲学的路。

第二条路是依理性以观照识取经验世界一切普遍的共相、理念，推求一般现实存在所以存在的外在原因或所依据的潜在者。此即由古希腊的柏拉图、亚里士多德，经中古的托马斯·阿奎那，以至一切超越实在论者及现代的新实在论者的路。

第三条是就知识世界、经验世界反省其如何形成的内在与外在条件，而分辨哪些不能不源自经验而由外入，哪些不能不源自先验的理性而由内出，此即康德的批判哲学之路。

第一、第二条路，都只承认人的思辨的或观照的纯知理性，既可通到科学知识，又可通到形而上学。而第三条路则强调，科学知识的形成，一方面依赖于外在的超绝的对象，一方面依赖于内在的超越的范畴理念，而此范畴理念即统摄于我们超越的理性自我。由此可见，知识世界的两头，都系托于超知识、超经验的形而上事物。由此可以转进到对纯知理性以外的实践理性的肯定，而由此实践理性另开形而上学之门。从此，西方哲学有了超越科学的道德的形而上学与建基于道德的宗教哲学。而康德的道德形而上学经费希特、黑格尔，而成客观精神的形而上学，此派哲学再激发出后来的重道德宗教的存在主义、人格的唯心论以至一切重价值之实在的哲学。

唐先生认为，哲学的本性，是要逆科学向外求真知的活动而向内求真知。故，在前面三条形而上学之路中，当以最后一条路，最能由科学知识所由成之本源的识取，以上通于超科学的道德宗教境界，从这条路下去，也最能使科学与道德宗教及形而上学的范围不相夹杂。一切科学知识所及的世界之外，仍然有另外的世界，此即关联于人的实践理性或情意的审美活动、实际行为活动、宗教信仰活动所发现的世界。而这一切活动，包括纯粹求知活动，与其所发现的世界，均共统摄于超越自我之中。唐先生谓：

> 此自我，不仅肯定科学的纯知活动，与其成果之价值，亦肯定其审美之活动、实际行为之活动、宗教信仰活动与其成果之价值。即它超越的涵盖持载此各种活动与其成果，而承认肯定其价值。而个人之能在原则上，或在特殊情形下，判断此各种活动与其成果之价值之高下，决定选择那一种，亦即此自我之价值意识，或良知。良知判断我之科学的纯知活动之价值，判断我之实际行为之价值，判断我之艺术活动宗教活动之价值，即是看此等等之是否合乎自己之内在的向往或标准，是否合乎良知之理。凡合者，谓之是；不合者谓之非。良知是是而非非，亦即善善而恶恶，是为人一切道德智慧道德实践之原，人生之内在的至高无上的主宰。①

---

① 唐君毅：《我对于哲学与宗教之抉择——〈人文精神之重建〉后序兼答客问》，《唐君毅全集》（九州）卷10《人文精神之重建》第470页；《唐君毅全集》（学生）卷5《人文精神之重建》第585页。

心理学家、社会学家可以研究良知，但他们所研究的良知，已客观化为一个对象。然而，良知永远不能完全客观化为一个对象。所以，依科学研究所得到的原理，没有一个可以穷尽地说明此自我良知的性相；也没有一种人的纯知活动所对应的现象界事物，能成为此良知所由存在或内具价值的来源。唐先生谓：

> 一切根据一种科学，以至综合各种科学之结论而成之哲学，与一切只将纯知的理性客观化与依纯知理性去识取外在的共相形式之哲学，亦皆不能真参透到宇宙人生之本源。因为这一切哲学，皆不知唯有能自觉其纯知活动而肯定其价值之自我之良知，能为一切纯知活动及此一切哲学之所依以存在者。而此自我之良知，则永能自己肯定其自身之价值，肯定其自己之应有与当存在，因而自己为其自己所内具之价值，及所由存在之来源。亦即能自己肯定自己之为人生活动之本源者。而人欲参透入宇宙之形上的本源，或绝对的天理之所在，亦只有由此良知，与其所肯定之全幅人生之有价值之活动以透入。①

唐先生关于自己哲学抉择的叙述与讨论，我们可以简略地概括如下。二十岁以前的初步抉择是：绝欲的快乐主义的人生观、二元论机械论的世界观、实在论的知识观。二十一岁到三十岁，经詹姆士意识流到新实在论，再到对唯心论的喜欢和东西方理想唯心论的融合。四十岁，对宗教的价值有所肯定，同时充分认识到儒家的宗教精神，走向信仰与理想合一的理想唯心论。

如何一步步由实在论到唯心论，唐先生有如下环环相扣的抉择路径。

第一步，选择思想态度：在顺成见、俗见志思想与顺自己的真知去思想之间，选择后者。

第二步，选择不同真知：在直接求实用的真知与求纯学术上的真知之间，选择后者。

第三步，选择求真路径：在历史学、科学的求真和哲学求真之间，选

---

① 唐君毅：《我对于哲学与宗教之抉择——〈人文精神之重建〉后序兼答客问》，《唐君毅全集》（九州）卷10《人文精神之重建》第471—472页；《唐君毅全集》（学生）卷5《人文精神之重建》第586页。

择哲学。

第四步，选择哲学方式：在体认反省的东方模式与从科学到哲学的西方模式之间，选择后者。

第五步，选择认知方式：在直接傍随科学知识的路与反溯科学知识所由成的路之间，选择后者。

第六步，选择认知路径：在经验主义与理性主义之间，选择后者。

第七步，选择理性模式：在原则的理性主义（笛卡尔）、实在的理性主义（柏拉图）和批判的理性主义（康德）之间，选择后者。

第八步：天理与良知相统一的哲学。康德—费希特—黑格尔—存在主义、人格唯心论，以至一切重价值之实在的哲学和儒家心性哲学。

对于宗教的抉择，唐先生首先认为，宗教是超人文的。唐先生谓：

> 宗教家必说到不朽或来生或复活，必说到天堂、极乐世界，或彼界，说到上帝、安拉、梵天，或佛菩萨、仙。宗教家所肯定的这些，都是常识与科学所不能证实，亦非审美的文学艺术之所能全部描写，更不直接属社会政治经济之范畴以内。一般的道德实践，亦可不依此诸肯定而成立。所以我们说宗教之精神，是超人文的。①

如何论证或说明宗教中超现实世界、超人文世界的形上物事的真实不虚？如何判断抉择这些包括不同形上物事信仰的各种宗教的高下偏全？一般说来，不能独断地取任，因为各宗教本身，都自以其教义为判定其他宗教之高下偏全的标准。不过，唐先生对宗教的抉择，则是依良知为标准，而且认为，判定标准应当以人的良知与良知所统率的纯知理性与经验为标准。因为在人们相信宗教的超现实形上存在时，自己的良知是必须先自己承认此是好的；如此，人们实际上是必须先肯定其良知的存在，而以良知作判断宗教信仰的标准。

唐先生将自己依良知标准对各宗教价值的抉择概括为以下几方面。

第一，一切高级宗教的超越信仰，皆出自人求至善至真完满无限永恒

---

① 唐君毅：《我对于哲学与宗教之抉择——〈人文精神之重建〉后序兼答客问》。《唐君毅全集》（九州）卷10《人文精神之重建》第472页；《唐君毅全集》（学生）卷5《人文精神之重建》第587页。

生命的要求，求破除一切罪恶与苦痛的要求，赏善罚恶以实现永恒正义的要求，因而是人所当有的。此等要求本身，即肯定满足此等要求的对象的客观存在；此客观存在乃是形而上的客观存在，人不能根据纯知活动及其所认识的自然世界、现实世界的情状来否定它。因为充满罪孽苦痛的自然世界与现实世界，正是人希望由道德实践加以改造、加以否定的，所以永远不能作为判断宗教家心中形上世界不真实的标准。一切以现实存在为真的科学语言，也不能成为衡定宗教语言是否包含真理的标准。

第二，一切高级宗教中所讲的上帝、安拉、梵天，在究竟义上，都不能与人的良知为二而相隔离。基督教与佛教都是重在超化人的当下之心，而不重直接承担此当下之心的善根。至于中国的儒教则认为，人只要反身而诚，即在一切染心罪恶心中，皆可见得至善的本性；此良知的存在，一线微光，与大明终始。唐先生谓：

> 人知此理，而后可极高明而道中庸，使超世间与世间不二，而肯定一切人生人文之价值；由知此理能通达而不隔，而后能相信，东海有圣人此心同此理同，西海南海北海有圣人，此心同此理同；而后能舍名相之异，与工夫方法之异，而通达一切宗教之所同，使之相容而俱存。①

第三，基督教视人升天堂后的生活为上帝的奥秘；佛教对圣者之境地则力求依次说出。因此，讲由修行所证的超世间的果德，基督教不如佛教。但是，基督教为要上帝之国来到世间，基督徒更重视世间的社会福利事业，此一点，佛教不如基督教。

第四，基督教认为，万物皆为人而造，只有人能蒙恩得救，这是一种表示提高人之地位的精神。但佛教认为，一切有情皆能成佛，此表现一种更广大的慈悲心肠。基督教有永恒的地狱，表示罪恶必受罚的正义原则。基督教不承认轮回，因此，人此生不行善，一死只有入炼狱，等待末日审判的来临，因而使人更要在此生行善。但基督教认为，人在末日审判后，

---

① 唐君毅：《我对于哲学与宗教之抉择——〈人文精神之重建〉后序兼答客问》。《唐君毅全集》（九州）卷10《人文精神之重建》第475页；《唐君毅全集》（学生）卷5《人文精神之重建》第591页。

入地狱者即永受无尽之苦，永不能自己忏悔获得上帝的救恩，这一方面否定了人的良知永能自动显发以忏悔罪孽之理，另一方面也使其上帝的仁爱不如入地狱救众生之佛的慈悲。

第五，人超凡入圣的道路可以不只一条。所谓上帝的启示，如实言之，与良知的真觉悟，或发菩提大悲心，在真实的体证中，没有本质上的差别。基督教徒如果说，只有信耶稣者可升天堂，一切人皆须在耶稣前屈膝，这便不能算真能"致广大"。这种排他的救度说，实为基督教中的战争种子。西方基督教徒与伊斯兰教徒的战争，新教与旧教的战争，新教路德教与加尔文教之争，以及一切对异端的审判、流放、杀戮，都是由这种子而来。

第六，如果将人心与上帝心相对而说，上帝心超越于人心之处，在于其纯善、无恶、无苦；而人心超越于上帝心之处，在于其能感受苦痛与罪恶，而又能超越苦痛与罪恶。基督教必直接以具有神、人二性的耶稣为救主，而不以圣父上帝为救主，即可见基督教义的核心在重人，其崇拜耶稣即不止崇拜其神格，而亦崇拜其人格。但是，基督教崇拜人格的精神未能至乎其极。其神人关系中对人的良知的尊重，仍嫌不足。基督教强调人能觉悟是由神的赐恩，而不重视接受神的赐恩也有待于人的觉悟，其意大概在于去除人的傲慢，培养人的谦卑。但是，人之谦卑是德性，而人之高明也是德性。只卑人而尊天，必不免使人失其高明。由此，唐先生认为：

> 中国儒者之崇效天卑法地，既教人于礼上谦卑，又教人于智上高明，乃为宗教道德之极致。①

完满的宗教，不仅应当事神如有人格，也必须包括事人如有神格，并对异教中的人格也能加以尊礼崇祀，由是而成就天人并祀的新宗教精神。唐先生指出，此新宗教精神可以从中国固有礼教中兼祀天地、先祖、圣贤的宗教精神推扩而成。此新宗教精神，可协调和融各不同宗教，使之各得其所，而永绝各宗教徒之间的互相轻蔑，由此而可断绝一切宗教战争的种子。

---

① 唐君毅：《我对于哲学与宗教之抉择——〈人文精神之重建〉后序兼答客问》，《唐君毅全集》（九州）卷10《人文精神之重建》第477页；《唐君毅全集》（学生）卷5《人文精神之重建》第593页。

第七，欲成就此新宗教精神，除有待儒教致广大精神的复兴外，亦系于各宗教徒自己依宗教的良知去其偏执的观念。因为现时代基督教国家最富最强，基督教的势力亦最盛，所以唐先生希望，基督教徒先充量发展其宗教的良知。

> 宗教的良知，望一切人得救，即不忍谓实有永恒的地狱之存在。
> 宗教的良知，知上帝之爱无所不及，即不忍谓上帝之启示只及于自己之教主。
> 宗教的良知，必须相信上帝之爱既无所不及，必广开天国之门，而愿启示其自己于各民族各时代之有宗教意识之人中。①

第八，耶稣本人并未明白否定上帝的启示可及于异教，宗教史家多谓耶稣未尝自言是上帝的独生子。中古基督教中，有主张一切人皆可得救，反对永恒地狱，认为人的有限罪不应当受无限罚。这些思想，在中古都被判为异端。如果遵循人的宗教良知，充量发挥耶稣的精神，正当升此"异端"为正信，由此即可去除基督教中的战争种子。

第九，世界各宗教，在今日应求互相承认其他宗教信仰教条的价值，一方面修正自己信仰教条中与人类良知违背的地方，或者将此等地方存而不论；另一方面着力发挥自己信仰教条中与人的宗教良知相契合的地方。唐先生认为，今日世界上宗教的大敌是唯物论，逻辑实证论、感觉经验主义、否认精神价值之真实存在的某种自然主义，也是今日足以毁灭宗教的哲学思想。其余各派哲学思想，则大多可以对宗教信仰的建立有直接间接的积极帮助，宗教徒都应该加以研究，而不能固步自封于既往的教义思想中，如此乃能破邪说而申正信于天下。

对于以上自己对宗教的抉择所获得的一些结论，唐先生强调，并不希望人们一定接受，各人可以自己再抉择一番。因为没有经过抉择的信从，也不是唐先生自己依照良知所希望强加于人的。如果有人觉得自己没有能力去抉择，唐先生认为，对之存疑，而抱"知之为知之，不知为不知"

---

① 唐君毅：《我对于哲学与宗教之抉择——〈人文精神之重建〉后序兼答客问》。《唐君毅全集》（九州）卷10《人文精神之重建》第477—478页；《唐君毅全集》（学生）卷5《人文精神之重建》第593—594页。

的态度是最好的。

《人文主义之名义》一文是唐先生在新亚书院讲"中西人文主义之历史发展"的一个导言,后编入《中华人文与当今世界补编》(上)。在该文中,唐先生认为,西方哲学中的理想主义者,或唯心论者,实际上是最重人与其文化的。其重人即重人的心。人的心可以上通神明,而下涵万物。他们的思想一方与神本思想相对,一方与物本思想相对,可以说是西方哲学思想中的主流。而这种以人的心可上通神而下涵物的思想,最与中国整个文化思想主流的儒家思想,以人心为上通天而下通地者相近。因此,唐先生主张,将中国儒家的人文主义,译为"理想的人文主义"。并认为,中国儒家的人文主义,是已有的人类人文主义思想中比较合标准的,因而以此为基础列出了"标准的人文主义者"的一些自觉的基本信念,包括:①

第一,人为万物之灵。人以外可以有万物或有天神,人不必在万物之上,但人至少为万物之灵。

第二,对人与人的各种关系,即各种人伦关系的尊重。此中应包括对亲近者、疏远者、生者、死者、今人、古人、现实的人、理想之人、个体之人、集体之群,各种人伦关系之尊重,乃为充量。

第三,对人类文化各方面的尊重。人类文化活动除直接表现于人伦间或人间社会中者外,尚有直接表现在人对超人者——如神——的关系中者,如宗教、形上学;表现于人与物间者,如生产技术,如出自人对山水之审美感情,与对生物之爱护之意之艺术文学,皆为一种文化活动。无论有多少,我们都应对之加以尊重,而在原则上,求无所遗漏。

第四,对历史的尊重。因历史即人类相续的文化活动所成。个人的文化活动,亦永远依赖于他人与过去人的文化活动才能有。故尊重文化包含尊重历史。

第五,人的人格价值,高于人所表现于外的一切文化活动、文化成绩的价值。人格价值是本,是内在的、绝对的。表现出的文化成绩的价值,是末,是外在的、相对的。一个伟大人格,纵然不识一字,外表上无任何学术上艺术上的创造,其人格的内在价值仍可至高无上,如武训。

---

① 唐君毅:《人文主义之名义》。《唐君毅全集》(九州)卷16《宗教精神与人文学术》第89—92页;《唐君毅全集》(学生)卷9《中华人文与当今世界补编》(上)第209—212页。

第六，对学问上的通识与专门知识专门技能，均加以尊重。而以前者为后者之本。因为人既然对人伦的各方面、文化的各方面与历史的价值都加以肯定尊重，便应有学问上的通识。通识所以可贵，正在其能肯定尊重各种专门知识、专门技能的价值，而使各种专门的知识技能得以相容而俱存，并行而不悖。通识与专门知识、专门技能，是互依存在的。

第七，对各种不同的学术思想，对持错误的学术思想之人的尊重与宽容。因为不同的学术思想，可以是各见一方面的真理，不必互相矛盾，因而都对，而莫有谁是错。至于错误的思想，亦是人所发出的。我们反对人的错误思想，并不必连带反对其人本身。人文主义者反对人的错误思想，可以对其错误思想一一加以驳斥。此犹如医生要为人治病，只去病而不是去其人，而且正为了爱人。

第八，人文主义者，对于非人文主义或反人文主义的思想，常要认之为错误，而与之辩论，并希望可以校正之。但是，他可以一方与之辩论，一方了解其思想之所以产生的心理背景、人格背景与文化背景、历史背景。知道其所以有此错误思想的原因。故，最理想的人文主义思想，不只能说明它自己为真，而且应当是对于他人或历史上非人文主义、反人文主义的所由来，都能予以人文的解释。

第九，理想的人文主义者，最后还当有一个信念，即他的人文主义思想，都是由自觉人之所以为人，文化之所以为文化而来。他可以相信，只要有人，便有文化，只要有人有文化，便有自觉人之所以为人与文化之所以为文化的人文主义思想。故只要人存在，则人文主义思想亦必然会存在。所以，人文主义者，可相信人文主义思想永远存在，纵然古今一切记载人文主义思想的书籍都被人烧完了，只要有人，这些思想，还将再现，这些书籍，还将再有。如莫有人，这些思想可以莫有。然而这些关于人与其文化的道理，亦许仍可存于天壤间或存于天心之中，这是理想的人文主义者可有的宗教信仰。

一九五五年　四十七岁

是年秋季，新亚研究所开始公开招收研究生，同时出版《新亚学报》创刊号。新亚书院创立之初，即有设立文史研究所的理想，招收专科以上的优秀毕业生，予以深造的机会，使之成为各大学文史科的师资，进而为中国文化承前启后，担负中国文化传承的历史任务。新亚研究所自一九五三年在太子道成立以来，规模初具，已经可以公开招生。研究所导师除唐先生外，有钱宾四先生及牟润孙先生，所长由钱宾四先生兼任，教务长为张葆恒先生。

是年，研究所拟定的《研究所计划纲要》有云：

> 目前之中国问题，已紧密为世界问题之一环，但若丧失了中国历史文化之固有特性，而仅就世界形势来求中国问题之解答，则不仅会阻碍中国之前进，而且将更添世界之纠纷。近几十年中国现状之混乱，其主要原因，即为太过重视了外面，而忽忘了自己。我们认为要挽救中国，其基本的力量，并不在外面物质的援助，与世界共同的呼号；更要的，在中国民族本身自有的历史文化的基本意识与基本观念之复苏。而且我们认为中国固有历史文化的基本意识与基本观念之复苏，不仅对此后新中国之建立为必要，而且对世界大同与人类和平，有必然可有之贡献。我们本此意念流亡到海外，认为不仅须从事教育，把这一理想这一信念来培植中国后起的青年，更须从事于纯粹性的学术研究，使此一理想此一信念，获得深厚坚实的证明和发挥。在此理想下之研究工作，与一般从事于分工的、专门性的、互不相关的，只从事于某一特定题目，专就其有关的书籍与其他材料，而只注意于此一特定题目为对象的论文与著作之完成的研究工作，应有所不同，我们当从活的现实问题出发，时常经从集体的讨论，来向历史文化渊源之深远处，作基本的探索。

是年，香港政府赠予新亚书院一处地皮作为建校用。地址在九龙土瓜湾农圃道与天光道交界。其后，唐先生为新亚中学作校歌有云"'天光'不息，'农圃'长春"，① 乃实景写照。

---

① 新亚中学校歌由黄友棣先生作曲，唐先生作词。歌词曰：日日新，又日新。一日之计在于晨，一年之计在于春，一生之计在于勤。勤于学，敏于事；慎于言，谨于行。兢兢业业，自强不息。涓流积至沧溟水，拳石崇成泰华岑；泰山岩岩沧海深，地博厚兮天高明。少年的光阴，如流水之悠悠易逝；少年的心情，如佳木之欣欣向荣。敬我师长乐我群，爱我家庭仁我民，"天光"不息，"农圃"长春；这儿是绿野神州南海之滨，我们是中华民族神明子孙。我们的学业德业和事业，日新又日新，中华的文明，在新的亚洲、新的世界，万古常新。

是年，由于开始招收研究生，唐先生除了教学、教务、研究等任务外，还潜心指导学生，经常与学生谈话。

日记二月十七日记载：

> 今日开学与学生讲话，大意是谓读书可由读近人书而与古书比较，以进而读古书。又学英文非为功利之目标或求一切西化，而是了解西方文化而求超过之。又学校一向对学生重以情理感动，但学规亦当守，否则精神不落实，又谓教务上一切规则必依原则无例外的执行。①

日记三月廿四日又记载：

> 上课四时，夜与研究所学生谈话，略说学哲学应重哲学史，对不同哲学取欣赏态度，并由知文化史而知错误理论之价值，哲学问题与哲学史之研读之二元化，学历史者应重哲学，如旧历史家重三代之治与顾颉刚之层垒造成古史观皆有哲学为背景。又历史问题与时代有关。中国未来之学术发展，讲中国学术当融之于哲学社会科学中，而不只名为中国之学。②

唐先生教学、研究、教务均十分勤奋。从日记中可以看到，几乎日日写作，多是每日几千字甚至上万字。如此高强度工作负荷，唐先生甚感疲乏。

日记十二月九日记载：

> 计今年写文约廿万字，近日所写尤多，颇感疲乏。今后半年当少写文，多看看英文。③

---

① 唐君毅：日记，1955年2月17日。《唐君毅全集》（九州）卷32《日记》（上）第131页；《唐君毅全集》（学生）卷27《日记》（上）第168页。

② 唐君毅：日记，1955年3月24日。《唐君毅全集》（九州）卷32《日记》（上）第133页；《唐君毅全集》（学生）卷27《日记》（上）第198页。

③ 唐君毅：日记，1955年12月9日。《唐君毅全集》（九州）卷32《日记》（上）第146页；《唐君毅全集》（学生）卷27《日记》（上）第218页。

是年，新亚书院在发展过程中，也出现一些人事上的误会，唐先生多做一些弥缝工作。同时，唐先生也感到教务事情太累，多次生出向钱先生请辞教务长、到国外或者安静地方休息的想法。在给徐复观先生的信函中，反复提到。

三月十二日信：

> 兄前信所言数年来诸友与钱先生患难相共之意，诚当继续与钱先生谈学问或作无所谓清谈游乐皆甚好。但谈事业则须有大公之心，并与人通肝胆，除弟等能谅解彼外，他人恐无法一一加以劝谕。故弟对新亚前途仍甚悲观。弟之性格不喜卤莽过激，而恒为人作弥缝之事，此究为好为坏亦不可知。唯弟近时有六年来之工作皆无价值之感，觉凡徒假借预支世人之善意以成一事业而名实不副皆为一罪恶。弟自己是否在此罪恶中，或助人之成罪恶，亦不可知。弟近颇觉人之罪恶一方与人之名位俱进，一方亦与人之学问知识以至德行并行而潜于其后，以化身为各种奇奇怪怪之形态，使人与己皆不自觉，所谓道高一尺魔高一丈。此真人世之大可悲者也。人皆有毛病，但真则病疾皆可见。①

三月十六日信：

> 弟之教务事已向钱先生说多次，彼近年来对弟个人意亦甚善，彼自亦有种种长处。弟在此因不与任何同事生事，而其他同事间则时有芥蒂，故彼不愿弟辞此事。弟牺牲时间能间接有助于中国教育文化之前途亦未尝不可。弟之感觉之苦恼在另一方面，即只是弥缝工作是否真有价值真有效？此甚难言。本源不清，则流亦无法清，而好恶即天理之理论，又足自文，此真无可奈何者。故弟仍将力求摆脱也。
>
> ……弟实际上还是能谅解人，唯由此确感到中国知识分子之病

---

① 唐君毅：致徐复观，1955 年 3 月 12 日。《唐君毅全集》（九州）卷 31《书简》第 68 页；《唐君毅全集》（学生）卷 26《书简》第 89—90 页。

痛。弟想平心静气写一文论之,亦藉以自勉。①

三月三十日信:

  弟近来之生活实要不得,上一星期即有五次之开会及酬应等,每次费三时以上。弟颇想在异国一清静环境万缘放下住数月。去年有日本之一清水君来此,由樊仲云介见。清水言与兄认识,彼如在台,弟书可送彼一册。彼谓日本之安冈要请弟去教数月书云云。后亦无消息。教书实际不行,因不能说话。安冈人如何亦不知。弟倒想暑假中去日本一游(据云以港大教师资格出入境无问题)。但决不想以政府关系去,不想与人多所接触,只想在一隔离中国之环境中住住,作一点默想工夫。②

五月二十四日信:

  弟教务事仍难辞掉。钱先生亦有其苦衷。不过董事会已允加二人任注册主任等事,则弟总可闲一些,当为《民评》多写点文。③

八月二十三日信:

  钱先生与兄函所疾首之事,以弟观之其初乃由彼与丕介夫人间之事所引起,最初都是生活上之小事,彼此不合,而胡小姐来后,钱先生亦太不避嫌,中间又因研究生待遇不大公平,使研究生生怨,言者再加以文饰,传于外人之口,致生种种枝节。而学校以新来先生多,事务增烦,而今之知识分子皆喜面谀而背后说闲话。此即钱先生之所以疾首。弟对钱先生之私事,已屡当面说,在第一义上最好莫有。但

---

① 唐君毅:致徐复观,1955年3月16。《唐君毅全集》(九州)卷31《书简》第69页;《唐君毅全集》(学生)卷26《书简》第91页。
② 唐君毅:致徐复观,1955年3月30日。《唐君毅全集》(九州)卷31《书简》第70—71页;《唐君毅全集》(学生)卷26《书简》第93页。
③ 唐君毅:致徐复观,1955年5月24日。《唐君毅全集》(九州)卷31《书简》第72页;《唐君毅全集》(学生)卷26《书简》第95页。

在人情上，弟亦谅钱先生之生活上之孤寂。此点弟与兄之态度同。弟觉此事当然与新亚及中国文化上有伤，但只能视之为一悲剧，故不愿背后议论，让外人耻笑及中国文化之自身，尤使人难堪。因此亦未与兄言及。兄今垂询，弟亦只能略以此相告。以私谊说，钱先生对弟无不相谅之处。在实际上，新亚如非钱先生之名望，亦不能有今日。故弟总觉略尽弥缝之责，使新亚能存在发展。自整个学校看，今只丕介不任总务，并无大问题。各方亦在进步。弟之所感多在人心之微的方面，终觉大家都有病痛，疏于省察。弟自己亦不能自外。而亦无法说，因所说者只能及于粗迹，从粗迹上用功夫，则只要现实上新亚存在而能发展亦已足矣！①

对于新亚书院的发展，唐先生既满意又警觉。是年一月一日，正当新亚书院逐渐发展之际，唐先生在《新亚校刊》上发表《希望、警觉与心愿》一文。该文开宗明义即说，自新亚书院创办以来，师生们一直都有学校会一天天发达的希望与信心，而五年来的经历也确实表现了学校的进步；但是，如果由过去五年来的逐渐发达进步便以为以后亦必然一直向上发达进步，而想坐观其成，却是非常错误的观念。因而，唐先生提醒新亚师生，要时时警觉。而且人能够时时安思危、进思退，警觉于未然，是立于不败之地的必需条件。

唐先生认为，事物的发展进步，一方面依于其内在的力量，另一方面依于其外在的条件。新亚书院的创立完全由于其怀抱着莫大的希望与信心，深信其教育理想的实现，必然对于中国的复兴与人类的前途有所贡献。个别的人，虽然都有他的缺点或自私自利的地方，但从整个社会人心看，总在那里向往光明，追求光明，寻求可堪寄托其公的理想、公的希望的地方。新亚书院之所以会有今天，即由于社会人心对教育文化的理想，多多少少寄托于这所特殊的怀抱理想的学校，因而对学校乐观其成，乐助其成。正因为如此，唐先生指出，新亚师生切勿把过去一点成绩，贪天之功以为己力。

另外，唐先生希望大家更应警惕符合社会人心的理想与希望之不易。

---

① 唐君毅：致徐复观，1955 年 8 月 23 日。《唐君毅全集》（九州）卷 31《书简》第 74 页；《唐君毅全集》（学生）卷 26《书简》第 97—98 页。

因为社会人心,一方面固然希望有好的东西出现,并愿意加以扶持帮助,但另一方面又常会寄托过多的希望与理想于其所寄托者身上。因此,对其所寄托的个人或社会事业的担负也日增无已,甚至毁谤随之,或将其希望理想,另求所寄。唐先生谓:

> 从此看,社会人心对于一个人与一社会事业,又总是多所苛求的,缺乏谅解的,或无情的。我们必须了解社会人心之向往光明,望任何好的东西,如好的人物、好的社会事业之出现之一面,及又对之多所苛求并对之无情一面,才知一个人立身行己及一社会事业之艰难。此艰难是必然随一个人或社会事业之外表的名声之增加而正比例的增加的;如果克服此艰难之力量不正比例的增加,与原来同样的努力,亦不能保存一个人与社会事业原来的令誉,而结同等的善缘的。①

新亚书院过去五年多的逐渐进步,并不保证其未来的继续进步。唐先生指出,新亚书院有种种长处,亦有种种缺点,许多地方,不免名浮于实。唐先生常觉得自己所说的话、所作的文章、所做的事,合理想与希望者少,不合者多。每天工作,自觉是补过、践约、还债的意思多,自觉是另有希图的意思少。对于未来的事,亦很少抱过大希望,很不愿予人以过多的希望。因为未来都是无必然保证的。以此推之,唐先生警示大家,我们亦当常不忘新亚书院有一日会不存在,一日社会人心会觉得我们所标榜的教育宗旨只是些空头支票,永无兑现之日。

不过,唐先生强调,当我们作如是想,也并不妨碍我们当前的努力。人对其未来抱希望是情所不能免、理所不能必的,因此,人的努力不能只系于此希望的存在,而应激发开辟我们的心愿,以增加我们内在的力量泉源,才能以无穷的生生不已的力量与智能,去实现我们的理想。唐先生相信:

> 我们从怕辜负别人或社会对我们的希望一念出发,可以使我们少宣传自己,少许人以希望,因而减少人的失望;可以更鞭策我们去努

---

① 唐君毅:《希望、警觉与心愿》,《唐君毅全集》(九州)卷16《新亚精神与人文教育》第14—15页;《唐君毅全集》(学生)卷9《中华人文与当今世界补编》(上)第465页。

力符合人之正当的、公的希望，亦可使我们每人多求诸己，少所责望于人；而减少了自己之失望，增加对人之体谅。由此而即可激发开辟我们自己的心愿，使我们处处本我们自己之心愿而努力。如我们真能本心愿而努力，我们亦将有无穷的生生不已之力量与智慧，自内部出来；这样，则现在亦能保证未来天地之心，生民之命，万世之太平，皆可由我们而立。①

是年，唐先生的《人文精神之重建》一书上下两册，在新亚研究所印行。此书又名《中西人文精神之返本与开新》，其主要目的，乃疏导百年来中国人所感受的中西文化之间的矛盾冲突，而试图在观念上加以融解。此融解，乃依于一种基本的认识："中国人文精神之返本，足为开新之根据，且可有所贡献于西方世界。"② 唐先生又认为，西方人文精神亦当有一返本以开新的运动，或人文精神之重建的运动，故此书定名为《人文精神之重建》或《中西人文精神之返本与开新》。

该书所集的二十五篇论文，大多是到香港后撰写并分别发表于《民主评论》或《人生》杂志上的。其中心问题乃是百年来西方文化对中国文化的冲击问题。唐先生认为，西方文化思想对中国文化的冲击，最近的一次即来自俄国的马列主义征服中国大陆。由追问马列主义如何会征服中国大陆，即可引致对中西社会文化历史的各种省察，以及世界未来社会文化理想的方向问题。从中国人的立场上说，即主要是中国未来社会文化的方向问题。此问题是时代大问题，唐先生对此问题的讨论：

> 都是依于三中心信念，即：人当是人；中国人当是中国人；现代世界中的中国人，亦当是现代世界中的中国人。此三句话，一方是逻辑上的重复语，真是简单之至。然一方面，则我总觉此三句话，有说不尽的庄严、神圣，而广大、深远的涵义。这一切文章之和，都不能

---

① 唐君毅：《希望、警觉与心愿》。《唐君毅全集》（九州）卷16《新亚精神与人文教育》第16页；《唐君毅全集》（学生）卷9《中华人文与当今世界补编》（上）第467页。

② 唐君毅：《人文精神之重建》"自序"。《唐君毅全集》（九州）卷10《人文精神之重建》第1页；《唐君毅全集》（学生）卷5《人文精神之重建》第3页。

说到此三句话之涵义之亿万分之一。①

该书所集之文,自体裁方面说,大多是通论体,而非专门的学术研究论文。在这些通论文中,有一些是比较偏重于依冷静的理智从事概念的分析,比如《论真理之客观性与普遍性》、《自由观念之会通》的第一篇、《政治民主与人文之关系》等。其余各篇,则大多是根据一般的历史文化学术知识而讨论各种问题,意在予人以思想上的启发。其中也有两三篇是意存激发鼓舞人的精神因而偏带情感的,如《人类之创世纪》《宗教精神与人类文化》。

第一部"导论——忏悔向往与对真理之信心"包含四篇论文:第一文《宗教精神与现代人类》,重在指出我们必须以宗教精神担负时代的苦难,以求中西古今人文理想的会通。第二文《科学世界与人文世界》,说明单纯的科学观点,不能确立人文世界的价值。第三文《理想的人文世界》,自述对理想的人文世界的主观向往。第四文《论真理之客观性与普遍性》,说明真理应有客观性普遍性,是超越特殊个人主观意志的,超越阶级政党与民族偏见的。

第二部"中西文化之省察"包括五篇论文:第一文《中西文化精神之比较》,此文于七年前曾发表于南京《东方与西方》一刊,认为西方文化乃以宗教科学为本,而中国文化则融宗教于道德,以艺术取代科学的地位。唐先生强调,自己一向注重中西文化的不同,而且正因为有不同才可能有会通。如果中西文化为全同,则中西文化便只有进步与落后之别了。第二、三、四文:《中国清代以来学术文化精神之省察》《西洋古典文化精神之省察》《西洋近代文化精神之省察》,分别论近代中西文化各自的流弊,以求在根源上谋补救,创建开拓未来时代的学术文化思想。唐先生追寻中西学术文化思想精神的降落,归到清代以来学者精神之降落,与西方近代人文主义理想主义精神的降落。由此指出,我们要救当今之弊,必须再生清代以前的宋明儒者之精神,发扬西方近代理想主义与中西方人文主义的精神。此乃是求中西学术文化精神之返本。不过,此"返本"同时也是求"开新"。因为融会中西方理想主义、人文主义之精神及其文化

---

① 唐君毅:《人文精神之重建》"自序"。《唐君毅全集》(九州)卷10《人文精神之重建》第2页;《唐君毅全集》(学生)卷5《人文精神之重建》第4页。

思想，是"开新"工作的始点。第五文《人类之创世纪》，即呼吁人类在极权主义的威胁下，当承担人类的理想主义、人文主义之精神，抱创世纪的理想。

第三部"中国固有人文精神之阐述"包括四篇论文。唐先生认为，以中国人的立场，融会中西方文化理想，须以中国文化为主为本。第一文《论儒家之社会文化思想在人类思想中之地位》，略论儒、道、墨、法的思想与西方四种类型的社会文化思想的相似处，并说明儒家思想之反法家，即反现代极权主义的意义。同时说明儒家重全面的社会人文，以家族系统、教化系统、政治系统并立，而非以政治统制一切，以祛近人以儒家思想只为统治阶级之工具的曲说。第二文《孔子与人格世界》（原为唐先生于人文出版社出版的《孔子与人格世界》一书中的几节），并非直接说孔子人格如何伟大，而是透过人格世界中其他人格精神的赞美，进而论到孔子的人格。孔子人格精神的伟大，最主要的一点，即在能崇敬一切人格世界的人格，以持载人格世界、人文世界。孔子高于其他宗教中的圣者之处，在其不只有高明之天德，而且有博厚之地德。由此而说明，我们应当崇敬孔子，同时即当体现孔子精神而崇敬一切人格世界的人格。崇敬孔子，亦正是所以开拓我们崇敬一切人格的心量。由此而尊孔，并非真罢黜百家，而是涵盖百家而持载百家；而崇敬百家或任一家者，亦当崇敬孔子。第三文《中国先哲之人生思想之宽平面》，着重述及中国儒家思想依仁心以观自然宇宙之生化，乃只见内在的和谐，而不见矛盾斗争，并说明儒家人生思想重个人又重个人仁心涵盖社会，并平等地表现于各种人伦关系中的平等慧与差别慧。第四文《中国今日之乱之文化背景》，在说明中国百年来未能建立富强国家，使科学发达、政治民主，都是由于中国传统文化精神中好的一面未与西方文化中好的一面相融合，而互相牵制抵消其力量所生发的悲剧。由此可见，将中国今日之乱全归罪于中国文化，是不恰当的。同时亦说明，今日拨乱反治之道，乃在于自觉中国文化之精神，而认识此潜力，再求如何建立现代国家，发展科学，推行民主，并将支持马列主义在中国胜利的力量转化为积极的开拓中国文化前途的力量。因此，中国当前的文化思想问题，乃在于如何自作主宰地把西方传来的科学知识、国家观念、自由民主观念等，融摄于中国的人文思想中，以消除融解由中西文化冲击而产生的思想上、精神上的矛盾冲突。

唐先生强调：

对中国当前之文化思想之树立，一方是要承继传统之人文精神，一方是要开拓此人文精神，以成就社会人文之分途发展。由此即可自觉的建立科学为一独立之人文领域。由社会人文之分途发展而有各种社会人文组织，即可为民主自由之实现的条件，同时为富强的国家之社会基础。如此而见吾人之接受西方观念，正所以完成中国人文精神之发展。此方是立本以成末之事，而非忘本以徇末之事。①

　　下面的第四部、第五部诸文，便是在疏通中西社会文化的一些观念上、理想上的隔阂，显其互相证明、互相补足之处。

　　第四部"中西社会人文精神之融通（上）"包括六篇论文：第一文《论接受西方文化思想之态度》，是基于对中国文化精神与人生思想的体悟和自作主宰的精神气概，讨论应当如何去接受西方的文化思想。唐先生指出，我们应该在西方近代思想中兼重英美型思想与德国型思想；而在整个西方思想中，则当兼重近代精神与古典精神；于西方思想外，不应当忘记自己的文化思想。以下五文，则分别就自由、民主、和平、悠久四种理想，加以通中西古今的论列。在第二、三、四文《自由观念之会通》上、中、下三篇中，唐先生先分析了八个自由观念，进而考察西方文化思想中由希腊至今所重视的自由种类，最后再以孔子思想代表中国，考察其是否具有西方的自由观念。在此讨论中，唐先生指出，孔子为仁由己的自由一义，可原则上涵盖持载其余七种自由含义；同时也指出，中国所缺乏的自由权利观念何以也可以补足。唐先生在此论自由，是连接于人文观念而论的，不局限于西方哲学中一家一派之言，而是把西方哲学一家一派之言安置于自己所建立的观念系列中。第五文《政治民主与人文之关系》、第六文《中西社会人文与民主》，也是将民主政治与社会人文处处扣紧来讲，而不是空头论民主政治。唐先生注重说明，中国过去缺民主政治制度，并不是没有民主精神的证据。中国过去缺民主制度的原因，从社会文化方面说，在于中国文化不像西方文化为多元而多冲突，由此而缺乏西方式并立相抗的社会团体组织。而中国今后民主制度的建立，则系于直接由中国过去重整全人文修养的精神与儒家重全面社会人文的精神，以开拓出分途发

---

① 唐君毅：《人文精神之重建》"自序"。《唐君毅全集》（九州）卷10《人文精神之重建》第8页；《唐君毅全集》（学生）卷5《人文精神之重建》第11页。

展的人文世界，并求各种人文领域中社会团体组织的有力发展。个中发展一方面是融摄西方民主制度于中国政治，一方面亦即中国文化政治自身当有的一种发展。

第五部"中西社会人文精神之融通（下）"包括七篇论文：第一文《西方文化中之悠久与和平问题》，第二、三文《西方哲学精神与和平悠久》上、下文中，唐先生认为，西方文化思想尚不足为天下太平、人文悠久立基础，并取柏拉图、亚里士多德、康德、黑格尔的思想为证，一一加以讨论。第四文《印度与中国先哲之宗教道德智慧之方面》、第五文《中国人之日常的社会文化生活与人文悠久及人类和平》两文认为，致太平、成悠久的智能，当反求于印度与中国，并略论印度、中国宽宏博大的和平悠久智慧形成的根据，以及中国思想与社会文化中致太平成悠久之道。第六、七文《人类精神之行程——中西学术文化发展三阶段之对比》上、下文，立足于整体文化，比较古代、中古和近代中西学术文化的发展及其特征。唐先生指出，人类到了现在，应当是把整个人类当成一个整体看的时候了，同时也已经到对东西各大文化系统加以平论的时候了。

唐先生在最后特别强调：

> 人类到了现在，应当是把整个人类当成一体看的时候了。同时已到对东西各大文化系统加以平论的时候了。对世界现存之四大文化系统，我们若作为一个整个人类精神之表现，或一上帝精神之表现来看，则印度文化如上帝之右手，中国文化如上帝之右足，回教文化如上帝之左手，西方文化如上帝之左足。手之不落地，喻宗教意味重。足则实践实行之意味重也。对此上帝之二手，今不论。对此上帝二足则左以喻一往直前，右以喻一步一回顾。

> 由五千年人类历史，我们明明看见上帝之左足，由希腊罗马中古至近代，上帝之右足，由夏商周，历秦汉隋唐，宋元明清，分别依一二三之步伐，在东西半球上行走。但是左足右足，恒互不相知，各走各的路，有时左右足互相踢蹴，互相藐视，而二足之形状与活动姿态，亦确不同。此不同，亦说之不尽。此最大之不同，我可以一粗俗的比喻来说。

> 我说此上帝之左足，如不穿履而指爪在外。上帝之右足，则穿

履，重履践，而浑然全足。我看见此上帝左足之指爪，化为希腊人之矛盾冲突的悲剧，化为希腊人之锐利的科学哲学之理智，化为互相独立的希腊城邦，化为中古之上帝与魔鬼与异教异端的斗争，化为近代之抗衡对峙的民族国家，各种社会组织科学知识，亦化为四面伸指以攫取世界财富与土地而压迫其人民的资本主义帝国主义，最后化为极权主义……

我又看见上帝的神履，化为尧舜的垂衣裳而治，化为周公的礼乐，化为儒家的仁心，墨家的兼爱，老庄的大道，以温暖人间，衣被天下。化为汉唐之充实而光辉及于世界的政治，化为对普渡众生慈悲为怀的佛教之融纳，化为爱惜回念其过去行踪的历史意识，化为搏合五万万人民之心为一之精神系带。然此回顾依恋之历史意识，亦僵滞住神足的前进。

故我们可名此上帝之左足之成就，为"人类精神之分散展开"的成就，上帝右足之成就，为"人类精神之凝聚龛合"的成就。左足之病，在指爪不剪，而血流未已。右足之病，在浑然全足，五指未能畅伸。左足之病在伤人，右足之病在自伤。此可以喻中西学术文化之当谋互相取资以开新，夫然后上帝之神足乃能遍行天下，人类之精神之行程得日进无疆也。①

是年，唐先生发表的文章主要有：

在《人生》杂志发表的《论人生中之毁誉现象》《爱情之真谛》《致谢扶雅先生论宗教书》《人文精神之重建前言》《中国历史之哲学的省察》《心灵之开发与心灵之凝聚》；

在《祖国周刊》发表的《中国人文精神之发展》（上、下）《百年来中国民族之政治意识发展之理则》《略论与今后建国精神不相应之观念气习》《理性心灵与个人、社会组织及国家》（上、中、下）；

在《民主评论》发表的《科学与中国文化》（上、中、下）《我与宗教徒》；

在《民主潮》发表的《与劳思光先生论宗教书》；

---

① 唐君毅：《人类精神之行程》"余论"。《唐君毅全集》（九州）卷10《人文精神之重建》第449—450页；《唐君毅全集》（学生）卷5《人文精神之重建》第559—560页。

在《新亚学报》发表的《论中国哲学思想史中理之六义》；

在《大学生活》发表的《六十年来中国青年精神之发展》；

在《中国学生周报》发表的《悲观主义与乐观主义》《敬告绿野神州之海外青年》；

在《自由人》发表的《华侨社会中的文教事业》《耶稣圣诞正名》；

在《新亚校刊》发表的《希望、警觉与心愿》《敬告新同学》。

《百年来中国民族之政治意识发展之理则》《略论与今后建国精神不相应之观念气习》《理性心灵与个人、社会组织及国家》（上、中、下）三文，分别从历史、批判、建构三个维度阐释了唐先生对于中国现代政治的基本观点，是唐先生政治哲学的代表作，后一起收入《中国人文精神之发展》一书的第三部。

《百年来中国民族之政治意识发展之理则》一文共十个部分，分析从太平天国运动到共产党建立中华人民共和国一百年左右中华民族政治意识发展的内在规律。唐先生指出：

> 百年来中华民族政治意识的发展，其外在的刺激，是西方之军事、经济、政治、文化思想之势力，对中国固有之社会文化之冲击，其内在的目标，则是向着一个名符其实的中华民国的建立。中华之意义，是表示历史文化传统之延续。民之意义是民族、人民、现代的公民。国之意义，是一现代的国家。①

进而，唐先生将百年中国政治意识的发展分为九个阶段，并逐一分析其成败功过。在分析中，唐先生坚持的基本立场是，每一阶段中的代表性个人或政党团体，都只能代表其所在的一阶段，而不能代表后一阶段；当民族政治意识发展到后一阶段时，他们便常常免不掉堕落或沉沦。就整个中华民族而言，是前仆而后继，循其向上发展的规律而不断前进，以迫近其内在的目标；而就一切的个人政党团体而言，对他们所代表的阶段之贡献，都表现一永恒的价值，当时的成功和后来的失败，其价值都是永恒的。"成功与失败之事，同在百年来之历史中，整个中华民族的生命中，

---

① 唐君毅：《百年来中国民族之政治意识发展之理则》。《唐君毅全集》（九州）卷11《中国人文精神之发展》第134页；《唐君毅全集》（学生）卷6《中国人文精神之发展》第156页。

而丰富了此历史、此生命。"①

第一阶段是太平天国革命运动的自然生命冲动的政治意识。唐先生认为，太平军与太平天国革命运动，代表鸦片战争后中国主要民族即汉民族的自然生命不甘受外来的压迫与满清的压迫的一种冲动。② 由于人的自然生命冲动本身具有一种神魔性，所以，当其由群众心理而集合以表现为政治上的革命运动时，即自然易与一种宗教信仰相结合。唐先生谓：

> 太平天国之上帝观念，与下层人民之自然生命冲动之结合，以破坏中国传统之文教，好似一个神魔性中之夹板，初次对中国之传统文教，加以压榨。这个神魔性的夹板的一边，是要超越于中国固有文教之上。此在太平天国，以上帝之观念为代表。
> ……另一面则为中国传统文教之润泽之所不及的，非理性的自然生命冲动。此亦一直与前者相依而行，以破坏中国之文教。③

因此，太平天国所代表的政治意识，只能说是根于民族的自然生命的一种冲动。但是，这个冲动所形成的政治意识，是中国近代政治意识发展的第一个肇始的阶段。此肇始的阶段，失败于它要冲破中国数千年的文教制度形式而又不能获得其自身的形式，以贞定此冲动的泛滥。

第二阶段是平太平天国之乱的曾国藩等所代表的保存中国伦常文教的卫道意识。唐先生认为，在太平天国运动发生时，曾国藩等自其破坏中国伦常文教上着想，决心加以反抗和讨平，这中间包含大苦心、大智慧。唐先生谓：

> 为了伦常文教，则他们只有暂将民族的夷夏之义放下，这是苦心的智慧的抉择。然亦可说是承担一罪过或缺憾的抉择。这抉择之客观

---

① 唐君毅：《百年来中国民族之政治意识发展之理则》。《唐君毅全集》（九州）卷11《中国人文精神之发展》第135页；《唐君毅全集》（学生）卷6《中国人文精神之发展》第157页。

② 唐君毅：《百年来中国民族之政治意识发展之理则》。《唐君毅全集》（九州）卷11《中国人文精神之发展》第134页；《唐君毅全集》（学生）卷6《中国人文精神之发展》第156页。

③ 唐君毅：《百年来中国民族之政治意识发展之理则》。《唐君毅全集》（九州）卷11《中国人文精神之发展》第136—137页；《唐君毅全集》（学生）卷6《中国人文精神之发展》第159页。

意义,是要先救中国民族之伦常文教。此伦常文教,是中国民族之灵魂。于是中国民族之身体,无妨暂对异族屈膝。这是不能无缺憾的抉择。然而在太平天国要以六经为妖书,藉上帝以鞭挞孔子时,这即是中华民族唯一可能有的最高的政治态度和政治意识。①

唐先生强调,这一包含缺憾或对罪过之承担的政治意识,表明百年来中国政治意识向上发展由第一阶段到第二阶段的艰难。

第三阶段是李鸿章、张之洞等"师夷之长技以制夷"的洋务自强运动所代表的"师夷"与"制夷"的矛盾意识。唐先生认为,洋务运动"实际上仍是中国文化精神儒家精神之所主宰"。一方面,求诸己以制夷的精神,是向内的、凝聚的;另一方面,"洋夷"之所以能侵略中国在其科学技术,而此科学技术是中国所没有的,此不能求诸己,而仍须派遣学生去求诸夷。唐先生谓:

> 师夷以制夷,而谋中国自强运动中,所包含之政治意识,在中国历史文化上看,是从所未有。这意识中,包含一种无限的精神上的委屈,亦包含一几无法统一的内在矛盾。师夷之长,必敬夷之长。凡人之情,敬之则不忍求所以制。而吾人凡求所以制之者,则必不能同时敬之。欲制夷,则夷在我之外。欲师夷,则我须自居于夷之下。②

在唐先生看来,在当时,中国人既自爱其民族国家、自尊其文教,又不能不制夷;欲学科学技术,又不能不师夷;于是只有同时承担此内在矛盾的意识。

第四阶段是晚清戊戌变法运动所代表的自觉省察变革传统政制的变革意识。唐先生认为,戊戌变法运动,是以西方政制为模范,乃是"师夷之长"的进一步发展,其中包含有中国人的精神进一步外在于自己,以批判自己而超越自己。变法运动是求富强的洋务运动自然推致而出的,因为富

---

① 唐君毅:《百年来中国民族之政治意识发展之理则》。《唐君毅全集》(九州)卷11《中国人文精神之发展》第137页;《唐君毅全集》(学生)卷6《中国人文精神之发展》第160页。
② 唐君毅:《百年来中国民族之政治意识发展之理则》。《唐君毅全集》(九州)卷11《中国人文精神之发展》第138页;《唐君毅全集》(学生)卷6《中国人文精神之发展》第161页。

强运动着眼于科学技术与物质的建设,但是物质建设事业与科学技术人才的培养,必须与一套新的制度相应,这就必须多少冲破传统的制度。因此,中国此时的变法运动是势不容已,是中国民族政治意识"由科学技术以求富强谋民族之生存"进至"求所以致富强之政制之变革"的进一阶段发展。至此,中国的政治制度本身成为政治意识所自觉地加以省察变革的对象,唐先生认为,"此二千余年来所未有者也"①。

第五阶段为辛亥革命所代表的"依于民族大义之自觉及中国传统之成仁取义精神"的政治意识。唐先生认为,辛亥革命乃由戊戌变法运动的失败所逼成。在辛亥革命前,"变法派"与"革命派"各言之成理。"变法派"是只改政制不改国体,仍可富强,兼可免社会秩序的大破坏。唐先生谓:

> 当时如果变法真成功,则远自三百年以来,近自洪秀全以来,汉民族受满清压迫,而欲反抗之要求,便终不能满足。此要求须满足,则革命之运动,势不容已。②

唐先生认为,辛亥革命烈士的成仁取义,是本于民族大义的自觉,是植根于中国文化而出的革命精神。因此,辛亥革命运动的成功,亦即中国文化与中国民族精神的一种成功。

第六阶段是民国初年至新文化运动期间军阀混战所代表的"自觉的阿斗意识"。唐先生认为,一方面,辛亥革命成功太易,成功后武人依旧,政客依旧,农村中人民向往皇帝的意识依旧;另一方面,中国人民无力,社会缺乏各种职业、宗教、文化组织作为民主宪政的基础。唐先生认为,我们可以将民国初年中国人民的政治意识称为"自觉的阿斗意识"。唐先生谓:

> 阿斗之无能,是当时中国之人民之缺点的比方。阿斗之自觉是皇

---

① 唐君毅:《百年来中国民族之政治意识发展之理则》。《唐君毅全集》(九州)卷11《中国人文精神之发展》第140页;《唐君毅全集》(学生)卷6《中国人文精神之发展》第163页。
② 唐君毅:《百年来中国民族之政治意识发展之理则》。《唐君毅全集》(九州)卷11《中国人文精神之发展》第140页;《唐君毅全集》(学生)卷6《中国人文精神之发展》第163页。

帝,则是比喻民国初年,中国人民之自觉是中国之主人之一时的新鲜感觉。此感觉毕竟为中国以前之人民从所未有。……而阿斗之无能,则是民国初年之政治,走不上真正的民主宪政之路之必然理由所在。①

第七阶段是新文化运动和五四运动所代表的寻求或建树自下而上的革命运动组织力量的政治意识。唐先生认为,"新文化运动"的历史意义,是"完成了自晚清以来,中国人对其传统政治文化之自我超越,自我否定的历程。……是完成了一个自太平天国以来,中国传统文化之动摇破坏之机势。至此而言,此正是一旧运动的延续与其完成"②。新文化运动之"新",不在其成绩,而在其一股新鲜的"朝气",此朝气乃由其对传统文化敢于抱批判怀疑之态度而生。此批判怀疑的态度是一种不受任何既成观念束缚的态度,它可使人有心灵解放的感觉,这使当时的人表现出了一种自然心灵的朝气。但是,唐先生认为,新文化运动:

> 尚未进到一理性心灵、道德心灵的朝气。自然心灵的朝气,只是天真而可爱,亦可引发鼓动他人的兴趣,如芳香之随风扩散。但是他如果不升进为理性的心灵、道德的心灵,则不能有创造的成果。胡适之的哲学,顾颉刚的史学,钱玄同的文学,陈独秀的政治,严格说,都是只表现一些自然心灵的朝气,而无正面的具体的成果的。而由自然的心灵升进为理性的心灵、道德的心灵,则必须不以消极的怀疑批判传统文化,空口言重新估量价值自足;而须积极的重建价值意识,文化意识,历史观念,以重构实际的社会文化。但是新文化运动在文化方面,只作消极的方面,尚未作到积极的方面。③

---

① 唐君毅:《百年来中国民族之政治意识发展之理则》。《唐君毅全集》(九州)卷11《中国人文精神之发展》第142页;《唐君毅全集》(学生)卷6《中国人文精神之发展》第165页。
② 唐君毅:《百年来中国民族之政治意识发展之理则》。《唐君毅全集》(九州)卷11《中国人文精神之发展》第143页;《唐君毅全集》(学生)卷6《中国人文精神之发展》第166—167页。
③ 唐君毅:《百年来中国民族之政治意识发展之理则》。《唐君毅全集》(九州)卷11《中国人文精神之发展》第143—144页;《唐君毅全集》(学生)卷6《中国人文精神之发展》第167页。

五四运动尽管与新文化运动同时发生,但唐先生认为,"五四运动"所代表的政治意识是"保存国家民族"的政治意识,顺此意识发展下去,则为废除不平等条约、反对帝国主义特殊权利的意识;此意识与打倒北洋军阀、改革国内政治的意识相结合并见诸行动,则为国民革命。

第八阶段是国民革命所代表的政治意识,此种政治意识"为民国初年之向往宪政精神之自觉的自我超越,及中国知识分子之自觉的以其政治理想走到民间,而求透入民族之自然生命"①。唐先生认为,孙中山先生由军政到训政再到民主宪政的思想,和以政治理想寻求同志,唤醒下层民众以团结为革命力量的精神,是中国现代政治史上划时代的一种政治意识。

第九阶段是从国民政府成立到抗日战争阶段所代表的"中国民族之对外独立要求与其实现"之真自觉的政治意识。唐先生认为,抗战之所以能进行八年之久,整个来说,实赖全民族的一种向心力。抗日战争的胜利,是鸦片战争以来中国对外战争唯一的一次胜利。此次胜利,使中国摆脱了对一切国家的不平等条约,"从外表上看来,中国成了一真正顶天立地的国家。只是自内部看来,则全不是"②。之所以从内部看全不是,是因为"国民党二十年之训政之政治,乃既非民主,而又以宪政为目标,有求专政之实,又不能在理论上主张专政,两头牵挂,理想与现实,表里相违的政治"③。

第十阶段是中国近百年政治意识发展所寻求的新阶段的政治意识,是建立真正的中华民族民主国家的政治意识,是"依于理性心灵与道德心灵的民主建国精神"④。唐先生谓:

---

① 唐君毅:《百年来中国民族之政治意识发展之理则》。《唐君毅全集》(九州)卷11《中国人文精神之发展》第144页;《唐君毅全集》(学生)卷6《中国人文精神之发展》第168页。

② 唐君毅:《百年来中国民族之政治意识发展之理则》。《唐君毅全集》(九州)卷11《中国人文精神之发展》第146页;《唐君毅全集》(学生)卷6《中国人文精神之发展》第171页。

③ 唐君毅:《百年来中国民族之政治意识发展之理则》。《唐君毅全集》(九州)卷11《中国人文精神之发展》第148页;《唐君毅全集》(学生)卷6《中国人文精神之发展》第172页。

④ 唐君毅:《百年来中国民族之政治意识发展之理则》。《唐君毅全集》(九州)卷11《中国人文精神之发展》第151页;《唐君毅全集》(学生)卷6《中国人文精神之发展》第176页。

从中国民族百年来，政治意识之发展各阶段之趋向说，他明是要建立一真正中华的，民族的，民主的国家。"中华"表示历史文化的延续；"民"表示民族的，民主的，即表示政权属于全部中国人民，中国人民在其国家根本大典之宪法下，运用政权，从事政治活动。故国家与宪法，必须在一切政党之上，而不在任何政党之下。①

《略论与今后建国精神不相应之观念气习》是在上文追述百年中国政治意识发展的基础上，对各种与中国人百年来政治意识发展所向往的内在目标不相应或相违的各种观念气习，加以清理化除，目的是为实现真正"依于理性心灵与道德心灵的民主建国精神"清理观念地基。这些观念气习，或源于中国传统的思想，或源于西方传来的思想，或源于数十年或数百年中国人之政治习惯社会风气，或源于人性之自然的弱点，及种种偶然的情势。唐先生认为，这些观念习气主要有五种：

一是传统的中国知识分子，直接以天下为己任，与得君行道之观念气习。二是视国家为有机体，以政治领袖为头脑，政治只为身使臂，臂使指之事的观念气习。三是只重政党与政府之组织之观念气习。四是重民族而轻国家的观念气习。五是以国家为个人工具，以政治法律之价值，只在保障个人之自由权利之观念气习。这些观念气习到处流行，人随处可碰到，而其本身复互相矛盾。人恒不入于杨，即入于墨。所谓扶得东来西又倒。然而却都是与百年来中国人政治意识之发展所向往之内在目标不相应或相违的。因而皆尚不足为今后中国之民主宪政或民主的建国精神之真正基础。②

唐先生对以上五种与百年来中国人政治意识发展所向往的内在目标不相应、不足为中国今后民主建国精神基础的、至今仍到处流行于中国社会人心的观念气习一一进行了分析与批判，目的是要为中国民主建国提供合

---

① 唐君毅：《百年来中国民族之政治意识发展之理则》，《唐君毅全集》（九州）卷11《中国人文精神之发展》第150页；《唐君毅全集》（学生）卷6《中国人文精神之发展》第174页。
② 唐君毅：《论与今后建国精神不相应之观念气习》，《唐君毅全集》（九州）卷11《中国人文精神之发展》第153页；《唐君毅全集》（学生）卷6《中国人文精神之发展》第178页。

理的观念基础。唐先生认为,"传统的知识分子之直接的以天下为己任之责任感,必须转变为间接的以天下为己任之责任感,社会组织当为政党组织及政府组织之基础,重民族亦当兼重国家,个人与国家之关系,当另求善解"①。只有这样,才可以奠立今后中国民主建国精神相应合的一套观念,作为中国今后民主宪政的思想基础。

唐先生认为,其中的关键,是要对个人与国家二者的关系有一个善解;而对个人与国家二者关系的善解,则系于对社会组织、个人及国家的关系有一善解。由对此三者的善解,便可使人对于此三者同时加以尊重,而且与中国文化的根本精神相契合,亦与百年来中国民族政治意识各阶段的发展所向往的内在目标相契合。要实现对此三者关系的善解,关键在于,一方面肯定个人在社会组织与国家之内,社会组织与国家超越于个人之上;另一方又须肯定社会组织与国家的理念为个人超越的理性心灵所涵盖。唐先生谓:

> 简言之,即须肯定社会国家超越于个人,及社会国家之内在于个人二义。由国家社会之超越于个人之义,以成就个人之自爱,与对社会国家之尊敬。由国家社会之内在于个人之义,以成就人对国家社会之爱,与对个人自己之自尊自敬。②

这两者看似不相容而互为矛盾,但是,唐先生强调,如不能将此矛盾加以融解,则终不能建立此三者并重的关系,也就无法提供民主建国的真实观念基础。唐先生谓:

> 要启发培养中国人今后之民主的建国精神,为今后中国之民主宪政,奠立思想基础,则除向此用心,在此矛盾之中,杀出一条血路,使人人皆能由此走过去,将此矛盾两面撑开,决无他路可走。凡只执彼自西方传来之单纯的个人之自由权利之理论,极权的国家观念,与

---

① 唐君毅:《论与今后建国精神不相应之观念气习》。《唐君毅全集》(九州)卷11《中国人文精神之发展》第161页;《唐君毅全集》(学生)卷6《中国人文精神之发展》第188页。

② 唐君毅:《略论与今后建国精神不相应之观念气习》。《唐君毅全集》(九州)卷11《中国人文精神之发展》第162页;《唐君毅全集》(学生)卷6《中国人文精神之发展》第189页。

一党专政之思想之一端，或只停滞于中国之传统之政治观念之中，皆同为断港绝潢，歧途末路。①

《理性心灵与个人、社会组织及国家》（上、中、下）则直承前两文所呈现出来的"依于理性心灵与道德心灵的民主建国精神"的政治理想和政治意识，具体阐释如何"依于理性心灵"对个人、社会组织及国家三者的关系做"善解"，以在其矛盾中"杀出一条血路"，实现三者并重，为中国的民主建国提供观念基础。全文共十一节，分别讨论"西方传入中国之个人自由、社会组织及国家观念之变质""论自事实上之存在观点及主观心理之需要不能建此三观念当配合贯通之理由""个人主义的功利主义之不能建立人当尊重社会组织及国家之理由""社会主义的功利主义之不能建立人当承重个人之理由""理性心灵与其歪倒的表现""理性心灵正常表现之四形态与求人我心之直接的贯通统一""西方现代式社会团体与人我心之间接的统一之客观化""西方现代式国家之理念及民主政治之理念与统一的理性心灵之客观化""中西社会文化分别重此诸社会团体组织与国家组织之得失""理想的中国社会国家之组织之一图像""依于道德理性的心灵之间接的以天下为己任与民主的建国精神"。

唐先生认为，西方重个人自由、重社会组织、重国家的思想传入中国后，因为中西社会文化的不同，其意义与性质已经发生根本变化。因此，只是直接袭取西方思想，根本上不能解决中国的问题，而必须依据中国自己的思想，力求贯通国家、社会组织、个人的观念，以与中国社会文化精神求配合，才能解决中国的问题。而且对于国家、社会组织、个人三者的贯通，不能由客观事实存在的观点和主观的自然心理需要的观点去看，而必须由理性上的必然和理想上的当然去确知。

唐先生认为，"个人主义的功利主义"不能建立人当尊重社会组织及国家的观念，而"社会主义的功利主义"则不能建立人当尊重个人的观念，二者将个人与社会组织、国家完全对立。唐先生谓：

我们所要建立的这种思想，是要在根本上超出一般之客观事实、

---

① 唐君毅：《略论与今后建国精神不相应之观念气习》。《唐君毅全集》（九州）卷11《中国人文精神之发展》第162页；《唐君毅全集》（学生）卷6《中国人文精神之发展》第189页。

主观心理及个人与社会之对立的范畴。而这种超出，只系于我们可由人之"能自觉"，以见其实具通内外人我的理性心灵或道德心灵；而此心灵之精神，则必求客观表现为社会组织与国家。因而人真自觉他自己个人之尊严之所在时，同时即必然自觉，当尊重国家社会。①

唐先生认为，人的理性心灵、道德心灵，自身有一种"望其自己之目标活动成为普遍化客观化于他人"的精神要求，此种"求普遍化、客观化其自己之精神"的要求，在形式上可分为"歪倒型"（《论语》中孔子所谓"求闻"）和"正常型"（《论语》中孔子所谓"求达"）。在俗情世间中，人之"求誉避毁"便是人人不可逃脱的"歪倒型"的"普遍化、客观化自己精神"的表现。求超越自己而普遍化、客观化自己的道德心灵、理性心灵，在人的"求誉避毁"意识中夹杂一"只求人之心中有我"的私意。此中的"我自己"好像一硬核，只求他人之心能赞美之、承认之、包含之，因而不能同时如实地表现此理性的心灵，平等地看待人我的本性。但是，人的理性心灵在本性上又必然要求"自己超越其自己，以普遍化、客观化其自己"，因而便最易自此歪倒的表现中识取。

唐先生认为，理性心灵求人我之心的直接贯通统一之"正常表现"，是一种不夹杂私意，而直依于理性心灵将人我平等观所发出的，求普遍化、客观化我之心灵的内容或其自身（其中包括我之活动与所感受价值）的精神要求。此种正常表现有四种基本形态：

> 一为以我之一整个心对一定之人之整个心，在有一定相待态度中，人我心相互客观化，而直接贯通统一，此表现为中国文化所重之个人与个人之直接的五伦关系或伦理组织。二为以我之整个心，对不定数的其他人之整个心，在不定的相待的活动中，求人我之相互客观化，而贯通统一。此表现为中国式之过去之社会团体，如由父子兄弟朋友之伦、邻里关系扩大而成之宗族会、宗亲会、同乡会、讲学会、诗酒会等，中国过去之民族意识中所谓民族，亦可说不过此种社会团体之扩大。三为以我之部分心与不定数的其他人之部分心，本特定的抽象共同目标为媒介

---

① 唐君毅：《理性心灵与个人、社会组织及国家》。《唐君毅全集》（九州）卷11《中国人文精神之发展》第173页；《唐君毅全集》（学生）卷6《中国人文精神之发展》第202页。

以结合，而求人我心同客观化于此目标，与达此目标之事业之前，而求人我心之间接统一。此表现为一般西方式或现代式之社会团体组织。四为求"诸分别依特定之共同目标而分别结合成，分别表现人我心之间接统一"之各社会团体与其事业，之互相配合贯通而统一，以表现"我之整个心之各部分，与人之整个心之各部分"之诸分别的间接统一，之互相配合贯通统一，而由此以客观化"我之整个心之内在的贯通性统一性"于世界。此为西方式现代式国家组织。①

唐先生认为，中西社会文化中过去所重之社会政治团体组织，互有长短得失，适足以相补以救弊。因此，我们不应该认为：

> 中国传统文化所重之伦理关系伦理组织为当废，因舍此个人对个人之伦理的情义，则个人不能有眼前当下的、随处可得的、依理性的心灵以客观化普遍化其自我之道路。我们永不能以中国过去形态之讲学会、诗酒会、同乡会、宗亲会以至金兰结义之团体等，在今日即不当存在。
>
> ……此种我与人不重形式的聚会结合中，最可有我之整个心与他人整个心之自由的多面的接触。而此中我与人之互相欣赏、同情、互相了解，我与人以其精神的光晕，互相润泽，即有一圆活进行的、人与我之互相客观化其自己、而内在于他人之不断的历程。而此亦为人之道德理性的心灵之表现其自己，所理当要求者。此种方式的人与人之结合，现代人以过于忙迫，故恒不认识其无用之用。②

唐先生认为，凡是注重事业目标、组织形式的组织团体，都是"方以智"的。以图像喻之，即为角锥式的，其对外有尖锐性。因而，此类团体之间，必然多冲突；而且只恃法律与政府权力的制裁，并不能完全融解其冲突。凡是不注重组织形式、事业目标的人与人之间的团体结合，与中国

---

① 唐君毅：《理性心灵与个人、社会组织及国家》。《唐君毅全集》（九州）卷11《中国人文精神之发展》第176—177页；《唐君毅全集》（学生）卷6《中国人文精神之发展》第206页。

② 唐君毅：《理性心灵与个人、社会组织及国家》。《唐君毅全集》（九州）卷11《中国人文精神之发展》第191—192页；《唐君毅全集》（学生）卷6《中国人文精神之发展》第224—225页。

式的伦理关系，则是"圆而神"的。以图像喻之，则如橡皮球，彼此相互容让。在此种关系中，人与我心的关系如玉环之相连，镜之互照，人与人习于相容让而和融。此种"橡皮球"的团体关系模式运用于各种尖锐性的角锥式现代社团体之间，即可销解其无数冲突。

对于中国社会来说，理想的社会组织，不应当只有旧式的伦理关系、松懈的社会团体以及人与人的直接结合、浑沦而和融无间的民族意识、汗漫无边的天下观念，还必须发展出现代式的社会团体组织与国家组织。唐先生谓：

> 吾人理想中之中国国家社会，乃当兼具上述四类之人与人之组织关系者。即非一只重玉环式两镜互照式之伦理关系，与光晕相涵式橡皮球相让式之一般的人与人关系者；而亦非只重角锥式之尖锐式的现代社会团体，与如由角锥体组成之坚硬的水晶式之现代国家组织者。而当是如外象天圆而内象地方之大青铜钱式。①

青铜钱的外圆，比喻其为非侵略性的，而可与他国和融相处；内方，言国家内部呈现纵横皆有直线的纹理，此纵横直线所成之"方"，比喻互相关联以经纬整个国家社会的各种社会团体组织。国家中的各个个人，则是四方之角。大青铜钱四方之角的背后，又皆可绘若干大大小小的方形，它们皆有其四角，而每一角亦皆可喻一个人。于是，每一方形之角，皆可由直线贯穿至其所背负的诸方形之角。"我"即可以每一方形之角，与其所背负之其他方形之角，同为一直线贯穿，此表示一个人与其他个人之间一定的伦理关系。再以此直线直通向圆的一端移动而成的弧面中所包含的范围，比喻个人除在此确定的伦理关系外，所可能有的"与之直接相遇以结合，而另无结合以外之目标之诸个人"的范围。此圆弧可以无一定大小，比喻此诸范围的无定限。每一方形之一角分别通向两边的直线，比喻一个人可以分别与其他个人抱共同目标而从事共同事业，形成各种现代式社会团体组织。而一角对方的两条直线，则比喻个人不直接参加的其他社会团体组织，而间接地联系我所直接参加的各种社会团体组织。此整个方

---

① 唐君毅：《理性心灵与个人、社会组织及国家》。《唐君毅全集》（九州）卷 11《中国人文精神之发展》第 193 页；《唐君毅全集》（学生）卷 6《中国人文精神之发展》第 226 页。

形四角前的四个空处，皆可通于四边的诸社会团体组织及整个之圆，比喻诸个人"求配合贯通各社会团体与个人之目的活动"的政治意识、政治活动。四角前的四空处本身，又是互相贯通透明的，此比喻诸个人的政治意识、政治活动互相涵摄、互相内在而互相保证所成立的民主立宪的政治意识。这便是唐先生所理想的现代中国国家组织，他称之为"我心中的这一个大青铜钱"。①

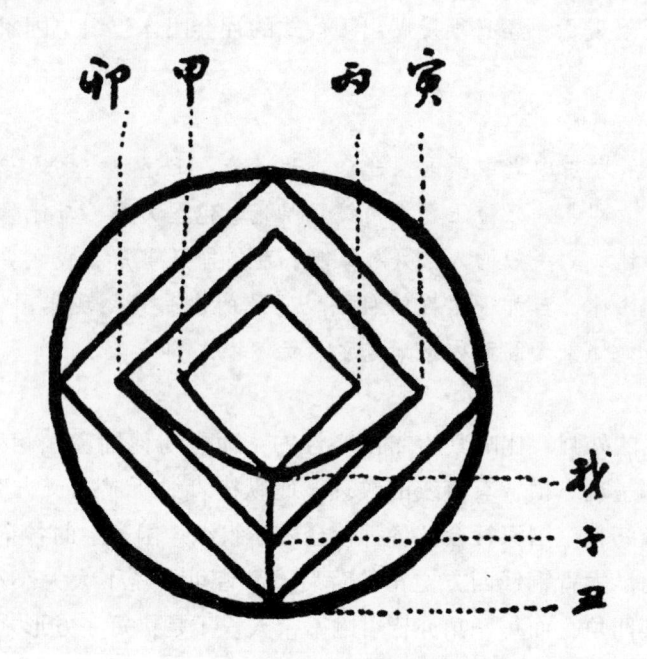

说明：

一、子丑表示与我有直接伦理关系之诸个人。

二、寅、卯线表示与我直接相遇以结合而无结合以外之目标，所形成之中国式之社会团体中之其他诸个人。

三、甲丙表示以一抽象共同目标为媒介，与我结合以从事共同事

---

① 唐君毅：《理性心灵与个人、社会组织及国家》。《唐君毅全集》（九州）卷11《中国人文精神之发展》第194页；《唐君毅全集》（学生）卷6《中国人文精神之发展》第227页。

业，同属于一现代式社会团体组织之诸个人。①

唐先生强调，必须打破现代中国思想中一切只重个人或只重社会团体组织或只重国家的偏见，以及忽略中国传统式伦理关系和社会团体之价值与忽略西方现代式社会团体与国家组织之价值的偏见。人的理性道德心灵之全体大用，必求同时尊重个人、社会团体组织与国家，同时肯定中西社会文化分别所重的人与人之心灵联结组织方式之价值。因此，中国未来的国家建设，一方面，绝无只重视国家或社会团体组织或政党组织而看轻个人，视个人为国家社会的一个细胞、一个机器零件之理，这不仅是因为社会国家由个人组成，而是因为社会国家的理念原就内在于个人的理性心灵之中，个人的理性心灵能够超越地涵盖社会、国家；另一方面，我们亦绝无只重个人，而视社会国家组织只为个人达其目的的工具、手段、用器之理，社会国家乃由我与我以外的许多个人组成，此诸个人各有其自由权利，任何一个人都不应当成为另一个人的手段、工具与用器，我须尊重其他个人的自由权利，并参加民主政制的建立，以求保障我与人的自由权利。

唐先生认为，在根本上，自己、他人和国家是一个整体。

> 立己、立人、立国，在此是三位一体。有则俱有，无则俱无。这个地方，人对义理上之必然、当然、定然，如果看得清，拿得稳，则在自己之生命所属、生活所关之社会混乱、国家危亡的时候，个人的心灵内部，即感到一种内在的混乱，内在的危亡，个人无论如何是不能自安，而不能容许自遁于所在之社会国家之外，而求自逸的。此是一无可奈何。然人最高的尊严，即见于他之愿承担此无可奈何。②

比如，我是中国人，如果要依于具体的我之无上尊严而自尊自立，我即必然要与他人合力，去把中国建设好。我个人与我所属的国家社会之关

---

① 唐君毅：《理性心灵与个人、社会组织及国家》。《唐君毅全集》（九州）卷11《中国人文精神之发展》第194页；《唐君毅全集》（学生）卷6《中国人文精神之发展》第228页。

② 唐君毅：《理性心灵与个人、社会组织及国家》。《唐君毅全集》（九州）卷11《中国人文精神之发展》第196页；《唐君毅全集》（学生）卷6《中国人文精神之发展》第229—230页。

系，在此是一千真万确的血肉不可分的关系；个人的前途，个人的命运，个人的责任，个人的价值，个人的无上尊严，全部都在此血肉不可分的关系里。但是，这并不意味着，我们可以自觉居于社会国家之上以拯救斯民而直接以天下为己任。

> 最高的以天下为己任，即是站在我自己当前的社会地位上，把天下国家的责任承担起来。此承担，只是在自己这里，升起一种志气，以关心天下国家。此志气，因其依道德的理性的心灵而发，亦即是要涵盖天下国家的。但此涵盖，不是我自居于天下国家之上，而只是升起我心灵的光辉，以照耀天下国家，如夜间的探照灯之照耀四方。无数的人，共持探照灯，照得上天下地如白昼，而各人亦仍各在他原来的地位里。
>
> ……人在此，则所作之事，虽至近至小，而只在地上，而其意义与价值，则亦正如探照灯之光，交会于天上，而至大亦至远。当千万探照灯齐照时，天上无限光明，分不清楚谁是谁发的光。但是一切持探照灯的人，同在此无限光明里，看见其所发出的光明，与其余人无限光明之交光互映，而发现其探照工作之价值与意义，与为探照者之人格的尊严与神圣。此之谓人人同能具有的民主的建国精神之价值与意义，具民主的建国精神之人格之尊严与神圣，亦即具民主的建国精神的人之以天下为己任。此种以天下为己任之精神，是人与人之平等的以天下为己任，亦即人与人之以天下为己任之精神的光辉，是互相通过，互相交映，而互为媒介，以合成一无限光辉的。所以我们亦可说之为间接的以天下为己任。①

《我与宗教徒》一文，唐先生特别叙述了自己与一些虔诚的宗教徒的交往关系，特别叙述了自己与欧阳竟无先生的交往历程和感悟，但主要针对的问题则是：

> 基督教到中国后，中国基督教徒，将基督教教理，与中国文化思

---

① 唐君毅：《理性心灵与个人、社会组织及国家》。《唐君毅全集》（九州）卷11《中国人文精神之发展》第197页；《唐君毅全集》（学生）卷6《中国人文精神之发展》第230—231页。

想及已生根于中国文化之佛学思想对勘时，应碰到的问题。亦是我个人年来论到宗教时，常提到的问题。但是一般基督徒在此点上，常置诸不顾。这样，基督教将永不能真在中国文化中生根，因为它未接触到中国文化思想的核心。而如真碰到此问题，则基督教亦必要开始中国化。在中国化以后的基督教，可能如佛教之中国化为中国之禅宗，亦可能如中古之天主教之化为马丁路德的新教。这是人类文化大流之汇合，必将有的一环，或必须经过的一历程。①

唐先生谓：

  我自己是生活在尘俗世间，而在自己生活上德性上，自知有无数缺点的人。我只想自勉于希慕儒家的贤者，而非任何的宗教徒。但对于虔诚的宗教徒，我实深心喜欢，这中间常使我生无限的人生感触、人生体悟。我总与宗教徒，一直有缘。然而我亦总孤负他们对我的期望。②

  实际上各种宗教徒之彼此间，及他们与我们之间，是不同的。如要谈道理，一直追溯上去，是总有不能相喻之处，而说不下去的地方的。则大家虽相聚于一堂，而同时是天渊悬隔，这当是一永远的悲哀。但是我知道在真正虔诚的佛教徒心中，他会相信我最后会成佛，因为一切众生皆可成佛；在真正虔诚的基督教徒心中，亦会祈祷我与他同上天堂的。而我则相信一切上了天堂成佛的人，亦还要化身为儒者，而出现于世。这些不同处，仍不是可以口舌争的。在遥远的地方，一切虔诚终当相遇。这还是人之仁心与人之仁心之直接照面。此照面处，即天心佛心之所存也。但在现在世界最急迫的事，我想还是一明儒的话说得最好，即"莫勘三教异同，先辨人禽两路"。人道不

---

① 唐君毅：《我与宗教徒》。《唐君毅全集》（九州）卷16《宗教精神与人文学术》第17页；《唐君毅全集》（学生）卷10《中华人文与当今世界补编》（下）第273页。

② 唐君毅：《我与宗教徒》。《唐君毅全集》（九州）卷16《宗教精神与人文学术》第18页；《唐君毅全集》（学生）卷10《中华人文与当今世界补编》（下）第274页。

立，什么都不能说了。①

《耶稣圣诞正名》是一篇产生了极大现实反应的短文。唐先生在该文中强调，他自己不反对耶稣称圣，亦不反对定耶稣诞辰为耶稣圣诞；但是反对径用直译的"圣诞"一名专指"耶稣圣诞"。唐先生认为，以圣诞专指耶稣圣诞，本是基督教教徒的称呼。在基督教教徒如此称呼，本来是可以的。但是今竟大家习用，不管是否基督教徒，报章、杂志、贺年片，亦一律以"圣诞"指"耶稣圣诞"，以《圣经》指《新旧约》，却并不合理。因为很明显，佛教徒有佛教徒的圣诞，即释迦诞辰；回教徒有回教徒的圣诞，即穆罕默德诞辰；儒家的信徒，亦有其圣诞，即孔子诞辰。圣诞是一一般名词即类名。耶稣圣诞、孔子圣诞乃一特定名词，即专名。以类名为专名，是谓乱名。此与以人之一名专指西方人、中国人，同为乱名。如果我们不能说中国人或西方人才是人，则我们亦不能以耶稣圣诞才是圣诞，亦不能以基督教《新旧约》才是《圣经》。

唐先生谓，自己并非任何宗教徒，亦不属于孔教会。他所要表达的个人现在的立场是：

> 无论如何，人总应当尊重他人之所信。无论人信什么，他只要是真诚的信，我们便当尊重他之所信，并且肯定他的信仰，在人之自由信仰中有他的地位。他的宗教，他的圣人，与他的圣经，都是当存在的宗教之一，可能的圣人、可能的圣经之一。我们不当以一教之圣人独占圣人之名，一教之圣经独占圣经之名。至少在公共报纸一般的文章中，不当如此。
>
> ……在争宗教信仰的自由时，我们同时须尊重人之自圣其所圣的自由。这至少在人之精神生活上，是对人最重要的事。我们要尊重人之圣其所圣的自由，则圣之为类名，与圣之为专名，不能混淆。不管是基督教徒与非基督教徒，总是一个人。一个人总不当以一教之圣代

---

① 唐君毅：《我与宗教徒》。《唐君毅全集》（九州）卷16《宗教精神与人文学术》第20—21页；《唐君毅全集》（学生）卷10《中华人文与当今世界补编》（下）第277页。

替一切人之圣。我想大家在此之误用，亦只是习而不察。①

唐先生并希望：

　　大家今后对耶稣圣诞，即称之为耶稣圣诞，不必径称之为圣诞。在一般性的文章中称《新旧约》即是新旧约，如《论语》之称论语。这对于非基督教徒的东方人的精神上，将是一莫大的安慰，这对团结自由世界的全部人心，亦将有无限的无形的补益。这亦是基督教文化与其他文化，基督教的人与以外的人在平等的人类文化立场与人的立场，真正互相尊重求人类文化之谐乐的合奏之一始点。这亦是我们年来写文章一定要标出人文精神人文世界人格世界之名号，以兼摄人类之文化之各方面，各种人们所崇仰之人格的一理由之所在。②

　　唐先生该文发表后，即有十数基督徒为文骂唐先生，而《人生》主编王道先生则特地将其贺年卡按照唐先生的意思做了改正。此后，除新亚书院教务处的学历只书"耶诞"二字外，"圣诞"之名仍沿袭如故。③

一九五六年　　四十八岁

　　一月十日，唐先生接到某君信，谓韩裕文先生已在美国逝世。韩先生十六年来一直在孤独中生活，在友人中，他对唐先生最为信赖。韩先生在与唐先生的最后一函中，尚谓他不至于死，因尚未报答他人对自己的恩惠。所以，唐先生闻其噩耗，至为悲痛。

　　一月廿五日，收到母亲来信，得知母亲已抵广州。但是，咫尺天涯，母子不得相见。三月廿二日，母亲来信，希望夫人廷光和女儿安安去广州一游。"惜今不能去，命安安绘一画去祝寿，母亲明日为进七十生辰，相

---

① 唐君毅：《耶稣圣诞正名》。《唐君毅全集》（九州）卷16《宗教精神与人文学术》第24—25页；《唐君毅全集》（学生）卷10《中华人文与当今世界补编》（下）第280—281页。

② 唐君毅：《耶稣圣诞正名》。《唐君毅全集》（九州）卷16《宗教精神与人文学术》第25页；《唐君毅全集》（学生）卷10《中华人文与当今世界补编》（下）第281—282页。

③ 唐君毅：致牟宗三，1964年5月24日。《唐君毅全集》（九州）卷31《书简》第136—37页；《唐君毅全集》（学生）卷26《书简》第182页。

距咫尺竟不得返，悲哉。"① 四月五日，唐先生学生唐端正先生陪同唐先生女儿安仁去广州看望唐先生母亲。

是年春，唐先生在新亚书院与少数学生成立人学会，定期聚集讲人的学问，唐先生名之曰"人学"。"人学"不是人类学或心理学，也不是使用抽象概念的普通知识。这种学问的语言不是指示式的，也不是宣传式的，而是启发式的，必须将此语言收归到自己才能了解。它不同于哲学，只能说它是心性之学，亦即古人所谓成圣成贤之学。

三月四日，人学讲会第一次活动，唐先生为学生讲"人学与一般学术"。并决定以后每月一次。四月一日，人学讲会第二次活动。

四月一日，因为开学事务和其他杂事缠身，唐先生常感精神不足。当日唐先生在日记中言：思每日应事稍多，恒觉神思散乱。并言，大概是由于应事时或以矜持心、或以计较心、或以得失心应对所致。由此反省到，人的意念行为，如果不自觉加以检点，即有随时陷于"非"的可能，人生是经常处在"有过"之中；要想立于"无过"的境地，实际上也是一"私欲"；这些都需要随时自觉加以反省。

四月八日，唐先生在日记中再次言到："我近来精神常感不足，须注意身体营养。"唐先生反省自己，自己兼任的教授、导师职务以及刊物社务委员、孟氏图书馆委员等各种职务，已达十个之多；另外还须随时写文读书；因此，对营养等稍加注意亦不为奢。又提醒自己，做事时不宜心情太忙迫，这样也可节省精力；无事时，当使心中若空无所有，这样也可以养神。②

六月三十日，由于过几日将搬新家，唐先生夫人在整理杂物过程中，发现了唐先生少年时写在零零碎碎的纸上的十多首诗章，特以"廷光代笔"的方式记录进唐先生的日记中，并言："虽然行文并不一定合格律，但诗言志，重在其内容以见其情性。"这是唐先生夫人第一次以"廷光代笔"方式协助唐先生记录日记。

唐先生的日记，每日不断，或以几字，或以几行，记录当日所为或自

---

① 唐君毅：日记，1956年3月22日。《唐君毅全集》（九州）卷32《日记》（上）第153页；《唐君毅全集》（学生）卷27《日记》（上）第226页。

② 唐君毅：日记，1956年4月1、8日。《唐君毅全集》（九州）卷32《日记》（上）第154页；《唐君毅全集》（学生）卷27《日记》（上）第227、228页。

省,到逝世前,未尝停止。只是由于终日匆匆,在忙中、病中,或旅途中,偶尔会嘱夫人代笔。夫人谢廷光女士,为人温厚,对唐先生的生活起居,照料得非常仔细,对唐先生的思想学问非常敬仰并多有体悟,在唐先生鼓励下学习中国古诗词、书法和古琴演奏,并在书法和古琴演奏方面有很高造诣。在此次"代笔"中,还记载道:

> 今天已是六月三十日,后天我们要搬家了。在此生活了六年余,临别不禁依依。虽然桂林街时代,我们甚穷,但穷中有乐,有我们生活的意义,有时三人一同读诗唱词或听毅兄讲读书为人之道,我们的生活十分愉快,在扰攘的环境中,我们的精神是宁静的。……桂林街时的生活很有意义。我们住在三楼,学校课堂就在四楼,毅兄鼓励我去听教授们讲课,又要我陪同安儿读诗词,并叫我学作诗,我亦想试试。报载长江水灾,我们十分难过,毅兄以此为题,要我填一词依浪淘沙调,我就填了。这段时间对诗词很有兴趣,无事时即读诗词,一人读,与安儿二人读,有时我们三人齐读,同时亦作了一些不成诗的诗。安儿十岁了,亦自动在学作诗,她进步神速,很快我就不如她了。我是妈妈我自然高兴,但亦觉惭愧,从此就不敢作诗了,拟毁去诗稿。毅兄笑我孩子脾气,不许我毁去诗稿,并要我记在日记里:今记词一首诗数首聊当纪念。不敢言诗词也。①

七月二日,唐先生一家迁居嘉林边道三十号,这是唐先生到香港后的第二次迁居。在桂林街已住六年多,在此之前,在沙田居住。

七月,新亚书院在有政府支持后,有了新的发展设想和规划。十八日,唐先生到学校商谈办夜校之事。唐先生设想,"日校宗理想原则,重承中西文化,夜校当本现实原则,求适应香港社会之需要"。② 廿七日,唐先生全日皆为学校事忙,回家已是深夜,久不能眠。念及学校教务事与友人相约赴台以及办理去美国的事务,都增加不少麻烦,再次生出辞教务

---

① 唐君毅:日记,1956年6月30日(廷光代笔)。《唐君毅全集》(九州)卷32《日记》(上)第155—166页;《唐君毅全集》(学生)卷27《日记》(上)第242页。

② 唐君毅:日记,1956年7月18日。《唐君毅全集》(九州)卷32《日记》(上)第169页;《唐君毅全集》(学生)卷27《日记》(上)第246页。

之意，甚至觉得台湾、美国都不去了。但是，转念想到，去去亦好，只要自己心中能够"行无所事"，则忙中亦可偷闲。九月，新亚书院在农圃道的第一期校舍落成，桂林街、太子道及嘉林边道的校址全部退租，迁入新址。新亚书院开始全新的农圃道时期。

八月，唐先生第一次访问台湾。此次访台，从三日到二十九日，经历近一月。三日到达台北，牟宗三与徐复观先生来迎，其余迎接者甚众，下榻圆山饭店。

在台期间，唐先生参访了台湾政治、经济、军队、文化、教育等各类机构，全面了解台湾社会。曾访问"教育部""内政部""立法院"、盐政局，参访学术教育机构"中研院"、台湾大学、师范大学、东海大学、台中农学院、成功大学，参访与军队相关的高雄空军军官学校、空军机械学校、海军机械学校、海军军官学校、台南炮兵学校，参观历史文化与自然名胜故宫博物院、孔子庙、赤崁楼、延平郡王祠、安平古堡、吴凤庙、日月潭等，还参访一些工业组织如台湾糖厂、高雄炼油厂、铝业工厂、碱厂、盐厂，参访高雄广播电台。

在台期间，唐先生曾会见的人物有：蒋介石、蒋经国、陈诚、方东美、刘泗英、张其昀、牟宗三、徐复观、陈康、陈启天、蒋复璁、梁寒操、黄建中、沈刚伯、程兆熊、朱世龙、夏济安、李济、雷震、唐惜分、张佛泉、谢幼伟、孔德成、周鸿经、韩宝鉴、吴士选、殷海光、糜文开、夏涛声、朱玖莹、吴德耀、郭廷以、刘季洪、吴兆棠、黄金鳌、刘真、邓文仪、方远尧、柯树屏、李琢仁、杨彰、黄振华、居浩然、陈建中诸先生及印顺法师等。

二十九日，唐先生返回香港。方东美先生、牟宗三先生及宗三先生的若干学生到旅馆送行，刘泗英先生、过钟粹、朱世龙、王思曾及人文友会的学生数人也来送行，而夫人谢廷光、女儿安仁及学生十余人则在香港机场相候。中午到达香港，晚上即到"香港在联合国同志会"讲演，题为"西方现代人文主义之四型及中国人文精神"。

访台期间，唐先生特意拜会了殷海光先生。殷海光先生喜言逻辑经验论，对中国文化持批评的态度，与唐先生讲学态度不同。但是，据张尚德先生追记，是年唐先生探访殷先生时，"身着白府绸长衫，手握白羽扇，飘逸、高雅的风格，自在的神韵……零乱但令人看来并无不雅感觉的头发，显出与众不同的气质"。在大约两小时的谈话中，大部分由唐先生发言，表露出对殷先生备极关怀，殷先生如沐春风，总是哈哈大笑。送走唐先生后，殷先生对张尚德说："唐先生是一位真正的儒者，他有作为一位学者所表现的忠诚，作为一位儒者所应有的风格，这是我们每个人，特别是研究哲学的人应该学的。"①

台南文庙，古风犹存。访台期间，唐先生曾在两日内独往瞻仰两次。当唐先生走过两庑中董仲舒、周濂溪、程明道、程伊川、朱子、陆象山等人的神位时，觉得他们的思想与为人，好像化作一句话，或一种精神气象，一一更迭呈现于心。在不满二十分钟内，两千年前儒家中的贤哲，好像一一与自己觌面相见。此种精神上的感受与体验，既不是世俗所谓宗教崇拜，也不是艺术欣赏、文学灵感、哲学思辨、道德实践，甚至也不是心理学所谓的幻想，而是一种与历史上人物神交默契的生活。这一种生活，使唐先生顿觉心灵之天门真正开启，许多平时不懂的道理，好像自己会直接呈现昭显。因此，唐先生对台南文庙，印象特别深刻。

唐先生未到香港前，并不喜欢"伦理"的意思，在写《道德自我之建立》一书时，以"自我之超越"为道德的根据。到香港后，开始明白"伦理"的意义非常深远，离开伦理，个人固然亦可有高卓一面的道德成就，但只有在伦理关系中，才有互相内在的意义，才有最高的道德。到香港后，唐先生常念及自己的师友、家庭，发现与自己有伦理关系的人，乃是最难忘的；因此，对伦理的庄严深厚之意，有深切的感触。

又，年轻时，唐先生对一切节日，都只视如放假，并不认真思考其意义，也极少随俗拜年，中秋、除夕，亦照常做事。及抵香港后撰写《中国文化之精神价值》第九章"中国人间世界——日常生活社会政治与教育及讲学之精神"时，忽然发现中国节日的独特意义。此后，凡过节气，唐先生即祭祀祖先。过年时，除同事往还外，无论如何忙，七十岁以上的几位老先生处，唐先生一定要去拜年。只恨客居香港，不能回家扫墓；但每逢清明节，见香港人群至郊外扫墓，不免感动、感慨万千。

九月十六日，唐先生致林清臣同学信，谓：

> 致用之农工化学物理之学，与心性之修养之学亦可两不相妨，但

---

① 张尚德：《初次见唐君毅先生记》。《唐君毅全集》（九州）卷38《纪念集》（上）第329、330页；《唐君毅全集》（学生）卷30《纪念集》第397、398页。

在工夫上一时总难达于纯一之境，此时只有暂时分生活为两段，先求能提得起，兼能放得下，到后来能洒脱不黏滞时，则两段者可相并成一段，便可渐至纯一之境。此事本来不易，年轻人重在有一理想向往，不必期其速效。从效验方面说，则工夫无止境，效验亦无止境，不能空悬一静之境，期其必达，翻成心病也。我自己在实际工夫及效验方面说，实亦甚为欠缺，只是多读书、多明理，精神时时提起，使不为卑近之物所蔽。日后庄敬自强，便可渐耐得繁赜。①

十月十三日，唐先生致张遵骝信中，谈到了自己到香港及不回内地的缘由以及对马列主义和中国文化的认识。唐先生言自己"素无党籍，亦无实际政治兴趣"。因为偶然的因缘到了香港，七年前刚到香港时，即于报端见胡适之之子清算其父之文，并撰文《胡思杜批判胡适感言》。②唐先生认为，这件事是刺激自己之内心的第一件事，而以后同类事情更不可胜数，于是渐渐"形成一根本认识，即政治只为人生伦理文化之工具，而不当主宰人生伦理之一切。为人生伦理文化之工具之政治，在原则上只当为一民主自由之政治，一切个人专政、一党一阶级之专政，无论如何曲护，皆毕竟为变而非为常，至多只有过渡之价值者"。③

唐先生承认人民政府涤荡旧社会之污秽与种种工业建设的价值，对于马列主义暂时成为人民政府的思想指导原则，亦不否认其在一定阶段的价值。因为唐先生认为，中国百年来的问题，实皆由西方帝国主义、资本主义的压迫侵略而引起，而中国固有的学术文化思想，不足以使我们自此压迫侵略之下站起来；于是唯有暂时信仰由西方文化生起的反西方帝国主义、资本主义的马列主义，以为反此侵略压迫而站起来的工具。但是，唐

---

① 唐君毅：致林清臣，1956年9月16日。《唐君毅全集》（九州）卷31《书简》第394页；《唐君毅全集》（学生）卷26《书简》第513页。

② 唐君毅：《胡思杜批判胡适感言》。文中言："不过人总是人，人性的存在，终将否定你一切想绝灭人性，把人性另加构造的思想。""人类永远要靠真正的至性至情过活，而不是靠偏执的理论过活的。中国共产党人丢开他的思想，仍是以人的资格而存在，以中国人的资格而存在。"《唐君毅全集》（九州）卷15《东西文化与当今世界》第135—140页；《唐君毅全集》（学生）卷10《中华人文与当今世界补编》（下）第97—103页。

③ 唐君毅：致张遵骝，1956年10月13日。《唐君毅全集》（九州）卷31《书简》第180页；《唐君毅全集》（学生）卷26《书简》第239—240页。

先生谓：

> 唯弟虽承认此马列主义有此工具价值，然亦止于承认其有此工具价值。此工具价值之内在目标，仍为其自身之站起来，而非只为反西方，亦非只为中国之马列主义化，或只为人民之成为马列主义信徒也。此处工具与目标，不能混淆。工具之道与目标之道不能相同。吾人之目标既在中国民族之站起，其站起当另有其站起之道，而不能只以反西方之工具之道为道也。此站起之道为何？此必须仍自中华文化之自身长出。因吾人须知吾民族百年来之受压迫侵略，乃在物质身体方面与文化精神方面同受压迫侵略，而同时倒塌；则其站起，亦必不只此物质身体要站起来，其文化精神亦必须同时站起。中国要成顶天立地之一人，决不能物质身体站起来，而以其一时暂用之工具为文化精神，以暂用之工具为精神，此如以打击敌人之斧头为精神，此终使人只看斧头，而头仍不能抬起，人实仍未真站起来也。①

唐先生又谓：

> 弟虽不信马列主义足为中国政治社会文化之指导原则，然中国共产党人之信马列主义者，其人仍是中国人。吾反对其所信，然吾并不反对其为中国人与人。中国人终自觉其为中国人，人终当自觉其为人，此为必然之真理。则中国共产党人亦终有自其为中国人与为人处用心，以求中国民族自立之道者，此亦为将来之历史发展之必然。②
>
> 弟以为如今人民政府之成就，此唯在藉反西方之马列主义以反西方而求中国之站起，则必须由物质身体至精神上之学术文化同时站起，故中国必须自求其立国之道，随人脚跟、学人言语，必不足以安天下人之爱祖国之心。此心不安，政权即不能稳，此乃理之无可易者。

---

① 唐君毅：致张遵骝，1956 年 10 月 13 日。《唐君毅全集》（九州）卷 31《书简》第 181 页；《唐君毅全集》（学生）卷 26《书简》第 240—241 页。
② 唐君毅：致张遵骝，1956 年 10 月 13 日。《唐君毅全集》（九州）卷 31《书简》第 182 页；《唐君毅全集》（学生）卷 26《书简》第 242 页。

......弟亦妄有所写作，然千变万化，不离人当是人、中国人当是中国人之义。此乃一重复语，然其中之奥义亦无穷。昔年所忽者，今皆较有亲切之了解。此与兄所谓人民政府以祖国号召之义无殊。唯弟望此祖国为一兼精神义与物质身体义之祖国。①

十二月三十日，唐先生《文化意识与道德理性》一书校改完成，只修正字句，根本意见全无更动。此书写于十年前（一九四六年），十之八完成于南京与无锡，六年前（一九五〇年）补前后三章，然一直未能有机会重看并加以文句校改。此月内，唐先生发愤将未校改的二十万字全部细阅一次，感到其立义皆能通过自己现在理性的印证。唐先生言，此亦足证，十年前自己的思想已经大致定型。

是年，唐先生发表的文章有：

在《新亚学报》发表的《孟墨庄荀言心申义》；

在《民主评论》发表的《我们的精神病痛》《中国人的心情向世界宣诉的开始》《论精神上的大赦》《敬悼亡友韩裕文先生》《精神上的合内外之道》《略说中国佛教教理之发展》《宗教信仰与现代中国文化》；

在《人生》杂志发表的《说人生路上的艰难》《我所喜爱的人生哲学》《我所感之人生问题》《吴在炎先生画展之感想》《说仁》《中西文化之一象征》《中西文学家艺术家之人格型》《立志之道与人生之沉沦与超升之关键》；

在《原泉》发表的《述江右王门学》《王塘南与王一庵》《晚明王学修正运动之起原》《顾宪成与高攀龙》《略述刘蕺山诚意之学》；

在《自由人》发表的《侨民教育的新问题》《读张君劢致丕理教授书有感》；

在《新亚校刊》发表的《再说希望、警觉与心愿》；

在《香港人报》发表的《人与人之共同处之发现与建立》；

在《黑格尔哲学论文集》发表的《黑格尔之精神哲学》；

在"复礼兴仁学会"之讲词《中国人文世界之礼让精神》；

在《祖国周刊》发表的《西方人文主义之历史的发展》《西方人文主

---

① 唐君毅：致张遵骝，1956年10月13日。《唐君毅全集》（九州）卷31《书简》第184页；《唐君毅全集》（学生）卷26《书简》第244页。

义之现阶段及其问题》；

在《华侨日报》发表的《论孔学精神》（此文系唐先生在孔圣堂的演讲词，由林均田先生笔记，《华侨日报》（六月十三日）发表，后经唐先生重新改定刊于《人生》杂志）；

在 Philosophy East & West 发表的"Chang Tsai's Theory of Mind and Its Metaphysical Basis"；

在 West and East Monthly 发表的"On the Attitude of China and the West in Seeking Mutual Understanding"。

上年，唐先生曾就新亚书院的发展撰写《希望、警觉与心愿》一文，本年四月，又在《新亚校刊》发表《再说希望、警觉与心愿》一文，在新亚书院新校舍快要造成、新聘的师资日益增多、学校的行政制度逐步改进、图书设备逐步增加、学校的名誉一天一天增加，但学校的精神却在好些地方赶不上从前的情形下，为新亚书院的发展提出警示与希望。唐先生指出，一个学校亦犹如一个人，就其为有限的存在来说，他实际上亦只能负担有限的责任；总是有他的缺点，其现实的方面与理想的方面，总是相差极远。我们虽然希望新亚书院能逐渐办好，大家能负担一部分的国家民族人类文化的责任，但是我们却并不能把一切责任全部负担起来。唐先生希望新亚学生能将视野拓展到新亚书院以外的世界，去接近古今中外那些伟大的学术人物及其学术，了解新亚书院以外的学术世界、文化世界。唐先生谈到他对于新亚书院的心愿及他所理解的师生之道，明确强调：

> 我的心愿是新亚书院以后要办成一真正的学校。此学校应该有一超于此学校与其中之一切分子以上之一理想，而学校中之每一分子应直接对理想负责。本校之教育宗旨，是想以人格中心来补课程中心之弊，这本来是好的，这可使每一教者直接对理想负责。本校今后之各系之教授，络续增多，每一教授即可成一人格中心，以供诸位同学在为学与作人上之效法。但是教育之最高目的不在成就教者，而在期望每一来学者都成为一人物。所以同学们之能直接对理想负责，尤其是重要的事。同学们固然当尊敬施教的先生，但是尊师必与重道相连。道即是理想，师之尊，在其有道，能引导同学们向道，故道尤高于师。而一切师友同到道的面前，便立于同一地位，当负同等责任，每人皆可以当仁不让。只有在大家能重道而又能当仁不让时，师友之关

系，以大公之道为媒介而联结，而后彼此之感情亦才有坚固的基础，才可以长久。否则一切师友间的感情的关系，必然转成世故的关系，是靠不住的。①

《我们的精神病痛》《论精神上的大赦》《精神上的合内外之道》几篇文章，有一个相近的主题，即探讨中国人的精神病痛及其超越与化解，后编入《中国人文精神之发展》第四部第十一、十二、十三、十四，其中《论精神上的大赦》分上、下文。此三篇文章是唐先生面对时代状况的不忍之作，原名"中国知识分子道德生活之重建"，共分三篇。上篇讨论时代的精神病痛特别是知识分子的精神病痛，中篇探讨现代中国知识分子的罪过可能有的"精神上的大赦"之路径，下篇探讨反求诸己的精神与现代文化生活的融通和精神上的自救之道。

《我们的精神病痛》一文指出，数十年来中国知识分子的精神病痛，是由于我们失去了中国传统文化道德上之反求诸己的精神、师友之道、前后辈的关系等。这些好的精神之所以丧失，有其源自中西社会文化相冲击的外缘，这些外缘刺激了中国人许多新问题，这些问题使中国人的精神别有所用，才会致使这些好的东西如此丧失。比如，新文化运动之所以不重反求诸己的精神，不重历史意识，是要提倡科学民主。唐先生指出近十年来中国知识分子的病痛，不是要斥责，而是希望理解；理解之后首当表现的道德精神，则应当先是宽恕与悲悯；继后才是树立道德标准，以为是是非非的准绳。由宽恕与悲悯，人当先在精神上对一切人既往的罪过全部赦免。唐先生谓：

> 世间有一颠扑不破的道理，是人自己无论有多少美德，如果他自私而自庆自己之独有，则此一切美德皆不足贵。齐天之大德，敌不过一矜字之罪恶。反之，弥天的大罪，亦可由一悔字全部挽回。由此心意，即人人皆能在内心举行精神上的大赦。由此精神上的大赦，人将能以劝告、示范、感化，代替一般的斥责。人将不再只是一个法官、一个裁断者，而成为一真正精神上的施与者、创造者。人如何能在内

---

① 唐君毅：《再说希望、警觉与心愿》，《唐君毅全集》（九州）卷16《新亚精神与人文教育》第33页；《唐君毅全集》（学生）卷9《中华人文与当今世界补编》（上）第475—476页。

心常常举行精神上的大赦,以开辟胸襟,及如何成为真正精神的施与者、创造者,我想还可有许多话可说,多少工夫可作。吾思之,吾重思之,我相信,我们一切知识分子之病痛之免除,系于知病痛,而由反求诸己以互相赦免中,互相施与中,另长出一积极的通贯古今、涵育人我的精神,而此精神表现之形态,则不能全同于过去,而须兼照顾到由中西社会文化之相遇所发生之新问题与新的文化要求。而且须转化一切由西方传入而表面与中国儒家思想不同而冲突的思想,以为展开儒家精神之用。①

《论精神上之大赦》一文,从理论的立场讲了各种解开人与我互相判断斥责所成的纠结系缚之道,而归于儒家反求诸己的精神和师友策勉之道,为最合人生正理者。其意在于由此纠结系缚的解除,开出我们道德生活的新路。唐先生认为,儒家依于肯定人各有其良知、人各当反求诸己对其良知负责,人与我共谋进德的师友策勉之道,是至简易平常而又高明深远的。在此中,我对人的态度,既不是直接的判断责斥,也不是缩进于自己之内,而是以理智静观世界;同时也不是直顺超越的感情,去悲悯他人的罪苦,或承担一切人的罪苦。唐先生认为:

> 只有儒家之态度,才能真正肯定人我之皆有其自拔于其罪过之外之良知,因而我不当只依我所觉之道德原则,以直接判断他人,而当信人之良知,亦自能判断其自己。我对人之态度,便只是希望其良知之充量呈显。而于此希望之不达,人之良知之不充量呈显之事实,则我只有肯定其为事实。我于此除与人互相扶助,以求此良知之充量呈显于人与我而外,不能再有所为。因而由于人与我之良知之未能充量呈显而生之悲恻愤悱之意,为我所永不能绝。此即略似于佛家之悲悯,耶稣之担负罪苦,而又不同。其不同之所在之根本上的一点则是:儒家对人之良知之存在之有一超越的肯定,而此肯定,则依于我当下的良知,发现此良知本身之为我所不能私有,而当普遍的为人所具有者。而此发现,则依于我之能自觉其依道德理性而生之超越感

---

① 唐君毅:《我们的精神病痛》。《唐君毅全集》(九州)卷 11《中国人文精神之发展》第 222—223 页;《唐君毅全集》(学生)卷 6《中国人文精神之发展》第 258—259 页。

情；而不似佛教基督徒之将此感情直发出去，以冒于罪苦之世间之上。①

《精神上的合内外之道》一文进一步指出，在实际应用上，我们并不能将中国传统儒家所讲的反求诸己的精神、师友策勉之道等照原样拿出来，直接应用于今日社会生活。因为各种今昔中国人的社会文化生活情势已经不同，最突出的一点即在于，中国现代一般人所看重的科学与民主政治、宗教生活、各种新的社会文化生活，至少在表面上看来，都不是反求诸己的。因而，我们真要开出我们今后道德生活的道路，必须把我们传统的反求诸己的精神、师友策勉之道加以充实，拓展其应用范围，使之在种种新形态中表现，并足够涵摄、持载一切有价值的现代社会文化生活，而不是以排斥拒绝现代社会文化生活的姿态出现。这就需要新的智慧，包括：认识一切表面看来是向外而非反求的各种现代社会文化生活的意义的智慧；发现其与反求诸己的精神似相反而相成的意义的智慧；如何使反求诸己的精神以新的形态表现而内容更加充实的智慧；认识到在中西文化接触处处充满矛盾冲突的时代，我们必需要先稳定住自己才能开步走的智慧。但是，人终不能只顾他自己个人道德人格的完成，于是，人不容已的守先，而又须待后之情。顺此之情，内在的自强不息还须化为外在的行为上的自强不息，以洋溢此情于世界之中，求表现于事业之中。

《宗教信仰与现代中国文化》一文，后分上、下文，分别讨论"世界宗教之价值及其冲突之销融"和"儒家之宗教精神"，编入《中国人文精神之发展》第五部。唐先生自四十六岁体悟到宗教精神之重要及儒家的宗教精神之伟大后，十分关注宗教问题。在一九五四年撰文《我对哲学与宗教之抉择》阐释了自己对哲学与宗教的抉择后，本年又撰此文，系统阐释宗教信仰与现代中国文化的重建。唐先生认为，西方文化传入中国后产生的现代中国文化问题之一，即是宗教问题。此问题的复杂性与重要性，不亚于现代中国的任何文化问题，比如科学、民主、道德、教育问题之类。但是，此问题恰恰又是最被中国学者与知识分子所忽略的问题。一方面，

---

① 唐君毅：《论精神上之大赦》。《唐君毅全集》（九州）卷11《中国人文精神之发展》第255页；《唐君毅全集》（学生）卷6《中国人文精神之发展》第297—298页。

是学者们自己没有特定的宗教信仰，宗教问题便不太容易进入自己的思考与重视范围，而有特定宗教信仰的人的讨论往往又流于宗教宣传；另一方面，更为深层次的原因则在于，中华民族是世界民族中最富宗教上的宽容精神的民族。由此，现代中国文化问题中的宗教问题，遂成为最未被客观思索、认真考虑的问题之一。而唐先生本人，"由我个人之种种切身之感触，更使我不能忽略此问题。而关于宗教哲学与形上学发生交涉之处，更是我素来极感兴趣的"①。

唐先生是就解决疏导中西文化的冲突以谋中国社会文化未来的发展的视角，来说现代中国人对于宗教问题应当持有的态度。此态度必须较五四时代进一步，即自觉地肯定宗教的价值。但与此同时，必须建立一种确立现有不同宗教的不同价值的思想，以真实地成就各种宗教间的相互宽容、互认对方之长、互相取贤，以求宗教精神的融通，而免于人与人之间因宗教信仰的分歧而造成不必要的对峙与冲突。同时，也要肯定中国儒家思想中的宗教意义，使纯粹的中国人与不信仰其他宗教的世界人士，在儒家思想的信仰中，可以发现宗教性的安身立命之所，以建立儒家的教化基础。这种"儒家的教化"，并不同于狭义的宗教，也不是要建立一种与其他宗教争天下的一般意义上的宗教；而是要建立为一般宗教的基础，使一切宗教得以因此相容俱存，而不致造成人与人的冲突敌对；同时要建立为涵宗教性又超一般宗教的人的安身立命之所。

唐先生主张，宗教信仰复位于宗教精神，如此消融不同宗教的冲突。

> 真正之宗教精神者，自饱满充实于其所托之形式，而相应如如不动者也。此即可使一室之内，信不同之宗教者，其所信仰之具体内容，千殊万异，而仍可相容不碍，共立于无诤之地。在中国之家庭，父信儒，而母信佛，子女信基督，而不失一家之亲者，其故在此。是可以销融世界之一切宗教之冲突，而为大心之士所不可不察者也。此之谓宗教信仰内容之复位于宗教之精神。……各宗教复位于各人之宗教精神，而诤论斯绝。即有诤，而专诚于诤，唯以自求心安理得为事，则此诤中亦不动刀兵，亦可视同无诤。识此可以言宗教中之事事

---

① 唐君毅：《宗教信仰与现代中国文化》。《唐君毅全集》（九州）卷11《中国人文精神之发展》第290页；《唐君毅全集》（学生）卷6《中国人文精神之发展》第335页。

无得慧矣。①

唐先生特别探讨了中国儒家独特的宗教精神，尤其是儒家祭祀天地、祖宗、圣贤的"三祭"中所包含的宗教精神及其独特的形而上学精神。唐先生指出，中国传统的三祭，因其不重祈求而特重报恩，故此祭中的精神，是一绝对无私而向上超升伸展的精神。在儒家"三祭"中，家庙与圣贤庙宇中的祖宗圣贤神位牌，往往都只书名而不画像，这就使得人在专诚致祭时，更能够达到精神上的专心一致。在儒家"三祭"中，每个人都有自己祭祀的祖宗，这代表"多"的原则；各地方与各职业之人，各有其所祭祀的圣贤人物或者祖师，这也代表"多"之原则；所有的人同以孔子为圣，同以黄帝为祖，这则代表"一"之原则；从更大范围来说，则祖宗与圣贤都代表"多"的原则；而宇宙的一切存在、生命、精神、价值的大全实体，总体之天地，则代表"一"之原则。儒家"三祭"是"一"的原则与"多"的原则的协和统一。

> 如说中国之三祭之宗教精神，有何缺点，则我们只可说此乃在其不如回教精神之重绝对公平的正义，不如道教精神重不死以求长生，亦不如基督精神之强调人类之共同罪恶，更不如佛教精神之重视世界之苦。此即使中国于儒教之外，必有道教之存在，使中国民间信有阎王，能做公平之审判，亦使回教在中国宗教世界中显一特殊之价值，使佛教得盛于中国，并使基督教在今后之中国有存在之价值者。而此亦即吾人之承认各宗教之地位之一理由所在。②

因此，唐先生特别强调：

> 吾人之立定吾人之立场，不特为求儒家之精神，不致中断所必需，亦为使一切宗教徒及非宗教徒，安稳的存在于世界之所必需。而

---

① 唐君毅：《宗教信仰与现代中国文化》。《唐君毅全集》（九州）卷11《中国人文精神之发展》第313—314页；《唐君毅全集》（学生）卷6《中国人文精神之发展》第362页。

② 唐君毅：《宗教信仰与现代中国文化》。《唐君毅全集》（九州）卷11《中国人文精神之发展》第331页；《唐君毅全集》（学生）卷6《中国人文精神之发展》第381—382页。

吾之立定吾人之立场，即为兼成己与成人之事，成就儒学，亦成就宗教之事。在此义上吾人即可说儒家之精神之存在，将为一切宗教存在于中国于世界之一基础。而亦为使一切宗教之逐渐汇通融合，成为可能之真实基础。……欲达到上列之理想，则儒家精神不能不在中国之社会文化中获得其应得之地位。其今日之衰微，及其立于四面楚歌之地位，必须加以改变。此中除纯粹之思想之树立之工作以外，尤需有志之士之实现此思想于个人生活上之道德实践，及社会文化政治教育上之事业的实践。而通此二者的，即为新的礼乐之建立。由此而儒家之三祭之礼，天地、祖宗、圣贤之神位必需恢复。一切丧葬之礼与婚礼，亦不能只任教徒主持，而与此体配合者，则必需有套音乐、文学、建筑之艺术，即乐。此皆尚有待于能志于道，兼通于艺之创造者。而本此礼乐精神、以从事个人之道德修养，及社会之事业开创者，则初只能为一些少数的人。此一些人之关系与集合，非职业团体之结合，亦不同于今日之教会，亦不似今之政党组织，亦异于一学术团体，而只是以一无形的师友之道义相感，而横通天下之志，纵贯百世之心。而此即终将为四海之人道立极，为世界之宗教立枢，以转移世运，斡旋天心，有志之士，盍兴乎来。①

一九五七年　四十九岁

由于新亚书院多无家可归的流亡学生，唐先生每于农历除夕，都会邀请一些学生在家中吃团年饭。一月三十日除夕之夜，唐先生"请哲社系及教务处学生无家者来晚饭团年"。②

是年，唐先生在以自己女儿的名义给母亲的信中，谈到自己暂不回内地的想法：

---

① 唐君毅：《宗教信仰与现代中国文化》。《唐君毅全集》（九州）卷11《中国人文精神之发展》第338—339页；《唐君毅全集》（学生）卷6《中国人文精神之发展》第390—391页。

② 唐君毅：日记，1957年1月30日。《唐君毅全集》（九州）卷32《日记》（上）第186页；《唐君毅全集》（学生）卷27《日记》（上）第267页。

  关于伯伯回来的事，伯伯说他梦着回来不知多少次。前数月伯伯在外面看见报知道毛主席提倡百家争鸣，什么学术思想都可以讲，又得着北京、四川朋友都写信来，欢迎伯伯回去研究讲学的话。伯伯亦曾想回来。伯伯八九年虽在外，但所作的是教育中国人的事、发扬中国文化的事。北京、四川的朋友都说，只要伯伯回来，一切都莫有问题，并说什么伯伯是被列为要争取的学者之一呢！但是这几个月，伯伯看内地的报，又说望大家暂时不鸣，还要清算什么右派。本来伯伯对于一切中国人，不管什么党，只要能为中国作事，他都很尊重，对内地近来的建设，伯伯亦常称道。但是伯伯的意思，人的心胸不大，人民的精神虽一时能奋发，但总不易支持长久。要心胸广大，必须学术上思想自由，不能只以一外国来的马列之思想为至高标准。这些意思伯伯亦写信与北京、四川的朋友说了。伯伯一向所研究的学问是以中国文化与儒学为本，这是从阿公来的。今虽然到各地走了一遭，并莫有一点改变。伯伯说这只好比地球在足下转了一转，他自己并未移动分毫。伯伯相信中国人最后还是中国人，其思想最后亦必以中国思想为本。他相信中国内地的人民之思想，最后亦要变来与他一样的。所以他迟一点回来，反更好一些。①

  二月十日至八月二十九日，唐先生应美国国务院邀请，首次出国做考察访问，历经近七个月，遍游日本、美国及欧洲各地。

  二月十日乘机至东京，胡兰成、池田、清水、小林、和崎等到机场迎接。在日本，唐先生曾拜访及游览当时国民党政府的"中国大使馆"、日本外务省、亚细亚大学、日光、东照宫、明治时代孔庙、神宫、奈良东大寺、奈良博物馆、京都大学、日本皇宫、四天王寺等，并做多场学术讲座。在日本期间，唐先生深感日本人"皆有礼乐，而吾人只有已往之历史及抽象之哲学可讲，中心惭赧，匪可言宣"。同时深感"日人对中国人之注意不仅过于中国人对日人之注意，亦过于中国人对中国人之注意"。②

---

① 唐君毅：致母亲，1957年。《唐君毅全集》（九州）卷31《书简》第1—2页；《唐君毅全集》（学生）卷26《书简》第3—4页。
② 唐君毅：致钱穆，1957年2月18日。《唐君毅全集》（九州）卷31《书简》第28页；《唐君毅全集》（学生）卷26《书简》第35页。

并谓:"日本人当然有许多缺点,如心胸窄,但对礼乐之重视,即现代中国人所不及。"①

二月二十三日,唐先生转赴美国檀香山,开始美国行程。对于檀香山,唐先生谓:"在此之情调与在日本全异,在日本有亲切感,此处则房屋虽好,人对我未尝不客气,但总觉不自在,语言不大通是一因,但主要不在此。一般人说檀香山好,只谓其有自然风景又有近代物质文明,实则只此二者,人仍未脱魔境,人心仍不自在也。""总之只是住处好,他人对我尊敬客气,殷勤招待,都无多意思。在日本还有历史文化可瞻仰,此间则只有博物馆,博物馆中之物,与其所在之环境脱节,实亦无多意思也。"②

二月二十六日,飞往旧金山,展开连串的访问活动。唐先生此次访美,共五个月,在 Annapolis 前后七个星期,在芝加哥、New Haven、纽约各约三周,在华盛顿住两个星期余,共十二处。除为新亚书院向亚洲协会接洽捐书、交涉韩裕文遗书赠新亚、向美国国会图书馆及芝加哥图书馆交涉与新亚交换书籍及与雅礼协会人士接触外,另赴哲学会两次、远东学会一次,对中国留学生讲话三次,在哲学班谈话三次,雅礼协会讲话一次,另写《中国文化与世界宣言》四万余字,阅读西方哲学书籍五六册。

访美期间,参观的主要大学有二十二处:Hamaii、St. Johns College、Pennsylvania、Princeton、Yale、Harvard、Columbia、New School、Cornell、Michigan、Chicago、Iowa、Berea、Maryland、California、South California、Stanford、Washington、Occidental College、Pomona College、Pepperdine College、Asian Studies Institute。参观的博物馆有:San Francisco、Hawaii、Chicago、New York、Washington D. C.、Philadelphia。又,曾访问《国民日报》《少年中国日报》《金山时报》、中华总馆。

访美期间,与美国哲学家晤谈的有:William E. Hocking、Brand Blanshard、Charles Moore、Henle、Burtt、Ross(Berea)、Garnett、Hook、Susuki Niebuhr 等。与美国研究中国哲学的学者晤谈的有:陈寿荣、陈寿

---

① 唐君毅:致廷光书,1957年2月18日。《唐君毅全集》(九州)卷30《致廷光书》第220页;《唐君毅全集》(学生)卷25《致廷光书》第326页。

② 唐君毅:致廷光书,1957年2月24日。《唐君毅全集》(九州)卷30《致廷光书》第228页;《唐君毅全集》(学生)卷25《致廷光书》第338—339页。

祺、Wright、萧公权、李芳桂、施友忠、Lessing、Bodde、Goodrich、Hummel、Shadik、Holzman、Creel、Kracke、梅贻宝、胡适之、洪煨莲、Raichaner、柳无忌、Lanterette、庄泽宣、袁同礼等。与新亚各地同学晤面的有：孙述安、王明一、董保中、余英时、朱学禹、罗荣庄等。①

唐先生此次在美，已八十四岁高龄的老哲学家 William E. Hocking 远道来访。日记记载："Hocking 自他处来，彼已八十四岁，今日乘七时半车来相晤，心中甚不安，彼对中国甚好故来谈约二小时并约在一处午餐。"②

同日给夫人谢廷光的信中亦谓：

> 今日只与一退休之老教授 Hocking 一晤，此人已八十四岁，乃美国唯心论传统之哲学家唯一硕果仅存者。彼曾到中国，彼住处距波士顿须乘火车四时半，昨日我与彼女儿说我去看他，但她说要她父亲来此相晤，并约吃饭，今日彼上午七时半乘车十一时到。我午间与另一中国教授及他谈两小时，但别后很觉过意不去，因此老人尚要乘四小时火车回去。其女已结婚，不与彼同住，其妻已亡故，彼只一人与一侍候者。彼甚爱中国与中国文化，但觉台湾已无望。彼亲写信与中共文化宣传部长陆定一，要他们承认思想自由，彼把他写去之信与金岳霖之回信与我看，问可否再写信去云云。此人在二十五年前曾访问中国，彼并将其在中国印之中国字名片一张带来与我看。他之书二三十年前已有一本中国译本，他尚保存二本，他今日带了一本来，他想把此一本寄中共，希望他们看了可以受感动。他今日七时半便乘火车来，并非因对我先有什么了解，只是纯出于爱中国及对学哲学者之一番情意，此殊使我感动，我想将来再来此，必设法到其家看一看。③

在纽约长岛访问中央大学同班老同学程石泉先生，联床夜话，具言在港办学的乐趣，并促请其返国，为民族文化贡献所能。次晨见程先生儿女

---

① 唐君毅：日记，1957年7月17日。《唐君毅全集》（九州）卷32《日记》（上）第202—203页；《唐君毅全集》（学生）卷27《日记》（上）第289—290页。

② 唐君毅：日记，1957年4月4日。《唐君毅全集》（九州）卷32《日记》（上）第193页；《唐君毅全集》（学生）卷27《日记》（上）第277页。

③ 唐君毅：致廷光书，1957年4月4日。《唐君毅全集》（九州）卷30《致廷光书》第242页；《唐君毅全集》（学生）卷25《致廷光书》第359—360页。

八人，欣然一一拥抱，热泪盈眶。唐先生知程先生家庭责任重大，不能一同归返，不禁怅然若失。

在参加雅礼协会董事会会议时，会中有人误会新亚排斥基督教，有主张对新亚书院不再给予任何援助者。唐先生略申明新亚书院不能成为教会学校，但对各宗教兼容并包之意。① 雅礼协会最后决定对新亚继续援助建校舍等。雅礼协会原是要在中国办教会学校，而今援助非教会学校的新亚，全赖其中一部分热心于中国文化教育事业本身的主持人说服其他人。在致牟宗三的书信中，唐先生谓："新亚自身不能自立，经济必须仰赖于人，而精神又须独立，亦费人理解。"②

唐先生在华盛顿与胡适之先生叙谈两小时后，翌日再修书补充未尽之意，略谓讲自由民主，不当反对中国文化，亦不当忽略国家民族，并望其劝《自由中国》杂志的朋友，不要只说反面话。③ 在给牟宗三的书信中，唐先生谓：

> 今日之中国之问题盖当为自有人类以来世界中从无一国如此复杂者。此中之种种矛盾方面，皆须一一分别设身处地去想，先使自己苦恼，乃能进而激出大家共同之悲愿，否则终将同归于尽。
>
> ……故学术上正当方向之树立确最为亟须，意气只有平下，以从事真正之说服。台湾方面自由中国社与政府方面之互相激荡，弟仍以为无好处，吾人必须跳出一切圈子之外，乃能影响圈子中之人。吾人亦当本与人为善之心，不抛弃任何人。④

访美期间，与"张君劢先生曾见二次，谈最久，彼身体尚好，但亦似

---

① 唐君毅：日记，1957年6月11日。《唐君毅全集》（九州）卷32《日记》（上）第199页；《唐君毅全集》（学生）卷27《日记》（上）第285页。
② 唐君毅：致牟宗三，1957年6月28日。《唐君毅全集》（九州）卷31《书简》第131页；《唐君毅全集》（学生）卷26《书简》第174页。
③ 唐君毅：日记，1957年6月7—8日。《唐君毅全集》（九州）卷32《日记》（上）第198—199页；《唐君毅全集》（学生）卷27《日记》（上）第284页。另见：致牟宗三，1957年6月28日。
④ 唐君毅：致牟宗三，1957年6月28日。《唐君毅全集》（九州）卷31《书简》第131页；《唐君毅全集》（学生）卷26《书简》第175页。

颇寂寞,据张言此间研究汉学者皆不行,以我所见亦无特别之处。哲学系教授亦看见数个,气象无大足观"。① 因感西方人对东方文化的不了解和误解,在与张君劢等沟通后,决定撰写一份向西方人介绍和阐释中国文化精神的宣言。唐先生在给夫人的信中谓:

> 张君劢先生谓要振奋人心须先有一学术文化宣言,他要与我及宗三、复观同发此宣言。他与宗三、复观都来数信要我先起草,我缓日当写一个,再由他们斟酌决定。此宣言是对世界说的,将先由英文发表,不过不知何时定稿找谁翻译,亦不知何时才能发表,张说或者由他任翻译。②

五月十三日晨,将拟写的中国文化宣言数要点记下。

五月十七日晚上开始作文,写文至夜十二时,成三千字,自谓"乃中国文化宣言之初稿,此张君劢及宗三、复观与我将联名发表者"。十八日,写文八千字。十九日,写文一万二千字至夜二时。二十日,写文一万字完,共三万四千字。二十六日,阅读中国文化宣言至夜,改抄两张,拟三日内将其抄完。③

二月二十四日至七月二十三日,唐先生在美国整整五个月,其间给夫人写信近三十封,内容涉及各方面,既有自己参与的活动、拜见的人员、日常的生活、学校的事务、家庭的事务等,也有自己对美国的诸多观感。在给夫人谢廷光的书信中(三月十二日至七月二十三日),唐先生真实地描述了自己的观感和体会。

三月十二日谓:

> 美国人甚富足,但生活皆太忙太紧张,许多中国人在此皆住不惯,有中国学生谓在此常终日无一人说话。中国之教授在此常一周须

---

① 唐君毅:致廷光书,1957年3月2日。《唐君毅全集》(九州)卷30《致廷光书》第231页;《唐君毅全集》(学生)卷25《致廷光书》第344页。
② 唐君毅:致廷光书,1957年5月15日。《唐君毅全集》(九州)卷30《致廷光书》第257页;《唐君毅全集》(学生)卷25《致廷光书》第384页。
③ 唐君毅:日记,1957年5月17—20、26日。《唐君毅全集》(九州)卷32《日记》(上)第197—198页;《唐君毅全集》(学生)卷27《日记》(上)第282—283页。

教十小时课,并要教小学程度之中文,我看实无趣味。到此处我才深感到物质生活上的舒适全不能补偿精神生活伦理生活上的空虚,我亦觉此处远不如日本、香港之可爱。

三月十五日谓:

　　美国人之长处是社会服务精神强,乐于助人,忙于自己工作,一周忙五天,星期六及星期日假日便尽量玩。……纽约就是人多、房子高、热闹,街上汽车行驰极慢,尚不如到地下乘地下车来得快。在此住旅馆大约五六元一日,住朋友家虽可省钱,但亦太麻烦人,此间天气现不冷,与香港差不多。

三月二十日谓:

　　美国人之长处是作事认真,并乐于为人服务,此点中国人多赶不上,即机关中办事者对人亦甚有礼貌,而所遇中国在外之官吏,则多只是敷衍,真是糟糕。

四月十二日谓:

　　昨日我到 Niagara 大瀑布去看了一看……此瀑布虽为天下一奇,但与长江三峡相比,还不能比,因此瀑布上流无回旋之地,乃一直自崖上冲下,又两傍无高山,故无深秀之趣。三峡之水由群山中曲折而出,便有回肠荡气之气,此瀑布不能及也。

四月二十二日谓:

　　芝加哥乃美国第二大城市,自然风景颇好,博物馆艺术馆甚多。……芝加哥大学之汉学部分,第一年读《孝经》,第二年读《论语》《孟子》,第三年乃读汉唐以下文,其次序颇同中国之旧日教学生读书之次序。

五月七日谓：

我的《人文精神之重建》再四部一包，《心物与人生》及《人生之体验》各五册合一包，《人生之体验》三册，《人文精神之重建》二部及《中国文化之精神价值》三册合一包，《理之六义》与《孟荀之言心》各十二份合一包，于五月二十日后，一并寄与萧世言转我。我来此后，到处要麻烦人受人招待，便只好把书送人作为还答，想将来到欧洲亦难免此，所以只有先行寄去。

五月七日又谓：

我有许多事你可以不要耽心，在旅馆中我每日皆洗澡一次，因室中有浴室，乘飞机等事，都是先作准备，我的东西并未遗失一样，三枝笔都还在，走路亦小心，你不要耽心我，因到此来未看书写文，只是管一身，是很容易的。

教学生的事，亦只有随缘，香港这个地方，气太散，不比台湾。学生功利心太重，亦环境使然。……教学生亦与作事相同，只能尽人事听天命。

五月九日谓：

我之性格不适宜于在今之时代办事，如果在太平之世，我可以认识各种人之长处，可以让人各得其所，当一太平宰相亦可以，但在此乱世，到处有冲突矛盾，顾此则失彼，故我不宜于作事，只有在夹缝中过活，如在中央大学、江南大学都是在夹缝中，中央大学哲学系主任及江南大学之教务长均作不好，即因此故。

五月十五日谓：

学校的事是因缺人格上之互相了解与信赖，中国五六十岁这一代的人都嫌意气与世故太深，所以一切事弄不好，还是只有希望下一代。

七月九日谓：

　　我今日到国会图书馆洽赠书新亚事，以后当可寄一批文史哲书与新亚，数量多少尚不能定。国会图书馆藏书最多。我今日已决定迁入华盛顿城住，以便到该馆看书，已租了一屋，每周八元，与嘉林边道之一间屋差不多大小，如住旅馆则同样之屋要四五元一日。以前到处住旅馆，钱都用到旅馆与车费上了，早知有此办法，租屋则可省许多。

七月二十三日谓：

　　我今日晨离华盛顿，一时飞机即到纽约，现在机场待下午四时飞机去伦敦，大约明晨可以到伦敦。去伦敦后即去比利时，法国方面恐不去了，因签证未办好，不过不去亦好，因时间不多，到德意希腊瑞士看看亦够了。实际上各处城市山水都差不多，亦莫有什么特别意思，不过既来美便顺道到欧洲游历一趟。要了解人类精神，还是靠书，因只有书可表达人之内心。人之外表生活亦都差不多。①

　　七月二十三日，唐先生由纽约乘飞机赴欧，游览英国的伦敦，比利时的布鲁塞尔，法国的巴黎，瑞士的日内瓦，德国的慕尼黑，意大利米兰、罗马、庞贝、梵蒂冈，希腊的雅典，以及土耳其等地。在伦敦曾访问大英博物馆、图书馆，伦敦大学，东方研究学院。在比利时曾凭吊滑铁卢古战场，在庞贝则参观遗址及博物馆，在梵蒂冈和罗马，则参观博物馆及斗兽场，在土耳其则参观回教教堂。

　　在巴黎期间，不意于一家中国餐馆中邂逅中央大学时候的学生黄振华，彼此均感惊异。唐先生在尚未问明对方来历以及说明何以来欧洲之前，开口便很感慨地道出他访问美国所得的印象，他说："美国没有哲学

---

① 唐君毅：致廷光书，1957年3月12日、3月15日、3月22日、4月12日、4月22日、5月7日、5月9日、5月15日、7月9日、7月23日。《唐君毅全集》（九州）卷30《致廷光书》第234、236、238、246、248、253、254、255、256、272、274页；《唐君毅全集》（学生）卷25《致廷光书》第349—350、351—352、355—356、365、367、377—378、378、381—382、384、406、411页。

家，美国人还不知道读哲学的艰苦，在美国要想找到像方先生（指方东美先生）和牟先生（指牟宗三先生）这样的人，是不可能的！"① 话说完后，才问明黄振华何以到巴黎以及说明他赴美考察道经欧洲返港的情形。

在欧洲期间，唐先生的观感是：

> 英国比美国之富是远不及，此西方之老大帝国看来亦甚可怜。其十九世纪之光荣是已过去了。……在美国一切皆趋新，故不觉其是有历史之国，来此则觉有历史感，因有陈旧之房屋及古老之建筑。
>
> 巴黎较有艺术性，但并不觉繁华，街上汽车亦不如纽约伦敦之多。
>
> 巴黎是较英美为有文化，博物馆及古迹名胜甚多，亦颇有趣味。
>
> 瑞士风景算是欧洲最好的，远山尤可观，但日内瓦湖中无岛，实远不如太湖、洞庭湖之有趣味，山之层叠，亦不如三峡中所见者之多。
>
> 德国近年来进步乃欧洲国家中最快者，德国民族乃最富向上精神者。……意大利人似较懒散，街上亦不干净。最干净者莫如瑞士，但太干净亦使人不舒服，如玻璃太滑则人坐不稳。故意大利与法国之较脏反使人觉停住得下也。
>
> 罗马城，今尚保留古城意味，路上见许多颓败之墙，电车道上亦有青草，颇似旧日南京。②

八月二十七日下午，唐先生由土耳其乘机经印度加尔各答返回香港，于本地时间二十九日晨到达香港。

唐先生八月二十七日日记记载："此行共二百日，历地二十五处，上下飞机三十次，平均留一地只一周即又赴他处，故殊感劳顿。"③ 回香港

---

① 黄振华：《唐君毅先生与现代中国——悼念此一代文化巨人之殒落》，《唐君毅全集》（九州）卷37《纪念集》（上）第109页；《唐君毅全集》（学生）卷30《纪念集》137页

② 唐君毅：致廷光书，1957年7月25日，8月7、12、14、19、20日。《唐君毅全集》（九州）卷30《致廷光书》第276、279、280、281、284、285页；《唐君毅全集》（学生）卷25《致廷光书》第414、417、419、421、425、426、427页。

③ 唐君毅：日记，1957年8月27日。《唐君毅全集》（九州）卷32《日记》（上）第207页；《唐君毅全集》（学生）卷27《日记》（上）第295页。

途中，便甚感疲劳，而且咳嗽不已。回家后伤风加剧，咳嗽不已。夫人谢廷光以川贝蒸梨，先生吃数次，稍有所愈。但连日客人来访不断，颇费精神，咳嗽一直未好。九月三日、四日、七日、八日、十一日，多次出外就医，才逐渐好转。九月十六日，学校新学期开课，由于劳顿、咳嗽，唐先生教学中时感疲倦。直至十一月十八日，唐先生的咳嗽之病仍未完全痊愈。①

此次出访美、欧，对唐先生具有重要影响，既直接感受了西方社会对中国文化的无知甚至误解，又更坚定了自己对中国文化的信心，并直接催生了标志港台新儒家走上历史舞台的中国文化宣言。

五月二十三日，还在访美途中，唐先生在给胡欣平的信中谈此次访美感受，谓：

> 弟来此后，颇有感触。此间之研究中国文化历史及思想者，尤只知在搜集材料上下工夫，其观点多甚偏。如有人谓中国数千年只为一专制社会，故共党之产生为必然，亦不能改变，只有加以承认。又有人谓毛泽东思想与孔子思想为一贯者。亦有人谓中国思想缺宗教，原为唯物论者。此种种思想，由所谓大学中之中国学之教授发出，实是生心害政。……此间之研究中国学者，多受五四后北平风气之影响，只是帮助整理中国国故，不相信中国有文化之生命之发展，故在大观点上多偏见。吾人今实须让吾人有声音能为世界所闻。……唯弟在此虽觉中国之国家与文化，并未能为人与以当有之尊重与期望，但个人之信心反有增加，对中国国家与文化之前途之信心亦有增加。实际上中国人之智慧决不亚于世界上之任何民族，如在工科及数理方面，中国以前文化不长于此，而今之中国人在此之表现，即已为人所共认。但在人文科学、哲学、政治方面，则以东西文化传统之不同、民族之偏见、语言文字之隔膜，皆还为西方人了解中国之障碍。平心而论，数十年来，东方人之对西方之了解早已超过西方人对东方之了解。②

---

① 唐君毅：日记，1957年11月18日。《唐君毅全集》（九州）卷32《日记》（上）第211页；《唐君毅全集》（学生）卷27《日记》（上）第302页。

② 唐君毅：致胡欣平，1957年5月23日。《唐君毅全集》（九州）卷31《书简》第281页；《唐君毅全集》（学生）卷26《书简》第367—368页。

六月十六日，唐先生在美国给《人生》主编王道先生写信，谈了此次访美的感受：

> 来此数月，考察研究讲学皆说不上，只是乱跑一阵，唯在寂寞中有感触，亦非短言可尽。大率美国此民族在宽广之度上颇有可称，独立自尊与社会服务之精神能兼而有之，其早期建国时代之人物亦甚可爱，但其富强亦以得天独厚之故。又此民族缺真正之历史意识与忧患中生出之智慧，只凭其现有文化以领导世界尚不足。一般人之精神似只在一平面层上，可一览而无余，无深山大泽之意味。此则远不如德国人。凡此等等，乃吾人在香港时已如此感觉，故来此亦无理解上之增加。弟以偶然原因来此，初无意想由见闻之增加而增加思想。盖见闻之所得，实远较由读书与用心思想之所得者为少。而见闻之价值，亦不过更证明思想中原有之物，亦证明见闻之所得远少于读书与思想之所得而已。
>
> ……美国社会乃一切皆已摆定之局面，中国人侧身于此，如入一鸽子笼，并不能发挥精神，故香港到此者多想念香港。香港虽似较此间为乱为脏，但乱中人仍可有幻想、理想，亦可使人觉可随意动作。而此间之中国人则只能自局限其精神于一职业及一专门之学术研究，故人多有寂寞之感。人必须生活于自己之民族中，精神乃可真与人彼此相通，此乃无可奈何之事。故谓来此之中国人在美享福亦为冤枉。因精神寂寞无用力处，即人间之一最大苦痛，此只身历其境者知之。①

十月十五日，唐先生在"告新亚第六届毕业同学书"中说：

> 我离香港数月，已经历半个地球。但是纯从见闻方面说，实在莫有什么多少增加。耳目所能及的，由书籍同样能及。如果说此数月来真有得益，主要还是自己的感情方面。我总觉到人类的人性是同一的，世界上任何地方的人，如日本人、美国人，都有许多可敬可爱之

---

① 唐君毅：致王道，1957年6月16日。《唐君毅全集》（九州）卷31《书简》第263—264页；《唐君毅全集》（学生）卷26《书简》第345—346页。

处，值得我衷心佩服。在此处是莫有国家民族的界限的。但是在未达天下一家以前，一个人只有求真实地生活存在于其自己的国家民族与历史文化之过去现在与未来之中，才能安身立命。我尽可以佩服他国的人，但我却从未有过任何羡慕之情。我尽可承认他国的学术文化的价值，但我从未想任何国的文化可以照样的移运到中国，亦从未想中国的学术的前途可以依傍他人。我随处所印证的，都是一个真实。即我们要创造我们自己的学术前途与文化前途。我们无现成可享，亦不要想分享他人的现成。人在天地间所贵在自立，个人如此，国家民族亦然。能自立的人，亦需要人帮助，亦可以个人借贷。中国人之学习外国的学术文化亦是借贷。在此如果我们不能使中国富强，不能在中国学术文化之前途上有新的创造，以贡献于世界，而亦有所帮助于人，则我们将永负一债务。①

十月廿七日，新亚书院哲学教育系开会，唐先生讲对中美文化教育的观感，认为，美国的富强在于其得天独厚的自然条件，取欧洲科学加以应用，以及门罗主义、实用主义、民主主义的采用等等。其缺点在缺忧患感，文化无根基。②

十一月二日，唐先生到出版人协会报告美欧之行的观感，谓：

  1. 美人尚未致以天下为己任，权力欲发达，欲领导世界，今之世界与中国之战国不同。

  2. 民主制下人民必求少出钱，援外更非所亟。

  3. 美人之了解中国问题之态度与中国人异，信统计数字。中国人重理想之力量、民心、潜力。

  4. 已有之了解，多以西方观点看中国历史之发展，观点不确，即正确了解后亦不必继以同情欣赏。

  5. 美知识分子对资本主义不满，高级戏剧博物院之维持，学术

---

① 唐君毅：《告新亚第六届毕业同学书》。《唐君毅全集》（九州）卷16《新亚精神与人文教育》第47页；《唐君毅全集》（学生）卷10《中华人文与当今世界补编》（上）第483—484页。

② 唐君毅：日记，1957年10月27日。《唐君毅全集》（九州）卷32《日记》（上）第210页；《唐君毅全集》（学生）卷27《日记》（上）第300页。

刊物之经费，教授待遇，基金会之权，指导原则受资本家决定。大学教授行政人员重找钱，民主政治选举重后台。①

是年，新亚书院院长钱穆先生谋退休，并期望唐先生继任。对此事，唐先生基于新亚书院的发展有多重忧虑，并于访美期间给夫人的信中多次提及。

五月二十三日谓：

> 钱先生昨日又来一信，说他到明年后不能再任院长，望我继任，并说已与郎家恒等说了，我明日当回他一信，谓决不能继任，因现在一般知识分子所求者多，意见又不合，我之性格又喜循情面，对各方都要顾到，结果各方都顾不到，只是自苦。以前中大及江大之教训，至今尚未忘，故决不能继任云云。不知他究竟是怎样一回事，学校今天怎么样了，我想大家都有可同情处，亦有不对处。

六月一日谓：

> 钱先生处我后来又与他一信，要他即与郎家恒等说明我决不愿继任其职，因新亚之人现在并无一番真精神，我亦并无真朋友在新亚，故事情决作不好，而且学校自身无基础，一切赖美国人亦非办法，美国人并不可靠，因毕竟是另一国家之人。我在此亦只是看看，并不想多与美国人生关系，向美国人要钱既不容易，亦失国格，而新亚之人现只想新亚能向美国人多要钱，我亦无此兴趣。

六月二十六日谓：

> 钱先生的事我一直未答应他，我并曾写信说，己所不欲，勿施于

---

① 唐君毅：日记，1957年11月2日。《唐君毅全集》（九州）卷32《日记》（上）第210—211页；《唐君毅全集》（学生）卷27《日记》（上）第301页。

人，如他实不愿任，则以后任由董事会决定，我不任我亦不能勉强他担任。①

唐先生于访美途中也特别给钱先生写信言及相关事宜，谓：

> 先生数年来之心力劳瘁，固所深知，如欲暂作一年之休息，实理所当有，唯引退之事，则于事于理皆有不可。至转以相托，尤非力所能任，亦反于学校有害无益。平心论之，新亚之名早浮于实。以校中诸先生之学问资历而论，固皆今日之中国所不易得，但皆一时患难结合，以前所学既异，性习亦殊，而患难之交不深，对国家民族与吾人自身之处境之艰困之感亦不深，终不免为旧习所毒，不能同在大处用心，此乃时代通病，亦无人可责。新亚八九年之历史，赖先生之声望为号召，毅只能从旁补苴罅漏，略事弥缝，只望留此学术文化之命脉以俟来者，但精神上亦终未能互相鼓舞提挈。若先生再谋退志，以毅当其冲，自顾既无从服众之资，而罅漏亦不能自补。个人及一学校之成败，其事尚小，而遗笑友邦人士，使人以中国人只是为奴之事大。此乃客观考虑、称心而谈，并非为个人自逸之计。如先生实欲退休，则将来新亚校长亦无妨学美国办法，即由董事会另请年富力强而善于为学校开源者担任。②

是年，唐先生发表的文章有：

在日本《亚细亚》杂志发表的三篇讲演稿：《东洋の将よしを》《人间の进步を自觉》《东洋の智慧》；

在《人生》发表的《东方文化的优点》《道德生活之基础》《人生之歌》《谈旅美观感》《论孔学精神》《东洋的智慧》《人类的进步和自觉》；

在《原泉》发表的《略述明道之学与横渠之学之不同》《略述伊川之学》；

在《新亚学报》发表的《先秦思想中之天命观》；

---

① 唐君毅：致廷光书，1957 年 5 月 23 日，6 月 1、26 日。《唐君毅全集》（九州）卷 30《致廷光书》第 258、260、267 页；《唐君毅全集》（学生）卷 25《致廷光书》第 386、388、398 页。

② 唐君毅：致钱穆，1957 年 4 月 27 日。《唐君毅全集》（九州）卷 31《书简》第 29 页；《唐君毅全集》（学生）卷 26《书简》第 36—37 页。

在《新亚校刊》发表的《告本届毕业同学书》；

在《再生》杂志发表的《张横渠学述要》；

在《华侨日报》教育专论发表的《中美文化教育之比较》。

《告本届毕业同学书》是唐先生写给第六届新亚毕业生的一封信。此信除了对日、美、欧行程的反思外，特别对新亚书院面临新的发展机遇应该有的精神态度作了反省。本届毕业同学是新亚书院未与美国雅礼协会合作以前到学校的最后一届毕业生。对比学校与雅礼协会合作前后的情况，唐先生对合作以前的新亚书院的历史和那时的同学有一种特别的感情。因为那时，学校什么凭借都莫有，如校歌中所谓"手空空无一物"。当时，大家只是流浪到香港兴学，常讲的中国文化精神、人生理想、教育理想，也只是如虚悬在口中纸上而随风飘荡。但是，正因为常有此流浪上的无根之感，个人的心境在当时反而更能向上；正因为常觉得一切精神理想都是虚悬在口中纸上而随风飘荡，所以更想在内心去执定它。随着与雅礼协会的合作，学校有了新校舍，并且逐渐为世界所知，在香港社会也立住了脚，流浪无根之感亦自然会一天一天地减少。

对此，唐先生感叹道："这毕竟是我们学校师生之幸呢，或不幸呢？"尽管有这种感叹，唐先生也很清楚：

> 我又不能说我们学校不当有校舍，不当逐渐为世界所知，不当求在香港社会立住脚跟。一切存在的东西都要维持他自己的存在，并发展他自己的存在。
>
> ……学校之望有校舍，亦如个人之望有家宅；学校之逐渐为人所知，在所在社会立住脚跟，亦如个人之在世界之希望有所表现于社会而为人所知，而成就其事业。流浪飘荡的生活，总要求有一安定休息之处。人只在内心有一向上的精神理想还不够，人必须在现实世界有一开步走的立脚点，并逐步实现其理想，此立脚点不能永是流浪飘荡的。①

由此，唐先生提醒新亚同学：

---

① 唐君毅：《告新亚第六届毕业同学书》。《唐君毅全集》（九州）卷16《新亚精神与人文教育》第42页；《唐君毅全集》（学生）卷9《中华人文与当今世界补编》（上）第477—478页。

> 一切个人的人生与人生之共同的事业，同有一内在的东西根本矛盾或危机。人必须在现实上之凭借愈少而感飘荡无根时，然后精神上之理想才愈能向上提起。但提起的理想又还须落在现实上生根。然而我们只注目在理想之现实上生根时，理想之自身即可暂不向上发展。而现实的泥土，亦即同时可窒息理想之种子的生机。这是一切个人的人生与共同的事业，同有一内在的根本矛盾与危机。①

正因为如此，唐先生强调：

> 一切顺逆之境，都同样可是对我们好；亦同样可是对我们坏的。此好坏之价值，全由我们自己自作主宰去赋与。我们通常说逆境是坏，但所谓逆境者非他，即人在现实上少一些凭借与依傍而已。但是我们可以说人之精神理想之提起，正是由于人在现实上之莫有什么凭借与依傍而来。而所谓顺境者非他，即人所想望者或理想中者之比较能在现实上生根或实现而已。
>
> ……在此处我们须要认定：在大多数的情形之下，世俗上的幸运都是使人精神理想向外下坠的；而世俗上的不幸，都是鞭策人之精神理想向内上升的。②

又，就新亚书院与雅礼的合作而言，雅礼方面的经费本来是为办教会学校用的，现在用来支持新亚书院这样一所非教会的学校。这在雅礼方面，对其原初的理想是有所牺牲的；然而，此牺牲中却更表现一真正无条件的帮助人的耶稣精神。在新亚方面，新亚人就需要自问，用什么东西去还报雅礼协会方面的同人们所费的心血、精力和金钱呢？唐先生指出："如果我们不发一愿心，使中国成为顶天立地的国家，不仅能自立，而且能帮助世界，我们就不当接受国际朋友的帮助，新亚书院还是搬回桂林街的好。"因此，唐先生希望新亚同学以还债的精神去从事自己的事业，面

---

① 唐君毅：《告新亚第六届毕业同学书》。《唐君毅全集》（九州）卷16《新亚精神与人文教育》第42—43页；《唐君毅全集》（学生）卷9《中华人文与当今世界补编》（上）第477—479页。

② 唐君毅：《告新亚第六届毕业同学书》。《唐君毅全集》（九州）卷16《新亚精神与人文教育》第44页；《唐君毅全集》（学生）卷9《中华人文与当今世界补编》（上）第480页。

对自己的人生。

> 人生在根本上亦就不外是在求还人对其精神理想所负之债。人之精神理想愈高,则责任感愈重,而债务感亦愈深。人对照其精神理想来看自己之现实存在,不仅自己一切所有所是都算不得什么,同于无所有无所是,而且此自己之现实存在中,归根到底只有负面的债务,如永远还不完。我想人亦或须常如此想,然后人才能真正的自强不息,然后任何现实的泥土都不能窒息其精神理想的种子之生机。……我们在虽有校舍而仍无土地的香港居住,面对五千年文化存亡绝续之交,我们的生命中除了对于中国古代之圣贤、我们之祖宗、千千万万的同胞及世界的朋友们之期望,未能相副之感与浑身是债之感外,又还有什么?①

《东方文化的优点》《东洋的智慧》《人类的进步和自觉》是唐先生访日期间所作的三篇演讲。日本亚细亚问题研究会编辑刊行《唐君毅教授滞日讲演特集》,题目名分别为:《东洋の将よしを》《人间の进步を自觉》《东洋の智慧》。后,焦作民从该特集中将三篇演讲翻译为中文,刊发于一九五七年八月一日的《人生》第十四卷总一六二期。

《东洋文化的优点——在日本亚洲问题研究会讲演辞》一文指出,尽管处于东洋的中国和日本分别因为分裂和战败而陷入民族苦难之中,但是,从文化角度看,却不应该丧失自信。

首先,东西方文化本是两种不同的文化,东洋人完全不必因西方文化某方面的优势而丧失自己的文化自信。唐先生谓:

> 回顾世界的文化史,可有两大主流:一是发生于亚洲的所谓东洋文化;另一个是发生于希腊,与基督教合流,再通过罗马,直到今天的所谓西洋文化。西洋文化传到美国以后,就成了今天在世界上握有指导地位的美国文化了。东洋文化的最大的发祥地,自然是印度和中

---

① 唐君毅:《告新亚第六届毕业同学书》。《唐君毅全集》(九州)卷16《新亚精神与人文教育》第47页;《唐君毅全集》(学生)卷9《中华人文与当今世界补编》(上)第484—485页。

国；然而从这两大绵长的文化传统之间，又另外蕴育出一个新文化来的，便是日本。日本在世界文化史上所占的地位，极为重要；与今天在世界上握有指导地位的美国相比，绝无见绌之处。①

尽管从表面上看，亚洲人自然也有许多不如欧洲人的地方；然而从亚洲人的经济上的潜在力和它那正在等待发展的力量上看，我们绝对没有必须在欧洲人的面前感到自卑的理由。我们今天的文化，虽然被欧洲文化所压倒，可是在从前的时候，我们也确曾有过优越的地位；并且那时候，他们也正在学习我们的文化。那么，再过几十年之后，怎么知道他们就不会再来学习我们的文化呢？因此，唐先生说：

> 无论中国陷入如何的恶劣状态，我也一定要高声夸称："我是一个中国人！"同样，我也希望所有日本人，无论在任何困难的局面之下，也都能保持一种"我是一个日本人"的自尊自信的精神。②

其次，"人类最大的智慧，却常常是从失败和分裂之中，或是从一种极端贫苦的境遇之中，产生出来的"③。因此，中国和日本完全可以从自己的分裂和失败中产生出新的文化创造力。唐先生强调，贫穷和分裂，都不足以为忧。相反地，在这些磨炼之中，我们倒越发可以有一种"产生新力量"的自信。大多数的人，都是因为贫弱的关系，于是看到了欧洲各国那种富强的情形，第一个思想，就是羡慕；也许有的人，更要忌妒；忌妒以后的发展，就是要打倒对方了！唐先生认为，这种羡慕和忌妒，甚至于进而想到破坏，都不是一种正常的心理。羡慕，只能使人趋于模仿；而忌妒的结果，既在打倒对方，最多也不过只能使人获得一种"提高了自己的错觉"。我们所要采取的自强之道，绝不是这种模仿或打倒，而是要把自

---

① 唐君毅：《东洋文化的优点——在日本亚洲问题研究会讲演辞》。《唐君毅全集》（九州）卷15《东西文化与当今世界》第39页；《唐君毅全集》（学生）卷10《中华人文与当今世界补编》（下）第302页。

② 唐君毅：《东洋文化的优点——在日本亚洲问题研究会讲演辞》。《唐君毅全集》（九州）卷15《东西文化与当今世界》第40页；《唐君毅全集》（学生）卷10《中华人文与当今世界补编》（下）第303页。

③ 同上。

己的本身锻炼起来。换句话说,就是要先从自己本身,放出光辉来,而后再来吸收对方的优点,才有把它加以融会的工夫。只从打倒对方,或攻击对方的缺点上入手,绝不会产生什么美满的结果;必须力求发挥自己的优点,才可以获得更高一层的成就。

再次,真正的文化创新必须是新旧融合一体的创新,而不是割断过去与现在、未来的"无中生有"。唐先生说:

> 人之所以不同于其他动物的地方,就在于他们能够常常地想到他们的过去,他们也能够不断地想象他们的将来。我们追忆从前的文化和历史,并不就是复古,也不是复古;我们若能确认过去的种种优点,把它用到将来的建设上去,那么它已经不再是古旧的了——而是一种新的东西。回想过去,就是丰富现在;因为我们把"过去"都忘记了,所以现在就变成一种极贫困的状态。这已经不再是"新""旧"的问题,而是一种"优""劣"的问题;我们必须把劣点除掉,把优点保存下来。①

唐先生认为,我们东洋,也确有我们东洋的优点存在,我们过去的民族上的优点,现在仍然还保留在我们的中间。因此,我们一点也没有自卑的必要。唐先生特别指出,"中国有最优美的文化,并且它现在仍然在我们的中间存在着。我们不管它是新,是旧,只要是可以使我们爱好的东西,我想我们就必须保存下去"②。同时,唐先生希望日本人也能保存住自己的优点,并进一步把自己的优点发扬光大。

《东洋的智慧——在"丸之内"财政界集会上的讲演要旨》一文则进一步从东洋的智慧角度,从人、神、物三观及生活实践方面阐释了东洋文化的优点。

就"人"而言,东洋思想的特征,始终是以"人"作为中心思想

---

① 唐君毅:《东洋文化的优点——在日本亚洲问题研究会讲演辞》。《唐君毅全集》(九州)卷15《东西文化与当今世界》第43页;《唐君毅全集》(学生)卷10《中华人文与当今世界补编》(下)第307页。

② 唐君毅:《东洋文化的优点——在日本亚洲问题研究会讲演辞》。《唐君毅全集》(九州)卷15《东西文化与当今世界》第44页;《唐君毅全集》(学生)卷10《中华人文与当今世界补编》(下)第308页。

的。东洋这种"人"的观念,是与天地相通,与他人相通的。西洋的"人"的观念,则没有这种"通"的意味;只有一种"对"的观念。所以西洋的思想,"对"天,则有信仰和宗教的产生;"对"地,就是科学。因此,西洋人对于天,就有原罪的意识,把自己变成了极卑小的存在;对于地——人类的存在,在科学世界的面前,仍然还是极微小的。从前对于神的卑微,现在在科学面前的渺小,这就是西洋的"人"的存在。①

就"神"而言,尽管东洋也有宗教,但与西洋的宗教不同。西洋宗教里的神是独一的,东洋宗教的神数目可以增多;东洋宗教还有一个"人也可以成神"的特征,西洋的神和人则是绝对隔绝的,这是彼此极端不相同的地方。

就"物"而言,西洋对于物的思想,就是"生产";可是东洋对于物的思想,则是"分配和受用"。在西洋一谈起这两样事,就要惹起种种烦恼的问题;在这一点上看来,西洋的智慧,似乎远不如东洋的智慧。唐先生强调,必须能够懂得分配、受用——例如日本的"茶道",就是讲求饮食上的美感——换句话说,就是对于物要能达成艺术的自觉,然后人类才不会像西洋那样受到物的世界的压迫。所谓"物的艺术化",就是在对于物持有一种亲近感的同时,还要设法观赏它;这样保持一点距离,就可以获得一种轻松的余裕。如果只是站在利用物的立场上,那么人类就只有遭受物的压迫了。

就"生活"而言,唐先生认为,生活上的艺术,日本是最出色的。无论是在饮食、衣服或居住上,日本人的生活都有一种极优美的情调。具体一点地说,就是在日本的生活上,有用的东西很少,无用的东西很多。另一方面,唐先生强调,人和物要保持一些相当的距离;人和人之间,也要有一定的距离的。这个"距离",在东洋的"礼"和"敬"上,是最重要的。由此,唐先生认为,东洋的智慧,不但在人、物之间有了调和,在神的方面也没有压迫。天、地两方面都没有压迫,所以"'东洋人'才实

---

① 唐君毅:《东洋的智慧——在"丸之内"财政界集会上的讲演要旨》。《唐君毅全集》(九州)卷15《东西文化与当今世界》第45页;《唐君毅全集》(学生)卷10《中华人文与当今世界补编》(下)第309页。

在是一个顶天立地的自由人"。①

《人类的进步和自觉——在日本亚细亚大学讲演辞》一文，从中日关系说到人类进步的真正含义及人类自觉的重要性。

中日关系的正反合。唐先生认为，中国和日本的关系，国土相邻接，文化从一个根本上来，原本是一种故人关系。对中国所崇奉的儒教，在日本也和自己固有的宗教同样地奉行着。儒教最重要的人物是孔子，但是唐先生说："我不愿意说'孔子是中国人'，我要说'孔子是东洋人！'"唐先生谓，孔子是山东人，而自己是四川人；从四川到山东的距离，比从日本到山东的距离还远，所以自己不愿意把孔子说成一个受到狭小的地域限制的"中国的孔子"，而是强调：

孔子是亚洲的孔子，是世界的孔子。②

在尊敬孔子、崇奉儒教这一点上说，中国和日本，本来应该是一种故人的关系，可是在事实上，却因为战争变成了一种不幸的关系。唐先生认为，这实在是东洋的一个大悲剧！但是，中日关系不应该也不会停留在这种不幸阶段。如果用辩证法来解释中日的关系，那么，"故人的关系"是"正"，"战争的关系"是"反"，以后再和睦起来，就是"合"。将来的中日关系，应该走上"合"的阶段。

进步必须是超越的保存。唐先生认为，"进步"并不只是单纯的"变化"；为了寻求进步，不但必须先有一个目标，而且还必须先有黑格尔所说的那种"超越的保存"的概念才行。"物质的变化"既没有目标也没有"超越的保存"的意义，所以，物质的变化永远是变化，绝不能成为"进步"。从"超越的保存"这个概念上说，只有在生命世界里，才可以谈到进步。生命世界所以有进步，在于它能够保存从前的那个阶段。精神上的保存，就是记忆；就因为有记忆，在精神世界里，才有进步。同样，在人

---

① 唐君毅：《东洋的智慧——在"丸之内"财政界集会上的讲演要旨》。《唐君毅全集》（九州）卷15《东西文化与当今世界》第46页；《唐君毅全集》（学生）卷10《中华人文与当今世界补编》（下）第311页。

② 唐君毅：《人类的进步和自觉——在日本亚细亚大学讲演辞》。《唐君毅全集》（九州）卷15《东西文化与当今世界》第48—49页；《唐君毅全集》（学生）卷10《中华人文与当今世界补编》（下）第313页。

类社会里也有进步。不过,"生命世界的进步和精神界人类社会的进步有着绝大的差异:生命世界进步的目标,是没有自觉的;精神界人类社会进步的目标,乃是一种有自觉的决定"。①

人类社会的进步必须是自觉的进步。唐先生强调,人类社会目标的自觉决定,只能产生在个人的人格世界里。因此,人类社会若寻求进步,就必须注意"人格的自觉";从这种个人的自觉里,才可以产生自由、尊严等观念。但是,这种自觉,又不能只限于"自我";因为"自我"生存在这个自然界里,必须和其他的个人结成一个更大的社会,所以我们的自觉就不能停顿在自我的自由或尊严上,必须扩展到人与人的关系上;逐渐地形成家庭、社会、国家的自觉。"所以,'进步'并不是社会如何如何,而是个人的自觉的世界,不断地在扩展出去。因此,真正的进步,就是必须在自己的自觉里,涵有深度的客观性。"② 由此,唐先生认为,"进步",大概有三个意义:

> 第一是个人的自觉和它的扩大;
> 第二是社会里各个人的同心自觉的扩展交流;
> 第三是在超越个人的自觉的扩展、交流的同时,必须有过去的遗产和过去的世代,在现代里存着。③

《中美文化教育之比较》是唐先生游欧美讲学返港后在新亚书院哲教系欢迎会上的讲词。唐先生在八月游欧美回港后的数周内,已经多次谈到访欧美的各种观感,如:在校庆时讲过留欧美学生近况,对研究所的同学讲过西人研究汉学的情形,在"自由人"报社讲过对欧美政治社会的观

---

① 唐君毅:《人类的进步和自觉——在日本亚细亚大学讲演辞》。《唐君毅全集》(九州)卷15《东西文化与当今世界》第49—50页;《唐君毅全集》(学生)卷10《中华人文与当今世界补编》(下)第314页。

② 唐君毅:《人类的进步和自觉——在日本亚细亚大学讲演辞》。《唐君毅全集》(九州)卷15《东西文化与当今世界》第51页;《唐君毅全集》(学生)卷10《中华人文与当今世界补编》(下)第315—316页。

③ 唐君毅:《人类的进步和自觉——在日本亚细亚大学讲演辞》。《唐君毅全集》(九州)卷15《东西文化与当今世界》第51页;《唐君毅全集》(学生)卷10《中华人文与当今世界补编》(下)第316页。

感，此次在新亚书院哲教系欢迎会上，重点是讲关于中美文化教育的比较。

唐先生认为，美国教育的根本特点是由杜威奠定的民主主义和实用主义的教育。首先，美国的国民均须受高等义务教育，并且规定大学前两年亦为强迫义务教育，这种使人人平等受到同样教育的精神，由其制度即可显出。其次，美国今日所办的大学有一个共同的趋势，即其所设的院系课程，是很密切地与社会配合起来的，每逢社会有一需要，便即添设一院系，或开一讲座，故很多院系及课程的开设，常是受某实业机关所委托或捐助。再次，美国的大学都是独立而不受政府干涉或管制的，中央政府并没有设立类似中国教育部这种机构来管理，他们只有一个由各大学组成的教育会，用来审查会员的资格。美国教育的这些特点，并不完全是优点，也蕴含着缺点。实用主义教育重学习专门技能，结果就会忽略通识；没有通识教育，就面临如何培养领袖人才的问题，因为一个领袖当有远见，有阔大的胸襟及广博的学识与出众的才干。

美国文化的特点。首先，是伟大的立国精神。唐先生强调：

> 美国人今日能居领导世界的地位，这不是简单的，因他确有一种独特的精神，这我们当追溯到美国当初的立国精神。美国的建立，是由当初一群爱好自由的人士前往开发出来的。他们离开古老的欧洲，而去追求一个理想的新世界，并最后为反殖民地而战争，终于建立了独立国，这代表一种西方的伟大精神。这种平等博爱精神，已由美国开国初期的几位领袖如华盛顿、富兰克林、杰弗逊等奠立了基础。[①]

因此，唐先生特别强调，研究美国史时，应多注意美国开国初期的历史，而不应太重视美国近来的物质文明进步；应当用文学欣赏的态度去了解他们的初期精神，如果只知享受他们的现代化生活，就毫无意义。其

[①] 唐君毅：《中美文化教育之比较——游欧美讲学返港在新亚书院哲教系欢迎会上的讲词》，《唐君毅全集》（九州）卷16《新亚精神与人文教育》第36页；《唐君毅全集》（学生）卷10《中华人文与当今世界补编》（下）第435—436页。

次，接受移民人才的胸怀。在两次世界大战期间，美国吸收了很多的有才干与特殊技能的人才，即使今日美国限制外国人移民入境，但他们对有特殊才能的优秀人才，仍继续容他们入境。这一点也可说是美国人最聪明的地方。再次，反对种族歧视的平等精神。自林肯解放黑奴开始，美国就反对种族歧视。在二次大战时，也为了打败强权，并卫护弱小国家而战争。二次世界大战后，美国又领导反独裁反极权，这是基于一种个人人格尊严与自由的要求。唐先生认为，以上几个方面，既是美国文化的特点，也可以由此而说"美国是新西方文化的创造者"①。

美国文化的缺点与危机。首先，美国民主主义教育制度很难产生出第一流的政治领导人物。没有好的领导人物，就不能使自由世界有向心凝聚之力，不能更趋于团结。"一个领导世界的国家，就应抱有世界人天下人的精神，应具有世界性的文化道德责任感，不能单以一国的利益为出发点来处理世界事务。"② 其次，美国地大物博，有科学上的优势，生活水准高，最缺乏的就是忧患之感，所以他们也就不了解别国人民的忧患之感。美国人民是比较重实用精神的，自来就缺少民族悲剧感，所以也没有什么忧患。

中华民族自信的根源。通过讨论美国教育文化的特点，唐先生最后落脚在对中国文化、中国人、中华民族及中国教育的反思与认可上。唐先生强调，我们中国人将仍是有资格占世界上一席位的民族。首先，中国人的聪明智慧确实不在别的民族之下。其次，关于种族偏见的不存在，中国人实高出世界各国；我们的种族，在很古以前就融合了。再次，我们中国人还有一种优点，为美国人所没有的，就是有忧患之感，忧患对国家与个人均是有益的。最后，中国还有一种优点，就是美国的文化是平面的，因为他们的历史短，立国不久，中国则有博大的空间，还有悠久的时间来配合。

---

① 唐君毅：《中美文化教育之比较——游欧美讲学返港在新亚书院哲教系欢迎会上的讲词》。《唐君毅全集》（九州）卷16《新亚精神与人文教育》第37页；《唐君毅全集》（学生）卷9《中华人文与当今世界补编》（上）第437页。

② 唐君毅：《中美文化教育之比较——游欧美讲学返港在新亚书院哲教系欢迎会上的讲词》。《唐君毅全集》（九州）卷16《新亚精神与人文教育》第38页；《唐君毅全集》（学生）卷9《中华人文与当今世界补编》（上）第437—438页。

一九五八年　五十岁

是年元旦，唐先生与张君劢、牟宗三、徐复观先生联名发表一篇文化宣言，题为《中国文化与世界》，副题《我们对中国学术研究及中国文化与世界文化前途之共同认识》。该宣言的题目，最早的油印本是《中国文化宣言——我们对中国学术研究及中国文化与世界之前途之共同认识》。是年在《民主评论》及《再生》杂志正式刊出时，则以《为中国文化敬告世界人士宣言》作为标题，副题为《我们对中国学术研究及中国文化与世界文化之前途之共同认识》。一九六九年三月香港东方人文学会出版《儒学在世界论文集》时，其标题则改作《中国文化与世界——我们对中国学术研究及中国文化与世界文化前途之共同认识》。该宣言收入唐先生一九七四年出版的《说中华民族之花果飘零》（台北：三民书局）及一九七五出版的《中华人文与当今世界》（台北：学生书局）二书，其标题均与收入《儒学在世界论文集》中的标题相同。而唐先生一九五七年、一九五八年、一九五九年给各师友的信函中，则简称该文为《文化宣言》，甚至浓缩而称之为《宣言》。

该宣言的缘起，《民主评论》及《再生》杂志在发表时，都通过"编者按"有比较详细的交代：

> 此宣言之缘起，初是由张君劢先生去年春与唐君毅先生在美国谈到西方人士对中国学术之研究方式，与对中国文化与政治前途之根本认识，多有未能切当处，实足生心害政，遂由张先生兼函在台之牟宗三、徐复观二先生，征求同意，共发表一文。后经徐、牟二先生赞同，并书陈意见，遂由唐先生与张先生商后，在美草定初稿，再寄徐、牟二先生修正。往复函商，乃成此文。此文初意，本拟先由英文发表，故内容与语气，多为针对若干西方人士对中国文化之意见而说。但中文定稿后，因循数月，竟未及移译。而诸先生又觉欲转移西方人士之观念上之成见，亦非此一文之所能为功。最重要者仍为吾中国人之反求诸己，对其文化前途，先有一自信。故决定先以中文交《民主评论》及《再生》二杂志之元旦号发表。

至于英文译本，先有瑞士苏黎世大学教授 Kramer 先生的节译，在香港道风山出版的英文杂志《中国宗教》发表。全译本在台湾出版的英文杂志《中国文化》发表，后附载于张君劢先生在美国出版的英文书《中国新儒家思想史》第二卷中。

宣言共分为十二节，主旨在各节标题中直接呈现：

一、前言——我们发表此宣言之理由；

二、世界人士研究中国学术文化之三种动机与道路及其缺点；

三、中国历史文化之精神生命之肯定；

四、中国哲学思想在中国文化中之地位及其与西方哲学之不同；

五、中国文化中之伦理道德与宗教精神；

六、中国心性之学的意义；

七、中国历史文化所以长久之理由；

八、中国文化之发展与科学；

九、中国文化之发展与民主建国；

十、我们对中国现代政治史之认识；

十一、我们对西方文化之期望及西方所应学习于东方之智慧者；

十二、我们对世界学术思想之期望。

前言阐述宣言发表的缘起，末节对世界学术做出期许，中间各部分则阐述并肯定中国固有文化的发展特色及重点所在，又指出西方文化之不足及可向东方文化学习之处。

宣言的动议、起草和创作、发表的历程大致如下：①

一九五七年二月二十八日和三月一日，唐先生在访美期间两次与张君劢先生会晤，议及草拟文化宣言事宜。

四月十七日，徐复观先生致唐先生信函，言："奉到三月七日手教，……中国文化，在今日实处于一四无搭挂之地位。……君劢先生有信给宗三兄，亦提到中国文化问题共发表一宣言事，其用意甚善。……宗三兄昨晚来弟处商量，如何复君劢先生之信，弟意此稿不妨由兄起草，经君劢先生商酌后，如仅以英文发表，即可由弟与宗三兄参加，在美发出，即

---

① 参照台湾东吴大学黄兆强教授专文并核对相关书信。黄兆强：《〈中国文化与世界〉宣言之草拟及刊行经过编年研究》，该文对此有非常详尽的梳理与研究。见《中国文化与世界——中国文化宣言五十周年纪念论文集》，"中央大学"文学院儒学研究中心，2009 年，第 65—121 页。

可。此一问题，以兄把握得最清楚、最周到，故以兄动笔为宜。"

四月二十七日，张君劢先生致函唐先生："宗三与复观已覆赞同，更推广原意，有昭告世界之意。……望兄先拟一详尽之稿（不一定一稿便了，须修改多次方能决定），彼此同意后，再寄与宗三一商。"

五月十三日，唐先生将拟写中国文化宣言之数要点记下。

五月十五日，唐先生致函其夫人：

> 张君劢先生谓要振奋人心须先有一学术文化宣言，他要我及宗三、复观同发此宣言。他与宗三、复观都来数信要我先起草，我缓日当写一个，再由他们斟酌决定。此宣言是对世界说的，将先由英文发表，不过不知何时定稿、找谁翻译，亦不知何时才能发表，张说或者由他任翻译。①

五月十七日，唐先生正式开始起草宣言。日记言："成三千字，乃中国文化宣言之初稿，此张君劢及宗三、佛观与我将联名发表者。"②

五月二十日，唐先生起草《文化宣言》初稿完成。日记言："写文一万字完，共三万四千字。"③

五月二十三日，唐先生致函夫人："前数日已写了一文，本拟作与张、牟、徐等同发表之宣言用，但体裁不像宣言，又太长，有三万多字，还须细细改才行。"④

五月二十六日，唐先生开始阅读、修改、抄写宣言，"下午阅中国文化宣言一次至夜，改钞二张，拟三日内将其钞完"。二十七日"上午至下午四时，改作文三千字，钞三千字，五时后又钞文至夜一时共六千字"。

---

① 唐君毅：致廷光书，1957 年 5 月 15 日。《唐君毅全集》（九州）卷 30《致廷光书》第 257 页；《唐君毅全集》（学生）卷 25《致廷光书》第 384 页。

② 唐君毅：日记，1957 年 5 月 17 日。《唐君毅全集》（九州）卷 32《日记》（上）第 197 页；《唐君毅全集》（学生）卷 27《日记》（上）第 282 页。

③ 唐君毅：日记，1957 年 5 月 20 日。《唐君毅全集》（九州）卷 32《日记》（上）第 197 页；《唐君毅全集》（学生）卷 27《日记》（上）第 282 页。

④ 唐君毅：致廷光书，1957 年 5 月 23 日。《唐君毅全集》（九州）卷 30《致廷光书》第 258 页；《唐君毅全集》（学生）卷 25《致廷光书》第 386 页。

二十八日"改钞文共万二千字至夜二时"①。

六月二十八日,唐先生致函徐、牟二先生征求《文化宣言》的修改意见:

> 学术文化宣言承兄等嘱草初稿,弟于上月曾费半月之力,草了四万余字。以太长,不甚类一般宣言。用意在针对西方人对中国文化及政治之误解求加以说服,内容则多是平时吾人所谈,亦有数点是临时触发者。兄等一看如何,如以为意仍不能尽,则分题各人另写一篇合为一册,是一法,但如此则翻译较麻烦;如觉太长,则可加以删节。第一、二、三、四节,君劢先生亦以为应加以删节,第十二、三节论西方文化之缺点,君劢先生以为语太露骨。弟想此中问题较多,亦不易使西方人相信,可暂根本不要。兄等以为如何?……②

八月二十一日,徐先生致函唐先生,谈文化宣言修改意见。并表示充分尊重唐先生的裁量权。"关于文化宣言事,宗三兄与弟皆赞成。兄在旅途中肯写此文,此乃真出于对文化之责任感。……一切由兄作最后决定,故将原稿奉上,望读细看一遍,何者应改回,何者仍应保留,兄可径行处理,弟毫无他见。"

九月二十九日,唐先生致函徐先生,讨论各项修改意见及《文化宣言》的发表形式。

> 兄之改稿将原稿第四节删去,甚好。第九节兄之改稿亦较简单直接。弟原稿虽另有所用心,但嫌太刻露,非西方人所能受。兄改稿实较好。但兄将弟原稿第五、六节删去,弟不甚谓然,因第五节说中西文化来源之不同,第六节辨中国非无宗教精神,皆是为说明中国心性之学为中国学术文化核心作准备,并皆所以端正西方人对中国文化之观点。如此二节删去,则中国心性之学一节便来得突兀。

---

① 唐君毅:日记,1957年5月26—28日。《唐君毅全集》(九州)卷32《日记》(上)第198页;《唐君毅全集》(学生)卷27《日记》(上)第283页。

② 唐君毅:致牟宗三、徐复观,1957年6月28日。《唐君毅全集》(九州)卷31《书简》第130—131页;《唐君毅全集》(学生)卷26《书简》第174页。

> ……弟建议：一法是只用英文发表，便不须多征在台、港之中国人签署以减少麻烦；一法是约为若干条，由赞成者签署以增声势。①

十月十一日，张君劢先生复函唐先生谈发表之事："劢以为，兄即用四人之名在港发表，此稿原为转移国内风气而作。"

十月十二日，牟先生致函唐先生谈翻译之事："近接君劢先生函，言文稿译事，初欲托赵自强（在美）译，须有酬，后复谓依原意重写，不能直译，并谓中文稿可先在《民评》发表，中、英文不必同时印行。如此，则失初衷，无意义矣！此公谋事总是软疲失机。弟意在港能找一译者否？如此则比较集中。"

十一月三日，张先生致函唐先生谈翻译之事："弟每日为（作文）生活所苦，恐宣言翻译不易即成，曾函宗三商量，先在台托人译一底子寄来，由劢与友忠再加以润饰。宗三在台找人不易，请兄在港求通英文者为之较易。"

十一月二十五日，唐先生致函徐、牟先生谈翻译、刊登及以何种语文发表事宜："中文先发表，或只以中文发表与根本不发表，或俟英文译好后再发表，弟觉皆无不可。希二兄一考虑何者较为有客观价值。"

十一月二十八日，唐先生致函徐、牟先生谈在何种刊物上发表事宜："弟意仍可在《民评》元旦号登载。此文本意是在教训西方人治汉学者，今虽不能即译为英文，但仍表示吾人之一声音及态度。同时间接可端正若干中国人之态度。故弟意，只须君劢先生不坚持在《再生》发表，仍可在《民评》发表。"

十二月十六日，唐先生致函徐、牟先生谈在何种刊物上发表及联署者四人排序问题：

> 君劢先生来函谓并无藉此文为《再生》宣传意，只在《民主评论》发表亦可，并谓译稿仍盼请人作初译以后，由彼再修正云云。弟考虑后决定仍兼在《民评》及《再生》同时于元旦号发表。……今日已整理了二份稿，分别交达凯与裕略。题目原为《中国文化宣

---

① 唐君毅：致牟宗三、徐复观，1957年9月29日。《唐君毅全集》（九州）卷31《书简》第85—86页；《唐君毅全集》（学生）卷26《书简》第113页。

言》，颇不词，今改为《为中国文化敬告世界人士宣言》。内容弟重细看了一次，觉大意仍不坏，标点及误字亦改了。名字次序将宗三兄与兄列在前，以免其他人政治上之联想。①

十二月十八日，唐先生修改《文化宣言》，最后定稿。日记言："上下午改中国文化告世界人士宣言至下午乃毕。"②

一九五八年一月一日，《文化宣言》公开面世，见诸《民主评论》及《再生》杂志。从一九五七年二月底或三月初，唐、张二先生首谈共同发表《宣言》事，至今得以刊出，其事已历时几近一年。

一月九日，唐先生致函徐先生说明排序问题："宣言文发表，未置君劢先生名于前，乃虑引起台方之人之政治联想。"③

一月十九日，唐先生致函谢幼伟先生谈宣言创作："弟去岁游美，颇感中国人之在世界上已无声音，曾与君劢先生谈及，彼亦深有所感。彼发起共发表一宣言。弟曾穷半月之力写一草稿。今已在《民评》元旦号发表。其最后一节乃对西方文化之一不客气之批评。"④《宣言》发起人虽为张君劢先生，然而促使其有此构想、意念的，乃唐先生先谈及"颇感中国人之在世界上已无声音"等问题而引起。

是年，唐先生致函胡兰成先生，谈到牟、徐在《文化宣言》起草中所扮演的角色：

> 关于宣言事乃君劢先生发起，弟初不喜与人共列名宣言，乃彼等共推弟起草，故全文实皆弟手笔。唯其中之意则取于牟宗三兄者较多，如论政治科学等处，皆彼之文所尝论。又成稿后复观兄亦有文字

---

① 唐君毅：致徐复观、牟宗三，1957年12月16日。《唐君毅全集》（九州）卷31《书简》第88—89页；《唐君毅全集》（学生）卷26《书简》第117—118页。
② 唐君毅：日记，1957年12月18日。《唐君毅全集》（九州）卷32《日记》（上）第213页；《唐君毅全集》（学生）卷27《日记》（上）第304页。
③ 唐君毅：致徐复观，1958年1月9日。《唐君毅全集》（九州）卷31《书简》第89页；《唐君毅全集》（学生）卷26《书简》第118页。
④ 唐君毅：致谢幼伟，1958年1月19日。《唐君毅全集》（九州）卷31《书简》第141页；《唐君毅全集》（学生）卷26《书简》第188页。

上之增改。①

宣言宣称，中国文化问题有其世界的重要性。中国为数千年文化历史迄未断绝之世界上之极少的国家之一。中国现有近于全球四分之一的人口摆在眼前，这全人类四分之一的人口之生命与精神，何处寄托，如何安顿，实际上早已为全人类的共同良心所关切。中国问题早已化为世界的问题。如果中国文化不被了解，中国文化没有将来，则这四分之一的人类之生命与精神，将得不到正当的寄托和安顿；此不仅将招来全人类在现实上的共同祸害，而且全人类之共同良心的负担，将永远无法解除。

宣言认为，世界人士对中国学术的研究有其缺点。世界人士了解中国与其学术文化，因其出发动机不同而限于片面，阻碍其去做多方面的更深入的认识。其一为立足于传教的立场，其二为对中国文物的好奇，其三为对中国政治与国际局势的现实关系的分析而产生不少误解，许多人认为中国文化已死亡。《宣言》希望提出另一种研究中国学术文化的动机与态度，以恳求世界人士的注意。

宣言要求，研究中国学术文化的人，须承认中国文化活的生命的存在。不独中国过去的历史文化本身有无数代的人以其生命心血一页一页写成，即使今日，还有真实存在于此历史文化大流中的有血有肉的人，正在努力使此客观的精神生命继续发扬下去，因而对之产生同情与敬意。同情与敬意是引导我们智能的光辉去照察了解其他生命心灵内部的引线。研究中国历史文化的人，如无此同情与敬意，中国的历史文化在他们之前，必然只等于一堆无生命精神之文物，如同死的化石。然而由此推断中国文化已死，却系大错。

宣言认为，中国历史文化中道统之说原于中国文化的本性。中国的哲学、科学、宗教、政治、法律、伦理等并无不同之文化来源。对于中国文化精神生命的关系，对于中国哲学思想，不能只用了解西方哲学思想的态度来了解。如果我们不了解中国文化之本性，不知中国哲人及哲学在中国文化中所处的地位不同于西方哲人及哲学，便难免以中国历代相传的道统为思想统制，或只从中国哲学著作外表的简单粗疏，就认为其没有研究的

---

① 唐君毅：致胡兰成，1958年。《唐君毅全集》（九州）卷31《书简》第201页；《唐君毅全集》（学生）卷26《书简》第267页。

价值。此乃蔽于西方文化历史情形，而未能肯定中国文化的独立性；未知中国文化以其来源为一本，则其文化精神生命的表现方式，亦不必与文化来源为多元的西方文化相同。

宣言认为，一般人认为中国文化所重的伦理道德，只是些外表行为规范的条文，只求现实上人与人关系之调整，以维持社会政治秩序，缺乏内心精神生活与宗教性超越感情。这种看法犯了莫大的错误。由于中国文化的本性，古代虽无独立的宗教文化传统，但并不表示中国民族缺乏宗教性超越感情，只证明中国民族的宗教性超越感情与伦理道德精神合一而不可分。在中国的人生道德思想中，重视天人合德、天人合一、天人不二、天人同体的观念，此本就涵有宗教性超越感情。此外，中国的成德之学，目的在道德人格的完成；此人格的完成系于人处处只见义理之当然、行心之所安，而置生死于度外。此当然的义理与所安之道，一方内在于此心，一方亦超越于个人生命，此实与宗教性信仰无异。

宣言认为，中国学术思想的核心是心性之学。中国传统心性之学以性善论为主流，不可与西方的心理学、传统哲学中理性的灵魂论、认识论与形而上学混为一谈。从自然主义观点看中国心性之学，更属完全错误。中国由孔孟至宋明儒的心性之学，是人的道德实践的基础，而不是先固定地安置一种心理行为或灵魂实体作对象，在外加以研究思索，亦不是为说明知识如何可能。此心性之学中自包含一种形而上学，此形而上学近乎康德所谓的形而上学，是道德实践的基础，亦由道德实践而证实的形而上学。此中，我们必须依觉悟而生实践，依实践而更增觉悟，知行二者相依而进。实践差一步，觉悟与真实的了解即差一步；实践向外面扩大一步，内在的觉悟亦扩大一步。依此，人的实践的行为及于家庭，则此内在觉悟中即涵摄了家庭；及于国家，则此内在觉悟中即涵摄了国家；及于天下宇宙，及于历史，及于一切吉凶祸福之环境，我们内在的觉悟中即亦涵摄了此中的一切。由此而人生一切行道而成物之事，皆为成德而成己之事。人的道德实践的意志所关涉者无限量，而此自己的心性亦无限量。对此心性的无限量，不可悬空拟议，只可从道德实践过程中无限量的事物展现于前，为我们所关切，以印证我们人与天地万物实为一体。由此印证，即见此心此性同时即通于天。宋明儒由此而有性理即天理、本心即天心、人的良知之灵明即天地万物之灵明、人之良知良能即乾知坤能的思想，亦所谓天人合一的思想。凡此种种，与西方先假定一终极实在存在于客观宇宙，而据一般的经验理性去推证的形上学，是完全不同的。

今人如能了解此心性之学，乃中国文化之神髓所在，则决不容许任人视中国文化，为只重外在的现实的人与人之关系之调整，而无内在之精神生活，及宗教性、形上性的超越感情之说。而当知在此心性学下，人之外在的行为，实无不以其为依据；亦兼成就人之内在的精神生活，亦无不兼为上达天德，而赞天地之化育者。此心性之学，乃通于人之生活之内与外及人与天之枢纽所在，亦即通贯社会之伦理礼法、内心修养、宗教精神，及形上学等而一之者。①

宣言指出，中国民族历史文化所以长久的理由，与其说是因为重视现实生活的维持、不作超现实生活的追求，不如说中国思想自来即要求人以超现实的心情来调护其现实的心情、现实的生活。与其说中国文化偏重保守，蹈习故常，不须多耗气力，不如说中国思想自来即求人不只把力气向外耗费，更要求人把气力向内收敛，以培养生命气力的生生之源。与其说中国民族因重多子多孙，而民族不易灭绝，不如说中国思想重视生命的价值，与重视生命的传承不绝。总而言之，我们与其说中国民族文化历史之所以能长久，是一些外在原因的自然结果，不如说这是中国学术思想中，原有一种自觉的人生观念，以使此民族文化生命能绵延于长久而不坠。

宣言认为，欲补中国文化理想的不足，不能只想把其他文化理想加添进去，而当先了解中国文化理想本身应向什么方向伸展。中国文化依其本身的要求，应当伸展出的文化理想是要使中国人不仅由其心性之学以自觉其自我为一道德实践的主体，同时当求在政治上能自觉为一政治的主体，在自然界、知识界能自觉成为一认识的主体及实用技术活动的主体。这亦是说，中国需要真正的民主建国，亦需要科学与实用技术，中国文化须接受西方或世界的文化。但是，其所以如此，在于使中国人的人格有更高的完成，与中国民族客观的精神生命有更高的发展。我们虽承认中国文化中缺乏西方近代民主制度与科学技术，致使中国未能现代化、工业化；但我

---

① 唐君毅等：《中国文化与世界——我们对中国学术研究及中国文化与世界文化前途之共同认识》。《唐君毅全集》（九州）卷9《中国文化与世界》第21页；《唐君毅全集》（学生）卷4《中国文化与世界》第27页。

们不能承认，中国文化思想中没有民主思想的种子，与其政治发展的内在要求不倾向于民主制度的建立；亦不能承认中国文化是反科学的、自来即轻视科学与技术。

宣言认为，自十九世纪以来，世界各民族的文化，都受到西方文化的影响，都在努力学习西方之宗教、科学、哲学、文艺、法律、实用技术，亦是不能否认的事实。但是，西方精神的缺点乃在于，在膨胀扩张其文化势力于世界的途程中，只运用一往的理性，而想将其理想中的观念直下普遍化于世界，而忽略其他民族文化的特殊性，因而对之不免缺乏敬意与同情了解。因此，西方文化如要完成其自身更向上的发展，求其文化的继续存在，亦有须要向东方学习者。第一点是"当下即是"的精神与"一切放下"的襟抱。第二点是一种圆而神的智慧。第三点是一种温润而恻怛或悲悯之情。第四点，是如何使文化悠久的智慧。第五点是天下一家之情怀。①

一月一日，唐先生给新亚毕业生萧世言的信中，除谈到邀请其到新亚任课的种种细致安排和考量外，特别提醒：

> 我意是你须以服务人类文化并担负中华民族之苦难之精神，以希圣希贤自勉，而是对母校尽一番心力之意回来。对今之不如意者与以后可能遇到之不如意事或自觉受委屈之处，能淡然处之，否则以后仍将有种种失望。如能一切皆先从最不如意处设想，则将来新亚前途发展，对棣念兹在兹之养母及完婚等事，亦当可逐步解决，不必过多忧虑。昔李白诗谓：前水复后水；古今相续流。今人非旧人；年年桥上游。社会须一代一代之人承先启后，以维持历史之不断，而一代一代之人亦终可在社会渐得其应得之地位与名望。在此须高视阔步，不与庸俗之人计较一时之得失，则当前之路皆宽广坦平而无崎岖之苦矣。实际今之新亚虽逐渐为世所知，但我总常想只向外募款尚非最重要之事。今学校愈发展，新来之师生实多已不知学校最初一段师生艰难相共之意。致今之学校中之师友间之精神反形涣散，或至彼此只怀利以

---

① 唐君毅等：《中国文化与世界——我们对中国学术研究及中国文化与世界文化前途之共同认识》。《唐君毅全集》（九州）卷9《中国文化与世界》第48—51页；《唐君毅全集》（学生）卷4《中国文化与世界》第54—63页。

相接，此最可忧。而我所望于棣回校者亦不止于教课也。①

一月，唐先生在致谢幼伟的信中，对自己近年思考的核心思想做了比较清晰简明的概括和总结：

> 纯就哲学思想而论，则弟以为由孔孟之言仁心仁性，至宋明儒之言仁心仁性即天心天理，中国思想之天人合一之传统已在原则上完成。吾人今虽可重加说明引申其涵义，并由之以化出现代式之哲学系统，但原则上盖已不能有改变，而亦为弟信守不渝者。然在文化哲学方面，则弟意吾人之思想尚可向前推进一步，即于过去之和融贯通之人文世界中，兼涵一分途开展之人文世界，此亦即所以将尚智之西方科学精神与尊天之西方宗教精神摄于中国之人文精神中而各得其位，而此在中国之传统中则是承王船山之重礼乐制度之意而发展。而西方文化之大病，则在由其文化之不似中国之有一贯之传统而为多元，故其人文世界能分途开展，而多矛盾冲突，则赖于中国之和融贯通之人文精神之注入。否则西方文化亦不能成就天下和平与人道之悠久，而将只有天道之永恒与人间之激荡。而此中之思想问题之根本处使弟不慊于西方思想者，则在其所承之希伯来宗教思想中之天心对人心之超越而外在、宗教祭祀中只有一神为崇敬之对象。而弟年来之所用心，则在本天心超越而兼内在于人心之义以论人之宗教性的祭祀之必须，兼以祖宗与圣贤为对象，而主复兴中国之三祭，即祭天地、祖宗与圣贤之礼（此点颇为宗三兄所同意，而世人多以为迂阔者）。大率弟年来所写之文所重之义，皆不外于此。②

是年，新亚书院行政事务让唐先生仍然揪心。
上年十一月给徐复观信中言：

---

① 唐君毅：致萧世言，1958 年 1 月 1 日。《唐君毅全集》（九州）卷 31《书简》第 342—343 页；《唐君毅全集》（学生）卷 26《书简》第 444—445 页。
② 唐君毅：致谢幼伟，1958 年 1 月 19 日。《唐君毅全集》（九州）卷 31《书简》第 140—141 页；《唐君毅全集》（学生）卷 26《书简》第 186—187 页。

上学期之秘书长与生活指导主席即训导皆与钱先生不合辞去。实则二人皆为宜办事者。今番只存弟与钱先生二不能办事者、不愿办事者。寄美人与英人之篱下勉维此局面，前路茫茫，亦不知何所底止也。①

又言：

此间学生用志虽不能专，但有弟在此，仍多少有提掣之功，否则更要涣散。②

本年一月，唐先生在给徐复观信中再次言及：

新亚事，弟在美时，钱先生已数函言及。经弟力拒，已作罢论。兄来函又言及，弟昨已再向钱先生说明，决不能代负校务之理由。此间校务，决非弟力所能担任。因一切局面均摆定，相抗相持。弟因与人无忤，故钱先生有此意。然因循不足以有为，开拓则财力人力皆无。新亚皆在困时，无人肯来。后之来者，皆非抱文化理想而来。而年已老大之人，理想实提掣不起。弟以前屡想兄等能来，皆一无所成。今成此死局，乃欲弟尸位，弟决不为也。如彼离职，弟之教务亦不再任，藉此脱身。钱先生在此，以其声望，弟在此拾遗补阙，尚可勉维此局。如彼真欲去，前途茫茫，亦只有任之。只须学校尚存，仍可教教学生，聊尽心力，仍较作应酬敷衍之事为佳也。③

唐先生一直担任新亚书院教务长之职，随着学校的发展，事务纷繁，安排课程，进退人事，所费精神不少，以至于暑假几乎每天要到校办公半日。日记中言：

---

① 唐君毅：致徐复观，1957年11月25日。《唐君毅全集》（九州）卷31《书简》第87页；《唐君毅全集》（学生）卷26《书简》第115页。
② 唐君毅：致徐复观，1957年11月28日。《唐君毅全集》（九州）卷31《书简》第88页；《唐君毅全集》（学生）卷26《书简》第117页。
③ 唐君毅：致徐复观，1958年1月9日。《唐君毅全集》（九州）卷31《书简》第89—90页；《唐君毅全集》（学生）卷26《书简》第119页。

暑假将完，三月来除写文外，每日皆几以半日到校办公，教务处梁崇良辞职，改聘王佶、萧钦松去，余允文来，又添黄建业，并为曾特安排课程加薪资，哲教系则改郑力为专任，又聘萧世言及罗时宪，又聘苏熊瑞任教数学，及商洽吴士选来事，人事进退所费精神不少。①

唐先生以儒者责任担在肩上，仁以为己任，教学教务之余，几乎全部用在阅读与撰文上，而且效率极高，近年发表不少文章，探讨时事与文化。但这却引起个别人对唐先生的误解。是年五月二十日，《人生》杂志社社长王贯之先生携来一封隐名信，对唐先生多所诋毁，说唐先生所谓的"人生真实化"一名不通，并谓唐先生作文都是"自欺欺世"，又谓，要谈什么人文教就向学生讲好了，何必写文章，写文章是为了满足发表欲等等言语。唐先生看后很不在乎，认为毫无解答必要，并晓谕夫人，说孔子是圣人，却仍要受人诋毁。但是，夫人深感隐名先生所言皆为诬枉，不忍默而不言，于是将自己所感作文《读隐名信有感》。该文对唐先生的理想、为人、人生观、价值观、著述以及《中国文化宣言》等多有所呈现。

回忆十六年来，与外子早夕相共，未尝一日不以道义相勉。其使余大为感佩者，为其温纯敦厚，勤劳孝友之天性，及一种由内在的道德自觉而表现的至诚恻怛之性情，常若赤子一般。人格、家庭、友谊在他内心中所占的地位是高于一切的。故余与外子虽为夫妇，而常以师友视之。其治学早年用心于西方哲学者多，继而反求六经及宋明诸子，期由中西哲学思想之融和以发扬吾国之文化之精神。但尝责西哲人之多言行分离，亦不取当代中国治哲学者之单重思辨而忽知行并重之义者。又尝曰：学绝道丧，树立儒者之规范最为重要。

自大陆变色，我们随着炎黄子孙苦难同胞来到香港。而余观外子则栖栖皇皇，梦魂缭绕，未尝一日忘情国事，时念山河破碎，吾人已一无所有，唯此孤心长悬天壤而已。然缅怀昔贤之典型，故信道弥坚，著述愈勤。当他人皆惶惧不敢直言时事之日，即与数先生写文发表于民主评论，欲由学术智慧上，保存文化之命脉，并对世道人心，

---

① 唐君毅：日记，1958年9月10日。第233页；《唐君毅全集》（九州）卷32《日记》（上）第233页；《唐君毅全集》（学生）卷27《日记》（上）第331页。

尽其呼唤鼓舞之责任。志在望祖国能拔出于国际漩流之外，而自有其立国之道，为当今世界之一顶天立地之独立国家，彼恒感彼与友人等其主张与时下知识分子相差甚远，不易为人所了解，常有不欲多言之意。唯又感世乱日亟，自觉另无报国之道，除直本义理之当然以为文，冀引起广泛性之思想运动，拓展国人之心量与智慧，协力转移国运外，实亦无他事可为也。

来港不久即与钱、张诸先生共创立新亚书院，意在本宋明书院之精神，兼采今日之教育制度，以求对中国文化与教育负一点存亡继绝、反本开新之责任。同时，与牟宗三先生等提出新儒学思想，以继宋明之理学，建立中国第三阶段之儒学。其意以吾国儒学之第一个阶段，是孔孟荀之对为人之当然义理之正面立论，第二个阶段是宋明儒学之重此当然之义理之本源所在之心性之自觉，至今日之第三阶段之儒学，则意在上承王船山之重礼乐人文之义以建立中国今日之人文思想，并引绎昔贤仁智兼尽及民贵之义及尊天之教，并将西方科学精神、民主精神摄于中国之人文精神中而各得其所。这些主张皆纯由中西文化与古今儒学之比较研究而来，亦纯从不忍吾华儒学之断绝而来，怎么说是想创人文教，自欺欺世呢？君不见当今之中国社会，人心皆为西方经济政治文化之势所震骇，毫无所寄，对自己文化及未来前途皆失去了信心。若欲定人心，坚信仰，除为文呼号，希望社会人士同向吾国文化学术方面用心，重振儒术，负国家兴亡之责，除此之外，时代之知识分子又有何办法呢？外子常曰：读圣贤书，所学何事，要在义理分明，当国家危急存亡之际，能尽得自己份内之责任而已。奈何，今之人皆舍难就易，作文立论，喜向滑熟之路上走。以外子为文立论较为绵密，不易阅读，此或即其为被人不了解，遭隐名先生诋骂之由也。

去年应美国务院邀，曾以七月时日游美，并假道欧洲归来。余问曰：君何所得乎？乃曰：依然故我，无所得，亦无所减，若要说有所得，即愈证余前所信者之不误，只觉西方人士多不相信中国之文化生命之尚存，对我国文化之认识误解甚深，此实足以生心害政。故与张、牟、徐三位先生联名发表《为中国文化告世界人士宣言》一文。此文情理兼至，如从肝胆中流出，期能改变外人之看法，并兼示国人在受此西方文化洪流冲击之时，卓然有以自立。又谓西方之文化实只有神道与地道与魔道，而无真正之人道。所谓人道者，除吾儒之主立人极，言心性外无他，他人若无此智慧此情感，则世界悠久和平不可能，世界亦终久是悲剧。

至于教学方面，则重人格陶冶和个别指导，尝愤吾人自己之国家不能在文化思想与政治上顶天立地站立起来，只有寄人篱下，依仗外人力量办学校。故对学生极尽提挈诱导之功，开发其心境，凝固其精神，共相勉以圣贤事业。每见师生间依依之情，若谓之为受学生卑视，此话能尽人情乎？瞒昧本心，何至于此。

再观其与人交往，一片忠诚，与知无不言、言无不尽之态，无论如何亦不至于误会到此人有欺世之心也。外子喜独坐，若泥塑人，但他确有肫肫其仁而至渊渊其渊、浩浩其天之一种由道德心境而至宗教信念之心情。尝主张兼祭祀天地、祖宗、圣贤。盖天地之心，祖宗圣贤之鬼神，皆为实有，人以诚接之则洋洋如在矣。呜呼！神灵有知，忍外子受如此之委屈乎？但人非圣贤，谁能无过。余觉外子缺点，即为仁厚有余，而刚健不足，故对人姑息之处太多，严立规范，责勉人之意不够，说话行文都要绕一个圆圈，此仁者之过，盖唯恐伤人之意也。①

七月六日，唐先生参加最后一期人学讲会，并拟以后暂停。人学讲会开始于一九五六年三月在桂林街一间小教室中，至今已两年余，新来同学未曾受过苦难，讲起话来竟心境不相应，故暂停。念为最后一次，唐先生约来家中聚会，并略备糖果招待。②

是年，唐先生在人生出版社出版《中国人文精神之发展》，在友联出版社出版《文化意识与道德理性》（上、下册）二书。

《中国人文精神之发展》一书，别名《科学、民主建国与道德、宗教》，正名由本书第一篇的题目而来，但也与本书内容相应。本书是继《人文精神之重建》一书而作，同为由一般性论文合编而成，大多数文章曾发表于《民主评论》《祖国》《人生》等刊物。《人文精神之重建》一书重在说明一般社会性及世界性的文化理想，而本书的用心所在，则是如

---

① 谢廷光：《读隐名信有感》。日记，1958年5月20日，"廷光代笔（二）"。《唐君毅全集》（九州）卷32《日记》（上）第224—227页；《唐君毅全集》（学生）卷27《日记》（上）第318—322页。

② 唐君毅：日记，1958年7月6日。《唐君毅全集》（九州）卷32《日记》（上）第230页；《唐君毅全集》（学生）卷27《日记》（上）第326页。

何发展中国的人文精神,以与科学、民主建国及宗教思想相融通,并以此重建中国人的道德生活。

本书宗旨在于,说明中国人文精神的发展,系于确认中国人德性生活的发展、科学的发达、民主建国的成功,以及宗教性信仰的树立,乃并行不悖、相依为用之事。中国数十年来流行的思想,由于很少能够明察其所以能并行不悖而相依为用的根由,于是,主张科学、民主的人,觉得道德、宗教虚玄;而坚守宗教、道德者,则认为科学、民主都是形而下的东西,无甚高论。"而言科学者,则重理论者与重实用者相争。言民主者,则重个人者与重群体者相谤。言道德者,则重内心生活、个人修养者,与重向外奋斗,成就社会事业者相违。言宗教者,则异教相讥,异端相斥。……道术既为天下裂,世之为政施教者,乃多往而不返,归于卤莽灭裂,而生民道苦。"① 唐先生本书各文,凡遇此类偏执矛盾之见,便都在更高的胜义上立根而加以疏解。

本书各文,唐先生在撰写时,都是分别对一个问题而作,而搁置其他问题。而且写其中任一文时,往往都有一时的因缘,比如,写论科学与中国文化一文,其时节因缘为爱因斯坦的逝世。但写成之后,自然发现,这些文章的义理又是相互配合的。本书诸文的结论,皆是"道中庸而致平实"之论。不过,唐先生谓,此书之文的价值,不在其结论本身,而在其如何经曲折崎岖的思想之路,再夷平之以成平实的论证过程。并谓:

> 吾人今日所遭遇之文化思想之冲突,如群流之相激,非会通之无以成浩瀚之江流。
> ……吾人对一切人生文化问题之解决,皆系于淘其沙砾以致深闳,宽其堤堰以纳众流。而吾之为学运思行文,亦窃有慕于此。……望吾神明华胄共发大心,以成此不废江河万古流之事业也。②

全书收录论文十六篇,分为五部。

---

① 唐君毅:《中国人文精神之发展》"本书旨趣"。《唐君毅全集》(九州)卷11《中国人文精神之发展》第5页;《唐君毅全集》(学生)卷6《中国人文精神之发展》第7页。
② 唐君毅:《中国人文精神之发展》"本书旨趣"。《唐君毅全集》(九州)卷11《中国人文精神之发展》第6页;《唐君毅全集》(学生)卷6《中国人文精神之发展》第8页。

第一部包括三篇论文：第一篇《中国人文精神之发展》，总论中国过去人文精神发展的主要阶段，意在指明中国过去人文思想的成就，在结论中，说明中国人文精神发展至今日，理当求与世界的科学思想、民主政治思想以及宗教思想有一融通。第二、第三篇《西方人文主义之历史的发展》（上、下），意在以西方人文思想与中国人文思想相照映比较，以展现中国人文思想有比西方人文思想更优秀的地方所在。在此部中，唐先生特别通过比较界定了"人文思想"的内涵：

> 在人的人文思想、人文精神以外，尚有人的非人文，超人文，或次人文、反人文的思想或精神。我所谓"非人文的思想"，是指对人以外的所经验对象，或所理解对象，如人外的自然、抽象的形数关系等的思想，此即如自然科学数学中所包括之思想。我所谓"超人文的思想"，是指对人以上的，一般经验理解所不及的超越存在，如天道、神灵、仙佛、上帝、天使之思想。我所谓"次人文的思想"，是指对于人性、人伦、人道、人格、人的文化与文化的历史之存在与其价值，未能全幅加以肯定尊重，或忽略人性、人伦、人道、人格、人文与其历史之某一方面之存在与价值的思想。我所谓"反人文的思想"，是指对人性、人伦、人道、人格及人之文化历史之存在与价值，不仅加以忽略，而且加以抹杀曲解，使人同化于人以外、人以下之自然生物、矿物，或使人入于如基督教所谓魔鬼之手，使人沦至佛家所谓饿鬼道、地狱道之思想。由上，故知我们所谓人文的思想，即指对于人性、人伦、人道、人格、人之文化及其历史之存在与其价值，愿意全幅加以肯定尊重，不有意加以忽略，更决不加以抹杀曲解，以免人同于人以外、人以下之自然物等的思想。①

对于中国未来人文精神的发展，唐先生强调，对于中国传统的人文精神，如周代的"礼乐精神"，孔子之重"人德"，孟子之重"人性"，荀子之重"以人文世界主宰自然世界"，汉人之"历史精神"，魏晋人之"重情感表现之具艺术的风度"，唐人之"富才情"，宋明人之重"立人极，

---

① 唐君毅：《中国人文精神之发展》。《唐君毅全集》（九州）卷11《中国人文精神之发展》第4页；《唐君毅全集》（学生）卷6《中国人文精神之发展》第9—10页。

于人心见天心，于性理见天理"，清人之重"顾念人之日常的实际生活"，这些精神，皆可互相和融，互为根据，看不出其不能保存于中国未来文化中的理由。但是，对于孟子与宋明理学中的心性之学，必须先有认识而发扬光大，否则我们无论讲中国过去或未来的人文思想，皆为无根之木、无源之水。另一方面，唐先生又指出，要想推进中国今后人文精神的发展，必须肯定人向往"超人文境界"的宗教与人研究"非人文之自然"的科学的价值，并肯定自由社会及民主政治保障人权与表现人格平等的价值。但是，又必须清楚，如离人而言宗教，则超人文的宗教思想亦可导至"反人文"。如离人而言科学，则冷静地去研究非人文的科学的心习抑或可使人"视人如非人"，导致人对人的冷酷无情，由此，科学技术亦可成为极权者的统治工具。如离人的"精神上的自作主宰"而言自由人权，则此自由恒只为"消极的摆脱外在的束缚"，因此，单是人权有法律的保障，亦不必能有助于人的学术文化上的创造与人格的形成。如离"道德意识""人格平等"而言民主，则民主政治亦可化为"分权力"或"分赃"的政治。①

第二部包括三篇论文，该三篇文章是一个整体，乃《科学与中国文化》的三个部分：《论西方科学精神》《科学的理智之限制与仁心》《科学对中国文化之价值》。意在一方面说明西方科学精神与中国人文精神的不同，因而二者会有相互的冲突；另一方面进而说明此冲突是可以化除的，而化除冲突之道，即在于，除了确认人之仁心为科学的理智的主宰外，尚须确认，科学理智的发展对于中国文化的发展及人之仁心的流行开拓所表现的独特价值，由此而可既肯定纯理论的科学，又肯定实用科学的价值。

第三部包括四篇论文：《百年来中国民族之政治意识发展之理则》《论与今后建国精神不相应之观念气习》《理性心灵与个人、社会组织及国家》（上、下），意在论百年来中国人求民主建国所经的历史上的各种曲折和思想上的各种歧途，而归结于一种依个人理性心灵、道德心灵，求客观化其自己，以建立民主国家的政治思想的说明。进而以此思想融解中国重德性的人文思想与西方重个人自由、重国家、重社会组织分途发展的政治思想的冲突，而将中国人民主建国之事纳入成就中国人文精神发展之

---

① 唐君毅：《中国人文精神之发展》。《唐君毅全集》（九州）卷 11《中国人文精神之发展》第 23—26 页；《唐君毅全集》（学生）卷 6《中国人文精神之发展》第 32—36 页。

事。在此基础上，唐先生提出了他理想的东西方人文精神汇合的社会政治理想，并喻之为自己心目中的"大青铜钱理想"。

第四部包括四篇论文：《我们的精神病痛》《论精神上的大赦》（上、下）《精神上的合内外之道》，意在论数十年来以中西文化观念的冲突而导致的中国知识分子道德的堕落，进而重提中国固有的"反求诸己"的道德精神加以发挥；进而说明如何将此"反求诸己"的精神内涵加以扩大，使一切似有求于外的科学哲学中的理智精神、宗教生活、民主政治生活，以及多方面发展的社会文化生活，都可以与此精神不相悖，并都成为此一精神扩大的助力，为此精神所主宰运行，由此以建立刚健独立而内恕孔悲的道德心情。

第五部包括两篇论文：《宗教信仰与现代中国文化》（上、下），意在说明由人的道德心情的充量发展，或者由人的求价值生发与实现的超越的完满与悠久的要求，必有宗教性的信仰。由是，人必须充分肯定宗教的价值。同时，对于目前存在于中国社会生活中的各种宗教的冲突，我们必须有疏解之道。而中国自过去儒者之教中所重的祭祀天地、祖宗、圣贤的"三祭"，即应当是纯粹的中国人与世界不属其他宗教的人，所以寄其宗教性信仰的地方。此"三祭"的价值，亦正有高于其他宗教的地方所在。此文肯定宗教的价值，兼发挥中国儒者之教中所重的"三祭"的价值，以谋中国人文思想与宗教的融通，而发展中国人文思想，以与超人文的境界相接触。

《文化意识与道德理性》一书，开始写作于一九四七年唐先生尚在南京中央大学任教时，而十之六七则成于太湖滨的江南大学。论宗教一章成于江西信江鹅湖书院，自序、第一章及最后两章则于一九五二年成于香港，总计地历四处、时经五载。到香港后，唐先生撰写的一般文字，大多力求通俗，较切事情，少事剖析，略具华彩，而其所根据的义理，则皆在此书。

本书的写作，一是为中国与西方文化理想的融通建立一理论基础，二是提出一套文化哲学系统，三是对自然主义、唯物主义、功利主义的文化观予以彻底的否定，以保人文世界之长存而不坠。

本书内容十分单纯，皆旨在说明：人类一切文化活动，均统属于道德自我或精神自我、超越自我，而为其分殊的表现。人在各种不同文化活动中，其自觉的目的固不必在道德实践，而只在文化活动的完成，或特殊文化价值的实现，如艺术求美，经济求财富或利益，政治求权力的安排，等等。然而，一切文化活动所以能存在，则皆依于道德自我的支持；一切文化活动皆不自觉地或超自觉地表现道德价值。道德自我是一，是本，是涵摄一切文化理想的；文化活动是多，是末，是成就文明现实的。所以本书的目的，一方面是推扩道德自我、精神自我的含义以说明人文世界的成立；另一方面即统摄人文世界于道德自我、精神自我的主宰之下。此外，唐先生认为，中国文化过去的缺点，在人文世界未分殊地撑开；而西方文化的缺点，则在人文世界尽量撑开而或沦于分裂。因而，此书的目的在于，指出道德自我、精神自我的存在与各种文化活动的贯通，并希望中国将来的文化能由本以成末，而现代西方文化能由末以返本，为中西文化理想的会通建立一理论基础，为未来中西文化精神实际的融和做一铺路的工作。该书的中心意旨，在显示道德理性遍在于人文世界，而道德理性若不显示于人文世界的成就与创造，则亦不能真显示其超越性、主宰性、普遍性与必然性于人生与宇宙。

该书提出一套文化哲学系统，对中西文化哲学思想，皆有所承继，亦有所创新。所承者在，在根本观点上是儒家思想。孔子统六艺文化于人心之仁，以后中国儒家论文化的一贯精神即以一切文化皆本于人的心性，统于人的人格，亦是为了人的人格之完成而存在。儒家一贯是尊人文的，知一切人文的弊害皆由于人文与其本原所自的人的道德理性相离，由于人的道德自我、精神自我不能主宰文化。对于儒家的这一套文化哲学的基本思想，唐先生是全部承受的。孔子以后，孟子重义利之辨、人禽之辨，偏重讲人生，荀子则偏重讲文化。汉儒重教育、政治、经济制度的建立，以厚风俗而尊天，可谓能重社会文化的实际措施。然文学、艺术、哲学、宗教在人文世界地位之高，则在魏晋六朝隋唐。宋明理学家用心的重点，在依性与天道以立人极、明道德，但对社会文化的重视不足。永康永嘉一派，重政治、经济，又太偏于功利。明末顾、黄、王诸儒，直承宋明理学家重德性的精神加以充实扩展，由博学于文以言史学，兼论社会文化各个方面。其中王船山论礼乐政教，尤能力求直透宇宙人生的本原。但王船山论性与天道过于重气，诚不如朱子、阳明重心与性理之纯；不过，重气即重精神的表现，由精神的表现以论文化，又较只本心性以论文化更能重文化的多方面发展。此书论人文的基础，不在自然之性同于荀子，而在能超越主宰自然之性的心之性理或理性，则是孟子路数；而论文化，直承船山重气、重精神的表现而发展,而言心与理则仍依于朱子与阳明路数。此乃该书所承继中国儒家思想的主要方面。

该书论文化的中心观念虽全出自中国儒家先哲,但在论列方式上则为西方式的,并通达西洋哲学的理想主义传统。中西哲人论文化的方式大不同。中国哲人论文化,开始即评判价值上的是非善恶,并总是先提出德性的本原以统摄文化的大用,所谓明体以达用,立本以持末。而西方哲人论文化,则是先肯定社会文化为一客观存在对象,进而追溯其所以形成的根据。本书的论述方法,正是西方式的。重点在于,从文化活动的心理意识中,随处指出有道德理性一贯的主宰作用存在。唐先生谓:

> 人在自觉上只是实现一文化理想时,亦有不自觉或超自觉之道德理性之表现。人之一切文化生活,在一意义下皆可为道德生活之内容。于是道德生活即内在于人之一切文化生活中。①

只不过,本书承受西方先哲论文化的态度,尽管是直本于康德、黑格尔的理想主义传统的,但论道德与文化,既不同于黑格尔置道德与其他文化领域于哲学之下的主张,亦不同于康德以自觉的道德生活为一切文化生活的中心、居一切文化生活之上的看法;而是着重于指明,人在自觉求实现文化理想而有各种现实的文化活动时,即已在超越其现实的自然心理性向、自然本能,而实际地表现人的道德理性。由是,将康德所主张的道德理性的主宰效用,在人类文化活动的形成发展上加以证实。

该书所继承的中西哲人的思想,主要是理想主义、人文主义的传统,而所反对者,则是中西思想中的自然主义、唯物主义或功利主义、现实主义的思想。不过,中国老庄的自然主义,因其返自然是要去人文之弊害,而其所返之自然乃纯朴之自然;他们重致虚守静而游心于天地万化之变,表现一种形上学或艺术精神,所以不是唐先生主要反对的。现代西方的自然主义者如杜威、桑塔耶那等,因其能尽量承认精神理想也存在于自然之中,也不是唐先生主要反对的。唐先生最反对的自然主义,是西方近世以

---

① 唐君毅:《文化意识与道德理性》"自序二:明本书宗趣"。《唐君毅全集》(九州)卷12《文化意识与道德理性》第11页;《唐君毅全集》(学生)卷20《文化意识与道德理性》第14页。

人的自然欲望如物质欲望、性欲、权力欲或自然心理，如过去经验习惯交替反应，或自然环境的决定力量，说明人类文化之形成的自然主义。此书的内容，并不忽视或否认人类创造文化的精神与人所处的自然环境及人的自然本能、自然欲望有关系。但是唐先生强调，此关系只是规定的关系，而非决定的关系；此规定的关系亦内在于人的向上精神自身。此书不否认人类向上精神可以堕落，不否认人类文化发展至某一阶段可以产生弊害；但是强调，人的向上精神的堕落，是由于人的精神陷于其自然的本能欲望，而人文发展的弊害之所以产生，则是由于人不能随时提起自己向上的创造精神而返本以成末。人如果顺精神的本性发展，则他只有向上而无向下；即使向下，人只要一念自觉其向下的原因，即可重归向上。

　　本书乃扩充孟子之人性善论，以成文化本原之性善论，扩充康德之人之道德生活之自决论，以成文化生活中之自决论。①

唐先生在给友人信中自述该书旨趣时亦谓：

　　该书大旨……与孟子所谓万物皆备于我，反身而诚，有相发明之处，然亦同时意在说明人之道德理性之无所不运，故在一切科学政治经济之活动中，亦皆有此道德理性之表现在斯，乃即末可以显本，即用可以见体，而鄙意亦以为中国今日之人文世界，如不能多方开拓工农之业与科学及政治，国家不能近代化，则传统之道德意识亦将以局限于内心而不免于萎缩而干枯。故道德意识之表现于文化意识以运本之末，与即文化意识而自觉其中所表现之道德理性以即末见本，乃似相反而实相成之二义，亦拙著之微旨所在。徒言万物皆备于我而忘了"我亦于万物中自备其所以为我"，仍有流弊者也。②

本书共十章，第一章泛论人类创造文化之精神的自主自动性或自决

---

① 唐君毅：《文化意识与道德理性》"自序二：明本书宗趣"。《唐君毅全集》（九州）卷12《文化意识与道德理性》第13—14页；《唐君毅全集》（学生）卷20《文化意识与道德理性》第17页。

② 唐君毅：致何健耕，1963年4月5日。《唐君毅全集》（九州）卷31《书简》第351页；《唐君毅全集》（学生）卷26《书简》第454—455页。

性；末章总论文化的弊害之所以产生的原因及如何挽救之道，与人的精神与自然世界万物的理则及自然进化的事实之关系。其余各章，皆是分论各种文化领域中的文化活动依何种文化意识而形成，与各种文化意识、文化活动、文化理想形成时，其中所实现的道德价值或所表现的道德理性，涵括家庭、经济、政治、科学、哲学、文学艺术、宗教、道德、体育、法律、军事、教育等人类主要文化活动类型。

第一章"导论：人类文化活动之涵义及其自决性"意在说明，所谓理性，即能显理顺理之性，亦即人的道德自我之所以为道德自我、精神自我之所以为精神自我、超越自我之所以为超越自我的本质或自体。此性此理指示我们人的活动，使我们超越于有形的物质身体世界，并超越我们的自然欲望、自然本能、自然心理性向等。由此，我们人可以主宰此有形相的物质身体世界与我们的自然本能欲望等，使之成为表现此理此性的工具。由此，所谓"理性"的意义，乃以其"超越性""主宰性"为主。能超越特殊的现实，即能形成普遍的理想。凡是意念不自限于一特殊事物或一个体自我的本能欲望心理中，即成具有普遍性的理想。意念理想无"私性"，即具公性。无"私性"即礼，公性即仁。礼由仁发，仁由礼现。礼即理，仁即性。唐先生谓：

> 吾人既能形成具普遍性、公性之理想，以之裁判吾人偏私之意念，乃有自觉的建立合理的理想之事。……唯如是，吾人乃得说道德理性为一切文化活动之基础，而为支持人文世界之永久存在者。[1]

第二章"家庭意识与道德理性"意在说明，性本能不是家庭成立的基础，"男女之爱之关系之理想"之爱，才是夫妇关系成立的基础；进而说明人对父母之孝与对兄弟之友的形上学含义，由此形上学含义，即显出人之孝友为人的道德理性的直接显示。鉴于家庭道德为人所忽略，唐先生特重说明家庭关系中常道的重要，并在家庭中人与人直接的情感关系中指出人的超越自我或道德自我的存在。此章建立起一套基于儒家思想的家庭哲学，最重要之处是论孝友的意义及家庭关系当求恒常的理由。

---

[1] 唐君毅：《文化意识与道德理性》"自序二：明本书宗趣"。《唐君毅全集》（九州）卷12《文化意识与道德理性》第17页；《唐君毅全集》（学生）卷20《文化意识与道德理性》第21页。

第三章"经济意识与道德理性"意在说明，人的求生存欲望不能作为经济文化的基础，进而说明，生产技术活动乃是人依其精神理想以型范自然的活动，次论生产工具的客观性及其对人客观社会意识之形成的关系，再及于生产活动中的道德意识，及交换财物以形成的商业经济活动中的道德意识，以至财富分配及财富消费中的合理理想的讨论。唐先生指出，由原始的生产活动到资本主义的经济、社会主义的经济理想中，有着一贯的精神活动和道德意识的支持存在，并提出一种依消费的目的决定经济上生产行为与分配制度的人文经济的理想，认为此乃最合人的道德理性所要求的经济理想。此章的重要目的，在辨明人的生产、交换、分配、消费的经济活动，如果没有人的道德意识支持，即自始不能存在。而最精要之处则在指明：如何由公平分配的社会主义经济理想中，转出人文经济理想，肯定私产制度的道德理性基础。

第四章"政治及国家与道德理性"意在说明，人的权力欲或权力意志不能成为政治的基础，如果没有客观价值意识，则政治上人与人的支配服从关系是不可能成立的。进而指出人的权力意志的自毁性质，与其必须转为求荣誉而尊重客观价值的意识，由是而人与人的权位关系即须转为能位、德位或势位关系，由此指明人的权力意志自己超越而隶属于道德意志之路。进而论人的社会团体所以形成的理性基础，与国家产生的必然性，及国家的要素如人民、土地、主权的意义。进而论各种政治制度意识高下的道德理性基础，及国家在一定意义上为一精神实体的理由，并说明自己的国家思想与黑格尔的相同处，然后指明，黑格尔对于个人超越自我涵盖国家的认识尚有不足，不能肯定超国家的天下或世界的观念，乃其国家学说的缺点。最后讨论，我们何以在尊敬自己国家的同时尊敬其他国家的道德理性根据，归于论国际和平与天下一家的可能。

第五章"哲学科学意识与道德理性"意在说明，纯粹理性的活动与实践理性的活动在根源上是一而非二。当纯粹理性活动的目的在真理时，即为一实践理性所支持；而且，科学哲学求真理的活动，同时也是使人超出自然本能欲望或其他自然心理的束缚，开出各种经验科学、数理科学、历史、应用科学、逻辑、哲学的世界，显出人的超越自我，而使人破除各种感性或知识执着的活动。因此，人在科学哲学活动中，亦有道德价值的实现。

第六章"艺术文学意识与道德理性"意在说明，艺术文学的审美意识、审美判断与求真意识不同；但是，审美活动仍为一种表现理性的活动。进而指出，人求真理的活动的目的，在于得到具体的真理，而具体的真理则在美中实现。由此可见，真理与美两种价值具有互相补足性。在此章最后，唐先生分论文学艺术的类别，并一一指明其与科学哲学中的类别可相对应类比。

第七章"人类宗教意识之本性及其诸形态"意在说明，宗教意识是一种皈依崇拜神的意识，是纯粹的求超越现实自我、以体现超越自我的意识。而所谓"神"，即此超越自我的客观化。而此"超越自我"，又显示为绝对超离人的现实自我的存在。进而，唐先生说明此超越自我与现实自我的二元对峙如何可能，由此以论各种宗教意识的高下层级，并对世界一切宗教意识皆予以一地位，并提出一种较过去人类已有的宗教意识更广大的宗教意识，作为理想宗教的基础。

第八章"道德意识通释"意在说明，不自觉或超自觉的道德意识，乃一切文化意识的基础；而自觉的道德意识则涵盖一切文化意识。进而说明，自觉的道德意识乃是自觉其超越自我之呈现的意识，由此以论中国儒者所崇尚的人的主要德性，特别是仁、义、礼、智四德。最后归于论道德活动与其他文化活动的相依。此文只是就文化哲学观点以论道德意识，而不是就道德哲学观点以论道德。

第九章"体育军事法律教育之文化意识"意在说明，体育、军事、法律、教育四种文化活动，都是为保护人类文化之存在的，并对每一种文化意识皆分为五型而论。比如教育，最低的教育意识是夹杂自己生物本能而主要为满足自己本能目的的意识；较高的教育意识为无私的求延续文化于被教育者的意识；更高的教育意识是依于道德理性而求文化内容普遍于他人而教育他人的意识；更高的教育意识是不仅教学者为既成文化的享受者而且教学者成为未来文化创造者的意识；最高的教育意识是全超越其既有知识及文化生活观念，而觉其若一无所有，由是而一切创造我所愿学的学术文化的过去人类皆为我师，而一切现在可能与我互相促进的学术文化陶养者皆为我友，一切我的教育努力所能影响的未来人皆为我弟子。"缘是而人类之教育事业不仅有人类文化之意义，且有宇宙之意义。吾人对人类文化教育负责，亦即对整个宇宙负责。此方为最伟大之教育意识。"①

---

① 唐君毅：《体育军事法律教育之文化意识》。《唐君毅全集》（九州）卷 12《文化意识与道德理性》第 474 页；《唐君毅全集》（学生）卷 20《文化意识与道德理性》第 622 页。

本章精要处在于，论体育意识与军事意识的道德价值，最高的法律意识应通乎礼，最高的教育意识为人文世界、人格世界自求延续于自然所生出的文化意识。

第十章"人类文化在宇宙之地位与命运"意在说明，人类的文化活动、文化意识在整个宇宙中的地位，各种文化活动互相配合贯通成整体的原因，人类文化何以有衰落及如何免于文化衰落而成就人文世界的全面发展，使人的道德理性充量实现。先论物质世界与生命世界，动物心与人心，语言文字与人类文化的起源，然后总论自然宇宙的存在，人与其文化活动在自然宇宙的地位，最后论及人类文化的兴亡之故。并言：

> 人精神不能一直向上提起，则世间无不弊之文化，亦无不弊之补偏救弊之方。人精神真一向上提起，则弊之所在，觉即随之。才能觉弊，即求弊之方已见，斯可以真救弊。
> ……人能使精神一直向上提起，则一切皆由精神主宰，何弊之不可救？知人之本心即天心，则开天辟地，即人所任。……是则赖乎人之真信得其本心即天心，……而自强不息，使精神一直向上提起，更无一息之懈弛。①

是年，唐先生发表的文章有：

在《民主评论》与《再生》杂志发表的《为中国文化敬告世界人士》宣言；

在《民主评论》发表的《人类社会科学与人的学问及人的真实存在》；

在《人生》杂志发表的《死生之说与幽明之际》《人生之真实化》《文化意识与道德理性》自序、《中国人文精神之发展》自序；

在《新亚生活双周刊》发表的《国庆、校庆、月会》《新亚书院之原始精神与同学们应自勉之一事》；

在《祖国》杂志发表的《民主理想之实践与客观价值意识》；

在《自由人》发表的《国人的信仰问题》；

---

① 唐君毅：《人类文化在宇宙之地位与命运》。《唐君毅全集》（九州）卷12《文化意识与道德理性》第514页；《唐君毅全集》（学生）卷20《文化意识与道德理性》第671页。

在《大学生活》发表的《谈西方哲学家对中国文化之认识》；

在《孔道》发表的《恕的意义》等。

《人类社会科学与人的学问及人的真实存在》（上、下）后以"人的学问与人的存在"为题，收入《中华人文与当今世界》（上）第二部"人文学术之意义"第一篇，全文近三万字，含导言、余论，共十一节，是唐先生关于人文学术分类及人之真实存在的极为重要的论文。论文针对的核心问题是一种普遍的社会与学术观点：现代人类社会的各种问题的存在，是由于社会科学的进步赶不上自然科学的进步，只有社会科学进一步"科学化"才能解决现代社会问题。唐先生要论证和说明的观点是，今日人类社会自身的问题，并不能只由科学得其解决之道，科学作为学问中的一种，不能在人的学问世界中居至高的指导地位。唐先生进而以学问与人的真实存在的关系作为划分学问的标准，拟定了完全颠覆西方传统的学术分类的新型学术分类系统，并以此说明解决人之真实存在与重建中国社会之道。

唐先生认为，科学不应当在人类文化世界中独居至高地位，关键在科学的态度。

> 科学的态度，只是一以人的理智，运用概念符号，依规则加以构造推演，以面对经验的对象事物，从而说出其普遍性相，一般律则或共同之理，以预测对象事物之未来，以便加以控制之态度。①

但是，人对世界事物的态度，除科学的态度外，尚有欣赏审美的艺术文学态度，把握具体事件发展的历史态度，将人所知的抽象之理加以凝聚综摄陶熔的哲学态度，以及改变重建外在世界与人内在自己的实践态度，信仰皈依宇宙人生本原的宗教态度，等等。因此，无论如何，我们不能说人生存在自己，只能以科学的态度去看世界，而莫有非科学的态度。而且，唐先生谓：

> 除科学的态度所了解之科学真理以外，尚有一切非科学的态度，如欣赏审美之文学艺术态度，把握具体事实之发展之历史态度，皈依

---

① 唐君毅：《人的学问与人的存在》。《唐君毅全集》（九州）卷13《中华人文与当今世界》（上）第60页；《唐君毅全集》（学生）卷7《中华人文与当今世界》（上）第78—79页。

信仰之宗教态度中所显示之超乎科学真理以外其他之人生存在之真理。此诸态度本身所分别显示之人生存在之真理，最低限度在其如是如是显，未被科学的理智所研究时，不在科学的范围中。由此诸态度，所形成之人类文化之各领域，亦不在科学的范围中。而科学亦永只能是人文世界之一领域，无理由以高居其他人文领域之上。①

唐先生认为，这样理解科学，并不是要贬低科学的地位，而是要提高科学以外其他人文领域的地位，并将人生存在自己置于科学态度、科学真理之上，并由此彰显其他人文领域自具其真理、理想与价值，而人生存在自己，亦有超越于科学真理以上的理想与价值。

唐先生强调，真实存在的任何文化活动，都具有如下四个基本特征：

一、任何文化活动必须对一真实存在的人之当然理想，而有内在的本身价值。二、文化活动必须有内在的本身价值，而后有帮助此人其他理想实现之效用价值。三、必须通过人之客观普遍的价值意识，而后其价值真实存在于包括他人之社会。四、必须通过人之宗教性的承先启后的历史精神，而后其所实现之价值存在于历史之世界。②

换言之，人类社会人文历史世界真实存在的基础，在于真实存在的一个个具体的人之人格中所肯定的当然理想、客观价值意识、承先启后的历史精神，此是人类社会人文历史世界变化发展的核心枢纽。如果一个人人格中所肯定的当然理想发生变化，则其个人生活行为世界就会发生变化；如果其客观价值意识变化，则其所生活的社会人群世界就会变化；如果其承先启后的历史精神发生变化，则其在历史世界中的地位就会变化，呈现于其前的历史世界之方向、景观也将发生变化。如果人类社会中，各人之人格所肯定的当然理想、客观价值意识与历史精神同向某一方向变化，则

---

① 唐君毅：《人的学问与人的存在》。《唐君毅全集》（九州）卷13《中华人文与当今世界》（上）第62页；《唐君毅全集》（学生）卷7《中华人文与当今世界》（上）第81页。

② 唐君毅：《人的学问与人的存在》。《唐君毅全集》（九州）卷13《中华人文与当今世界》（上）第62页；《唐君毅全集》（学生）卷7《中华人文与当今世界》（上）第88页。

此人类社会文化历史世界的存在状态，就会朝着同一方向变化。而执持人之当然理想、价值意识与历史精神，并加以开辟、凝聚，以之直接主宰个人的内心意志，改进日常生活及其社会外表行为的，恰恰是人自己建立其理想人格之真实存在的道德精神。因此，唐先生强调，此道德精神乃：

> 人类社会、人文历史世界之核心中的核心，枢纽中的枢纽。而其力量与光明，则可遍及于人类社会、人文历史之世界，而加以旋转朗照者。故人之道德精神，如果建立不起，缘之而使当然理想、客观价值意识、历史精神，皆不能向上提挈，而向下降落崩坏，则无一人生之活动或社会文化之建设，能真实成就。即科学之研究、物质文明与有科学研究之社会之真实存在，亦不可能。①

依据以上关于人类文化活动的基本看法，唐先生认为，西方的学术分类恰恰是颠倒的。按照西方的学术分类，越抽象而越概括性的学问，越在学问世界中居根本而更高的地位。由此，逻辑、数学、几何学或第一原理的哲学，被认为是一切学问的根本；其次是研究人的身体以及万物之物理性质的物理科学；再次是研究人及动物、植物生理性质的生物科学；再次是研究人与高级动物同有之心理现象的心理学；再次是研究人类与其社会政治经济生活的人类学及其他社会科学；再次是个人在社会中当如何行为的伦理学；复次是研究各特定民族国家社会文化发展具体事实的历史学；最后是被视为没有真正学术价值的文学艺术学。唐先生强调，依据"愈具体的存在愈真实"的标准，必须对西方学术分类进行彻底的颠倒，必须：

> 依各种学问与具体之人生存在相关愈密，而对具体之人生存在之重要性愈大之原则，并将历史文学及为人之学，亦列入一系列中，以重订各种人之学问之高下之次序如下：
> 一、为人之学；二、历史；三、文学艺术之学；四、哲学；五、

---

① 唐君毅：《人的学问与人的存在》，《唐君毅全集》（九州）卷13《中华人文与当今世界》（上）第69页；《唐君毅全集》（学生）卷7《中华人文与当今世界》（上）第89页。

社会科学；六、自然科学；七、形数之学与逻辑。①

唐先生认为，没有任何一种学问可以完全离开人的存在而成立。从人的存在维度来看人类学术，最高的学问是宗教道德等"为人之学"。

> 为人之学，居学问世界中最高之位，首因为人之学，乃使人成人。人成为人，乃人成就一切事之本。即见为人之学之根本性。其次，为人之学，乃一切识字或不识字之愚夫愚妇之所同能从事，亦皆尝多少从事之学。一切人无不要做人，亦无不多多少少有想将自己变好之道德精神，而从事于此学。此即为人之学之普遍性。②

> 最高之为人之学，即人类宗教道德之学，此并非一种哲学系统，以至非必须以语言表达者。……人在此学上之成就，主要乃依于人之道德的天性与自作主宰的意志之真切与否，故人之自然寿命之长短，遂与人在此学之成就，无必然关系，耶稣与颜渊之早死，皆不碍其入圣贤之域，故此学为可不待于寿命之学。③

历史学所依的历史意识，乃是包举万汇的，可以承受、涵盖"我以外之一切人之道德精神之表现，所开创一切历史事件之秩序"之意识。因此，唐先生认为：

> 我们如说道德精神是开创一历史事件之秩序，亦开创一历史之世界者，为乾元。则历史之意识之可承受一切，即为坤元。历史之概念之全幅意义，即包括一已成之其他有真实存在意义之一切学问之历史。④

---

① 唐君毅：《人的学问与人的存在》。《唐君毅全集》（九州）卷13《中华人文与当今世界》（上）第70页；《唐君毅全集》（学生）卷7《中华人文与当今世界》（上）第91页。
② 同上。
③ 唐君毅：《人的学问与人的存在》。《唐君毅全集》（九州）卷13《中华人文与当今世界》（上）第78页；《唐君毅全集》（学生）卷7《中华人文与当今世界》（上）第100—101页。
④ 唐君毅：《人的学问与人的存在》。《唐君毅全集》（九州）卷13《中华人文与当今世界》（上）第72页；《唐君毅全集》（学生）卷7《中华人文与当今世界》（上）第93页。

历史之学，亦非必凭借书籍文字以考古证今之学。人之顺时间而生活，对一切接于其目而闻于其耳及其他生活上所经所历，一一加以亲切把握，铭记不忘，即人之最原始的历史之学之所在。此亦为不识字与识字者所同有，而一切人皆能从事，皆尝从事之学。然人生之自然的寿命长短，与人之生活历史之长短相关，亦与人之历史知识之多少相关。因而人所得于此学者之多少，为有待于人之自然的寿命之学。①

文学艺术之内容，皆为具体特殊之事象。文学艺术内容之具体特殊事象，至少为想象意境中的存在；此想象意境中的存在可能是实际存在的，因此，其较"科学与哲学"抽象的理论更接近于具体真实世界。

文学艺术之学，必须运用声色文字媒介，以表达吾人对宇宙人生之价值感应。运用此诸媒介以作表达之能力，人各不同。由此诸媒介，以了解欣赏其所表达者之能力，人亦各不同。自此而言，文学艺术之学，非一切人所能。因而此学之门庭，亦不如前二者之广大。②

哲学的地位在文学艺术之下而在其他科学之上。哲学与其他科学的内容尽管都是抽象的理论，但哲学理论更重批判与综合。哲学重批判，即表明，哲学之根在价值判断。

批判之结果，恒只是要破人之迷谬，或使人自悟其迷谬。及迷谬既去，则此哲学之思维，即完成其工作，而可对人原有之价值标准与知识，一无所增加。因而亦对人之社会人文生活之具体内容，亦可一无所增加。然而哲学之批判，将迷谬去掉，则可使人之社会人文生活之具体内容，拨云雾而见青天，更能和谐的、清楚的全幅呈现，或存

---

① 唐君毅：《人的学问与人的存在》，《唐君毅全集》（九州）卷13《中华人文与当今世界》（上）第78—79页；《唐君毅全集》（学生）卷7《中华人文与当今世界》（上）第101页。
② 唐君毅：《人的学问与人的存在》，《唐君毅全集》（九州）卷13《中华人文与当今世界》（上）第79页；《唐君毅全集》（学生）卷7《中华人文与当今世界》（上）第101页。

在。而哲学于此，即成人之社会人文生活之具体内容之一护持者。自其为此护持者言，则哲学批判之外貌，虽是消极的，其所批判之教条、成见、观念与用以批判之理论，虽皆为抽象的；而其精神，则是积极的，求成就具体的。①

哲学的综合性表明，人的哲学精神不愿自限于一方面的思想理论，亦即不安于思想理论之片面性、抽象性，由此而哲学精神既包涵由理论角度以看世界的态度，亦包含一超理论角度以直观或直接接触世界的态度。唐先生谓：

> 哲学，亦不必为一严整之哲学系统。而可只为一套之对宇宙人生社会文化之见解，而能加以说出者。然此事亦非尽人可能。人能由创作文学艺术作品，或欣赏文学艺术作品，以表达抒发其对宇宙人生之价值之直接感应者，不必能以理论的形式说出其价值判断。自此而言，哲学之门庭，又不如文学艺术之学之广大。然世间之一般人，在其日常谈话，街谈巷议中，亦大皆多少能说出其个人对宇宙人生社会文化之一套见解。自此而言，哲学之门庭，又仍较一切专家之学为广大。②

社会科学就社会、政治、经济、法律等不同观点以研究人类社会现象的法则、规律，与各种改进人类社会政治经济法律生活当有的政策与措施，其着眼点在于一般社会与一般个人。自然科学由观察、实验等以接触种种真实的自然事物之具体存在，并自觉求知此具体存在的规律、法则。数学与逻辑研究则可不凭观察实验以接触任何真实的具体事物，而只考察纯抽象的形数关系、逻辑关系，因此依人之存在以定人之学问的次序，只能居最末位。社会科学、自然科学、形数之学及逻辑，都必须为专门之

---

① 唐君毅：《人的学问与人的存在》。《唐君毅全集》（九州）卷13《中华人文与当今世界》（上）第74—75页；《唐君毅全集》（学生）卷7《中华人文与当今世界》（上）第96页。
② 唐君毅：《人的学问与人的存在》。《唐君毅全集》（九州）卷13《中华人文与当今世界》（上）第79页；《唐君毅全集》（学生）卷7《中华人文与当今世界》（上）第101—102页。

学。"如不专门,则不名科学。因而其门庭为最狭,只供少数人之研究者。"①

唐先生认为,以上关于学术的次序定位,既是对西方基于抽象原则的学术分类的颠倒,也是对中国传统经史子集的学术分类的自然契合。

> 此彻底之翻转,则见中国过去之以经史子集之书籍分类,表中国昔人所重之学问之分类,其中实涵至高之智慧。经之所以居最高,因其为人之学之根本所在。史次之,而史以人物传记为主,则以历史之学次于为人之学,而史以人为本之故。常言子为哲学,而集为文学。实则集为子之流,皆兼为文学与哲学科学者。哲学科学皆为子者,即以哲学科学思想,皆不能离有此思想之人而存在之意。此实潜藏一以人生具体存在为核心之学术分类之根本观念。而在原则上可优于西方式之学术分类为以抽象普遍之程度定学术之高下之序之说者。②

基于以上学术次序定位,唐先生进而认为,现代社会人的存在主体性、自由性与个体真实性丧失的危机,恰恰是西方学术分类对抽象原则的尊崇在社会和人生领域的体现。在现代社会中,人分别在各场合担任各种抽象任务后,皆对他人只为一个"任何人""抽象人",而非一个具体存在的人。唐先生谓:

> 现代社会文化之使人皆只成为一街上人。此所谓街上人者,即一买东西的人,卖东西的人,驾驶机器的人,来来往往走路的人,登记名字于银行旅馆的人,往税局纳税的人,在军队行列中戴军帽的人,在议会门前投票的人,在工厂中作八小时工的人。这些地方的人都是以其一抽象任务而出现的人。亦是任何人可以加以代替,而于与之发生关系的他人无损,亦为与之发生关系之他人所可不加关心的人。③

---

① 唐君毅:《人的学问与人的存在》。《唐君毅全集》(九州)卷13《中华人文与当今世界》(上)第79页;《唐君毅全集》(学生)卷7《中华人文与当今世界》(上)第102页。

② 唐君毅:《人的学问与人的存在》。《唐君毅全集》(九州)卷13《中华人文与当今世界》(上)第79—80页;《唐君毅全集》(学生)卷7《中华人文与当今世界》(上)第102页。

③ 唐君毅:《人的学问与人的存在》。《唐君毅全集》(九州)卷13《中华人文与当今世界》(上)第80页;《唐君毅全集》(学生)卷7《中华人文与当今世界》(上)第103页。

唐先生认为，"一切只以抽象的概念看人与自己之科学思想，就其正形成而被人执著之时看，同是可使人对他人与自己无真实的感情，而含有虐人自虐的狂病之种子者"。因此：

> 要对现代人类文化之祸害，谋釜底抽薪之挽救之道，决非只是一往崇尚科学研究，以求更妥当之科学的人类概念所能为功。……人类欲复其真实的具体存在，只有把一切只以抽象的概念看人看己之心习，彻底超化，使人各回到其个人之真实的具体存在，以认识自己。并以此态度，去认识他人之真实的具体存在，而后自己之个人与他人之个人，乃能真正独立的站立起来，而各有其个人的自由，以存在于世界。①

由此，唐先生提出了以"重订学问次序"为基础的"个人主体意识"与"客观文化"再造的三步走目标。

第一步，重建主体意识。必须认识科学理智的限制，而置科学于更能直接生根于人生存在之学问之下；同时，各种学问都必须直接间接在人生存在之本原处立根。由此，逻辑、形数之学必须努力与人之存在的思想中的法则相应；而人的思想必须进而向存在的自然社会事物伸展，以真实成就自然科学、社会科学；在自然科学与社会科学中，则必须强调不同学科的内在关联，不妨视物理学为生物学之一章、生物学为心理学之一章、心理学为社会科学之一章、社会科学为人生哲学之一章；哲学若欲不止于形成戏论或理智系统，则其批判综合之事必须再通于文学艺术中，对宇宙人生展示直接的欣赏赞叹与崇敬悲恻之情；文学艺术则必须归于文学家艺术家之真实生活，归于由其在历史中之存在地位；历史学则当归于激发人承前启后的历史精神、历史实践，以建造人未来的历史；而人建造其未来之历史，则系于人的"为人之学"。

> 由是而哲学、文学、历史，皆可谓人之为人之学之一章。一切学问亦皆人之为人之学之一章。此之谓一切学问之摄末归本。而此同时

---

① 唐君毅：《人的学问与人的存在》。《唐君毅全集》（九州）卷13《中华人文与当今世界》（上）第82页；《唐君毅全集》（学生）卷7《中华人文与当今世界》（上）第105页。

亦是使本贯于末，使人由纯粹为人之学、人之道德精神所生长出之一切力量，一切智慧，一切性情，得表现贯注于一切学问之中，使学问世界中之千叶百花，灿烂盛开，而永不致化为游绿飞红，再成枯枝败叶者。此亦即为吾人欲使具体人生，不致以人之一切抽象的概念知识等之形成，而自沦为抽象的存在时，吾人首应认识之事，以建造吾人之主体意识者。①

第二步，重建价值意识。必须反对"崇尚抽象普遍者"的价值意识，而重视一切人物或人格本身之价值，以求人之价值意识的转移与提升。"我们必须处处确认：具体的人的价值之高于金钱与权力，亦高于抽象的科学知识。亦须确认：从事其他学问之人之人格之价值，未尝不可高于科学家之人格。"② 唐先生强调：

> 如果我们真有正义感，我们实应对于当今之世界上从事文学、艺术、哲学、宗教等学问，恒更未能得其应得的地位者，抱不平。尤应对于许多无赫赫之名，亦无高深之专门学问知识，而表现深厚的道德精神之愚夫愚妇之人格，恒为人所忽视者，抱不平。……除非人类中之一切有知识者，都能伸首至其实验室与书斋与已有的知识之外，去崇敬赞叹一无什么专门知识学问的人之人格上的各种至性至情之表现时，人类世界决不能太平。因人心先未放在真正之平处。③

唐先生认为，要真正实现转换我们崇拜抽象普遍的价值标准，改而纯由人自身而不自其所造物以肯定衡量一切人物或人格的价值，最后有待于人类新的礼乐文化的建立。但是，我们可由每一个人当下的心情中于此有觉悟开始。

---

① 唐君毅：《人的学问与人的存在》，《唐君毅全集》（九州）卷13《中华人文与当今世界》（上）第84—85页；《唐君毅全集》（学生）卷7《中华人文与当今世界》（上）第108页。
② 唐君毅：《人的学问与人的存在》，《唐君毅全集》（九州）卷13《中华人文与当今世界》（上）第85页；《唐君毅全集》（学生）卷7《中华人文与当今世界》（上）第109页。
③ 唐君毅：《人的学问与人的存在》，《唐君毅全集》（九州）卷13《中华人文与当今世界》（上）第86页；《唐君毅全集》（学生）卷7《中华人文与当今世界》（上）第109—110页。

人亦只当在其尽心尽性之事之无愧以成其为人之学中，寻求自己之人格的尊严，而不当在其所从事之专门之学问中，寻求其自己的尊严。然后我们才能在他人之人格本身，认识他人之人格的尊严。此即吾人所以转移世风之一开始。①

第三步，重建互为存在的社会。唐先生谓：

我们须依我自己之为人，而又超越我自己个人之为人，以看他人之为人，以与人互相了解，而与人共建立一真实的互为存在之社会。②

在此重建互为存在的社会之过程中，首要的是要把人纯粹当作具体存在的人格看，而不能以抽象的理智眼光、固定的概念将人只化为某一"类"的分子；其次，要重视人与人之间的以文学艺术方式的互相表达，树立对他人人格之欣赏、同情、赞佩的价值感，成就人与人之间的互相了解；再次，要重视人与人之间通过对各种真善美价值感之思想的哲学讨论，使彼此的价值感通过思想的交换实现共喻；最后，要基于人与我之抽象的目标与共同处形成种种人类社会组织，分别运用人对社会与自然的知识，成就人类社会组织与其事业，实现人之实际的意志行为世界的贯通。

唐先生认为，就中国现代社会而言，"根本问题，不是全莫有理论与主义，可供人信仰，亦尚不是莫有人研究具体的问题，加以思维，订下实行的计划，而是同信仰一抽象之主义理论的人与人间，共谋实行计划的人与人间，彼此缺乏信赖。在大陆的中国是如此，其他地方之中国人间，又何尝不如此"。③ "亦不是全莫有依抽象的目标概念，所成之社会性、政治性之团体组织。而兼是依各种抽象的目标概念所成之团体组织与其分子间，恒只赖共同利害之计较而结合，而其相互之间恒彼此自成界限，互相

---

① 唐君毅：《人的学问与人的存在》。《唐君毅全集》（九州）卷13《中华人文与当今世界》（上）第86页；《唐君毅全集》（学生）卷7《中华人文与当今世界》（上）第110页。
② 唐君毅：《人的学问与人的存在》。《唐君毅全集》（九州）卷13《中华人文与当今世界》（上）第87页；《唐君毅全集》（学生）卷7《中华人文与当今世界》（上）第110—111页。
③ 唐君毅：《人的学问与人的存在》。《唐君毅全集》（九州）卷13《中华人文与当今世界》（上）第90页；《唐君毅全集》（学生）卷7《中华人文与当今世界》（上）第114页。

排拒，互相隔阂，互相漠视，而不能互相承认，互相配合，共建国家。"①
由此，要解决中国社会的诸多问题：

> 根本上仍系于中国人之道德精神之有一真正的提升。其次系于中国人之真实的自觉其当前的共同的历史地位，并通过此共同的历史地位之认识，而以其道德精神互相感染鼓舞，以形成一今日中国之人物人格之世界，以共担负其时代之责任，而求在中国过去圣贤豪杰之英灵之前，无所愧怍。此皆要在吾人真正重视为人之学与历史之学。亦必须有真正伟大之文学艺术，以使人与人之能真正相互通情达意。再必须有依于真正价值感之哲学智慧、哲学思想，以一面破除一切以偏执之抽象理论主义、知识、概念，虐杀具体人生存在之思想，而一面促进人与人之价值感之彼此共喻，而逐渐形成一中国之人与人互为真实存在之中国社会。②

唐先生认为，此人与人真实的互为存在的社会，在根本上正是中国传统思想所重视的伦理社会。这种伦理社会所重者，不是个人对集体的关系，不是集体对集体的关系，也不是每一个人对其自己的关系，而是每一个人对其他个人的关系。

> 人类要由抽象的存在而成为具体的存在，兼不泯失其特殊性与普遍性，则舍将人与人之关系，化为互为真实存在之伦理关系，亦无道路。而中国社会之重建，其中最重要之事，亦即在对此传统思想中之伦理关系之价值，重新自觉的认取，而加以扩大推广，以使一切人与人之根本关系，皆成一意义之伦理关系。人之伦理关系，可以无定限的推扩，以无所不运者，则为师友或朋友之关系。而如何运用师友之关系、朋友之关系，以贯注于现代社会中一切所谓依抽象的目标等之共同而有之同事、同党、同业、同行、同志之关系中，而转化其只使

---

① 唐君毅：《人的学问与人的存在》。《唐君毅全集》（九州）卷13《中华人文与当今世界》（上）第91页；《唐君毅全集》（学生）卷7《中华人文与当今世界》（上）第116页。
② 唐君毅：《人的学问与人的存在》。《唐君毅全集》（九州）卷13《中华人文与当今世界》（上）第91页；《唐君毅全集》（学生）卷7《中华人文与当今世界》（上）第116页。

人成为抽象存在之性质，使皆能帮助人之成为表现具体普遍性之真实存在，即为一今后人类，尤其是中国人所组成之人物人格之世界，所当从事之旋乾转坤之事业。①

唐先生最后强调：

我们之目标只是避免化人为抽象的存在，而要使人成为具体的真实存在，而使科学归于其本身应得的地位，不使其负担其不能负之责任。……人生最重要之学，中国人解决中国问题之道，根本上仍在求我们之人生存在自身之能立起。如人生存在自身立不起，莫有科学能使之立起。此必待科学以上之人的学问。若人不能立起，则科学自身亦不能真有其应得之地位，以不断向上进步。然而在科学未进步时，依于科学以上之学问，人生存在自身，仍可以逐步向上进步，人类社会自身亦仍可进步。反之，如人不依于科学以上之学问，以直下时时处处求此人生存在人类社会之向上进步，而只等待一将来的科学之进步，来使人类社会进步。此等待本身，尤是一罪恶。因此等待，使人在当下无所事事，或虽有所事，而无真实向上的精神贯注，而人类社会，遂只有日益向下沉沦。在此处，人之思想是不塞不流，不止不行。此处人之思想中之迷妄，如不彻底去掉，人类之前途，莫有光明。人之思想中之迷妄去掉以后，我们能对一切抽象普遍者一切理论知识概念之地位，有一真实认识，知道什么是人生存在当下可从事之某一学问，什么是人生存在最重要之学问所在，以此学问自修，以此定人之价值，以此看各种学问之次序与本末通贯之关系，以此改变社会价值之意识、文化风气，以此运用科学知识，以此提倡科学研究，以此看今日世界之文化问题，看中国之社会之重建问题。此便是我们之重建中国社会之工作的开始。亦即今理想的人类社会之真实存在的开始。②

---

① 唐君毅：《人的学问与人的存在》，《唐君毅全集》（九州）卷13《中华人文与当今世界》（上）第92页；《唐君毅全集》（学生）卷7《中华人文与当今世界》（上）第117—118页。

② 唐君毅：《人的学问与人的存在》，《唐君毅全集》（九州）卷13《中华人文与当今世界》（上）第94—95页；《唐君毅全集》（学生）卷7《中华人文与当今世界》（上）第120—121页。

《民主理想之实践与客观价值意识》一文收入《中华人文与当今世界》(下)第三部"世界文化问题及中国人文精神之发展"之中,是唐先生政治哲学的代表作之一。唐先生谓:

> 我在以前数年,只看到中国之民主自由之理想,如不以客观社会之组织事业为基础,决不能实际实现。我在现在则同时看到,只由现代式之社会团体之组织,亦可使人陷于平面的物化。中国之民主之理想的实践,必须重肯定传统之价值差等之观念,而以中国传统式社会组织之原理,为一根据。因唯此方可真实成就中国之民主政治之实践,而亦可将现代式之社会组织与民主政治,再向前推进一步,以开拓人类社会政治之更高远的前途。①

"前数年"是指唐先生于一九五五年所撰写发表的政治哲学代表作《理性心灵与个人、社会组织及国家》(上、中、下),在那篇重要文章中,唐先生特别提出了以社会组织发展为基础的民主政治发展的"我心中的这一个大青铜钱"模式②。经过几年的观察与思考,特别是一九五七年访问美国时对美国民主自由政治制度的亲身感受、观察与反思,此文特别针对民主理想实现过程中的问题,提出将传统社会政治结构中的价值差等观念与现代民主政治的平等自由观念相结合的民主政治实现模式。

唐先生认为,所有主张民主理想的政治学说,背后都有两条重要原则,一是对人与人之间人格平等的肯定,二是对人与人之间个性差别性的肯定。民主的基本精神,即"平等的肯定差别"的精神。平等是普遍性,差别是特殊性。民主的精神所要求的,即普遍与特殊的结合。但是,民主理想的实际实现,却包含着极大的困难情形。这种困难情形在于,民主理想在付诸实践时,本身即有其不可避免的内在矛盾。理想本身是普遍的,民主的理想是人与人平等地互相尊重彼此的个性,是普遍与特殊的结合,这仍只是一"普遍的"理想。一切普遍的理想要付诸实践,必须与每一

---

① 唐君毅:《民主理想之实践与客观价值意识》。《唐君毅全集》(九州)卷14《中华人文与当今世界》(下)第112页;《唐君毅全集》(学生)卷8《中华人文与当今世界》(下)第136—137页。

② 参阅本年谱1955年对该文的介绍与讨论。

个人为此理想而努力的特殊实践相结合；而在每一个人从事其特殊实践时，普遍的理想在个人身上即呈现为每个人特殊的实践方式；对个人来说，自己特殊的实践方式是真实存在的、有价值的，而他人的实践方式则不是真实存在的，也没有价值。此时，"人与人共同之普遍理想，即分别沉入各个人之特殊的实践方式中。各个人之各种特殊的实践方式，原是分立的。由此而原来由理想之共同，而结成之团体，即随时可解体。依此，我们可说凡只依一普遍理想，而由许多人结合，共同加以实践时，在实践的阶段，都有依于各特殊的个人之特殊性，而趋于解体之内在的机势"。① 所以，唐先生认为，"一切抽象普遍的理想之号召，皆是只能始事，而不能真正成事的"。②

既然抽象普遍的理想不能真实成就人与人的团体结合，那么如何才能真实成就人与人之间的团体结合呢？唐先生认为，可以有四种理由或模式。第一，理想"客观化"为现实的事业，事业本身所包含的各个方面需要人的分工合作，由此以维持团体结合的存在。第二，依靠具体的个人与个人直接的人格接触，产生彼此爱护、佩服、互助等自然情操与道义关系，并以此情操和道义关系维系团体结合的存在。第三，在团体意识指导下，建立团体的法纪、规则，依靠此法纪、规则的约束和有效制裁维系团体结合的存在。第四，纯粹因为外在力量对所抱理想的反对，或客观社会政治力量对抱此理想的人的压迫，而使抱此理想的人彼此的关系更为紧密，觉得理想的共同处比个人的差别性更为重要，由此，理想虽不能客观化为事业，亦可成为团体结合长久存在的理由所在。③ 唐先生谓：

> 在此四者中，一切革命团体主要是赖第一种之原理，以形成其团

---

① 唐君毅：《民主理想之实践与客观价值意识》。《唐君毅全集》（九州）卷14《中华人文与当今世界》（下）第86—87页；《唐君毅全集》（学生）卷8《中华人文与当今世界》（下）第105页。

② 唐君毅：《民主理想之实践与客观价值意识》。《唐君毅全集》（九州）卷14《中华人文与当今世界》（下）第87页；《唐君毅全集》（学生）卷8《中华人文与当今世界》（下）第105页。

③ 唐君毅：《民主理想之实践与客观价值意识》。《唐君毅全集》（九州）卷14《中华人文与当今世界》（下）第87页；《唐君毅全集》（学生）卷8《中华人文与当今世界》（下）第106页。

结的。共产党与极权式政党，与其所主宰之国家，主要是赖第三种之原理，以形成其内部之团结的。西方现代文明社会组织之原理，则是依于各种不同之理想之分别客观化，为不同之社会事业，而以契约法律维系的。古典式之社会尤其是中国古典式之社会，则根本上是赖第四种之原理，以维持其存在的。①

在几年前的《理性心灵与个人、社会组织及国家》一文中，唐先生特别强调民主理想客观化为社会组织的事业，通过分工合作来实现团体结合及民主政治。但是，在《民主理想之实践与客观价值意识》一文中，唐先生则特别强调，单纯强调分工合作的社会，会导致人的客观价值意识的泯失。他以美国为例，一般人说美国生活方式好，但在唐先生看来，美国式的民主自由及其生活方式当然有好的地方，但从另一方面看，此同时是在向"物化"的、"平面"的方向急驰。所谓"物化"，是就每个人忙于其特殊的事业活动而言，其精神皆趋于为其特殊事业所包裹而特殊化，于是逐渐与真实的整个世界隔绝。所谓"平面"，是就各人所做事业活动的成果皆可直接间接为全社会人所享受而言，由此，关于价值的等差高下的意识则逐渐趋于泯除。既"物化"又"平面"的社会意识，必然导致人超越涵盖之精神的日益堕落。唐先生谓：

> 真欲逆转金钱为价值尺度之意识，首须改变以效率、成功代表价值之观念。而欲不使效率、成功代表价值，则必须人有客观的价值意识。而欲使人真有客观的价值意识，则必须使人与人能直接的互相欣赏其工作之本身价值。以人与人之工作之日趋特殊化，却又使人必然日益不能互相欣赏其工作之本身之价值。此中即有现代西方，尤其是美国之社会文化政治问题之一死结。②

---

① 唐君毅：《民主理想之实践与客观价值意识》。《唐君毅全集》（九州）卷14《中华人文与当今世界》（下）第112页；《唐君毅全集》（学生）卷8《中华人文与当今世界》（下）第136页。

② 唐君毅：《民主理想之实践与客观价值意识》。《唐君毅全集》（九州）卷14《中华人文与当今世界》（下）第94—95页；《唐君毅全集》（学生）卷8《中华人文与当今世界》（下）第115页。

唐先生认为，以分工合作为基础的社会文化政治的这一"死结"的"解开之道"在于，"必须逐渐转变此种由'不断特殊化各人之活动之形式，以表现人之个性特殊性'之文化发展之方式，以改而崇尚'使各特殊的人能在同一或类似之形式下活动，以表现其特殊的造诣'之社会文化活动"①。前者可称为"只重特殊化与特殊性的文化活动"，后者可称为"重普遍形式下的特殊性的文化活动"。前者因为只重特殊的形式，会形成重"量"的增加的社会文化风气。在这种风气下，一切皆归于出奇制胜、出异制胜。人一味向特殊化、向奇、向异的路上行走，最终使人归于"物化"。后者因为重视"同一或类似的普遍形式"，由此形成在共同形式下各表现特殊造诣的社会文化风气，由此，形式花样可不必很多，但人如何实现此形式花样，则可有各种不同层次的功夫。人不须出奇出异增加形式花样之量来制胜，而须由其习常而蹈规矩的功夫的深浅之质来制胜。唐先生认为，后者所营造的社会文化风气，"即可培养人之客观的价值意识，与人之种种超越的愿望与超越的向上精神。此为古典式的文化之根本性质之所在"。②

唐先生对现代分工合作组织中的活动和古典式同一形式下的分别活动做了充分对比。在现代式文明社会组织中，由于工作的专门化，各工作对各人的主观内在价值，往往互不相知，工作的客观价值，只是其对他人或社会组织的效用工具价值；而在同一形式下分别从事的活动中，每个人的主观价值可以通过功夫的深浅而呈现出其客观价值。在现代式文明社会组织中，分工合作的各人之间的互相尊敬，都是一般的抽象的尊敬，是对他人工作的效率结果（如整个事业的生产量、财富量、个人所得薪水量、所办文件量、出版的书籍量等）的尊敬，人与人的合作互助也只是为了工作上的互相配合以实现事业上的总目标，人与人之间是互相竞争、各求上进；而在同一形式下的分别活动中，人对人不只肯定他人为独立人格，表现出抽象一般的尊敬，而且有由真正同情地了解他人活动的价值而生的具

---

① 唐君毅：《民主理想之实践与客观价值意识》。《唐君毅全集》（九州）卷14《中华人文与当今世界》（下）第95页；《唐君毅全集》（学生）卷8《中华人文与当今世界》（下）第115页。

② 唐君毅：《民主理想之实践与客观价值意识》。《唐君毅全集》（九州）卷14《中华人文与当今世界》（下）第96页；《唐君毅全集》（学生）卷8《中华人文与当今世界》（下）第116页。

体的赞美佩服之情，人与人之间亦非只是可互相配合以实现总目标，而是真有互相观摩、彼此仿效、促进彼此的兴趣与进步，人与人的竞争求上进则表现为"见贤思齐，见不贤而内自省"的各自反求诸己以努力工作。在现代式分工合作的事业组织中，人与人平等的对立，有互外而分离之势，因此，事业组织越庞大，则其中人与人互外分离之势也越大，也越须以外在的契约法律来维系。在其中，人与人的关系乃是纯事务的关系，此关系以契约存在而存在，契约不存在，亦可不存在。但是，

> 在志同道合之师友关系中，及其他一切具体的个人与其他个人而发生之直接的师友关系或其他伦理关系中，则人与人之关系，即非纯事务的关系，而为人与人之精神及人格上之直接互相照面，而互相内在的关系。此关系之成立，乃先由对他人所实现之价值之了解，而生爱敬以成立。我有此关系后，我即存在于此关系中。此关系由爱敬之情意而建立，不由理智的计算而建立，亦即不容由理智的计算，加以撤消。由是而使我之存在，亦得始终存在于真实的人与人之关系中。①

在唐先生看来，在人与人直接照面的师友关系与其他伦理关系中，因为人对他人活动的价值自始即有同情的了解，人与人以爱敬互相照面、互相内在；人与人所实现的价值，皆通过共同的客观价值意识而直接互相表现、互相普遍化，而互为存在。由此，个人活动不须对他人的活动发生其他任何外在效果上的价值，即已经对他人而言为实际的存在；他人的活动亦然。

> 我与他人，愈有一共同的客观的价值意识，则我与他人所实现之价值，愈互为存在，亦愈互为其继续存在之根据；而其存在于我，亦即其得更存在于他人之根据；其存在于他人，亦其得更存在于我之根据；以使其更无不存在之可能。此即归于人与我之价值意识之更大的

---

① 唐君毅：《民主理想之实践与客观价值意识》。《唐君毅全集》（九州）卷14《中华人文与当今世界》（下）第99—100页；《唐君毅全集》（学生）卷8《中华人文与当今世界》（下）第121页。

开展，与价值世界之更豁显而悠久的存在。①

因此，唐先生强调：

> 人类真欲挽救现代式社会政治伦理之秩序中之流弊，并解决现代人类世界中若干问题，必须就现代社会政治伦理秩序中所保留之古典式社会政治伦理之秩序中之精神，重加以提出而发挥之，以再建立一"以古典的社会政治伦理之秩序为纵的经""以现代式之社会政治伦理之秩序为横的纬"之社会，然后可开辟未来人类之前途。②

古典式社会政治伦理秩序，在根本上或在最初一点上，都是以人与人直接的爱敬为基础而建立起来的。此爱敬，乃依于人所实现的价值有差等，由此而形成人与人之间不同的等级。于此，唐先生特别分析了古典式社会政治伦理秩序中"等级观念"的现代价值。

在古典的社会政治伦理秩序中，人的价值差等与等级观念十分突出，个人的目光是向上看的。

> 所以弱者仰望强者、愚者仰望智者、无能者仰望能者、不肖者仰望贤者、后进者仰望前进者、后辈仰望前辈、年轻者仰望年老者、后代人亦仰望前代人。社会政治伦理之秩序中之高位，亦初为强者、智者、能者、贤者、先进者、年长者、前代人之所居。于是权力财富，亦为其所据有。③

---

① 唐君毅：《民主理想之实践与客观价值意识》。《唐君毅全集》（九州）卷14《中华人文与当今世界》（下）第100—101页；《唐君毅全集》（学生）卷8《中华人文与当今世界》（下）第122页。

② 唐君毅：《民主理想之实践与客观价值意识》。《唐君毅全集》（九州）卷14《中华人文与当今世界》（下）第101页；《唐君毅全集》（学生）卷8《中华人文与当今世界》（下）第123页。

③ 唐君毅：《民主理想之实践与客观价值意识》。《唐君毅全集》（九州）卷14《中华人文与当今世界》（下）第102页；《唐君毅全集》（学生）卷8《中华人文与当今世界》（下）第124页。

唐先生认为，人依此意识而向上看，以对贤者、智者、能者、年老者、前代人与在上位者精神上所表现的价值致其崇敬，可以使每一人皆能超越其个人之自我，以通达其精神于较高等级，而成为一个表现更高价值的人或人格。由此，

> 人依价值等级，而一层一层通上去，则人人皆能崇敬一民族历史中之圣贤、英雄、豪杰与忠烈，一国家社会中之圣君、贤相与宗教上道德上文化上之先知先觉，一地方中之老成硕望，一家庭宗族中之贤明的家长族长。由是而使一般人民皆可由崇敬这些贤者、智者、能者而又为先进者居上位者之人，而以这些人之心为心，这些人之志为志，这些人之行为，为自己行为之模范；以使自己之精神向上超越、升举，亦以整个之家族、地方或国家社会与民族之历史为念。而这些贤者、智者、能者而又为先进者与居上位者之人，亦可转而以爱护心情，顾念不肖者、愚者、无能者、后进者与在下位者。此中实有一具体的人与具体的人之精神，分别通过承先启后、敬上爱下之道义关系，互相传递通达。①

唐先生认为，古典社会的这种价值等差观念所具有的优点，恰恰是现代社会所需的。

> 现代社会中人之向上超越于其所从事之工作事业以外，以关心整个社会国家与整个人类世界之精神之提起，亦由人之日益沉沦其精神，于其特殊工作事业而益难……。我们今日之欲从根救治此现代式文明社会之病，盖舍重悬一更高之人类未来社会之理想，于此理想中，将古典式之社会精神，重加发扬恢复，使之再透过现代式之社会，而发展为未来人类社会之一精神支柱，别无道路可走。②

---

① 唐君毅：《民主理想之实践与客观价值意识》。《唐君毅全集》（九州）卷14《中华人文与当今世界》（下）第103页；《唐君毅全集》（学生）卷8《中华人文与当今世界》（下）第125页。

② 唐君毅：《民主理想之实践与客观价值意识》。《唐君毅全集》（九州）卷14《中华人文与当今世界》（下）第105页；《唐君毅全集》（学生）卷8《中华人文与当今世界》（下）第127—128页。

唐先生认为，理想的人文社会，是将古典式价值等差的社会精神与现代社会平等自由的社会精神综合为一体的社会。

> 将古典式之社会精神重加发扬恢复所成之精神，我们名之为一纵的经道精神，以别于现代式社会之分工合作之精神，归向于平面世界之成就的，乃横的纬道精神。人类之理想社会的精神，乃系于以经贯纬，而纵横皆备。欲达此目标，则必须人们之觉悟只求横的纬道之拉长，只求分工合作的社会组织之日益庞大，只求增加各种人之人生文化活动之形式花样，虽能去掉了古典式之阶级社会之毛病，解放了人之能力，扩大了人类之人生文化活动之范围与种类，并增加了每一专门的活动之外在的效用价值；然而充此精神至极，必使人物化于平面之世界中。因而人必须自觉的求节制修正此现代文明之根本精神，以复经返常。此处人们用不着怕再回到古典式的社会之缺点之再现。因为我们乃是求在现代式社会中，重恢复发扬古典式社会之精神，其所生的成果，将只能是一古典式社会与现代式社会之一更高的综合。①

因为有价值之差等的人与他人的人格平等，最初只是其所向往的理想的平等与其人格的先天平等。在由其能力功夫的运用彼此显出差等后，不及者与后进者只能通过尊敬与能及者、先进者在人格的价值上实现平等；而先进者则当通过对后进者的爱护提携后进者，使其逐渐在实际的能力功夫上能与之平等。

由是而见，现代社会所崇尚的单纯的自由与平等，并非真正人道的社会理想。因为此种平等与自由，只是使各人平等各成一特殊个体分道而驰，其间的联系是各人的活动互显效用工具的价值；因而各个人之间实际上只是由互相需要、互相利用结成组织，而此组织，亦可只赖外在契约法律维系。唐先生谓：

> 这并非理想的社会。真正适切人道的社会理想，则当是透过价值

---

① 唐君毅：《民主理想之实践与客观价值意识》。《唐君毅全集》（九州）卷14《中华人文与当今世界》（下）第106页；《唐君毅全集》（学生）卷8《中华人文与当今世界》（下）第129页。

的差等之肯定，而以爱敬，化此差等为平等之平等。此中之自由，则不只是分道而驰，各有其权利意志的自由，而当兼包含人与人之向往同一之理想的人生文化活动之形式，而各自由其自己，加以实现的自由。此为我们对于现代社会中之平等自由之观念之再造。①

唐先生很清楚，重新将"价值差等"观念贯入"平等与自由"的观念中的社会理想，会被人们怀疑，会被人视为与民主精神不合，不能成就民主政治。但唐先生强调，承认价值的差等，并不必须造成贵族社会、阶级社会，亦并不必需承认有一人居于金字塔之顶。犹如在道德世界里，承认有圣贤、小人的价值等差，同时也承认人皆可以为圣贤，并不必承认只有一个圣人高居一切人之顶。之所以必须将"价值差等"观念引入现代社会政治理想，主要是因为：

> 我们如果不能承认人与人之价值的差等，则说明真正理想的民主政治的实践将不可能。而要使真正理想的民主政治的实践成可能，正必须依于人之承认价值的差等。②

而且唐先生强调：

> 中国未来之民主政治的实践，亦正须依于肯定价值差等之意识，才能真正的有成功之可能。③

唐先生认为，民主政治的实践之所以必须植根于肯定价值差等的意

---

① 唐君毅：《民主理想之实践与客观价值意识》。《唐君毅全集》（九州）卷14《中华人文与当今世界》（下）第107页；《唐君毅全集》（学生）卷8《中华人文与当今世界》（下）第131页。

② 唐君毅：《民主理想之实践与客观价值意识》。《唐君毅全集》（九州）卷14《中华人文与当今世界》（下）第108页；《唐君毅全集》（学生）卷8《中华人文与当今世界》（下）第132页。

③ 唐君毅：《民主理想之实践与客观价值意识》。《唐君毅全集》（九州）卷14《中华人文与当今世界》（下）第108页；《唐君毅全集》（学生）卷8《中华人文与当今世界》（下）第132页。

识，是因为民主政治的实践不能离开选举。选举活动是衡量候选者价值高下进而选出自己认为有较高价值之人的活动。如果我们不能同时选举一切人，则我们不能没有对价值差等的肯定；对价值差等的肯定乃是民主选举中必然包含的。由此，我们不仅不应该反对价值差等之肯定，而恰恰应该正确地、精细地辨别候选者的价值差等才是。

在一个理想的民主社会里，具有政治才干、政治道德的人应该被选为立法者和行政者。"政治道德"，是综合国家社会人民各方面的要求，而予以充量满足的大公无私的道德；"政治才干"，是依正义原则协调、裁决国家社会中各种力量的冲突，而加以配合组织的才干。很显然，"政治道德"与"政治才干"不只是专家或只从事某一特殊文化活动的人的道德与才干。要让人民选举出具有此种政治道德和才干的人，必须不只是以专家或从事特殊文化活动的眼光去选举，而是以健全的公民的资格去选举，同时能正确地、精细地辨别候选人在政治才干、政治道德上的价值差等。

唐先生认为，如果公民都只重其专门工作，而缺乏正确的、精细的对他人政治道德、政治才干之价值差等的辨别能力，则不会成为健全的公民；如此即不能保证真正选出政治才干与政治道德高的人作为立法者和行政者。由此，唐先生强调：

> 我们明不能就美国之社会之为相当平等自由的社会，而说其政治即达民主的理想，其公民皆为健全的公民。我们正可由美国之公民，皆分别过忙于专门之工作，过重效率与个人之成功，与过重一事业活动之实用的工具价值，过重以所得之财富等数量之增加，表示价值之增加，以言其大多数人之根本缺乏辨别人之人格本身之道德价值，与综合性的政治才干之高下之能力。其所已选出之议员与政府中人，正不必是其社会中最当被选出的政治人物，而正可能是该社会中，一流以下的平庸之才。其政治上人物所以被选出，尽可多只是由于其特殊事业上的成就而成名，或金钱上之富有等，其他的因素，而非由于其在政治道德与政治才干上之高其他人一等。[1]

---

[1] 唐君毅：《民主理想之实践与客观价值意识》。《唐君毅全集》（九州）卷14《中华人文与当今世界》（下）第110页；《唐君毅全集》（学生）卷8《中华人文与当今世界》（下）第134页。

对于中国的民主政治建设来说，唐先生认为，现代美国式平等自由的社会，不可学，且非中国人所能学。美国人在其向往平等与自由的社会理想中，始终未离其尊重来自欧洲的文化传统与宗教传统精神。在这种精神中，即包含种种的价值差等意识，足以陶养美国人超越向上的精神，使其所重的平等自由精神，不致立刻沦为平面的精神，导致物化的结果。因此，唐先生指出：

> 我们今日如只学其重平等自由之精神，而另无价值差等之肯定，以贯入其中，则我们亦将永不能学美国，亦不能真实成就中国之民主政治之实践。①

唐先生认为，中国人在短期内要有美国式的自由平等的生活享受，是绝无可能的；我们亦不必羡慕。人的价值，并不当以其所享受者定其高下，而当以所享受者除所创造者所得之商数的大小定其高下。享受者越少，而所创造者越多，人的价值乃越高。由此，中国人不能有美国式的生活享受，并非就是我们文化的缺点。唐先生强调：

> 我们要在中国讲自由平等，而不能如美国人之同时又尊重其所承之欧洲古典式文化宗教传统，以保一超越向上之精神价值差等之意识，我们即只有由尊重中国古典式之文化传统，以保我们之超越向上之精神，我们之价值差等之意识，以运之于我们之平等自由之观念中，而成就中国之民主政治的实践。否则我们决无路可走。②

唐先生强调：

> 民主政治之实践，根本是一选举的抉择。此抉择只能依于差别原

---

① 唐君毅：《民主理想之实践与客观价值意识》。《唐君毅全集》（九州）卷14《中华人文与当今世界》（下）第111页；《唐君毅全集》（学生）卷8《中华人文与当今世界》（下）第135页。

② 唐君毅：《民主理想之实践与客观价值意识》。《唐君毅全集》（九州）卷14《中华人文与当今世界》（下）第111—112页；《唐君毅全集》（学生）卷8《中华人文与当今世界》（下）第136页。

则，而不能只依于平等原则。依于平等原则，只能说一切人皆有选举权和被选举权或被选出之可能。以此原则，可以推翻一切特权阶级。此无问题。然如一切人皆同只有此可能，则一切人皆可被选出，一切人亦皆可不被选出。如果无"差别原则"之加入，则积极的民主政治之实践，仍不能成就。此差别原则，如不依于人对于政治人物本身之才干道德之差别之辨识，则必然只能依于候选者之供宣传之金钱之差别，及善于宣传与否之差别，及其他之偶然的不相干的差别，以为决定；而使民主政治之实践中，并无真实的人与真实的人之政治关系之存在。此是民主政治之实践上最大的困难。①

唐先生认为，要使选民成就真正的选举，并使有最高政治才干与政治道德者居政治上最高之位，"只有系于人民之普遍的有一本于礼让之精神，而尊贤举能之道德与器度"。因为，"在民主制度下，主权在民，人人皆是君主，则我们亦必须要求一切人民，同有尊贤举能之道德与器度"。② 在民主政治的实践中，重要的是人民的选举，而非候选者的竞选。人民之所以选候选者之一而不各选他自己，此即依于"让"。如果大多数人不让，则人人皆竞选，即无人能被选；唯因大多数人皆"让"，然后有少数竞选者之"争"。由此可见，民主政治的实践，所依赖于人民的根本精神，是"让"而非"争"。

唐先生谓，其根本的社会理想在于，要贯彻民主政治中让的精神，终有一日，在政治世界，无一切出于争心的竞选，而只有"推选"。当然，彻底贯彻推贤举能的政治社会，只是提供一个愿景。

欲使其实现，为真实可能，则系于人民之能辨别人物之政治才干、政治道德上之价值的差等，而此事又系于人民之肯定有价值之差等，并能辨别各种人之人生文化活动之价值差等。欲使人之辨别人之

---

① 唐君毅：《民主理想之实践与客观价值意识》。《唐君毅全集》（九州）卷14《中华人文与当今世界》（下）第113—114页；《唐君毅全集》（学生）卷8《中华人文与当今世界》（下）第138页。

② 唐君毅：《民主理想之实践与客观价值意识》。《唐君毅全集》（九州）卷14《中华人文与当今世界》（下）第114页；《唐君毅全集》（学生）卷8《中华人文与当今世界》（下）第138页。

人生文化活动之价值差等之事，成为可能，又待于人之有向往一共同形式之活动，即志同道合之活动，与缘此而有之客观的价值意识。由此而我们即不能只崇尚人之分工合作，而志同道异之社会组织；而须更重人与人之具体的爱敬关系；并不当只以形式花样之变化增高，代表社会文化之进步，而当更重人生文化活动中之常道之建立。唯有此常道之建立，人有更多之常道上的共同活动，而后人之客观价值意识，乃能逐渐发达，而日趋广大与光明；理想的民主政治，方能实现。此仍归到吾人平日所言，文化与道德，为政治之本之意，及人类社会问题之解决，系于一通古今之变，而融贯之古典式与现代式之文化精神，以开辟人类未来之前途之论。①

《新亚书院之原始精神与同学们应自勉之一事》一文指出，新亚书院的原始精神，是一批流亡在香港的炎黄子孙想对中国的文化与教育负一点存亡继绝、返本开新之责任的表现。在各方面的帮助下，新亚书院从一个"流亡学校"变成了有固定永久校舍的教育机构。于此，唐先生强调，一方面新亚书院既然存在于香港，由香港社会与政府加以支持，使其得继续存在，则今后新亚书院的教育，亦需要对香港社会负责；如果同学们的学识与能力，全不能适应香港社会的需要，则是新亚教育的失败，而新亚书院亦将没有在香港社会存在的权利。另一方面，新亚书院的师生在内心上所盼望的，仍同是中国的国家富强、民生康乐、学术文化进步；而一切有志的中国青年，仍在期望自己学业有成时，能直接或间接有贡献于中国的复兴。由此，唐先生指出：

> 我们的学校，既要对香港社会负责，又要对中国之民族与文化负责。我们的同学既要有适合于香港社会需要的知识技能，以谋取正当职业，又要能高瞻远瞩。立下远大的志愿，并求才学德行，足与之相副。我们既照顾到当前的现实，而我们又不能忘掉我们内心的理想。而此二者之间，实时时可能互相矛盾冲突，不易加以兼顾，这是我们

---

① 唐君毅：《民主理想之实践与客观价值意识》。《唐君毅全集》（九州）卷14《中华人文与当今世界》（下）第115—116页；《唐君毅全集》（学生）卷8《中华人文与当今世界》（下）第140—141页。

学校之前途之最艰难的课题。

……新亚书院要存在于香港，莫有法子全不顾当前社会的现实需要。然而如果新亚书院要全放弃其理想的成分，而同学们的目标，亦一步一步落到只求在香港社会谋一职业，而只成一香港人，不求成一真正的中国人，则新亚书院自始就不应当存在，而今后亦不必求继续存在。因而我们除了兼顾此二面，而担负此兼顾的艰难，别无路可走。①

一九五九年　五十一岁

是年，新亚书院接受香港政府建议，改为专上学院，参加统一文凭考试，与崇基书院、联合书院同时接受香港政府的补助，以便能成为未来中文大学的成员。香港政府为实现此目的，先成立中文专上学校协会，负责筹划三个书院的编制、课程和考试标准。由于是年香港政府原则上同意新亚书院与其他书院联合设立中文大学，唐先生计划设法扩展新亚的哲学系，并写信邀请张君劢、谢幼伟、牟宗三来此任教，并言："私意当前吾人所能致力者乃主要在学术，现在新亚略具基础，能聚集若干大体上志同道合之人，及若干书籍，共同讲学，当可为后代留下若干种子。现书籍方面，毅正多方求购买若干绝版之西方哲学书。现有者约六七百册，不在香港大学之下。但尚须充实。如宗三及先生能来此，可成一小局面，亦不必在世界其他大学之下。"②

是年初，好友牟宗三先生结婚，唐先生去信祝贺并言婚后相处之道。

知兄婚期有日，毋任欣慰。昔人以姻缘由前生定，盖实有之。前复观兄来函，谓对方性格与兄尚能契合，只此便足。兄多年生活上独来独往，此对兄之学问与精神之树立亦有相资之处。唯日常生活不与人共，则此形而下者亦不能得其普遍化之路道，要非正常之道。唯彼

---

① 唐君毅：《新亚书院之原始精神与同学们应自勉之一事》。《唐君毅全集》（九州）卷16《新亚精神与人文教育》第50—51页；《唐君毅全集》（学生）卷9《中华人文与当今世界补编》（上）第488页。

② 唐君毅：致张君劢，1959年11月5日。《唐君毅全集》（九州）卷31《书简》第15页；《唐君毅全集》（学生）卷26《书简》第22页。

此年龄已长，则生活习惯之互相调协，在婚后亦须一段时间。弟昔亦个人任意惯了，及今起居饮食仍无一定规则。兄于此或较为好，但亦须先知婚后在一段时期中若干龃龉将为必不可免者。日久在情爱之外恩义自生。国运如此，兄今日之姻缘亦如同在患难中之姻缘，更当珍惜庆贺。弟本望兄及兆熊兄来港一行，校中悬此不定。依中国传统婚后仍当求宜其室家，弟亦不望兄现在来。日前安安尚谓要来台吃喜酒，实不可能。唯有遥祝恩情无极而已。①

二月三日，是农历戊戌年十二月二十六日，唐先生年满五十周岁。日记记载："今日我五十岁，晚上祭祖。"②

母亲陈太夫人有《为长子毅五旬生日作》之诗云：

融融冬日，暖如春昼，
漠漠大地，孕育灵秀，
吾儿降生，一元初透，
东君与立，旧岁告休，
恭元春喜，贺粥米酒。

煌煌华堂，宴集亲友，
敬献鲜花，旋奉佛手，
烛燃龙凤，香喷金兽，
爆竹于庭，磬鼓三奏，
肃肃威仪，依次荐羞，
童稚欢腾，玩狮舞虬，
儿生逢辰，因缘巧遘，
纷其内美，得天独厚，
名儿曰毅，坚尔信受，

---

① 唐君毅：致牟宗三，1959年。《唐君毅全集》（九州）卷31《书简》第133页；《唐君毅全集》（学生）卷26《书简》第177—178页。
② 唐君毅：日记，1959年2月3日。《唐君毅全集》（九州）卷32《日记》（上）第242页；《唐君毅全集》（学生）卷32《日记》（上）第342页。

浴儿芳香，衣儿文绣，
重以修能，人天共佑，
勤斯敏斯，匪伊邂逅，
三岁免怀，忘其美丑，
喜弄文墨，凡百好求，
趋庭问字，意义必究，
憨态孜孜，恐落人后，
阿舅笑曰，此儿似猴。

爰及于今，五十春秋，
际此初度，莫负良由，
欢携稚子，偕同佳偶，
幸得英才，便邀朋俦，
相与挈壶，载越层邱，
太平山顶，碧草油油，
海湾环抱，跨海东头，
席地闲谈，弦管悠悠，
生生之意，绿通平畴，
勉哉吾儿，厥德允攸，
儿虽五十，面容尚幼，
再过五十，母为儿寿。①

又有《代至恂慈宁诸儿祝长兄寿》诗云：

一树五枝，一枝独秀，
花叶纷披，掩映长流，
长流伊始，发源亚洲，
洲次伊何，五洲之首。
我有长兄，同胞足手，

---

① 陈大任：《为长子毅五旬生日作》。《唐君毅全集》（九州）卷36《亲人著述》第200—201页；《唐君毅全集》（学生）卷29《先人著述》第217—218页。

> 浴德仁考，高蹈前修，
> 薰然仁慈，物我无咎。
>
> 上苍之德，无声无臭，
> 平地之德，曰宽曰厚，
> 巍巍五岳，漠漠五洲，
> 世界大同，责在华胄，
> 温温君子，惟道是求，
> 教化流行，充实宇宙，
> 敬斯良辰，祝兄万寿。①

二月二十五日，唐先生在致陈问梅的信中谈及孔子圣教的独特意义，言：

> 基督教以耶稣为唯一之圣与神，实堵塞慧根。孔子之圣在其能兼尊群圣，斯为廓然大公上天地之量，天地之量实无量，对上帝亦实无全体部分之分，唯此乃纯自德量言。自能量言则天地与圣人同有所憾，上帝亦不能无憾。西方人言上帝合全善、全知、全能以为言，则上帝无悲心，其担负世人苦难为份外之恩典，传教士乃自居于转施恩典于中华民族之地位之人，此最丧人志气。②

二月二十八日，唐先生整理《哲学概论》一书的书目至深夜完成。此书自上一年五月二十四日开始撰写，九月二十八日写完初稿，历时四个月又四天；然后标点、改正，至上一年年底完成，历时三个月又三天；然后重阅读、校改两次；本年以来，除重看一次外，编订参考书目，写自序，重抄目录，共增加四万余字，尚有一文须两日完成，历时两个月又两

---

① 陈大任：《代至恂慈宁诸儿祝长兄寿》。《唐君毅全集》（九州）卷36《亲人著述》第201—202页；《唐君毅全集》（学生）卷29《先人著述》第218页。
② 唐君毅：致陈问梅，1959年2月25日。《唐君毅全集》（九州）卷31《书简》第275—276页；《唐君毅全集》（学生）卷26《书简》第362页。

天。合为完成本书，历时九个月又九天，共约五十余万言。①

六月二十日，唐先生经东京转夏威夷参加第三次东西哲学家会议（East-West Philosophers Conference）。此会议由夏威夷大学哲学系主任摩尔（Charles A. Moore）先生创始。夏威夷虽然在美国各大城市中文化地位并不算很高，但此地却位于东方与西方之间，因此 Moore 先生选择这个地点开会，作为东西文化交流的象征。

第一次会议在一九三九年，参加者中国有两人，西方有三人，日本有两人，印度则没有学者参加。会议后，摩尔先生主编了一本哲学论文集，其中有一个美国哲人诺斯诺普写的一篇论文，名叫《东方与西方之会合》，后扩大成一本书来出版，于第二次大战后，引起了欧美人士的极大重视。该书谓：西方哲学之来源为理论的、思辨的精神；东方哲学之本原为直觉的、审美的精神。他同时用此观点来讲佛学及孔子等的哲学。

第二次会议于一九四九年举行，这次开始有印度学者参加。中国方面，胡适之与冯友兰二人均曾被邀出席，但均因事未能到会，只有陈荣捷与梅贻宝两位先生出席。会后除出版一本东西哲学论文集外，决定出版定期性的《东西哲学比较研究》杂志，胡适之、张君劢、冯友兰及唐先生的文章，都曾经被译载于该刊。此刊在美国哲学界引起了相当的反响，美国不少大学后来增设了东方哲学的课程，多少是受此东西哲学学人会议及其出版刊物的影响。有美国哲学家甚至因此认为，二十世纪美国有三大哲学思潮：一为逻辑实证论的思潮（即科学经验论）；二为存在主义的思潮；三为研究东西方哲学之比较的思潮。

本年是第三次会议。因经费充裕，大会共邀请各国学者四十人为节目会员，报告论文，参加各种讨论及讲演；另约四十人为非节目会员，是自发参加的。故本次会议共有八九十人之多。中国方面出席的节目会员，除唐先生外，还有陈荣捷、梅贻宝、胡适之、吴经熊、谢幼伟诸先生，共六人。参加此次会议的学者，美国有七八人，法国一人，德国一人，瑞士一人，印度五人，日本五人，回教国家三人，缅甸一人，韩国一人。唐先生最初因为自己英语会话困难，以为不便参加。后陈荣捷先生认为，宣扬中国哲学思想非唐先生莫属，唐先生乃勉为其难，并请人指导练习英语会

---

① 唐君毅：日记，1959年2月28日。《唐君毅全集》（九州）卷32《日记》（上）第243页；《唐君毅全集》（学生）卷27《日记》（上）第344页。

话，终于应邀出席。此次唐先生宣读的论文为《中国哲学精神价值思想之开展》(The Development of ideas of Spiritual Value in Chinese Philosophy)，后与其他论文合成《东西哲学与文化》(Philosophy and Culture East and West) 一书，于一九六二年由夏威夷大学刊行，其后又被采入摩尔先生所编的《中国之心》(The Mind of China) 论文集中。①

会议期间，唐先生给夫人的信中谈到了对本次会议的观感：

> 开会时除基本会员四十人围坐外，尚有参加会员及学生等参加坐在四旁，共约二百人。基本会员中包括十四国家，但以中、印、日、欧、美者为多。
>
> ……参加开会四十人中年龄亦有比我还小的约二三人，但大约是老人，铃木八十九岁，讲禅宗年最老。
>
> ……语言方面，日本人及印度人讲话很难听，其发音似尚不如我，我曾二次发言，看来我的英文说话并非最坏的。此次请的人虽多是代表性的哲学家，但谈话内容亦莫有什么了不得，讨论时亦常越出范围，不过大家都相当直率，有问题即问，亦不忌互相争辩，印度人尤喜坚持己见，一点不让步。衣冠方面亦无人讲究，印度人之衣服尤朴实。看来此四十日之会我可适应下去。比我前年在美所参加过之亚洲学会、哲学会之类有意思得多。不过会中中国人都比较涵蓄，亦不像印度人之处处为自己之文化与哲学辩护，所以西方不必能由此增进多少对中国之文化及哲学之了解。②

唐先生出席会议后，在《东西哲学学人会议之观感》一文中，对各国学者的态度气象均有所评论。文中谓，欧美学者的作风是比较好争辩，不过这不是意气的争辩，而是纯学术观点的争辩，他们的争辩主要是以偏于科学与偏于宗教的不同为焦点。印度学者的容貌与气象，均多少具有宗教气氛，对西方文化的缺点抨击甚烈。他们认为，西方的哲学与宗教，在

---

① 唐君毅：《东西哲学学人会议之观感》。《唐君毅全集》（九州）卷13《中华人文与当今世界》（上）第328页；《唐君毅全集》（学生）卷7《中华人文与当今世界》（上）第406页。

② 唐君毅：致廷光书，1959年6月26日、7月13日。《唐君毅全集》（九州）卷30《致廷光书》第286、291、286页。《唐君毅全集》（学生）卷25《致廷光书》第433、442、433—434页。

精神修养方面远不如印度。他们为维护自己国家民族的学术文化，与人争辩不遗余力。但一般的西方人认为这种意见有言过其实之嫌。日本学者的特色是谦逊，不大愿意与人争辩。这与中国学者相似。但中国学者不好辩，一方面是由于中国传统学术精神重调和，另一方面依于人情礼貌，也尽力避免争辩。这实在是中国文化重人情、重人道的表现。又，中国学者不如印度人对自己国家的文化过度自信，较能承认自己文化的缺点。但中国人批评自己的缺点，又与日本人的谦德不同。日本人因为自己国家没有独创的文化才谦逊，中国却有自己独创的文化，中国人无论谈什么问题，都有先哲可追溯，如胡适之先生讲中国科学方法，仍追溯至孔子。可见，中国人毕竟还是中国人。至于回教学者方面，因为参加人数少，不易看出足以代表回教国家的态度与气象。不过，回教国家在地理上把东、西两个世界连起来，其思想亦为东、西思想间的思想，在整个世界中，亦居于相当重要的地位。①

唐先生此次途经东京，由胡兰成、池田、和崎诸先生接待，并曾拜谒宇野哲人先生。此时，宇野哲人先生已八十五岁，气象甚好，相貌与唐先生父亲迪风公相似。其子宇野精一先生，与唐先生是同辈，但当唐先生与宇野先生一家合照时，精一先生坚持唐先生与其父并坐，自己则侍立于后。一家之中，雍雍穆穆，中国伦常之礼重现眼前，使唐先生感慨不已。

唐先生此次参会，六月二十日离港，至八月八日返港，行程约七周。

回到香港后，因为学校面临新的发展，唐先生"一直为学校招生、开学、注册、校庆，及与教育司商改订课程及规定教员资格与教员资格审查等事忙"，甚至"二月未看书，只作讲演三次及上课二三周而已"。②

十一月八日，唐先生在致徐复观信中言自己教学生恒以"王道"为旨，强调做人的原则。

---

① 唐君毅：《东西哲学学人会议之观感》。唐君毅参加完此次会议后，受邀为香港大专同学会开讲座，郑迵坚记录的讲座稿以"东西哲学学人会议之观感"为题发表于《大学生活》，后收录于《中华人文与当今世界》的附录中。在该文中，唐君毅对几次会议的情况都有介绍。《唐君毅全集》（九州）卷13《中华人文与当今世界》（上）第329—332页；《唐君毅全集》（学生）卷7《中华人文与当今世界》（上）第408—411页。

② 唐君毅：日记，1959年10月11日。《唐君毅全集》（九州）卷32《日记》（上）第257页；《唐君毅全集》（学生）卷27《日记》（上）第363页。

> 复观兄谓弟教学生太王道,故无效。斯言甚是。对学生弟非全不责斥,但责斥常在其作人方面,此常有学生极感动者。对于思想及学问路向,弟只能略加以启发开导,其余则放任,歧出者亦不责。缘弟在青年时亦极固执,于先父及老师之言学处,皆喜疑而不肯轻信。先父亦放任,并谓弟曰:冤枉路亦不能不自己经过。后来皆是自己有所立后,乃能受师友之益。故今于学生亦只重其为人,而不以自己标准一一加以绳正,以免其习于依傍拘碍。①

十一月二十四日,女公子安仁十六岁生日,唐先生以"涵养须用敬,进学在致知"二语由夫人谢廷光写成一对联,赠安仁以勉励。②

是年,唐先生发表的文章有:

在 Philosophy and Culture East and West 论文集中发表的英文论文 "The Development of Idea of Spiritual Value in Chinese Philosophy";

在《亚细亚》杂志以日文发表的《现代文明与人文主义》(译)《西洋哲学与中国文化》(译)《中国社会哲学》(译);

在《亚细亚研究》发表的《中国人文精神之发展》(李相殷译为韩文);

在《新亚学术年刊》发表的《论价值之存在地位》;

在《大学生活》发表的《参加东西哲人会议之感想》;

在《民主评论》发表的《自然进化与文化兴亡》;

在《新亚生活双周刊》发表的《一个堂堂正正的中国人》《世界人文主义与中国人文主义》《对未来教育方针的展望》;

在《人生》发表的《创造之歌》;

在《再生》发表的《张君劢先生〈自唐宋迄明清新儒家思想史〉书后》。

《对未来教育方针的展望》是唐先生在新亚第十六次月会上的讲词。在该讲词中,唐先生针对新亚书院面临的新形势,在重申学校的教育理想

---

① 唐君毅:致徐复观,1959 年 11 月 8 日。《唐君毅全集》(九州)卷 31《书简》第 98—99 页;《唐君毅全集》(学生)卷 26《书简》第 132 页。

② 唐君毅:日记,1959 年 11 月 24 日。《唐君毅全集》(九州)卷 32《日记》(上)第 260 页;《唐君毅全集》(学生)卷 27《日记》(上)第 366 页。

的同时，也对学校未来发展可能的教育方针做了说明。新亚书院创始人的理想是将新亚书院办成一所中国人的学校，其中心精神在继承并发扬中国固有传统文化，并注意中国人在现代所遭遇的问题。新亚书院的各个学系，虽各自分别成系，而其精神则是以中国的文化、社会、经济、文学、艺术等问题的探讨为共同致力的目标。但是，学校发展到现在，校内外人士都感到新亚书院创校的理想过高，在实际上遭遇到了极大的困难。因为大多数的同学，是不能不理会职业问题的困扰的。唐先生认为，这是新亚书院目前面临的大问题。对此，学校的发展需要顾及的，一方面是传统的，另一方面是现代的；一方面是理想的，另一方面又是现实的；一方面是超职业的，另一方面又不能不理会到职业。这些问题在此时此地看来，实在是相当严重的。面对这样一种时局，唐先生担心，按照目前的形势，新亚书院容易一步步走上职业化的路上去，把原来的理想放弃或解消。而这一点又是学校老师和同学们未必真愿意的。为了解决此问题，唐先生和学校其他主要人员商议后决定，新亚书院今后可能要分别施行两种不同的教育方式：第一种方式是施之于那些理想高的，对学问有兴趣而不甚重视职业问题的同学；第二种方式是专为那些被职业问题逼迫得紧，或自己对职业问题特别重视的同学而设。此二者，一方面是理想的、人文的、较尊重传统的；一方面是现实的、职业的、更求适应现代的。希望以这样两种不同的教育，来配合同学不同的要求。①

《一个堂堂正正的中国人》是唐先生在新亚书院一九五九年度开学典礼上的致词。唐先生在该致词中明确提出，希望新亚书院的同学在新形势下不只是做一个香港人，更根本的是做一个人，做一个堂堂正正的中国人：

> 我们要在香港创办中文大学，在目前之状况下，必须与其他学校共同合作，要合作，就免不了要有部分的牺牲。同时，本港之社会人士对本校亦有一需要与希望，希望本校成为一所被法律所承认的大学，这一点，是与本校同学今后出路问题有直接之关系的。本校鉴于同学们毕业

---

① 唐君毅：《对未来教育方针的展望——在新亚第十六次月会上的讲词》，《唐君毅全集》（九州）卷16《新亚精神与人文教育》第58—62页；《唐君毅全集》（学生）卷9《中华人文与当今世界补编》（上）第498—501页。

后需要职业,因此遂亦不得不去适应香港社会人士对于我们之此一希望,因而,亦形成一不得不与香港社会人士及政府合作之趋势。

……我们学校的教育理想,是要同学们做一个人,这"一个人",不止是做一香港人,而是做一堂堂正正的中国人,甚至做一个顶天立地的世界人。因此同学们的眼光及胸襟不当只在香港,而须扩大之至于中国与世界。我们在学校不但要研究中国文化,并且亦要研究世界文化。我们研究杜甫、李白、孔子、孟子、荀子、朱子等;同时我们亦研究柏拉图、亚里士多德、康德、黑格尔,以至于但丁、莎士比亚等,这些人,无一不在香港这小圈子以外。我们居住于香港,从事教育事业活动于香港,而我们之用心,则是中国与世界。

……唯有使同学们有高远之眼光与阔大之胸怀,我们的同学才可不止是一个香港人,而更是一个堂堂正正的中国人,与顶天立地的世界人。①

《世界人文主义与中国人文主义》② 一文指出,西方的"人文主义",差不多都是由于想对治或反抗某种文化上的偏蔽而兴起的。而中国的"人文主义"却往往是直接从人自身要求自立于天地之间而起,注重讲一个人如何由"小人"变成"大人",如何由"普通人"变成"圣人"。

西方人文主义源自古希腊的普罗泰戈拉、罗马的西塞罗,以及基督教的上帝化身为人的观念。文艺复兴时代的人文主义,则是为对治西方中古宗教文化的偏蔽而起来的。继此而起的,是与"浪漫主义文学潮流"结合而起的十八世纪德国新人文主义。第三期的西方人文主义,即二十世纪的人文主义,约有三大派:科学的人文主义;宗教的人文主义;存在主义的人文主义。

中国传统思想重"人"的观念,并不是由对治什么偏蔽而起的,而是由于中国人自觉反省自己之为人而起的。当人之心灵"清明在躬"时,

---

① 唐君毅:《一个堂堂正正的中国人——新亚书院一九五九年度开学典礼致词》。《唐君毅全集》(九州)卷16《新亚精神与人文教育》第63—66页;《唐君毅全集》(学生)卷9《中华人文与当今世界补编》(上)第504—507页。

② 唐君毅:《世界人文主义与中国人文主义》。《唐君毅全集》(九州)卷14《中华人文与当今世界》(下)第36—47页;《唐君毅全集》(学生)卷8《中华人文与当今世界》(下)第44—57页。

便能有自觉和反省，而自知其为人，求自立于天地间，即立人道。此立"人道"，好似依直线的向上方式来讲的。中国人传统的人生修养，是要把小人修养成为大人。人能成了大人、圣人，则能以天下为一家，与万物为一体，为天地立心，为生民立命。这种心量、德量的扩大可至无限。

到了现代，中国传统的人文主义，与西方二十世纪的人文主义，都只能在现代文明之偏蔽的压抑下，在一种挣扎的状态下来求生存。在现时代，东西两方人文主义所共同遭受到的文化上的重大威胁在于：第一是泛用科学技术所形成的偏蔽：科学的作用本来是"利用厚生"。但今天科学不唯未尽其利用厚生之性，且反使人受制于科学。第二是现代大都市的问题：现代的人口越来越向大都市集中，生活在大都市中的人，都变成了鸽子笼中的小生物。于是此种大都市人口过分集中的现象，亦使人类在精神上蕴着极深的危机。第三是现代的政治组织问题：现代政治组织之科学化、严密化为前此所无。人在此政治组织中像是大机器之一枚螺丝钉，一个统计表上的抽象符号。人在此情况之下，乃毫无精神生活之自由，及人生价值之可言。

唐先生强调，今天最圆满的人文主义思想，必须是中西会通的人文主义之思想，以解除现代世界中之文化的偏蔽。但人必须先求自己能够立起来，才能谈得到去反抗或对治文化上的任何偏蔽。

一九六〇年　五十二岁

新亚书院自创校之始，即设有哲学教育系，系主任由唐先生兼任。由是年开始，哲学教育系改为哲学社会系，系主任仍由唐先生兼任。

九月四日，唐先生与夫人、女儿一起到重庆大厦办事处，订了一套分期付款屋。因为大厦名为"重庆"，听起来宛似家乡。唐先生考虑到，如果母亲听到"重庆"字眼，或许比较愿意来香港居住，便决定订下此屋。①

是年，因为新亚书院已经接受香港政府津贴，因此，再悬挂"中华民国国旗"是被香港政府禁止的。为了争取继续悬挂"国旗"，新亚书院和唐先生力争。九月八日，唐先生为"国庆"悬旗事专门到教育司，因为

---

① 唐君毅：日记，1960年9月4日。《唐君毅全集》（九州）卷32《日记》（上）第279页；《唐君毅全集》（学生）卷27《日记》（上）第391—392页。

教育司希望新亚停挂"国旗"。唐先生陈述了悬旗的理由。九月二十七日，新亚书院召开校务会议，决定仍挂"国旗"。

十月七日，学校董事会开会，唐先生列席，并为"国旗"事发言。十月八日，新亚书院校务会议，"议决国旗事暂忍痛遵港府命令停挂，另组小组会计划来年不受港府津贴办法"。十月九日，唐先生在日记言："明日为国庆日，对新亚而言则为校耻日也。"十月十日，为弥补学校不能挂"国旗"的遗憾，唐先生专程"出外看国旗"。十月十一日，哲学社会系助教郑力为闻学校不挂"国旗"，感觉理想幻灭欲辞职。唐先生念学校辜负青年的理想甚多，终日为之不豫，甚至下午缺课。①

新亚校庆，最初因开校时间（"亚洲文商夜校"一九四九年十月十日正式开学）及当时的时局等机缘，定在"双十节"。一九六〇年，因感觉容易引起外界误会，或以为新亚书院太过富于政治性，考虑到新亚的理想是以提倡中国文化为目标，更该侧重在文化教育性方面来庆祝，于是将校庆日改在孔子诞辰，即九月二十八日。

十月十六日，牟宗三先生应香港大学之聘，由台湾来港，唐先生亲往机场迎接。

是年，西方流行音乐风靡社会，而中国传统音乐则不受重视。唐先生认为，人家不重视国乐，我们必须加倍重视，故提倡不遗余力。是年冬，在唐先生积极鼓励下，新亚书院国乐会正式成立。唐先生出任顾问，唐夫人谢廷光女士被推为会长，女儿安仁小姐是王纯先生二胡组第一批学员。唐先生一家人都成为国乐会积极分子。国乐会干事会开会，只要时间许可，唐先生必来参加。遇到有会内人事纠纷和经费困难，唐先生也总是竭力帮忙解决。②

唐先生认为，礼乐人生必须不断延展，倘能融通于宗教和艺术的领域便最为理想。某年，唐先生亲自安排国乐会到沙田佛教文化协会举行雅集，除国乐会师友三四十人外，尚有古琴家和治印专家徐文镜先生、画家萧立声先生等。当日由晓云法师做东，招待素食。场内安置多种乐器和书

---

① 唐君毅：日记，1960年9月27日，10月7—11日。《唐君毅全集》（九州）卷32《日记》（上）第280—281页；《唐君毅全集》（学生）卷27《日记》（上）第393—395页。
② 谭汝谦：《安息吧！君毅师——文化意识宇宙巨人生命格范拾零》。《唐君毅全集》（九州）卷37《纪念集》（上）第333页；《唐君毅全集》（学生）卷30《纪念集》第401页。

画用具，参加雅集的人，非常自由，有小组合奏，有绘画和书法示范，有埋首探讨棋艺，有聆听晓云法师讲述在喜马拉雅山写画的故事，琴韵弦歌，不绝于耳，与松声笑语汇成奇特的乐章。唐先生忽而观棋，忽而欣赏作画，忽而闭目聆听演奏，都是全神贯注，乐得像个天真活泼的小孩。唐先生平时每分每秒都沉醉于思维中，但在艺术世界里，他则是另外的一个人。①

是年，美国何理世德夫人（Mrs. Juliet Hollister）梦想在华盛顿建立世界六大宗教了解堂（六大宗教包括基督教、佛教、印度教、回教、儒教、犹太教），来香港宣扬其理想，与唐先生相见，并邀请唐先生签名发起赞助。唐先生感其诚，除签名赞助外，并介绍牟宗三、谢幼伟、王道三先生为赞助人。

是年，唐先生在人生出版社出版《青年与学问》。

该书所收录的文章，大都在《人生》杂志上发表过，也有部分曾在新亚书院学生所办刊物和《中国学生周报》上发表过。《人生》主编王贯之先生曾提议辑成一书出版，唐先生初觉无必要，加以谢绝。后，居住于调景岭难民营的胡虎生成立流亡出版社，与王先生商量，将本书交流亡出版社出版，王先生慨然允诺。唐先生觉得创办此出版社的精神可嘉，亦答允出版。所以，该书的初版，实际上是一九五七年七月，本年始由人生出版社再版印行。

本书收录的文章共十四篇，内容大致是对古今人读书治学的方法态度加以综合说明，但皆以唐先生个人的体会与经验为背景。因为要勉强适应读者，所以唐先生自认为大多不能畅所欲言，有的地方不免用时下刊物笔调来行文。但是，唐先生在写每一文时，总是迫切希望青年们能发愤读书做学问，成就自己，以开拓中国文化的前途。因此，这些文章对激发青年的文化热情和读书学问，有直接的帮助。

第一文《说青年之人生》意在说明，青年的天德并不足贵，只有继天德以成人德才足贵。因此，后天的学问功夫绝不可忽视。而后天的学问功夫中，最重要的仍是读书听讲。因此，唐先生"希望青年以其自觉的努力，充实培养其自然的德性。这样他到壮年才能如花繁叶密，枝干坚固，

---

① 谭汝谦：《安息吧！君毅师——文化意识宇宙巨人生命格范拾零》，《唐君毅全集》（九州）卷37《纪念集》（上）第333页；《唐君毅全集》（学生）卷30《纪念集》第402页。

成就事业；中年才能如平湖秋月，胸怀洒落，功成不居；老年才能如冬日之可爱，以护念提携下一代之青年。春夏秋冬，四时之气，周行不息，而后岁岁年年，人道赖以永存"。

第二文《说读书之重要》意在说明，青年自恃聪明智慧以思想一切、判断一切，不免肤浅，必须要以自己活的聪明智慧与书中人的聪明智慧合起来。书籍是一面大镜子，从此大镜子中可以了解整个人类文化的大体，可以了解古往今来无数有聪明智慧思想能力的人之心灵所照见的世界中的事物与真理。

第三文《说阅读与听讲》意在说明，读书乃以古人及远处人为师，听讲则以眼前人为师。听讲与阅读，不能偏废。善听讲之谓耳聪，善阅读之谓目明。学问的第一步即在有师。

第四文《说读书之难与易》意在说明，人在读书历程中的不同甘苦。强调书易读，亦难读；易则甘，难则苦；历甘苦，能读书。

第五文《说学问之阶段》、第六文《说学问之生死关》意在说明，人读书造学问而逐渐有心得时所经历的阶段与关隘。唐先生认为，为学问，大体要经历相信、怀疑、开悟、乐道、知言、自知无知几个阶段。在为学问时，不仅需要切近的学习、师友的引导、真切的思考、高远的追求，还需要能由高至低、由深至浅、由远至近、由大至小，以近喻远、以浅喻深、以低喻高、以小见大。

第七文《精神空间之开拓》、第八文《新春与青年谈立志》意在说明，从胸襟志愿的扩大提高上讲学问之道，此是讲做人的学问与纯求知识的学问之交界处。学问的始点，在人所立的志愿。志愿开拓人的精神的空间，使学问的进行成为可能。人生的庄严、事业的庄严、学问的庄严，尽在人志愿的无限与其实际实现者的有限之中。因为不管人所实际实现的志愿如何有限，只要志愿无限，人的胸襟度量，人的精神的空间，便已当下体证无限了。因此，人依照"人之所以异于禽兽"这一点而立志去做学问、做人、做事；做一分，算一分，无论成败利钝，总向此方向去；那么，人无论做事大或小、多或少，都是同样伟大，同可顶天立地而无愧。

第九文《学问之方法》意在说明，许多人孤立地讲学问方法是错误的，学问方法实则与学问是同时进步的。学问方法原在学问中，人并非必须先知学问方法才能做学问。当然，这并不是否定学问方法的重要。但必须先有做学问之志，先对学问有兴趣，并多多少少经历学问的甘苦，再看论学问方法之书，才能得益。

第十文《学问之内容》意在说明，一般人只以求知识为学问，实际上是一种误解，学问的内容与人的整个生活同其广大。技术之学、知识之学、艺术之学都是学问，但最高的学问则是如何做人、如何安排自己的人生的学问。而此种学问中的最高者，乃是为如何完成自己人格以安身立命的圣贤学问，圣贤学问可通于天、通于神，达到超越凡俗的境界。

第十一文《与青年谈中国文化》意在说明，人讲一切学问的目标，一方面在成就自己，一方面在谋中国文化的发展，故因此，无论何时何地，都应该念念不忘中国文化的长处。并言，中国过去能融摄印度文化的佛教而创出中国式佛教，今天亦必然能融摄世界文化以创造中国未来的新文化。而这，正是每一中国青年人应当深信不疑而兢业自勉的事。

第十二文《说人生在世之意义》意在提供青年最简单的人生观，认为人不当限制在自己的自然生命内，人生在人伦人情中，亦在人文中，人越能为人伦、人文而生。人越能不受自然生命的限制，越能获得永生。

第十三文《薛维彻论现代文明生活之弊端》是要现代青年知道现代社会的文明生活实际上包含许多问题，可使人精神堕落。人的精神应归向于朴厚，亦应有点乡土气，有乡土气而又有深厚精神的青年，才能真正做学问，使自己成为一个真正的人物。

第十四文《六十年来中国青年精神之发展》意在说明，六十年来中国青年精神所表现的价值，皆偏在消极的破坏方面，今后当求表现其价值于积极的创造建设方面。唐先生认为，今日时代的青年精神，更应该是积极的求保存和发扬中国文化，积极的尊重人性、人道、人伦、人文和人权的精神。唐先生不赞成教青年人学牺牲精神，因为一切自觉的求有所创造的活动，都是人自觉地在牺牲其生命力的一部分，亦即可说是对生命有所牺牲。因此，重要的是每个青年要有积极的、正面的、精神上的崇高理想，并能够真觉其可爱，使之习于心，而存于梦寐。

是年，唐先生发表的文章有：

在《新亚学报》发表的《〈墨子·小取篇〉论"辩"辨义》；

在《新亚学术年刊》发表的《论知识中之真理之意义与标准》；

在《民主评论》发表的《价值之分类与次序》《意志自由问题释疑》；

在《人生》杂志发表的《价值选择之原则》《人道之实践之始点》《儒家之形上学之道路》《〈青年与学问〉自序》；

在《新亚生活双周刊》发表的《告第九届毕业同学》《办学的三大义与教学的三大事》《开学典礼讲词》《辩证法之类型》；

在《新亚国乐会特刊》上发表的《音乐与中国文化》；

晓云法师《印度艺术》序言等。

《办学之三大义与教学的三大事》是唐先生在三月新学期开始的讲词，唐先生谈到新亚书院今年教学生活中发生的两件大事，并由此阐发"办学的三大义"和"教学的三大事"。

是年学校"划时代的"的一件大事就是，本学期有五位新先生到学校来任教，他们是：吴俊升先生，谢幼伟先生，程兆熊先生，牟宗三先生，潘重规先生。这五位新先生的学问、能力及性格虽然各异，但有一点是相同的：那就是他们对教育都有很崇高的理想，对学术的研究都有浓厚的兴趣，并且最难得的，就是他们多能牺牲一部分自己研究学问的宝贵时间来为新亚书院从事一些行政的工作。他们在做学问、做人、做事各方面都非常值得同学多多学习。以此，唐先生阐释自己理解的"办学的三大义"：

> 教学生如何做人是办学的第一义；传授知识与鼓励学术的研究是第二义；说到学校的课程的编排与学生们考试成绩的问题是第三义。但第一义必须要贯注到第二义，第二义也必须要贯注到第三义。①

唐先生认为，尽管课程是办学的第三义，但却是最切实的一点。新亚书院成立伊始，唐先生即担任教务长，因此学校的课程表一向是由唐先生编排的。但这么多年来，却以本学期课程表编得最高兴，因为本学期学校的教授增加了，所以课程的数量从来不曾有过这样的完备。

是年学校的第二件大事，是学校图书馆建设方面的改进。学校决定，把香港教育司补助给学校的图书费，尽量购买与课程有关的图书，同时教科书也酌量选购。唐先生由此阐释了自己理解的"教学的三大事"：

---

① 唐君毅：《办学之三大义与教学的三大事》。《唐君毅全集》（九州）卷16《新亚精神与人文教育》第67—68页；《唐君毅全集》（学生）卷9《中华人文与当今世界补编》（上）第508页。

> 人物（先生）、课程、图书馆，是本校教学三大要事。①

《告第九届毕业同学》是唐先生于是年七月对新亚毕业生的讲话。唐先生特别鼓励新亚毕业同学要有事业心，并合作起来，共同奋斗，创始若干事业。唐先生指出，一切事业的成就，常须要等待各种条件的具备；但是事业心的树立，却不能等待，必须当下加以树立，因为事业的准备工作，必须在事业正式成就以前，早已开始。世间的一切事业，都是创造。而每一项创造，就其本身而言，都是无中生有。因此，世间一定有许多事是未经人做过的，或人做过而未做好的，而你去做这些事，永不会太迟。因此，唐先生特别强调：

> 希望同学们先把只看已成的社会中已有的事业之心习去掉，而去看人类社会将有与当有的事业；不单存依傍倚赖已有者之心，而存一欲有的创造由无生有之心；则世间事待我们施展抱负与身手之处正多。②

《开学典礼讲词》则是唐先生于是年九月对新生开学的讲词。在这篇讲词中，除了教学安排外，唐先生再次特别谈到了"新亚精神"。唐先生强调，新亚是一所在患难中创立的学校。鉴于百年来国脉民命之不绝如缕，人类世界之乱源，究其深因，本质上唯是一个文化问题。新亚创始人们深知："要复兴我们的国家，必先复兴我们民族之文化；要导致人类和平，必先沟通世界之文化。"因此，新亚书院创校之初，即以复兴民族文化、沟通世界文化为全体师生之职志。因为大家是"中国人"，致力于复兴民族文化，所以祖国各界人士予以鼓励与帮助；因为大家亦是"世界上的人"，兼致力于沟通世界文化，因此，雅礼协会与之合作；又因为大家是"香港的居民"，深感在香港办教育，亦不能不有所贡献于香港社会，同时亦立心为香港社会培育人才，因此香港政府资助学校。学校得到以上

---

① 唐君毅：《办学之三大义与教学的三大事》。《唐君毅全集》（九州）卷16《新亚精神与人文教育》第69页；《唐君毅全集》（学生）卷9《中华人文与当今世界补编》（上）第510页。

② 唐君毅：《告第九届毕业同学》。《唐君毅全集》（九州）卷16《新亚精神与人文教育》第73页；《唐君毅全集》（学生）卷9《中华人文与当今世界补编》（上）第516页。

援助，纯是由于人与人间精神自然感应的结果，舍此更无其他理由。但是，此自然感应和相应的帮助并非是必然的。因此，唐先生强调：

> 我们做人，一定要懂得孔子孟子所谓义与命的道理；义是我之所当为，是求诸己的，可求而必得的；命是外在环境中的遭遇，是求而不必得的。个人如此，团体亦然。所以诸位同学千万不可存一恃特外来援助之心理，亦不可以为我们学校可以无底止的继续获得外来的援助。我们应当有一精神，即：一切皆求之在我，无论外面环境如何，别人是否继续同情我们，而我们还是我们，新亚还是新亚；我们还是照常的肩负复兴民族文化、沟通世界文化之艰巨任务，不因外在环境之稍变，而背叛我们原来之理想，舍弃吾人于民族国家及世界人类所当尽之职责。必如此，始足以言精神。①

《音乐与中国文化》是唐先生特别为《新亚国乐会特刊》撰写的一篇独特论文，是唐先生阐释自己的艺术哲学与音乐观的一篇重要文献。唐先生指出，中国周代的大学，以"成均"为名。"均"与"韵"通，"成均之学"，以"乐德""乐语""乐舞"为教。顾名思义，对于周代的大学而言，不知乐者，不得入其门。可见，乐与中国古代文化之息息相关。乐与礼相辅为用，成人成德，必兼资礼乐。礼由外制，乐自中出。德行之成，必归于中心安仁，诚中形外，而唯乐能使人有动于中。故以礼乐相较，礼之功犹浅，而乐之功为深。孔子曰："兴于诗，立于礼，成于乐。"庄子曰："诗以道志，礼以道行，乐以道和。"孔子大圣，自言十五志于学，盖已兴于诗矣。三十而立，盖谓立于礼也。然必再历四十之不惑，五十之知天命，而后达于"六十而耳顺"之境。耳顺之境者，如声入心通，更无违逆。斯可谓成于乐矣。是知乐之于德之关系，尤胜于礼之于德。

中国音乐之"乐"与悦乐之"乐"，同形异音而义相通。凡人之情，莫不求乐，而所乐者不出于卑近。唐先生谓：

---

① 唐君毅：《新亚书院一九六〇年度开学典礼讲词》。《唐君毅全集》（九州）卷16《新亚精神与人文教育》第76页；《唐君毅全集》（学生）卷9《中华人文与当今世界补编》（上）第520页。

> 音乐者，人之所同乐者也。乐正而德正，人乃迁善而不自知，防邪于其未形。安之所在，即勉之所在，圣凡之间，亦由是以通。音乐之乐者，下顺凡情之求乐，上希圣境之悦乐，故同其字而异其音，以见其义之相通，此亦唯中国有之，非他土之文字之异音者必异形之所能有者也。
>
> ……中国最早之文学，始于风雅颂之诗，不同于西方之始于戏剧与史诗。风雅颂皆可弦而歌之，则皆可合乐。《论语》言夫子之文章可得而闻也。文章者礼乐之称。章之得名，即原于乐章。故即中国后世之散文之美，亦宜由声音证入，故掷地可作金石声也。中国后世之画，必求气韵生动。而言画之气韵，亦如言文之声韵、神韵，画法雕刻之韵致，美人之风韵，高人之幽韵，皆以有契于乐意而得名。是足见音乐之精神，实遍运于中国之艺术人物之美之中。世有能知中国之艺术人物之美者，当无往而不见其中有音乐存焉。①

在唐先生看来，中国人之言乐意，匪特通乎艺术人物之美，亦通乎人伦政教学术与天地时运之道。唐先生谓：

> 昔人言为政如成德，皆以和为归。而和字古作龢，乃取象于乐器。太和之政，人之相与，如比宫商，各以类应；贤者之治，德音不愆，以合神人。仁言不如仁声，善政必兼善教。教泽流行，谓曰德音不已。此乐意之通乎政教。……月令以十二律配十二月，则蕤宾、无射、黄钟、大吕之音，随四季以俱行。而本汉儒纳甲纳音之说以推之，则一日之十二辰，六十年之甲子，皆五行十二律之所运。故律历之学，合为一名。……中国先哲乐教之大慧所存，抑又非徒知科学中形数之学，与音乐艺术殊途异道之所能及者也。②

---

① 唐君毅：《音乐与中国文化——为〈新亚国乐会特刊〉作》。《唐君毅全集》（九州）卷13《中华人文与当今世界》（上）第289—291页；《唐君毅全集》（学生）卷7《中华人文与当今世界》（上）第358—359页。
② 唐君毅：《音乐与中国文化——为〈新亚国乐会特刊〉作》。《唐君毅全集》（九州）卷13《中华人文与当今世界》（上）第291—292页；《唐君毅全集》（学生）卷7《中华人文与当今世界》（上）第361页。

一九六一年　五十三岁

唐先生对于其学生的进德修业，时时念在心中。是年一月二十一日日记谓：

> 此间毕业生治哲学而在校中服务者，唐端正尚切实但多胶滞，陈特平顺而未能深入，萧世言读书用心颇缜密，而世俗功利之见深，郑力为坚毅为学而拘固，李杜笃厚而有悟会，然皆慧解不足，缺超拔之胸襟，与狂者之气慨，惟狷介皆差足自守，此皆非教之所能为力，唯待彼等之自求进境，亦无可如何者也。①

自新亚书院成立开始，唐先生即为教务长，一直负责学校的教学行政事务，包括聘请老师、招收学生、课程安排、教学管理等。尽管也曾经试图辞去教务长而专务学问，但未能实现。是岁，唐先生终获辞新亚书院教务长一职。五月十五日，唐先生与吴士选先生商拟辞教务长事。十六日，写一函予钱穆、吴士选二先生辞教务长职，信中言：

> 毅自本校创办，即任教务长一职，已十二年，愧无建树。
> ……自前岁起，本校正式参加中文大学之组织，对外交接日多，而校内行政亦逐渐制度化，办事较重手续与形式，毅所任之课程门类更多，每年更换，已苦无时准备，再兼职过多，匪特非才力所克负荷，亦与校中同仁各专职责之规定相距过远，因于去年上期已向吴代校长及校务会议提出请准毅先行辞去教务长一职，再陆续免去其他兼职。
> ……钱校长旋于去岁十月返港，即与校中同仁忙于与港府教育司折冲交涉之事，乃至去年寒假中再向钱校长重申鄙怀，又经面嘱仍暂任缓辞旧职，至今年暑假必可符私愿云云，遂因循至今。现暑假转瞬

---

① 唐君毅：日记，1961年1月21日。《群集》（九州）卷32《日记》（上）第289页；《唐君毅全集》（学生）卷27《日记》（上）第403—404页。

将临，兹特正式具文恳请早日向校务会议提出，另简贤能继任。①

七月二十六日，新亚校务会议通过唐先生辞教务长事，由吴士选兼任。八月二十二日，唐先生办理教务长交代由吴士选继任。

六月二十二日，唐先生父亲逝世三十年忌日，唐先生在家焚香祭奠，孔子像在神位侧。唐先生自言："念父亲一生信孔子之道，今像在侧，我虽不肖，未忘父亲之教，父亲在天之灵亦当有所慰矣。"②

八月二十三日，唐先生赴台参加"阳明山会谈"。当日，先参拜孔子圣庙，并经台大、师大访谢幼伟及赵文艺家。次日，谒方东美先生并去吴士选家。二十五日"阳明山会谈"正式开始。在会谈中，唐先生曾建议政府规定中学教员退休办法及休假制度，并规定推荐研究成绩优异的中学教师任教大学的办法，但是未被大会接纳。唐先生在会中发言，谓"共党问题为文化问题""政府人物之精神应自求开朗"。③

九月一日，应台北中国道德励进会的约请讲《人文世界与道德世界》，应"国防研究院"的约请讲当前时代文化问题。九月四日，应"教育部"之请，在"国立"艺术馆讲中西文化之冲突与调协。九月八日，应国民党中央党部之约，谈香港文化问题。九日，访张岳军与谈政府人物精神应开朗恢廓之理。十一日，与蒋经国谈文化与政治应相对独立之理。十二日，与徐复观先生同至国民党中央党部晤唐乃建先生，亦谈文化应独立于政治之外之理。其间并曾参加"总统"与"副总统"的宴会，游览碧潭、花莲、高雄等地。九月十四日，始由台北返回香港。

是年，唐先生在《祖国》周刊发表《中华民族之花果飘零——兼论保守之意义与价值》一文，引起海外华人社会极大震动。此文是唐先生有感而发，却是海外华人甚至整个中国人不得不直面的深层问题。唐先生谓：

---

① 唐君毅：致钱穆，1961 年 5 月 16 日。《唐君毅全集》（九州）卷 31《书简》第 31—32 页；《唐君毅全集》（学生）卷 26《书简》第 40 页。

② 唐君毅：日记，1961 年 6 月 22 日。《唐君毅全集》（九州）卷 32《日记》（上）第 299 页；《唐君毅全集》（学生）卷 27《日记》（上）第 416 页。

③ 唐君毅：日记，1961 年 8 月 28 日。《唐君毅全集》（九州）卷 32《日记》（上）第 304 页；《唐君毅全集》（学生）卷 27《日记》（上）第 422 页。

> 我个人自离开中国大陆，转瞬十二年。就闻见所及，大约最初六年，流亡在外的侨胞，都注意到如何能再回大陆，而只以侨居异地为临时之计。但最近六年，因国际政治现实上，苟安之趋向转盛，而大家亦多转而在当地作长期寄居之想。实则这六年来，我国侨胞在东南亚各地之政治社会之地位，正处处遭受史无前例的打击。从菲律宾、印尼，经越南，直到马来亚、新加坡、缅甸之当地政府及本地民族无不在政治上、社会上、经济上及教育文化上，用种种方法，压抑当地的华侨社会，使各地之侨胞，纵然遵顺了当地政府之要求，改变国籍，服从当地法令之约束，亦难与其他本地人民立于平等地位，在事业上作平等之竞争。至于华文教育之处处受限制与摧残，尤为一致命的打击。
>
> 而在另一方面，则台湾与香港之中国青年，近年不少都在千方百策，如凤阳花鼓之"背起花鼓走四方"。至于原居美国或较文明之国家者，亦或迫切于谋取得该国国籍，以便子孙世代皆能在当地成家立业。即在香港，其一般社会，本是容华人自由活动者，亦不少由大陆来之知识分子，登报申请英国国籍，以便能在大英联邦中提高社会地位，成就事业。此种自动自觉的向外国归化的风势，如一直下去，到四五十年之后，至少将使我们之所谓华侨社会，全部解体，中国侨民之一名，亦将不复存在。此风势之存在于当今，则整个表示中国社会政治、中国文化与中国人之人心也失去一凝摄自固的力量，如一园中大树之崩倒，而花果飘零，遂随风吹散。只有在他人园林之下，托阴蔽日，以求苟全；或墙角之旁，沾泥分润，冀得滋生。此不能不说是华夏子孙之大悲剧。①

唐先生又谓：

> 说此是一悲剧，即意涵此不是个人的道德问题，亦即不是一简单的应当不应当的问题。个人之身当其境的，有各种的无可奈何之处，

---

① 唐君毅：《中华民族之花果飘零——兼论保守之意义与价值》，《唐君毅全集》卷13《中华人文与当今世界》（上）第3—4页；《唐君毅全集》（学生）卷7《中华人文与当今世界》（上）第11—12页。

亦可有种种理由，以说明其未尝不应当，以至说其十分应当。……从个人之道德上之应当不应当之问题而论，我们实不当于此有任何之责难。……上述之问题，虽不是个人之道德上是否应当的问题，然而一大树之崩倒，而花果飘零，随风吹散，仍不能不是一悲剧。①

唐先生又谓：

原来一百余年来，华夏之子孙，即已开始大量移殖于东南亚各国，亦纷纷至檀香山与美国西部，作工谋生。当时皆尚未受到今日所受之种种压迫与限制。又此移居各地之侨民，虽多属中国下层社会，然而到了当地，仍保存中国社会之风习。婚丧庆吊，用中国礼仪，是一端。商店用中国字作招牌，是一端。房屋建筑，多少用中国形式，是一端。回国结婚，告老还乡，是一端。侨居一地设同乡会、宗亲会，是一端。过旧历年，过旧节气，是一端。祖孙相勉，不信洋教，是一端。汇款归国，对国家事业，以及革命事业，捐输奉献，是一端。设立侨校以中国语文教学，用中国语文，彼此交谈通信，又是一端。即中国早期之留学生，仍多少保存中国社会之此类风习。如最早之《留美学生季报》所表现之意识，仍为不肯忘本之文化意识。如在民国七八年，赞助新文化运动的蔡元培先生，在民国十年，于美国聘教员时，曾遇一当时已露头角，后亦成国内名学者之某先生，因与蔡先生接谈时，不说中文而说英语；蔡先生即决定不加聘请。

……然而在今日旅居外国之华侨社会中，中国人所保存之风习，尚有几何？只试看看此以中国语文作交谈之用之一端，其情形如何，便知今非昔比。据我所亲见，在美国与欧洲之中国许多高级知识分子之家庭内部，已不用中国语文。而在香港，最近为筹办中文大学而有之中国高级知识分子自身之集会，亦皆用英国语文为主，而无人以之为耻。此中国人之日益不以中国语文，作交谈之用，及其他种种丧失

---

① 唐君毅：《中华民族之花果飘零——兼论保守之意义与价值》。《唐君毅全集》卷13《中华人文与当今世界》（上）第4—5页；《唐君毅全集》（学生）卷7《中华人文与当今世界》（上）第12—13页。

其固有风习之事，其原因甚多，亦同样很难依道德上之应当或不应当，来责备任何个人。然而一民族之无共同之文化与风习语言，加以凝摄自固；一民族之分子之心志，必然归于日相离散。而世运推移，至于今日，一面抚今追昔，回顾我上之所述；一面看看凡在中国与香港之外国传教士，及其他外国人士之处处必自守其社会风习，又必将其子女送至用外国语之中小学校读书，再回国升大学；而一些本来能说很好中国话的西方人士，在中国与香港，竟不屑于用中国语与人交谈。将此二面所见，与当前我们之情形，一加对比，到底不能使人免于慨叹。①

唐先生又谓：

本来我们对中华民族今日所表现之一切事实，原皆无可责难，而只视为一悲剧。但对于此种知识分子之托名于学术上之观点，对一切悲剧的事实，都加以理由化，持时代之潮流风势之所在，皆为合理；并以加以迎合，即为进步之论，以推波助澜者，却绝对不能加以原谅。顺此逐渐流行之思想与意识，再发展下去，不仅是使中国人不成中国人，亦使中国人不能真成一个人，更不配成为天下一家之世界中之一分子，而将使中华民族沦于万劫不复之地。②

对于那些认为中国人不能保持住其传统文化、语言及其他社会风习，是因为其不能适应时代，故只有逐渐求变的说法，唐先生指出：

其根本错误，在其将自己所属之民族语言、历史、文化、社会风习，以及其原来生活的方式等等，都全部化为一客观外在的东西来看，而视为种种外在而客观之社会历史文化之原因与法则，所决定

---

① 唐君毅：《中华民族之花果飘零——兼论保守之意义与价值》。《唐君毅全集》（九州）卷13《中华人文与当今世界》（上）第5—6页；《唐君毅全集》（学生）卷7《中华人文与当今世界》（上）第14—15页。

② 唐君毅：《中华民族之花果飘零——兼论保守之意义与价值》。《唐君毅全集》（九州）卷13《中华人文与当今世界》（上）第8页；《唐君毅全集》（学生）卷7《中华人文与当今世界》（上）第17页。

者；因而人只要随此变迁之方向、潮流风势而转，皆为进步；且以凡进步皆是，凡保守皆非。简言之，即以时代之风势之所在，即是非标准、合理不合理之标准之所在。此根本错误，在其忘了我们自己所属之民族等等，都永不能真正化为一外在客观的东西。此乃我们生命之所依所根以存在者，即我们之性命之所在，而不只是心理学家、社会学家、历史学家、文化人类学家，所研究、观察、了解之一客观外在的对象。以保守与进步二者之是非来说，如进步只同于变迁，则进步并不必即是，而与进步相对之保守，亦未必非。欲定何种进步为当有之进步，何种保守为当有之保守，必须先另有一是非、价值之标准；而此标准之建立，却只能依原则或依理由而建立，而不能依事实或时代风势而建立。①

对于是非价值标准，唐先生指出：

除非我们确知我们原来生活存在于其中之历史文化、社会风习，及其他生活方式之无价值，确值不得我们生活于其中，我们即无理由说：当离之以存在以生活；因而不离之以存在生活即是、而应当，离之而存在生活，即非、而不应当。我们将以此标准，来维护当有的保守与进步，而代替以随时代风势转即为进步之论。此标准如应用于生活上……除非我们真知英语，在语言之表达力量上，断然超过中国语言，确知中国语言之价值，低于英语，则我们是原说中国话，……则我们至少应在家庭中或与中国人交谈时，说中国话。同样我们在无自觉的价值上之理由，以改变我们之任何文化生活方式、社会生活方式、日常生活方式时，我们都不当改变我们之原来的生活方式。②

人之是否保守其语言文化社会风习，似属习惯上的事，而实非

---

① 唐君毅：《中华民族之花果飘零——兼论保守之意义与价值》。《唐君毅全集》（九州）卷13《中华人文与当今世界》（上）第8—9页；《唐君毅全集》（学生）卷7《中华人文与当今世界》（上）第17—18页。

② 唐君毅：《中华民族之花果飘零——兼论保守之意义与价值》。《唐君毅全集》（九州）卷13《中华人文与当今世界》（上）第9页；《唐君毅全集》（学生）卷7《中华人文与当今世界》（上）第18—19页。

>只为习惯上的事。此乃亦关系于人对自己之生命存在之所依所根，是否真实的加以自觉的问题。我们于此首须认清，人之生命不是只依其抽象的可能而存在，而是依其真正的现实而存在。上帝与自然，可生我于任何社会，任何地区，此只是我之未生以前之一抽象的可能。但在此抽象的可能中，我并无真实存在的生命。我之真实存在的生命，乃存在于我之生为中华民族之一分子，并受中国之语言文化社会风习之教养而成；而此一切教养，与我所自生之中华民族，即与我之生命存在不可分。我之是否自觉此我所自生及一切教养之存在，即与我之是否真自觉我之生命存在，是人、是我，皆赖于此我之心灵的自觉。
>
>……由此而一切中国人之不能真实自觉其所自生与所受之教养，为其生命存在之所依所根，而与其生命存在不可分者，皆不是一真实的中国人，亦非一真实的人，非有其真实的自我者；而只是一尚未生之上帝或自然中之抽象的可能的人，亦只是抽象的可能的我者；即亦实非人、非有其自我者。反之，如我今能真自觉我所以生及所受教养，为我之生命存在之所依所根，而与我之生命存在不可分；则在我真肯定我之生命存在之价值之一念中，即必然已肯定中华民族及其语言文化社会风习，对我之生命存在与所受教养之价值，以及由此教养所成之我之一切原来之生活方式之价值。因而除非我有自觉的其他价值上的理由，对此一切加以改变；则顺此肯定，依我所受之教养，而保持原来之生活方式而行为，其本身即已是依于一自觉，而已为有价值的。①

因此，对于一切于"亲者无失其为亲，故者无失其为故""久要不忘平生之言""不忘其初""不失其本"之事，心理学家、社会学家、历史文化学家等，以为不过是习惯，是保守。唐先生强调：

>我可正告世人曰，此决非只是习惯，此乃人所以得真成为人，我

---

① 唐君毅：《中华民族之花果飘零——兼论保守之意义与价值》，《唐君毅全集》（九州）卷13《中华人文与当今世界》（上）第10—11页；《唐君毅全集》（学生）卷7《中华人文与当今世界》（上）第20—21页。

所以得真成为我之实然而又当然之理。如说此是保守，此即是人之所以保守其人，我之所以保守其为我，而人类不能不有，亦当有之保守。此保守之根原，乃在人之当下，对于其生命所依所根之过去、历史及本原所在，有一强度而兼深度之自觉。人有此自觉之强度与深度之增加，即必然由孝父母而及于敬祖宗，由尊师长而敬学术文化，以及由古至今之圣贤；而我若为华夏子孙，则虽海枯石烂，亦不忘其本。由是而我之生命存在之意义与价值，即与数千载之中华民族、历史文化、古今圣贤，如血肉之不可分。我生命之悠久，于是乎在；我生命之博厚，于是乎存；而我乃为一纵贯古今、顶天立地之大人、真我。①

唐先生认为，尽管自个人而言，人真要尽其为孝子贤孙之心，实无往而不可自求其道，而我们亦不能对任何人轻加以责难。然而从客观观点看，此五千年华夏民族，今日如大树之崩倒而花果飘零，随风吹散，更不知所以凝摄自固之道，则不能不说此是大悲剧。而那些所谓社会学家、心理学家、历史学家、文化人类学家的观点，视此为自然应有的事实并加以理由化，"最足生心害政，流毒无穷，使吾人沦于万劫不复者"。因而，唐先生最后指出：

> 本文之目标，亦要在针对依此观点所形成之思想与意识，其逐渐流行于知识分子之心中而发，意在正人心而辟邪说。至于对此中华民族之文化之树之花果飘零，则我自顾己身，同兹命运。香港乃英人殖民之地，既非吾土，亦非吾民。吾与友生，皆神明华胄，梦魂虽在我神州，而肉躯竟不幸亦不得不求托庇于此。自怜不暇，何敢责人？唯盼共发大愿心，正视吾人共同遭遇之悲剧，齐谋挽救，勿以邪曲之诡辩自欺，使吾人沦于万劫不复，则幸甚矣。②

---

① 唐君毅：《中华民族之花果飘零——兼论保守之意义与价值》。《唐君毅全集》（九州）卷13《中华人文与当今世界》（上）第14—15页；《唐君毅全集》（学生）卷7《中华人文与当今世界》（上）第25页。
② 唐君毅：《中华民族之花果飘零——兼论保守之意义与价值》。《唐君毅全集》（九州）卷13《中华人文与当今世界》（上）第24—25页；《唐君毅全集》（学生）卷7《中华人文与当今世界》（上）第37页。

此文发表后，时贤在杂志中加以评论的有十数文，但唐先生谓"大皆未能契我所怀。实则此并非人之身住何处之问题，而是人之心情之所关切者在何处之问题"。因此，唐先生计划再写一文《花果飘零与灵根再植》，"论真有生机之果实，无论飘零至何处，皆可随处自植灵根以发芽滋长。此中重要者纯在人之心情，而不在外表之形迹。而今之可忧者，乃在人之心情恒随形迹更易，亦随形迹之所胶着而亦胶着"。①

是年，唐先生出版的专著有：在孟氏教育基金会出版的《哲学概论》（上、下），在人生出版社出版的《人生之体验续编》。

《哲学概论》一书堪称二十世纪中国人撰写的最大部头的同类专著。唐先生于二十余年前即曾编有一部哲学概论的讲稿，以便教课之用。唐先生在大学任教此课，前后不下二十余次，但是，几乎每次的教课内容都有所改变。或以哲学问题为主，或以哲学派别为主，或以哲学上的名词概念之解释为主，或顺哲学史的线索以论若干哲学问题的次第发生为主。而在教法方面，则或较重由常识引入哲学，或较重由科学引入哲学，或重由文学艺术引入哲学，或重由宗教道德引入哲学，或重由社会文化引入哲学。材料方面，又或以中国的材料为主，或以西方、印度的材料为主。但是，多年的教学实践下来，迄今仍不知怎样的教材可以算是这门课程最基本的教材，可以为一切学哲学的人所首当学习的；亦不知何种教法为最易引导初学者以入哲学之门的。唐先生所得到的唯一的结论便是，真正为中国人而编写的《哲学概论》，其体裁与内容，尚有待于我们自己去创造。三年前，孟氏大学丛书委员会约请唐先生撰著此书，唐先生即决心尝试作一番自己期待的创造。

唐先生撰写《哲学概论》之初意：

> 是直接中国哲学之传统，而以中国哲学之材料为主，而以西方印度之材料为辅。于问题之分析，求近于英国式之哲学概论。于答案之罗列，求近于美国式之哲学概论。而各问题之诸最后答案，则可配合成一系统，近德国式之哲学概论。期在大之可证成中国哲学传统中之

---

① 唐君毅：致李杜，1962年6月30日。《唐君毅全集》（九州）卷31《书简》第345页；《唐君毅全集》（学生）卷26《书简》第448—449页。

若干要义，小之则成一家之言。①

只是成书之后，唐先生回顾初衷，颇不自足。尤其是因为西哲所言，慧解虽不必及中国先哲所言者高，但理路较为清晰，易引人入哲学之门，而中国先哲之言，多尚须重加疏释才能为今日中国人所了解。因此，本书所取中国哲学的材料，仍然远逊于所取于西哲的材料。

《哲学概论》全书分为四部共五十八章。第一部"哲学总论"十一章，第二部"知识论"十九章，第三部"天道论——形而上学"十九章，第四部"人道论——价值论"九章，另有附编"精神、存在、知识与人文"收录论文三篇。全书各部的分量，除第一部纯属"导论"外，以"知识论"的分量略多，形而上学次之，价值论又次之。本书论形而上学重在论价值在宇宙中的地位，论知识亦重论知识的真理价值及其与存在者的关系，所以，此书的精神，实际上是重价值过于重存在，重存在过于重知识。只是因为，知识论问题与科学及一般知识的关系较多，又往往为中文一般的哲学概论书籍忽略，所以在此书中所占的分量较多。同时，价值论的思想，一则中国书籍中所涉极富，二则唐先生平昔所作关于此方面的专著和文章亦较多，所以在此书所占分量便较少。

此书第一部"哲学总论"十一章，包括哲学的意义、哲学的内容、哲学的方法与态度、哲学的价值四个方面。

第一、二章对哲学定义的规定，直承中国先哲之说，以贯通知行之学为言。唐先生认为，哲学是一种求关联贯通人之各种学问或消除其间可能有的冲突矛盾的一种学问；是一种人感到各种分门别类学问的分别独立或互相分裂，而求回复其整全性以实现人生的统一和谐的一种自觉努力；是一种以对于知识界与存在界的思维，以成就人在存在界中的行为，而使人通贯其知与行的存在之学。

第三章至第八章讨论哲学的内容，于中、西、印哲学的发展皆略加涉及，提出名理论（含逻辑与知识论）、天道论、人道论、价值论、文化哲学的基本内容框架。

第九、十章论哲学的方法与态度，在讨论了直觉法、发生论的哲学方

---

① 唐君毅：《哲学概论》自序。《唐君毅全集》（九州）卷23《哲学概论》（上）第3页；《唐君毅全集》（学生）卷21《哲学概论》（上）第8页。

法、纯理的推演法、比较法、批判法、辩证法等各种哲学方法后,特别提出和阐释了自己所坚持的"超越的反省法",并将此哲学方法与贯通关联法、逻辑分析及其他哲学方法和思维方法进行了比较:

> 所谓超越的反省法,即对于我们之所言说、所有之认识、所知之存在、所知之价值,皆不加以执着,而超越之;以翻至其后面、上面、前面或下面,看其所必可有之最相切近之另一面之言说、认识、存在或价值之一种反省。①

第十一章论哲学的价值,在分析了各种怀疑哲学价值的论说后,唐先生最后将哲学的价值表现归为依赖于为哲学者的道德修养:

> 若欲使吾人之哲学活动,为真有价值,吾人除论哲学之方法外,实当兼论哲学之修养工夫。而此修养工夫之要点,则在一对于自己之偏执之意见,与一切只求顺应现实之习气,加以一深刻反省,在吾人之哲学意识之本原上,求一清净与端正。而此种哲学上之正心诚意工夫,乃东方哲人之所特重,而恒为西哲之所忽。……吾人真欲使吾人之哲学活动,表现最高之哲学价值,则吾人须有一超越吾个人之哲学活动,而通于天下万世之古人与来者之哲学活动,与其他人生文化活动之心量。而此在根本上,仍是一道德的心量。人唯力求有此道德的心量,乃能使其哲学活动,表现最高价值。②

第二部"知识论"十九章,第一至十章,对知识论的意义、知识的通性、知识与语言的关系、知识的分类、普遍者在知识中的地位、知识的起源、能知与所知的关系等知识论中的重大问题,均分别加以讨论。第十一、十二两章论归纳原则与因果原则,讨论经验科学的根据问题;第十三、十四两章论数学与逻辑知识的性质;第十五章论先验知识问题,属于

---

① 唐君毅:《哲学之方法与态度》。《唐君毅全集》(九州)卷23《哲学概论》(上)第162页;《唐君毅全集》(学生)卷21《哲学概论》(上)第205页。
② 唐君毅:《哲学之价值》。《唐君毅全集》(九州)卷23《哲学概论》(上)第194—195页;《唐君毅全集》(学生)卷21《哲学概论》(上)第248—250页。

讨论纯粹理性科学的根据问题。以上五章都属于较为专门的知识论领域。第十六章论知识的确定性与怀疑论，第十七、十八章讨论真理的意义与标准，第十九章论知识的价值，以上四章都是讨论知识的成果及其判定。在知识论部分，在知识的分类、知识的起源、对直觉之知的分析、闻知的意义说明、论知识的价值限度等多方面、多论域，唐先生都有自己个人的主张，并以中国先哲的知识观为据。唐先生强调，知识一方面具有实用价值、审美价值、道德价值甚至宗教信仰价值，但另一方面，人的求知活动在本质上是希望将一切存在事物都化为反省对象，并以种种概念共相加以规定界划，这些概念共相会因此而成为"所知对象"与"能知心灵"之间的媒介与间隔。由此，即使人所直觉的美的世界与生活于其中的道德情操、宗教信仰，都可外在化为自己的外在对象；由此而人亦即可丧失其所体验的美、善、神圣的价值，只体验一种知识上的真理价值，而此真理的价值，又是人在原则上所不能完全无限地加以实现的。因此，知识是否有价值，全系于具有知识的人如何限定知识在人生中的地位、对于知识以外的价值如何加以体验而定。

第三部"形而上学"十九章，不是分问题进行讨论，而是重在举介若干形上学的类型进行讨论。唐先生认为，各形而上学都是一个完整的系统，表示一种整体的宇宙观；每一种形而上学都可至少展示宇宙的一个面相，因此没有绝对的真伪之别。如果只分别隶属于一个一个孤立的形而上学问题而论，则各家的整个宇宙观就都被割裂肢解，神气索然。本部对各种类型的形而上学体系尽管未能一一详论，但是却因此而无横加割裂肢解的问题。该书讨论形而上学的各种形态，皆由较纯一简单者开始，次第及于较深微复杂者。不过，此并非因为较复杂的形上学必然具有较高的价值。

此部第一章先论形而上学的意义，强调：

> 形上学是求知全体宇宙之实在事物之道或普遍之理。但此道此理，既一方可为吾人之所知，又一方为实在事物之道或理，则其一方可为吾人之知识之所知，一方亦为使吾人得通达于实在事物之一切心情、意向、志愿、行为所经行之桥梁与道路。①

---

① 唐君毅：《形而上学之意义》。《唐君毅全集》（九州）卷24《哲学概论》（下）第9页；《唐君毅全集》（学生）卷22《哲学概论》（下）第10—11页。

第二、三、四章先论现象主义、有的形上学、无的形上学，以此作为最纯一的形而上学。继而，第五章以生生的天道论，讨论中国儒家与阴阳家的宇宙观，此一章的内容为他书所无，乃唐先生特有会心的地方。第六、七、八章论理型论、有神论、唯物论，分别表示西方形上学的三种主要类型，"理型"凌空，"神灵"在上，"物质"在下，各执一端。第九章论对偶性与二元论，重申中国先哲阴阳相涵之义，论中国无自然与超自然、心与身、心与物对立的原理。第十章论泛神论，代表西方哲学中通贯自然与神灵而合心物的哲学。第十一章论个体性及一多问题。第十二章至第十四章，论宇宙大化流行及斯宾塞、柏格森及突创进化论的进化哲学。第十五章论相对论的哲学含义，略述近代物理学理论对时空中事物的动静变化的新观点。第十六章论怀特海的有机哲学，肯定其承新物理学的观点，于自然的流行中发现永恒的法相，并于科学所论的存在世界中重新肯定传统哲学宗教中所向往的价值世界。第十七、十八章论西方哲学的唯心主义，第十九章论印度佛学中的唯识论，第二十章论中国伦理心性之学的形而上学意义，则是分别论述中、西、印三大哲学系统中的唯心论。唐先生认为，此乃皆足以通天人、合内外、一常变、贯价值与存在的形而上学，直指人心（亦即人能研究哲学与形上学之心），是宇宙之究竟真实的形而上学。三者皆为摄外返内而求诸己的形而上学，其中的印度佛学与中国先儒形而上学，则更能真知，人的修养工夫与行为本身即是人能真知形上实在的条件，因此亦为形而上学的一部分。而依中国哲学，尤重人之立人道以知天道，由此，形而上学亦为人道论的一部分。唐先生据此即从第三部形而上学的讨论过渡到第四部人道论或价值论的讨论。

第四部"价值论"九章，承接上部论中国伦理心性之学的形而上学意义关于天道论与人道论相辅为用的讨论，进而专论人道论中直接与价值相连的若干问题。第一章论人道论价值论的意义，唐先生强调：

> 人知昔日之天地，以成其为今日之人；既成其为今日之人，而其事其功，则又裁成辅相昔日之天地。人既新而挟天地以俱新，而人之所以观天地者，亦随之而日新；其行其事，更随之而再新。而此天人之际之相对相望，而相辅相成，亦即天道人道之相依并进，而知人知天之事之所以相得益彰，而实不二之理，于是乎在。……谓人道论为

天道之一章固可，谓天道论乃人道论之一章亦可。①

第二、三章论价值的存在地位，对价值论中的主观论、客观论、自存论、完全论、过程论、关系论、和谐论、理性论、比较论、负价值论等学说进行了一一剖析，最后落脚于儒家的致中和论。唐先生认为，儒家致中和理论尽管也是一种以价值存在于事物的和谐关系的价值理论，但是中国儒家的中和，可不止于指事物的关系，亦兼指事物的本性。

第四章论价值的分类与次序，在讨论了中西方哲学于形式和内容两方面的各种价值分类后，唐先生列出了自己的价值本末次序表（总共九个层级）：人的仁德、人对于他人人格之善与不善的直接好恶、人对他人人格之善或不善的自觉了解之智，此三者居于价值层次的最高三层，它们一方面是人自身内部之德为人所自觉，亦可由自己努力而加以增进；另一方面又都实有诸己于内，而充实表现于外即成各种人对人的伦理道德。接下来依次降低的价值次序为：人对人的一切伦理道德、人对自然的德性、社会价值、自然生命世界的价值、物质世界的价值、时间空间的价值。

> 我们可定人所能体验之价值之本末之次序如下：
> （甲）人之仁德：对人之爱敬，与人求通情通德之德，及人对其自己之善与不善之好恶。
> （乙）人对于他人之人格之善与不善之直接好恶：即人对他人之人格之审美的感情。（在中国传统思想，此可隶属于（甲）之仁德之中，亦可隶属之于（丙）之智德之中者。）
> （丙）人对他人之人格之善或不善之价值之自觉了解之智。……
> （丁）人对人之一切伦理道德：此人对人之伦理道德，皆为人对他人之爱敬及审美与了解之仁智之表现。如父子间之慈孝，兄弟间之友恭，夫妇间之和义等伦理道德，皆依于人与人之互爱、互敬及相互了解，而后真实可能。
> （戊）人对自然之德：人对人之伦理道德之推扩一步，乃为人对于人以外之自然之爱，与对于自然之审美之感情，及对自然之求知心

---

① 唐君毅：《人道论、价值论之意义》。《唐君毅全集》（九州）卷 24《哲学概论》（下）第 318 页；《唐君毅全集》（学生）卷 22《哲学概论》（下）第 385 页。

中，所表现之善德。……

（己）社会价值：人对人所表现之价值，有出于伦理道德意识者，有不必皆出于伦理道德意识者。如人与人合组成社会，即互赖于与他人之分工合作，以皆得其生存。……

（庚）自然生命世界之价值：在社会价值之下，为自然生命世界本身之价值。如单纯的人与禽兽草木之如此如此的自然生存之价值。……

（辛）物质世界之价值：在自然生命世界之价值之下，为物质世界之价值。此中之高下之辨，则不自有无心灵之自觉上说。……

（壬）时间空间之价值：至于纯粹时间空间，如与其中之事物相对而言，吾人亦可由事物之必赖时空，乃有存在之所，以言时空亦有某一种为事物存在之条件之价值。唯其价值，则应为属最低之层次者。①

第五章讨论悲观主义与乐观主义的价值问题，第六、七章讨论意志自由的问题。

第八章讨论价值选择的原则问题，唐先生认为，理性原则是价值选择的根本原则，其他原则包括质的原则、量的原则、具本身价值者高于只具工具价值的原则、心灵生命物质之价值的高下原则、适合原则、次第原则等，它们都可以统于理性原则之下。② 最为重要的，是在"此时此地"之切近处实现价值。

第九章亦即全书最后一章为人道的实践，讨论人在日常生活中实践人道时，应当如何用心。唐先生认为，讨论问题时，我们的思想不免要左顾右盼，而实践之事，则要停止此一切左顾右盼而直下用工夫。因此，此章是将人在日常生活中从事人道之实践时当如何用心的数点直接指出，包括：自觉我是人、由人性的真实表现处自觉我是人、自觉我是人之一、自觉我是一定伦理关系中之人、自觉我的职分与所在群体、自觉我的唯

---

① 唐君毅：" 价值之分类与次序"。《唐君毅全集》（九州）卷 24《哲学概论》（下）第 383—385 页；《唐君毅全集》（学生）卷 22《哲学概论》（下）第 462—465 页。

② 唐君毅：" 价值选择之原则"。《唐君毅全集》（九州）卷 24《哲学概论》（下）第 449—450 页；《唐君毅全集》（学生）卷 22《哲学概论》（下）第 540 页。

一性。

> 循此数点用心，人欲成为圣贤人格所经之工夫之历程，即种种修为之道，与所成人格在宇宙之地位毕竟如何，其气象如何？具体人格在人伦关系中之品德如何？具体行为之善恶是非如何判断？人如何具体实现社会价值人文价值等？……乃属于圣贤之学、专门之伦理学及文化哲学，非此所及。又每一人之实践工夫之自身，……乃一切可讲之哲学所不能及，而为一切可讲之哲学之外限。其为本书之外限，亦无庸论。故本部止于此，本书亦止于此。①

此部表面以价值论的数个问题为中心而加以分别讨论，其分别讨论问题的方式是西方式的。但是，贯穿于此部的核心精神，以及每讨论一问题最后所归向的结论，则为中国通天地、和阴阳以立人道、树人极的儒家思想。这一儒家思想的归宗，并非因为唐先生自己先有此成见，而故意忽略其他理论，而是先客观地逼论其他不同的理论，顺思想的自然发展，而最后归宗于如是结论。

该书论述过程中，注重不同理论观点和学说的比较，在比较中顺思想的逻辑得出结论。第一部论哲学的意义，重哲学之通义与局义的比较；论哲学的内容，重东西哲学重点的比较；论哲学的方法，重各种类方法的陈述。第二部知识论问题和第四部价值论问题，重各种不同方式之答案的比较。第三部论形而上学，则重不同形上学系统类型的比较。凡此等等比较异同之处，虽未尝列为机械的条目，实为本书的精神命脉所在，而不同于一般的哲学概论。因此，唐先生自言，该书亦可名之为《比较哲学导论》。

本书在材料选取上，无论分析一哲学问题，或介绍一形而上学系统，都是顺义理次序取材，而不是先搜辑若干材料，再加以编排。在讨论问题或阐释理论时，详略轻重之间，或与其他同类书籍不同。唐先生平昔读书，虽浏览甚广，然必反诸自心，以求其所安；著书为文，素不喜多所征引，罗列书目。但是，该书作为孟氏大学丛书之一，遵循丛书委员会所定

---

① 唐君毅：“人道之实践”。《唐君毅全集》（九州）卷24《哲学概论》（下）第464—465页；《唐君毅全集》（学生）卷22《哲学概论》（下）第559页。

的体例，遇较生僻处，皆略加注释，以取征信。

《人生之体验续编》为唐先生到香港后近七年所作。与二十余年前所著的《人生之体验》一书在思想核心上并无根本改变。但是，《人生之体验》一书主要是基于对人生向上性的肯定，以求超拔于人的现实烦恼之外，因而思想较为单纯，行文亦较清新活泼，尽管偶尔显露人生的感叹，但仍与青年心境互相呼应。而近十余年来，唐先生对人生的艰难、罪恶、悲剧方面的体验较深，故本书所言，皆意在转化阻碍人生上达的反面事物，以归于人生的正途，思想皆曲折盘桓而出，既以自励，亦兼励人，而说教之意味较重。行文亦不免纡郁沉重，与青年的心境多不相应，唯与经历了人生的忧患仍不失其向上之志者相应。因此，唐先生在为此书写完序言后，曾有将该书书名改为《人生之沉沦与起升》的想法。①

该书共七篇文章，乃七年写成，每年一篇。唐先生最初写每一篇时，并没有要成一专书的计划，而只是直就自己生此时代、住此人间的实感实见而言，如此次第成此七篇。唐先生"以七年之期，成此七文，平均相隔一载，乃成一篇；而一文之成，例不过三数日，一年之中，三百六十余日，皆有他事间之"。② 在将此诸文编为一集之后，无意中发现，各篇虽各有一论题，然其前后相连，居然亦有一秩序在其间：全书各文的宗趣，不外要人拔乎流俗之世间，以成就个人之心灵情怀志愿的超升，而通于天下古今之人心，以使人生的存在成为居正位的真实存在。唐先生谓：

> 即此诸文，皆唯是意在指明：一般之求人生之向上者，其所向往之理想环境，及其向上之行程，与其向上所依之心性，皆处处与一向下而沉坠之几，相与伴随，亦常不免于似是而非者之相幻惑；因而人真欲求人生之向上者，必当求对此沉坠之几与似是而非者，有一如实知与真正之警觉；人亦恒须经历之，以沉重之心情负担之，而后能透过之，以成就人生之向上而超升。此则吾写《人生之体验》时，所未能真知灼见及者，而昔之儒者与西方之理想主义者，及当世之贤

---

① 唐君毅：日记，1961年8月6日。《唐君毅全集》（九州）卷32《日记》（上）第303页；《唐君毅全集》（学生）卷27《日记》（上）第420页。
② 唐君毅：《人生之体验续编》自序。《唐君毅全集》（九州）卷7《人生之体验续编》第4页；《唐君毅全集》（学生）卷3《人生之体验续编》第5—6页。

者，亦未必能于此殷勤加意者也。①

第一篇《俗情世间中之毁誉及形上世间》意在说明，"转化"作为人生上达之阻碍的反面事物以归于人生正道，要在对已成的现实人生不断求超升一步；而此"超升"，对外而言亦即将自己的人生由平日所周旋应对的流俗中拔出；此"拔出"，乃是与流俗的隔离；此"隔离"并非人生上达的终点，但却是上达必不可少的始点。而人之不能拔乎流俗，首在不能拔乎流俗的毁誉，因此，人应当对于毁誉现象有如实知，方能转俗以成真，由流俗世间上达于真实世界，而成就个人人格的上升。毁誉现象，直接属于形下的俗情世间，但又是俗情世间与形上的真实世间交界的现象，同时亦是人生的内界（己界）与外界（人界）的交界现象。人如能参透毁誉现象的内蕴，即可了解由形下的俗情世间至形上的真实世间的通路，亦渐能超拔俗情世间的毁誉，而能回头来在形下的俗情世间求树立是非毁誉的真正标准。

第二篇《心灵之凝聚与开发》意在说明，人间万事由人而做；而人做事由于心灵为之主宰；心灵之大德即在能开发它自己亦能凝聚它自己。心灵的开发之反面，是心灵的闭塞；心灵的凝聚之反面，是心灵的流荡。闭塞似凝聚而非凝聚，流荡似开发而非开发。唐先生由此而言个人心灵的凝聚与开发及其与世间相接之道，意在使此心灵既不随世间而流荡，亦不闭塞于自己，而得与师友相共，切磋于"通达而贞定之真理"之途。

第三篇《人生之艰难与哀乐相生》意在说明，人生在既无世间亦无师友的假设情况下，孤独的个人为求其人生向上而遍历人生的艰难，以上达于一"哀乐相生"的情怀，而真理即在此情怀中。唐先生指出，人生的行程与步履，实际上步步皆可停滞而不进；每一步的上达，皆可再归于滑下沉落；即使不停滞而前进，亦步步皆有其艰难。此篇对于每一种人生行程与步履的升进（不管是形而下的逐利、求名、追求爱情，或是形而上的求真善美神圣的价值实现），皆一一举其艰难，在其升进之中见退降之几，从而使人体悟到，一切升进之事皆有其似是而非者存在其中。如人求

---

① 唐君毅：《人生之体验续编》自序。《唐君毅全集》（九州）卷7《人生之体验续编》第4页；《唐君毅全集》（学生）卷3《人生之体验续编》第6页。

名誉以及好权好位之心,本源于人与我的心求相感通,其根源在人希望成就人我之心的统一。只是,依仁以行,乃希贤希圣之路;而徇名逐位,则为沉沦流俗之途。一念而上下易位,其危微之几,似是而非之际,人罕能察。唐先生谓:

> 当我们真肯定一切病痛与艰难之必然存在时,则人之心灵即把一切病痛与艰难放平了,而一切人亦都在我们之前放平了。放平了的心灵,应当能悲悯他人,亦悲悯他自己。而在人能互相悲悯而相援以手时,或互相赞叹他人之克服艰难的努力,庆贺他人之病痛的逐渐免除时,天门开了,天国现前了。此中处处,都有一人心深处之内在的愉悦——是谓哀乐相生。人真懂得此哀乐相生之智慧时,可于一刹那间,超越一切人生之哀乐,此本身是一人生之大乐。但是由此智慧再回到实际生活时,人仍不能不伤于哀乐。这是一如环的永恒的哀乐相生。①

第四篇《立志之道及我与世界》意在以志愿摄情怀。唐先生认为,立志,最重要的是既拔乎流俗的世间而又置自己于世间,同时兼摄世间于自己。人生之道以立志为先,因为人生之本在心,而志则为心之所向,亦心之主宰所在。志之所在,即道之所存。但是,人之立志,如何从个人成己之志而成为由成己以兼成物之志,并非全为一直上的历程。因为在人之志欲"成物"时,人必于世间之物有所得;而此"有所得"即阻碍其志的向上,而使人忘丧其最初的"成物之志";而当人转而求"无所得"时,则只能归于"超世以成己",而不再是儒者之志,遂使所谓"成己成物"徒成虚脱的大话。人生的真理在于:

> 人在世间,既有所有,又不能满足于其所有,又不能一往只弃其所有,以求其个人之超越其所有。因而人生之唯一正路,是一方承担其所有,而一方又消费之使用之于一超个人的大公无私的志愿之前。唯此可以既实现人之超越其俗世所有者之人性,亦使其在俗世所有

---

① 唐君毅:《人生之艰难与哀乐相生》。《唐君毅全集》(九州)卷7《人生之体验续编》第59—60页;《唐君毅全集》(学生)卷3《人生之体验续编》第73页。

者，与俗世中所接之他人，皆可在此志愿下，得其安顿。①

只有人在其有一真正的志愿，以主宰其实际存在时，人才真成为一顶天立地，通贯内外人己的真实人格；亦才成为一能开创文化，成就客观的社会事业的人格。此之谓真正明体达用的人。②

第五篇《死生之说与幽明之际》，由生说死，由明说幽，意在由彻通死生与幽明，而以此一心贯天下古今之人心。唐先生自谓：

此乃本书各篇中义蕴最为弘深，亦最难为当世所深信不疑者。此盖必人先信真理之万古长存，兼具哀乐相生之情怀，与通天下古今人心之志愿者，乃能真实契入。③

意在由人之原生于死之上。及死者与后死者之至情之交彻，以言可由祭祀以通幽明之理；故人生之真相，实死而无死，而鬼神之情，亦长在此世间，读者果有深会于此文之所言，则幽明之间，以及明与明之间，幽与幽之间，另有一纵横之天路，以使人心相往来，而人之心灵之自身，亦实无能使之死者，则核子战亦实不能杀人，而实无可畏，唯其造孽不可挽耳。

……然人欲有深会于此文之所言，又非深知人之生于死之上，并以其情先由明彻幽而入于幽不可。人之生于死之上者，即生几存于死几之上，无死几则无生几，不知死几者亦不知生几。人之情必由明彻幽而入幽者，即人唯由此乃能竭其仁、竭其仁而后人能真生也。则所谓徒知生而不知死者，不求其情之彻幽而入幽者，实亦不知生与生几，所谓不见庐山真面目，只缘身在此山中，亦生而未成其为真生者也。此即人之只知生而不知死者之为害。而此不知死，既可使人生非真生，则此"不知死"，正为人之真死几，以使其生不成真生者。此人之不知死者，乃人生对其生之世界之另一面之大无明，而使人沉坠

---

① 唐君毅：《立志之道及我与世界》。《唐君毅全集》（九州）卷7《人生之体验续编》第71页；《唐君毅全集》（学生）卷3《人生之体验续编》第85页。
② 唐君毅：《立志之道及我与世界》。《唐君毅全集》（九州）卷7《人生之体验续编》第81页；《唐君毅全集》（学生）卷3《人生之体验续编》第95页。
③ 唐君毅：《人生之体验续编》自序。《唐君毅全集》（九州）卷7《人生之体验续编》第3页；《唐君毅全集》（学生）卷3《人生之体验续编》第5页。

陷溺于其苟得之一生，亦使其生非真生，而成似是而非之生者。而世之重人生者，乃恒以不求知死为教，而常人亦不敢正对此死，与其生于死之上之事实而观之，又恒自拂除斫丧其彻幽而入幽之至情，乃视祭祀为多事，以宗教家之为死者作祷，及求众生之幽灵超渡为无用。而不知此皆证其生而非真生者。①

第六篇《人生之虚妄与真实》意在说明，人内在的超越性可被误用，而使人的存在包含种种虚妄成分，并提出种种去除人生虚妄成分、使人生真实化的方法和路径。人并非一经存在，即已为一真实的存在。因为人的存在与其活动内部，可含有虚妄或虚幻的成分。而此最直接的理由，便是人有思想。人有思想，是人的尊严的根源，但同时亦是人的存在中有虚妄或虚幻成分的根源。进而，唐先生列出了人生真实化的七部曲。

人生真实化的第一步，即当求不说谎、不妄语。

> 一方被幽囚于此谎言之内，一方又存在于此谎言之外；而我之谎言，则如夹在我之存在本身之两面中之一肉刺。因而我必求拔出之，使之不存在，而后有我之真实存在。②

人生真实化的第二步，是力求行为都是合理的。

> 一切违背所知之自然规律的幻想，及缘此幻想而生之行为与不合恕道之行为，乃人生之真实化的障碍。
>
> 人真能处处使其行为活动，都能合理，以横通人与我之心，而无障无碍，纵通我之过去现在与未来，而无惭无悔；则人之人格，已可以为贞定之典型，而卓立于天地之间。③

---

① 唐君毅：《人生之体验续编》自序。《唐君毅全集》（九州）卷7《人生之体验续编》第9—10页；《唐君毅全集》（学生）卷3《人生之体验续编》第10—11页。

② 唐君毅：《人生之虚妄与真实》。《唐君毅全集》（九州）卷7《人生之体验续编》第104页；《唐君毅全集》（学生）卷3《人生之体验续编》第120页。

③ 唐君毅：《人生之虚妄与真实》。《唐君毅全集》（九州）卷7《人生之体验续编》第105、106页；《唐君毅全集》（学生）卷3《人生之体验续编》第121、122页。

人生真实化的第三步，是成己兼成物。

一切客观的道德实践与成就社会人文，治国平天下之事业，皆所以成就我之人生之真实化者。①

人生真实化的第四步，是将"死"放在目前。

人在生前，如要真能时时可死，而无所谓未完之愿，以使人生带缺漏而去，即当使人之心灵与身体之关系，如一呼一应，能直下圆成者。呼是心愿，应是身行。心所愿者，直下只是此身之行，另无外在目的。则心身之关系，才呼即应，才应即止。处处道成肉身，处处肉身即道。肉身化往，此心此道，即合为神明，存于天壤，寄于他生。唯如此而后人能在有生之时，不舍肉身，而肉身亦随时可死。②

人生真实化的第五步，是对反面者的开朗。

心灵对于一切人生之错误罪恶，他人与众生之苦痛，及一切反价值、不合理想、不真实，而涵虚妄虚幻的成分之存在，能开朗的加以认识、体验与承担。

人只有在其身体感受痛苦时，然后人才真想到其身体的自然生命之真实存在。人亦必须在精神上感受一切不真实的东西如荆棘之刺目刺心时，才能真觉到其精神生命之真实存在。③

人生真实化的第六步，是内在真实存在的自觉。

要由反面的东西之认识，再回头认识：此反照出一切反面的东西

---

① 唐君毅：《人生之虚妄与真实》。《唐君毅全集》（九州）卷7《人生之体验续编》第108页；《唐君毅全集》（学生）卷3《人生之体验续编》第124页。
② 唐君毅：《人生之虚妄与真实》。《唐君毅全集》（九州）卷7《人生之体验续编》第111页；《唐君毅全集》（学生）卷3《人生之体验续编》第127页。
③ 唐君毅：《人生之虚妄与真实》。《唐君毅全集》（九州）卷7《人生之体验续编》第111、113页；《唐君毅全集》（学生）卷3《人生之体验续编》第127、129页。

之正面的东西之真实存在。

> 我们必须由对于一切不真实的东西之接触遭遇，而感受痛苦刺心中，印证我之精神生命我之心灵之自体本身，原是一常自悦乐，常自平安之宇宙性的精神生命、宇宙性的心灵之真实存在。①

人生真实化的最后一步，是对当下一切事物唯一无二性的确认。

> 由识得此即天心即人心之仁心，充塞饱满于我之当下之人生存在之中，而由我之四肢百体与相呼应，洋溢流行于外……与我之当前环境中之家庭国家人群中之人及自然物，相流通感应。而此处之最重要者，乃人之对其所接触之当前环境中，一切特殊唯一无二之事物之唯一无二性之确认。人于此必须认识其父母乃唯一无二之父母，其家庭乃唯一无二之家庭，其国家乃唯一无二之国家。
> ……由此而呈于我前之世界与宇宙，乃唯一无二之世界与宇宙，而吾内在之即人心即天心之仁心，于时时处处，有其唯一无二之呼召。此中我时时处处之所遇与我之所发之行为，以皆唯一无二，则时时处处皆为绝对，皆为具体之充实存在。②

第七篇《人生之颠倒与复位》意在说明，人生的一切堕落、偏执、染污、罪恶的颠倒相，皆缘于人之超越无限量的心灵生命自体的颠倒性而生，而此性又非其本性。由对此颠倒性相的体悟，反显人生正位居体的直道。依此而观人生的堕落而下降，亦所以助其超升而上达之行。唐先生谓：

> 人之超越而无限量之生命心灵之自体之可颠倒，而表现于有限之中，或与之成虚脱，而无数之人生之染污罪恶皆由之而出。此人之超越性与无限性，皆原为人之无尽尊严之所系，……亦为人生之虚妄之一

---

① 唐君毅：《人生之虚妄与真实》。《唐君毅全集》（九州）卷7《人生之体验续编》第113、114页；《唐君毅全集》（学生）卷3《人生之体验续编》第129、130页。

② 唐君毅：《人生之虚妄与真实》。《唐君毅全集》（九州）卷7《人生之体验续编》第116页；《唐君毅全集》（学生）卷3《人生之体验续编》第132页。

原，及无数人生之染污罪恶所自出。斯所以见此为人之尊严所系之超越性、无限性，亦如不能自持其超越，自持其无限，而自具一沉坠向下而导致虚妄虚脱之几，而人之超越性及无限性之表现，亦咸有其似是而非之表现。此似是而非之表现，正为人之存在，其真实之程度或反不如其他自然物之存在者，亦见人之罪孽之深重，实远非禽兽之所及者。夫然，故此人之尊严之所系，亦即人之卑贱之所系；人之成为高于万物、灵于禽兽者之所在，即人之低于万物、罪逾禽兽者之所在。由此而一切赞颂，可归于人；一切诅咒，亦可归于人。人可上升天堂，亦可下沉地狱。人之生于宇宙，实为一切虚妄与真实交战之区，亦上帝与魔鬼互争之场；而人生之沉沦与超升，乃皆为偶然而不定。①

唐先生近年对人生的感触，与西方的存在主义颇有些不期而合，同是此分裂的现实世界的反映，也是人类精神生活行程至今所遭遇的问题相同所致。但是，唐先生此书各文的精神与存在主义又有不同，存在主义目的在暴露人类的危机，亦更求穷哲学的理智来思考和演绎，其精彩之论，遂足惊心而动魄。而唐先生此书，对世界的分裂、人类的危机，并不求穷形极相加以描绘求快意，而仅略陈其貌，余皆默而存之。因为唐先生的目的在于：

> 转妄归真，去魔存道，由沉沦以至超升，使分裂之世界，复保合而致太和。故于此一切入妄招魔之人类危几，唯当于此人生之行于其向上之道之途程中，加以指点而已足。……重在自正面立言者，实又更远于存在主义者以描述暴露为工；而仍是承先儒之重实践之精神而为言，以期在于人生之正面理想之昭陈与树立。而此书之只为吾之人生之体验一书之续编，其意亦在乎是也。②

是年，唐先生发表的文章有：
在《祖国》发表的《说中华民族之花果飘零》；

---

① 唐君毅：《人生之体验续编》自序。《唐君毅全集》（九州）卷7《人生之体验续编》第10页；《唐君毅全集》（学生）卷3《人生之体验续编》第11—12页。
② 唐君毅：《人生之体验续编》自序。《唐君毅全集》（九州）卷7《人生之体验续编》第11页；《唐君毅全集》（学生）卷3《人生之体验续编》第12页。

在《民主评论》发表的《哲学之方法与态度》《世界六大宗教了解堂建立之感想》；

在《人生》发表的《人生之颠倒与复位》《中国之友道意识》《儒家精神在思想界之地位》《说人生之正面与反面》；

在《新亚生活双周刊》发表的《海德格之人生存在性相论》《哲学的研究法》《孔诞暨新亚十二周年校庆讲词》《告第十届新亚毕业同学》《在新亚研究所第卅五次学术月会上的发言》；

在《新亚学术年刊》发表的《智慧之意义及其性质贯论》；

在《大学生活》发表的《〈哲学概论〉自序》；

在《研究通讯》发表的《当前世界之文化问题》；

在新亚艺术系系刊发表的《间隔观及虚无之用与中国艺术》；

另行发表的《略释孔门言恕》。

一九六二年　五十四岁

是年，美国年轻学者 Donald J. Munro（中文名：孟旦）① 从台湾来香港向唐先生求学。据日记记载，从六月十二日到八月七日，唐先生与 Munro 共有八次见面晤谈。六月十二日，"上午至校，Monro 来谈"；六月

---

① 笔者按：Munro 在《唐君毅全集》卷 27《日记》（上）中作 Monro。Donald J. Munro，中文名孟旦，美国密歇根大学中国哲学教授，他在密歇根大学设立了西方世界第一个"唐君毅奖学金"和"唐君毅访问学者系列讲座"。2014 年暑假，笔者在美国度假撰写《唐君毅先生年谱》期间，应约到安娜堡孟旦先生家里拜访。孟旦先生特别提到，唐先生是他的老师，唐先生是哲学家的典范，所以他要设立唐君毅奖学金，以资纪念。密歇根大学官网相关资料介绍：In 1962, a young Columbia University graduate student came to Hong Kong to study with Tang. He was already well trained in Western philosophy and he already spoke and read Chinese, something as remarkable then as it is remarkable now. He had spent the previous two years in Taiwan, first arriving there in 1960. In 1964, Don joined the Department of Philosophy at the University of Michigan. Upon his appointment, it became one of the few philosophy departments in North America with an expert in Chinese thought. This was due in part to the department's enlightened attitude about the nature of knowledge, but it was also due to the fact that in Don Munro they had found not only a scholar who would become a leading figure in the study of China, but also someone fully conversant with the Western philosophical tradition. Don taught here for thirty-two years, retiring in 1996. Don Munro is not only the disciple of Tang Junyi, but also the patron of the lecture series that honors his name and his lineage. In the first presentation in this series, Professor Steven Angle, Chair of the Department of Philosophy at Wesleyan, gave four lectures that were coordinated by the Department of Asian Languages and Cultures. http://www.lsa.umich.edu/philosophy/people/faculty/professorsemeriti/ci.munrodonald_ci.detail.

十九日,"上午 Monro 来";六月二十六日,"上午 Monro 来问学";七月十七日,"上午 Monro 来谈";七月二十日,"上午 Monro 君来谈";七月二十六日,"上午标点文二时,Monro 来问学";七月三十一日,"上午 Monro 来问学";八月七日,"上午 Monro 来问学,下午标点文,夜约 Monro 及陈特等吃饭"。

八月二十六日,东方人文学会正式成立,成立典礼在牟宗三先生家举行,会长由唐先生出任。参加典礼的会众向孔子遗像行三鞠躬礼,然后由唐先生报告筹备经过。① 会员除唐先生与牟宗三先生外,还有谢幼伟、程兆熊、王道以及新亚书院与香港大学的学生,每年活动包括演讲、恳谈、聚餐、旅行和出版等。

东方人文学会的成立,由《人生》杂志主编王贯之先生提起,由人生社与各方通信商榷进行。唐先生六月十六日给在美国的陈荣捷的信即言:

> 弟近与谢幼伟、牟宗三(任教港大)诸兄鉴于中国儒学之衰落,近拟共发起一东方人文学会,一面以讲学接近青年,一面与若干国际上研治儒学之中、日、韩之人士谋声气相通,一面拟刊印若干已绝版之儒学书籍,并印行待印之书(如熊十力先生之著)。弟等前拟有一学会组织之原则,今奉呈一阅。美国方面,公议拟请吾兄及梅贻宝兄与君劢先生共列名发起。不知尊意是否同情。如蒙赞助,并希指示将来进行办法,或介绍同志。韩国方面有高丽大学之文学院院长李相殷;日本方面有东京大学之宇野父子;已去函商,蒙来函表示赞助。香港方面,除弟及谢、牟二兄外,有王道(《人生》主编)及程兆熊兄五人先行发起。其余友人虽多,但亦不轻约,以免关系太杂,只希望能由讲学以多有一些下一代之青年同有志于儒学之复兴之事业,暂不求一时之张扬,而求如细水之长流。②

---

① 唐君毅:日记,1962 年 8 月 26 日。《唐君毅全集》(九州)卷 32《日记》(上)第 329 页;《唐君毅全集》(学生)卷 27《日记》(上)第 453 页。

② 唐君毅:致陈荣捷,1962 年 6 月 16 日。《唐君毅全集》(九州)卷 31《书简》第 36—37 页;《唐君毅全集》(学生)卷 26《书简》第 46—47 页。

三四年来，在新亚周围的一批学者中本有"哲学学会"，每月一个星期四夜晚在唐先生家或新亚集会一次，经常有二十人左右自由参加。谢幼伟、牟宗三、程兆熊诸先生每次皆参加指导。哲学会不拘形式，以讨论哲学问题为主。而在此哲学会之前，唐先生与新亚一二十位同学，曾有"人学讲会"，每月第一个星期日早晨举行，主要由唐先生一人主讲，举行了二三年，觉得太单调，乃变为后来的"哲学会"。另外，牟宗三先生七八年前在台北师大时，有"人文友会"，亦以讲学为主，并对台湾许多青年产生了好的影响。王贯之先生建议把各讲会的精神集中起来，共同发展，成立一世界性的学会。由是，由谢幼伟、牟宗三、程兆熊、王贯之诸先生和唐先生五人共同商量定名为"东方人文学会"，并依照香港政府法令规定，向社团注册处申请登记。

东方人文学会的初意，本不欲只限于香港，第一步即先与海外年纪较长的讲中国儒家哲学的友人，如在美国的梅贻宝、顾翊群、张君劢、陈荣捷、鲜季明等，居台湾的徐复观等，在新加坡的钟介民等，在韩国的李相殷等，在日本的宇野精一及其父哲人诸先生联络。他们大多是在大学中讲儒家哲学的，也都愿列名为发起人。此外，台湾有"人文友会"诸友，澳洲有"正标学会"诸友，他们虽较年轻，却皆富有理想。除此外，散居加拿大、菲律宾、欧洲诸友，亦多表示声应气求。唐先生及各位学会发起人，"不愿我们之精神只限在近处，而在此寥阔之世界中，散在各地之微小之灯光，最令人怀念；四处飘零之花果，最需要精神上之相慰相温，相滋相润。同时因相距愈远，愈易形成一纯精神上之师友关系，略如我们之尚友古人之为一纯精神上的师友关系"。①

东方人文学会的宗旨在于，发展出东方中国文化之世界的意义。唐先生认为，从历史上看，中国文化在东方文化中是影响最大的；印度文化中只有佛教的影响是遍及于东方诸国，而佛教则主要为中国文化所摄入。所以中国文化的发展对东方文化的发展应是最重要的事。而发展包含保守与创新；无所保守，无所创新，皆不能成就发展。保守是承先，创新是启后。唐先生谓：

---

① 唐君毅：《关于东方人文学会》。《唐君毅全集》（九州）卷15《东西文化与当今世界》第63页；《唐君毅全集》（学生）卷10《中华人文与当今世界补编》（下）第334—335页。

发展中当然包涵中西文化或东西文化之融合。但我们又不能站在中西文化之外的地位将此二者来加以融合，因我们实际是生活存在于东方之中国；我们只能就我们所站立之东方之地位，去逐步求此东方文化中国文化之发展。由此发展，自然便会去将西方文化逐步融摄于东方或中国；此有如西方文化之进一步之发展，亦可融摄东方文化或中国文化于其中。我们现在是站在东方之中国之地位，故定名为东方人文学会，而暂不定名为世界人文学会。这不是如一般之研究东方中国之文化者之只把东方或中国文化视如一研究分析的客观对象，而自己则站在其外面而超临其上；亦不是说东方中国之文化，莫有世界的意义。照我们的意思，我们今日亦正须发展出此东方中国文化之世界的意义。①

当然，东方人文学会要发展出中国文化的世界意义，主要是发展儒家文化的世界意义。

孔子在中国文化历史中，即一最重承先启后之圣人，而儒家对于"人文化成"之学与教，亦实际上是中国文化之核心之所在。②

孔子在当时不只是鲁国之孔子，亦是当时之天下即当时之中国的孔子，后来成为东方的孔子；今日我们正要再发展一步，使之成为真正之天下的孔子或世界的孔子，而中国文化、东方文化亦必须发展成为世界文化之一环，使其对世界人类之文化前途，有真正的贡献，而显出其普遍的意义与价值。③

中国文化之核心之儒家之学与教，原是以天下一家为怀抱，所以亦能怀抱此世界性之佛教与基督教。现在我们正当将此能怀抱一切世

---

① 唐君毅：《关于东方人文学会》。《唐君毅全集》（九州）卷15《东西文化与当今世界》第64—65页；《唐君毅全集》（学生）卷10《中华人文与当今世界补编》（下）第336—337页。

② 唐君毅：《关于东方人文学会》。《唐君毅全集》（九州）卷15《东西文化与当今世界》第64页；《唐君毅全集》（学生）卷10《中华人文与当今世界补编》（下）第336页。

③ 唐君毅：《关于东方人文学会》。《唐君毅全集》（九州）卷15《东西文化与当今世界》第65页；《唐君毅全集》（学生）卷10《中华人文与当今世界补编》（下）第337页。

界性之宗教之儒家之学与教，再加以发挥展开，以与世界之哲学与宗教及文化思想相摩相荡、相摄相入，以使之由东方的成为世界的。

我们现在应当有一大心愿，去求此中国及东方文化之发展，一面立根于我们自己所站之地位，即东方与中国，一方目光注视到世界人类之文化之前途，去作我们多多少少能作之事。①

十月九日，唐先生给章力生回信，谈到自己对基督教的理解及自己所理解的人文主义宗教意识。唐先生谓：

> 弟于基督教义固未尝深研，然关于上帝之哲学问题，则亦尝有所究心。哲学性的神学之书，亦尝略读。唯观其派别纷繁，亦未知所适。依弟之哲学思想，弟亦肯定有宇宙真宰之存在，此亦先儒思想中之所有，如昔贤所谓天、上帝、天心皆是也。即依佛学亦有法界、大我、常住、真心、如来藏心凡此等等及印度教之大梵。依弟之哲学观之与基督教之上帝，实同指一宇宙真宰。在究意义上无二无别。至于各宗教哲学之不同，乃在其人性观世界观及救赎与修持之论方面，此乃依历史文化及人之思想而异，而属于"方便多门"方面，不属于"归原无二"方面。依弟鄙见，如言此真宰之启示其自身，此亦有各种启示其自身之方式，不限于一方式，亦不限于一地区一时代，而人之上达于此真宰，与此真宰之下降救赎，亦实一事之二名，如人心不能上达，则真宰亦不能下降救赎。故弟对基督教虽加以尊重，然窃不以其排他的救赎说（此乃 Lceky 之名）为然，而此排他的救赎说，盖远源于犹太民族自居选民之观念，此并与耶稣之言不合。
>
> ……故依弟之见，如必世间唯只有一条救赎之道，则不特人海茫茫，皆陷身泥淖，亦与宇宙真宰之爱之无所不运之本性不合。而人之坚执救赎之道只有一者，其初志虽至诚，后恒继以狂热，以反异端，则瞋心慢心相缘而起，其祸遂不可胜言。此皆观诸历史信而有征者。故弟竟今之不同之宗教徒，宜先求广大其心量以相容相摄，不宜仍循历史之故辙以相斥相绝，而此中之义理，亦非仓卒之

---

① 唐君毅：《关于东方人文学会》。《唐君毅全集》（九州）卷 15《东西文化与当今世界》第 66 页；《唐君毅全集》（学生）卷 10《中华人文与当今世界补编》（下）第 337—338 页。

所能尽，然要之皆依于理性与信仰之相辅为用，方能对此中之问题加以疏决也。①

唐先生认为，自己所强调的"人之上达"与"真宰之下降"为一事，此乃关于天命与人性如何澈通的问题，乃属于宗教及哲学之最深邃处。并特别申明：

> 弟所想之人文主义，决非西方文艺复兴后之人文主义，乃信人性与天命为一之人文主义，此人非一般人，而为大人、圣人、天人之人，而成此人亦非出于人之自大心与傲慢心，而去此自大与傲慢，亦正为工夫之第一步。②

十二月二十九日，唐先生收到六大宗教了解堂寄来的文件，并嘱代为募款。唐先生念六大宗教中有儒教，Hollister 夫人计划共需五百万美元，则儒教堂需款八十余万元，而中国人之列名发起则甚少。因此，唐先生对来访的友人及学生均以此事告之，并盼其代募捐款。"今日不断有友人及学生来访，均以此事告之，并盼其代募捐款。"③

此事之缘起，还在两年前某月某日，新亚书院会客室中来了一位由美国到香港的何理世德夫人（Mrs. Juliet Hollister），要见唐先生同程兆熊先生。当时新亚书院的生活指导主任曾特先生手里持了两张纸，说这代表她的梦想。这梦想是要世界上属于不同信仰与宗教人士共同发起，计划在华盛顿建立一个世界六大宗教——佛教、印度教、基督教、儒教、回教、犹太教的了解堂。④

---

① 唐君毅：致章力生，1962 年 10 月 9 日。《唐君毅全集》（九州）卷 31《书简》第 285—286 页；《唐君毅全集》（学生）卷 26《书简》第 371—372 页。
② 唐君毅：致章力生，1962 年 10 月 9 日。《唐君毅全集》（九州）卷 31《书简》第 286 页；《唐君毅全集》（学生）卷 26《书简》第 373 页。
③ 唐君毅：日记，1962 年 12 月 29 日。《唐君毅全集》（九州）《日记》（上）第 337 页；《唐君毅全集》（学生）卷 27《日记》（上）第 463 页。
④ 唐君毅：《"世界六大宗教了解堂"之建立之感想》。《唐君毅全集》（九州）《中华人文与当今世界》（下）卷 14 第 78 页；《唐君毅全集》（学生）卷 8《中华人文与当今世界》（下）第 95 页。

一年前，唐先生撰文《"世界六大宗教了解堂"之建立之感想》，对此事做了记载，并由此阐释了自己对于此"了解堂"的看法和对儒教的理解。唐先生对何夫人之努力十分欣赏而尊敬，认为一个人抱着一个单纯的公益愿望而走遍世界，去求同情赞助的精神，即无异是此破裂劳攘、似热闹而实寂寞荒凉的人类世界中的空谷足音。唐先生认为，一切不同的宗教信仰，其真正的植根处，只能在人的善良的心。人的善良的心，能互相照应，则一切不同宗教信仰即有相互了解、相互并存的可能。当然，从宗教信仰内容来说，其彼此差异、冲突而难于协调的情形是有的，但并非不能协调。何理世德夫人愿意建立"六大宗教了解堂"，而名为"了解"，不名"协调"或"融通"，这当是由于她知道此协调或融通不易。然而人类历史到了现在，不同民族不同文化的人们时时互相遭遇，不求互相了解亦不可能。一切求相了解之事，如不透入彼此精神生活核心的宗教信仰，无不陷于肤浅。人类如不能由其精神生活核心的相互了解，结成一精神的团体，以谋自救，便只有让核子战来埋葬世界了。因此，唐先生认为，"此了解堂之建立，亦即有划时代之意义与价值"。①

唐先生由此进一步阐释了自己对儒教教义及其与其他宗教关系的理解：

> 依儒教的教义，尽可不赞成其他宗教信仰之若干内容，但我们必需肯定其他宗教徒，亦是一个人，而当尊重其信仰，而求了解之。依儒家之教义，人之所信仰者是什么，其实是次要，只有人之本身最是重要的，人之信仰中所表现之善良的心，是最重要的。儒家之教义，亦只是要人之充极其善良的心之量而表现之。但此亦不是说，此教义之落于语言文字之迹相上者，是最重要的。重要只是人人皆能在实际生活上，充极其善良的心之量，而表现之，而使人成为真人，亦即成为儒者。儒者可以承认一切真人皆是儒者。如最伟大的佛徒，可称一切圣贤为菩萨，而最伟大的基督徒，必须承认不名为基督徒的人常是真实的基督徒。儒家之教，以人为主，教人由知人性以知天道，而一

---

① 唐君毅：《"世界六大宗教了解堂"之建立之感想》。《唐君毅全集》（九州）《中华人文与当今世界》（下）卷14第81页；《唐君毅全集》（学生）卷8《中华人文与当今世界》（下）第99页。

切其他宗教之所信者，或与此不同，如或以神为主。然而儒家并不只以其所信者权衡一切，而只是直接就一切不同宗教徒之为人，而肯定之、尊重之、求了解之。就不同宗教徒同为人而言，毕竟平等，则一切所信之差别，同不足形成一切能信之人之差别。其他宗教徒之狭隘者，可以信者与不信者划分人类之疆界，但是对此划分疆界者，儒家还是肯定之同为一人，而不见其所信者之异。这我们可说是儒家精神之最广大处。然而此最广大处，亦为一切宗教之密义之所涵。而真正的儒者，亦当忘其最广大处，以与一切人相接。此广大处，民无能名焉，而儒者亦不自名。对此遍布人间之无数善良的心，同生于此艰难之时代，以共谋自救之日，一切美德之自矜，皆成罪戾。人类真有一海晏河清，人人皆成圣成贤，与天合德之时代，则世间一切宗教之名何有？儒之一名，亦同与世相忘矣。然至今日，世界之不同宗教皆有声有色，而东方之儒教宏化之区，唯恃其广大宽容，顿尔与世相忘，竟默默无闻，不自树立，又安能以其广大宽容，通天下善良之心？今他人视儒为六大宗教信仰之一，而我乃唯自加践踏，又将何以报人？①

是年，唐先生发表的文章有：

在《人生》杂志发表的《关于东方人文学会》《说成事中之道德实践》；

在《新亚学术年刊》发表的《论智慧与德行之关系》；

在《新亚生活双周刊》发表的《事实之意义之主观性与客观性》《艺术的独特性能》《人文学的性质与目标》《告新亚第十一届毕业同学》；

在《民主评论》发表的《中国之祠庙与节日及其教育意义》；

在 Philosophy East & West 发表的 "The Heavenly Ordiance in Pre-Chin"（译）；

为《新亚文化讲座录》所作的序等。

《中国之祠庙与节日及其教育意义》是唐先生受谢永年先生邀请在德明书院社会教育系的演讲词，是一篇现代思想史上讨论祠庙与节日的极其

---

① 唐君毅：《"世界六大宗教了解堂"之建立之感想》。《唐君毅全集》（九州）《中华人文与当今世界》（下）卷14第82—83页；《唐君毅全集》（学生）卷8《中华人文与当今世界》（下）第100—101页。

重要的文献。唐先生在分析了节日、祠庙的时间段与空间场所，比较了中国和西方祠庙与节日的不同内涵与意义后，重点阐释了中国祠庙与节日的价值意义和多方面的教育意义。

唐先生认为，中国的祠庙不是狭义的宗教性的，而是广义的宗教性的，它兼通于全面的人文世界、人格世界、人伦世界的人物。所谓"广义的宗教性"，指我们对于高于自己个人精神的存在的一种崇敬性。唐先生谓：

> 人有所崇敬，而其自己之精神，即随此崇敬之所往而俱往，此即成就一自己精神之向上升起，而达于超脱与高明——此即一切创造人类社会之文化智慧之原。故即就一般社会文化生活的发展上看，人亦不能莫有他所崇敬的。但人所崇敬的活人，都是原则上人可以因种种我与他间之利害关系，或其人之堕落，而成为不堪崇敬者。故人必须崇敬死了的古人之精神，或超越的神。然而此古人之精神又不能只存于我个人主观之内心中；我们必须在现实世界中，将此不可见的精神，求加以客观化，为之安排一现实的地位——由此而为之镌碑，为之立牌位，为之画像，为之塑形，为之设殿——由此而有祠庙之修建。有祠庙而人之入祠庙者，乃能由念其名、瞻仰其形、徘徊其庙中，以遥想其不可见之精神，而亦致其崇敬之心。我们只要深知此中人之必当有崇敬之心，及此心之必求客观化其所崇敬者，便知祠庙之必当有。①

就祠庙的建筑而论，唐先生谓：

> 西方中世至今之教堂之建筑，在立体性的发展上，是能表现一高卓庄严之意义的。然而其立体感又太强了，忽略了建筑之要求平面伸展的意味。故高卓而不阔大，庄严而不宽疏。这就不如中国之孔庙与寺院之能庄严，而不失其阔大与宽疏。高卓的教堂，可引起人之一种

---

① 唐君毅：《中国之祠庙与节日及其教育意义》。《唐君毅全集》（九州）《中华人文与当今世界》（下）卷14 第156—157页；《唐君毅全集》（学生）卷8《中华人文与当今世界》（下）第188—189页。

肃穆崇敬之心，再依此崇敬之心，向上升举，以化为崇拜之情，而低首降心，再回头忏悔认罪，这亦有一价值。但教堂之四面不透风，上尖下阔，则同时凝固封闭人心于此教堂之中，使人心亦化为尖锐，逼向一顶点。此则不如中国之孔庙与寺院之阔大宽疏，建筑皆平顺方正，使人之崇敬之心无一定之顶点，而旁皇通达，开朗平正。此种建筑之形式与人心之感应，皆其几甚微，而涵义甚远。

……中国祠庙之建筑因重平面的伸展，所以总不只一殿。正殿以外，兼有旁殿、后殿，再有廊庑以通之，或园林以绕之，又常建于山明水秀之地。此皆所以使来瞻仰者，兼可徘徊其间，而引致其心灵之趋于通达开朗，并使此人造之建筑，有实有虚，与自然之空地及地上之林木，能相依而无隔者。故人在此所兴发之同上的崇敬之心，亦不致使人藐视此自然与人间，而能回头与以一瞻顾、一安抚。此对自然与人间之一瞻顾、一安抚，即为将此崇敬心所开出之智慧，还用之于一般之社会文化生活之发展，及日常生活之情调之培养者。①

唐先生进一步指出：

对于中国之祠庙，我还有一特加以欣赏的地方。即其中之碑碣、对联、匾额及题跋之多。这类东西，乃所以表示人自己对其所崇敬之祖宗人物的一番纪念、崇敬、赞美、感恩、怀想之情意。这些情意，初乃修建祠庙者及来此瞻仰者之一种精神上的主观感应。西方的教堂以及纪念堂之类，不大重视这些东西。此盖由西方人视此主观感应，比起其所崇敬之伟大神圣之客观对象来，太卑微不足道，或以为此乃多余之附加物之故。中国之祠庙重视这些东西，而视为必要，则表示中国人之视此主观的感应与其所崇敬之对象，在精神上为可以互相激扬，而可同升至一精神境地；而表现此感应之碑碣、对联、诗文、题跋等，遂亦当书刻于祠庙之中。由此而中国人之瞻仰祠庙者，乃非只是直接对祖宗人物致其崇敬，亦兼是透过其所悬之匾额碑碣之文字中

---

① 唐君毅：《中国之祠庙与节日及其教育意义》，《唐君毅全集》（九州）《中华人文与当今世界》（下）卷14第158页；《唐君毅全集》（学生）卷8《中华人文与当今世界》（下）第190—191页。

之情意之了解，以引发其崇敬之心。此匾额碑碣之文字本身，是前人之精神上之感应之表现。我们之了解此文字之情意，则为我们对前人之感应之表现之本身，再引生一精神上之感应。此前人与后人之精神上之感应，与对于祖宗人物之神灵之直接的崇敬，互相交织渗透，则为形成瞻仰祠庙者，一种更深厚崇高的精神经验者。①

唐先生认为，中国节日的意义也是广义的宗教性的。

> 西方之节日多为狭义之宗教性的节日，或不与祠庙之一定处所及祭祀相连之父亲节母亲节等。中国之节日，则为广义之宗教性的，连于人文世界、人格世界、人伦世界与自然的节日，初是与祠庙或其他之一定的空间上处所或祭祀之礼仪相连的。中国今日尚存于民间的节日有过新年、上元、清明、端阳、乞巧、中元、中秋、重阳、冬至等节日。此皆与自然之时节，及人伦与人文直接相关者。……中国人以后之过节，亦是与人所往之空间上的处所相连的。如过清明节，则到郊野祖宗坟墓所在地。过端午节，则至水中划船。过乞巧节、中秋节，则至庭中望星望月。过重阳节则登山，过年节则守在家中。此中之每一节日，皆涵一人伦及人文的意义。如清明是扫墓，致孝子之思；端阳是吊屈原，致忠君爱国之心；乞巧是遥念牛郎织女之情；中秋望月，是月圆人圆之夜；重九是登高怀远之时；过年拜年是一家团聚，亲朋宗族邻里共聚之期。
> ……中国之节日一方带自然性、人文性、人伦性，一方又是与一定之空间上之处所相连的。西式的节日只有宗教性的节日，忽略了与自然、人文与人伦的关系，只知耶稣之降生受难复活，不知于人文世界及人格世界人伦世界之祖先及圣贤人物，致纪念崇敬之意。②

---

① 唐君毅：《中国之祠庙与节日及其教育意义》。《唐君毅全集》（九州）《中华人文与当今世界》（下）卷14第158—159页；《唐君毅全集》（学生）卷8《中华人文与当今世界》（下）第191页。

② 唐君毅：《中国之祠庙与节日及其教育意义》。《唐君毅全集》（九州）《中华人文与当今世界》（下）卷14第159—160页；《唐君毅全集》（学生）卷8《中华人文与当今世界》（下）第191—192页。

对于中国祠庙与节日的教育意义，唐先生谓：

  中国祠庙不特有社会教育之意义，亦涵具家庭教育、学校教育、自然教育、及自己对自己之教育之各种意义。中国之节日因其特与自然及人伦相连，故亦即特富于家庭教育与自然教育之意义。①

  中国之祠庙之一种原带广义之宗教性，自始即以启迪人崇敬之意为本者，其提高人之精神，兴发人之志气，及开辟人之智慧之原之价值，即更纯粹而更切挚。……如中国之祠庙制度能保存下去，则若干之图书馆、历史博物馆、艺术馆及讲演厅、文化会堂等，皆当尽量环绕人物之祠庙而设立。如一般性图书馆，尽可建于孔庙之旁；道教图书馆，可建于道观及老子庙；佛教图书馆，设于佛寺旁；天文图书馆设于张衡之祠，工程水利图书馆设于大禹庙，姓李之著作集于李姓之宗祠，姓张之著作集于张姓宗祠。而公共讲演，亦可于陶渊明、杜甫等人之祠庙中讲诗，于朱子、王阳明之祠庙中讲理学，文天祥、岳飞之祠庙中讲国防。此亦同如基督教徒之于教堂讲新旧约。而中国人要为西方之哲学家如苏格拉底，科学家如牛顿，设一祠堂，讲西方哲学与西方科学，亦未尝不可。凡由此所导致之讲者听者精神上之感奋兴起之效用，皆似虚而至实，似无而真有，而亦非全不可加以理论的说明。②

  至于中国之节日，我们既言其具自然人文及人伦的意义，此皆为养成人与自然及人与人之亲和之情者，其必须保存，自毫无疑义。即就社会教育之观点说，我们前说社会教育中包括人之社会性、合作性、人道感情、社会感情，及一切社会化的行为习惯等，加以指导陶养之教育。人在祠庙节日中之活动，皆可为人与人之共同活动。此正

---

  ① 唐君毅：《中国之祠庙与节日及其教育意义》。《唐君毅全集》（九州）《中华人文与当今世界》（下）卷14第163页；《唐君毅全集》（学生）卷8《中华人文与当今世界》（下）第196页。

  ② 唐君毅：《中国之祠庙与节日及其教育意义》。《唐君毅全集》（九州）《中华人文与当今世界》（下）卷14第161页；《唐君毅全集》（学生）卷8《中华人文与当今世界》（下）第194页。

为可藉之以指导陶养人之社会性感情者。

……此外人们之许多社会文化性之活动，如音乐、戏剧、体育、其他工艺美术等，都可与节日相配合。如中国之民间之艺术技术，与年节元宵相配合，希腊之奥林匹克节与希腊之音乐、戏剧、雕刻等相配合，则节日亦兼具其他之社会文化教育的意义甚明。①

中国之宗祠，乃一宗族之祠堂。一宗族可一直溯至远祖，则可通一古今历史中之同姓之一切人物于一世系。此世系中必有许多历史上之人物，可以为后世之子孙之模范者。故我们到一宗祠中，见其名字，亦即可引起我们之效法之心，此即涵具一广义的家庭教育之意义。②

学校……不只是指一排课程授课的机关，亦可指一学派。今我们亦可引申其义，而以我们所学所师的历史文化中之人物之和，视为组成一无形的学校之教师。则图书馆，固可视为一学校；而众多之祠庙各为历史上之可学可师之人物而修建，并各藏有其手迹著作，及后人为之所作之碑碣、对联，及其他文字等；则我们于一定之时节，分别去瞻礼徘徊，诵其诗、读其书，以想望其为人；此亦等于轮流在一无形之大学校中，至各教室上课。③

中国之祠庙，必向平面之空间伸展，恒有园林以绕之，并常建于山明水秀之地。孔子说智者乐水，仁者乐山，周濂溪由草不除以知生意，程明道由鱼以知万物之自得之意。自然对我们之教育，常是至深

---

① 唐君毅：《中国之祠庙与节日及其教育意义》。《唐君毅全集》（九州）《中华人文与当今世界》（下）卷14第161—162页；《唐君毅全集》（学生）卷8《中华人文与当今世界》（下）第194—195页。

② 唐君毅：《中国之祠庙与节日及其教育意义》。《唐君毅全集》（九州）《中华人文与当今世界》（下）卷14第162页；《唐君毅全集》（学生）卷8《中华人文与当今世界》（下）第195页。

③ 唐君毅：《中国之祠庙与节日及其教育意义》。《唐君毅全集》（九州）《中华人文与当今世界》（下）卷14第163页；《唐君毅全集》（学生）卷8《中华人文与当今世界》（下）第195—196页。

至微的。则中国之祠庙之倚山傍水而修建,即具有我们前所谓自然教育之意义。①

我们自己在徘徊瞻仰而兴起崇敬之心之后,念先生之风,山高水长,便自然会想"舜何人也,予何人也,有为者,亦若是",而自生愧耻之心,便知自强求进。此即我们自己对自己之教育。②

唐先生指出,中国祠庙与节日的意义,在中国一般知识分子心中已经渐不存在。不过,幸而在中国的民间,此祠庙与节日的意义仍可说是大体上存在的。我们需要向民间学习,对其意义与价值重加以虚心的真切的了解,才能加以保存。在保存的基础上,再如何加以提倡与改进,以重建中国未来的祠庙,及如何充实丰富中国民间的节日活动,以与一套新的礼乐相配合,并与现代的文化生活及都市建设互相适应。对这些问题,唐先生自谓:"十年来实常在我心中,我认为比一切问题都重要。"③

一九六三年　五十五岁

唐先生女儿安仁在台湾大学化学系学习,做实验时不慎被化学药剂灼伤。唐先生夫人于一九六二年十二月三十一日至本年三月九日,到台湾照顾陪护女儿。其间,唐先生多次写信讨论女儿的学习兴趣和转系等事宜。

关于安儿读书事,可细细问其兴趣及其他情形决定,我意因此意外而降班亦不算耻辱,总之身体心情之健康要先恢复。其次应知此事

---

① 唐君毅:《中国之祠庙与节日及其教育意义》。《唐君毅全集》(九州)《中华人文与当今世界》(下)卷14第162—163页;《唐君毅全集》(学生)卷8《中华人文与当今世界》(下)第196页。

② 唐君毅:《中国之祠庙与节日及其教育意义》。《唐君毅全集》(九州)《中华人文与当今世界》(下)卷14第163页;《唐君毅全集》(学生)卷8《中华人文与当今世界》(下)第196页。

③ 唐君毅:《中国之祠庙与节日及其教育意义》。《唐君毅全集》(九州)《中华人文与当今世界》(下)卷14第167页;《唐君毅全集》(学生)卷8《中华人文与当今世界》(下)第201页。

之发生仍由安儿平日不谨慎之故，经此可得一莫大之教训，如不以为教训，只怪及他人，则一切皆毫无意义了。(12月22日)

此学期快要考试，今耽搁数星期课，以后定无法赶上，现在只好早作降一班的打算，安心养伤。至于以后转何系病好再说。不过在病中如精神尚好仍宜看看书，否则精神弛散，胡思乱想亦不好。(12月26日)

安儿受此次教训，想性情可不如前之躁动，许多性格上的事，都要自己觉悟，才有办法，只靠他人监督亦无用。人之性格最易受同学及朋友影响，总要善于自己择友，如冬明便很好，可见安儿亦未尝不能辨好坏。大约青年以纯笃为第一，其次便是要对自然对他人对一切好的东西，能发生感应。纯笃是本质是体，能感应是生机是用，内心复杂与麻木无感应的人，都是不好的。……安安学化学的事，我无一定之成见，但无论学什么，总要有真兴趣，只为怕人说经不起挫折而学下去，亦不好。……如此次补考成绩不合格，又无真兴趣，则不如转系或与你一齐回来，先在新亚傍听课。(1月5日)

他如不愿转系，则看补考成绩如何来决定。我意是如成绩不好，即证明其兴趣与才能不在此一方面，便不要勉强读下去，只是因舍不得过去所花时间精力便勉强读，则会如你所说会愈陷愈深，我看即以此半年作一考验，如成绩不特别好，还是转系为宜。(1月18日)①

是年十月，安仁正式转入新亚书院中文系学习。日记十月十日记载："安儿已转学新亚书院读中文系，其实彼学文学较适合其性情，去台大读化学全是受风气及同学影响，结果实验受伤，住院数月，转学文学，岂非天意。"②

唐先生年来出席会议甚多。日记二月一日反省：

念年来出席之会议太多，当设法减少，计校中行政会议、月会、

---

① 唐君毅：致廷光书，1962年12月22日、26日，1963年1月5日、18日。《唐君毅全集》(九州)卷30《致廷光书》第304、305、307、309页；《唐君毅全集》(学生)卷25《致廷光书》第447、449、455、457页。

② 唐君毅：日记，1963年10月10日。《唐君毅全集》(九州)卷32《日记》(上)第357页；《唐君毅全集》(学生)卷27《日记》(上)第487页。

研究所会、哲学会、人文学会、代表学校参加之三院联合、联合教务会、图书馆会……平均每月须费时三四十小时，当设法减半，以此时间作文读书。①

又，唐先生于事往往十分认真，这也特别费心劳神。日记二月七日反省：

> 我之缺点为对若干他人之事责任心太强，翻成一僭妄或占有，实则己力不能及之事，则不必引为己责，人各有一个天，不必皆由我为之担忧也。②

是年，新亚书院的发展又到转折时期。四月，新亚书院在农圃道的第三期校舍落成。十月十七日，香港政府根据富尔敦委员会报告书，香港中文大学正式成立，新亚书院与崇基书院、联合书院，同时加入为香港中文大学的基本学院。唐先生受聘为中文大学哲学系讲座教授兼哲学系系务会主席，并被选为中文大学第一任文学院院长。

对于中文大学的成立和新亚书院的加入，唐先生谓：

> 新亚书院参加中文大学，当时主要的原因，是教育司不承认新亚毕业生的大学资格，同学们在社会得不到应有的地位。这绝不是新亚书院要求参加中文大学；也不是新亚书院与崇基、联合书院先有连系，定要合办一中文大学。中文大学的成立，初完全是香港政府作主动的。因当时的学生升学，只有到香港大学、台湾或大陆的大学。很多家长感到其子弟中学毕业无处升学，香港政府教育司乃提议成立中文大学。但当时香港大学之教育系的教授却不同意，认为把香港大学扩充，加个中文部就可以了，不必办另一所大学；因为第二所大学，在整个英联邦教育史上是没有的。

---

① 唐君毅：日记，1963年2月1日。《唐君毅全集》（九州）卷32《日记》（上）第340页；《唐君毅全集》（学生）卷27《日记》（上）第467页。
② 唐君毅：日记，1963年2月7日。《唐君毅全集》（九州）卷32《日记》（上）第341页；《唐君毅全集》（学生）卷27《日记》（上）第468页。

  ……此外，还有许多奇奇怪怪的理由来反对成立第二所大学，例如中文不能教授科学等等。后来终于在社会人士的支持下，成立了中文大学。但其间仍有很多问题，例如以甚么人当校长呢？钱宾四先生亲口对我说，当他访问伦敦时，在车上，草拟富尔敦报告书之富尔敦先生曾向他建议，第一任校长无妨英国人先做。但钱先生坚决反对以英国人当校长；因为这样，仍是个英国的大学。于是后来富尔敦先生亦不再提英国人任校长的事了。①

  中文大学初办时，定名也是一个问题。新亚主张用华夏大学或者南海大学，这些名称的中国的意味比较显豁，不幸不得他人的支持，而没有通过。由于大学的名称定不了，报界方面觉得新大学总是以中文授课的，就称之为"中文大学"。所以"中文大学"这名称，其实是社会人士喊出来的。唐先生认为，"中文大学"的名称可含有三个词义：一、用中国语言为主要教学工具的大学；二、中国人治理的大学；三、以中国文化之承继与发展为教育目标的大学。新亚书院则特别着重第三个解释。

  十二月，钱穆先生因新亚书院已成为香港中文大学的基本学院，乃功成身退，向新亚书院董事会提出辞新亚书院校长职务。唐先生为此曾与钱先生数度恳谈，望其打消辞意。

  是年，唐先生于夜间兼任香港大学的校外课程。

  是年唐先生发表的文章有：

  在《新亚学报》发表的《荀子正名与先秦名学三宗》；

  在《民主评论》发表的《论越南僧人之络续自杀与人类之良心》《历史事实与历史意义》；

  在《人生》发表的《答健耕书》；

  在《大学生活》发表的《儒家之学与教之树立与宗教纷争之根绝》；

  在《四川文献》发表的《记重庆联中的几个少年朋友》；

  在《祖国周刊》发表的《学术标准之外在化与花果飘零及灵根自植》；

---

① 唐君毅：《新亚的过去、现在与将来——一九七三年六月十七日新亚道别会演讲词》。《唐君毅全集》（九州）卷16《新亚精神与人文教育》第159页；《唐君毅全集》（学生）卷9《中华人文与当今世界补编》（上）第602—603页。

在《华侨日报》发表的《伍宪子先生传记叙》；

在 Religions among Religions Todays 发表的"Confucianism and Chinese Religions"。

《学术标准之外在化与花果飘零及灵根自植》一文，是唐先生就两年前发表的《说中华民族之花果飘零——兼论保守之意义与价值》一文所引起的海外震动所做的回应，后以《花果飘零与灵根自植》收录于《中华人文与当今世界》（上）第一部。

《说中华民族之花果飘零》一文发表后，引起不同刊物中相识或不相识的朋友纷纷为文，抒发同类感慨，或从而将其中所引起的问题更进一步去想。《祖国》编辑部多次希望唐先生再写一文回应酬答。但唐先生因未看出与自己绝对不同的意见，加之亦实极少时间可供自由运用，故一直没有为文酬答。但是，在这两年中，一位不留姓名的朋友，多次给唐先生来信或寄来文件，直接表示对唐先生文中所说不能赞成。其大意是：唐先生该文将沮丧中华子孙的自信心，也与客观事实不合，同时又徒引动人的感情而未示人以解决问题的方案，更未示人以当前如何立身处世之道。该朋友还提到中国海外华人于其所居之地逐步提高社会地位的种种事实，比如杨振宁和李政道获得诺贝尔奖，留美学生在大学任教的人数逐步增多，以及杨传广得到奥运会十项全能亚军等事实，并且每逢报纸上刊载了中国人获得某一国际上的荣誉的事，都剪来寄给唐先生。其意大概是以此证明，中华民族之花果并未飘零，而且已生根于各地。唐先生一方面想回信给这位朋友而不能，另一方面也想就"自信心如何可以树立"的问题再撰一文。于是，唐先生撰写了此文。在此文中，唐先生就两年来所感，更进一步指出中华民族之花果飘零的事实，并将匿名朋友所举的各种事实从其消极意义方面去解释，以逼出其绝望之境，然后再看我们应如何自此绝望之境中翻出来，以树立我们的自信心而免于沮丧。唐先生谓：

> 人在不能自信时，便只求他人之信我；人在不能自守时，即求他人之代我守其所守。此本是一种极自然的心理发展。然而人不能自信自守，尚可以只停在那儿；而到了一切求信守于他人时，则是精神之整个的崩降，只在自己以外之他人寻求安身立命之地，而自甘于精神的奴役之始。……一切人在只求他人之认识之以为其光荣时，人即已

> 开始作他人之奴隶，并非必待他人之直加以驱使，才开始为奴隶。①

在唐先生看来，现在的中国人，无疑是"只居于求信守于西方人，只求西方人加以认识的地位，忘了自信、自守自己、认识自己之重要"。但是，一个人或者一民族，总应该有一些东西，值得自信自守，值得自己认为重要，而不是只求信守于他人，只求他人加以认识。只有这样，一个人才能成为一个独立的人，一个民族才能成为一个独立的民族。这个值得自己自信自守的东西，唐先生认为，是一个人之思想与人格之价值，一民族之学术教育文化之价值。

> 一个人如不自信守其思想与人格之有价值之处，而必待他人之认识与批准其有价值，然后能自信自守其思想与人格之有价值之处，此即为奴隶的人。一民族之学术教育文化，必待他人之认识与批准其有价值之处，然后能自信自守其有价值之处，即一奴隶的民族。②

唐先生进一步反省到，为什么我们不能先自尊自重，自己认识自己、承认自己，而逼到必须求当地外人认识我、承认我，才能自尊自重、自己认识自己、自己承认自己的地步呢？根本的，是我们整个民族国家自己不争气，我们自己本身已经成了瓶中之花、座上之果，飘零无寄；正因为如此，才只有冀他人的品鉴欣赏而容身，并聊以自慰、自荣③。

什么才算非奴隶意识？唐先生强调：

> 一个人，一个民族，要先自己认识自己，自己承认自己，而有确乎其不可拔的自信自守之处。人当然可以求他人亦认识我、承认我，此乃表示人之自然的求人与我之精神上生命上之交通共契的自然愿望。一个人、一个民族，如说我绝不求任何人了解，无人配了

---

① 唐君毅：《花果飘零与灵根自植》。《唐君毅全集》（九州）卷13《中华人文与当今世界》（上）第28页；《唐君毅全集》（学生）卷7《中华人文与当今世界》（上）第40页。

② 唐君毅：《花果飘零与灵根自植》。《唐君毅全集》（九州）卷13《中华人文与当今世界》（上）第29页；《唐君毅全集》（学生）卷7《中华人文与当今世界》（上）第41页。

③ 唐君毅：《花果飘零与灵根自植》。《唐君毅全集》（九州）卷13《中华人文与当今世界》（上）第33页；《唐君毅全集》（学生）卷7《中华人文与当今世界》（上）第47页。

解我，此是一最大的傲慢，亦是最大的自我封闭，而其精神与生命，亦必将因窒息而死。然而一个人一个民族，如果不以自己认识自己，承认自己，自信自守为先，而以求他人之认识自己，承认自己，并以他人之所言所行，为自己之信守之所在，则是一切自卑自贱之奴隶意识的开始。此中之几甚微，而差毫厘则谬千里，其相隔只在一念之间。人只须一念只重看他人之颜色、他人之言行为先，即是奴。人一转念以自己之良心所定之价值标准为权衡，而自作主宰，以言以行，而有所自信自守，以自尊自重，即非奴，而为一独立的顶天立地的人格。①

由此而言，唐先生强调，一个民族、一个国家的学术教育与文化政治的方向与措施，如果只是以看当今世界风色为先，即"奴"；而依民族、国家之文化精神发展至现阶段所应当怀抱的文化理想为标准与权衡，并自取所需而学习、仿效，并以此自创学术文化教育之前途，即一个独立的、顶天立地的民族。就国家民族灵魂所寄之学术教育文化而言，唐先生强调，不设立、不尊重自己的学位制度，学术与教育文化理想之价值标准不在自己而在外人，即"奴"；而能自设其学位制度，由自己的真知判定学术或教育文化理想之价值，则此国家民族的学术教育文化，便是独立于天地间的学术教育文化。所以，唐先生谓：

> 人之为奴与否，一民族国家之为奴与否，与一个人社会地位知识程度，其实无关，与一民族国家之强弱大小，亦其实无关。一真有志向而一无社会地位的青年，可以是顶天立地之独立人格。一王侯将相，天天看皇帝之面色，与一名震一时之学者，只想趋时投人之所好，同皆为他人之奴。希腊的雅典弱于斯巴达，然雅典之公民，能自己思想，自己判断，则非奴。而斯巴达人民，被套入严密的政治组织中，不能自己思想判断，即无异于为奴。中国春秋战国时代之鲁国最弱，然鲁国能出孔孟颜曾，以道自任，而评论当时世事之是非，立言

---

① 唐君毅：《花果飘零与灵根自植》。《唐君毅全集》（九州）卷 13《中华人文与当今世界》（上）第 34—35 页；《唐君毅全集》（学生）卷 7《中华人文与当今世界》（上）第 48 页。

为后世法,则鲁国虽亡,而终未被奴役,项羽、刘邦仍只有加以尊敬。①

据此,唐先生认为,所有自以为希望得到其他国家认可的做法,其实都是在文化上的奴隶意识的表现;而这恰恰是中华民族之花果飘零的真实表现。"不只中国文化之枝叶已离披,花果已飘零,而抑亦本根将斩,是不可不为痛哭而长太息者也。"②

当然,"人总不能真全沦入绝望之境。人总要在绝望之境之旁,寻找出一希望,而求有一能逃出绝望之境的自信心"③。但是,此自信心的建立不能随便像抓救命稻草一样,找个一般理由即可建立自信心。唐先生指出,"一般所谓自信心生根之处,寻找希望之处,如追问到家,则将发现其是虚幻的"。不管是以中国历史文化的悠久,中国地大物博、人口众多,还是以中国文化的客观价值,抑或是以历史必然发展的方向,国家的统一,以及宗教信仰等作为自信心寄托的依据,唐先生都一一将其推到极致,反证出这些自以为希望之所在,其实都是虚幻的。因为,"一般人之论述此类的问题,只是泛泛的问、泛泛的想、泛泛的闲谈讨论,而无真切的感受,亦无对问题之解答的艰难之感受,与由终无解答,而沦于山穷水尽的绝望之境的感受,是逼不出真正的希望与信心,亦是永不能有愿力,以求达柳暗花明又一村之一境的"。④

唐先生谓:

> 世间只有一种希望、一种信心,可以使人从绝望之境拔出。此即人由对绝望之境的苦痛之感受中,直接涌出的希望与信心,人可再由信心,生出愿力。而一切希望与信心,凡不从此中直接涌出者,皆无

---

① 唐君毅:《花果飘零与灵根自植》。《唐君毅全集》(九州)卷13《中华人文与当今世界》(上)第35页;《唐君毅全集》(学生)卷7《中华人文与当今世界》(上)第49页。
② 唐君毅:《花果飘零与灵根自植》。《唐君毅全集》(九州)卷13《中华人文与当今世界》(上)第36页;《唐君毅全集》(学生)卷7《中华人文与当今世界》(上)第50页。
③ 同上。
④ 唐君毅:《花果飘零与灵根自植》。《唐君毅全集》(九州)卷13《中华人文与当今世界》(上)第41—42页;《唐君毅全集》(学生)卷7《中华人文与当今世界》(上)第57页。

一是有必然性与定然性，亦无一堪称真正的希望信心，更无从产生愿力者。①

何以对"绝望之境"的感受可以逼出或者直接涌出希望与信心呢？唐先生认为，根本的原因在于："一切正面的东西，皆对照反面的东西而昭显。"由此，绝对的正面，则对绝对的反面而昭显。比如，绝对的光明，对绝对的黑暗而昭显；绝对有的上帝，面对绝对的空无而创造万物。因此，人如果真能面对反面，同时即可以呈现出正面；人如果真能面对"绝对的反面"之绝望，亦即可以呈现出"绝对的正面"之希望与信心。这就像人在病至欲死之时，显出真正求生的愿望；人在罪恶深重之感中，显出企慕至善的愿望；人在深崖万丈之旁，显出其自处之高；而人在将绝望时时放在面前时，也才可以真正看见希望在何方、信心在何处。

> 此希望与信心又是什么？此不是别的，此只是"在此绝望之境中的痛苦的感受"中，而回头反省到的"为此痛苦之根据"之"一创造性的理想与意志"。人亦只有先自信自守此创造性的理想与意志，而后一切学术上、教育上、文化上、政治社会上之自信自守才可能；人亦才能处处求以自信自守为先，认识自己为先，而能自作主宰；不复以求人认识自己、承认自己为先，只求信守于他人，而免于奴隶意识之由之而生。②

唐先生指出，人到了绝望之境，其一般的虚浮的希望、幻妄的联想、外驰的欲念以及世俗的习气等，便都没有了去处，都成了"无用之物"，从而沉淀于人的精神主体之下。于是，人的精神主体反而立即清明起来，照体独立。当此之时，人的真正创造性的理想与意志，便可以依其真纯的本来面目而呈现。因此，在我们的各种痛苦中，我们都可以回头自觉其所自生、所根据的理想，并寄托我们的希望与理想。当然，人的痛苦如果是

---

① 唐君毅：《花果飘零与灵根自植》。《唐君毅全集》（九州）卷13《中华人文与当今世界》（上）第41页；《唐君毅全集》（学生）卷7《中华人文与当今世界》（上）第56—57页。

② 唐君毅：《花果飘零与灵根自植》。《唐君毅全集》（九州）卷13《中华人文与当今世界》（上）第42页；《唐君毅全集》（学生）卷7《中华人文与当今世界》（上）第57—58页。

纯粹私人的，人加以反省自觉时，或者可能发现不出真正的理想，也可能没有真正的寄托希望与信心之处。但是，人的痛苦只要是公的，是关涉民族、国家、社会与他人的，那么，"只要加以反省自觉，便必然可以发现出一理想，以为我们之当下现成的寄托希望与信心之处"①。当此之时，人这一回头的反省自觉，是万分要紧的，也是人的精神生活之生死的关键。唐先生谓：

> 人如不回头反省自觉，此理想不是没有，亦不是不存在，而是人于此时，只是凭此理想去与所接触之外面种种事实对照；遂只见种种不合此理想之事实，充塞于前，乃处处皆看见黑暗，处处令人感失望悲哀及绝望。此种种苦痛，一直下去，人遂或自然厌恶其原有之理想，而此理想亦自然逐渐沉堕至于消失。人乃堕落为一苟安于现实者，亦无自信自守者，而其自己，亦不复真实存在于自己之前。自己对自己既无真正之反省自觉，亦无真正的对自己之存在之认识与承认。人乃于此时转而只求他人之认识之承认之，求信守于他人，以他人之认识之、承认之，为其自身之光荣。此时人亦即开始成为他人之精神上的奴隶，进而成为人之实际的奴隶。
>
> ……在另外一种情形下，如人不能真自觉其原有之理想，而又见种种不合理想之事实之充塞于前，在失望悲哀绝望无以自拔时，则人之精神之再一自然的表现，即化为愤恨与横决，以致视世界本来是漆黑一团，世界只是一些盲动的事实之和，或包围我们之大网罗，世界中之万物与人，无一不可恨。于是要去冲决一切，破坏一切，以一乖戾狠毒之气，去毁灭一切，进而求控制一切，压缩一切。②

在唐先生看来，这两种精神状态的产生，根本在于，人只知道凭借其原有的理想与所接触的事实进行对照，由此便只看见不合理想的现实之"黑暗"，却不知道回头反省自觉此理想的存在，并直接面对这原本就存

---

① 唐君毅：《花果飘零与灵根自植》，《唐君毅全集》（九州）卷13《中华人文与当今世界》（上）第47页；《唐君毅全集》（学生）卷7《中华人文与当今世界》（上），第63页。
② 唐君毅：《花果飘零与灵根自植》，《唐君毅全集》（九州）卷13《中华人文与当今世界》（上）第47—48页；《唐君毅全集》（学生）卷7《中华人文与当今世界》（上）第63—64页。

在的理想，使此理想不只是一种"不自觉的存在"，而是成为一种"自觉的存在"，从而让理想独立昭露于人的心目之前，成为自己自信自守的根据。对此，唐先生指出：

> 人能如此自觉其理想而自信自守，人亦即能真正认识其自己之存在，肯定承认其自己之存在，能自尊自重，自作主宰；而其求人之认识之、了解之、承认之、尊重之，亦皆只所以成就其自己之精神与他人之精神之交通共契，成就客观的事业之实践，而非只于他人之认识之承认之中，寻求自身之光荣矣。一人如此，则一人有自树自立为顶天立地之人格。一民族之人皆如此，则一民族为顶天立地之民族。全人类如此，则人类即顶天立地之人类；而全人类皆一一能自树自立。能如此的人，因其能回头反省自觉此理想之存在，亦即可如其理想之本来面目之纯洁性、光明性，而了解之、体证之、印持之，因而可只见一片纯洁与光明，此中尽可无一毫之黑暗。至于此光明所照耀之外面的事实，则不合此光明之理想者固然有，而合之者亦有。人以光明照黑暗，则光明必求化掉此黑暗。此加以化掉之历程，即一光明的理想自求实践之历程。世间之黑暗纵尔无穷，而光明之照耀，光明的理想之实践历程，亦复纯亦不已。则呈于我之前之黑暗，永不会多于我之照耀之光明。无边的黑暗，永为此无边的光明之所覆。此中重要者不在黑暗之不存在，而只在见黑暗之逐渐化掉。我之全部的希望与信心，即寄在此"去化掉"中，而不外溢。纵然世界黑暗弥天，我仍居于黑暗之上光明之中，乘此光明之轮，以彻入于黑暗中而化掉之。此之谓信道不渝，纯亦不已，以求明明德于天下。人即于此可寄托无限之希望与信心，而发出无尽的愿力。①

唐先生谓：

> 以上只指出人当回头反省自觉其本有之理想，寄托希望与信心于其中，而由此以发出愿力，却未尝指出此理想之必为何种之理想。因

---

① 唐君毅：《花果飘零与灵根自植》。《唐君毅全集》（九州）卷13《中华人文与当今世界》（上）第48—49页；《唐君毅全集》（学生）卷7《中华人文与当今世界》（上）第64—65页。

而人亦尽可抱不同之理想，而各有其由自觉反省而自信自守之处，以自植灵根。我今之说，可称为绝对的自由主义。然而人对其所抱之任何理想，真能自觉反省，求真认识之了解之，亦即必然将逐步充拓扩大其理想，而可交会于一至高之道德文化理想。此必归向于理想主义、人文主义与理性主义，而决非现实主义、唯物主义与单纯的功利主义。①

最后，唐先生强调：

> 人无论在任何环境中，感到艰难或顺遂，居自己乡土或在他邦，沉沦在下位，或显扬于上位，无论作什么职业，亦无论人之才性知能之如何，才大或才短，知识多或知识少，然而人总可分为二种，即一种是能先自己认识自己，承认自己，有自信自守而在自己所面对之理想中，先能当下直接看见光明的人；一种是只知求人认识自己，于信守于他人，于他人认识自己处，寻求光荣的人。前者为人之能自作主宰者，后者则为人之奴隶意识之始。一切人们之自救，一切民族之自救，其当抱之理想，尽可不同，然必须由自拔于奴隶意识，而为自作主宰之人始。而此种能自作主宰之人，即真正之人。此种人在任何环境上，亦皆可成为一自作主宰者。故无论其飘零何处，亦皆能自植灵根，亦必皆能随境所适，以有其创造性的理想与意志，创造性的实践，以自作问心无愧之事，而多少有益于自己，于他人，于自己国家，于整个人类之世界。则此种中国人之今日之飘零分散在西方，亦即天之所以"苦其心志，劳其筋骨，饿其体肤，困乏其身，所以动心忍性，增益其所不能"，而使其有朝一日风云际会时，共负再造中华，使中国之人文世界，花繁叶茂于当今之世界之大任者也。②

---

① 唐君毅：《花果飘零与灵根自植》，《唐君毅全集》（九州）卷13《中华人文与当今世界》（上）第49页；《唐君毅全集》（学生）卷7《中华人文与当今世界》（上）第66页。
② 唐君毅：《花果飘零与灵根自植》，《唐君毅全集》（九州）卷13《中华人文与当今世界》（上）第50—51页；《唐君毅全集》（学生）卷7《中华人文与当今世界》（上）第67—68页。

《论越南僧人之络续自杀与人类之良心》与《儒家之学与教之树立与宗教纷争之根绝》二文,是唐先生因最近越南佛教徒为抗议政府中的天主教政要对佛教的歧视与压迫,而接二连三以身殉道自杀的事件,引发的有关宗教宽容的思考。只不过前文短小而就事论事,后文则系统深入地阐释了唐先生对于儒家之学与教对于世界宗教的重大意义。

在前文中,唐先生认为,越南僧人自杀事件意义重大,因为它关系到整个人类的精神生活与人类对此事如何评判的良心。在此短文中,唐先生除表示自己对越南僧人殉道自焚的敬佩,并以其与耶稣上十字架相提并论外,同时对西方基督教天主教排他的传教态度略加评论。唐先生谓:

> 东方的宗教如基督教到了西方,亦失去其原始之谦让忍辱与牺牲自己的精神,再将耶稣偶然错说了的什么"不经过我,莫有人能到上帝那里去"的话,加以引申,遂化为极端排他的、绝不宽容的宗教。于是其转而再向东方之国家传教时,其以至诚感人者,固亦多有;而只以天堂福乐为引诱,末日审判为恐吓,进而以一切俗世之事物如炮舰金钱救济包为威胁利诱之具,以败坏人之良心,而求增多名义上之信徒者亦复多有。①

唐先生自谓,此文的态度只是消极的批评,并不能真正解决问题。依唐先生的正面意见,人类要根绝宗教上一切不必要的纷争而安和天下,必赖于儒家之学与教的树立为人类文化的骨干。为弥补前文的不足,同时应《大学生活》出孔子圣诞特刊的邀约,遂撰写两万多字的后文,系统阐述自己正面的看法。

《儒家之学与教之树立与宗教纷争之根绝》共七个部分:(一)前言;(二)宗教之斗争与宗教之协调之诸问题;(三)儒家之学与教与宗教;(四)儒教之信仰与其他宗教之信仰之不同;(五)儒学儒教与哲学及一般道德教训之不同;(六)儒家之学与教之树立与一切宗教之冲突之协

---

① 唐君毅:《论越南僧人之络续自杀与人类之良心》。《唐君毅全集》(九州)卷16《宗教精神与人文学术》第32页;《唐君毅全集》(学生)卷10《中华人文与当今世界补编》(下)第342页。

调；(七) 儒家之学与教之树立与社会中之四种人物。

唐先生首先对东西方宗教的斗争与协调问题进行了历史性观察和分析：

> 宗教原为人类精神生活之一最高表现。一切宗教初皆原于人类之向上的心情，亦初皆多少包涵对人之道德教训，即皆为一般所谓劝人为善的。而此道德教训中，亦大皆包涵爱人敬人之一义。一切不同宗教，既都以爱人敬人为教，则不同的宗教徒，既皆同为人，亦应相爱相敬。然而从人类历史上看，则宗教上的斗争，却正是最残酷而无情的。宗教上的门户之见，亦正是划分人类的铜墙铁壁。……宗教之导致人类的斗争，实贯于人类之东西之历史而皆然。何以本皆以爱人敬人为教之各宗教，反导致人类之不相爱而相斗，不相敬而相争？此应为世间最大的疑谜之一。①

> 东方历史中，各宗教争斗的情形，不如西方历史中之剧烈。大规模的宗教战争，与严密的异端裁判所之组织，明明是莫有的。诚然，在印度亦有回教与原有之印度各教派之争，佛教后亦在印度被排斥，中国亦有佛教与道教之争。然其剧烈程度，明远不及西方。而在东方诸国之今日，在印度、中国以及日本，都是各种不同宗教并存的情况。而人民之信仰，亦尽可兼信不同宗教中之神祇，而为西方人的视为多神教，或宗教上的杂糅主义，所流行的地区，同时亦是比西方更富于宗教上的宽容的地区。②

> 以中国与印度相比较，则中国之佛教与道教之争，又不如印度的宗教之争之严重。中国之佛教，所遭三武之厄，乃由帝王信道教，而作摧残佛教之举。在中国之民间社会，却并无互相对垒，而各有严密

---

① 唐君毅：《儒家之学与教之树立与宗教纷争之根绝》。《唐君毅全集》（九州）卷14《中华人文与当今世界》（下）第49页；《唐君毅全集》（学生）卷8《中华人文与当今世界》（下）第59—60页。

② 唐君毅：《儒家之学与教之树立与宗教纷争之根绝》。《唐君毅全集》（九州）卷14《中华人文与当今世界》（下）第51页；《唐君毅全集》（学生）卷8《中华人文与当今世界》（下）第61—62页。

组织的佛教教会与道教教会之争。①

由此而言，西方宗教斗争最为严重，东方宗教则更为宽容，而中国宗教之间则最为宽容。对此，唐先生分析了中国宗教间的关系和社会秩序关系：

> 中国之帝王虽可信道教或佛教，然中国帝王之治国平天下之大道理——或其主持政教之大道理，历代相传，却大体上是由儒家思想所规定。中国社会之礼俗，亦大体上是儒家之教化所形成。说中国是一儒教的国家，此话亦大体不错。现在我们试假想，中国根本莫有儒家思想来领导政治，莫有儒家的教化来形成中国社会的礼俗，只有佛道二教，分别更迭的为帝王所崇信，并在社会上各形成严密的组织；则中国历史上的宗教斗争，是否必然的少于西方？……从此看，则佛教之承认他教教主皆佛菩萨之化身，道教之言老子化胡为佛，亦并不能根绝其间之冲突。因化身与本身毕竟不同，视他教教主为化身，虽较基督教、犹太教教徒之视异端之教主为邪恶者，胸襟之阔大，不可以道里计；然而人要强调此中之本身与化身之差别，或说本身为第一，化身为第二，而强调此中第一第二之次序之差别，此中仍可是一与无限，或零与一之比，而其间之争执，仍可是一生死的斗争，而无任何协调之道路。然而因儒家思想，在中国历史上已实际成为中国政教礼俗之指导与形成之原则，却可使佛道之斗争，只成为中国历史中之偶有的事件，而在中国之民间，则道观、佛寺，亦可到处并存，和尚、道士尽可同入一家，为死者念经超度，而使中国成为世界人类中自始最能表现宗教之宽容的模范国家。②

很显然，中国的宗教斗争之所以比较温和，宗教间的关系比较融洽，

---

① 唐君毅：《儒家之学与教之树立与宗教纷争之根绝》。《唐君毅全集》（九州）卷14《中华人文与当今世界》（下）第52页；《唐君毅全集》（学生）卷8《中华人文与当今世界》（下）第63页。

② 唐君毅：《儒家之学与教之树立与宗教纷争之根绝》。《唐君毅全集》（九州）卷14《中华人文与当今世界》（下）第52—53页；《唐君毅全集》（学生）卷8《中华人文与当今世界》（下）第63页。

根本的是因为儒家教化所形成的政教礼俗。"何以儒家思想所指导形成之政教礼俗，能使中国之佛道二教之争，不演变为西方之宗教斗争，并使历史上的中国成为最有宗教宽容的国家？"唐先生进而分析了儒家之学与教的特点及其与其他宗教之不同：

> 儒家之思想，则明要导向道德上之行为与实践，而一切道德上之行为与实践，都要依于一信仰的。……儒家思想中，重对天地鬼神之祭礼，及对天道天命之崇敬，与人之心性本原之默契之一面。至少就此一面，及此一面之贯注于儒家所陈之道德教训，与其哲学思想上说，则儒家应亦是宗教。
>
> ……依此，儒家之学与教，应说为人类精神之一特殊的表现形态。而若以西方传统之分类观点来看，则说其是学是教皆可。如说为宗教，即应称为一哲学智慧的与道德的宗教。①
>
> 儒家之教中并非不包含信仰，而是其言信仰，乃重在能信者之主体之自觉一方面，而不只重在所信之客体之被自觉的一方面。儒家由重此中之能信之主体自觉，而重此主体之实践其所信，由行道而成德，以建立其为贤为圣之人格于天地之间。此即儒家之特性。②

关于儒家思想的宗教性及其特征，唐先生在《中国文化之精神价值》《人文精神之重建》《中国人文精神之发展》《人生之体验续篇》论及鬼神宗教的各篇都有相关论述。此文的重点是阐释，儒家重实践其所信，其所信者必然直接关联于人的道德实践，且与其他宗教所信者并不必然直接关联于人的道德实践作一比较，以此见儒家之教的特性，及其能协调融解一切宗教冲突而安和天下的理由。唐先生认为：

---

① 唐君毅：《儒家之学与教之树立与宗教纷争之根绝》。《唐君毅全集》（九州）卷14《中华人文与当今世界》（下）第53—54页；《唐君毅全集》（学生）卷8《中华人文与当今世界》（下）第64—65页。

② 唐君毅：《儒家之学与教之树立与宗教纷争之根绝》。《唐君毅全集》（九州）卷14《中华人文与当今世界》（下）第55页；《唐君毅全集》（学生）卷8《中华人文与当今世界》（下）第67页。

儒家之正流，皆无孔子在降世以前，已与第二位之道永恒地合一之思想，或孔子一生事迹，只为其一时之示现之思想。……儒家乃以孔子之为圣，由学而成，故其一生之事迹，乃孔子之成圣所必需，亦真实存在之一学圣历程。孔子乃在此历程中——如十五志于学，三十而立，四十而不惑，五十而知天命，六十而耳顺，七十而从心所欲不逾矩之历程中，完成其圣格。而非其圣格早已永恒地完成，而只对学者如此示现之谓。人之依孔子为学之历程而学圣者，亦须自体现一真实存在之学圣历程，以与孔子为学之历程，相应而共进。孔子之为学之历程之本身，即其所以为教于后世。故孔子之为教主，乃依其为学者而为教主。孔子以学不厌、而后教不倦，非如其他宗教之教主，乃自始已永恒的为教主也。①

其他宗教中之信仰，其非必然直接关联于人之道德的实践者，虽非儒家思想中之所有；然儒家思想中却非无信仰。此所信仰者，即皆必然直接关联于人之道德实践者。如儒家信各种道德实践之道，如仁义礼智；信人有能为仁义礼智之善性；信仁义礼智之悦我心；信人之自尽其此性此心，即能为贤为圣；信贤圣之可学而成；亦信世间之有贤有圣；信贤圣为人伦之至，亦人间之至尊至贵；信贤圣之仁民爱物之德，与天地或上帝化生万物之德合一；信贤圣之德泽流行，与天德之流行，无二无别……此皆必然直接关联于人之道德实践者。即此皆为"人无此信，即道德实践为不可能，或人有道德实践，即必然有此信者"；是之谓必然直接关联于人之道德实践之信仰。②

依儒家义，对于一切必然直接关联于人之道德实践者——即人无此信，即使道德实践不可能；或人有此道德实践，即必然有此信

---

① 唐君毅：《儒家之学与教之树立与宗教纷争之根绝》。《唐君毅全集》（九州）卷14《中华人文与当今世界》（下）第60页；《唐君毅全集》（学生）卷8《中华人文与当今世界》（下）第72—73页。

② 唐君毅：《儒家之学与教之树立与宗教纷争之根绝》。《唐君毅全集》（九州）卷14《中华人文与当今世界》（下）第60—61页；《唐君毅全集》（学生）卷8《中华人文与当今世界》（下）第73页。

者——人便当信。至于人之所见于合此原则之事物有多少,是人之学与思的事。

……凡有道德实践处,必有一道可信而当信。故人在有道德实践之时,决不至无可信、当信者之可得。此可信当信者之扩充至何范围,则由人之学与思之进展,尽可极其高明玄远,如上述圣贤与天合德之类。然亦皆为必然的直接关联于人之道德实践者,而不能泛溢于此原则之外。此即儒家之信仰与其他宗教之信仰之不同也。①

至于儒家思想与世间一般意义上的哲学与道德教训的区别,唐先生认为,一方面,一般意义上的哲学,可以不论道德实践,可以从怀疑而不从信仰切入。

然儒家则必须于开始点,即正面的积极的肯定道德价值之庄严性与其存在性,正面的积极的肯定圣贤之存在为可能。此诸信仰,可直接植根于人心,而在人心中自己生长,亦并非必须通过哲学的理性之印证,而只为一自发的信仰。……儒家之学与教,即依此义而为兼哲学的、与道德的,而与世间之哲学之不必兼者。②

而一般的道德教训,往往是随事而施,其目标是不确定的;随事而施的道德教训,往往只是及于某一类社会文化活动;由此,人实践此类道德的心量,亦随时为此类社会文化活动的性质所局限、所约束。

而儒家思想中所涵之道德教训,虽在其分别提出时,与一般之教训无别,然综起来看,则有一确定的究极目标,即为士、为君子、为贤、为圣。儒家之信仰,可以从当下之一极小之事中之有所信之道开始,如见孺子入井,即往救之,而自信此救之之事中,有

---

① 唐君毅:《儒家之学与教之树立与宗教纷争之根绝》。《唐君毅全集》(九州)卷14《中华人文与当今世界》(下)第61—62页;《唐君毅全集》(学生)卷8《中华人文与当今世界》(下)第74—75页。

② 唐君毅:《儒家之学与教之树立与宗教纷争之根绝》。《唐君毅全集》(九州)卷14《中华人文与当今世界》(下)第62页;《唐君毅全集》(学生)卷8《中华人文与当今世界》(下)第75—76页。

仁道在；然必求自觉此所信之道之全幅涵义，而求充极其量地加以实践。此即为一无尽的践仁之道德实践，亦人所以为士君子为贤为圣之道。

……儒家之道德实践，自孔孟相传，以至于程朱陆王，虽无不求表现于当下之一事一物一类事一类物，而亦皆无不以一此无限的统体性的心量为背景，为根据。①

不仅如此，作为儒家道德教训的根据和背景的无限心量，乃是：

虚灵的涵盖于人所接一一事物各类事物之上，即非只人间世之所能限，而亦一虚灵的涵盖于一切自然物之上，以及一切现实存在事物之上，而可通于造化之原，幽明之际，而贯彻古今者。

……于此传统儒者，即有不同的心性之学，与形上学之名言，以表示对此无限心量之内容之所悟会之意义。人能于此有所悟会，则人由道德之实践，以达于知性、知天之形上学的境界，而有一无私求的承天、祀天以及承祀祖先圣贤之鬼神之礼乐，以表现一充实圆满之宗教精神。②

最充实圆满之宗教精神，必需兼包涵对于我们之无限心量之具体内容之悟会，而有一无私求的对天之承祀，及对祖先圣贤之鬼神之承祀。……此皆依于人之至性至情之所必至，亦即人之求有最高的道德实践者之所必信，方谓人必须由呈现于其无限心量之生生化化之几，同时悟会一无尽深渊之生生化化之原之存在，而对之作一超越的感通；同时对于已由明入幽之鬼神，亦应求有此超越的感通，乃能极此感通之心量之无限。世间之宗教之礼仪，所赖以成就此超越的感通者，皆有所不足，乃或只限于对一天帝，或只限于对己教之圣贤，并与人之私求相夹杂，亦即皆不能表现出一最充实完满之宗教精神。而儒家之肯定三祭，

---

① 唐君毅：《儒家之学与教之树立与宗教纷争之根绝》。《唐君毅全集》（九州）卷14《中华人文与当今世界》（下）第63—64页；《唐君毅全集》（学生）卷8《中华人文与当今世界》（下）第76—77页。

② 唐君毅：《儒家之学与教之树立与宗教纷争之根绝》。《唐君毅全集》（九州）卷14《中华人文与当今世界》（下）第64—65页；《唐君毅全集》（学生）卷8《中华人文与当今世界》（下）第78页。

则为在原则上能成就此各类之超越的感通,而绝弃一切私求者。①

由于儒家之学与教有最完满的宗教精神,因而可以协调世间一切宗教冲突而安和天下。

儒家之学与教所以能协调世间一切宗教冲突的第一理由:

> 儒家之信仰,乃重在人之能信的主体方面,而不重在人之所信之客体方面,而儒家之所信者,又限于与人之道德实践必然直接相关者……如一信者对于一不信者,不重其不信其所信,而只看此不信者之为人如何;不信者对于一信者,亦不重其所信,而亦只看此信者之为人如何。则此二人之视线,即由其所信所不信之客观的方面,而转移至此能信能不信之人之人格自身之主体的方面,亦即转移至彼此之二人之道德主体之自身。由此二人之视线之转移,信者于不信者,即可只见其道德人格之可敬爱处;不信者于信者,亦可只见其道德人格之可敬爱处,而此信者与不信者之精神上之交通与共契,则立即形成;而其间之生死之争执,与其深心欲相杀之动机,亦从根断矣。儒家之学与教,注重人之能信之道德主体,注重看人之有所信后,其道德人格之是否堪敬爱,而不注重去看与人之道德实践不必然相关之所信者之异同:亦即儒家之学与教,能协调一切注重所信者异同之宗教之冲突之第一理由所在。②

儒家之学与教所以能协调世间一切宗教冲突的第二理由:

> 儒家之道德实践,乃依于一无限之心量,而非如一般之道德教训,只直接教人如何应一事、一物,或一类事、一类物。
> ……世间之一切黏缚固着于一事、一物、一类事、一类物之道德意识,当其愈强时,则导致之冲突愈烈,愈无裁决与协调之望,则一

---

① 唐君毅:《儒家之学与教之树立与宗教纷争之根绝》。《唐君毅全集》(九州)卷14《中华人文与当今世界》(下)第65页;《唐君毅全集》(学生)卷8《中华人文与当今世界》(下)第78—79页。

② 唐君毅:《儒家之学与教之树立与宗教纷争之根绝》。《唐君毅全集》(九州)卷14《中华人文与当今世界》(下)第65—66页;《唐君毅全集》(学生)卷8《中华人文与当今世界》(下)第80页。

般之道德，亦为世界之祸根。然儒家之学与教，在其数千年之传统中，即皆为以培养人之此无限心量为始学与首教。

……此心量，则必依于一向上之志，方能开拓出来，故必以尚志为先。而此志、此心量、此仁义之道之德，即皆超冒于一事、一物、一类事、一类物之上，而不固着黏缚于其上之超越的道德。人唯有此超越的道德，而自一般固着黏缚于世间之一事、一物、一类事、一类物之道德，解放出来，方能裁决协调诸世间之人皆自谓出自道德的良心，而有之实践之相冲突，而逐渐安和天下。而世间之宗教徒之各忠于己教，而导致之冲突，亦不过其中之一种而已。①

儒家之学与教所以能协调世间一切宗教冲突的第三理由：

是因为儒家之三祭中原有祭天，则可相对的肯定一切拜上帝梵天之回教、印度教，与犹太教，及基督教、天主教之拜上帝，道教拜玉皇之一面之价值。三祭中原有祭圣贤，则可相对的肯定佛教之拜释迦，基督教之拜耶稣，回教之拜穆汗默德，犹太教之拜摩西，与印度教之拜其教之圣者，道教拜老子之一面之价值。儒家于一切其他之有德者，有功者，亦为之建祠堂与庙宇，祭天，亦祭地，兼祭祖宗，则为其祭祀之精神，更广大于其他宗教之证。故依儒家之学与教，一切宗教之礼仪祭祀之价值，皆可相对地被肯定。……此即过去之儒家人物主持政教时，对一切宗教之态度，足以维持一切正当之宗教，而又可免除其间之不必要之斗争之道，而亦应为今后之人类中，一切主持政教，评论政教，所当共奉行者也。②

唐先生以儒家之学与教可以协调世间一切宗教冲突，是否会导致以儒教原则涵盖和凌驾于一切宗教之上，从而不合于一切宗教平等的原则？对此，

---

① 唐君毅：《儒家之学与教之树立与宗教纷争之根绝》。《唐君毅全集》（九州）卷14《中华人文与当今世界》（下）第67—69页；《唐君毅全集》（学生）卷8《中华人文与当今世界》（下）第82—83页。

② 唐君毅：《儒家之学与教之树立与宗教纷争之根绝》。《唐君毅全集》（九州）卷14《中华人文与当今世界》（下）第69页；《唐君毅全集》（学生）卷8《中华人文与当今世界》（下）第83—84页。

唐先生的回应是："以儒教之原则涵盖于一切宗教之上，是理无可逃，并非我有意要如此说。至于凌驾，则未必，亦不悖宗教平等之原则。"① 因为，如果我们不承认此儒教的原则，则一切宗教必然相争无已。这一能够避免宗教相争的原则，不能不说是"涵盖"于各种可能相争的宗教之上。但是，"涵盖"不是"凌驾"，而是为了使所涵盖者能够并存。此原则是统摄性的，是及于全体的；而其所统摄者，则只能各居一偏。当然，全与偏对，全亦为偏。如果佛教、基督教或其他宗教徒，能够引申其若干教义以建立同类原则，则证明其在此点上不异于儒教，因而亦可在此点上以"儒者"称之。即使此人不愿意接受"儒者"之名，此"原则"是涵盖于一切可能相争的宗教之上而能加以协调的原则，仍是必然之理而无可逃。只是这一原则在历史事实上先为而且一直为儒家所信守，因此，不称之为儒家的原则亦不可得。

唐先生认为，作为儒家思想能裁决协调一切宗教冲突的重要理由——"无限心量"的道德实践，同时也能裁决协调一切世间自谓出自良心而生的冲突，以安和天下。基于此，唐先生特别探讨了在今后人类社会中，何类人物最当寄望其表现儒者精神，以使儒家之学与教的树立成为一真实的可能。

> 儒者之存在于社会，既不能是一光凸凸不作事的圣贤，亦不能如基督教之神父牧师、佛教之和尚之赖人供养；因其皆能为人赐福免祸，并为人相婚丧礼。然儒者不能祸福人；而相礼纵亦可为儒者之职业，此要为将来之事。则儒者精神，在今日社会之各种专业中，仍宜有较相近之若干专业，为其较易于表现之处。
>
> ……于当今之世，我们比较应多寄望其表现儒者精神之人物，应为非公务员之政治家，与非专门学者之教育家，此即传统之所谓君与师。而除此二者外，则应为体现孔子作《春秋》之精神之新闻记者，与编辑及出版家，及体现孔子周游列国之精神之社会政治文化运动

---

① 唐君毅：《儒家之学与教之树立与宗教纷争之根绝》，《唐君毅全集》（九州）卷14《中华人文与当今世界》（下）第69页；《唐君毅全集》（学生）卷8《中华人文与当今世界》（下）第84页。

者，与类似教士之传教之周游的讲学者。①

首先，就政治家而言：

现在专从一政党出身的政治家，在其真正为政从政，宣誓效忠国家时，亦须自其原来所属之政党之种种局限中，超拔出来，而呈现出一以整个之国家社会人民之愿望与需要，为其愿望与需要的胸襟与心量。今日真有世界性的大政治家，其胸襟与心量，亦必然是涵盖万方，以天下为一家的。一般人们的政治意识，亦须同向此方向去发展开拓其胸襟与心量，然后今日之世界人类，才能共同来解决种种世界性的问题。

……儒家之学与教，亦正是要人一方从其个人之种种局限中超拔，而又能以此胸襟与心量，护念人间，成就完满此世界，以使其心所蕴之生生化化之几，生物成物之诚，充量表现而不息不已。②

其次，就教育家而论：

政治家要护念社会各种专业之存在，而教育家则要教育培养从事各种专业之人才。他要把自然人，教养成一社会文化中有用的人，或有道德人格的人。教育家的存心，即须居于自然生出的小孩青年之上一层面，将之导向于成为社会文化中之有用的人或有道德人格的人。故教育家亦须有一虚涵于其所教育的人们之上的胸襟与心量。真正的教育家，不当只是将其所知的内容，传授于学者，而且是能尊重儿童青年之人格自身的发展的历程，而循循善诱者。换言之，即教育家亦须视儿童青年为一主体，而非一客体，即不是只承受其所知之内容之一客体。……此中尤重要的，乃是教育家自身之成为一道德人格，并

---

① 唐君毅：《儒家之学与教之树立与宗教纷争之根绝》。《唐君毅全集》（九州）卷14《中华人文与当今世界》（下）第71页；《唐君毅全集》（学生）卷8《中华人文与当今世界》（下）第86页。

② 唐君毅：《儒家之学与教之树立与宗教纷争之根绝》。《唐君毅全集》（九州）卷14《中华人文与当今世界》（下）第73页；《唐君毅全集》（学生）卷8《中华人文与当今世界》（下）第88页。

依其道德主体之自觉，而亦有一不为自己之习惯偏向已成知识等所局限之超越的心量与胸襟，而于此心胸中，生出一护念的情怀，以同情的了解、体会、儿童青年人格自身之发展历程中，曲曲折折的表现；即循之而又诱导之，以使其潜隐的最好之可能，化为现实，而使其生机畅遂。然而此教育家要使其自己有此心胸与情怀，正须依于我们上述之儒家之学与教之精神，来自己教育自己。①

再次，就新闻记者编辑与出版家而论：

> 新闻记者，并非只是一记录现成事实的人，或有闻必录的反映器。一切记录，都是一选择；一切选择，后面都有一价值标准。自觉此价值标准，再来看所记之事实，则必然有新闻之评论。……真正之新闻记者，要平心评论世事，便必须超越于此诸互相冲突的标准之上，而自加以权衡选择，以自定其正当的标准；决不能只成为社会之某一类之人——如一政党之人、一职业之人、一宗教之人——之一代言人。故一切党报商报与教会报，皆非理想之报纸。此则必须待于新闻记者先有一超越而虚涵世事的胸襟与心量，然后才能鉴空衡平，不为一般从事一专业之人之偏执所染；而真正指导从事其他专业者之人心，以向于光明正大之域，而成就社会文化中各种专业之正当的发展。则新闻记者之有待于我们上述之儒家之学与教，以培养出此胸襟与心量，正无殊于政治家与教育家。至于编辑与出版家与新闻记者之性质，本为大体相同。②

最后，就社会政治文化运动者与讲学者而言：

> 提倡一种运动之人，其所抱之理想要真正光明正大，以矫社会人

---

① 唐君毅：《儒家之学与教之树立与宗教纷争之根绝》。《唐君毅全集》（九州）卷14《中华人文与当今世界》（下）第73—74页；《唐君毅全集》（学生）卷8《中华人文与当今世界》（下）第89页。

② 唐君毅：《儒家之学与教之树立与宗教纷争之根绝》。《唐君毅全集》（九州）卷14《中华人文与当今世界》（下）第74—75页；《唐君毅全集》（学生）卷8《中华人文与当今世界》（下）第90页。

心之所蔽，而应其所需，同时要使一运动，继续迈向此光明正大的理想，不因其偶受阻挠，或迅速发展而变质，则是极其艰难的事。此中亦不特需要对理想的坚持与忍耐的毅力，亦需要对于自己所持之理想，与其他人所抱之理想，及已有之一切现实事物所内涵之价值意义之各种关系，能先有一超越的通观与洞识。并能使此理想的光辉之照耀，能及于上下四方，不只结成一光明的硬壳，使人只觉夏日可畏；应使人觉此理想的光辉，正是所以生发完成一切有价值之已有事物，亦帮助人之其他正当的理想之实现者。由是此从事运动者，即必须有一超越的胸襟与心量，以为通观与洞识之本，亦需要一仁者之诚意与情怀，以护念一切有价值之已有事物，并照顾到他人之理想；然后才能使其原有之理想，亨通畅遂，直向原来之光明正大的方向，而逐步发展，更无变质之虞。而此亦同于谓任何从事一种运动者，皆有赖于儒者之学与教，以为培养此胸襟心量诚意与情怀之所资。①

唐先生谓：

以上说政治家、教育家、新闻记者，与从事社会文化运动者，欲成就其事业，必有赖于儒家之学与教，以为修养之资。此亦即同于谓：此四种人乃最易于表现儒者之精神者。今后儒者之精神之在现实的社会文化中，亦实最宜于通过为政治家、教育家、新闻记者，从事社会文化运动者的形态而表现。因而社会上之此四种人，亦当不只自居于一般的专业者之地位，而当知其他一切社会专业，皆赖彼之护持培养而存在，以自识其责任之大，而随处当以道自任，不容妄自菲薄；当相期于皆有一超越的心胸以涵盖万方，而以孔子之从政、设教、作《春秋》，而志在以其道易天下者自勉；方足以应合于此四者之本性，而副天下之人对四者之所望。②

---

① 唐君毅：《儒家之学与教之树立与宗教纷争之根绝》。《唐君毅全集》（九州）卷14《中华人文与当今世界》（下）第75—76页；《唐君毅全集》（学生）卷8《中华人文与当今世界》（下）第91—92页。

② 唐君毅：《儒家之学与教之树立与宗教纷争之根绝》。《唐君毅全集》（九州）卷14《中华人文与当今世界》（下）第76—77页；《唐君毅全集》（学生）卷8《中华人文与当今世界》（下），第92页。

儒者数千年之传统，原是既重人之超越的无限之胸襟与心量之呈现，又重本此心胸中之生生化化之几，肫肫恳恳之仁，以护念人间，裁成万物者；而历史上之儒者，亦素皆以主政施教移风易俗自任；而在今日亦即以道自任之政治家、教育家、新闻记者、社会文化运动者之所为。则儒者之精神，今日之通过此四类人物而表现，并使此四类人物以师友之道相结，同入于希贤希圣之途，以共求此一骨干之形成，而裁成辅助一切现有宗教与学术社会文化之发展，而化其间由偏执偏见而有之斗争，以发育万物、安和天下，固有其当仁不让者在，而亦应为世界各大宗教中之大心深心之士之所许者矣。①

一九六四年　五十六岁

一月二日夜，唐先生赴哲学会。因为下雨，到者只六人，于是便未正式开会。哲学会已经举办五年，都是"每月第一个星期日开会，不另发通知，到者通常十余人至廿人，从未流会，但近数月到者已渐少，可知真学问兴趣之难持久"。②

二月二十六日（农历正月十四日），唐先生母亲陈太夫人在苏州旅邸病逝。

二月二十七日，二妹唐至中自苏州来电，谓"母逝，命勿归"。当时唐先生正出席友人晚宴，唐夫人及女儿在家接到电报，惊慌失措，立即电话通知牟宗三先生及郑力为同学，他们瞬间到家。唐夫人请郑力为同学往接唐先生回家，并嘱暂勿言母逝消息，只言家中有事请早回家。在晚宴席间，凌道扬先生谓其母已九十九，体尚康强。唐先生自念母亲陈太夫人人中甚长，应亦可臻高寿。方作是念，突然郑力为同学来报，说家中有电报，促即返。③先生当时预感不祥，登时全身战栗，几不能行动，由郑同

---

① 唐君毅：《儒家之学与教之树立与宗教纷争之根绝》。《唐君毅全集》（九州）卷14《中华人文与当今世界》（下）第77页；《唐君毅全集》（学生）卷8《中华人文与当今世界》（下），第93—94页。

② 唐君毅：日记，1964年1月2日。《唐君毅全集》（九州）卷33《日记》（下）第1页；《唐君毅全集》（学生）卷28《日记》（下）第3页。

③ 唐君毅：《母丧杂记》。《唐君毅全集》（九州）卷8《哲思辑录与人物纪念》第10页；《唐君毅全集》（学生）卷3《人生随笔》第60页。

学搀扶而归。及抵家，见牟宗三先生在场，唐先生已支撑不住，仆倒地上，频呼："宗三兄，我是罪人，我要回家，我要见母亲。"① 牟先生亦无言相慰。牟先生与郑同学离去后，唐先生仍不时捶胸顿足，号啕大哭。

二十八日，由李国钧先生与赵潜同学陪同，与晓云法师同赴沙田慈航净苑商议设灵位事宜。慈航净苑为一处尼庵，距沙田火车站两里许，位于一座小山之麓，是唐先生昔日常游之处，也是母亲陈太夫人来港时曾经到过的地方。庵中有祖堂，遍列亡人木位，由庵尼代为供奉。唐先生住苑中终日守灵，夫人及女儿亦住苑中，丧事则由同学们协助料理。

三月四日，在慈航净苑内举行遥祭典礼。由高僧乐果老法师设坛说法安位，由钱宾四先生主祭，许让成与吴士选两位先生陪祭。由于在报章上发出讣文，故来祭者甚众。祭者多行跪拜之礼，学生更多行三跪九叩之礼。唐先生哀痛欲绝，凄苦孺慕之情，吊者无不感动。乐果老法师说法安位后，为唐先生至孝所感，去而复回，对唐先生曰："老人算是高寿，我已为他说法安位，老人已安，如你太悲伤，老人又不安了，听我的话，体老人爱子之心，节哀保重才是。"唐先生叩谢，呜咽不能语。

开吊之日，各界前辈友好、先后同学来吊唁者三百余人，灵堂上致祭的挽联甚多。

开吊期间，送花圈奠仪者亦甚多，并有远近唁函多件。一位未曾与唐先生谋面的蔡荒山先生唁函谓：

> 君毅师长礼鉴：接读《人生》杂志，惊悉令先慈陈太夫人在苏州寓邸仙逝，同深哀悼，想先生孝思纯笃，世乱避秦香江，今突遭此不幸变故，不得亲视含殓，又不得归里奔丧，以先生性情之敦厚恳挚，诚抱无涯之痛，感伤悲痛，自不待言。然则世事如斯，天意人事非人所能穷究，切望以贵体为重，节哀顺变，莫过伤神。晚辈对先生高贵庄严之人格，思有一语寄慰，学养卑陋，亦不知应何说起，唯内心哀痛，由此而生之关切同情，则非笔墨所能尽言。先生与晚辈素未谋面，唯晚辈对先生之崇仰敬意，其所存在于心胸之间有深切之了解，乃先生所阐发之儒家精神、道德理性，多能有所契接受用，落实生

---

① 唐君毅：日记，1964年2月28日，"廷光代笔"。《唐君毅全集》（九州）卷33《日记》（下）第5页；《唐君毅全集》（学生）卷28《日记》（下）第8页。

根，此应感谢王道先生之接引，使晚辈知所反省顿悟，知所亲近师友，礼敬贤人，亦知所以师友慧命相续之庄严意义。晚辈自幼浪迹天涯，生活在此蛮荒之地，读书写文。学识卑陋浅薄，先天禀赋资质都不如人，后天又缺少教育培养，虽勤谨学习，躬行笃实唯恐不及，无如驽骀朽质，所学所思仍无法超越俗情。虽无有亲炙先生之机缘，恭聆教益，然每当灯下展卷，潜研先生学术思想，心与神会，几若置身在先生门下，恍若先生亲身授教，精神与先生相契相接，无时不以先生之上庠教学与健康生活状况为念。若久无见尊作在《人生》刊上发表，则心神若有所失，殷殷悬念，常是寄情默祷。十余年来，千里神交，对先生之宏深悲愿，高山仰止，景行行止，虽不能至，而心向往之。久思有一语为先生道候安好，亦恐因先生忙于教学著述，精神劳倦，冒渎骚扰，始终未敢贸然轻易表达私心敬意。简慢之罪，谅荷先生宽予薄责。今日中国文化之兴亡继绝，有赖先生及《人生》师友之继续努力。谨此奉唁，并致慰问之忱。肃此敬请礼安。①

唐先生的岳母早逝，岳父于十三年前逝世于四川眉山，因为路远不得奔丧，而且其时穷困，未尽子婿之道，此次乘为父亲迪风公及母亲陈太夫人安设灵位之便，同时安设唐先生岳父岳母的木主于慈航净苑的祖堂内，以供祭祀。在法事期间，每日皆由庵尼诵经，有《金刚经》《地藏经》《法华经·方便品》等。净苑住持智林老法师，在病中仍亲临灵堂吊唁，并为诵经。

唐先生在净苑居丧九日，多是中夜后即不能成眠，鸡未鸣即起，与灵位相守。众女尼清晨上殿礼佛，清磬红鱼，声声入耳，偶然相遇，皆合十为礼，并相问讯，虽两日半语，亦点点滴滴在心头。庵中多蚊，唐先生亦不忍扑杀，但驱之而已。每夜灵堂内有蝙蝠飞旋，日间亦有黄蜂盘旋于祭坛的鲜花上，唐先生对之皆生亲切之感。昔人云，"敬亲者不敢慢于人"，唐先生更益以一语曰："敬亲者不敢慢于物。"②

---

① 蔡荒山：《唁唐先生母亲函》，唐君毅日记，1964 年 3 月 7 日，"廷光代笔"。《唐君毅全集》（九州）卷 33《日记》（下）第 7—8 页；《唐君毅全集》（学生）卷 28《日记》（下）第 11—12 页。

② 唐君毅：《母丧杂记》。《唐君毅全集》（九州）卷 8《哲思辑录与人物纪念》第 13 页；《唐君毅全集》（学生）卷 3《人生随笔》第 63 页。

祭奠唐母的挽联花圈，多以伯母及太师母称唐母陈太夫人，而以世侄或小门生自称。如赵冰、钱宾四、沈燕谋、赵鹤琴诸先生，皆年在七十左右，唐先生谊属后辈，但仍以同事之雅，亦竟以伯母称陈太夫人。唐先生心怀感激，在《母丧杂记》中谓：

> 平日吾往吊丧，见此类之称呼，亦意谓习俗固然耳。今因此感激之情，乃悟此称呼之微，初皆本于吾习先圣贤之教，原以伯叔姑侄兄弟姊妹之伦，通于四海，而后天下之人，乃属于一家之亲，若非出自至仁之心，安能有此。念彼他邦之俗，于父母亦有竟呼其名者，唯于摄神职者称之为神父，更见吾昔先圣贤之教，能尽人伦之量，而达人伦之至。然今日国运如斯，教化安托，愿以微躯与邦人君子共与华夏，以此人伦之至教，光被四表，格于上下。敬怀心愿，以告吾母。①

唐先生母亲去世后，坚持不辍的日记也中断了十天。在沙田慈航净苑守灵九日，哀思难忘。于是，在守灵结束后，唐先生便杂记哀思期间的苦难而成《母丧杂记》，记述父母养育之恩德和自己的怀念之情。唐先生母亲去世满七七后，哀思仍不克自已，于是又作《母丧杂记续记》，除了继续缅怀母亲之恩德外，又对基督教、佛教和儒教对死者的态度之不同多有反省和论述：

> 依基督教义，父母死之后，息劳归天，乃死者之幸，故生者应为之乐，而不应生悲。生悲者乃以生者自觉失其怙恃之私情，非为死者计之公情也。然斯言也，吾亦疑之。吾自验吾之心，念吾母之丧，吾固不能自免于此失其怙恃之私情。然吾亦非唯有此私情也。吾回念数十年来，种种对吾母未能尽孝之事，辄负疚无已。今吾母逝世，欲求赎过之地而不得，吾是以悲也。此求赎过之地之情，岂为私情乎？若果然也，则吾对生人求赎过之事，亦为私情矣。若吾求对吾母赎过非私情，则吾今求此赎过之地而不得之悲，亦非可以私情言之矣。吾未闻信基督者，于此有以释我之疑，则吾疑彼信基督者于父母死之后，

---

① 唐君毅：《母丧杂记》。《唐君毅全集》（九州）卷 8《哲思辑录与人物纪念》第 14 页；《唐君毅全集》（学生）卷 3《人生随笔》第 65 页。

一经弥撒，即足慰情，正证其情之不深不厚，故慰情之道，乃若此之轻而易矣。①

佛家初由感生死事大而发心。吾读中国之高僧传，又见其多由父母死而后发心出家。佛经中有报父母恩经者，首纪释迦对白骨而拜，谓此为其无量劫中之父母。此经复详言父母恩之无尽，……又有地藏王菩萨经者，谓地藏王菩萨，初为女，而其母以大罪入地狱，乃随至地狱，后发心成道，即永住地狱，救众生，为地藏王菩萨。佛经又有女目莲为救母，乃破地狱而入之故事。凡此等等，皆吾昔闻之而生感者。中国之佛教僧侣盖尤重追荐亡魂之事，以慰为子女者之心。而彼作追荐之事之僧尼，虽位居三宝之一，亦必为死者上香作礼，不同彼牧师神父之代表上帝，而更不对死者作礼，尤使吾感刻于心。佛教之追荐，非同弥撒之一日可了，必相继至七七，以畅生者对死者之情，其意亦至深而至厚。……是知祭祀之仪，实足以通幽明之际。而彼有丧礼而无祭礼之教，必率人情日归于漓薄，亦断断然矣。②

先圣贤之教，尝谓养生不足以当大事，唯送死足以当大事，乃为此人之至痛，立三年之丧之制。大孝终身慕父母，而祭祀之事，无时或已，则七七亦不能限之。夫然而为人子者之肫肫恳恳之情，乃未尝一息不与若父若祖相离。此其为教，皆所以彰至情而尽至性。而儒者之教尤重生者之所当事于死者之处何在，故祭祖之外，尤重在以继志述事尽孝。

……孔子以无改于父之道教孝，孟子言孝以养志为先，而中庸有继志述事之语，后儒乃有《孝经》之书，以立身扬名，以显其亲，使文德光于天下为大孝。此乃先圣先贤之教之血脉所贯，而要在使孝子慈孙，于悲痛之余，更有所事，以成先人之志，而于祭祀之际，告诸先人，以安先人之心。

---

① 唐君毅：《母丧杂记续记》。《唐君毅全集》（九州）卷8《哲思辑录与人物纪念》第21页；《唐君毅全集》（学生）卷3《人生随笔》第73—74页。
② 唐君毅：《母丧杂记续记》。《唐君毅全集》（九州）卷8《哲思辑录与人物纪念》第21—22页；《唐君毅全集》（学生）卷3《人生随笔》第74—75页。

……故继往开来，光前裕后之业，亦人人所可有。匪特为士大夫者之能以碑谏祭文对联，志其先人之德者，乃可言继先人之德也。吾于是思吾华之先圣先贤于死生之际，亦固有其依于人之至性至情而立之高明广大之教在，而为今之不肖子孙所忽者矣。①

夫人于死者一念之诚，乃事死如生，事亡如存之诚也。此念也，人皆可顿然有之，在此念中，死实如生而亡实如存。此时天地虽大，吾将充目而不视，充耳而不闻，唯此一念，耿耿中悬，念念相继，更无他想，则鬼神之为德即洋洋如在其上如在左右矣。此一念中，吾既无我，亦不容谓此一念乃我之私情。②

于哀念死者一念之诚中，既自知此念之由明以澈幽，而溢乎吾之躯壳形骸之我，亦当念彼死者之生前之心志与性情之表见，虽逝而未尝不存，而随吾之哀念，由幽而还入于明。既信其存求之上天下地皆不得，此哀之终不可以已。然亦唯此哀不已，而幽明之相澈乃无已。此君子之丧，所以有终身之痛，而死葬之礼之外，必有祭之之礼与人道共终始，将不与君子之亲之灵之升天升西而息者也。③

唐先生于四年来，曾以分期付款方式，购得尖沙咀重庆大厦 E2 楼宇一层。之所以选择此楼宇，"初实非经选择，痴心所寄，唯在迎母侍养，以遂乌私"。一方面因为母亲久居重庆，另一方面 E2 又与母亲称呼唐先生为"毅儿"谐音。此皆是唐先生孝心所寄，希望他日迎母亲来侍养，母亲可以乐居于此。④

唐先生于母亲逝世后的居丧期间，逢七日，必与夫人、女儿去慈航净

---

① 唐君毅：《母丧杂记续记》。《唐君毅全集》（九州）卷 8《哲思辑录与人物纪念》第 23—24 页；《唐君毅全集》（学生）卷 3《人生随笔》，第 76—77 页。

② 唐君毅：《母丧杂记续记》。《唐君毅全集》（九州）卷 8《哲思辑录与人物纪念》第 25 页；《唐君毅全集》（学生）卷 3《人生随笔》第 78 页。

③ 唐君毅：《母丧杂记续记》。《唐君毅全集》（九州）卷 8《哲思辑录与人物纪念》第 26—27 页；《唐君毅全集》（学生）卷 3《人生随笔》第 80 页。

④ 唐君毅：《母丧杂记》。《唐君毅全集》（九州）卷 8《哲思辑录与人物纪念》第 17 页；《唐君毅全集》（学生）卷 3《人生随笔》第 69 页。

苑拜祭母亲，并请庵尼诵经。去灵前上香时，每当跪拜，夫人谢廷光竟有幽明相通之感。对此，夫人谓："平日不解毅兄每逢节日忌日必拜祭天地祖宗圣贤之意，如今廷光已领会其亲切之处，吾民族先贤提倡奉立天地祖宗圣贤神位，主张祭祀叩拜，其义实在深远，原来一念之诚，若能相续，即可开启继志述事之重任，慧命由此相续也。"①

四月十七日，在给二妹、五弟的信中，唐先生言：

> 佛家讲感应，人逝世不是即断灭，此有种种理论可证明。所以人逝世后，有人念念经亦有实功德，不只是迷信。不过依儒家义，子孙之继志述事，尤为重要。子孙能继志述事，亦有对祖先之感应，这些都是我原来已相信的，并不是出自一时之感情。希望你们亦能相信，这样才可以哀而不至于过伤。

又建议：

> 母亲的信可以慢慢整理，先清出年限，贴于册上，将来再选一部分有对人之教育意义的，连诗印行。母亲悼父亲的诗，欧阳先生曾写数行评语，不知在何处。欧阳先生说是母亲之诗至性感人，加以印出应可对他人有益，而此对他人之益，亦即母亲对人之功德。此遂可回感于母亲在天之灵。所以整理母亲的诗与信，是为母亲，亦是为他人。将来除把母亲的信印一部分之外，其余即存于家，让后代看看亦好。②

六月十九日，在给二妹的信中，唐先生又言：

> 依儒家义，对父母重要者仍在继志，本母亲之心与兄弟姊妹及侄等相扶持相体恤，即继志之一事。在母像前以花果供物祭献，与如熊

---

① 唐君毅：日记，1964年3月7日，"廷光代笔"。《唐君毅全集》（九州）卷33《日记》（下）第11页；《唐君毅全集》（学生）卷28《日记》（下）第17页。

② 唐君毅：致二妹五弟，1964年4月17日。《唐君毅全集》（九州）卷31《书简》第6、6—7页；《唐君毅全集》（学生）卷26《书简》第10、11页。

先生所说之以静心默念，都实可以感通神明。这些事之效应很难说，亦不必在梦中即能证验，但依理依情而论，幽明之际亦确有感通。死而不亡，亦实有其事。但不能以形相求，则无涯之痛仍不可免，要在念母亲知之当更不安，以自节制。①

六月，唐先生会同赵冰、蔡贞人、刘百闵、牟润孙、杨汝梅、孙国栋诸先生，恳留钱宾四先生，希望钱先生打消辞新亚校长职的想法。唯钱先生去意已决，新亚书院董事会乃决定请副校长吴士选先生自八月起代理校长职务。

六月二十七日，唐先生再度往夏威夷大学参加第四次东西哲学家会议。与会的中国学者尚有陈荣捷、方东美、吴经熊、谢幼伟、梅贻宝诸先生。是次，唐先生的论文为《中国哲学方法中之个人与世界》，一九六八年编入由夏威夷大学出版部出版的《东方西方个人之地位》会议论文集内。八月九日抵东京，与胡兰成、景嘉、安冈正笃、宇野精一诸先生谈编印《儒学在世界论文集》事。十四日，返回香港。

是年，东方人文学会拟编著《儒学在世界》论文集，同时以张君劢先生后年满八十岁，亦兼为之祝寿。唐先生在给日本哲学家宇野精一的约稿信中言：

> 计划是兼约贵国、韩国、越南及欧美之学者分别就其地之儒学之历史之发展及对风教之影响，以及当今之研究及弘扬情况，加以叙述说明。贵国方面，此间同人皆望先生及令尊翁哲人先生及安冈先生皆能赐撰一文，就日本儒学加以发挥。韩国方面拟约李相殷兄担任；欧美方面则拟约陈荣捷及君劢先生本人担任；在敝国方面则罗香林、徐复观、牟宗三与弟皆或当撰文以从于诸公之后。②

十月十六日，新亚书院董事之一赵冰先生逝世。唐先生得到消息，

---

① 唐君毅：致二妹至中，1964年6月19日。《唐君毅全集》（九州）卷31《书简》第4页；《唐君毅全集》（学生）卷26《书简》第7页。
② 唐君毅：致宇野精一，1964年6月1日。《唐君毅全集》（九州）卷31《书简》第222页；《唐君毅全集》（学生）卷26《书简》第292页。

"为之喟然而叹"。十七日,"至校中参加赵先生治丧会,又至港大口试赵君硕士考试,再至殡仪馆吊赵先生丧,夜复胡兰成一长函"。① 在这封长信中,唐先生回忆了自己与赵冰、钱穆三人于十五年前由广州到香港,最初即住在赵先生家里,后来才有新亚书院。

> 赵先生历任高等法院院长、外交部次长等职,然素无积蓄,居港恒饔飧不继。十年来其家中弟未见其添置新物。今寿七十四,遽尔逝世。丧事费用,唯赖诸友人集资掤挡。盖彼虽为英国博士,又为英国大律师,然从不处理不直之官司,于任何离婚等不道德之案件,亦不肯处理,以致门庭寥落。新亚初若无彼为多少建立与港府之关系,亦无今日。弟与彼及钱先生三人同来,今彼逝世,钱先生亦无异被迫休假,今校中同事百人、学生六七百人皆为陆续后来之人。②

信中言及,新亚书院的发展,因为社会需要及学生就业考虑,陆续成立商学院、理学院,与文学院鼎足。而文学院中又在哲学、历史之外办了英文系。如今,英文系一个系的教师人数超过新亚书院最初所重视的中文、哲学、历史三系的教员人数总和。而唐先生主持的哲学系,学生毕业后皆无出路,故只得将人数尽量减少,至今年毕业者只一人。由此,校务与学务的轻重之势,与办学初衷适相颠倒。

由新亚发展的如此现状,唐先生言:"乃以喻吾人自己所喜爱之物,恒先须绕一大弯,以作种种初非喜爱作之事,而既作之,则初所喜爱者反难于自存。然此中皆有势之所不得已,亦无容于悔。"并以人和人体为喻:

> 试观天地之生物,亦必先生出无数较粗恶之矿物植物,乃最后出此具灵秀之人,而人则为生物中最易早夭者。人之一身,手足胸腹居其十九,而为人之智慧所寄之五官及头脑,则体积至小,五官中眼为智慧之大原,而眼又较其口鼻耳为小。人脑至柔嫩,一针而足丧命,

---

① 唐君毅:日记,1964年10月16、17日。《唐君毅全集》(九州)卷33《日记》(下)第28页;《唐君毅全集》(学生)卷28《日记》(下)第38页。
② 唐君毅:致胡兰成,1964年10月17日。《唐君毅全集》(九州)卷31《书简》第205—206页;《唐君毅全集》(学生)卷26《书简》第273页。

人眼不能容物，一砂即致失明。此外，植物之花最美，而植物亦须先长枝干与叶，最后乃生花，而花又远较枝叶等为易凋谢。是知自然界之大法，原是先粗后精、先恶后美，而凡精美者皆难存而易亡、难培而易散，故志人仁人之大愿则宁先不务精美而求先备彼粗恶，以冀精美者得粗恶为凭借以得孳生。然粗恶既成，则精美者亦可永不孳生；或粗恶日增，而精美者日消。如人之躯干既肥，而五官日失其灵；枝叶不剪，而花果凋残是也。今日之人类为求生存于自然，而竞尚机械文明，致人之真性日失，亦相类是。弟所在之敝校今之所遭遇，不过此中之一微小之例证而已。然弟于此无悔也。①

十一月十三日，唐先生收到二妹来信，"谓父亲之遗作已丧失，甚痛悔前未另抄一份"。念父亲遗作已失，想祖父遗作亦必不存，唯有母亲遗诗在案头，皆二妹所手抄寄来，乃连续多日校对母亲的诗稿。②

是年，唐先生发表的文章有：

在《华侨日报》发表的《中国哲学研究之一新方向》；

在《民主评论》发表的《人文学术之分际》《文学意识之本性》（上、中、下）；

在《人生》发表的《世界之照明与哲学之地位》《中国思想中对言默态度之变迁》；

在《新亚学报》发表的《秦汉以后天命思想之发展》；

在《新亚学术年刊》发表的《太极问题疏抉》；

在《新亚生活双周刊》发表的《赵蔚文先生二三事》《艺术的宇宙与文学的宇宙》《先秦诸子文学中之喻与义》；

在新亚中国文学系年刊发表的《中国文学与中国哲学》；

在《香港大学五十周年纪念论文集》发表的《老子言道之六义贯释》；

在 *Philosophy East and West* 发表的 "The Individual and the World in Chi-

---

① 唐君毅：致胡兰成，1964年10月17日。《唐君毅全集》（九州）卷31《书简》第206—207页；《唐君毅全集》（学生）卷26《书简》第273—274页。

② 唐君毅：日记，1964年11月13—17日。《唐君毅全集》（九州）卷33《日记》（下）第30页；《唐君毅全集》（学生）卷28《日记》（下）第41页。

nese Methodology"。

《中国哲学研究之一新方向》是唐先生就任香港中文大学哲学系讲座教授的讲演辞，重在梳理中国传统哲学研究态度的变迁基础上说明今日哲学研究的新方向。唐先生认为，哲学为对统摄性、根源性之义理之思想与言说。为哲学者，有"圣哲""哲学家"与"哲学研究者"之别。

> 对所宗主之义理，能思能悟，能信能证，能言能行，以为世范或为世立教者，为贤哲圣哲。……对其所宗主之义理，能思能悟，不必能行，而能会通其所思得悟得之义理，以广说应难而不穷，以自成一家之言者，为一般所谓哲人或哲学家。对以前之圣哲与哲人或哲学家之学，能求加以了解承继，或知其所示之义理之异同，相沿而衍生之迹，与所遗留之问题；而加以说明，以成就哲学之教化，兼为哲人圣哲出世之所资者，为哲学学者，或哲学研究者。①

对于中国哲学研究的新方向，唐先生谓：

> 此一新方向，吾人初步可名之为一由比较之观点，以训诂与义理交相明，而视中国哲学传统之为一独立之哲学传统，而加以了解研究之方向。此一方向之开启者，可溯自五四时代之梁漱溟先生之论中西印度之文化与哲学之为三支，而精神面目各不相同之说。②

> 世界人士之研究中国之哲学以及其他之中国之学术文化，必须先肯认中国文化思想之独立性者。在此肯认中国哲学之为一独立传统之研究态度下，为求客观的了解计，吾人初步可承继清代学者缘文字之训诂，以求知哲学名辞、哲学言说之意义之方向以

---

① 唐君毅：《中国哲学研究之一新方向》。《唐君毅全集》（九州）卷13《中华人文与当今世界》（上）第312页；《唐君毅全集》（学生）卷7《中华人文与当今世界》（上）第386—387页。

② 唐君毅：《中国哲学研究之一新方向》。《唐君毅全集》（九州）卷13《中华人文与当今世界》（上）第318页；《唐君毅全集》（学生）卷7《中华人文与当今世界》（上）第394页。

前进。①

将清代学者即训诂以求义理或所谓纯客观的研究态度，与之前的中国学者的态度相结合，成就一更完善的客观研究态度，乃今后中国哲学研究的方向。具体而言，唐先生认为，可以循下列秩序进行：②

其一，对哲学名词做词义的研究，此通于文字训诂或今所谓语义学。

其二，对哲学义理做义涵的研究，此通于章句之学、名理之学，或今所谓逻辑语句的分析。

其三，对哲学理论做义系之研究，此乃对义理之相互关联所构成的思想体系与思想体系的形态的研究。

其四，对哲学的义旨之研究，此为对思想体系所指向的哲学宗趣或哲学意境的陈述，此必须兼具审美的欣赏态度而后能。

其五，对哲学做义趣之研究，此为对哲学宗趣、哲学意境，与哲人的精神意愿的关系之陈述，此必须兼具宗教道德性的崇敬态度而后能。

其六，对哲学做义用之研究，此乃对哲学宗趣、哲学意境，或哲学思想体系，对其他学术文化的含义或应用价值的研究，此须兼具实用之态度才能从事。

其七，对哲学做义比之研究，此为对不同哲学思想的宗趣、意境与义理内容的比较，及其含义与应用价值的比较，是对各种不同哲学作反省，类似中国佛教中判教之事。

其八，对哲学做义通或义贯之研究，此为对诸哲学在历史中相续出现，而或相承、或相反、或相融、或分化的迹象，及其中所表现的哲学精神的生长、转易、凝聚与开辟之迹，加以研究，此为真正的哲学史的研究。

唐先生谓：

> 依上溯之次序进行之哲学研究，每一步皆有不同方面之独立工作

---

① 唐君毅：《中国哲学研究之一新方向》，《唐君毅全集》（九州）卷13《中华人文与当今世界》（上）第319页；《唐君毅全集》（学生）卷7《中华人文与当今世界》（上）第395页。

② 唐君毅：《中国哲学研究之一新方向》，《唐君毅全集》（九州）卷13《中华人文与当今世界》（上）第321—322页；《唐君毅全集》（学生）卷7《中华人文与当今世界》（上）第398—399页。

可作。由一步通他步，亦非必为一向的，而为可互相往复，以成为多向的。此即谓：吾人可由一起以至八，以由前至后；亦可逆行以由后再溯前，如由八至一。此乃依于哲学中之义理之了解，须由分而合，亦须由合而分；须由前提至结论，亦须由结论以溯前提；须由抽象以至具体，亦须由具体还至抽象之故。①

唐先生认为，对于哲学辞义的研究，不但可以由单字以通辞，由辞以通章句而明义理，亦可以本义理之当如是者，还通章句与辞。

吾意唯在由中国哲学名辞涵义之引申演变，以见各时代之新义理新思想之不断孳生，与其异同，及相承而发展之迹。吾意由此研究之结果，则分别而观，可见同一哲学名辞，在各家哲学中之意义之不同，而免于混淆之害，以助成吾人对各家思想之分别的如实之了解；合之而观，则可对各家思想所陈义理之所涵，其义理系统之如何构成，及其义旨、义趣、及义用之所存，更加以指出，以供彼意在将中国哲学与西方印度之哲学相比较融通，以建设中国之新哲学之哲人之所取资，兼供意在成其内圣外王之义之未来圣哲之所参考。②

一九六五年　五十七岁

是年二月十一日，唐先生在日记中自谓：

念吾一生之写作所向往者，可以二语概之："大其心以涵万物，升其志以降神明"或"大心涵天地以成用，尚志澈神明以立体"。而

---

① 唐君毅：《中国哲学研究之一新方向》。《唐君毅全集》（九州）卷13《中华人文与当今世界》（上）第322—323页；《唐君毅全集》（学生）卷7《中华人文与当今世界》（上）第401页。

② 唐君毅：《中国哲学研究之一新方向》。《唐君毅全集》（九州）卷13《中华人文与当今世界》（上）第324页；《唐君毅全集》（学生）卷7《中华人文与当今世界》（上）第401页。

此即中国先哲精神所在也。①

六月二十六日，唐先生经日本赴汉城出席二十八日在高丽大学举行的亚洲近代化问题国际会议，发表《儒学之重建与亚洲国家之近代化》一文。会后，参观高丽大学、东国大学、庆禧大学、延熙大学、梨苑大学、汉城图书馆、韩国故宫昌德宫等，又在成均馆大学讲演，在东国大学图书馆看书，至新罗文化古迹集中地的庆州及韩战战场及和谈地点板门店参观，又在国乐院欣赏古典音乐舞蹈表演，唐先生深感其有唐代遗风。至七月二十四日返港。②

此次访韩期间，唐先生于七月七日至十六日，在汉城一旅舍写了一篇近两万字的《柏溪随笔》风格的《游韩旅思》。该文在唐先生生前未曾发表，后收入全集之《中华人文与当今世界补编》（下册）。

唐先生认为，最能表达个人自己的文章，应当是即事即情即理的文章，因人总是能遇事生情而即情见理的。一般说，言事是历史，言情是文学，言理是哲学。文史哲分而人生道裂，其实是不好的。而就个人的生活上说，唐先生自认为，大约在正常的状态下几无一事不能引起自己之情，亦无情不与理俱起俱现；但在忙迫的时候，却一日只有事与事的相续，情理则俱隐而不见；而在写学术文章时，又只见理与理之相涵而不见事情。因此，自己的生活总在一种分裂的状态下，为了成事，为了显理，似势不能不如此，然亦实不当如此。唐先生言自己的生活是，通常每当早晨起来，清明在躬时，对昨日所经历的事或最近的过去所经历之事，总有一番回味。在回味中即有许多思想观念自然起来，如泉源之不竭。有的是旧日所已有者之重视，有的是初生，但同是新鲜活泼。唐先生谓，如果自己的笔能追得上思想，自己应当能每日写一篇长文章。但是，到了学校办公室，便统统被打断了；许多思想观念很可能一逝不回，更不留痕迹在人间。唐先生言，"这是很可惜的"③

---

① 唐君毅：日记，1965 年 2 月 11 日。《唐君毅全集》（九州）卷 33《日记》（下）第 37 页；《唐君毅全集》（学生）卷 27《日记》（下）第 50 页。
② 唐君毅：日记，1965 年 6 月 26—7 月 24 日。《唐君毅全集》（九州）卷 33《日记》（下）第 46—49 页；《唐君毅全集》（学生）卷 28《日记》（下）第 62—65 页。
③ 唐君毅：《游韩旅思》。《唐君毅全集》（九州）卷 15《东西文化与当今世界》第 68—69 页；《唐君毅全集》（学生）卷 10《中华人文与当今世界补编》（下）第 345—346 页。

唐先生谈到东西方人的相貌及身体特征，谓：

> 东西方人之相貌实各有优劣。西方人相貌之长处见于骨骼之成形，东方人相貌之长处见于肌血之涵气。西方小孩肌血丰润于骨骼之外，故似较东方小孩为英俊。然当其成长而至衰老，肌血消瘦，则老羸近乎枯骨，其面目亦恒较东方人为易老。东方小孩则温润之气多而英俊之慨少。然东方人之骨骼有肌血扶持，不易见老。此亦是得失互见。①

唐先生关于东方人面目中的肌肤血泽善于表情表德，以形成其人之气色、气味、气象的想法，是由观察中国戏剧重脸谱的表情表德而悟到的。

> 中国戏剧中之脸谱是一种充量的气色之图绘。故红脸通红，以表赤心赤血之流行于面目；白者皑白，以赤血全无，表无情无义。此外，并以种种面纹表血气之流行于面目所成之姿态。此以脸谱表剧中人物之情之德之方式，分明与西方戏剧重于以人物之筋骨之运用所成之动作表人物之情之德者不同。我们如能了解脸谱之复杂，便可知人之面貌中气色之流行之复杂，人之不同之中心即可见于不同之面目而更无所隐遁。人由教养与修养以形成其见于面之气味气象等种种人格之美，亦即由兹而可能矣。②

唐先生又言，自己对于若干东方文物的爱好实际上早已超出中国地域的限制。在最平凡的衣食住行的生活上，无不觉得东方在原则上优于西方。比如在房屋上，唐先生喜欢东方的宫殿而厌恶西方的堡垒。"我喜欢东方之宫殿庙宇，乃由于其气象开阔，构造的形式平正而通达。虽是一人造之建筑而一若能涵摄无限之天地。西方之堡垒则全是意在造成一封闭的世界。"唐先生认为，东方精神的宽和不尽表现于建筑，亦表现于衣冠。

---

① 唐君毅：《游韩旅思》。《唐君毅全集》（九州）卷15《东西文化与当今世界》第73—74页；《唐君毅全集》（学生）卷10《中华人文与当今世界补编》（下）第352页。

② 唐君毅：《游韩旅思》。《唐君毅全集》（九州）卷15《东西文化与当今世界》第74页；《唐君毅全集》（学生）卷10《中华人文与当今世界补编》（下）第352页。

唐先生谓："只须一朝世界得安和，人不如今日之忙迫急促，则衣冠必然趋于尚宽大。而我能在日本韩国能见此古代衣冠之遗，亦无殊见我汉唐衣冠之尚在。"而对于饮食，唐先生谓：

> 我向来恶西餐。刀叉切肉，明为狩猎得兽而烧烤之，分割而食之遗俗。主宾燕集而一筵之刀叉齐动，牛排上之血肉横飞，非番俗为何？依西餐之礼，取食必依量，不宜存不食之骸余。然依东方之礼，则主人备肴馔必使有余，而余鱼同音，故或有最后一菜必为鱼，而此鱼又不食者。更或有制木鱼以当之者。此必使有余，乃所以使物量超溢乎食欲之量。客之食有量，而主人之所供食之食超溢乎其量而若无量，而主人待客之盛意之无量由之以见。①

唐先生认为，此待客重有余食与东方古代衣冠之重宽大而有余布，宫室构造之重宽阔而有余地，皆东方人"胸量之无限"表现于衣食住方面的象征。

唐先生认为，他强调东方人的"无限胸量"，并不意味着不承认西方人的长处和不正视东方人的缺点。唐先生谓：

> 西方人之长处，我名之为一种规定性。此所谓规定性之表现，如表现为在一规定的时间约会，便大家准时而至。此点便非传统的东方人之所重，东方人之时间观念似远较西方人为模糊。在空间意识方面，国家的疆土之界限；在事业职业方面，各种事业职业之界域、个人之权限等，亦常模糊。在学术思想方面，许多不同种类之概念观念之意义之分别，亦常不免模糊不清。此中之根源只是一个：缺乏一规定性。而此东方模糊不清之处，西方人都更能清楚分别，其根原亦只是一个，即富于规定性。
>
> 东方人缺乏此规定性，似乎是东方人之胸量之趋于无限之一种虽不必然而自然难免之一表现。因人之胸量既趋于无限，则人便不愿为一有一定规定，一定界限的东西所限，要去跨越过一切一定的规定与

---

① 唐君毅：《游韩旅思》。《唐君毅全集》（九州）卷 15《东西文化与当今世界》第 82 页；《唐君毅全集》（学生）卷 10《中华人文与当今世界补编》（下）第 362 页。

界限，而不遵守任何一定的规定与界限。然此不遵守却是人的精神不能自作主宰以规定其自己之所是之一表现。此不能自作主宰之无限量的胸襟便成一莽荡的无限，荒漠的无限。此莽荡荒漠的无限与人的情欲权力欲杂糅，即成一种东方式的浪漫与野蛮。此中可引生种种不同形态之罪恶。故东方人之缺乏此西方人之规定性，毕竟是一缺点。此与西方人之缘此规定性而来之固定性、限定性、执碍性为西方人之精神之缺点，正是二五与一十之比。如何使东方人一方有无限的胸量，一方有能作自由而自主的自我规定以守其分界，同时使西方人能自超拔其规定性的限制以具有一无限的胸量，正是东西方人之精神之截长补短，以归向于天下一家之道路。①

唐先生认为，"胸量的无限之超出规定"是乾阳之德；"自主自由的规定自己于界限之内"是坤阴之德；而依"无限的胸量"去摄受一切"规定性"者，又是一坤阴之德；而能将"无限的胸量"之所涵藏者表现为"规定性"的东西，则又是乾阳之德。乾坤阴阳合而为太极，此正是韩国国旗中的图像。唐先生到韩国后，每日见到韩国国旗飘扬，更印证自己若干年来常在心中荡漾的东西文化融和的观念。

十二月一日，唐先生致黄振华信，言治哲学者的归途：

> 吾人东方人虽读西方书籍，然灵魂深处终有一东方之气质，大约到中年以后，皆自然有一返本之趋向。又西方哲学总是思辨为主，在人生性灵之安慰上，在西方哲学家仍求之宗教，而宗教信仰是一回事，哲学思辨是一回事，然终缺乏一整合。吾等东方人总期在智慧通于所信所行，而东方之哲学皆归在为贤为圣，使人有安身立命之地。此点在儒释道之教皆无分别。儒释道三教之语言名相及思想重点，虽有不同，然亦自有桥梁，可相通相望。

又言治佛学的顺序：

---

① 唐君毅：《游韩旅思》。《唐君毅全集》（九州）卷15《东西文化与当今世界》第90—91页；《唐君毅全集》（学生）卷10《中华人文与当今世界补编》（下）第372—373页。

治佛学自应以唯识法相为入手之处，但其中亦有太繁琐使人意闷处。鄙意可调剂之以空宗及禅宗之著作中有文字意味者。以后再归于中国之天台贤首之融会空有之论。①

是年，唐先生深感成立中文大学后，新亚教育理想日渐受到消极影响，乃写信希望钱穆先生就教育理想做狮子吼：

今继任校长之事更暂得一解决，得免于流俗之讥诮，窃望先生仍本最初创始新亚及后参加中文大学之本愿，就教育之原理原则上，发为直言谠论，以供尚在校中之同仁之借鉴，则功德实为无量。目下最可虑之事，是同仁皆忙于目前之务，更不于教育之目标略有所措思。如旬日前新亚教务会议中，竟多有人主张废止一切无益于学生应考之科目。毅等虽力主保留中国通史一科为全校必修，然亦盖将如告朔之饩羊。举此一事即知理想之颓坠，必归于一切随人脚跟而后已。毅于此盖悟凡视理想观念为空虚无实者，其所谓实者亦无不一一归沦丧而空虚。新亚初期同仁等大言不惭，乃似虚而实。今则日日有会，事事有手续有规定之制度，而教育之事乃益沦于虚。人之迷其日固久，亦非骤语之所能喻。今大势所趋如此，毅于此所能为者，亦不过望稍杀缓其势，故尤望对此类之问题，先生能以高蹈之力，更作狮子吼也！②

是年，唐先生在撰写《中国哲学原论》，大量阅读宋明儒著作。在读朱子书时，见朱子晚年恒以韩愈所言"聪明不及于前时，道德日负于初心"自叹，忽然自有警觉。

是年，唐先生发表的文章有：

在《民主评论》发表的《艺术宇宙与文学宇宙之形成》《中国先哲对言默之运用》；

在《白沙学刊》发表的《白沙在明代理学之地位》；

---

① 唐君毅：致黄振华，1965年12月1日。《唐君毅全集》（九州）卷31《书简》第296—297页；《唐君毅全集》（学生）卷26《书简》第384—385页。

② 唐君毅：致钱穆，1965年8月20日。《唐君毅全集》（九州）卷31《书简》第33页；《唐君毅全集》（学生）卷26《书简》第42页。

在《新亚学术年刊》发表的《中国先哲对言默之运用与墨庄孟荀之辨辩》；

在《新亚生活双周刊》发表的《孔诞教师节暨新亚十六周年校庆典礼讲词》《告第十四届新亚毕业同学书》；

在韩国汉城高丽大学亚洲近代化会议发表论文"The Reconstruction of Confucianism and the Modernization of Asian Countries"（*Report of International Conference on the Problems of Modernization in Asia*）。

唐先生在《孔诞、教师节暨新亚十六周年校庆典礼讲词》中说：

> 孔子之伟大，是在其能承认一切人之伟大。如穆罕默德是先知，耶稣是上帝之儿子，释迦降世曾说上天下地唯我独尊。他们在此世界都是空前之圣者，亦无人配当其师，但是孔子的老师却很多。孔子所讲的，从尧、舜、禹、汤、文武、周公、晏平仲、左丘明以及其学生如颜渊，都是他的师友，他是以承认一切人的伟大处，为其伟大。后来中国人之能承认释迦，接受佛教，以及今日之崇尚西方的伟人，如苏格拉底与耶稣，可说都是本此孔子之精神而来。
>
> ……现在的世界需要一种学、一种教，此即教人去学的学，教人去学的教。我们能学此一种学，教此一种教，即可将学术之世界、宗教的世界，都整合贯通起来，此即孔子之学与教。此是教人为真正的一大教师之教，亦是学当一个真正的大学生之学。①

一九六六年　五十八岁

三月二十五日，唐先生于会议后，忽觉左眼视力不明、见物变形，到医生处做检查。

四月一日，经医生诊断为左眼视网膜脱离。四月五日，陆润之医生谓唐先生的视网膜脱离症十分严重。第二日再到陆医生处检查，医生谓必须

---

① 唐君毅：《孔诞、教师节暨新亚十六周年校庆典礼讲词》。《唐君毅全集》（九州）卷16《新亚精神与人文教育》第90—91页；《唐君毅全集》（学生）卷9《中华人文与当今世界补编》（上）第538—539页。

马上治疗，或在此或赴美，以赴美为好。十日，眼疾加重，所撰论文不得不由自己口述，女儿安仁代为打字。十一日，"决定一面应哥伦比亚大学访问教授之约，兼赴美就医"。四月十三日，赴美国，应哥伦比亚大学之约做访问教授，兼治眼疾，并与夫人同行。①

四月十五日，与吴百益至哥大附属医院就诊，医生 Star 谓，唐先生病情颇为严重，网膜脱离时间太久，治愈可能性极小，医治难有把握，但仍以动手术为佳，否则更坏。于是留住该医院。十九日，医院决定动手术。次日午后二时开始动手术，夫人送唐先生到手术室，并告诉他当夜不回租住的伍先生家，留在医院陪伴唐先生。晚六时，唐先生手术结束回到病房。因为手术太过疲倦，沉沉思睡。夫人也很疲倦，握着唐先生的手，伏在他床边休息。虽已四月，纽约天气仍比较寒冷。到了午夜，护士长来查房，说探病者不可留宿医院，要唐先生夫人立刻离去。夫人大惊，唐先生亦向护士长说：夫人语言不通，人地生疏，深夜一人行走，实有不便，希能通融一夜。但护士长说，没有例外，并要一名护士小姐马上带唐先生夫人离开。无可奈何，夫人便说自己到门房外边去坐坐，到天明就回来。门房处有个黑人甚为善良，见唐先生夫人狼狈情况，特叫来计程车，送唐先生夫人回到伍家，但沿途惊惶不堪。经过医生的悉心治疗和夫人的悉心照顾，唐先生眼疾手术恢复良好。只是医生嘱咐，还要做激光治疗，并嘱不可多看书，头不宜低下。五月一日出院，继续住伍崇俭先生家。

五月十三日，唐先生去哥伦比亚大学参加座谈会并报告论文。参加会者有二十余人，中国人占大半，亦有数人提出问题。唐先生因为单只眼看物不习惯，讲话答问不免受到影响，始而有些硬涩，继则自然无阻碍。

随后，唐先生到普林斯顿、宾夕法尼亚、华盛顿、波士顿、旧金山等处访问及游览。六月十二日，往伊利诺伊大学参加由哥伦比亚大学中国思想教授狄百瑞（Wm. Theodore de Bary）先生主持的"明代思想会议"，唐先生发表论文《从王阳明到王龙溪之道德心之概念之发展》。该文于一九七〇年编入由哥伦比亚大学出版部出版的《明代思想中之个人与社会》论文集中。唐先生夫人在代笔的日记中谓："这次毅兄来美开会兼治目

---

① 唐君毅：日记，1966年3月25日，4月1、5、6、10、11、13日。《唐君毅全集》（九州）卷33《日记》（下）第66—67页；《唐君毅全集》（学生）卷28《日记》（下）第87—89页。

病,这个会议是明代学术会议,毅兄讲的题目是王阳明的思想,沿途照顾我们的有陈永明、杜维明,如今又见到冬明,五明相聚,我觉是象征毅兄的目疾必可重复光明。"①

六月二十三日,赵自强先生陪同唐先生参观近年名居全美第一的加州大学,并去医院看望张君劢先生。谓张先生年已八十,有儒者风范。二十四日,唐先生游森林公园,登美人山,叹曰:"不来旧金山,不知美国之美,不登此山,不知旧金山之可爱。"

在美国期间,唐先生与人谈及目疾,未尝有一点忧虑之色,并曾戏言:"吾之左眼 left eye 虽已 left,而右眼 right eye 固 all right,此又何伤于论学云云。"② 先生其后在《病里乾坤》一文中谓,当时谈笑自若之态度:

> 貌似超脱,实则别有虚娇慢易之情,隐约存于吾之心底;意谓此疾必可经医治而霍然。此匪特由于吾于隐约中,信现代医学之功效,更由吾于隐约中,先对此疾有预感;又于隐约中,意谓此中应有天意,使我之目暗而复明。凡此存于隐约中之意念,实则吾之貌似超脱,而谈笑自若之态度之凭仗,以为足恃,而不知其实不足恃者。以不足恃者为足恃,而更高举其心,故为超脱之言,即实出乎虚娇慢易之情也。③

所谓隐约中"对此疾有预感",唐先生谓:

> 所谓吾于隐约中,于此疾有预感者,即吾之自发现有此疾,乃在一九六六年三月廿六日之下午。在当日之上午,吾为学生讲书,即尝突然及于《礼记·檀弓》中,子夏哭于丧明之一事。先此一月,吾作《中国哲学原论》序,尝论圣哲之最高境界,必离言以归默云云。按《檀弓》载子夏既丧明,曾子往见之,曾子痛朋友之丧明,乃与子夏相向而哭。然当子夏之自言其无罪,曾子即又面责子夏之罪。子

---

① 唐君毅:日记,1966年6月19日,"廷光代笔"。《唐君毅全集》(九州)卷33《日记》(下)第75页;《唐君毅全集》(学生)卷28《日记》(下)第98页。

② 唐君毅:《病里乾坤之"目疾"》。《唐君毅全集》(九州)卷7《病里乾坤》第4页;《唐君毅全集》(学生)卷3《病里乾坤》第12页。

③ 同上。

夏闻过，乃投杖而拜。此皆具载《檀弓》原文。曾子痛朋友之丧明而哭，仁也；面责朋友之过，义也。曾子年少于子夏者十七年，子夏时年应已七十，乃闻曾子言，即投杖而拜，是诚不可及。吾当时为学生讲及此，乃以喻古人之师友之义，亦自念吾当兼学此二贤。吾昔年之多学于子夏之"日知其所无"者，今当更多学于曾子之"反求诸己"矣。然子夏丧明，则亦无缘受曾子之面责，以自见其过；则吾今之目疾，盖正所以使吾得由反省，而自见己过，更从事于默证之功者。此非天意而何？天欲吾有此反省默证之功，吾目自当复明。此则吾隐约中所怀之自信，而初不知其亦为一虚骄慢易之情之又一端也。①

六月二十六日，唐先生到夏威夷。因未提前告知友人，晚上到夏威夷无人相接，住 Reeb Hotel，旅馆在海旁，游人甚多。次日清晨，唐先生问夫人：今天六月廿七是什么日子？夫人一时答不出来。原来是两人结婚二十三周年纪念日。夫人谓："从今天起我要许下一愿，我要尽其在我。"

六月二十九日，唐先生转赴日本东京，与几位日本学者谈中国文化。东京大学名誉教授西谷先生问中国文化精神究以何为其主要特征，东京大学人文科学研究所教授平岗先生谓：一言以蔽之曰"综合精神"；大阪大学教授木村先生亦以为然，并谓此即"中庸之道"。唐先生则谓，中国文化可概括为一种主体性，依于一切皆摄于这一种主体性，故能综合而中庸，而无西方文化外逐对立的特征。

七月六日，抵大阪。翌日，张曼涛及易陶天诸先生陪游奈良的东大寺、招提寺、法隆寺等地。八日，杨启樵、张世彬、黄汉超、陈志诚等在日本做研究的新亚毕业生来看望唐先生。唐先生言：

> 留学生不易作，行为表现的好坏关系甚大，小则代表自己和自己以前读书之学校，大则代表国家民族。同时留学生以身在异国，不免有些难为特殊之感，在某种刺激情况下，爱国之情，使命之感会油然

---

① 唐君毅：《病里乾坤之"目疾"》。《唐君毅全集》（九州）卷7《病里乾坤》第4—5页；《唐君毅全集》（学生）卷3《病里乾坤》第12—13页。

而生，但亦有麻木不仁者。①

唐先生认为，处乱世，国人适东适西，亦无足怪，如《论语》载大师挚适齐，亚饭干适楚，三饭缭适蔡，四饭缺适秦，鼓方叔入于河，播鼗武入于汉，少师阳、击磬襄入于海，盖去乱世也。然必须能弘大道，能阐扬其国家民族历史文化精神于彼国人之前，其个人与其国家民族乃能真被彼国人乃至世界各国人所爱敬尊重。

七月九日，唐先生经大阪、冲绳岛、台湾返港。

七月二十日，唐先生半夜醒来思：

> 欲知儒须知无限的仁心。
> 欲知道须知无限的超越（遨游）。
> 欲知佛须知无限的悲怀。
> 欲知耶须知无限的原恕与爱心。
> 欲知印度教须知无限的道福。
> 欲知近代西方文化之形成须知无限的可能之试探。
> 欲知回须知无限的清纯。
> 欲知中国文化之形成须知无限的摄受。
> 贯通之者，是道家之游与儒家之仁于其心灵之种种方向（Orientation）。等闲识得东风面，万紫千红总是春。②

是年，唐先生女公子唐安仁小姐在新亚书院中文系毕业，成绩优异，乃欲报名参加新亚书院的雅礼大学奖学金考试。但是，唐先生反对，认为自己有能力供其留学，不应与别人争奖学金。安仁小姐不以为然，认为自己大学毕业还要依靠家庭，不能自立，是件可耻的事，乃自行报名。果然马上有人写信责骂先生，说不该让安仁小姐参加考试。并有同班同学对安仁小姐说："你既然参加，我们都不用参加了。"此事使安仁小姐有说不

---

① 唐君毅：日记，1966年7月8日，"廷光代笔"。《唐君毅全集》（九州）卷33《日记》（下）第77页；《唐君毅全集》（学生）卷28《日记》（下）第101页。

② 唐君毅：日记，1966年7月20日。《唐君毅全集》（九州）卷33《日记》（下）第78—79页；《唐君毅全集》（学生）卷28《日记》（下）第102—103页。

出的委屈。回家对唐先生抱怨做他的女儿。过去别人喜欢称她是唐君毅先生的小姐，她便常对唐先生埋怨，受唐先生名气所累，使自己失去独立性。那次考试成绩，安仁小姐最高。但考试结果，迟了几个月仍未公布。原来早一年度奖学金获得人之一的黄耀炯，因想再充实一下自己才出国，故去年考第三名的被递补上去，黄君的名额保留到是年，使是年奖学金名额由两名减为一名。又由于三年来连续考取该奖学金的，都是文学院学生，理学院方面遂坚持是年不该再给文学院学生，彼此争论不一。而当时唐先生正任文学院长，马上说，当给理学院的学生。安仁小姐的资格，就此被取消了。安仁小姐为此与唐先生争吵无数次，认为校方应先指明那年文学院学生不得参加。唐先生则责备安仁小姐好胜好名，不替大局着想，十分生气。此事始终不能令安仁小姐服气。多年后，唐先生对安仁小姐说："新亚书院仍然受雅礼协会的协助，有时候他们少不了想干预新亚的校政，如果你拿了雅礼奖学金，万一新亚与雅礼协会有意见不合的时候，我就不能完全心安理得地为新亚理想而争辩了。"这才使安仁小姐平下心来。先生主持新亚书院行政，常盼望新亚毕业生回校服务，但从未提议过安仁小姐回新亚。其后，安仁小姐自行申请未成功，唐先生若有庆幸之色。①

又，安仁小姐申请到美国印地安纳大学留学时，请了几位教授写介绍信。此等信件原是保密的，但安仁小姐因在该大学从事过行政工作，无意中看到此等文件。一位教授替安仁小姐写的介绍信中，每一项评分都是五等中的第三等。安仁小姐自问在校成绩还好，颇感不平，曾向唐先生提及此事。唐先生淡然应之，说各人观点不同，也许他觉得第三级就很不错了。并责安仁小姐为人计较，不够厚道。②

九月十日，迁家嘉多利道四十六号山景大楼，唐先生因为目疾未回家做搬迁事。

十一月二日，夜拟一封向学校请目疾病假三月函，准备请假治疗。

十一月十日，唐先生在日记中谓：

---

① 唐安仁：《伯伯》。《唐君毅全集》（九州）卷38《纪念集》（下）第547—548页；《唐君毅全集》（学生）卷30《纪念集》第646—647页。

② 唐安仁：《伯伯》。《唐君毅全集》（九州）卷38《纪念集》（下）第549页；《唐君毅全集》（学生）卷30《纪念集》第648页。

连日为养身而习静坐静睡。更念只此是道。又在静中常念及以往之种种过失及不免对人有意或无意之辜负,因知忏悔与对人之感念皆清心静心之道。

十五日又言:

念疾增不忧,小愈不喜,不求速效,乃养病之道;往事不追,来事不期,临事不急,亦养病之道。

十二月八日,唐先生的目疾近日增剧,香港的医疗设备不足,又时有人事之繁,故向大学请假赴日本医治兼休养。当日,唐先生与夫人赴日本京都医院治目疾,由眼科主任浅山亮二教授及锦织医师诊治。在检查后,医生说唐先生的视网膜再破裂,情形甚为严重,虽可再动手术,但视力恢复多少不能预断,并言美国医生治疗很好,可能手术后未得保养,休息不够,故视网膜再度脱落。夫人谢廷光在代笔的日记中反省道:"本来治病之事只有尽人事听天命,但上次治疗实未尽人事,为学校行政,学生课业,为会议准备论文,校对文稿种种工作,而耽误了治病时间。毅兄虽毫无怨言,廷光实于心有愧。"①

是年,唐先生的《中国哲学原论·导论篇》在人生出版社出版。本书是唐先生六大册《中国哲学原论》的第一篇,出版时书名为"《中国哲学原论》(上册)",一九七四年七月经作者修订,改为今名,由东方人文学会再版、新亚研究所发行。

对中国哲学问题做系统的研究,是唐先生多年的心愿和追求。约三十年前,唐先生在中央大学开设"中国哲学问题"一课,发有若干讲义。当时即欲就中国哲学诸问题分别加以论述,意在以哲学义理发展的线索为本,而以历史资料为之佐证。但感到一家思想的各方面,颇难分别孤立而论,遂弃置其事。数年后,改教"中国哲学史",觉得断代分家讲述,果顺而易行。此时,应当时的"教育部"之约,写一部通俗的《中国哲学史》,十五六万言。考虑到其中宋明儒学一部初只占三四万言,觉其分量

---

① 唐君毅:日记,1966年12月15日,"廷光代笔"。《唐君毅全集》(九州)卷33《日记》(下)第86页;《唐君毅全集》(学生)卷28《日记》(下)第115页。

太轻，于是两年后乃加以扩充。这一扩充，宋明儒学一部又达三十余万言，与其他部分，比例不能相称，其中王船山一篇，更独占十余万言，尤为突出。此后，因学问兴趣的转进，便对旧稿的率尔操觚不能当意，故除已发表的小部分外，余皆等诸废纸。近二十年来，唐先生任教中国哲学史一课，其讲授内容，不仅轻重详略年有不同，觉今是而昨非者亦不可胜数，因此并不以写一本教科用书为当务之急。只是时时感到，对于中国哲学中环绕于辞的诸家义理，多宜先分别其方面、种类与层次加以说明；而其中若干数千年聚讼的问题，尤待重加清理。

> 说明与清理之道，一方固当本诸文献之考订，及名辞之诂训，一方亦当克就义理之本身，以疏通其滞碍，而实见其归趣。义理之滞碍不除，归趣未见，名辞之诂训，将隔塞难通，而文献之考证，亦不免唐劳寡功。清儒言训诂明而后义理明，考核为义理之原，今则当补之以义理明而后训诂明，义理亦考核之原矣。

> ……循此途以多从事于下学而上达之功，亦较写一教科用书之哲学史，更为当务之急；抑必先有此，而后之为哲学史者，乃更有所取资。此即吾之所以弃置哲学史之业，而本书诸文之所以得次第写出，若还契于吾三十年前之愿也。①

本书以名辞与问题为中心，贯论中国哲学。这些文章，最早的成于十三年前，最迟的亦成于两年前，大多曾经分别发表于《新亚学报》《新亚学术年刊》《香港大学五十周年纪念刊》《清华学报》等。两年前，唐先生曾经想将此诸文分为三编，即可分别代表中国哲学的三个方面，与西方哲学论理性的心灵、知识与形上实在三方面约略相当，足以彰显中国哲学的面目：一方面，自有其各方面的义理，亦有其内在的一套问题；另一方面，具有独立自足性，亦不碍其旁通于世界哲学。当时即拟加以整理、修改付印，以补《哲学概论》一书初欲东西哲学并重、终对中国哲学所论犹略之过。不幸，母亲逝世苏州客寓，唐先生飘零异域而奔丧无门，"自顾罪深孽重，于本书中一切抽象之哲学戏论，尤深恶痛绝，遂复弃置。半

---

① 唐君毅：《中国哲学原论·导论篇》"自序"。《唐君毅全集》（九州）卷17《中国哲学原论·导论篇》第1—2页；《唐君毅全集》（学生）卷12《中国哲学原论·导论篇》第2页。

年后，乃始执笔整理。其时亦意在摒当旧业后，即斩断文字孽缘；更于知解名相之外，求原始要终，以究天人之道，通幽明之故"。①

全书分三部共十八章。"理与心"部分"原理""原心"各上下章共四章。"名辩与致知"部分"原名""原辩""原言与默""原辩与默""原致知格物"（上下）共六章。"天道与天命"部分"原道"（上下）、"原太极"（上中下）、"原命"（上中下）共八章。

第一、二章"原理"，阐释中国哲学中"理"的六种解释，包括：物理、名理或玄理、空理、性理、文理与事理。此六"理"可由先秦诸子用"理"一字的义训而见，更可由中国哲学思想发展中各时代所注重的义理不同而见。明白"理"有此六种，即知清儒与现代学者只重"物理"与"事理"，不免有昧于义理天地的广大。

第三、四章"原心"，由人知义理必本于理性的心知，而对理性的心知分析种种解释。此两章论孟子、墨子、庄子、荀子四家言心，意在标示四种形态的理性的心知，即知类知故的知识心（墨子）、虚灵明觉心（庄子）、德性心（孟子）、知历史文化之统类心（荀子）。知物理事理，要在知识心；知玄理空理，要在虚灵明觉心；知性理，要在德性心；知人文之理，要在知历史文化之统类之心。由此可见，"原理"与"原心"有着内在的相互契应。

《名辩与致知》篇第五至十章所涉及的问题，大致相当于西方哲学所谓的逻辑、语意学与知识论的问题。尽管这一方面的哲学，似乎不是中国哲学的特长，但是，唐先生进一步考察后发现，仍然有丰富的思想资源。

第五章"原名：荀子正名，与先秦名学三宗"和第六章"原辩：《墨子·小取篇》论'辩'辩义"，重在指出，中国先秦名辩之学，世所视为属于纯逻辑上的推论之术，实际上多属于论"语意的相互了解"的问题。因此，唐先生此两文解释《荀子·正名》《墨辩·小取》的文句，亦颇有异于前人的地方，谓《小取》篇的论辩，在求通人己之是非；荀子论正名，重在名定而实辨，以归在道行而志通。

第七章"原言与默：中国先哲对言默之运用"和第八章"原辩与默：墨庄孟荀之辩论"，更可见中国名辩之学，纯以成就人己心意的交通为旨

---

① 唐君毅：《中国哲学原论·导论篇》"自序"。《唐君毅全集》（九州）卷17《中国哲学原论·导论篇》第8页；《唐君毅全集》（学生）卷12《中国哲学原论·导论篇》第8页。

归；而超语言界之"默",既是限制语言界,亦补足语言界之所不及,以助成此心意的交通。此实为一伦理精神的表现。近代西方哲学始于重知识,自康德起而作知识的批判,定知识的外限。唐先生谓：

> 今后必有一哲学兴起,以作语言之批判,以定语言之外限者。则超语言之默之意义,自当逐渐为人所认识；而中国先哲于此,实先有其大慧。人必习此大慧,然后可自由运用语言,而辩才无碍。①

第九、十章"原致知格物：《大学章句》辨证及格物致知思想之发展"(上、下),始于考订《大学》的文句,以论中国格物致知思想的发展,借以说明中国哲学对于"德性之知"与"知识之知"的关系问题的发展与变迁。此文下篇论中国格物致知思想的发展,直述至当代的熊十力、牟宗三先生的学说,更言,可在原则上将西方传来的一切知识论学说与科学思想,全部化为中国的"格物致知"思想的发展中。唐先生自谓该文的逻辑和内容如下：

> 首论朱子大学补传及所订章句,不合大学本文之所需,与原文之文理,次说明阳明以致知为致良知,亦不合大学本文之系统。再次则更就朱子及晚明儒者,所疑于大学章句者,加以抉择,以重订大学之章句,并略疏贯其文理。此为本文上篇,主要以辨证大学本文之文句为主,所论较为繁碎。至于本文下篇,则首当说朱子之章句虽误,然朱子之思想,仍与大学相涵接,而其即物穷理之说,亦实有进于大学之新义在。次论阳明之直接以大学之知为良知虽误,然通大学之言"明明德"及"知"而观之,则必引出致良知之说,而此亦为大学思想之一新发展。再次则略论清儒颜元、戴震之言格物致知,其异于宋明儒之说,及其演进之势,必归于清末人以自然科学为格致之学之义；并见此义之实为由大学本文之格致之原义,辗转引出之新义,而亦表现中国思想之发展之一端者。最后二节,则论由此而导致之当今中国儒学思想发展中之一问题。即为如何将此今人皆知重视之科学知

---

① 唐君毅：《中国哲学原论·导论篇》"自序"。《唐君毅全集》(九州) 卷17《中国哲学原论·导论篇》第5页；《唐君毅全集》(学生) 卷12《中国哲学原论·导论篇》第5页。

识之知，与中国传统所重之德性之知，加以配合之问题，而此亦为中西学术思想如何融通中之一问题。足见此八百年之格物致知之老问题，实直贯注至今。乃于此最后节中更述及师友之说，兼略陈愚见，以作结论。此合为本文下篇。要以证成八百年来直接关连于大学之格物致知之思想之发展，而义理之疏解较多。①

通过对《大学章句》的考订和义理的疏解，唐先生最后提出了"德性之知"（良知）与"知识之知"（知识）的四种关系：

> 其中第一种，乃良知之直接运用知识而通过之以流行，则二者之呈现，可说为俱时而呈现之同一关系。其中第二种，乃良知决定引发一求知识活动后，则良知即隐退于后，必前者间断，后者乃再呈于前，以求续此间断；是二者为更迭呈现之相斥关系。第三种乃为致良知或达良知之目的，而建立求知识之活动，以为完成良知之行为之手段，则良知与求知识之知之关系，为目的与手段之相从之关系。此中，吾人肯定目的当有，即涵蕴手段当有，手段之有为因，目的之达到为果，而其间之关系，亦为理论上之涵蕴关系，及实际上之因果关系。第四种中，良知初愿望建立："使此情境不如是"之一知识，继复自愿承受"此情境只能如是"之知识，良知于此，赖其欲如是建立知识，如是承受知识，以表现其自身之流行，而又非只视其所愿建立或所愿承受之知识，为良知之行为之手段；而皆视为良知于始或终所愿肯定，而愿其为真知识，以使良知之如是如是之流行，得以可能者。此中之良知与知识之知之初为相从而起，必归于良知之自见"其自身之流行"与"所愿建立或承受之知识之成立"，二者之不可相无，及二者之合为一全体，而表现上所谓交互并在之关系。此四种关系，皆同须以良知或德性之知为本、为体、为主宰而论之。其中前三种犹较简单，昔贤之论已足够。然第四种关系，则其中尚有深义，待于吾人之探索。自全幅之人生看，人生任何活动之发展，至一阶段，

---

① 唐君毅：《原致知格物——〈大学章句〉辨证及格物致知思想之发展》（上）。《唐君毅全集》（九州）卷17《中国哲学原论·导论篇》232—233页；《唐君毅全集》（学生）卷12《中国哲学原论·导论篇》第303—304页。

盖皆不能免于与其他良知所亦视为当有之活动，或某一特殊具体之情境已有之事实及吾人对之已有之知识，显出在一时之互相冲突而互相对反之情形。由是而前三种关系，即难于孤立，乃不能离此第四种之关系而自己存在者；而此第四种关系，自全幅人生看，亦即可说为前三种关系之底据。①

对于《大学章句》的考订，唐先生谓：

吾此所重订《大学章句》，……或足结束八百年来学者，对此问题之纷纷聚讼，亦未可知。

又谓：

此一考订，果可成立，亦复证明一种考订方法之有效。此方法即一方要先看义理之所安，以最少对原本之牵动，以重订哲学文献章句；一方亦为对昔贤之所订者之误，加以指出后，再对其所以误之原中，发现一思想史上之价值。②

《天道与天命》篇各章所讨论的问题，大致相当于西方所谓形上学的问题。

第十一、十二章"原道上：老子言道之六义"和"原道下：老子言道之六义贯释"，表示对于老子各方面看"道"的含义之态度与方法。唐先生认为，《老子》一书中之"道"的含义大约有六：有通贯异理之用之道、形上道体、道相之道、同德之道、修德之道及其他生活之道、为事物及心境人格状态之道。此六义之"道"，并非彼此处处相依相待而成立，亦非绝不可分离而论的整体。唐先生谓：

---

① 唐君毅：《原致知格物——〈大学章句〉辨证及格物致知思想之发展》（下）。《唐君毅全集》（九州）卷17《中国哲学原论·导论篇》283—284页；《唐君毅全集》（学生）卷12《中国哲学原论·导论篇》第366—368页。

② 唐君毅：《中国哲学原论·导论篇》"自序"。《唐君毅全集》（九州）卷17《中国哲学原论·导论篇》第5—6页；《唐君毅全集》（学生）卷12《中国哲学原论·导论篇》第5页。

  吾人可由形上道体为如何，言其相之如何；再由其体相之如何，以言其生人物时，其自身之玄德如何，人物所得于道者如何；及人物之由道生而所得于道后，其存在所依循之律则原理之实如何；以及人求更有所得于道时，其积德修德及生活之方术，宜如何；以使其心境与人格状能合于道而具道相。①

  第十三至十五章为"原太极"，分别论"朱陆太极之辩与北宋理学中太极理气思想之发展""天地之根原问题，与太极一名之诸义，及朱子太极理气论之哲学涵义""朱子太极理气论之疑难与陆王之言太极及即心言太极之说"，重在说明朱子与陆象山对周子《太极图说》所考证训诂的不同，皆由于二贤所见的哲学义理之不同，是见欲判二贤考证训诂之得失，正有待于先明二贤所见的哲学义理。唐先生认为，此又是义理明而后训诂考证之得失可得而明的一例。对于此三篇"原太极"之文，唐先生谓：

  此原太极之三章，由朱陆之辩周子太极图说始，而及于周子用太极一名之本义，与张横渠、邵康节、二程言太极理气之论，更推扩至太极一名在中国哲学史中之七涵义之分辨，以及朱子言理为太极之思想，言理与心之关系之思想；再及于陆王以降以心为太极，王船山以气言太极之思想；即合以为中国太极思想之历史线索之综论。此中之太极、理、气之诸名，代表中国形上学之诸究极的普遍概念，正类似上帝，理型、心、质料之为西方形上学诸究极的普遍概念，其涵义皆幽深玄远，而牵涉至广。②

  第十六至十八章为"原命"，分别论"先秦天命思想之发展""秦汉魏晋天命思想之发展""宋以后天命思想之发展"，述中国哲学的天命观。此中所谓"天"，或指天帝、或指形上道体、或指人所在之世界、或指人之性理本心之自身。此中所谓"命"，则就此种种不同义的"天"对人所降的命

---

① 唐君毅：《原致知格物——〈大学章句〉辨证及格物致知思想之发展》（下）。《唐君毅全集》（九州）卷17《中国哲学原论·导论篇》301页；《唐君毅全集》（学生）卷12《中国哲学原论·导论篇》第387—388页。

② 唐君毅：《中国哲学原论·导论篇》"自序"。《唐君毅全集》（九州）卷17《中国哲学原论·导论篇》第7页；《唐君毅全集》（学生）卷12《中国哲学原论·导论篇》第8页。

令、所施的规定而言。文内以"上命""下命""中命""内命""外命"之名，统论中国哲学思想中言命的各种学说；合此五命以观人，人乃自见其为一位于五命之中心的存在。由此，前三章所言的"天道"，有如散为五命下临，以环绕于人的四周。"维天之命，于穆不已，人之所以受命于天之道，亦以所受之命有种种，而有种种。然要之可合以见人居天地间，其责之至重且大；而中国哲学之恒归在视人为天地之心之义，亦理有固然者矣。"

结合"原太极"和"原命"，大体而言，前三章《原太极》，旨在连于人之本心以论天道；此三章《原命》，旨在连于人之所以受命而言天道，合之可见，中国形而上学思想重彻上彻下、彻内彻外，而不同于西方形上学思想之多为以下缘上、以内缘外的形态。

是年，唐先生发表的文章有：

在《人生》杂志发表的《中国哲学原论》自序；

由易陶天记录的《唐君毅先生与日本学人谈话录》。

一九六七年　五十九岁

唐先生自前一年十二月八日抵日本京都治疗目疾，在京都医院三月余。四月二日出院后，又在京都休养四月余，八月十六日返回香港，前后共住京都八个月之久。

在农历新年时，留日学生杨启樵、谢正光、张世彬、黄汉超、叶国雄、黄君实等均向唐先生拜年。霍韬晦、杨钟基及谭汝谦等亦常来做伴。谢正光同学曾告诉唐先生一个故事：一次，谢同学与一位日本友人交谈，以日语不好，不能表达意思，乃说英语。被一个带有醉意的青年发觉，愤其身为日本人而说英语，除骂他们无耻之外，并要殴打他们，结果闹到警署始罢。唐先生对该青年极为欣赏。①

一次，谭汝谦同学带唐先生到圆山公园的露天剧场观看免费的"纳凉能"。"能"是十四世纪以来日本人喜爱的综合舞台艺术，但由于动作抽象，唱词古雅，人和鬼可以同时在舞台上出现，而且演出时间太长，一般外国人不易欣赏和接受。"纳凉能"是为普通市民而设的，在圆山公园的

---

① 唐君毅：日记，1967年2月25日，"廷光代笔"。《唐君毅全集》（九州）卷33《日记》（下）第94页；《唐君毅全集》（学生）卷28《日记》（下）第125页。

露天剧场举行，座位全是长条板凳，在黄昏前开场，直至晚上九时后才完场。唐先生认为，难得有机会欣赏传统日本剧艺，坚持要去。到场时，发觉观众大部分是穿和服的老年人，很少青年人。那天上演的大都是"修罗物"——吊祭堕入修罗的武士的灵魂，是既悲且壮的剧目；也有"鬘物"——以女性为主人翁、曲调凄绝而意境幽玄的剧目。在舞台上只见带脸谱的幽灵和生人交谈，哀音贯耳，时而阴间，时而阳世，有时好几分钟才见台上演员做出一个动作来。但唐先生由黄昏前入座，至晚上九时完场，始终全神贯注，毫无疲态，任由蚊虫骚扰，亦毫不抵抗。并谓，虽听不懂曲词，但能欣赏人鬼世界的融通，又谓，"能乐"能够超越生死界限，摆脱时间隔阂，是了不起的舞台艺术。①

唐先生对日本文化有深厚的感情，是能了解日本人的生命情调的人。这种从东方文化内部发出的感情，使他既能欣赏又能批判日本文化。唐先生对于与日本人和西方人交往的感受，有明显的区别，他曾经给学生谭汝谦说：

> 此二十年中，我前后因种种因缘去了日本六七次，但合起来，只住了一年。我之日本语文，既不行，对日本之学术文化，亦全说不上了解。但在与日本人之接触中，我却直感日本人之灵魂与中国人之灵魂与生命情调，确有若干同为东方人，而异于西方人之处。就语言文字的运用说，我亦尝勉强用英文写一些论述与西方人交谈，而与西方之大学与学术界有更多的接触。但我与西方人间，一般说却恒只能有抽象概念的相互了解，而不易有生命情调上与灵魂上的共感。对日本人，则我不能以日文与之交谈，却容易有较多之共感。然而我亦同时直觉中国人与日本人之灵魂与生命情调之表现于其日常生活者之不同。②

并言退休之后要实现两个心愿：第一，他要创办一所小学，因为他感

---

① 谭汝谦：《安息吧！君毅师——文化意识宇宙巨人生命格范拾零》，《唐君毅全集》（九州）卷37《纪念集》（上）第336—337页；《唐君毅全集》（学生）卷30《纪念集》第406—407页。

② 谭汝谦：《安息吧！君毅师——文化意识宇宙巨人生命格范拾零》，《唐君毅全集》（九州）卷37《纪念集》（上）第334—335页；《唐君毅全集》（学生）卷30《纪念集》第403页。

到一生从事的大学教育事业并不太成功，需要从头做起；第二，打算到京都长住一段时期，因为京都有看不完的古典美，有享用不尽的舒适。①

是年七月，唐先生于日本期间写信给周开庆先生，言及父亲遗稿被毁事宜：

> 先父手稿日记数十卷及藏书一二万卷，原存成都，以惧日机轰炸而移置双流友人家中，及共党作乱而荡然无存。弟未能事先设法保存，罪无可赎，每一念及，痛心无已。今据弟所知，先父之著作，唯在若干杂志者尚可收辑。此来京都，觅得民国十四五年之《甲寅》，其中有先父之通信及文数篇，已加影印。此外闻北平图书馆尚藏有先父《孟子大义》初印本。又欧阳竟无先生为先父所著墓志，及刘咸炘鉴泉为先父所著别传，亦尚待搜求。再则吴芳吉先生于其与友人函中，屡述及先父之言论，尝在卢作孚之三峡图书馆中所藏吴先生书札中见之。但吴先生之书信，除任二北所辑者外，恐在台北亦难见得矣。②

是年七月，唐先生给唐端正的信中，结合对时事的评论而言治学态度：

> 治学应冷静，不能以世事动其心，然亦不能于世界无悲心弘愿，只求苟全于今世。如何融此二者为一，使之相辅为用，亦待吾人之自求也。③

唐先生在京都休养期间，写成《病里乾坤》一文。但此文至一九七六年才在《鹅湖》月刊发表。一九七一年，又根据其在京都八个月的生活感受，写成《东方人之礼乐的文化生活对世界人类之意义》一文。

---

① 谭汝谦：《安息吧！君毅师——文化意识宇宙巨人生命格范拾零》。《唐君毅全集》（九州）卷37《纪念集》（上）第336页；《唐君毅全集》（学生）卷30《纪念集》第405页。

② 唐君毅：致周开庆，1967年7月25日。《唐君毅全集》（九州）卷31《书简》第166页；《唐君毅全集》（学生）卷26《书简》第221—222页。

③ 唐君毅：致唐端正，1967年7月4日。《唐君毅全集》（九州）卷31《书简》第339页；《唐君毅全集》（学生）卷26《书简》第441页。

八月十七日，回港次日，晨起，唐先生反省：

> 二十年来所论以告世者，可以立三极（太极、人极、皇极），开三界（人格世界、人伦世界、人文世界），存三祭（祭天地、祭祖宗、祭圣贤）尽之。人格世界开于人各修己而内圣之道成，太极见于人极。人伦世界开于人之待人而内圣之道见于人，人极始形为皇极。人文世界开于人之待天地万物，而皇极大成，无非太极。祭天地而一人之心遥契于太极，所以直成一人之人格，祭祖宗而后世之情通，所以直树人伦之本，祭圣贤而人格之至者得为法于后世，而人文化成于天下。立三极依于智，开三界依于仁，存三祭依于敬。①

是年，就新亚研究所之事，唐先生与新亚校长吴士选先生"君子协定"，由唐先生任所长，吴先生代理。而对于新亚前途，唐先生谓："目下吴坚不肯任下届校长，只有校外请一人来，但校外来的人可能把新亚精神更得来没有了。所以他之意要弟任所长，留一最后之壁垒。然研究所之经费，前靠哈佛燕京学社及亚洲基金会，而此二机构之帮助到后年即止，而研究所之情形即同于初期之新亚。我之想法是把研究所与新亚之一些教员之研究工作合在一起，亦以研究所之研究精神提高新亚之教学精神，另外靠研究所以前之成绩与国际信誉，看能否开展一些中国文献之研究计划。"对于由钱先生和自己所创立的新亚面临的这种前途，唐先生十分感叹："以超越眼光看彼在此十七年之所为，与弟等在此十七年之所为，皆是一悲剧也。"②

是年，唐先生发表的文章有：

在《新亚学报》发表的《朱陆异同探原》；

在《人生》发表的《致王贯之先生书》；

在哥伦比亚大学出版的 Self and Society in Ming 一书中发表的 "The Development of Concept of Moral Mind from Wang Yang Ming to Wang Lung Chi"。

---

① 唐君毅：日记，1967年8月17日。《唐君毅全集》（九州）卷33《日记》（下）第105页；《唐君毅全集》（学生）卷28《日记》（下）第139—140页。

② 唐君毅：致徐复观，1967年9月29日。《唐君毅全集》（九州）卷31《书简》第116页；《唐君毅全集》（学生）卷26《书简》第154页。

《朱陆异同探原》一文又名《原德性工夫》，分上、中、下三文，分别讨论"程陆之传及程朱之传与工夫问题""朱子工夫论辨析""朱陆工夫论之会通"，全文长八万余字，后录入《中国哲学原论·原性篇》的附编。

　　唐先生有关此文的思想，实际上已怀之有年，只是未遑论述。因读牟宗三先生辩胡五峰《知言》疑义及论朱陆之辩二文，受到触发，进一步查考文籍，写为此文。

　　关于此文的主旨和用意，唐先生自谓：

> 吾之所以写此一文之因缘，由吾确信宋明儒之学，同为尊德性之学，诸大儒无不归在践履，吾人学之，亦当归在是。然就诸儒所以成其践履之义理而论，则诚如象山所言，千古圣贤，同堂共席，亦无尽合之理。然吾又确信殊途自有同归，百虑终当一致，方见天下无二道、圣人无两心，则朱陆二贤之言，自应有通处。故吾于八百年来一切和会朱陆之论，对其用心，皆未尝视之为非。唯意谓会通之不以其道，则亦徒增缪戾。大率昔之为会通之论者，皆自二贤之成学后之定论处用心，而未自二贤之学所以成之经过，所感之问题，与其成学之历史上的、理论上的渊源所自上用心，则会通之也难。程朱陆王之徒，其门户既立，通之尤难。吾今之所为，意谓陆子亦有其先河于二程以降之传，朱子正大有疑于明道伊川以来之论，而有转近陆子之义；皆非故为翻案之论，唯在先破此门户之见。吾下文之论此，则初是顺二贤之言之历史上的理论上的渊源所自，就此中之问题之线索与其曲折，而疏通证明之，志在使二贤之言，彼我皆得，两情俱畅。其态度与方法，自谓差胜昔之自二贤成学后之定论，再求为之会通之难行者。①

　　此文的核心思想，唐先生自谓：

---

① 唐君毅：《原德性工夫——朱陆异同探原》。《唐君毅全集》（九州）卷18《中国哲学原论·原性篇》第439页；《唐君毅全集》（学生）卷13《中国哲学原论·原性篇》第554—555页。

吾今此文所欲论者,是朱陆自有同异。此同异固不在一主尊德性一主道问学,二家固同主尊德性也。此同异亦初不在二贤之尝形而上学地讨论心与理之是否一,而初唯在二贤之所以尊德性而学圣贤之工夫上。对此心与理之问题,彼程朱之徒,谓陆王之学,只知心之虚灵知觉而不知性理者,固全然为误解;而阳明以降之学者,谓朱子以心与理为二,而主格物穷理为义外之论,亦要看如何说。朱子固亦尝以佛为以心与理为二,吾儒以心与理为一;又谓象山不重格物穷理,为视理为外,乃义外之论矣。实则求心之合乎理,以使心与理一,亦程朱陆王共许之义。心不与理一,则心为非理之心,而不免于人欲之私。必心与理一,然后可以入于圣贤之途,儒者于此固无异辞也。今谓象山以心与理为一,乃要在自象山之视"满心而发,无非是理",而教人自发明此即理即心之本心上说。朱子果有以心与理为二之言,则初是自人之现有之心,因有气禀物欲之杂,而恒不合理;故当先尊此理,先有自去其气禀物欲之杂之工夫,方能达于心与理一上说。此工夫所达之心与理一,是否即此心与理合一之本心之呈现,而外无其他,又在此现有之心尚未能达心与理一之情形下,是否此心与理一之本心未尝不在,固可为朱陆之异同之所在。然此异同,亦属于第二义。在第一义上,朱陆之异,乃在象山之言工夫,要在教人直下就此心之所发之即理者,而直下自信自肯,以自发明其本心。而朱子则意谓人既有气禀物欲之杂,则当有一套内外夹持以去杂成纯之工夫,若直下言自觉自察识其心之本体,则所用之工夫,将不免与气质之昏蔽,夹杂俱流。①

只是唐先生认为,朱子下工夫所达到的心与理一,是否即与理合一之本心的呈现,而外无其他?又,在此现有之心尚未达到心与理一的情形下,是否与理合一的本心就未尝不在?这样一些问题,便可以进一步成为讨论朱陆异同之所在。只不过,此中异同,仍然只是第二义。

---

① 唐君毅:《原德性工夫——朱陆异同探原》。《唐君毅全集》(九州)卷18《中国哲学原论·原性篇》第436—437页;《唐君毅全集》(学生)卷13《中国哲学原论·原性篇》第552—553页。

一九六八年　六十岁

唐先生三十余年来，薪资所得，除自养一身之外，尚有余财，除了奉养母亲及妹弟外，亦常周济所认识的一些穷乏者。唐先生自任中文大学讲座教授后，薪水收入，较他时为丰厚。但其平日所余下的薪金，至农历年底，必以分赠于困难之亲友及其后辈。①

是年近除夕，李璜先生和唐先生的一位老友，因其子有远行而又缺乏路费，便致函李先生，希望得到他和唐先生的帮助。李先生当时在珠海书院授课，钟点虽多，而收入则少，有心无力，乃怀友书挈友子，往见唐先生。唐先生惜其来迟，表示其分配所余，或已不多，乃命夫人取出万余港币的分配名单，计数之后，尚余五百，即以之付李先生老友之子，并留午饭，且对此远行之子奖励有加，并嘱其问候父亲，令其受赐而无愧怍。其后，李璜先生追述其事，对唐先生霭然慈仁，亦深佩之。②

新亚书院自创校以来，即有哲学教育系，一九六○年改为哲学社会系，一九六七年秋建立独立的哲学系，系主任一职，一直由唐先生出任。是年，则由谢幼伟先生出任。此后，改由牟宗三先生出任。曾在哲学系任教的先生，除唐先生、谢幼伟先生与牟宗三先生外，还有钱宾四、吴俊升、刘百闵、陈伯庄、胡家健、王书林、吴康、谭维汉、徐复观、糜文开、罗时宪、萧世言、唐端正、陈特、李杜、郑力为诸先生。新亚研究所所长一职，自一九六四年钱宾四先生辞职后，由吴士选先生兼任，但自本年开始，唐先生继任所长，直至去世为止。

是年，熊十力先生在大陆逝世，东方人文学会及哲学会假农圃道新亚书院礼堂为熊先生开追悼会，吴士选先生主祭，唐先生报告熊先生生平，牟宗三先生讲熊先生的为学精神。唐先生致送挽联云："斟银汉，吸沧溟，前圣道兹存，居尝想象夫子；握天枢，争剥复，后生仁不让，会当永继斯文。"又为人文学会作一联："地裂纲维，知夫子屯艰，独契天心望

---

① 李璜：《我所认识的唐君毅先生——其家教与其言行》。《唐君毅全集》（九州）卷37《纪念集》第9页；《唐君毅全集》（学生）卷30《纪念集》第15页。

② 李璜：《我所认识的唐君毅先生——其家教与其言行》。《唐君毅全集》（九州）卷37《纪念集》第10页；《唐君毅全集》（学生）卷30《纪念集》第16页。

来学；人弘道纪，愿吾侪奋励，共开文运慰先生。"①

是年，唐先生连续几月撰写哲学笔记，几乎每日几千字，到八月三日暂告结束，前后共历一百一十日，约成五十万字。唐先生言，自己对哲学重要问题所思的结论皆已略备其中，但只随笔而写，不成体系，行文述义皆粗疏草率，以供以后再从容整理成书而已。②

八月二十一日至二十六日，唐先生阅 Fischer 的 *Structure of Thought* 一书，言"其中意见颇有与我数月来所写哲学笔记中不谋而合者"③。

十月一日，唐先生在日记中反省：

> 念我以往所思之哲学问题，一为不思而中之智能如何可能，此为香港出版之《道德自我之建立》第二编之二文所论；二为不勉而得之道德生活如何可能，此于《朱陆异同探原》及《原性》文中曾指出其为宋明儒学之核心问题；三为由言至默之知识论、形上学如何可能，我此半年中所写之哲学笔记，即向由言至默方向而论知识论、形上学。然我初不自觉我之思想之一一问题如此，此略类康德之何者为人所知、人所行、人所望之问题，而实皆高一层次之问题，而纯为契应东方哲学方有之问题与思想也。

十月六日至八日，唐先生重阅牟宗三先生的《认识心之批判》一书，以核证自己最近所写哲学笔记的思想方向之同异出入。唐先生谓：

> 此书确为超过康德罗素之大著作，我前读之已忘，今重阅一道，觉于其义皆无阻隔，亦皆可极成，其所据之地位极高，故皆由上而下以陈义，故解人虽不易，然更能自挺立。我之所思所论，则皆由下而上，故绕湾太多，如环山而行，须历长途方至于顶，亦意在使学者之

---

① 唐君毅：日记，1968年7月13、14日。《唐君毅全集》（九州）卷33《日记》（下）第123页；《唐君毅全集》（学生）卷28《日记》（下）第165页。
② 唐君毅：日记，1968年8月3日。《唐君毅全集》（九州）卷33《日记》（下）第124—125页；《唐君毅全集》（学生）卷28《日记》（下）第167页。
③ 唐君毅：日记，1968年8月25日。《唐君毅全集》（九州）卷33《日记》（下）第126页；《唐君毅全集》（学生）卷28《日记》（下）第169页。

逶迤而上。然语难尽意，亦可使人作歧想，此其所短也。①

又谓：

> 我所写哲学笔记，自别有一更大之规模，乃意在展示各层次之哲学境界，但顺笔写来，不成片段，亦尚未见写至半山，未至于顶，今以目疾之故，亦不知何时能加以整理，更续成全书矣。②

十月十五日，新亚书院及东方人文学会以茶会形式欢迎六大宗教了解堂人士。

十月十六日，因为患白内障的一只眼完全不能视物，唐先生入法国医院治白内障。十七日，由张翘楠眼医动左眼白内障手术，顺利取出白内障化的水晶体，形如黄白色的豌豆。由十七日至二十九日，日记暂停，由夫人廷光代笔。

十月二十一日，医生换药时测试了视力，病眼能分辨手指，认识眼前人的面目，证明网膜仍有视物能力。但右眼近有飞蚊现象的感觉，据说亦为视网膜剥离的预兆。

十月三十日，当日为重阳节，唐先生换药后去净苑母灵处祭拜。日记中谓：

> 二星期中时念将哲学笔记重组织为一书，但以目疾之故，时忧念今生能成此书否。此忧念乃一魔，因我所信真理在天壤不增不减之义，我不发现之，亦不增不减，吾人不应存此忧念。又，如何除此忧念，乃我试作之一工夫，人恒觉"吾生有事"乃当有之念。但此念只所以使不作虚生之想。今有书待作，则使我之以后有生之年，如目力健常，亦不致为虚生，此为有书待作之唯一价值。此价值乃对己而

---

① 唐君毅：日记，1968 年 10 月 8 日。《唐君毅全集》（九州）卷 33《日记》（下）第 128 页；《唐君毅全集》（学生）卷 28《日记》（下）第 173 页。
② 唐君毅：日记，1968 年 10 月 8 日。《唐君毅全集》（九州）卷 33《日记》（下）第 128 页；《唐君毅全集》（学生）卷 28《日记》（下）第 173 页。

非对真理自身。真理自身，因不以吾书之成与否有增减也。①

十一月一日，唐先生日记中谓：

> 念人至老衰病患之境，以己力之弱，而对人之责望怨望恒多，希幸得与忌嫉之念，皆可无缘而自起，此中人之生命如水浅而沙石皆见。然能知此义，则老衰病患，正人当用工夫处。孔子言"不怨天不尤人，知我者其天乎？"此非易届之境也。②

十二月二十六日，唐先生在夫人陪同下，乘菲律宾航空公司机去马尼拉检查和治疗目疾。次年一月八日返回香港。

是年，谢幼伟先生从中文大学新亚书院哲学系退休。唐先生聘请在美国南伊利诺伊州大学执教的刘述先至新亚书院哲学系任讲师。由于刘述先年少聪明，对西方哲学颇富知识，且其父亲刘静窗先生与熊十力先生有旧，故对之寄望颇深。

是年，唐先生《中国哲学原论·原性篇》一书在新亚研究所出版。

唐先生在撰成《中国哲学原论·导论篇》后，认为在导论篇诸文外，应加"原性"一篇，以补述心性部分的不足。初意只写四五万字，已足尽抒所怀，不料下笔之后，一波继动，万波相随，竟不能自休，于五十日内，每日仅以教课办公之余执笔，竟成初稿二十余万言。由此，唐先生便决定，对《原性》各章核查文献，删补改正，加添加解，并撰《原德性功夫》一篇阐述由二程至朱陆工夫论问题的发展，另册别行。

对于此书的宗旨，唐先生在《导论篇》的自序中即言：

> 此次篇之论述人性，乃通中国哲学之全史以为论，要在显出："人之面对天地与自己，而有其理想，而透过其理想以观人与天地之性"，实中国儒释道三家言人性之共同处。然昔贤所言，自有千门万

---

① 唐君毅：日记，1968年10月30日。《唐君毅全集》（九州）卷33《日记》（下）第130—131页；《唐君毅全集》（学生）卷28《日记》（下）第176页。
② 唐君毅：日记，1968年11月1日。《唐君毅全集》（九州）卷33《日记》（下）第131页；《唐君毅全集》（学生）卷28《日记》（下）第176页。

户，今如何缘同廊曲径，以出入其间而无阻，则此篇之所加意。此篇既是通中国哲学全史以为论，亦意在指出中国哲学一血脉之流行。窃谓如吾此篇之所论，为不甚谬；而人亦能循此所论，加以触类引申；即既可实见得此绿野神州之中国，其哲学思想之无间相续，而新新不已；而亦可实见得此哲学传统，正如张横渠《正蒙》首章所谓太和，虽中涵相对相反之义之浮沉、升降、胜负、屈伸于其间，而未尝失其所以为太和；诚足以自立于今之光天化日之下，以和当世卤莽灭裂之人心。然此又非谓中国哲学之胜义，白吾今兹所言而尽之谓也。①

该书又名《中国哲学中人性思想之发展》。在自序中，唐先生谓，此书为《中国哲学原论》的第四编，其前三编为导论编、名辨与致知编、天道与天命编，合为《中国哲学原论》（上），因原性编篇幅较多，故别为一书，为《中国哲学原论》（下）。不过，之后唐先生又撰写出版了《原道篇》三册、《原教篇》，由此成《中国哲学原论》六册。

该书《原性》，与《导论篇》中《原命》一文，同为通中国哲学之全史以为论，但牵涉之广又大，则大大超过前文。因为人生之事，无不根于人性，而中国先哲言人性，亦称天性，故又多由天地之性、万物之性、万法之性以言人性。人能成圣、成贤、成佛，而至诚以如神，乃更可由人之成圣贤之性、佛性、神性，以言人性。不过，该书力求免于泛滥，只是扣紧此"性"的核心问题而论，对关联的天地万物及人生理想本身，以及如何实现此理想的内圣外王之道等问题，皆避而不涉及。

该书的论述方式，为"即哲学史以言哲学，或本哲学以言哲学史之方式"。② 唐先生谓：

> 吾今之所谓即哲学史以为哲学之态度，要在兼本吾人之仁义礼智之心，以论述昔贤之学。古人往矣，以吾人之心思，遥通古人之心思，而会得其义理，更为之说，以示后人，仁也。必考其遗言，求其

---

① 唐君毅：《中国哲学原论·导论篇》"自序"。《唐君毅全集》（九州）卷12《中国哲学原论·导论篇》第9页；《唐君毅全集》（学生）卷12《中国哲学原论·导论篇》第9页。

② 唐君毅：《中国哲学原论·原性篇》"自序"。《唐君毅全集》（九州）卷18《中国哲学原论·原性篇》第4页；《唐君毅全集》（学生）卷13《中国哲学原论·原性篇》第3页。

诂训，循其本义而评论之，不可无据而妄臆，智也。古人之言，非仅一端，而各有所当，今果能就其所当之义，为之分疏条列，以便之各得其位，义也。义理自在天壤，唯贤者能识其大。尊贤崇圣，不敢以慢易之心，低视其言，礼也。吾人今果能兼本此仁义礼智之心，以观古人之言，而论述之，则情志与理智俱到，而悟解自别。①

唐先生认为，人之所以用同一名言而所指不同，或所指同而人观此所指的观点方面不同、观人的层次不同，皆由于人的心思原有不同方向、不同深度的运用。如果我们依自限的某一深度、某一方向的心思观他人之所知，即不能善会其意。人唯有善自旋转其心思，才能在实际发现不同义理各呈于不同方向深度之前，而咸得其位，使之交光互映，而并存于真实的义理世界中。故本书"凡遇先贤之异说纠纷之处，皆尽力所及，为之疏通，以解纷排难。盖亦将以聊补彼先圣之在天之灵，念其在生之日，或尚有未能相知之憾云尔"。②

唐先生又谓：

> 吾之写此书，虽上下数千年，然初非搜集资料，而后次第为之。乃先以数十日之功，一气呵成其大体。然后络续补正，更于校对时，字斟句酌；兼以目疾之故，悠悠四载，方得出版问世。
>
> ……吾书于每章每节，皆时具新意，以疏释疑滞。然皆不宜断章而直取，唯可随问以顺求，方可于此义理之天地中，得峰回岭转，前路以通之趣。此吾之论述之道然也。③

全书十七章，分论：

中国人性观之方向，与春秋时代之对德言性、孔子对习言信、告子之即生言性与孟子之即心言性；

---

① 唐君毅：《中国哲学原论·原性篇》"自序"。《唐君毅全集》（九州）卷18《中国哲学原论·原性篇》第6—7页；《唐君毅全集》（学生）卷13《中国哲学原论·原性篇》第11页。
② 唐君毅：《中国哲学原论·原性篇》"自序"。《唐君毅全集》（九州）卷18《中国哲学原论·原性篇》第9页；《唐君毅全集》（学生）卷13《中国哲学原论·原性篇》第12页。
③ 唐君毅：《中国哲学原论·原性篇》"自序"。《唐君毅全集》（九州）卷18《中国哲学原论·原性篇》第10页；《唐君毅全集》（学生）卷13《中国哲学原论·原性篇》第13页。

庄子之复心言性、荀子之对心言性与中庸之即性言心；
乾坤之道、礼乐之原、政教之本与秦汉学者之言性；
汉魏学者对客观的人性之分解的说明；
客观的人性论之极限与魏晋人之重个性之完成之道；
佛家言性之六义及其与中国传统言性之异同；
般若宗即空言性，与唯识宗即识言性及即种姓言性；
佛心与众生之佛性；
华严之性起与天台之性具及其相关连之问题；
禅宗与佛学他宗及慧能《坛经》之自性义与工夫；
由佛再入儒之性论；
二程之即生道言性与即理言性；
朱子之理气心性论；
象山、慈湖至阳明之即心性工夫，以言心性本体义；
阳明学派即东林学派对"至善"及"无善无恶"之重辩与刘蕺山之言心性之本体工夫义；
王船山以降之即"气质""才""习""情""欲"以言性义；
总论性之诸义及言性之诸观点，与中国言性思想之发展。

该书的内容，谓合"生"与"心"所成的"性"字以言性，象征中国思想自始即把稳"即心灵与生命之一整体以言性"的大方向。唐先生谓：

> 孔子大矣，其一生之生命心灵之表现于其为人、其文章者，即是性与天道；故其言性与天道，不可得而闻。
>
> ……故吾书于孔子言性，唯略言之。下此以往，大率由于中国最早之性字即生字，故学者或徒即生言性，如告子即是。此便是识得性字之右一面。孟子即心言性，乃兼识性字之左一面。庄子更识得人心既感知外物，便可以物为己，是为心知之外驰，而离于常心，亦与生命相分裂，使人失其性。此是见到性字之左面右面，虽合在一整体中，而未尝不可分裂。分裂原于心知之外驰，则唯有心知间返于生命，更与生命冥合，而后能复于此一整体。故庄子之言要在复心以远于生，而返于性。荀子则又见到人之自然生命之情欲，为不善之源，而此生之欲即性，故言性恶；乃倡以心治性，以心主性，亦即以心主

生；乃与庄子所见为对反。此告庄孟荀之性，……为中国先哲言性之四基型。此四基型中，告庄皆重生，孟荀皆重心；大率后之道家之传，首重在生，后之儒家之传，首重在心。此皆由于对此一生命心灵之性之整体之所见，不能略无偏重而来。亦皆不外初由面对此一整体，而各人思想，略有毫厘之方向之异，而分别开出之论。吾人今将其返本归原而观，则亦未尝不可会而通之，以见其不出此"性"之一字之左右二面之义之所涵之外也。①

唐先生又谓：

　　大率中国思想最初所发现之人性，乃由一向内反省之观点，而发现之具自然之生命欲望或情欲之性，如《诗》《书》《左传》《国语》中所谓性，即初不出此义。告子所谓生之谓性与食色之欲并言，亦即指此自然之生命之性。孟子之言人之性不同于禽兽之性，虽初亦似为从自然中看人之种类性之观点，然其言性之善，则直自人心之恻隐羞恶之情中之趋向于、或向往于仁义等之实现处、或此心之生处，以言之。此即一自人心之趋向与向往其道德理想，以看此心之性之善之态度。此性之善在孟子即人之终能成尧舜之圣贤之根据。故孟子之言性，乃由吾人上所谓趋向之性，以通于有成始成终之道德生活之圣贤之性者。至于庄子则由向内反省，而有见于人之一般之心知之运用，恒使人失其性命之情，而欲复其性命之情；故不以此心为性，亦不以此义之心为最高义之灵台灵府之心。至其所谓自然生命之性，则非只一自然生命之欲，而为可与其灵府灵台之心俱运，以游于天地之变化，而与万物之生命之生息相通者，人乃亦可由向外观看万物之生命之性，以自知其性。此即别于告子之以生言性，而其所谓心，亦不同于孟子之为一纯道德心，而当称之为一能与天地万物并生之虚灵明觉心。至于荀子，则更向内反省及人之自然生命之情欲之趋向于恶，以言性恶，而化庄子之虚灵明觉心，为一当其虚壹而静而有大清明时，

---

① 唐君毅：《中国哲学原论·原性篇》"自序"。《唐君毅全集》（九州）卷18《中国哲学原论·原性篇》第11—12页；《唐君毅全集》（学生）卷13《中国哲学原论·原性篇》第16—17页。

能兼知为人伦之统、人文之类之道之全，而古今一度，以成就历史文化之相续之心。吾人尝名之为统类心，或历史文化心。吾人亦可由其向外观看历史文化之统类，以自识其有此知统类之道之心。此心果能知统类之道之全，而依之以行，则此心为道心。勉求上达于道心，未之能及，而不免危栗之感者为人心。荀子言人心之有危，亦可不知道不行道，略似庄子言人心之有险、有心厉、有贼心者。此告、孟、庄、荀四家之论，亦即中国最早言心性之四基本形态。此中之"心"：有其性善者，如孟子之道德心；有非善而须更加超化者，如庄子所谓一般之人心；有超善恶者，如庄子所谓灵府灵台之心；有可善可恶者，如荀子所谓能知道行道，而亦未尝不可不知道不行道之心。此中之性：有单纯的自然生命之欲望之性，而可善可恶者，如告子之所谓生之谓性；有自然生命之欲望之性，而趋向于与心所知之道相违反，亦即趋向于恶，以与善相违者，如荀子之所谓性；又有由自然生命之通之以心之神明，则与天地万物并生而俱适，亦超于狭义之道德上之善恶外之性，如庄子之所谓性；再有克就道德心之生而言其善之性，如孟子之所谓心之性。此中心性各有四种，亦即后之心性论之基本观念之所本者也。①

告、孟、庄、荀以后，《中庸》《易传》更有种种综贯之说。秦汉学者，更多有将此人性逐渐加以客观化，以为人之为政施教、定人品类的根据。如《吕览》《淮南子》、董仲舒、王充、刘劭之说。至魏晋而王弼、郭象重个性、独性，更将此独性加以空灵化。唐先生谓：

　　中国传统论性之思想之发展，在先秦，所重者是由人之内在的反省之观点，以发见之自然生命性、道德的善心善性、不善心不善性及超善恶之心性等。至两汉，而逐渐转为取向外观看之客观的观点，以观人性，亦更重人性之分解的说明；乃论及人之善恶之成分、品级，人在种种关系中所表现之才性及其种类，与才性之价值性以及自此

---

① 唐君毅：《总论性之诸义及言性之诸观点，与中国言性思想之发展》。《唐君毅全集》（九州）卷18《中国哲学原论·原性篇》第421—422页；《唐君毅全集》（学生）卷13《中国哲学原论·原性篇》第533—534页。

"种类""关系"超拔而生之个性等。然此皆又仍兼重在由吾人之心性或生命之能有所趋向向往，其对吾人所趋向向往之道德文化理想之为逆为顺，或才性对客观政教之成就上之功用上言性。即兼重吾人所谓自一事物之前性或一人物之"向其前、向其终，以生，以发展，以有所实现之趋向或生几"上，观性；而非徒"由向后追溯一人物之现实的生理心理活动所自发之原因、实体或潜伏而未实现之本质"，以观性者也。①

佛学东来，以空性为万法之法性，以寂灭为涅槃，只执有而不知空者为妄执性，染业招感而不知涅槃清净者为众生性。生原是由无出有，心原是恒寂恒感。佛家之舍染取净，于有观空，由生证无生，而归向于寂灭的涅槃。此仍不外在生命心灵之性上，求返本归原之学。唐先生谓：

> 大约在印度之小乘佛学，因勤求出离，乃以现实人生为流转之染法，而人之五蕴之性皆染，即皆不善。唯识法相宗则以种子有善恶染净，而赖耶识之自身则又无善无恶，此即以无善无恶者涵净染善恶之性之论也。涅槃华严二经，直就佛性佛心以言人可成佛之性，则为纯善者。大乘起信论本自性清净之一心，以生二门而具染净，则是以净心而摄染净善恶者。至天台宗则由此以言性具善恶染净，以言佛性有恶者。华严宗言真如随缘不变，则更重此真如之净，乃虽表现为染净，然实不染，而未尝不净者也。至禅宗之言一自性本心而无善无恶，非染非净，则是由心性之净，以更及于其超染净善恶，而无染无净、无善无恶者也。是见佛学中亦有言性恶、无善无不善、性善、超善恶之四型。其归趣之别有所在，涵义之另有特殊之处，固不碍其与前此之中国思想之言性之亦有此四型者相类也。②

---

① 唐君毅：《总论性之诸义及言性之诸观点，与中国言性思想之发展》。《唐君毅全集》（九州）卷18《中国哲学原论·原性篇》第425—426页；《唐君毅全集》（学生）卷13《中国哲学原论·原性篇》第538—539页。

② 唐君毅：《总论性之诸义及言性之诸观点，与中国言性思想之发展》。《唐君毅全集》（九州）卷18《中国哲学原论·原性篇》第428页；《唐君毅全集》（学生）卷13《中国哲学原论·原性篇》第541—542页。

至宋明儒，言生命心灵之"性"，初非谓妄执之有不当破，亦非谓人当任染业之流行以招感，唯人之生命心灵自无出有，由寂而感创造不息的生生之灵机，毕竟不可断。此生生之灵机，不是妄执，不是染业，亦不当断。宋明儒即在此不可断、不当断的灵机上，正面立言，谓此生生之灵机即"性"，即"理"，即"道"，亦即生命之所以为生命，心之所以为心。此生生之灵机，不在"自无出有"的"有"那里，亦不在"无"那里，而在"出"那里。此"出"是纯创造，不落在所创造的"有"之中。人正当依此纯创造，以化掉相当于佛家所谓染业的人欲、习气、意见之类。唐先生谓：

> 由李翱至宋儒之周濂溪，重提出中庸诚之观念，以为天人之道与人及万物之性之本。周濂溪之言由太极之动静，而有阴阳五行，以化生万物；及横渠之由太和之道以生人物，则根本为易经之路数，而摄中庸之义于其中。邵康节之观象数，亦为易学之精神。然周、张、邵之言人性，同重此性之为一能生而能成，以有所实现之性，此即一直接由其前面之用，以见得之人性。
>
> ……程明道之以即生而谓之性，言人与万物"生则一时生，皆完此理"，乃由浑然与物同体之仁，以识"此道之与物无对"，则此乃初自人之能浑化"其自身与万物之为不同类而有之分别"处说。此乃扩大一人之生命之个体，而如以全宇宙为一个体者。
>
> ……此明道之通我与天地万物为一体，以见其同此生生之道生生之性之言，除包涵中庸之言诚，以"合内外"之意，亦与大学之教，重"通内部知意心与外之家国天下为一"之旨，遥相契应。故程子由重中庸而兼重大学。伊川承明道而重诚以重敬，兼以致知穷理为工夫，而谓性即理。伊川言此性之为理，以明客观普遍之大公之理，即吾人主观特殊之生命之气之流行之性。则理不外于性，性亦不外理，而内尽己性、外穷物理为一事。此正所以申明道之言合内外之旨。此中之理乃当然之义理、理想，而此义理、理想之所在，即性之所在。
>
> ……至于朱子之言性即理，乃承于伊川；而其言理即太极，则通于濂溪；言心统性情，则本于横渠。性以通于太极之理，而益见其尊严。性具于心而见于情。心虚灵不昧，具众理为性而以情应万事；其

知乃能即凡天下之物莫不因其已知之理，而益穷之，以至乎其极；其行则足以成物、修身、齐家、治国以平天下。是见此心，其性理、其情、其知、其行之广大。至其言此心之善，则是由"性即理，理善而性善"以说，此乃本于伊川。然其意亦在通于孟子。

……与朱子并世之象山，则直接依内在之自省自悟，而言心即理。此则更同于孟子之即心言性。

……至阳明之承象山而言致良知，以好善恶恶，则又是摄大学之诚意之教，于此本心之良知天理之实现历程之中。此皆可谓孟学之流。

……自象山阳明以下之言性之说，皆是人直接内部反省其道德的心性而生之说，无论如象山之直下发明一与理为一之本心，慈湖之言"心之精神是谓圣"、白沙之言"静中养出之端倪"、阳明之言致良知、双江念庵之言寂体、龙溪之言一念灵明、近溪之即生言仁以达天德与蕺山言意根之至善，皆初是由人在道德生活之自反省其正呈现之道德心、道德意志或道德生活之内容、初几、归向而立之论也。明末之王船山，则规模弘阔似朱子，而亦兼取内在的反省与客观的观看之态度，以论天人心性与历史文化之道。而其重命日降，性日生之义，则更为能极中国思想之重向前面看生命心性之意义者。

……至颜习斋之重气质之性与身体之习，戴东原之以血气心知为性，皆是通心与自然生命以言性之路数。唯习斋更重身体之动，而东原则较重心知之能静察外在事物之条理，二人一重行、一重知为异耳。①

宋明儒一切工夫做到家，只是要成就一个纯创造而健行不息、恒寂恒感的心灵生命，即圣贤之心灵生命。成就此心灵生命，即尽此心灵生命之仁义之性；仁至义尽，此外更无所得，故未尝不空寂。此性是每一个人"独体之性"，亦是一切"人之性"，亦即"生天生地之性"，此性无乎不在，无始无终。于此，要谈玄说妙，亦可说得无穷无尽。但是，宋明儒于

---

① 唐君毅：《总论性之诸义及言性之诸观点，与中国言性思想之发展》，《唐君毅全集》（九州）卷18《中国哲学原论·原性篇》第428—432页；《唐君毅全集》（学生）卷13《中国哲学原论·原性篇》第542—546页。

此所言，总是由极高明以道中庸。此后之清儒所见，更求平实，而偏在人的自然生命在社会日常生活上说性。于是有如戴东原之只就人的血气之生与心知之觉上说性。凡此言性的思想，虽千门万户，其用思的大方向，仍要面对生命心灵之一整体，未尝不可归摄在"从心从生"的"性"字所包含之义之内。

对于中国独特的言"性"的人性论哲学，唐先生谓：

> 依吾人之意，以观中国先哲之人性论之原始，其基本观点，首非将人或人性，视为一所对之客观事物，来论述其普遍性、特殊性或可能性等，而主要是就人之面对天地万物，并面对其内部所体验之人生理想，而自反省此人性之何所是，以及天地万物之性之何所是。缘是而依中国思想之诸大流，以观人之性，则人虽为万物中之一类，而不只为万物之一类；人之现实性不必能穷尽人之可能性，而欲知人之可能性，亦不能如人之求知其他事物之可能性，而本推论与假设以客观知之；而当由人之内在的理想之如何实践，与如何实现以知之。既对人性有知，自亦必有名言概念，加以表达。然此名言概念，乃顺此所知，而随机以相继的形成。此中可无人之先持名言概念加以悬拟、预期或构作假设等事。此便不同于吾人之求知彼动物植物之性，亦不同今之科学的心理学，视人之性为一客观所对，而依一定之概念求加以规定或测定，必须先有假设之构作者。人必知此义，方知中国先哲之人性论之大方向所在。①

> 在中国之语言中，吾人可说一物有生即有性。一物生，则生自有所向，即有性。然吾人却尽可不知其所向者之为何。缘是而吾人于一物之生长变化而无定向，或时时转易其所向，使吾人穷于一一加以了解时，亦仍可称之有生之性者。是即见中国之所谓性字，乃直就一具体之存在之有生，而言其有性，而初不重在说其存在、其生之为一如何之存在、如何之生也。

---

① 唐君毅：《中国人性观之方向与春秋时代之对德言性，孔子之对习言性、告子之即生言性与孟子之即心言性》。《唐君毅全集》（九州）卷18《中国哲学原论·原性篇》第3页；《唐君毅全集》（学生）卷13《中国哲学原论·原性篇》第21—22页。

……因中国古代之言性乃就一具体之存在之有生，而即言其有性；故中国古代之泛论人物之性，通常涵二义：一为就一人物之当前之存在，引生其自身之继起之存在，以言其性；一为就一物之自身之存在，以言其引生其他事物之存在之性。

　　……至于中国古代思想之克就人之自身而言人性，则又始自即就人之面对天地万物、与其人生理想，以言人性。由此所言之人性，在先秦诸子中，或为人当谋所以自节，以成德而与天地参者，如在荀子；或为人当谋所以自尽，以备万物，上下与天地同流者，如在孟子；或为人当谋所以自复自安，以与天地并生，与万物为一者，如在庄子。①

　　是年，唐先生发表的文章有：
　　在《新亚学报》发表的《阳明学与朱陆异同重辨》；
　　在《中国文化研究所学报》发表的《论老子言法道之四层面》；
　　在《东西文化》发表的《朱子与陆王思想中之一现代学术意义》；
　　在《人生》杂志发表的《答陆达诚神甫书》；
　　在《新亚生活双周刊》发表的《原性自序》《原性篇总论》（上、下）。

一九六九年　六十一岁

　　二月二十三日，张君劢先生逝世。唐先生二十五日得到消息，日记中感叹："三年前人文学会编张先生八十纪念论文集，以我目疾之故，去岁乃付印，而印局耽延时日，迄未出版，而张先生已逝矣。"二十六日，拟君劢先生追悼会启事文。三月十二日作挽张君劢先生对联："道大莫能容，四海同悲天下士；声弘终有应，万方齐响《自由钟》（以其数年出版《自由钟》一刊也）。"三月十六日，作为主席主持张君劢先生追悼会，并略说张君劢先生为"士"之义。六月八日，唐先生到沙田母亲灵位拜祭

---

① 唐君毅：《中国人性观之方向与春秋时代之对德言性，孔子之对习言性、告子之即生言性与孟子之即心言性》。《唐君毅全集》（九州）卷18《中国哲学原论·原性篇》第8—9页；《唐君毅全集》（学生）卷13《中国哲学原论·原性篇》第28—29页。

时，将以前张君劢先生所编《儒学在世界》论文集稿焚化于一塔中，以作祭祀。①

三月十八日，中文大学拨款委员会约教授谈话，唐先生略说新亚、联合、崇基三学院不能即行合并之意，因为三个学院有不同的教育理想。

是年，唐先生开始写作《中国哲学原论·原道篇》。唐先生在写作期间，往往思如泉涌，效率极高。四月十日到三十日二十一天，除了参加各项日常事务和完成教学外，日记所记载的每日撰文字数如下：②

十日，写论墨子文四千字。

十一日，续写墨子文六千字。

十二日，下午续昨文六千字。

十三日，写文万二千字完，以后再改，又写孟子文一千字。

十四日，写孟子文五千字。

十五日，续草昨文万七千字完，以后再改。

十七日，上午写论道家文四千字，下午续写文四千字。

十八日，续昨文三千字。

十九日，续昨文九千字。

二十日，续昨文八千字。

二十一日，草庄子文二万二千字。

二十二日，草《庄子》《外、杂篇》大义八千字，下午写荀子之道六千字。

二十三日，写文八千字。

二十四日，上午写文一万三千字完，以后再修改。

二十六日，下午改庄子文三千字。

二十七日，上午改庄子文七千字完，夜写韩非子二千字。

二十八日，写论韩非子文六千字。

二十九日，续写论韩非子六千字完。

三十日，写《庄子·天下篇》论道术及《大学》《中庸》之道一万六

---

① 唐君毅：日记，1969 年 2 月 25、26 日，3 月 12、16 日，6 月 8 日。《唐君毅全集》（九州）卷 33《日记》（下）第 138、139、144 页；《唐君毅全集》（学生）卷 28《日记》（下）第 186、187—188、194 页。

② 唐君毅：日记，1969 年 4 月 10—30 日。《唐君毅全集》（九州）卷 33《日记》（下）第 141—142 页；《唐君毅全集》（学生）卷 28《日记》（下）第 190—191 页。

千字完。

二十一天中有两天没有写作，在完全手工写作的情况下，完成近十九万字的学术著作的写作，平均每天一万字。

五月十九日，新亚书院董事会校长遴选委员会开会，决定请沈亦珍任校长一年。

六月十四日，唐先生与夫人同行乘机至夏威夷参加第五次东西哲学家会议。此次会议后，刘述先、吴森、杜祖贻、王煜诸君联同选译唐先生的著作，发表在《中国哲学研究》（Chinese Studies in Philosophy）学报上。七月二十八日，唐先生和夫人离开夏威夷飞赴日本检查目疾。八月六日，从日本乘机飞台北。八月十二日，离开台北飞回香港。

参加会议期间，唐先生于六月十九日至二十一日阅读完牟宗三先生的《心体与性体》一书，并谓：

> 此书为一大创作，有极精新处，但其论宋明儒学与我意尚多有所出入耳。①

十月三十日，唐先生阅完牟宗三先生《心体与性体》第三册，谓：

> 此册问题颇多，不如第一二册。②

回到香港后，唐先生即忙于新亚事务。八月十三日，唐先生劝牟宗三先生任新亚书院哲学系主任。十四日，唐先生夜访严耕望先生，劝其任新亚研究所教务长，彼不允。十五日，唐先生访李卓敏先生，谈请黄振华及徐复观先生事。十六日，开聘任会通过请黄振华先生及徐复观先生任访问教授事。

十二月十四日，唐先生致石垒的信中言：

> 我对学术之根本态度，是以为了解古人之著述，要先从正面了

---

① 唐君毅：日记，1969年6月21日。《唐君毅全集》（九州）卷33《日记》（下）第146页；《唐君毅全集》（学生）卷28《日记》（下）第195页。

② 唐君毅：日记，1969年10月30日。《唐君毅全集》（九州）卷33《日记》（下）第153页；《唐君毅全集》（学生）卷28《日记》（下）第206页。

解，并须先信古人立言之诚实。我不喜欢专翻后壁，先怀疑古人不诚实之治学态度。①

是年，唐先生发表的文章有：
在《新亚学报》发表的《阳明学与朱陆异同重辨（二）》；
在《新亚生活双周刊》发表的《略释"诚""明"》《在新亚董事会欢宴吴校长、沈校长会上的讲词》《存在主义与现代文化教育问题》（上、下）《新亚二十周年校庆典礼讲词》《欢送张丕介先生》；
在《中国哲学通讯》发表的《在中华哲学学人联谊会上的发言》；
在《新亚学生报》发表的《香港之大学教育》；
为麦仲贵先生《宋元理学家著述生卒年表》所作的序；
为吴士选先生《农圃讲录》所作的序。

吴士选先生的《农圃讲录》，是吴先生十余年来在新亚书院学校典礼及月会讲话的讲辞及其在新亚文化讲座与香港其他学校讲演的讲词，共二十多篇。吴先生曾经是新亚书院的副校长、代理校长、校长，在其将从新亚书院退休之时，拟将这些讲词辑录印行，赠送新亚同学，作为他自新亚退休的临别礼物。唐先生受邀作序。在序中，唐先生谓：

> 新亚书院原是中国大陆流亡到港的师生所共同创办。所以新亚书院的教育，先天的是中国大陆教育之延续。诚然，我们住在香港，便是香港的人；我们能到世界各处，亦是世界的人。我们对香港与对世界，都有责任。但我们不能忘记，我们原自中国来，亦将回到中国去，我们对中国亦有责任。不特流亡的师生是如此，所有在香港与海外的中国人都是如此。……新亚书院既是中文大学的一分子，亦是香港教育机关之一分子。我们当然愿望中文大学的师生们，以至一切香港教育机关的师生们，大家互勉，不要忘了：大家除是香港的人、世界的人之外，亦是一中国人。②

---

① 唐君毅：致石垒，1969年12月14日。《唐君毅全集》（九州）卷31《书简》第357页；《唐君毅全集》（学生）卷26《书简》第463页。

② 唐君毅：《吴士选先生〈农圃讲录〉序》。《唐君毅全集》（九州）卷16《新亚精神与人文教育》第94—95页；《唐君毅全集》（学生）卷9《中华人文与当今世界补编》（上）第542页。

唐先生又谓：

> 在人类文化中，教育之本质，原是为下一代的社会人才。如要说教育是适应社会的需要，亦不应当只是适应此时此地的社会需要，而且要适应未来的社会与更广大的社会需要。而此时此地的青年，如何兼能适应未来社会与更广大的社会之需要，正是此时此地的青年，应有的自觉，同时亦是此时此地的教育家应抱的理想，应负的责任之所在。现代的社会，在急剧变化中；文化与教育，亦在急剧变化中。人能适应今日之变者，不必能适应明日之变。依中国传统思想中之一道理，是人要能安常，方能应变。如数学中之变项外有常项。全是变项之数学公式，无法演算；在文化与教育中，亦应有若干之常项，以通古今之变。此常项，只有兼能顾往瞻来，不忘本根，以求开花结果者，方能真切的认识。①

《略释"诚""明"》一文，是唐先生受学生之邀撰写的一片阐释新亚书院校训的文章。唐先生认为，简单地说，"诚即是真实，明即明白"。"真实明白"，就是"诚明"的本真义，或者说，至少是它彰显于我们生活中的含义。进而，唐先生分析了这种彰显于我们生活中的"真实明白"的三个层次四个方面。

首先是客观事理的"真实明白"：真理及真理的标准的多元性。

> 我们说诚即真实，此真实可以是指一客观的真实，如客观的实事真理，都是客观的真实。依此说，诚明的校训，其意即是要大家同学，明白真实的事理，或求真理而明白之。
>
> ……真理有种种，如真即是诚，则诚亦有种种。世间常有若干专家学者，只以一种真理标准，概括其他，抹杀其他，以为其他真理不存在，此"以为其他真理不存在"即不是真理，亦不是"诚"。如大家不明白此上之道理，亦即不是"明"。所以如果大家以真理释诚，则诚明的校训之主要意义，便在使大家知道去求真理而明白之，并明

---

① 唐君毅：《吴士选先生〈农圃讲录〉序》。《唐君毅全集》（九州）卷16《新亚精神与人文教育》第94页；《唐君毅全集》（学生）卷9《中华人文与当今世界补编》（上）第541页。

白真理的有种种，不能轻易以一种概括抹杀其他，而免于轻易概括之意见之错误。①

其次是个人言语的"真实明白"：避"妄语"而说老实话。

我们的校训，诚字之第二层的意义，即是以诚指我们个人之言说的态度，而不以之指一客观的真理。诚即是说老实话。……对于任何客观的真理，我们知道便说"知道"，不知道便说"不知道"，孔子所谓"知之为知之，不知为不知"即是说老实话。……不知而说"知"，以欺人欺己，使人不明白真实，是为诳言妄语。以此诳妄言语，欺人不必能欺人；而以此诳言妄语欺己，则阻塞了自己求明白真理，求学问知识之进步的路。因为一切诳言妄语，都好似在我们自己与真理之间，撒下一团迷雾，筑一道墙，便会使我们自己不明白真理，而使我们在求学问知识的历程中必不能真正的进步。所以不作诳言妄语，是一切想求学问知识的人的根本。根本上坏了，枝叶决不会敷荣；根本上不坏，枝叶亦必然会不断长出。

……说老实话，不妄语，即是"诚"，明白其意义与价值，便是"明"。……人妄语，而恒不明其妄语，所以人要作到说话全无一句话是妄语，不是容易的事。不免于妄语而说己能不妄语，不容易的事说其容易，此亦是妄语。妄语有不同种类不同层次之妄语。全无一切妄语，才是"诚"，此固不容易；而能对自己与他人之一切妄语，皆明白其是妄语，则是"明"。明亦是不容易的。②

再次是个人行为的"真实明白"：避"伪行"而行真实行。

诚与明之再深一层之意义，不是自人之说话的态度上说，而是自

---

① 唐君毅：《略释"诚""明"》。《唐君毅全集》（九州）卷16《新亚精神与人文教育》第103—104页；《唐君毅全集》（学生）卷9《中华人文与当今世界补编》（上）第545—546页。
② 唐君毅：《略释"诚""明"》。《唐君毅全集》（九州）卷16《新亚精神与人文教育》第105—107页；《唐君毅全集》（学生）卷9《中华人文与当今世界补编》（上）第546—548页。

人之行为、生命精神与人格自身说。如以欺人自欺的事来说，此亦不只赖言语，亦可赖行为。人可以妄语欺人，亦可以伪行欺人。如表面与人亲热，而内心则怀敌意与利用人之心，此便是虚伪的行为。人之虚伪的行为，种类甚多。人之声音笑貌，行止坐卧之一切行为，无不可是伪装。而诚实的人，即不只是一说真实话的人，亦是一行真实行、无虚伪的行为的人。……虚伪的行为之所以虚伪，是因其与我们内心中所原有的不一致；由此而凡我们之行为与心意中所想的不一致者，亦皆可说是虚伪的。

……我们如果莫有统一的生命精神、统一的人格，则我们之生命精神与人格，即尚未真实的形成，亦尚未真实的存在，亦即做人未做到真诚的标准。所以凡是我们有不合理而不当有之行为时，我们即尚非一真实存在的人，亦不能算一真诚的人。……在圣贤的真诚的标准上看，我们亦永远是小孩，而亦未成人。但如果人永远要去求真理，以为其知识的理想；人亦应永远要学为圣贤，以为其行为与生命精神及人格之理想。①

最后是超越宇宙的"真实明白"：成己成物之宇宙大道。

至于诚明之再进一层的意义，则可以从诚之成己成物的意义，说到诚之为一宇宙的大道。此主要是自诚字之右半面去看，诚即成。一切事物之成都是诚。事物不成，即无事物，故曰"不诚无物"。求真理求知识的事，是成就对真理的知识；对真理之知识不"成"，则无知识亦无真理可见。说话是为成就表意。妄语谎话，不真表意，不能成就表意；表意不成，话即不成话，亦不是话。使行为合理，是成就行为，成就统一的生命精神人格。统一的人格不成，则人不成人，亦不是人。以至天地万物要成为天地万物，上帝要成为上帝，鬼神要成为鬼神，都赖乎此"成"。此成即是诚。这样，诚即是一切人与天地、万物、上帝、鬼神之所以成为人与天地万物上帝鬼神之道，即宇宙之道。

---

① 唐君毅：《略释"诚""明"》。《唐君毅全集》（九州）卷 16《新亚精神与人文教育》第 107—108 页；《唐君毅全集》（学生）卷 9《中华人文与当今世界补编》（上）第 549—550 页。

......中国教育文化，不能承继五千年之教育文化，以开启中国未来之教育文化，中国之教育文化即非真实的存在；新亚书院之教育不能承继新亚之原始教育精神，开启未来之新亚教育精神，新亚书院之教育亦非真实的存在。而承先启后，即是使"先"更光大；继往开来，即是使"往"更光大。光大即是"明"，亦即是继续不已的结果，即"成"或"诚"的结果。所以有诚有成，即有明。①

唐先生的释义，从"事理"说到"人理"再说到"天理"。他的四个层面的分析说明，大体上可以归为客观（客观的"真实明白"，观事理）、主观（语言的"真实明白"和行为的"真实明白"，观人理）、超越主客观（宇宙的"真实明白"，观天理）三重境界，而这正是他晚年的宏大巨著《生命存在与心灵境界》观世界、观人生、观宇宙的三个基本向度。唐先生说理过程中的"情"的投入，是他"仁者"的生命性情的流露和体现，他语言运用上的"苦口婆心"，表达上的性情体证，论证方式上的主观性，以及他对"诚明"所昭示的人生哲学的"信仰"和"践行"态度，都是非常鲜明的。他的释义不只是一个客观的学者的释义，更是一个哲学家、实际践行的儒者的自我主观表达。

《存在主义与现代文化教育问题》（上、下）是唐先生就存在主义哲学与现代教育问题所做的一个讲座稿，收入《中华人文与当今世界》（下）。唐先生认为，存在主义切中了现时代"人的存在"这一根本问题。我们每一个人，或者存在于自然界中，或者存在于他人心中、人类的社会之中，或者存在于我自己当中，或者存在于比我们人更高的东西如神或上帝、上天当中。自然界可以简称为"地"，他人与人类社会可以简称为"人"，我们自己就是"我"，上帝或上天，就是"天"。归纳起来，我们人自己就是存在于"天、地、人、我"这四者之中。而存在主义的洞见在于，它发现，在现时代，人似乎不能存在于此"天、地、人、我"四者之中。"自己既不存在于自然界中，亦不存在于他人与社会中，亦不存在于自我之中，亦不存在于天或上帝之中。此时人可觉其生命其精神，悬

---

① 唐君毅：《略释"诚""明"》。《唐君毅全集》（九州）卷16《新亚精神与人文教育》第109—110页；《唐君毅全集》（学生）卷9《中华人文与当今世界补编》（上）第551—552页。

在此四者之间，一边都靠不上；这便是最严重的情形。"①

存在主义哲学产生的根本社会背景，是现代工商业社会的发展。随着社会分工的细化，必然导致过度的职业行业的分化，由此，每一个人即只能在一个庞大的工商组织中做很小一部分的专门工作。"在此专门的工作中，并莫有一人之整个的人格之存在于其中，亦不须一人之整个的人格之存在于其中。"同时，"在分工分行业的现代工商业社会中，我做这个工作，你做那个工作。你的工作与我不同，我不懂你的工作，则在你的工作里面，我就不存在；你不懂我的工作，在我的工作里面，你也不存在"。而且，"在分工分行业的现代工商业社会中，每一人在其行业中所占的工作，都是可以在原则上，容别人去加以代替的"②。如果你的工作可以由他人代替，则"工作"便不真属于"你"，"你"亦不真属于你的"工作"，而你的生命即可不真存在于你的工作里。由此可见，在现代工商业社会中，只有"属于一类一类工作或行业的人"的存在，并没有个体的人之真实存在，个体的人之真实存在失落了。存在主义哲学的时代背景即在于其发现了人类世界中这一"人的失落"的事实。

唐先生认为，在现代人类社会中，虽然从一方面看来，一般的文明文化都在进步，但只是人们分工合作之外表的成果；而人自己真实的生命存在究竟在哪里，却成了更严重的问题。作为存在主义哲学的先驱，克尔凯郭尔先发现人不能真存在于上帝那里，尼采则发现了人不能真存在于自然中，而存在主义哲学家更发现人不真实存在于社会与他人之中：人在作为"一般人"之一尽其社会职能时，同时也就丧失了其自己的真实存在；自己之真实存在既丧失，则人亦不能真实存在于自己。所以我们可以说，存在主义哲学的问题即是人感到人的存在状况"上不在天，下不在田（自然），外不在人，内不在己"而来。当然，存在主义哲学问题能否有完善的解决，亦系于我们能否使我们自己既"上存在于天，亦下存在于地，外

---

① 唐君毅：《存在主义与现代文化教育问题》。《唐君毅全集》（九州）卷14《中华人文与当今世界》（下）第118页；《唐君毅全集》（学生）卷8《中华人文与当今世界》（下）第144页。

② 唐君毅：《存在主义与现代文化教育问题》。《唐君毅全集》（九州）卷14《中华人文与当今世界》（下）第124页；《唐君毅全集》（学生）卷8《中华人文与当今世界》（下）第151页。

存在于人,内存在于己",使天、地、人、我成为我们生命存在之"四至"之地。

唐先生认为,"现代西方存在主义的哲学家,对上述之四问题之解决,则不圆满的地方还很多"①。比如,海德格尔认为,人只有"先行到死中去",把死放在面前,人才能自觉其个体而凸显其个体的"个体性"。人所有的一切,包括财产、地位、技术、知识等,都是人与我所共有的,即"一般的",可以说是"概念加以规定的",只有死才是各人死各人的。其他的一切东西,都可互相据有,互相代替;只有死,才谁也代替不了谁。所以,人只有把自己的死放在目前作为背景,才能凸显出其个体生命的真实存在,凸显其个体的个体性而加以自觉。但是,人是否能时时把死放在目前呢?海德格尔却没有进一步阐释。又比如,萨特认为,我们每个人都想把他人当做自己认识研究的对象或客体,而只想自己成为认识研究的主体,这就形成人与人争为主体的生死斗争,所以"他人即地狱"。由此,"人与我之个体的真实存在,永远不能同时被凸显、被自觉,而同时建立"。唐先生认为,萨特之错即在于,"不知人可以不只争为一认识的主体,而在求一为道德宗教的主体,而此一道德宗教性的主体,可以涵摄其他同类的主体,而不必有此生死的斗争"②。

唐先生认为,"如何使人皆能自己凸显其自己,皆能自觉其自己,而皆能自己存在于自己,正是存在主义问题,须由东方或中国之人生智慧来加以照明的地方。以东方或中国之人生智慧标准,来评判当代西方存在哲学,可能尚皆是'望道而未之见'"。依据中国的人生智慧,在人的存在的四个维度中,唐先生谓:

> 不能以人求存在于上帝、于自然、于他人为本,而应以如何存在于自己为本。前三者皆求诸外,后者才是求诸己、求诸内。人如果以求存在于上帝、于自然、于他人或人类社会为本,如西方现已有存在

---

① 唐君毅:《存在主义与现代文化教育问题》。《唐君毅全集》(九州)卷14《中华人文与当今世界》(下)第126页;《唐君毅全集》(学生)卷8《中华人文与当今世界》(下)第153页。

② 唐君毅:《存在主义与现代文化教育问题》。《唐君毅全集》(九州)卷14《中华人文与当今世界》(下)第128—129页;《唐君毅全集》(学生)卷8《中华人文与当今世界》(下)第156页。

哲学发展的情形，人之真实存在，亦永无法真实建立。

  人之在其自己中之存在，不必妨碍到人求在上帝自然与他人中存在。此只是说，我纵要在他人心中求自己的存在，此他人亦先要在我的心中存在；而此"有他人在我心中存在"之我，亦要在我自己中存在。我纵在上帝或自然中，求我的存在，上帝或自然，先要在我之生命中存在；此"有上帝自然，在我心中存在之我"，亦要在我自己心中存在。所以人之真实存在问题之解决，关键在人如何能有"在其自己中存在"之智慧。①

而这一智慧恰恰是儒家的真精神之所在。

  由存在主义哲学说到现代教育问题，唐先生认为，现代大学组织仿效现代工商业组织，尽量分科分系，同样导致了人的真实存在受到损害。如在现代大学中的教授与专家，往往只有在其极专门范围内的学术中才敢发表意见，对于其他教授专家，在其专门范围内的学术，即不敢置一词。于是，各教授专家所治的专门学术，其价值实际上互为不存在。大学越大，专门学者亦越只在一人的书斋与实验室的小天地中工作，其心情亦越孤独。而许多在大学的师生，其灵魂也大都是十分单调、孤独而又彼此互为不存在；学生毕业便如工厂中的货物，一批一批地被送出，投入人海中，谁也不认识谁。唐先生谓：

    现代之分科分系太多，而规模太大之大学，即在本质上，会使人之入于其中，感其生命不真实存在的。

  中国传统之书院教育制度中，或英国传统之导师制度中，师生之关系，是互为存在的。其所以互为存在，在其互相认识、互相了解之故。②

---

  ① 唐君毅：《存在主义与现代文化教育问题》。《唐君毅全集》（九州）卷14《中华人文与当今世界》（下）第129—130页；《唐君毅全集》（学生）卷8《中华人文与当今世界》（下）第157页。

  ② 唐君毅：《存在主义与现代文化教育问题》。《唐君毅全集》（九州）卷14《中华人文与当今世界》（下）第132、133页；《唐君毅全集》（学生）卷8《中华人文与当今世界》（下）第162页。

一九七〇年　六十二岁

一月到二月，重写哲学笔记内容，几乎每日万字。二月十三日的日记言："写文一万三千字。《生命存在与心灵境界》一书之草稿，除一章外皆已重写，可以代前年所写者，前年所写者多误亦多未完备，此重写者较为完备，俟以后再改正。"①

四月，中文大学欲利用政府缩减经费的机会，拟将中文大学的联合制改为单一制。十七日，在新亚书院教务会上，唐先生提议保持新亚与其他二校的联合制度。②

五月二十八日，新亚创始人之一的张丕介先生逝世，唐先生到其家中致唁。前一年，在欢送张丕介先生退休的晚会上，唐先生致词谓：

> 退休只是一件事情告个段落；其他的事情，例如：精神的影响，人格的感召，还是在继续、在进行，并不因退休而停止。所以我们今天在这里欢宴张先生，最主要的目的是感谢他，感谢他二十年来对新亚书院的贡献！③

唐先生和张先生在南京教书时就认识。当时张先生附带主编一个刊物，唐先生常常替这个刊物写稿，彼此间便建立起了编者和作者的关系。后来唐先生到广州后，又偶遇了张先生，同时还遇到钱先生和徐复观先生。最后大家一起到了香港，住在沙田附近，商量开办新亚书院。最初的新亚书院，教师上课不支薪水，完全是义务的；行政方面由钱先生担任院长，唐先生担任教务，张先生担任总务。尽管教务的事大多是商量着办，但总务的事，却是张先生独力承当，唐先生和钱先生都不过问。事实上学校穷，也无法过问，巧妇难为无米之炊，但张先生却能精打细算，挪东补

---

① 唐君毅：日记，1970年2月13日。《唐君毅全集》（九州）卷33《日记》（下）第160页；《唐君毅全集》（学生）卷28《日记》（下）第215页。

② 唐君毅：日记，1970年4月17日。《唐君毅全集》（九州）卷33《日记》（下）第163页；《唐君毅全集》（学生）卷28《日记》（下），第220页。

③ 唐君毅：《欢送张丕介先生》。《唐君毅全集》（九州）卷16《新亚精神与人文教育》第123页；《唐君毅全集》（学生）卷9《中华人文与当今世界补编》（上）第568页。

西，一一应付过去。所以，唐先生谓：

> 有钱能办事，不算什么，办好事情亦是应该的；没有钱而能办事，有少量的钱而能办大量的事，这才算本领。张先生就有这种本领。所以我说张先生到底是学经济的，不愧是一位经济学家。①

五月三十一日，唐先生至殡仪馆吊祭张先生，并撰一副挽联：

> 廿年风雨同桴，兴学海隅，人事沧桑违夙愿；
> 此日幽明异路，遗书世上，天涯桃李待成荫。②

在张先生逝世数月后，唐先生还撰文《敬悼张丕介先生》刊于《新亚生活双周刊》，谓：

> 张先生虽是专研究经济学，但张先生自始是将经济学放在人类全部之学术与文化，与国家民族之历史的关系中去看经济学的地位与价值。这是许多德国经济学者的态度，亦是传统中国学者对经济学的态度。
> ……在近世中国知识分子中，我觉得有两种型态。一种型态是只求享现成的型态。这种知识分子，亦可以成学者或专家，但他只能利用环境，从不想创造环境。另一种型态，是不只是享现成，亦不只是利用环境，而想多少求与人共创造一环境，供自己居住，亦供他人居住者。但以近世中国社会之变化太大太速，后一类知识分子之理想，常不能实现，而不免于一悲剧的命运。张先生正属于后一类型态之知识分子。所以他在贵州原欲从事垦殖事业，后又从事地政改革之计划与工作，最后参加新亚书院的创办。这都是一些创造性的事业。但张先生算不算成功呢？似都不能说。

---

① 唐君毅：《欢送张丕介先生》。《唐君毅全集》（九州）卷16《新亚精神与人文教育》第124页；《唐君毅全集》（学生）卷9《中华人文与当今世界补编》（上）第569页。

② 唐君毅：日记，1970年5月31日。《唐君毅全集》（九州）卷33《日记》（下）第165页；《唐君毅全集》（学生）卷28《日记》（下）第223页。

……但是任何特定的事业，虽可以失败；人之创造的精神，却无所谓失败。而由事业的失败，亦可更显出人的精神之无所谓失败。①

是年夏，哥伦比亚大学中国思想教授狄百瑞先生得美国学会联会资助，于意大利科莫（Como）湖畔举办十七世纪中国思想会议。唐先生被邀参加。八月八日，唐先生与夫人同行，先赴日本大阪，参观大阪博览会，并至浅山亮二眼医处检查目疾。八月十一日，赴夏威夷。十三日乘机至芝加哥转印第安纳，女儿安仁及男友王清瑞、义侄唐冬明来接。十六日，唐先生和夫人参加女儿与王清瑞在印第安纳大学贝克堂举行的婚礼。之后，在亲人陪伴下经芝加哥到多伦多，游览加拿大，参观大瀑布。二十八日到波士顿。在波期间，新亚校友余英时同学约晚饭，晤杨联升及梅祖麟先生。九月一日赴伦敦，三日至巴黎，五日至日内瓦，六日至科莫参加十七世纪中国思想会议。是次与会的中国学人，除唐先生外，尚有陈荣捷、钱祖新、于居方、杜维明、吴百益、成中英等七人。不过，这些学者大多在西方学习和工作，来自东方的仅唐先生一人。唐先生宣读的论文为《刘宗周道德心之学说与实践及其对于王阳明之批评》（Liu Tsung Chou's Doctrine of Moral Mind and Practice and His Critique of Wang Yang Ming），一九七五年编入狄百瑞主编、由哥伦比亚大学出版部出版的《理学之开展》（The Unfolding of Neo-Confucianism）会议论文集。狄百瑞在论文集的卷首以整页标明："敬以此书献唐君毅先生，借以认识其终身努力理学之研究，并欣赏其精神与人格。"此可象征唐先生在国际哲学界取得的殊荣。唐先生夫人谢廷光还于是次会议中弹奏古琴。九月十三日，唐先生由佛罗伦萨飞罗马，然后经雅典、印度、泰国曼谷、新加坡等地，在曼谷曾参观庙宇，在新加坡曾访竺摩法师与南洋大学。二十日返回香港。

在参加在意大利科模举办的中国明末清初思想会议返港后，唐先生答同学访问记中谓：

我认为西方人研究中国学术思想，应当至晚自明清之际之思想家开始，因当时之思想家，皆未失中国传统之学术思想——如王船山、

---

① 唐君毅：《敬悼张丕介先生》。《唐君毅全集》（九州）卷 8《哲思辑录与人物纪念》第 142—143 页；《唐君毅全集》（学生）卷 10《中华人文与当今世界补编》（下）第 644—645 页。

黄宗羲、顾亭林之矩范。其后之清代学术，虽非没有价值，但已多不能承继中国传统学术思想之精神。五四时期如梁任公、胡适，以清代为中国文化复兴或以清代学术有科学方法，可以接上西方学术，而看轻宋明思想，这是不正确的态度。以后中国学术文化思想如要发展，主要应承由宋至明末清初诸思想家而求发展。清代学者之考证文字训诂工作，只可当参考之用。①

是年，唐先生发表的文章有：

在《新亚学术年刊》发表的《辨孔子教中之求仁之道及其言天命鬼神之涵义》；

在《新亚生活双周刊》发表的《参加东西哲学学人会议观感》《敬悼张丕介先生》《书萧立声先生罗汉画》；

在《中国学人》发表的《学术研究及其成果》《论道家思想之起原与其原始型态》《在新亚研究所第一百一十三次月会上的发言》；

在《华侨日报》发表的《对〈人文双周刊〉的几个期望》《说副刊之文化地位》；

在《中学生》发表的《对香港学生的期望》；

在《中国学生周报》发表的《现在这样，将来怎样？》；

在《人生》杂志发表的《存在主义与现代文化问题》；

在《万人》杂志发表的《在香港北大同学会五四运动座谈会上的发言》；

在《人物与思想》发表的《参加在意大利柯模举办的中国明末清初思想会议返港后答同学访问记》《翻译与西方学术殖民主义》；

为晓云法师《印度艺术》一书撰写的序。

《现在这样，将来怎样？》是唐先生针对六十年代以来东西方社会出现的青年反抗运动而撰写的一篇感慨与反思文章。唐先生指出，"这是一个烦闷、不安的时代"！因为好些在十八世纪、十九世纪提出来的社会理想，譬如"自由民主""社会主义""民族独立"，大致上在二十世纪都分

---

① 唐君毅：《赴意大利参加中国十七世纪思想学术会议后答问》，《唐君毅全集》（九州）卷15《东西文化与当今世界》第93—94页；《唐君毅全集》（学生）卷10《中华人文与当今世界补编》（下）第400页。

别实现了，没料到在实现之后，却带来了许多其他问题。这三种社会理想，实现之后所带出来的流弊，从前的人是未有想过的。现在显出了毛病，要直接反对它们，却十分困难。这导致了时代的烦闷与不安。大家没有一个共同的方向，于是便出现了许多不同形式的反抗，但是没有方向，只有反抗。唐先生认为，这个不安的时代，其实应该也是一个反省的时代。以前人们提出一个理想的时候，只会想到这"理想"是好的，却没有人曾经同时想过，这"理想"将来实现之后，会有变坏的可能。好的本身会变坏，这个可能性，如果能预先自觉，这好的本身，就有了节制。自由，也应该有节制的。像宣传的自由、新闻的自由，倘若没有节制，它就可能会给某些不好的东西在背后收买了、放纵了。平等，也应该有节制。

对于将来，唐先生认为，我们只能希望，倘若有任何人再提出任何客观的理想，这理想必须通过"自觉"再来建立。自觉，就是自觉到本身可能会出现的弊病。唐先生谓：

> 对于将来，我当然不能预言怎样怎样，但是我有一个感觉，或者说有一个希望，就是在大家不断摸索"一个理想的社会制度"的同时，最好也能花一点精力，去把"文化"救一救出来，不要让她再给压在"政治"与"经济"的底下。①

因为在现时代，不管什么国家、什么社会，有一个普遍的现象，那就是大家都已经不再把"文化"放在眼内，一切皆以"政治"为先，以"经济"为先。结果，整个世界快被全部"物化"了。唐先生认为，这已经不是提出或者不提出一个客观理想的问题。关于"文化"的被贬抑，才是一个最基本的大问题，因为这关系到整个人类的心灵。因为当一切都是政治，一切都是金钱，而诗人、艺术家、文化工作者、教士，都不再被人尊重，人们尊敬一个高薪者多过尊敬一个穷艺术家的时候，这个世界就只是一个"物化"的世界，人类的心灵就是下坠的，而不是向上的。而二十世纪整个人类的心灵，所走的正是这一条"物化"与"下坠"的路。

---

① 唐君毅：《现在这样，将来怎样？》。《唐君毅全集》（九州）卷15《东西文化与当今世界》第232页；《唐君毅全集》（学生）卷10《中华人文与当今世界补编》（下）第390页。

由于反对读书人不做事而成为有闲阶级，二十世纪整个人类越来越重视"职业"，结果什么都"职业化"，连哲学家也是每个月拿薪水，做一个"职业化的哲学家"，教哲学。

唐先生认为，有些东西是不可能职业化的。文学、艺术、宗教、纯科学、哲学，都不可能职业化。人类倘若只有政治与经济，只有文明，而没有文化，那将会干枯。因此，我们必须希望，每一个人都有余闲来从事文化活动。只有这样，人类的心灵才可以提升。从事文化活动的意思就是说：有创造力的人，创造文化；没有创造力的人，欣赏文化。

所以对于将来，唐先生谓：

> 我有一个感觉，就是通过全人类的共同自觉与共同努力，将会是一次"大复古"，把"文化"由"政治"与"经济"的重压之下解救出来，让"文化的力量"重新超过"政治的力量"与"经济的力量"。而不再让"政治"与"经济"扼杀"文化"。这也就是"人文主义"。尊重艺术、文学、哲学、纯科学。因为只有这些，才是人类生命之所在。①

并谓：

> 我们等待的，就是全人类的自觉，找寻一个共同的目标，然后共同努力。这共同的目标，可以分开两方面来说，就是：
>
> 一、必须把"文化"由"政治"与"经济"的重压之下解救出来，尽量做到"文化的力量"超过"政治的力量"与"经济的力量"（即"人文主义"）。
>
> 二、不论新的社会理想是什么，努力于实现这个理想的人，必须同时自我反省，预先看明白可能出现的流弊，而及时防备之（此有待于大智大慧者）。②

---

① 唐君毅：《现在这样，将来怎样?》。《唐君毅全集》（九州）卷15《东西文化与当今世界》第234页；《唐君毅全集》（学生）卷10《中华人文与当今世界补编》（下），第392页。
② 唐君毅：《现在这样，将来怎样?》。《唐君毅全集》（九州）卷15《东西文化与当今世界》第235页；《唐君毅全集》（学生）卷10《中华人文与当今世界补编》（下），第393页。

一九七一年 六十三岁

一月十一日，唐先生偶念二十余年来，除用思、读书与教书未尝间断外，尚有三事，亦大皆相续不断。

一为在抗战期间与李源澄同办《重光》月刊，后即与周辅成等同办《理想与文化》，到香港后即为《民评》《人生》等刊物长期撰稿，亦为《新亚学报》《年刊》写文，近二年又发起《中国学人》半年刊及《人文双周刊》。二为自在任江南大学教务长时发起讲演会后，到香港即主持新亚文化讲座四五年每周一次，文化讲座停，即发起人学讲会一月一次，以一九五七年赴美而停，归来即发起哲学会数年二周一次，以母丧而停，近二三年则只主持研究所之会，但次数则更少矣。三为自二十三年前任江南大学教务长事后，到新亚亦任此职，后又任新亚文学院及哲学系事，近三年余则任研究所事。二十余年来，对教育行政皆多少负一些责任。①

对于文化讲座，唐先生一直是以传教士的精神传孔子之教。凡文化团体或学校请他演讲，只要以中国文化为题，他无不慨然应邀。他曾对人说："只要有人请我讲，我就讲。"

一月十八日，唐先生在日记中谓，程兆熊先生论中国山水之书，论中国花卉草木田园之文可亲，胡兰成先生论中国民间生活之文可喜，牟宗三先生论义理之文能斩截，徐复观先生论世风之文能疏通，皆非己之所及。"然我之为文，无定体，唯依义以为体，亦能知不同文体之各有其用，唯才力不足尽各体之文之用耳。"②

三月六日，《人生》杂志主编王贯之先生逝世，唐先生至其家吊唁。八日，拟挽王贯之先生挽联："四海求师友，天下文章共肝胆；一朝弃尘

---

① 唐君毅：日记，1971年1月11日。《唐君毅全集》（九州）卷33《日记》（下）第178页；《唐君毅全集》（学生）卷28《日记》（下）第242页。
② 唐君毅：日记，1971年1月18日。《唐君毅全集》（九州）卷33《日记》（下）第178页；《唐君毅全集》（学生）卷28《日记》（下）第243页。

世，平生风义在人间。"四月一日，又为文《悼王贯之兄》以示悼念。

王贯之先生自改名为道，字贯之，是取孔子"吾道一以贯之"的意思。唐先生最初知道王贯之先生，是二十一年前（一九五〇年）张丕介先生送的王贯之所写的一本书。此书名《人类自救之路》，其中亦提到唐先生所写的书。但唐先生对此书的书名，当时即觉得有点夸大。后来，王贯之到香港，唐先生与其在民主评论社相遇。再后来，王贯之先生办《人生》杂志，并到新亚书院向唐先生约稿，希望唐先生写《人生之体验》式的文章。唐先生即以韵文体裁写了《人生之智慧》一文，刊为《人生》第一期第一文，并由此奠立唐先生个人与王先生及《人生》杂志二十年的关系。王先生在非常艰困的条件下坚持连续出刊，直到逝世前半月，仍出刊至四百期。唐先生谓，王贯之先生的一生，是《中庸》所谓"困而知之，勉强而行之"的一生，是由困知而成功的一生。唐先生谓：

> 我觉到贯之亦很想把他的事业与为人，做成一个世间的模范。这一种想法，我发现许多受传统文化教养的师友，或知识分子都有。如梁漱溟先生便常想把他自己，变成一个可使人信托的人，或一个文化运动的领袖，以至成为一时代之兴亡所系之人物。这一种想法，或纯从客观的时代需要着想，或纯从不负平生之志着想，并非即自私自大。但人非圣贤，而人要使自己成为一世间的模范，欲处处行于中行之道，亦很可以堕入处处求与世间适应，求多方面照顾世间的困境。此便有待于极艰苦的奋斗，人才能拔起。否则人宜于去掉一切作世间之模范之想，纯是独行其是。此即狂狷的路。此比较容易而顺适。然而我对贯之兄的观感，则贯之兄是很想他的事业与为人，足以为范同时又由想多方面照顾世间，而使其生命恒陷入困境的。此一困境，不易被同情的了解，此本身再转成贯之的困境。而使贯之一生，成为一极艰困的一生，亦可以说是有悲剧意义的一生。①

唐先生对王贯之先生"困而知之"、困而成功的评论，亦是唐先生自己的生命镜像。

---

① 唐君毅：《悼王贯之兄》。《唐君毅全集》（九州）卷8《哲思辑录与人物纪念》第147页；《唐君毅全集》（学生）卷10《中华人文与当今世界补编》（下）第649页。

三月十四日，是农历二月十七日，唐先生母亲逝世已七年一月又三日。唐先生下午至慈航净苑，将七年前母亲逝世时友人及学生所送挽联在香炉中焚化，以示悼念。①

三月二十日，唐先生回复梁燕城同学信，就"人之有限性"一问题答曰：

> 此自是一事实，但人之自知其有限，即超此有限而向于无限。又人如信有无限之上帝，此上帝在此信中，亦在有限之人中，再人文主义亦不必否定有上帝。人文主义可承认人有其宗教性，有信上帝之信，此信中有上帝。但人不只有宗教性，亦有其他种种之人性，亦不必以宗教性为人之最根本之性。此人之最根本之性，可在其道德性，或理性，或其他。②

四月，唐先生开始改写基于哲学笔记的《生命存在与心灵境界》。日记记载：一日，改写此书第二部。七日，改写《生命存在与心灵境界》一书六千字。十九日，写《生命存在与心灵境界》序千余字。

唐先生除了教书、写书外，特别爱看书，除非忙于不得已的应酬，几乎日日手不释卷。而唐先生看书，除了中、西、印各种思想学术、人文艺术书籍，也会看一些杂书。八月三十日，唐先生阅《拣魔辨异录》完，谓："此书不知是雍正所著否，文笔甚健，而其书狂妄正是魔说，其所斥之弘思三峰藏之说，未为无理也。"③

唐先生父亲唐迪风先生的遗稿，"文革"期间全部遗失。唐先生对此非常痛心。九月五日，唐先生给周开庆先生写信，希望帮忙查找父亲的遗稿。

十月十四至十七日，唐先生将近年发表而未重印成书的文章复印整理，并加以分类为孔学之学、中国哲学、一般哲学、中国历史文化精神、

---

① 唐君毅：日记，1971年3月14日。《唐君毅全集》（九州）卷33《日记》（下）第183页；《唐君毅全集》（学生）卷28《日记》（下）第247页。

② 唐君毅：致梁燕城，1971年3月20日。《唐君毅全集》（九州）卷31《书简》第395页；《唐君毅全集》（学生）卷26《书简》第515页。

③ 唐君毅：日记，1971年8月30日。《唐君毅全集》（九州）卷33《日记》（下）第193页；《唐君毅全集》（学生）卷28《日记》（下）第260页。

世界人文与宗教、教育、一般文化政治社会评论七类。自谓此等文字，不必有重印之价值，但对自己则有极大之历史意义。因此分类整理，复印两份，以供来日观览。

十月二十四日，唐先生回复李天命同学信，对其性情多有赞誉，并谓：

> 大率一般之性情纯厚者多缺敏悟，而敏悟聪明者多尖刻。聪明仁厚极难兼备，能备之者即为大器。此乃天性，非关后天修养，但不以修养济之，则孔子尝说："好仁不好学，其蔽也愚；好智不好学，其蔽也荡。"聪明与仁厚二者亦可相克而相碍。仁厚出于生命之本质，如烛；聪明为生命之光华，人如只持守此烛不用，则无光华，但只用以显光华，则烛尽而光华亦减，此即成相克而相碍。人任此中自然之势以趋，则天赋之聪明必至壮而衰老而竭，否则必如世之天才之早夭。于此即需一种学问使生命之光华不只放射于外以趋于衰竭，而使此光华之放出者旋放旋收，以返于此生命之烛之本身。则此聪明之发不荡而恒聚，亦得长保存而不衰，此即为仁智交相养之学。大率孔子所谓为学之义是如此。故只好智好仁皆未必是好学。一般学问知识皆此智照之成果，此智照不断放射，成果总会不断增加，范围无定限，亦处处可点石成金，金亦皆有金光，但光源在生命之烛。如何保此不熄，乃一切学问知识成果之本。将此中之义展示或发挥，自可有种种说法。东方与中国哲学，其原始在此说法亦多，但只视为种种说法，亦只是客观化了的成果，亦可离了本原。在本原处此学只能各人自觉自悟，亦原正简单平常，只在化之为一说法而又说不尽处见复杂与不平常耳。此简单平常者最宜于在孤独寂寞时认取。①

是年，唐先生在新亚书院开设有伦理学课程。日记中记载：九月七日，上午上伦理学课二时。十三日，准备明日伦理学课。十八日，晚整理伦理学笔记。

是年，唐先生发表的文章有：

---

① 唐君毅：致李天命，1971年10月24日。《唐君毅全集》（九州）卷31《书简》第381—382页；《唐君毅全集》（学生）卷26《书简》第496—497页。

在《人生》杂志发表的《东方人之礼乐的文化生活对世界人类之意义》《悼王贯之兄》；

在《新亚学术年刊》发表的《辨墨学中之义道》；

在《中国文化研究所学报》发表的《荀子言心与道之观系辨义》；

在《新亚生活双周刊》发表的《中国教育史上之私学与官学》《沈燕谋董事的生平》；

在《人物与思想》发表的《说中国今后之翻译工作》；

在《天声月刊》发表的《海外之中华儿女应为创造二十一世纪之人的中国而发心努力》；

在 Inquiry 发表的 "Spirit and the Development of Neo-Confucianism"。

《东方人之礼乐的文化生活对世界人类之意义》一文是唐先生应日本《亚细亚》杂志复刊之邀，根据两年前在日本京都治目疾时居住八个月的感想写成，副标题为"由京都医院说到东方人之日常的礼乐文化生活，及我对日本与世界之期望"。

唐先生在日本京都治疗目疾期间观察发现，中国传统文化中所谓日常的礼乐生活在日本民间还得以保存，却也遇到强烈的批评。其中最主要的批评，是来自西方文化观念。依据西方文化观念，文化应当分为科学、艺术、文学、哲学、宗教、政治、经济、法律、军事、体育、教育种种不同领域。每一种文化领域乃是一独立的世界，与社会某一特殊行业及专门的学术文化工作者相配合，而每一特殊领域的学术文化工作者，皆有其专门人才与专家。专门人才与专家中，又有特殊的天才。这些天才被认为是人类文化主要的创造者，最值得人崇敬、歌颂、赞美的。科学与哲学是书斋与实验室中的事；宗教是教堂中的事；音乐是音乐厅中的事。由此以观，东方文化中重在与平凡人的生活相结合的礼乐生活，似乎已不足以当礼乐。

唐先生认为，"日常生活中的礼乐，仍是人类最正常最主要的文化生活之所在"。西方传来的文化观念，以为人类文化必须分为种种领域，虽可使人在不同文化领域中分工合作，易增加效率，但只有种种文化领域之分的文化生活，未必是人类文化生活的"常道"。中国的原始文化，是宗教的、道德的、政治的，亦是文学的、艺术的；一切技术有"道"，亦皆是艺术。宗教、道德、政治，在礼之中，艺术文学在乐之中。人最高的哲学、科学的知识智慧，亦即连于礼乐生活的知识智慧。东方人的文化生活，并不同于西方有许多源头的对立，亦即无各种文化领域的截然分立。宗教、道德、政治、文学、艺术等，只是人整个的文化生活的不同方面，同以整个的人的人性为其本原。故一切文化上的创造与表现，其效用亦必须配合融和，合以形成人的整个的文化生活，使人的生命皆觉得有意义与价值。这才是东方人对文化生活的基本观念。依照东方人对文化生活的基本观念来看人类文化，文化的创造与表现固然重要，但文化的享有与受用更为重要；而享有受用之事，则必须使一切人皆得享有受用。文化的各方面皆可统于礼乐，则礼乐的生活，必须存在于民间，使人人皆得享有受用，而皆于此感到安乐自足或心安理得。由此，文化生活的事，不只是专家或特殊天才之事。这才是人类应该有的正常的文化生活。唐先生谓：

> 能成为正常的人类文化生活的理想的，是使一切最初出于人之自然生命与日常生活的文化生活，能还滋养人之自然生命与日常生活。此即必须使人之自然生命与日常生活，本身成为文化的，而文化亦皆是日常生活中的，亦属于自然生命的。则知识与智慧，不只是书斋与实验室中之事；艺术与文学不只是画室、音乐厅、与创作室中之事；宗教道德，不只是教堂中的事。人与人之日常的衣、食、住、行的生活，亦应该处处有艺术、文学、知识智慧、宗教道德行乎其中。此即是礼乐的文化生活。在礼乐的文化生活中，衣不只是御寒，食不只是充饥，住不只是为蔽风雨，行不只是要到一目的地。此中如专以食来说，则不应当碗碟皆充满食物，应使人于碗碟之空虚处，见得一些生命的灵气流行，亦能兼欣赏碗碟之形相之美。人到厕所，亦不只是大便，而亦可欣赏厕所中芬香的瓶花。人如因饮食而生病入医院，亦不只为去治病；入医院后，亦不只被视为一病人，而应是于入医院后，仍感受到其自己是人，其自己亦同时被视为一"人"。①

中国自"五四"以来，音乐的生活价值即被认为不科学、不民主而

---

① 唐君毅：《东方人之礼乐的文化生活对世界人类之意义》。《唐君毅全集》（九州）卷14《中华人文与当今世界》（下）第173页；《唐君毅全集》（学生）卷8《中华人文与当今世界》（下）第208页。

被批评、被否定，甚至视为封建残余而被彻底破坏。百年来，在日本本土无战争，所以若干东方传统文化生活中的礼意乐意，有最多的保存。然而，日本的产业，在二十年来突飞猛进，由经济力的对外竞争走向政治力、军事力的对外竞争，亦益使日本人重视效率观念，向西方功利主义看齐。故对日本人的礼节繁多，亦恒视为虚文；对人民敬业、乐业、安业的精神，视为奴性的服从；对以少量食物分置于大碗大碟之中，将礼物用层层的纸盒加以包裹，则视为俭啬或寒陋；对插花、茶道、棋道，视为时间的浪费；对举行典礼的庙宇、神社、花园、石庭，均视为空间的浪费。日本产业社会的下层阶级与青年们的反抗思想，正要求摧毁日本传统的礼教。唐先生在京都时，见学生暴乱，连京都大学中历任校长的铜像亦被涂满污秽，凡此等等，均使唐先生如失至宝；亦感受到日本文化的危机，无异于东方礼乐文化快要完全崩溃的信号，因而迫切地产生对日本与未来世界的期望。唐先生谓：

> 我对日本的期望，是目前日本之产业的进步，经济力之对外竞争，不应走向政治军事力之对外竞争，将日本人之心思，只导向外用；而应回头看日本人对于世界人类文化之前途，可能真有贡献之处何在。日本人纵然在经济上、政治上、军事上赢得亚洲，以至世界，而失去其灵魂，此只是基督教圣经中所谓魔鬼的诱惑。日本之可贵，仍在百年来内部未经战争破坏，民间的生活尚多少有礼乐之意流行。此有礼乐之意流行的生活，其原乃在中国传统文化与日本民族原始的天性与宗教的结合。此是日本文化生活中最珍贵，尚未为西方文化所侵蚀的地带，应当加以保存而发扬者。①

唐先生认为，西方的生产技术，东方人当然可以使用。但经济上的生产、再生产与生产所得的交换，不是经济最后的目标；重生产所得的分配，亦不是经济最后的目标。最后的目标，应该在如何消费此生产交换分配之所得。消费之事，最后乃是一个人如何在其日常生活与文化生活中消

---

① 唐君毅：《东方人之礼乐的文化生活对世界人类之意义》。《唐君毅全集》（九州）卷14《中华人文与当今世界》（下）第174—175页；《唐君毅全集》（学生）卷8《中华人文与当今世界》（下）第210页。

费其所得而心安理得。如人与人间的生活无礼意流行，衣食住行中，无艺术的情趣，无乐意流行，只两眼观看财富的累积数目的增加，此只是虚浮的光荣。唐先生谓：

> 现代世界上各国之经济政治军事上的竞争，只为贪求此虚浮的光荣，这并不能使各国的人民在生活上感到心安理得，觉得生活有意义。所以一切的反抗、诅咒、厌弃现代文化的声音，都从现代社会之深处起来。……现在时代，人所真正要求的是一种优美而正常的文化生活，要一切生产的财富，都为此文化生活而使用、而消费。今后只有对财富使用消费得最适当，而最足以形成人之优美正常的文化生活的国家，可以成为世界人心之所向往、所赞美。……生产之财富之多，不必表示文化生活之优美。有如用大量的油漆之物质材料画出的画，并不必比用淡淡的颜色或水墨画出之画更美好。人只求平等分配得财富，亦如人之平等分配得一大堆油漆。若其失去了绘美好之画的能力，则油漆之堆满房屋，将使人只感其臭气的压迫，到不如不要此油漆的好。①

说到对世界的期望，唐先生认为，今日人类世界中，人类的智慧与能力，必将回头而转在其自己所生活的人群社会中运用，以求改善美化其文化生活、礼乐生活；而不同社会不同人群间，可能只有文化生活、礼乐生活之优美程度的竞赛。但是，人的文化生活礼乐生活又本不是拿来竞赛逞强的，而只是拿来享用受用以自求心安理得，因此亦容易彼此观摩仿效。唐先生认为，如果没有使人心安理得的文化生活礼乐生活，便没有一个社会能安定，亦没有一个政权能稳定。

> 世界上分裂为二的国家，如东西德、中国大陆与台湾、南北韩、南北越的命运，均不必决定于战争，而将决定于其人民在文化生活礼乐生活能否有一满足。如不能满足，而人心向慕者在其外，

---

① 唐君毅：《东方人之礼乐的文化生活对世界人类之意义》，《唐君毅全集》（九州）卷14《中华人文与当今世界》（下）第175页；《唐君毅全集》（学生）卷8《中华人文与当今世界》（下）第210—211页。

政治局面便要倾侧，而倒向其所向慕者的一边，而这些国家亦皆要归到统一。……此处必须我们真认识人之生活，必须是有文化礼乐之生活才能满足，便知只重财富之平等分配而不知消费之于优美的文化礼乐生活者，使人民感心安理得之一切政权，必变、必败而无疑。①

唐先生认为，不必对未来人类的前途悲观。实际上，人类到了现在，国籍的不同、政治上主义信仰的不同，亦如宗教的差别、肤色的不同、阶级的不同、语言的不同，已经不能成为人类的分野。人总是一个"人"。在生活中我们遇着一个人，初只是遇着"人"，而非遇着"某国的人""信某政治上主义的人"。人要先是一个人，而后是某国的人、信某政治上之主义的人或某阶级的人、信某宗教的人。人对人招呼，便有礼；谈笑闻声，已是乐。因此，唐先生谓：

> 实际上人之是某国家的人、某阶级的人，亦如人之为信某宗教的人、某肤色的人，都不关人之本质，亦不关人之尊严与价值，及人的生活的意义与情趣。人对人之见面问讯之礼，依于人对人之尊严价值之肯认，亦使人觉其生命有尊严有价值。人与人之谈笑之乐，使人觉生活有意义与情趣。此不须问其人是来自何国、何阶级、何宗教的人。②

> 依人在本质上皆是一天民，一天地间之一单纯的人，则人之为某国家、某阶级、某宗教的人，都是次要的。今后的一切人，必须知此人之本质，即在其为一天民，为一单纯的人，然后能保存更发扬此相应于此人性之传统东方礼乐文化之生活，使人实现而满足某人性的要

---

① 唐君毅：《东方人之礼乐的文化生活对世界人类之意义》，《唐君毅全集》（九州）卷14《中华人文与当今世界》（下）第178页；《唐君毅全集》（学生）卷8《中华人文与当今世界》（下）第214页。

② 唐君毅：《东方人之礼乐的文化生活对世界人类之意义》，《唐君毅全集》（九州）卷14《中华人文与当今世界》（下）第179页；《唐君毅全集》（学生）卷8《中华人文与当今世界》（下）第216页。

求，而有心安理得的生活。①

唐先生希望，未来世界，要使人的文化生活与日常生活打成一片，如饮食不只去讲营养，还能从容欣赏碗碟之美；行路不只求速达目的地，沿途有庙宇庭园供观玩；知识分子不只有专门的知识技能，亦能画画、作诗、弹琴下棋，谈笑风生地论天下事，如以前中国与东方之士。如此，才能转化现代学术文化只分为各专门领域、各专家只各求有专门的表现与创造而不求其个人文化生活的完整，亦不求其表现与创造对一般人民的文化生活的完整有所贡献的态度；从而使人的文化生活与日常生活打成一片，随处觉心安理得而自得其乐，悠然自足。然后人类可以和平共处，天下可以太平。此即唐先生所谓礼意乐意流行于人间与天下之事。

《海外之中华儿女应为创造二十一世纪之人的中国而发心努力》是应学生刊物《天声月刊》而写，是唐先生继一九六一年《说中华文化之花果飘零》、一九六三年《花果飘零与灵根自植》两文后，再一次就相同主题所撰写的一篇文章，后以《海外中华儿女之发心》收入《中华文化与当今世界》（上）。由于前两文产生了很大的社会影响，常有人提起。加之此两文情感的成分较重，唐先生的目标亦在于激发一情感，由情感引起一责任感。但是，一些人却认为，由此所引起的情感只是悲观的。而唐先生自己，"个人对中华民族之前途，从不悲观"。因此，此文重在解答前两文所提出的问题。

唐先生以英国历史学家汤因比所言的"二十一世纪是中国人的世纪"为自己立论的起点，但是，唐先生所谓"中国的世纪"，只是以中国文化的中心观念之"人"为本的世纪，亦即"人的世纪"，或"人文的世纪"。并以此认为，二十一世纪的中国，亦即"人的中国"或"人文的中国"。

唐先生认为，放大眼光来看中国与世界，则十九世纪显然是西方向东方侵略的世纪，而二十世纪则是东方民族次第自西方压迫中求独立的世纪。这是一种世运的转移，亦即要转到东方的兴起。从中国历史而言，唐先生认为，战国时期五霸的崛起，由齐而宋、而晋、而楚、而秦，亦有世运的转

---

① 唐君毅：《东方人之礼乐的文化生活对世界人类之意义》。《唐君毅全集》（九州）卷 14《中华人文与当今世界》（下）第 180 页；《唐君毅全集》（学生）卷 8《中华人文与当今世界》（下）第 217 页。

移，此是由东而西。而中国历代社会政治文化上的人才分布，最初以黄河流域为多，由北而南，渐以长江流域为多，近世则以湖南广东为多。到了二十世纪，由于中国局势的变化，传统中华文化的保存则转移到海外的台湾及海外华人所居的地区，即华南之南。这同样显现世运的转移。

通过这样一种大视野的世运转移的分析，唐先生借此鼓励海外中华儿女的信心：

> 世运既已如此转移，则东方人之要兴起，海外之中华儿女将多少担负此世运转移后之责任，正可说有一历史的必然。①

唐先生认为，二十世纪七十年代到二十一世纪之三十年中的人类，必当开启一个新时代。此时代，东方将不再对西方求报复，东方的文化与政治，亦将以新的姿态出现于世界。这不是十九世纪的帝国主义，亦不只是二十世纪狭义的民族主义与共产主义。唐先生谓：

> 二十世纪的前七十年，是十九世纪之帝国主义崩溃的时代，亦是十九世纪之资本主义的阶级社会动摇的时代，而此后之三十年，则是此一切二十世纪之政治上之新阶级社会，亦将被否定超越，以迎接二十一世纪超阶级之人的社会出现之时代。此时代之人的社会，将不以血统、肤色、国土、有产无产、有政权与否，加以划分，而将为一依于人的平等，以成就人之德性、人伦、人格、人道与人文的新时代。此一时代之到来，亦当是一历史的必然。②

面对这样一种时运的转移和世界的发展，唐先生呼吁海外中华儿女，要发心保存中华文化，并争取回流反哺，以成就二十一世纪"人文中国"：

> 各地区之中华儿女之共同发心与努力，终可形成一社会文化上的

---

① 唐君毅：《海外中华儿女之发心》。《唐君毅全集》（九州）卷13《中华人文与当今世界》（上）第53页；《唐君毅全集》（学生）卷7《中华人文与当今世界》（上）第70页。

② 唐君毅：《海外中华儿女之发心》。《唐君毅全集》（九州）卷13《中华人文与当今世界》（上）第54页；《唐君毅全集》（学生）卷7《中华人文与当今世界》（上）第70—71页。

包围圈，建立一海外的中国文化长城，再形成一社会文化上之回流反哺的运动；以促成大陆中之中国人民之"人"的觉醒，与人应有的社会文化精神生活之自由，在政治上之平等地位的觉醒；而将二十世纪的时代，向二十一世纪之新时代推进。此一工作，是海外三千万中华儿女共有的责任。积以十年、二十年、三十年的努力，必然可以旋乾转坤，而使中国在二十一世纪，成为人的文化之中国。而世界人士之共同努力，则可使二十一世纪，成为一真正的人的世纪。此世纪中之政治经济，将不是十九世纪以来之帝国主义，狭义的民族主义、资本主义与共产主义之政治经济，而是为成就人的文化生活之政治经济，亦即人文主义之政治经济。①

一九七二年　六十四岁

二月十日，农历十二月二十六日，日记谓："今日为我六十三岁生日，略备果蔬祭祖。"

是日，新亚研究所开会，新亚书院亦开董事会、校长遴选会，决定请余英时担任校长。

五月十二日，新亚研究所讨论研究所一九七四后四年计划。

五月二十日，唐先生给美国密歇根大学某君一函，介绍学生霍韬晦前往任教。

六月十日，唐先生由夫人谢廷光陪同，乘飞机经台北赴夏威夷，参加王阳明五百周年学术讨论会。会议历时一周，参加会议的中国学人，除唐先生外，有方东美、牟宗三、张钟元、杜维明、成中英诸先生。唐先生的论文为《当代学者对于王阳明之教所提出之疑难》。十七日，飞往东京，住国际文化会馆六日；又至京都，住国际学生之家七日。在日本期间，与吴讷孙、胡兰成、张季飞、安冈正笃、中山优、大野正三、景嘉、左藤、和崎、池田笃纪、平冈武夫、西谷启治、阿部正雄诸先生晤谈。杨启樵、霍韬晦、麦仲贵诸同学来叙。唐先生勉励诸君要有拔乎流俗的精神。二十

---

① 唐君毅：《海外中华儿女之发心》，《唐君毅全集》（九州）卷13《中华人文与当今世界》（上）第56页；《唐君毅全集》（学生）卷7《中华人文与当今世界》（上）第74页。

日，唐先生在友人陪同下参观数字图书馆，欲觅父亲文稿，但无所得。①

六月三十日，去台北，住华泰饭店三日，青年会七日。在台北期间，曾拜访钱宾四、张晓峰、刘泗英、胡秋原、周开庆、谢幼伟、晓云法师、程文熙、曹敏诸先生，并与刘孚坤、黄振华、张曼涛、沙学浚、邬昆如、王淮、陈癸淼、陈修武、唐亦男、汤承业、周绍贤、何启民、韦政通诸君及民主潮社人士晤谈，并参观文化大学，到弘恩医院检查身体。诸事皆赖逯耀东同学照拂。七月八日，参加座谈会，谈论时局及文化问题，唐先生希望造成文化长城，回流反哺；同日，赴阳明山参加中华学术院举办的哲学讨论会，讨论伦理、教育、翻译等问题。

七月十四日，返回香港。

十月二十日，唐先生再读牟宗三先生《心体与性体》一书，并谓：

> 其书乃一家言，与宋明儒者之本旨或不相应。②

是年，唐先生发表的文章有：

在《新亚学生报》发表的《理想与现实——中文大学的精神在哪里？》《新亚研究所到那里去？》；

在《新儒家》发表的《儒家之能立与当立》《天下归仁》；

在《明报月刊》发表的《谈中国现代社会政治文化思想之方向与海外中国知识分子对当前时代之态度》；

在《新亚学术年刊》发表的《孟学中之兴起心志以立人之道》；

在《星岛晚报》发表的《从学术思想独立谈冯友兰》；

在《学粹》发表的《中国文化之创造》；

在《阳明学论文集》发表的《阳明学与朱子学》；

在《华风》发表的《中国哲学中美的观念之原始及其与中国文学之关系》；

作《新亚中学校歌》；

---

① 唐君毅：日记，1972 年 6 月 20 日。《唐君毅全集》（九州）卷 33《日记》（下）第 212 页；《唐君毅全集》（学生）卷 28《日记》（下）第 284 页。

② 唐君毅：日记，1972 年 10 月 20 日。《唐君毅全集》（九州）卷 33《日记》（下）第 220 页；《唐君毅全集》（学生）卷 28《日记》（下）第 295 页。

为《丁衍镛画册》所作的序。

《理想与现实——中文大学的精神在哪里?》一文,是针对新亚书院与中文大学的不同办学精神而撰写的。自新亚书院加入香港中文大学后,其地位虽已取得香港政府的承认,但中文大学当局的办学精神与新亚书院的办学精神颇有相违之处。香港流行的教育观念是香港主义及国际主义,唐先生认为,这些都不应是中文大学的目标。唐先生谓:

> "新亚精神"这个名词最初出现在《新亚校刊》第一期,初时指新的亚洲、新的中国,后来指中国人文教育的精神,亦针对几十年来学术划分太多而没有人文文化的通识的弊病,我们办新亚书院的目的主要是为中国人文精神传统。新亚精神的第二点强调先生作为人格的中心,每一先生有其做学问的态度方法和人格,而同学围绕着他来谈学问。中国百年来的教育有过很大的变化:民国以前以日本的富国强兵为理想,国民党国民革命运动以前以英美为理想,国民政府成立后,在抗战以前,慢慢以欧洲为理想,到了后来共产党又以苏联为理想。新亚书院向来都不会赞成这种种做法,学日本、学英美、学欧洲或学苏联也好,中国教育家总应走一条自己的道路,这道路是属于中国的、中国人文理想的,这包涵着中国过去的文化通过现在向将来的发展。换句话说,教育和文化应该是承先继后的,在继后的意义下,中国当然必须与西方接触,但是尽管接受西方文化,最终也是为中国。就算不得为全世界,但至少也是为中国的。
>
> ……理想是这样:在现实方面,希望每一个教师一方面做人,一方面做学问,一方面做事。虽然有些专门办事或做学问,但做人是根本,三者要连起来,互相承合。教师是这样,学生也是这样;有些办事能力很强,有些学问方面很好。但撇除学问和能力来说,人还有他可爱地方,这是他的人格。新亚希望各师生做人、做学问和做事三者都互相为用,站立起来。进大学就是从文化培养出一种精神,好像孔子所谓:不知老之将至。①

---

① 唐君毅:《理想与现实——中文大学的精神在哪里?》,《唐君毅全集》(九州)卷16《新亚精神与人文教育》第131—132页;《唐君毅全集》(学生)卷9《中华人文与当今世界补编》(上)第573—574页。

新亚自从加入中文大学后，有知识有学问的先生增加了，办事方面也有进步，学生方面，聪明和程度也提高了。但是，唐先生认为，在做人方面却没有多大进步，没有了求学的固定目标：为教育，为文化，为中国的将来；承先继后的精神差了，也谈不上对中国文化的责任。

香港政府中人主张，中文大学应该坚持香港主义和国际主义的教育观念。唐先生认为，这两条路都不能说是中文大学的真正目标。从香港主义来说，此地人在地理上虽然是居香港的，但生命上是中国的。国际主义方面，中文大学在国际上取得地位，这也不能代表中文大学的特殊性。它要培养中国青年为香港、为国家，代表中国文化承先继后的发展的精神。中文大学之所以用"中文"两字，应该不只是应用语言方面的意义，而是应该指"中国文化"。据此，唐先生提出，中文大学应该有其独立性，完全是香港主义、国际主义，纯过去、纯现在，都不好。唐先生认为，人文学除了世界性外，还有它的民族性、国家性。因此，学习西方的社会科学和人文学是可以的，最重要的是怎样用和怎样做，以为中国民族的未来政治社会和创造文学、哲学之用。中文系和哲学系固然应该是为中国的，英文系的先生和学生读外国书也可以从事中文的创作。历史系方面，我们了解西方历史，便可比较中国的历史。自然科学也不是完全是世界性的，中国也有科学，不要以为谈科学就不涉及中国文化。甚至在香港很有用的工商管理，也可以将中国文化精神放进去。

唐先生强调，教育总要为未来的。中文大学的原则应是中国文化的承先继后，承先是一个包受，继后是一个创造。文化是有生命的，如果只是香港主义或国际主义，中文大学是没有前途的。中文大学里别的书院国际主义色彩比较浓厚，有些香港主义色彩较浓，而新亚书院则中国色彩比较浓。因此，唐先生希望新亚的中国气味可以影响中文大学。

《新亚研究所到哪里去？》一文，是唐先生在面对中文大学教育理念挑战的情况下，就新亚研究所的发展所撰写的专文。新亚书院在加入香港中文大学之时，新亚研究所依然保持独立，只接受中文大学的经费补助。但是，自一九六〇年起，因为香港中文大学开办研究院之故，香港中文大学不再承认新亚研究所的学位，新亚研究所即不再招收研究生，改收研究助理学习员。

新亚研究所何以不随新亚书院归入中文大学研究院？唐先生在此文有所说明。新亚研究所不归并入中大研究部，根本上是因为新亚坚持"对中国人文学问要有一个通识理想","训练出一个对整个人文学有通识的人,像中国传统教育的那一类型态的学者",而不要只懂一些专门知识的专家。①

唐先生认为,新亚研究所的特色主要是研究中国文化,是对中国文化的综合了解。这表现在,研究所的导师对中国文化尽管都有某一方面的专长,但是他们的眼光又并不局限于他们的专长,而是对于学问的各方面如文学、史学等有一个全盘通识。学习亦是如是,学哲学的要选一门文学或史学。考中文大学研究院的历史系,只考历史系课程,不用考哲学系课程;而新亚研究所取录新生的标准则是:考哲学必要有一门历史或文学,考历史亦要一门哲学或文学。进来以后,学生可以专攻哲学,但所内的导师必然会要你选一门历史;研究所的集会、演讲会及从前导师的演讲,不论研究哪一科的学生都必须参加。这方面的要求,新亚研究所与中文大学研究院是完全不同的。

唐先生认为,新亚研究所的这种人文学科的通识教育,是真正的人文教育。唐先生谓:

> 人文学术有一性质,就是关心到人的本身,人本身的事情就是密切关系着的;行为表现就是历史,情感记录下来便是文学,思想道理表现出来就是哲学。简单来说,人就是思想、情感、行为这三方面。思想发展出来就很复杂,行为情感表现出来亦很复杂,这三种本是不可分,所以了解起来不可分门别类,分门别类了解不能了解。
>
> ……从三方面来了解一个人,似乎困难,其实更容易,对一个人的思想、行为、情感照应地了解,比把它割裂了解更方便,故学哲学的人应有文学、历史知识,这根在人的存在有其统一基础。
>
> ……人文科学方法与自然科学方法不一样,这方面中国传统将这三事合而为一,孔子有他的思想、史学、文学,中国学者均以他为模范,这种传统维持至民国初年。现在趋势是将人文科学自然科学化,看来似乎是分得更精细,其实却把人文科学分割,读文学的成文学专家,读历史的成历史专家。新亚并不取此态度。现在的人假如研究历

---

① 唐君毅:《新亚研究所之存在意义》。《唐君毅全集》(九州)卷 16《新亚精神与人文教育》第 139 页;《唐君毅全集》(学生)卷 9《中华人文与当今世界补编》(上)第 584 页。

史，其他便不理会。新亚所采取的是折衷做法，与中国传统的合一做法不同，研究历史的以历史为中心，其他为副。①

虽然新亚研究所保持独立，但仍然会受到经济上或政治上的压力。不过，唐先生认为，学术有其自身的尊严，不应作为附属品看待。在真正的自由社会中，不能因为政治或经济条件而逼迫任何学术的发展。对于新亚研究所的未来，唐先生一方面有所担心，另一方面也坚信"新亚研究所是消灭不了的"，同时寄望于研究所第二代的学者们的成长与坚守。而对研究所未来的发展，唐先生更期望：

> 从前新亚研究所的方向是通识，以后希望可能有另一发展方向来配合中国，即一种中国文化之整全的研究，来帮助未来中国建设。
> ……所谓整全的研究，是把中国山川、地理、民性、历史、人物、风俗、习惯及文化结合在一起研究。中国地大物博，每一省有不同的山川地理风俗习惯文化，所以中国将来建设不单是笼统的全国建设，而且是地方上的建设，把每一地方的风俗习惯、文化配合一起。举出每地方之历史人物为精神向往的中心，对哲学思想了解亦有帮助。各地方谚语、俗语格言，各地方之歌谣、民歌、戏剧，对传统之艺术文学的了解，亦有帮助。对地理研究，可帮助地方经济发展。
> ……这些建设是以地方上方志为基础，这地理是以中国之历史人物精神为中心，所以中国将来之文化应有各地方的特色。南方有南方文学，北方有北方文学。中国应该这样。中国历史亦如是。把中国山川、民性、地理、风俗、文化联合在一起。②

新亚研究所历年的导师，除曾任所长及教务长的钱宾四、吴士选、张葆恒、谢幼伟及王德昭诸先生外，尚有牟润孙、潘重规、牟宗三、徐复

---

① 唐君毅：《新亚研究所之存在意义》。《唐君毅全集》（九州）卷 16《新亚精神与人文教育》第 137—138 页；《唐君毅全集》（学生）卷 9《中华人文与当今世界补编》（上）第 582—583 页。

② 唐君毅：《新亚研究所之存在意义》。《唐君毅全集》（九州）卷 16《新亚精神与人文教育》第 141—142 页；《唐君毅全集》（学生）卷 9《中华人文与当今世界补编》（上）第 587—588 页。

观、梅贻宝、沈亦珍、严耕望、汪经昌、吴康、陈荆和、张瑄、罗梦册、何敬群、涂公遂、王韶生、李璜、孙国栋、章群、梅应运、杜维运、唐端正、罗球庆、刘述先、李杜、陈特、孙述宇、苏庆彬、逯耀东、罗炳绵、陈绍棠、霍韬晦诸先生。

《儒家之能立与当立》一文，是唐先生回应《新儒家》杂志征求对"新儒教"的意见的回信。该文承接自己在《中国文化之精神价值》《中国人文精神之发展》等著作中关于儒家、儒学、儒教的基本观念，特别强调：

> 中国之儒学原有宗教意义，先秦之礼教有祭天、祭祖，亦祭有功烈之人与贤圣，即可称为一宗教。但儒学亦不能限于此一方面。今将此一方面特加重视，更连于身心之修养道德之实践，以成一宗教，自是于儒学及世间之其他宗教，两皆无害，而有弘扬儒学及补益其他宗教之益。……在宗教之实际上，哲学、义理与教义教规，皆在其次，要在有至诚，而无人伪之夹杂，亦不宜有争胜之心，以求人数之众。则千万人信之不为多，一人信之亦不为少。然义理亦当有高明深远之一面，一般教义教规，则当由中庸以达高明。①

《中国现代社会政治文化思想之方向，及海外中国知识分子对当前时代之态度》一文，是唐先生受邀对新亚书院历史系中国近代史研讨小组的演讲整理稿，由郭少棠、王耀宗同学记录整理。该文是唐先生作为哲学教授对历史系学生的演讲，其存在本身，即新亚人文通识教育理念的呈现。唐先生在该演讲中以五个方面展开：（1）清末民初之社会政治文化思想中之"民族"与"文化"问题；（2）五四时代之社会政治文化思想之代表人物；（3）中国现代社会政治文化思想中之五个基本观念；（4）中国文化与中国民族两脚俱立；（5）对海外中国青年之期望。该文的思想内容、文化理念和逻辑结构，都体现了哲学对于历史学专业学生的独特意义。

通过对近代中国民族与文化的发展的分析，唐先生发现，中国近代思

---

① 唐君毅：《儒家之能立与当立》。《唐君毅全集》（九州）卷16《宗教精神与人文学术》第38页；《唐君毅全集》（学生）卷10《中华人文与当今世界补编》（下）第401页。

想有五个基本观念:"一、民族主义,二、中国文化传统之发展,三、社会主义,四、学术文化自由,五、民主政制。"这五个观念,唐先生认为,综合起来可称为"中国民族、人文、自由、民主、社会主义"。但此名太长,可简约地称为"人文民主社会主义",或"人文社会"主义,或"人文"主义。①

唐先生认为,中国近代社会思想中的主要人物往往是这五种其中一方面或者几个方面,比如,孙中山注重民主主义、社会主义、民主政制;早期的国家主义派的人,则民族主义特别强,但亦重国体与政制;梁漱溟注重中国传统文化、社会主义与民主政制;陈独秀则一生跌宕于五者中,而在其一生的任一时期,皆知其一,不知其二,遂成悲剧。对于这五个观念,人或只任取一个,或任取二个,或任取三个,或任取四个,便有种种可能。但整个中国近代社会,人们一般的社会政治文化思想,只在此五个观念中转动。唐先生自己对于这五个观念,是在原则上全部加以肯定,并以之为互为根据,互相规定配合,以成为统一的全体。

以此五个观念的转动来分析中国近代社会与文化的发展,唐先生谓:

> 此历史演变中,只有一个根本动力。即此一老大帝国,受了西方的侵略后,其民族生命、文化生命,要向前发展,必须求一齐站立起来。而其思想核心,则是中国原有的社会人文思想,民主、自由、社会主义之观念,在基本上,亦原生根于中国之社会人文思想中。但民主政制中之自由人权之列举,与如何由法律加以保障,社会主义之政党组织等,则初来自西方。它们之所以多少为现代中国人所接受,则因其多少符合于中国社会人文思想中原有之若干观念之故。②

唐先生认为,中国过去的社会、历史、文化和学术思想,绝不容许只

---

① 唐君毅:《中国现代社会政治文化思想之方向,及海外知识分子对当前时代之态度》。《唐君毅全集》(九州)卷14《中华人文与当今世界》(下)第205页;《唐君毅全集》(学生)卷8《中华人文与当今世界》(下)第245页。

② 唐君毅:《中国现代社会政治文化思想之方向,及海外知识分子对当前时代之态度》。《唐君毅全集》(九州)卷14《中华人文与当今世界》(下)第208页;《唐君毅全集》(学生)卷8《中华人文与当今世界》(下)第247页。

以"封建主义"一名加以概括；中国近百年来的社会文化，应该以西方文化与政治经济力量的互相冲击加以解释。尽管近代中国社会政治发生了重要变化，但"从长时期看，文化思想的力量，必然超过现实政治权力。政治的力量，只能改变人的身体，文化思想的力量则直接改变人的灵魂，以旋乾转坤"①。因此，对于未来中国，唐先生谓：

> 中国的文化与民族必两脚俱立，而非只跛脚的勉强支撑。此一方向，乃由百余年之中国兼受西方之文化政治的压迫，所引起的反抗，加以规定。此反抗，必到此民族与文化之灵魂与身体，一齐顶天立地站立为止。②

由此，唐先生希望海外中国人，不必太看重身份证上的白纸黑字，与西方的国籍法。因为依地理而定的国籍，与依生命的本原与历史而定的国籍，河水不犯井水。历史的意义，比地理的意义，深、厚、重大得多。以此而论，"地理意义的香港人，当然应该自觉到自己是历史意义的中国人，而以之为自己生命的本质"。如果一个人只是自觉自己是种族的生命意义上的中国人，而非文化生命意义上的中国人，唐先生认为，这是做中国人还未做到家。因此，唐先生希望新亚书院的同学：

> 大家必须在文化生命上，作个"仰不愧于天，俯不怍于人"的中国人。然后无论在个人之思想、学问、德性上，作自我训练，要改进香港教育，改进香港社会政治，要为七亿之神明华胄，作开天辟地的事业，才能看见更远更大的路。
> ……若问中国在那里？就在诸位的生命里。我们每一人，皆有资格代表中国，毫无惭愧。要说认同，即要先认同于自己个人心中之中

---

① 唐君毅：《中国现代社会政治文化思想之方向，及海外知识分子对当前时代之态度》。《唐君毅全集》（九州）卷14《中华人文与当今世界》（下）第215页；《唐君毅全集》（学生）卷8《中华人文与当今世界》（下）第258页。

② 唐君毅：《中国现代社会政治文化思想之方向，及海外知识分子对当前时代之态度》。《唐君毅全集》（九州）卷14《中华人文与当今世界》（下）第216页；《唐君毅全集》（学生）卷8《中华人文与当今世界》（下）第259页。

国民族，与中国文化生命。①

一九七三年　六十五岁

唐先生对马克思主义特别是马克思、恩格斯、列宁的著作非常关注和熟悉，并一直保持着阅读。唐先生谓：

> 在所有的社会主义者中，我在青年时，亦看马克思恩格斯与列宁之书。他们之哲学性著述，我全看过。当时俄国之普列汉诺夫、布哈林、德波林、米丁之书，大皆译出，我都全看过。我又曾一字不遗的看了李季译的三大本之《马克思传》，及程兆熊先生之朋友所译之《列宁传》，与伍光建所译之《列宁与甘地》。②

是年五月八日，唐先生"阅列宁书《国家与革命》，及恩格斯《玄想社会主义至科学社会主义》二书完"。十一月十一日，"上下午阅马克思《德意志意识形态》及《政治经济学的形而上学》及《资本论》中《原始累积》完"。十二日，"上午阅马克思《〈政治经济学批判〉导言》及《工资价格利润》二文，下午阅恩格斯论德国哲学文完，及大陆所出版马克思、恩格斯选集四册中理论性文章皆看完"③。

唐先生对父母亲的遗稿一直希望整理印刷保存。除了搜集父亲遗稿外，是年六月，唐先生整理母亲遗稿诗作，并印刷保存和赠人。日记记载：六月一日，上午整理母亲遗诗。三日，下午写母亲诗后志二千余字，并言："此后志数年来皆不知如何写，今写成自觉甚平实，亦了一心事。"

---

① 唐君毅：《中国现代社会政治文化思想之方向，及海外知识分子对当前时代之态度》。《唐君毅全集》（九州）卷14《中华人文与当今世界》（下）第218—219页；《唐君毅全集》（学生）卷8《中华人文与当今世界》（下）第262页。

② 唐君毅：《中国现代社会政治文化思想之方向，及海外知识分子对当前时代之态度》。《唐君毅全集》（九州）卷14《中华人文与当今世界》（下）第196页；《唐君毅全集》（学生）卷8《中华人文与当今世界》（下）第235页。

③ 唐君毅：日记，1973年5月8日，11月11、12日。《唐君毅全集》（九州）卷28《日记》（下）第231，243页；《唐君毅全集》（学生）卷28《日记》（下）第311，327页。

四日,下午整理母亲诗稿,与二妹信,晚整理母亲诗稿至深夜四时半始睡。十九日,下午二妹来信关母亲诗者,整理母亲诗稿至深夜。二十一日,晚编母亲诗目录完。二十二日,上午重读母亲诗稿检定错字。二十七日,晚整理母亲诗完。二十八日,将母亲诗集交李国钧印刷所印。

唐先生将母亲陈太夫人遗诗五卷汇集为《思复堂遗诗》。在编后记中,唐先生谓:

> 思复堂则先父迪风公为先母诗稿尝题之名也。先母一生,除尝于简阳及重庆之女子师范任教职二年外,皆尽劳瘁于养育吾及妹弟五人,至于成立。吾家素质,先父一生不入仕途,家务皆先母躬自操作,初罕余闲治学。所为诗,多随手散失。今遗稿五卷,乃先母弃养后,吾妹至中、恂季、宁孺,及吾弟慈幼所存。
>
> ……吾妹至中既编遗诗为五卷,更加恭录,辗转寄港。吾奉而读之,既痛不获再得吾母之训诲;更念吾母一生劳瘁,奔波道途,其事虽只为一家,吾亦日久渐忘;然其情之所及,志之所存,则不限一家,并见于此五卷诗,而德音如闻,慈晖宛在。
>
> ……忆吾母常称温柔敦厚为诗教,于古人之诗,喜道及陶之意境与杜之性情,未尝以摹拟雕饰为诗也。吾稍知学问,初皆由吾父母之教。顾吾为学,偏尚知解。及今年已垂老,方渐知诗礼乐之教,为教之至极;亦不敢于慈亲之作,妄作评论。唯当今之世,人伦道丧,本温柔敦厚之旨以为诗者,盖不多见。则吾母之遗诗,亦当为关心世教之大雅君子所不废。故今就吾妹至中手抄稿,影印若干册,寄赠吾家亲故之尚存者,亦留俟来者之观览焉。①

是年,三民书局计划将唐先生今年发表的谈人文与文化的文章结集为《中华人文与当今世界》出版,唐先生就编辑、排版、印刷、校对等各种事务先后多次致信孙守立先生。其中亦谈到自己对时代和文化的认识。

五月十一日信谓:

---

① 唐君毅:《思复堂遗诗》编后记。《唐君毅全集》(九州)卷36《亲人著述》第206—207页;《唐君毅全集》(学生)卷29《先人著述》第222—224页。

弟年来之稿费版税，皆捐助为学生奖学金。弟写文章皆为世道人心而写，其评论马列主义皆以中国先哲之言与中国文化为立根之处，对三民主义虽以为甚博大，但以为精深不足，亦不能满足学者之心。又三民主义在过去之历史包袱太重，而海外人士对大陆时代之国民政府之政治记忆不忘，故以弟二十余年在海外讲学之经历而论，可说三民主义之宣传已完全失败，必须换一名号乃能保存中国文化之命脉，而挽回人心。此事弟昔年来台，亦两度与蒋经国先生言之，望其放大眼光。但彼乃实际政治家，是否真能了解此中之曲折，亦不可知。①

六月十四日信谓：

　　当前之时代，变化不定，人心惶惑。实则中华人文无论如何应加保存、发扬光大。此只看大家如何努力，亦不必悲观。但对海外之千多万之华侨之知识分子，应有一纯立在文化立场之论述，方可有用。又对中共亦须加以说服转化，此亦非绝无可能。中共由思想起家，亦须以思想说服转化。此外，则台湾之经济进步，一般社会风气之进步亦很重要。总之，一切应以自立为主，他人不可靠。②

六月八日，唐先生与李祖法先生谈创办新亚中学事。在新亚书院创办之初，即已计划在书院之上办一个研究所，书院之下办一所中学。但是因为校舍问题未能解决而一直拖延。是年七月，新亚书院已全部迁入沙田中文大学校址，于是在新亚书院原来的农圃道校址创办新亚中学，秋季开始招生。校监孙国栋与校长许涛，均为新亚书院校友。对创办中学之事，唐先生贡献甚多，并为新亚中学作校歌。歌词云：

　　日日新，又日新。

---

① 唐君毅：致孙守立，1973 年 5 月 11 日。《唐君毅全集》（九州）卷 26《书简》第 313 页；《唐君毅全集》（学生）卷 26《书简》第 405 页。
② 唐君毅：致孙守立，1973 年 6 月 14 日。《唐君毅全集》（九州）卷 26《书简》第 314 页；《唐君毅全集》（学生）卷 26《书简》第 406 页。

> 一日之计在于晨，
> 一年之计在于春，
> 一生之计在于勤。
> 勤于学，敏于事；慎于言，谨于行。
> 兢兢业业，自强不息。
> 涓流积至沧溟水，拳石崇成泰华岑；
> 泰山岩岩沧海深，地博厚兮天高明。
> 少年的光阴，如流水之悠悠易逝；
> 少年的心情，如佳木之欣欣向荣。
> 敬我师长乐我群，爱我家庭仁我民，
> "天光"不息，"农圃"长青；
> 这里是绿野神州南海之滨。
> 我们是中华民族神明子孙。
> 我们的学业德业和事业，日新又日新，中华的文明，在新的
> 亚洲、新的世界，万古常新。①

八月二十八日，唐先生与夫人先赴日本京都检查目疾。八月三十一日，在东京参加中日民族文化会议，唐先生宣读《西方文化对东方文化之挑战及东方之响应》一文。

九月三日，唐先生受邀赴瑞士苏黎世参加德国人 Fischer Barnical 先生发起的国际文化研究会，会期七天。唐先生与法国存在主义哲学家马塞尔叙谈，事后批评马氏不肯听人讲话。在此次对谈后不久，列席过此次对谈的两位德国学人告诉杜维明，表示能够列席唐先生和马塞尔"对语"的盛会三生有幸，并"对唐先生引用西方哲学传统的譬喻阐明儒家智慧的方便善巧，感到由衷的叹佩"，还说，"年届八十的马塞尔和唐先生对语之后，兴致勃勃地和大家畅谈到深夜，并且再三嘱咐年轻的朋友们千万不要忘记东西文化继续交通的重要性"。有日本哲学界祭酒之尊的西谷启治教授也参加了此次对话会，并谓"唐先生的学养和洞识是当今绝无仅有的文

---

① 唐君毅：《新亚中学校歌》。《唐君毅全集》（九州）卷16《新亚精神与人文教育》第143页；《唐君毅全集》（学生）卷9《中华人文与当今世界补编》（上）第579页。

化现象"。① 而唐先生夫人则受邀弹奏古琴。九月九日，转飞纽约，住易陶天家，十二日到印第安纳，在女儿家住七日，十九日经旧金山、东京、台北，二十一日返回香港。此行共二十五日。

是年，唐先生出版三大册《中国哲学原论·原道篇》。

自母亲逝世后，唐先生尝欲废弃世间著述之事。后勉成《原性篇》，曾在最初的自序中谓，今生著述，即止于此。此后即罹患目疾，"乃不远秦楚之路，求医异域，几于不读书者，半载有余"。在病中，唐先生依人人本有的法眼、慧眼或道眼，兴起种种的思与见。所知所见者，"是天地间实有运于至变至动，生灭无常之中，而又至常至静，悠久不息之道或种种之道在。循此道，则可澈幽明之隔、通死生之变、贯天人之际。此原为古今东西之圣哲所同有之契向"。② 正是在患病之时，"平日所见之不真不切者，于废书不读之际，乃渐宛然在目"，并时有思维的"径路绝而风云通"之境，更无不决之疑。当时考虑到自己的目疾不能复愈，唐先生便打算仿《人生之体验》中的《心理道颂》体裁，以四言韵语，将自己之所见抒发出来。不过亦转念认为，此道昭昭然在天地间，乃人所能共知共见，并不以自己言与不言而有所增损，于是放弃。

在多方寻医治疗后，唐先生的目疾有所好转，仍有一目可用。于是在此后的几年间，以教课办公之余先草成《生命存在与心灵境界》一书。此书乃唐先生自抒其平生求道之历程及自己对此道之所窥，其皆由对所关联的种种纯哲学义理先为判教之功，多辨析西哲之说，比自己过去的著述都更为复杂，论述的道路亦更悠阻而多曲折。唐先生在写此书之时，多是自顾己之所知所见，对于自己所承接的中国先贤前哲之论，未及系统阐释，而是"多针对西哲立论，所论述之问题，自与古人有异，亦自有发古人所未发者。然不识吾书之渊原所自者，亦不能知其所发古人所未发者在何处，抑亦解人难遇于当今之世。故还为此《原道篇》，以广述此中国前

---

① 杜维明：《一阳来复的儒学——为纪念一位"文化巨人"而作》。《唐君毅全集》（九州）卷37《纪念集》（上）第239页；《唐君毅全集》（学生）卷30《纪念集》第296页。

② 唐君毅：《原道篇自序——述作缘起、宗趣、内容之限极，与论述之方式》。《唐君毅全集》（九州）卷19《中国哲学原论·原道篇》（一）第1页；《唐君毅全集》（学生）卷14《中国哲学原论·原道篇》（一）第1页。

哲对此道之所发明，以报前哲之恩我，亦如陆象山之以六经还注我"。①

最初，唐先生只打算写孔子、老子、墨子言道三篇，以补《原性篇》对于孔老墨的论述因限于体例，而未能及之的遗憾。三篇既完，又觉责不容已，遂论及其后哲人所言之道，遂成此三大卷之《原道篇》。

《原道篇》一书，广述中国前哲对道之发明。其见解与三十年前所写的中国哲学史稿大异。因此，唐先生特于此书自序中声明，"世如有存该讲义者，务须全部毁弃"。

关于《原道篇》的宗趣，唐先生谓：

> 不外对唐以前中国前哲所开之诸方向之道，溯其始于吾人之生命心灵原有之诸方向，而论述其同异与关联之际，为宗趣。故其性质在哲学与哲学史之间。其大体顺时代之序而论述，类哲学史；其重辨析有关此诸道之义理之异同及关联之际，则有近乎纯哲学之论述，而亦有不必尽依时代之先后而为论者。②

本书与《导论篇》和《原性篇》中的"原理""原心""原名""原辩""原致知格物""原命""原性"等，尽管分别写成，但是，"道"原可摄贯理、心、性、命等，是其他概念的中心。因此，唐先生认为，此书所论，宜与前面两书所述相观而善。譬诸建筑，前面两书对于中国哲学所论，皆为"立柱"，此书所论，方为"结顶"。

本书言"道"，虽及于天道、物道，以及佛、道两家之教中的出世道、超世道，但是，唐先生言"道"的始点，则在人的生命心灵活动所共知所共行之道。唐先生谓：

> 盖此人之生命心灵之活动，沿其向上或向下，向前或向后，向内或向外诸方向进行，即原可开出种种道路，以上及于天，下及于物，

---

① 唐君毅：《原道篇自序——述作缘起、宗趣、内容之限极，与论述之方式》。《唐君毅全集》（九州）卷19《中国哲学原论·原道篇》（一）第3页；《唐君毅全集》（学生）卷14《中国哲学原论·原道篇》（一）第3页。

② 唐君毅：《原道篇自序——述作缘起、宗趣、内容之限极，与论述之方式》。《唐君毅全集》（九州）卷19《中国哲学原论·原道篇》（一）第4页；《唐君毅全集》（学生）卷14《中国哲学原论·原道篇》（一）第3页。

内通于己，外及于人；以使其知、其行，据后而向前；由近而无远不届，由低而无高不攀，由狭而无广不运；而成己成人，格物知天，以至如程明道诗所谓"道通天地有形外"。仙家之游于太清，一神教徒之光荣上帝，佛徒之庄严佛土，普度众生，皆可实有其事。然此一切高妙之境，其起点与根原，仍只在吾人之眼前当下之生命心灵之活动，原有此种种由近至远，由低至高，由狭至广之道路在。

……故于一家所明之道之义理之论述，亦大率皆是先近后远，先低后高，先狭后广，循下学而次第上达之序而进。此与世之论先哲之道者，或重类别义理之形态，加以比对排列，而不依义理之次序为论，以见其会通者，则颇有不同。①

唐先生认为，中国的哲学义理，表现在中国的文字中；中国文字的字原，至今仍大多保存原来的字形。因此，我们仍然可以从这些字形中看到其所表征的人身体生命心灵活动。这一点是中国文化与其哲学中的一无价之宝，它足以使人明白，中国人的文化与哲学智慧的本原，即在人此身的心灵生命活动。中国哲学以中国人当下的活动为根，亦是从中国古代政治社会文化中生长而出。而中国古代政治社会文化，又是直接从生活于此绿野神州的华族生命中生长而出。"哲"字，在中国古代，先用于肩负社会政治责任的"圣王"，而有"哲王"之名。由此可见，中国哲学智慧，乃中国古人在沉重的"对群体生命之存在"的责任负担下，由朴实无华的生命次第生起，而缓步前进。孔子自言其一生为学，乃由"十五而志于学，三十而立，四十而不惑，五十而知天命，六十而耳顺，七十而从心所欲不逾矩"，亦是一稳步而次第升进的历程。唐先生谓：

此明不同于苏格拉底之终服药自杀，释迦之初从外道出家，耶稣之尝经魔鬼试探，其生命历程，皆显见有波澜起伏，而多跌宕，未能平流顺进者。吾观整个中国哲学智慧之次第升进，亦以为大体是一平流顺进之历程。至少不同西方印度之哲学思想之发展，其起伏跌宕之

---

① 唐君毅：《原道篇自序——述作缘起、宗趣、内容之限极，与论述之方式》。《唐君毅全集》（九州）卷19《中国哲学原论·原道篇》（一）第5页；《唐君毅全集》（学生）卷14《中国哲学原论·原道篇》（一）第4页。

幅度之大。然其平流顺进，如江河之宏纳众流，而日趋浩瀚，亦非不进。此亦正可以孔子一生为学之历程，为一象征也。①

由此，唐先生此书论中国哲学，并不假借与西方思想的相同而自重。在论中国哲学传统时，柏拉图、亚里士多德、奥古斯丁、托马斯、康德、黑格尔等的思想，也不先放在眼中以作参照。这并不是说，不可以比较而观其会通。但是，必须先识得中国哲学传统的独立存在，然后才可以有此比较之事。唐先生认为，大体上说，中国哲学传统，有"成物之道"，而无西方哲学的"唯物之论"；有立心之学，而不必同于西方哲学的"唯心之论"；有契神明之道，而无西方哲学中的"唯神之论"；有通内外主宾之道，而无西方哲学中的"主观主义"与"客观主义"的对峙。因此，中西方哲学的比较并非易事。正由于此，近代以来，大多数中国哲学家只是以西方思想为标准，从中国先哲所言中去寻找与西方哲学思想相偶合的地方而论中国先哲思想，使神明华胄的思想降为西方思想的奴仆。唐先生此书的宗趣，即在雪此思想奴役之耻。

该书内容，以论孔子以降之中国哲学中之"道"为正文。全书有一"导论"和"附录"，正文则分三篇。导论陈述"道"的含义及孔子所承继的中国人文之道。第一篇论孔子及先秦诸子哲学中之道。第二篇论两汉魏晋哲学中之道。第三篇论隋唐佛学之道。附录则收录了两篇论宋明儒之道的论文，以彰承续中华传统之道的方向。

导论上篇分析"道之名义及其类比"，在比较中国哲学中的"道"与西方及印度哲学中相类似的概念的基础上，梳理了中国传统哲学中"道"与"物""事""生""命""心""性""理""气"等重要概念的关系。进而，唐先生阐释了"道"的字原义与引申义、一道多名、道的交会、存在即道等"道"的多重含义，分析了道的远近、大小、曲直、非道之道、平行道、相贯道等"道"的存在方式，并提出发现道、创成道、目的道、手段道的区别，以及道不同的论争，其相容以并存，及哲学思想中"道"的次第修建的历史。最后提出了哲学史的两种写法，并言自己此书

---

① 唐君毅：《原道篇自序——述作缘起、宗趣、内容之限极，与论述之方式》，《唐君毅全集》（九州）卷19《中国哲学原论·原道篇》（一）第8页；《唐君毅全集》（学生）卷14《中国哲学原论·原道篇》（一）第6页。

的理念：

> 人之治哲学史者，亦可重观历史中之哲人所经之事，其家庭社会与时代之文化环境，对其哲学思想之影响之何若，亦可只重在其一人或合多人所以建立某哲学思想之道之义理之何在，其所说之道，乃向何思想之大方向进行。此中之前者，则为更标准之哲学思想史，而此中之后者，则更切近于纯粹之哲学，其目标唯在将哲学中之道之所以建立之义理，略依历史次序加以展示，而见此种种诸大方向之道，所由建立之"道"，其整个面目之何所似者。此亦即吾之此书之论述，由周秦至隋唐之中国哲学之道之"道"也。故于此吾之论述之道，如美之，可称为：即哲学史之形成之道，以为哲学中之道，以见此哲学史所由形成之道，运行于历史之变之中，亦洋溢于历史之变之上，不来不往，千古常新，以为哲学之永恒的观照之所对；如贬之，则二者皆非，乃似哲学史，而不必合乎于世所谓哲学思想史之标准者。故吾不名之为哲学史，而名之为中国哲学原论中之原道篇也。①

导论下篇分析"孔子所承中国人文之道"，言本书自孔子之道始，并非谓孔子之前的中国人未尝言道，而不知"道"。事实上，当中国人文初创，其人聚而成家成国，敬天事神，利用厚生，皆各有其所依、所知之道，而只是不必言之而已。唐先生言，其《原道篇》论中国哲学中之道，乃限于就中国先哲明白言及"道"并以"道"为中心可通贯其全部思想者而论，此则唯有始于孔子。因为孔子明言"吾道一以贯之"，而且确有"道"为其思想的中心，以通贯其全部思想。不过，孔子虽言道，而亦知有不言之道在。因此，我们可以说，孔子乃契合其前的中国文化中的"不言之道"以言"道"，而开启以后之"言道"的中国哲学。此即人们常说孔子为道贯古今。

通过分析孔子之前中国哲学观念的源起与产生，唐先生认为，在中国哲学思想中最具通贯意义的名词观念中，"天命"观念最先产生。由于人

---

① 唐君毅：《原道篇导论——道之名义及其类比》。《唐君毅全集》（九州）卷 19《中国哲学原论·原道篇》（一）第 15 页；《唐君毅全集》（学生）卷 14《中国哲学原论·原道篇》（一）第 47 页。

必有德乃能承天命，于是"德"的观念即继天命观念而产生。德依"心"而有，由节制自然之性而成，于是"心"与"性"的观念更继之而产生。至周代礼教建立，而德与"礼"相连，"礼"的观念形成。至于"道"的观念，则在《禹贡》中初有导河之道，此为人对水地之道；《周书》乃有顺文王之德以为道，更有此"王道"之名；在《国语》《左传》中，乃见反复为"天道"之语；"人道"之名则自子产乃言之；最后乃有统天道、人道之"道"。由是而有孔子以仁言道，墨子以义言道，老庄以道言道。

第一篇论周秦诸子哲学中之道，共二十五章。

首论孔子之"仁道"为生命心灵感通之道，此感通兼具个人生命心灵前后向度中的感通、人我生命心灵内外向度中的感通，以及人与天命鬼神上下向度中的感通。墨子言"义道"，为一普遍横通之道。孟子承孔子辨人禽之别，而言"立人之道"，要在立人自下而上之纵通之道及自近而远之顺通之道，以拒墨子之只知横通之道。道家形态则分为三：慎到、田骈、彭蒙，乃顺物势以成其"外通之道"；老子由法地、法天、法道，以成其"由外通而内通之道"；《庄子内篇》则重在言由调理人的生命与心知之关系以"成真人、至人、圣人之道"；《庄子·外杂篇》，《韩非子》的《解老》《喻老》，《管子》的《心术》《内业》，同属道家，也都有其言道的新义。荀子由内心之知统类，以外成"人文统类之道"，既别于道、墨两家之道，亦别于孟子之偏重人的内在心志的兴起以立人道。孟、荀皆儒学之大宗。韩非沿荀子"知通统类"之圣王而下流，成运法术势以为政的"为政之道"，乃标准的法家之言。周秦思想至韩非，儒墨道法学派皆得以建立。

《管子》一书，属于韩非之后的法家著作，但足以补韩非所见之偏，以求"上达之政道"。《礼记》《易传》属于孟荀之后的儒学著作。《庄子·天下篇》言内圣外王之道。可见，晚周儒道法同趣向在言内圣外王之道，亦遥契孔子言"仁道"兼具修己与治人之旨。其中，《中庸》之"诚道"最能言人性上通天命、合内外而成终始之道。《礼记》言礼乐之道与《孝经》言孝道，乃儒学所独有。而《易传》通天人以为道，其特色在于，在循卜筮中的"感应之神"之义，契于孔子言天命之义，以见神的无方而遍运。至于周秦诸子的名言辩说之道，除了《导论篇》已有论荀子正名与名学三宗、《墨子·小取篇》论辩及孟墨庄荀之论辩三篇外，本篇更总论周秦思想中环绕中国所固有之"名"的思想发展，而发展出有关人的名字、名谥、名位、名教、名义、名闻、名誉、名实、形名的思想，以见中国名言哲学中无西方哲学中逻辑知识论在哲学中居优先地位的情形。

第二篇论两汉魏晋思想中之道，共十一章。

先论两汉经学子学之哲学中之道。唐先生认为，两汉哲学思想中之道有六：一为阴阳家之"顺天应时之道"，《吕氏春秋》《管子》《淮南子》、董仲舒的《春秋繁露》等书，同言此顺天应时之道，此顺天应时之道，其含义可通及于人瞻往察来求开一历史上之新时代的其他种种之道，皆为前此所未有。二为"成就学术之类别与节度之道"。三为"法天地以设官分职之道"及对人之才性之品类之分辨、对人物之品鉴之道。四为道教之"炼养精气神之道"。五为春秋学中之"褒善贬恶之道"，亦即现在所谓对人事做道德的或政治的价值判断之道。六为汉代易学中之"象数之道"，亦即现在所谓作为存在事物的普遍范畴之道。对于这六个方面的"道"，唐先生都通贯汉代思想要义而论，而无意对于每个学者的思想分家而备述。因为唐先生认为，此六者，为汉代学者所开辟的新道，为昔所未有，只有通贯诸学者所言以并论，才能得到充分展示。合此六者，即可说汉人观"宇宙"的"节度"，而炼养精神，以成就人的"日常生活、学术人文、政治社会与其价值判断"的"节度"之道，是对周秦学者之"道"的思想的发展。

后论魏晋至六朝的玄学及文艺之哲学中之道。唐先生认为，魏晋六朝所开辟的新道有四：一为王弼之"通易与老的文学之道"；二为郭象"注庄中的玄学之道"；三为陆机、刘勰之通于玄学儒学之论的"文学之道"；四为以阮籍、嵇康论音声之道，宗炳论画道为代表的"艺术之道"。唐先生认为，魏晋人成其文艺之道，要在通过"虚无寂寞"以成其对意象的观照；此与对玄理的观照，亦可视为同在一个"道"上。魏晋六朝的文学艺术之道既开出，中国人文世界各方面之道，即都已全部开出。唐先生论王弼的易学，重说其与汉易同而异之处，论王弼的老学与郭象的注庄，亦重其与老庄之学的同而异之处，意在观其所开辟的观照玄理之新道如何相似；而论魏晋以后文学艺术中之道，则亦如论汉人经史之学中之道一样，其旨在于指明其各自为一方向之道，而亦自有其独特的哲学意义。唐先生认为，中国哲学思想，不只存于四库中的子部，中国的经史之学、文艺之学，亦不能在"道"之外，如此可免于"道术将为天下裂"。

第三篇论由魏晋至隋唐佛家哲学中之道,共十六章。

汉末至魏晋六朝,印度佛法陆续传入中国;及隋唐,佛家的大宗派皆已建立。佛法乃宗教,佛教的高僧大德的讲经论,重在起信成修;故一般经论的义疏亦为此而著。唐先生此部分所重者,限于阐释佛道中哲学义理的发展,因此,非一般的佛教史,而主要是唐先生个人直接读中国佛书典籍之所见的中国佛学中之道。

自佛教入中国后,中国学者自始多兼通儒道之学与佛家之学。如汉末的牟子理惑论,即已通三教为言。宗炳论画,刘勰论文学,尽管都是本于中国固有的儒道思想,但其人则皆兼擅佛学。在魏晋时,初讲佛学者,亦往往以中国固有之学之义与佛家之义相比格而论。竺法雅即依格义讲佛学;僧肇论般若学,亦以老庄与孔子之言与佛理互证;道生承中国孟子言"人皆可以为尧舜"之义以言人皆有佛性。只是佛学传自印度,其最初的目标在出世,亦有其自印度带来的一套与哲学义理有关的特殊问题。因此,僧肇、道生等亦不能不多少对应此套特殊问题以成其论,因此,其论所及,亦多少有溢出于中国固有哲学义理之外之义。

唐先生此书论中国佛学中之道,首重其与中国固有之学中之道的同异所在。唯论印度大乘般若学,则不能不多少持之与西方哲学的若干义理对比而观。西方哲学的主流重一般知见,而佛学的般若宗则正以扫荡一般知见以证空为学,遂与西方哲学之主流正相对反。中国固有之学,原非只重一般知见,故般若宗的归旨与中国固有思想的归旨,便容易相契合。另一方面,中国固有思想中又无般若宗所用以扫荡知见的种种论辩,因此,此种种论辩传入中国,亦开出哲学思想的新天地。至于印度佛学中的唯识宗、法相宗,则虽未尝不归于证空而有其所扫荡的知见,但亦以成就人对种种法相的知见为始,遂更能补中国思想之所缺。印度的法相宗、唯识宗之所以不能大盛于中国,印度所传的般若学亦不为以后的佛学者所视为至极,原因在于,中国佛学的次第发展,更自己开出佛学的各种宗派,其立义亦自有超越于印度所传的大乘佛学。

中国佛学的发展,由般若学而天台宗,以南朝的成实学及吉藏的般若三论学为其过渡。一般的中国佛学史者,往往忽视此成实学及吉藏学的贡献,因此,由僧肇、道生至天台的智𫖮之间佛家思想义理的次第发展,便不得而明。唐先生此书,自谓可差补此缺。由此以观智𫖮天台学的新义,亦更能得以昭显。智𫖮之学,除以法华涅槃的教义为其根本外,亦言禅观，重戒律，而信净土。其学弘深阔大，立义亦更有进于吉藏。唐先生认为，中国佛学至吉藏及智𫖮的时代，已如日中天。故吉藏、智𫖮，以及稍后的玄奘，皆轻视中国的固有之学。此便与僧肇以孔子、老、庄之言与佛家之言互证大不同了。而印度法相唯识宗传入中国，则始于南北朝时有摄论、地论二宗。陈隋之际，有《大乘起信论》一书出现。玄奘自印度归来，弘扬印度的法相唯识学。其时的法藏，遥承地论宗之学，本大乘起信论之义，以判玄奘所传之法相唯识学为"始教"，谓其立义尚不如起信论之为"终教"，更于起信论的终教之上立一"顿教"，以通于《华严经》所启示的"圆教"。由此，中国佛学的次第发展超过了印度传来的佛学的光辉，印度传来的般若学为天台学的光辉所掩；印度传来的法相唯识学亦终为由法藏至澄观、宗密的华严宗之学的光辉所掩。法藏之言顿教义，以绝言会旨为说，原与禅宗之义通。而法相唯识宗所宗之《楞伽经》，原有说通与宗通之别。般若宗及天台宗，亦皆有禅观之学。数者会流，至唐而禅宗盛兴。禅宗之教，简易直接，人得其旨，则当下有所受用。华严宗的宗密，原学于神会，更为华严宗四祖澄观的弟子，遂为书以会通禅教，彰显宗下与教下可并行不悖的宗旨。

唐先生此书对中国佛学的论述止于宗密。之所以止于宗密，是因为唐先生认为，到宗密时期，中国佛学诸宗皆立。对于中国佛学中的净土宗、律宗及密宗或真言宗之义，唐先生此书并未特别标示出进行讨论。唐先生认为，此诸宗所言的哲学义理，大体不出法相、唯识、般若、天台、华严与禅宗所说。唐先生将法相唯识之学比喻为佛学中的荀学，般若学则如佛学中的老庄，天台之学如佛家的中庸，华严宗则如佛家的易教，道生之顿悟及惠能之言本心即佛，则如佛家中的孟学。

唐先生认为，中国的佛学，前接中国玄学家之义，其次第发展的过程，同时也是其次第摄入于中国学术思想自身发展潮流之中的过程。因此，唐先生认为，论中国佛学之所止，亦即论中国哲学思想中之"道"之所止。

  自中国哲学之道之诸大方向之开拓言，至唐而至于极。亦如中国之国力，自上古历汉至唐，而及于世界，其人文亦化及于世界，而极其盛。盛极而衰，由五代宋明至今之中国，则大体上只为一自固自守其民族与人文之局面，于哲学中之道之大方向，唯循前人所定而进，学者要在以辨道而守道行道自任。或道之大方向，已尽于此唐以前人所开拓者，亦未可知。……然开拓固难，守成亦不易。江山不老，代有贤才，中国哲学慧命相续，自五代宋明至今，吾亦未见有全然断绝之时。宋以后儒佛诸家之学者，为守道行道，而辨道，亦恒更能至于义理之精微，有非唐以前之学者所及者。宋以后之学者，在承继昔人所言之道，而付之于个人之身心性命之实践，及社会政治教化之实践，而切实行道之精神，亦有大非唐以前之学者所能及者。①

此书最后一章，一方面略说南北朝至隋唐时期佛学以外的其他学术思想，一方面略说五代宋明至今中国学术思想，其以辨道、守道、行道胜于前世之处在何处，以见此道之千古常新，即以结束此书。而对五代至宋明以后学者之言道，唐先生此前亦有数十万言，主要以观学者如何辨道为中心。唐先生计划另册刊行，此即之后的《中国哲学原论·原教篇》。

此书附录收录了唐先生论述宋明儒的两篇文章。唐先生担心，《原道篇》的论述止于唐代佛学，对于宋明儒之"道"没有展开讨论，"总不免使读者有一中国哲学慧命之流，至佛学而极，更不向前之开拓之印象"。但这又不是唐先生的本意。因为唐先生认为，宋明儒亦有进于佛者。为了避免误会，唐先生收录此两文于附录。第一文原名《宋明理学之精神论略》，是唐先生旧作《中国哲学史》的一章，曾经发表于一九四六年唐先生与友人周辅成先生所编的《理想与文化》第八期，今改名《宋明理学家自觉异于佛家之道》。第二文原名《朱子理先气后论疏释——朱子道德形上学之进路》，原发表于一九四七年友人牟宗三先生于南京所编的《历史与文化》第一、二期，今改名为《由朱子之言理先气后论当然之理与存在之理》。关于两文的主要内容，见本年谱一九四六年、一九四七年。

是年，唐先生发表的文章有：

在《东西风》发表的《如何消灭中共与苏俄战争的可能性及中共继所谓文化大革命后之学术思想革命》《股市狂飙与知识分子》《中国文化之精神及其发展》《中国文化精神及其发展余论》《唐君毅谈五四》；

在《中华杂志》发表的《略谈中国大陆与俄国之战争之可能性及放

---

① 唐君毅：《原道篇自序——述作缘起、宗趣、内容之限极，与论述之方式》，《唐君毅全集》（九州）卷19《中国哲学原论·原道篇》（一）第16页；《唐君毅全集》（学生）卷14《中国哲学原论·原道篇》（一）第12页。

弃马列主义之必须》；

在《明报》发表的《风气败坏，上下争利，学者理应坚守原则》；

在《明报月刊》发表的《关于中国当前问题与海外知识分子之态度》；

在《新亚生活双周刊》发表的《敬告新亚二十二届大学部及研究所毕业同学书》；

在《新亚生活月刊》发表的《校庆、孔子诞、教师节讲词》；

在《中大学生报》特刊发表的《谈新亚与中大的教育理想》；

在《新亚学生报》发表的《新亚的过去、现在与将来》；

在《中华月报》发表的《一千八百年来的中国学生运动之历史发展》《评古尹明之建议》；

在《华学月刊》发表的《麦著〈王门诸子致良知学之发展〉序》；

在《新亚学术年刊》发表的《华严宗之判教论》；

在《佛教文化学报》发表的《吉藏之般若学》；

在 Philosophy East & West 发表的 "The Criticism of Wang Yang Ming's Teaching by His Comtemporaries"。

唐先生的《中国文化之精神及其发展》《中国文化精神及其发展余论》两文后以《中国文化之原始精神及其发展》为题收入《中华文化与当今世界》（下）。该文认为，中国文化的原始精神乃是礼乐文化。中国文化精神的发展，其历史动力是民族生命与文化生命的动力。以民族生命与文化生命在文化发展中的挑战和回应来看，中国礼乐文化的发展大致经历了如下阶段。

一、由上古至三代，乃"中国之民族生命自然生长出其文化，成为有具备原始的文化精神的民族生命"的时期。

二、由秦至汉，是"中国民族文化生命对其外之四夷，真实树立"的时期。

三、由魏晋至唐宋，是"同化入侵之北方民族，并回应亚洲之印度文化之挑战，而加以超越转化，更反省民族生命之病痛，以求真实成为一真正健康的民族文化生命"的时期。

四、元至辛亥革命，为"由北方民族之人主于中国，而使民族生命与文化生命之发展受压抑而相分离，以求再整合"的时期。

五、由清末至民国以来，为"应付中国以外之西方与日本侵略势力，以求中国民族之文化生命与世界文化相通接，而不失其自作主宰之主体的地位，而待于综合以前各时期之应付挑战的诸方式，以创造一对当前之大磨难的挑战之回应方式"的时期。此即我们现在所在之时期，亦即中国文化历史的动力与动向当前所在之地。①

《唐君毅谈五四》后以《五四纪念日谈对海外中国青年之几个希望》收入《中华人文与当今世界》（下），该文借五四之机，特别谈到了对海外中国青年的五点希望。

第一，做一个人。"人要真正作一个人是不容易的。人一不当心，则其思想、情感、行为，便会堕落到与禽兽一样。所以我们应当常常想到如何真正作一个人。"

第二，做一个中国人。"如何才算真正作一中国人呢？此更要在常常自觉我一个人之生命，与我之血族不可分，与整个中华民族不可分，由此以扩大我个人之生命存在的意义与价值。"

第三，做一个心灵开放的中国人。"如心灵不开放，心灵的空间不广大，则必不能多所容受学习。"

第四，做一个尊重中国历史文化与历史人物的中国人。"中国之历史上之伟大人物，皆是我们自己生命的祖先。如果我们的祖先，都是些坏东西，则为其子孙之现在之一切中国人，亦皆是些坏种，决不会是好东西。所以一个人如侮辱其历史人物，侮辱其祖先，同时亦即侮辱其自己，而甘居卑贱，不尊敬中国之历史文化，与历史上之伟大人物的中国人，绝对不会真爱中国。我们亦只有把他当中国的文化的卖国贼看，已不是中国人。亦可说他们已失去了自尊自重的人性，其丧尽良心而诋毁中国之历史文化与中国历史上之伟大人物，只如狂犬之对日月而乱吠，而同于禽兽之行。"

第五，做一个承担延续发展中国历史文化之责任的中国人。"不要自以为一时未能在中国之中原之地，发展抱负，而身居海外之地，便看轻自己的地位，及对中国社会文化的责任所在。……自己珍重，并训练自己成为承担时代的社会责任，延续发展中国的历史文化的未来人物。"②

---

① 唐君毅：《中国文化之原始精神及其发展》。《唐君毅全集》（九州）卷14《中华文化与当今世界》（下）第256页；《唐君毅全集》（学生）卷8《中华文化与当今世界》（下）第307—308页。

② 唐君毅：《五四纪念日谈对海外中国青年之几个希望》。《唐君毅全集》（九州）卷14《中华文化与当今世界》（下）第279—283页；《唐君毅全集》（学生）卷8《中华文化与当今世界》（下）第334—340页。

《敬告新亚二十二届大学部及研究所毕业同学书》一文指出，新亚书院与其他二校联合后，新亚师生的精神，即好似落在与其他二校及中大本部之"相互关系的夹缝"中，而亦未有更高的理想足资向往。于是此"相互关系的夹缝"，即如"深谷"，新亚师生的精神，即向此"深谷"陷溺沉堕，而再提不起。新亚师生之间的"相互希望"，亦逐渐转变成为"相互失望"；而社会人士，对新亚与中文大学的失望，细细一看，亦皆逐渐在增加。而唐先生自己十年来对同学的失望，是觉同学们常是入学时程度很好，亦很天真纯洁，但在校数年中之进步，恒不很大；此与以前之同学，入学程度不必好，但在校四年中之进步却比较大者不同。又此十年来之同学，因考入不易，而大学毕业后，又有学位为政府社会所承认，于是，似乎恒自以为要较其他大专同学、香港青年高一等，并自觉其毕业后有若干职业的保障、留学的方便等，缺乏独立、奋斗、上进的精神，此亦与十年前之同学的情形不同。唐先生希望同学们不要责备老师们何以不能使同学们精神进步，因为精神进步，是各人自发、自动、自生、自成、自求、自勉的事，不能"被使"，"被使"者是机械的运动，不是人自己的进步。究竟人如何能不断进步，而免于精神之疲缓与退堕？方法尽管很多，但唐先生认为，最直接的，是去感受种种问题与困难，而不去逃避。人生的问题与困难很多。但一些纯主观个人的问题与困难，解决了，便无事。如婚姻与职业、地位、名誉之问题与困难，即此一类。真能不断刺激人之心灵生命上进之问题与困难，都是有客观意义的。如学术文化教育的问题、社会政治民族的问题、个人生命在客观宇宙之地位的问题等。如果一个人之根本问题，初只是一些纯个人主观的问题，则他纵然读了大学得了学士、硕士、博士，当了学者名流，他的进步，仍是到一定阶段而止，以后便是行尸走肉的人。然而人之有无一些客观的问题在心，则一般说，要在青年时，由一些感发，而自己培养。①

《新亚的过去、现在与将来》是唐先生于一九七三年六月十七日新亚道别会的演讲词。唐先生梳理了新亚书院发展史上的四件大事，第一件事，是新亚书院是个偶然的存在，是无中生有，但偶然中似乎又有一些必

---

① 唐君毅：《敬告新亚廿二届大学部及研究所毕业同学书》。《唐君毅全集》（九州）卷16《新亚精神与人文教育》第151—154页；《唐君毅全集》（学生）卷9《中华人文与当今世界补编》（上）第592—595页。

然。第二件事，是新亚曾得台湾国民政府的帮助，而不要求任何条件。第三件事，是雅礼协会的帮助，也是取得相互谅解，不要求新亚书院变成教会学校。第四件事，就是香港政府教育司要求新亚书院参加中文大学的创办，富尔敦报告团初极尊重新亚书院的意见以拟成报告书，但后来新亚书院发现此中并无充分的信义的保证。

唐先生认为，新亚书院以前的许多教育观念与设施，由参加中文大学而受到了挫折，亦因之而改变。但此不一定是新亚原来的观念错了，很可能在香港所行之英国教育制度，本身便应加以改革。在中文大学的发展与新亚书院的发展上，唐先生认为，根本的问题是：

> 如果中大的联邦制度不能真正维持，则一切有关教育的新观念，一切新的教学与行政方案，都势不能由新亚再单独提出；亦不能由新亚单独尝试设施；除非由整个中大来提出来尝试。但是如果必须由整个中大来尝试一新的教学与行政方案，必须大学与三间书院之意见，全然一致然后可。但以三间书院各有其历史的背景，各有其教育观念，大学当局，亦可能另有想法，其彼此商讨，即必然历久经时，意见主张互相抵消之结果，仍归于一切依旧，奉行故事。

因此，唐先生坚决主张：

> 中文大学三间学院之联邦制度，必须真正维持，不容破坏。此乃依三院之教育原各有其特色，如崇基学院是基督教大学，着重宗教性的教育，并透过教会，而有更多之国际性的关系。联合书院办了许多适合地方需要的学系，如公共行政系和电脑系。新亚书院自开办以来，就是求多继承一些中国大陆文化的传统而更求发展。这三院之各有特色之事实，是有其历史根源的。我们亦可说崇基天生是国际性多一点，联合天生是与香港社会关系多一点，新亚天生是与中国文化的关系多一点。①

---

① 唐君毅：《新亚的过去、现在与将来》。《唐君毅全集》（九州）卷 16《新亚精神与人文教育》第 166 页；《唐君毅全集》（学生）卷 9《中华人文与当今世界补编》（上）第 610 页。

对于新亚书院的现在与未来,唐先生认为,依新亚创办的教育宗旨说,学术与教育,是重连着中国人的生命讲的,生命当然比金钱重要。中国人现在的生命又是连着中国的过去和未来的。从这个意义去看,新亚书院的教育理想,便应该是对中国之民族与文化负"承先启后"的责任。对于现在新亚书院与中大的关系,有些同学认为新亚书院加入中大是一错误,主张立即退出中大。唐先生谓:

> 如今日之新亚尚未加入中文大学,我亦可以赞成不加入;但今已加入再退出,实际上是存在着很多困难的。不退出,当然有所获得,亦必有所牺牲。今只能希望不要牺牲我们原来之教育目标;此目标不变,就仍可迈步前进,以创造新亚之未来,而未来亦即存在于我们之创造中。我个人仍是相信,新亚之精神,真能保存发展下去,新亚是可以有其伟大之未来,并使其影响及于全中国,以至全世界的。①

一九七四年　六十六岁

一九七三年九月,北京人民出版社出版赵纪彬著《关于孔子诛少正卯问题》,香港《大公报》曾于十月间连载。唐先生于本年一月七日读《荀子·非十二子》篇,忽悟《宥坐篇》之文,乃抄袭《非十二子篇》而成之伪文,"为之喜而不寐"②。翌日,即写《孔子诛少正卯传说之形成》一文。唐先生认为:

> 孔子杀少正卯之事,既不可信,则必由误传,而为法家之徒所误信。由此再将荀子十二子及非相篇之文,各截取一段加上去,孔子亦

---

① 唐君毅:《新亚的过去、现在与将来》,《唐君毅全集》(九州)卷16《新亚精神与人文教育》第169页;《唐君毅全集》(学生)卷9《中华人文与当今世界补编》(上)第614页。

② 唐君毅:日记,1974年1月7日、8日。《唐君毅全集》(九州)卷33《日记》(下)第247页;《唐君毅全集》(学生)卷28《日记》(下)第332—333页。

即化为同于杀华士的太公而杀少正卯之法家人物,为法家之徒所宣扬了。①

三月二十一日,唐先生给程兆熊信中言:"现在大陆文化思想界……正批孔。"并谓:

> 此间中文大学之中国文化研究所,原有人赠一孔子铜像,以批孔故,遂置地牢中,不敢拿出。但中文大学仍压迫新亚书院及研究所,可恶已极。弟本欲早得休息,因此之故,今秋恐仍不能来台。俟研所有人接替再来与兄同游,大约在明春可行。②

四月三十日,唐先生给陈荣捷的信中言:

> 目下中国大陆批孔,此间左派报章大加附和,学校师生亦有随声而呼应者。扶轮送大学一孔子铜像,大学当局竟不敢摆出,而置之地牢中。此诸事使弟甚不愉快。唯哲学系学生及同事尚能不随波逐流,可为告慰。然其势亦太孤矣!
>
> ……弟退休后拟稍休息。台湾有数校相约,皆暂不拟去。此间新亚研究所不属大学管,一向由新亚同仁义务维持。弟或尚须负一段时期之责任。③

一月七日,唐先生回复杨士毅同学信,就自己在中央大学的学习经历、中央大学的校风以及现在台湾的中央大学是否应该办哲学系等问题答问。唐先生谓:

> 从教育立场说,我认为要形成一整个的人格,最需要的是通识的

---

① 唐君毅:《孔子诛少正卯传说之形成》,《唐君毅全集》(九州)卷14《中华人文与当今世界》(下)第285页;《唐君毅全集》(学生)卷8《中华人文与当今世界》(下)第354页。
② 唐君毅:致程兆熊,1974年3月21日。《唐君毅全集》(九州)卷31《书简》第145页;《唐君毅全集》(学生)卷26《书简》第193页。
③ 唐君毅:致陈荣捷,1974年4月30日。《唐君毅全集》(九州)卷31《书简》第43页;《唐君毅全集》(学生)卷26《书简》第57页。

培养。中国从前的理想学者,是对文史哲及社会与自然都有相当的认识者。我认为只有这种学者,才能成真正的教育家及社会政治之领导人物。只是一单纯的哲学系,纵然办得好,如不与他系之教育配合,亦只能培植出哲学专家,尚不能培养出我心中所向往的人物。

又谓:

学问的事,重要在自己,与在大学时之出身于那一系,莫有一定的必然关系。在大学中能学点治学的方法态度,立定作人的志向,就已很好。至于知识,则无穷尽;而且由任何一门学问出发,都可联系到其他学问也。①

二月二十五日,唐先生拟将父亲遗稿《孟子大义》重刊,当日写《重刊记》。在《〈孟子大义〉重刊记及先父行述》一文中,唐先生谓:

至吾父之著,则唯《孟子大义》一书,曾由云生先生列为敬业学院丛刊,于民国二十年冬,刻于燕京;后经《学衡》杂志七十六期加以转载。此外,则如云生先生所提及之《诸子论释》《志学谀闻》及文集、诗集若干种;与吾所知之吾父初年所著之《广新方言》,二十余年之治学日记,及门人学生所记语录,初并藏于吾家。其中之治学日记,尤为吾父治学之心得所在,最堪珍贵。抗日战起,吾虑或有被日机炸毁之虞,乃并家藏古籍,移置双流彭家场刘宅,以为可得保全。不意以刘家为地主之故,而于二十三年前,其家遭受清算之时,乃并吾父之遗稿,及其所藏书,共运入制纸工场,化为纸浆。

……吾来港后,曾屡函居大陆之妹弟,探询吾父遗著消息,答书皆含混其辞,后乃以实相告。吾十余年来,屡游日本及欧美,恒就其藏中文书刊之图书馆,搜求吾父遗文之刊载于报章者,而所得则寥寥无几。云生先生初刊之《孟子大义》,闻在大陆图书馆尚有存者,亦路远不可得。今沧海横流,世变日亟,吾父逝世,忽忽已将四十三

---

① 唐君毅:致杨士毅,1974年1月7日。《唐君毅全集》(九州)卷31《书简》第398、399—400页;《唐君毅全集》(学生)卷26《书简》,第520页。

载。日月逝矣,岁不我与。今唯就《学衡》所转载之《孟子大义》,重加刊印,以聊尽人子之心。并将欧阳竟无先生所为墓志铭、刘鉴泉先生所为别传、彭云生先生《孟子大义》跋、吴碧柳先生书札中道及吾父之二语,吾搜求仅得之《甲寅》杂志所载吾父之一文,暨三书札,及吾所仅忆及之遗文二篇、遗诗七首,并视若沧海遗珠,附载此书中,以使后之来者,得略想见吾父之为人与为学之遗风。①

又谓:

> 吾父好与人谈,谈辄不知倦。尝自谓,能笃信性善,其言谈多直心而发。与学生讲论义理,或引古今人行事为证;于其事之可歌可泣者,未尝不动容。平日为学,喜抄书。于古圣贤书及所好诗文,皆以小楷恭录,无一笔苟。又好纹石,暇则摩挲忘倦。盖取其文理见于外,坚刚蕴于内耶。诸父执与吾父论学,虽不无异同,然于吾父之为人,则皆无间言。尝见吴碧柳先生与其友人书,称吾父之论学,谓当世吾川学问之正,尚未有能过吾父者云云。吾父尝欲为人学一书未就。今仅成之《孟子大义》一书,要在以辨义利、道性善、息邪说、正人伦政教、述孟子守先待后之学。吾父以深恶乡愿之乱德,更有感于为乡愿者,亦恒有其理论以自持,乃有乡愿学派之说。时诸父执,皆不谓然。吾亦尝疑之。近乃心知其意,乃在谓:人必自先去其用以自持其为乡愿之理论,方得免于为乡愿。吾年来亦日益感吾平日之为文论学,不能如吾父之直心而发,而喜繁辞广说;正多不免随顺世俗所尚之乡愿之习。今唯望假我余年,得拔除旧习,还我本来,庶几不愧吾父之教耳。②

此外,唐先生校《孟子大义》既毕,于字里行间,得父亲迪风公志业所存,以为可以第三章首节及第五章末节之数语概括之。唐先生对此数

---

① 唐君毅:《〈孟子大义〉重刊记及先父行述》。《唐君毅全集》(九州)卷36《亲人著述》第15—16页;《唐君毅全集》(学生)卷29《先人著述》第18—19页。
② 唐君毅:《〈孟子大义〉重刊记及先父行述》。《唐君毅全集》(九州)卷36《亲人著述》第16—17页;《唐君毅全集》(学生)卷29《先人著述》第19—20页。

语，感刻于心，特录出以示读者。其语云：

> 夏而变为夷，中国之忧也。人而流为禽兽，圣人之所深惧也。忧而后设教，惧而后立言，不得已而后讲学，无可奈何而后著书，以诏天下后世；孟子之闵识孤怀，孟子所欲痛哭而失声者也。
>
> ……天地不生人与禽兽同，自必有人知其实有以异于禽兽。千载而上，有闻而知之、见而知之者；千载而下，自必有闻而知之、见而知之者。人心未死，此理长存，宇宙不曾限隔人，人亦何能自限。岂必问夫道之行不行，学之传不传哉。①

是年，唐先生先前出版的多本著述由出版社再版，唐先生为再版写前言或序。三月十一日，上午写《人文精神之重建》再版前言，下午写《中国人文精神之发展》再版前言，《哲学概论》三版前言。

六月一日，唐先生受邀为新亚及崇基哲学系学生惜别会讲演《民国初年的学风与我学哲学的经过》，详细叙述了自己学习哲学和思考哲学的经历。此文在唐先生逝世一周年，始由刘国强与岑咏芳同学根据录音整理出，刊登于一九七九年二月十二日的《华侨日报》人文双周刊。

六月八日，新亚书院中国文化学会论语班在研究所开始第一次讲会，由唐先生讲"孔子在中国历史文化之地位之形成"。

六月十一日，与沈亦珍、吴士选、李祖法、余英时等同商吴士选就新亚研究所将改隶新亚教育文化公司所拟的致台湾"教育部"信函。

六月二十六日，日记中唐先生谓：

> 念我过去之思想写作之发展，三十岁前之中西哲学比较论集，只述而不作，其后之所作乃以人生之体验中之心灵之发展一文为基，由此第二步为见此心灵之发展于人生之行程（亦见人生之体验），第三步为由此人生之行程之表见于人之文化与德性而成文化意识与道德理性一书，第四步为用此理论以讲中国文化之精神价值，第五步为发挥此书以论现代之文化问题而有人文精神之重建，中国人文精神之发展

---

① 唐君毅：《〈孟子大义〉重刊记及先父行述》，《唐君毅全集》（九州）卷36《亲人著述》第17页；《唐君毅全集》（学生）卷29《先人著述》第20—21页。

及今所辑之继此二书而写之中华人文与当今世界，第六步为用之以为初学写哲学概论，言知识论当归于形上学，形上学当归于人生论，第七步为由此以论中国哲学之基本观念之历史发展是为中国哲学原论，第八步为回归于心灵以观照人类之哲学境界是为心灵三向与心灵九境所由作，第九步则为吾年来所思之人类反面之罪恶之起原及社会政治之祸患根原之问题也。①

七月七日，唐先生读美国哲学家墨子刻（Thomas A. Metzger）所撰写的 *Neo-Confucianism and the Political Culture of Late Imperial China* 一书，其中有专章述唐先生的《中国文化之精神价值》一书，唐先生谓其"大体尚恰当"。②

七月十八日，台湾《中央月刊》嘱唐先生为国民党八十周年撰文，唐先生决定不作。并谓：

> 对台国民政府之态度，我承认国民政府为中国政府，承认其重视中国文化之价值，每年我亦参加国庆纪念，但不参加总统祝寿，不讲三民主义，亦不对国民党歌功颂德，此外我于孙中山先生不称国父，因中国早已存在，国不能有生之父故。于《新旧约》不称为圣经，因圣经不只《新旧约》故。此皆我自定自守之用文字之戒律也。③

是年七月，新亚研究所不再受中文大学经费补助。七月二十四日，新亚董事会开会决议，新亚研究所改隶新亚同仁另行创办的新亚教育文化有限公司管辖，但新亚研究所仍与新亚书院保持学术文化与教学的密切合作关系，并恢复招收文学、史学、哲学三组的研究生。八月十五日，举办新亚书院董事会，将研究所交新亚教育文化会的典礼。

香港中文大学成立之初，由于新亚、崇基、联合三学院各有不同背

---

① 唐君毅：日记，1974年6月26日。《唐君毅全集》（九州）卷33《日记》（下）第258页；《唐君毅全集》（学生）卷28《日记》（下）第347页。

② 唐君毅：日记，1974年7月7日。《唐君毅全集》（九州）卷33《日记》（下）第259页；《唐君毅全集》（学生）卷28《日记》（下）第348页。

③ 唐君毅：日记，1974年7月18日。《唐君毅全集》（九州）卷33《日记》（下）第260页；《唐君毅全集》（学生）卷28《日记》（下）第349页。

景,经过地方行政当局与专家的广泛研讨,采取联合体的体制,成为一所联合性大学。在小规模的学院中,学生人数有限,师生间易于建立人与人间比较亲密的关系,而教师对学生亦可作比较亲切的辅导,因此,一所联合大学,实兼收小规模学院的亲切教育与大规模大学兼容并包之利。但是,要使联合制获得成功,各成员学院必须维持其活泼生机,必须获准发挥其基本功能,并追求其教育理想。当时由富尔敦勋爵主导富尔敦委员会,为中文大学组织制定基本宪章,富尔敦在报告书中曾言:"各所成功之联合大学,给予吾人之教训,乃属简单,即必须有一具有坚强个性之生命,活跃在每所学院之中。"

但近数年来,中文大学当局以经济为理由,推行以大学的学术与行政体制集中为目的的各种措施,以致褫夺各学院在联合性大学中所应发挥的职能。面对此状况,是年八月二十九日,新亚书院董事会曾去函中文大学当局,建议保持并加强联合制度。中文大学当局乃于是年成立"教育方针与大学组织工作小组",研讨中文大学改制问题。该工作小组提出的初步报告,其建议的根本要点,在于迁就大学现行的各种权宜措施,实现大学事权集中统一的政策。新亚董事会认为,如此必将瓦解各基础学院之整体,导致联合体制名存实亡,故于是年十二月三日发表《新亚书院董事会对于中文大学教育方针与大学组织工作小组初步报告第一辑之意见》,据理力争,以维护联合体制,及基础学院的法定地位与完整组织。由于当时钱宾四先生已退休多年,远居台湾,而张丕介先生亦已逝世,唐先生为新亚书院的创办人之一,资历最深,主持校政最久,因此,对于有关新亚书院前途之事,唐先生与董事会的李祖法、吴俊升、沈亦珍诸先生,往复研讨,所费心力最多。

是年秋,唐先生以哲学系讲座教授由香港中文大学退休。其后,专心办理新亚研究所。中文大学哲学系主任一职,则推荐刘述先先生继任。九月五日,唐先生与刘述先谈招待 Barnical 事,并参加 APC 会,此为唐先生在中文大学的最后一次会议。①

九月八日,在夫人陪同下,唐先生赴台北参加中日文化交流会,宣读论文《中日文化关系之过去、现在与未来》。九月二十七日,由台北至京

---

① 唐君毅:日记,1974年9月5日。《唐君毅全集》(九州)卷33《日记》(下)第263页;《唐君毅全集》(学生)卷28《日记》(下)第353页。

都参加世界文化交流研究所第二次会议,此次会议以人与自然的关系为主题,唐先生以带浓重乡音的英语,宣读论文《中国思想中之自然观》。十月八日回到香港。

是年底,唐先生以其退休金购买一套楼宇,坐落于九龙塘和域道五号和域台D座二楼十六号,十二月三十一日迁居至此。唐先生到香港二十六年,迁居凡十二次。首住大埔八角亭,然后迁入沙田白田村华侨工商学院宿舍,再迁桂林街六十一号新亚书院,然后嘉林边道、乐道、延文礼士道、靠背垄道、漆咸道、施他佛道、加多利山、亚皆老街,平均每两年迁居一次。此外,到香港二十六年,唐先生离港至台湾、日本及欧美十四次。①

是年,唐先生在三民书局出版《中国文化之花果飘零》一书。该书收录唐先生论中华文化之花果飘零与灵根自植的相关论文和问答五篇:《说中华民族之花果飘零》《花果飘零及灵根自植》《海外中华儿女之发心》《海外中国知识分子对当前时代之态度》《海外知识分子对当前时代态度答问》,另附录一九五八年的"文化宣言"《中国文化与世界——我们对中国学术研究及中国文化与世界文化前途之共同认识》。唐先生在随后出版的《中华人文与当今世界》中,将《说中华民族之花果飘零》《花果飘零及灵根自植》《海外中华儿女之发心》三文收入第一篇"导言:'发乎情'之部",而《海外中国知识分子对当前时代之态度》《海外知识分子对当前时代态度答问》两文则收入第三篇"世界文化问题及中国人文精神之发展:'感乎世运时势'之部"。因此,一九九一年学生书局版《唐君毅全集》便取消了该书作为独立专书的存在。但在全集出版后,该书在台湾曾于一九九四年十一月第一版第七次印刷,二〇〇五年又再版。

是年,唐先生发表的文章有:

在《明报月刊》发表的《〈孟子大义〉重刊记》《孔子诛少正卯传说之形成》《中国文化与现代化问题》《试论中国与日本文化关系之过去、现在与未来》《现代世界文化交流之意义及其根据》;

在《中国学志》发表的《论晚明东林顾宪成与高攀龙之儒学》;

在《朱子学大系》发表的《朱子之道德论》;

---

① 唐君毅:日记,1974年12月31日。《唐君毅全集》(九州)卷33《日记》(下)第272页;《唐君毅全集》(学生)卷28《日记》(下)第365页。

在《华侨日报》发表的《孔子在中国历史文化中之地位如何形成》《中国人与中国文化》《民国初年的学风与我学哲学之经过》；

在《中华月报》发表的《孔子诛少正卯问题重辩》《西欧文明对东方文明之挑战及东方之回应——在第二届中日文化研究会议上的报告》《中国艺术与中国文化》《孔子在中国历史文化中的地位之形成》；

在《东西风》发表的《五四纪念日谈对海外中国青年之几个希望》；

在《中大青年》发表的《忆南京中央大学》；

在《内明》发表的《僧肇三论与玄学》；

在《幼狮月刊》发表的《上下与天地同流——唐君毅先生访谈录》；

在东京世界文化交流会第一次会议报告《中国思想中之自然观》。

《孔子诛少正卯传说之形成》《孔子诛少正卯问题重辩》两文就孔子诛少正卯一事做考证和辨析。由于近两年中国大陆开展"批林批孔"报章大事攻击孔子、歌颂秦始皇。传说中，孔子为相，七日而诛少正卯之事，昔人已论其可疑，不可信。在一些批判文章中，竟被作为信史，尽力宣传。唐先生平时虽不写考据文字，今亦写成该文，为之辨正。前文后由唐先生生前收录于《中华人文与当今世界》一书下册，后文则收录于《中华人文与当今世界补编》（上）。

唐先生认为，《荀子》"宥坐篇"为《荀子》一书中最不重要的附录部分，其中杂记孔子言行之文，多同时见于《礼记》《大戴礼》《韩诗外传》等书。此可证其只为秦汉学者共同的传说。但是《礼记》《大戴礼》并无孔子诛少正卯的记载。至于"宥坐篇"对孔子诛少正卯一事的记载，除与下节记载孔子反对不教而刑相矛盾外，其非荀子所著的铁证乃在于，孔子对少正卯所加罪状八条的文句，皆由"非十二子篇"来，其余两句，则由《荀子》"非相篇"而来。两百多年前的孔子，其言辞绝不可能与荀子不谋而合到如此程度。由此可证，"宥坐篇"文，全是由后人抄袭荀子"非十二子篇"与"非相篇"而成。因此，欲假借荀子为大儒的权威，以其文证明孔子诛少正卯为实事的说法，即全然无据。唐先生谓：

> 孔子杀少正卯之事，既不可信，则必由误传，而为法家之徒所误信。由此再将《荀子》"十二子"及"非相篇"之文，各截取一段加上去，孔子亦即化为同于杀华士的太公而杀少正卯之法家人物，为法

家之徒所宣扬了。①

此外，唐先生更于二月十八日所写《孔子诛少正卯问题重辩》一文指出，孔子诛少正卯一事，亦见《尹文子》《淮南子》及《说苑》。《说苑》只是记一大堆传说，可能刘向在编《说苑》时，见孔子诛少正卯之传说中的话，与《荀子》"非十二子篇"相同，即同时编入《荀子》。由王先谦《荀子集解》附录的刘向校记，可见今本《荀子》乃刘向所编。如果说因荀子书中有此编成之文，便说是荀子所著，则亦可由《淮南子》《尹文子》《说苑》中有此文，而说其为淮南子、尹文子等所著。唐先生云，荀子以前，仍是时君争养士的时期，法家起，才有明显的诛士之论。所以，唐先生谓：

> 对孔子诛少正卯之说，有种种证据与理由不信，亦有理由证据说其为法家之徒所造。而以之为可信的人，除了重复说《荀子》载之，后人亦沿袭而载之，此外别无证据与理由之提出，以支持此一传说。则我们便不当相信其有，而当说其不可信。②

在以充分的史料说明孔子诛少正卯是法家编造的故事后，唐先生进而阐述了自己对于法家、儒家的基本看法：

> 中国之法家的思想，乃一泛政治主义，即要以政治控制一切，亦中国之极权主义的老祖宗。而儒家之政治思想，则以其对宇宙、人生、人文之思想为本；而为中国人文主义的政治思想之原。在政治上，法家必主集权于中央政府与君上，儒家则主分权于社会与地方政府。法家积财富于政府，儒家主兼藏富于民。儒家尊重隐者与逸民，及纯粹的技术性、艺术性、学术性的人物；法家则以凡不受政治控制者，皆应斩尽杀绝。儒家在文化教育上，主通古今之变；法家只重当

---

① 唐君毅：《孔子诛少正卯传说之形成》。《唐君毅全集》（九州）卷14《中华人文与当今世界》（下）第295页；《唐君毅全集》（学生）卷8《中华人文与当今世界》（下）第354页。

② 唐君毅：《孔子诛少正卯问题重辩》。《唐君毅全集》（九州）卷17《中国古代哲学精神》第111页；《唐君毅全集》（学生）卷9《中华人文与当今世界补编》（上）第300页。

今之实用。儒家于国以外,更有"家"与"天下";法家只求强国,内政不重家庭;而"封闭人心"于"国内",不求人心之开放,以通于其外之"天下"。法家以法术权势为治本,而在深心,最怕贤才与智者分君上之权,故反对儒家之尚贤智与尊师,而归于"以法为教、以吏为师";并以儒家之政,宽缓而无近效。然儒家则以无贤智以成教化,则法家之政虽有近效,而不能达于长治久安;人无教化,则不成人。儒家,亦有政有法,但以政与法为教,为人民而存在;而法家以教为政为法而有,人民为君上而存在。此乃儒法之根本思想之冲突。①

唐先生以此解释中国社会政治史的实质:

真正儒家在中国历史文化上任一时代所担负之使命,通常是联络道家等反暴政、反君主专制,主张思想言论之自由,与文化之开放。这是为了一完满充实整个之人生与人文,形成人皆可以为尧舜之人格世界,不是为了争政权。而儒家思想之缺点,亦正在未能将其思想,体现于一民主政制之建立。然而法家的统治者,则总以为儒家道家之徒,皆是来分政权者,或不受其权力控制者,故必加以压制摧残。而整个中国之社会政治史,亦可说即是儒道诸家与法家之斗争史。②

唐先生特别强调:

法家之政,最多只能暂用,不能长用。此是天道的大轮,亦是历史的大轮。法家之徒,想把孔子化为太公式秦始皇式的人物,则孔子的命运,亦是一样。只是枉用心机。须知此中之一切,皆不关孔子个人的事。孔子可以死,孔子亦可以被加上杀少正卯的罪,以一方加以

---

① 唐君毅:《孔子诛少正卯传说之形成》。《唐君毅全集》(九州)卷14《中华人文与当今世界》(下)第297—298页;《唐君毅全集》(学生)卷8《中华人文与当今世界》(下)第357页。

② 唐君毅:《孔子诛少正卯传说之形成》。《唐君毅全集》(九州)卷14《中华人文与当今世界》(下)第298—299页;《唐君毅全集》(学生)卷8《中华人文与当今世界》(下)第358页。

诬蔑，一方使之成为秦始皇的先驱，法家之政治的护符。然孔子之道，如上文所说之"匹夫不可夺志"之道，"仁"道，"有教无类"之道，"和而不同"之道，"自古皆有死，民无信不立"之道等，只要有人类，仍有人加以体现。如秋冬之体现天地之杀机之后，必有春夏之体现天地的生机。此即汉之董仲舒所谓"天不变，道亦不变"之本意。①

《孔子在中国历史文化中的地位之形成》和《孔子在中国历史文化中之地位如何形成》是同一主题的两文，前文是专文，后者是在孔圣堂中小学、孔圣会小学毕业典礼上的讲词。唐先生认为，对于孔子如何在中国历史文化中有其崇高地位，自民国以来，有一种流行的一般说法：孔子原只不过是先秦诸子之一，或先秦哲学家之一；其在中国历史文化中之崇高地位，乃由历代帝王，或其他在政治上居上层地位的统治者特加提倡而致。或者更说：乃初由汉武帝罢黜百家独尊孔子，遂使两千年来的中国文化思想皆不能跳出孔子的范围而停滞不进。由此，现代中国，便不应再尊崇孔子，以使历史倒退。此说乃由清末至民国初年而逐渐形成，并逐渐流行。

然而实则推原究本而论，此一般流行的说法，自始即全属似是而非。孔子在民国以前，初亦并非只被视为先秦诸子之一或只一儒家，孔子亦尚不只是一今所谓狭义的哲学家；而是被视为先圣、先师。孔子在中国历史文化的地位之形成，初亦不由于帝王或政治上居高位者的提倡；却是主要赖于孔子之弟子后学，及后来各时代在不同的学术文化领域中兴起的特出人物之尊崇。而这些人物之兴起，则经常是当其个人居贫贱之位，在困厄忧患之中，或整个民族生命，文化生命，遭遇艰难挫折，人心危疑震撼之时，由对孔子之教，有种种不同之体悟，而自动兴起；求对孔子之学与教，上有所承，下有所开；而后二千五百多年来，中国人对孔子之尊崇，乃历久而常新，相续而不已。孔子与中国之历史文化，亦以万缕千丝，密密绵绵，以相连接，如血

---

① 唐君毅：《孔子诛少正卯传说之形成》。《唐君毅全集》（九州）卷14《中华人文与当今世界》（下）第299—300页；《唐君毅全集》（学生）卷8《中华人文与当今世界》（下）第359—360页。

肉之不可分，以形成一整个之中华民族之文化生命。至于历代帝王之尊崇孔子之种种政治上的措施，只是顺历代之人心之所向，而不得不然；至多只是形成孔子之崇高地位之后来的助缘。故说孔子之地位，乃由政治上之统治者之尊崇而致，乃倒果为因，一无是处。①

唐先生此文除导言和结论外，正文五个部分，分别论"先秦诸子之渊源于孔子、孔子弟子，及诸子对孔子之推崇与孔子在中国学术文化之原始地位""晚周秦汉之儒学，汉代之纬学、史学，与孔子地位之进一步的形成""魏晋玄学家之以孔子为圣人之标准，及孔子在佛道二教中之地位，与魏晋至隋唐之文学家对孔子之尊崇""宋明儒者之民间兴起，以匡扶世运，及孔子之至圣先师地位之确定""孔子在清代学术文化中之地位，及清末以来之贬抑孔子地位之说之衍成，与其说之谬误"。

唐先生认为，在先秦，最初只有孔子上承周公的礼乐之教，由孔子之学，乃有后来的诸子之学的次第兴起。中国先秦的学术思想，皆可说以孔子为先驱而次第开出。所以，如果以孔子为诸子之一，亦当谓孔子为诸子之祖。孔子上承以前的六艺、夏商周的文化，为保卫文化传统而尊王攘夷，以及其开创后来的诸子之学的历史地位，是独一无二的，因而亦可说是绝对的。唐先生谓：

> 孔子之所以有其在中国历史文化中之崇高的地位，初并非只因其开创一派哲学而致，并非只因后世之儒家的哲学家加以推尊而致。孔子之所以有其在中国历史文化中的地位，乃由于孔子之弟子，及其学术上后辈——如后来之道、墨、法家之徒，以及后来之一切学术文化上的特出人物，所共同尊崇而后致。我们必须有此认识，然后知孔子与整个中国之学术文化不可分。并知孔子地位之形成，非只孔子个人之功，而同时是后代一切尊崇孔子的人之功。孔子的伟大，亦非只孔子个人的伟大，而是整个之中国学术文化生命的伟大。反过来说，则侮辱孔子，亦侮辱一切历代之尊崇孔子的人，同时侮辱整个之中华民

---

① 唐君毅：《孔子在中国历史文化的地位之形成》。《唐君毅全集》（九州）卷27《中国古代哲学精神》第139页；《唐君毅全集》（学生）卷9《中华人文与当今世界补编》（上）第306页。

族学术文化生命,而对孔子的反叛,即对整个中华民族之学术文化生命的反叛。①

唐先生强调,孔子之地位之形成,乃由孔子自己之伟大,与后世之一切崇敬孔子之历史人物之伟大之合力而形成。孔子在中国历史文化中有崇高的地位,一方面,自然由于孔子之思想、学术、人格之伟大,在各方面皆有值得后人崇敬之处;另一方面,亦可说孔子地位之所以如此崇高,不只是由孔子本身的伟大,而亦是由于此一切崇敬孔子的历史人物的推尊所致。我们可以说,孔子的纯粹学术的地位,乃由推尊孔子的儒家哲学家如孟子、荀子、董仲舒及宋明清之儒者而建立,亦由史学家司马迁、班固,文学家陶渊明、杜甫等建立;孔子的宗教性的神圣地位,始于纬书神化孔子,及佛道诸教同承认孔子为圣贤;孔子的政治思想的地位,主要由汉儒推尊孔子为素王,然后有唐宋君王封孔子为文宣王;孔子至圣先师的地位,主要由孔门弟子及宋明儒者以孔子为师而建立。所以,我们崇敬孔子,亦不须贬抑以后的历史人物,而可更崇敬此以后一切崇敬孔子的历史人物。而且我们果能真正了解而崇敬此后的一切历史人物之伟大,即当知我们自己亦并不小。

须知:只有自己是渺小的人,不知自尊自重,看不起自己,才看不见历史上的人物之伟大与孔子之伟大,而轻薄地加以贬斥,却不知此正是反照出其自己之卑贱与渺小,如三尺侏儒之立于一大镜子之前。②

由此,唐先生谓:

我们即不能说孔子只存在于先秦时代之其一生所历之短短的七十

---

① 唐君毅:《孔子在中国历史文化的地位之形成》。《唐君毅全集》(九州)卷27《中国古代哲学精神》第142页;《唐君毅全集》(学生)卷9《中华人文与当今世界补编》(上)第309—310页。

② 唐君毅:《孔子在中国历史文化的地位之形成》。《唐君毅全集》(九州)卷27《中国古代哲学精神》第165页;《唐君毅全集》(学生)卷9《中华人文与当今世界补编》(上)第336页。

三年之中，而当说孔子实存在于一切世代之知有孔子之人们之思想、精神、人格之中。说孔子之思想，只限于其时代，显然错误。如果孔子思想不是迄今仍存在，亦不会今尚有人要打倒孔子。说孔子之思想，限于其所在之社会政治阶级，亦显然错误。因在孔子后之世代中之居不同社会政治的地位的人，皆同样受孔子之思想与其精神、人格的感召。我们可以比喻孔子的思想、精神、人格，如一发光体，后来一切世代之人之思想、精神、人格，亦是一发光体。孔子之光，越过历史的世代的距离，照耀及前五百年之周公，更及于后人。孔子后五百年而有司马迁，以史学承孔子；再五百年而有刘勰，以文学承孔子；又五百年而有宋初三先生之复兴儒学；更五百年而有王阳明之言"个个人心有仲尼"，定孔子之位于每一人之心灵中。此二千五百多年来之中国人之心灵的光，亦越过历史世代的距离，以照及于孔子。二千五百年如一日；然后有我们上所说之孔子与后世人的思想、精神、人格之互相感应，而有后世人对孔子之崇敬，以形成孔子在中国历史文化中的地位。今只在此互相感应处看，亦如自诸发光体之互相照耀处看，则亦并非必须说此光原于孔子，或原于后世之一切人；而可由孔子与后世之一切人，皆属于一整个之中华民族之文化生命之中，以说孔子的精神的光辉，崇敬孔子的人的精神光辉，合以形成此民族文化生命的光辉。孔子的伟大与崇高，即是此民族文化生命的伟大与崇高；孔子的地位的形成，即此民族之文化生命的次第形成。此方是一更适切的对孔子的地位的形成的看法。①

《上下与天地同流——唐君毅先生访谈录》是唐先生接受学生访谈，就中国哲学研究与治学态度等的答问。唐先生谓，自己二十岁就对中国哲学"天人合德"之义有所认知，四十多年来，这个基本观念不曾改变。除去"天人合德"，唐先生哲学思想中很早便确定的第二个根本观念是"分全不二"，认为中国文化精神的神髓，在于普遍化人的仁心来超越地涵盖自然与人生，并求实现于自然与人生而成人文。这"仁心"

---

① 唐君毅：《孔子在中国历史文化的地位之形成》。《唐君毅全集》（九州）卷27《中国古代哲学精神》第166—167页；《唐君毅全集》（学生）卷9《中华人文与当今世界补编》（上）第338—339页。

就是"天心"。个人的心灵生命本能容纳宇宙、文化和历史,部分可以包含全体。这"天人合德"和"分全不二"又是一而二、二而一的。唐先生谓:

> "天人合德"和"分全不二"八个字就是我解释中国文化的根本观念。这是我二十岁左右便具有的认知。多年来,这根本观念没有变异;而年岁日长,一般学问知识或有进步,更能自证我的思想方向正确,没走错路。①

并谓:

> 每个人青年时代就可以决定自我思想方向,而这个青年时代的思想方向就能成为一生思想的大方向,不必等到老年才做决定。……青年人实在可以先决定思想方向,再力求知识,丰富思想的内容;知识的追求,这倒是后来该进步的。如同人走路,先要能决定方向,方向决定了,再就看走多远了;又同树木茁长,尽管日后枝叶扶疏,而它抽条长叶的方向,却是幼校能够主宰的。②

唐先生对中国哲学认识的第三个根本观念是"三极并立"。早在二十年前写《中国文化之精神价值》一书的自序时,已经借用古人的人极、皇极、太极一贯之意,阐明解说中国文化的精神。在写《中国哲学原论》时,进一步以"三极"来统观中国哲学。唐先生认为,先秦儒家思想发展至《易传》,就建立了一个对于宇宙的究极概念,这是"太极"。汉儒用元气来注解太极,魏晋人或用无来说明太极。宋儒又在太极之外再立一个"人极",并且逐渐用"理"来说明太极。"理"在人即"性";所以要立人极,便是求人能尽性而天理得以流行。这样,用理来贯通天与人、

---

① 唐君毅:《上下与天地同流——关于中国哲学研究与治学态度答问》。《唐君毅全集》(九州)卷27《中国古代哲学精神》第551页;《唐君毅全集》(学生)卷9《中华人文与当今世界补编》(上)第394页。

② 唐君毅:《上下与天地同流——关于中国哲学研究与治学态度答问》。《唐君毅全集》(九州)卷27《中国古代哲学精神》第549页;《唐君毅全集》(学生)卷9《中华人文与当今世界补编》(上)第392—393页。

太极与人极、人道与人文，便有了形而上的究极意义。而所谓"皇极"，皇者，大也，全幅人文的大化流行，并不以偏蔽全，这便是"皇极"。用浅显的话来说，"人极"是"人对自己的关系"，"皇极"是"人对人的关系"，而"太极"是"人对天的关系"。以西方哲学来说（借用黑格尔的术语），便是从三方面来建立三个极——在主观精神上立"人极"，在客观精神上立"皇极"，在绝对精神上立"太极"。唐先生认为，西方哲学固然有这三方面的架构，而中国哲学在这三方面发展得较为平衡，并且以"人极"为中心。

唐先生认为，"三极"中间的哲学，是由人道透视天道，天道保证人道。"人文精神"透到"超人文非人文的世界"，而"超人文非人文的世界"也可看作"人文世界"的根源。就像宋明理学家，可说是在超人文非人文世界和人文世界之间，真看见了一条直上直下的道路。宋明儒者要求内在的"去人欲""存天理"，不像汉人求外在的天人感应，不是悬空的哲学玄想，而是最诚敬的道德生活。必要存了天理，人欲去了，人才成为与天合德的人。孟子所谓"所过者化，所存者神，上下与天地同流"，中国人是随处以一种圆而神的智慧来体会自然生命、观天地化几的。

对于研究哲学的态度，唐先生认为，哲学的确要从怀疑（如笛卡尔）或批判（如康德）开始。但只是这些消极的活动，还不能达到哲学的目标。怀疑的目的是要对问题求得最后的清楚答案；而批判是为了除掉错误，从而认识真理。所以，无论怀疑或批评，最后必定要归到一种积极的建构。怀疑和批判不过表现哲学有能"破"的力量。哲学的可贵，还在于它有能"立"的理想。我们应当努力建立哲学的三种肯定：对自我的肯定（立人极）；对伦理关系的肯定（立皇极）；对宇宙价值——真、善、美的肯定（立太极）。如果没有这些肯定，生命的意义就无从落实。

对于自己的哲学研究计划，唐先生谓，将整理五六年前写的一本旧书《生命三向与心灵九境》。并谓，这书大意是由生命心灵的前后向的顺观、内外向的横观、上下向的纵观或竖观来开出九境。全书的归趣不出立三极、开三界、成三祭，也讨论从形而上来对付罪恶（魔）的问题。并谓这是自己有关纯哲学研究的著作。

唐先生谓，自己的著作可以分作三个阶段：

第一阶段是有关纯哲学问题的著作，如：《人生之体验》《道德自我之建立》《心物与人生》《文化意识与道德理性》等。第二阶段是通论中西社会文化的著作。这是我经历中国文化思想剧烈变动，对中国传统的文化思想作深一层的反省，并对西方文化思想作进一步考察后写的。像这三本书：《中国文化之精神价值》《人文精神之重建》《中国人文精神之发展》就是。第三阶段是分析、确定和开展中国传统哲学观念的著作，如：《哲学概论》《中国哲学原论》等。①

并谓：

我个人最关怀的，既不是纯哲学的研究，也不是中国哲学的研究，而是关乎社会文化问题的研究和讨论。我以为社会文化的问题，才是当今这个时代和未来时代最重要的问题。比较起来，前二项都不是切关时代的问题了。我并不关心我个人哲学体系的对错或哲学研究的成就；我最关心的，同时也寄望青年人都关心的，就是我们整个民族、社会、文化的大问题。……我们如今是活在最艰困的时代，千万不能把自己关在象牙塔里。我原本可以不必花费时间写一般性评讲文化社会的文章，但是，埋首著述，固然可以成就一套体系，建立自我学问，这不过是"哲学"的研究。而我的理想却要成就"儒学"的实践。②

一九七五年　六十七岁

一月四日，唐先生念孔子"志于道"四句，认为可加指明为：

---

① 唐君毅：《上下与天地同流——关于中国哲学研究与治学态度答问》。《唐君毅全集》（九州）卷27《中国古代哲学精神》第555页；《唐君毅全集》（学生）卷9《中华人文与当今世界补编》（上）第400—401页。

② 唐君毅：《上下与天地同流——关于中国哲学研究与治学态度答问》。《唐君毅全集》（九州）卷27《中国古代哲学精神》第556页；《唐君毅全集》（学生）卷9《中华人文与当今世界补编》（上）第401—402页。

志于天人之道，据于天性之德，依于物我感通之仁，游于人文化成之艺。以统平日之所思。①

年初，台湾各大专院校同学纷纷来信请求唐先生赴台作短期讲学。四月二十日，应台湾大学哲学系之聘，以客座教授身份赴台讲学，住谊子徐志强先生处。

离港前夕，唐先生特抽空为"大地学社"讲中国文化。"大地学社"为中国文化学习班，由内地逃到香港的"红卫兵"领袖组成。讲演后，那些曾因误解而破坏过中国文化的"红卫兵"们，大多表达了要重新认识和学习中国文化的强烈愿望。唐先生曾对参加听讲的中文大学与新亚研究所的同学说："论书本知识，大地学社的社员比不上你们，但论实事上的磨练和人生的经验，大地学社的社员又胜过你们。希望你们能取长补短，互相学习，共同进步"。

唐先生在台湾讲学时，某大学有一位研究生，欲就熊十力先生的《新唯识论》写博士论文。唐先生与其谈话后，即加劝止。事后唐先生与人说：如对儒家学问与大乘佛学无真切了解，就不能把握《新唯识论》的理路；如果对熊先生的生命人格和哲学思想没有相应的契会和敬意，就更无法了解《新唯识论》的地位和价值。如今只想拿熊先生的书做材料，随意排比，作自己的论文，这怎么可以呢？

六月，台湾有一班青年朋友正在筹办《鹅湖》杂志。他们拿了发刊辞及一些待印的文章拜望唐先生，报告他们的想法和做法。《鹅湖》创办的成员极其复杂，主要是一批台湾师大中文系的师生及辅仁大学哲学系的师生所组成，他们在思想上先后都受到唐先生的启发，因此对于哲学上最终真理的探求及融学问于生命之中的圣学传统，均能真实肯定，冀望进一步扩充自己的理想，承担中国文化发扬再造的使命。唐先生听后，郑重地说："你们的理想很正大，很有精神，相信这刊物一定能一直办下去，发生作用。"唐先生告诉大家，他一定写文章支持，但是希望办刊物不要寄望前辈的文字，要由年轻人写出来才可贵，才真正可以表现出生命来，而且只有如此的"慧命相续"才有意义。十一月二十一日，《鹅湖》月刊社

---

① 唐君毅：日记，1975年1月4日。《唐君毅全集》（九州）卷33《日记》（下）第273页；《唐君毅全集》（学生）卷28《日记》（下）第366页。

主办第一次学术演讲会,即由唐先生主讲"中华文化复兴之德性基础"。当日,唐先生在中国文化大楼演讲,先赞许《鹅湖》的理想,然后谈到文化事业若期可久可大,一定要所有有志于文化学术的人,相互欣赏,若是彼此怀疑猜忌,则力量抵消,仍旧不能有功于时代。①

在台湾时,有相士为唐先生摸骨,谓其必为誉满天下、书满天下之高士,并谓其母必贤德,妻必贤慧,女必贤孝,又知其姓氏、年龄、兄弟的状况。唐先生颇引以为奇。②

唐先生在台大讲学期间,曾应邀赴台南、高雄、佛光山、台中等处讲演,沿途皆由唐冬明照料。在佛光山丛林大学讲演的题目为"东方文化复兴之新机运";在台南成功大学讲演的题目为"孔子在中国历史文化中之地位的形成";在高雄师范学院讲演的题目为"师友之道与中国文化";在台中东海大学讲演的题目为"世运国运与文运"。

六月二十九日,唐先生从台北返回香港。第二日即到新亚研究所视事。夫人曾对他说:"现在你已经退休,可以把新亚研究所的事情放下了,为什么还要继续呢?"唐先生说:"研究所现正在患难之中,我要跟研究所共患难。"当时,新亚研究所刚脱离中文大学而独立,一切正处于风雨飘摇之中。唐先生到台湾及日本各地开会,多方找寻援助。希望待研究所基础稳固后,再从研究所退休。

是年七月,唐先生开始整理前几年写成的《生命三向与心灵九境》。到八月九日,《生命三向与心灵九境》一书初步整理完。九月十六日始,又"重阅《生命三向与心灵九境》一书,拟每日看一万字,并重加整理"。③

九月十日,唐先生回复翟志成同学信,称赞其据《盐铁论》谓汉代儒墨合流而并称之意甚好。又谓:

> 在中国文化史之秦,无疑是极权专制主义。汉代之思想之反秦,

---

① 王邦雄:《从"花果飘零"到"灵根自植"——敬悼唐君毅先生》。《唐君毅全集》(九州)卷37《纪念集》(上)第323页;《唐君毅全集》(学生)卷30《纪念集》第449—450页。
② 唐君毅:日记,1975年5月27日。《唐君毅全集》(九州)卷33《日记》(下)第283页;《唐君毅全集》(学生)卷28《日记》(下)第378页。
③ 唐君毅:日记,1975年9月16日。《唐君毅全集》(九州)卷33《日记》(下)第290页;《唐君毅全集》(学生)卷28《日记》(下)第387页。

即为秦所压制之儒、道、墨以及纵横……之思想之一齐求复兴,而汉代之儒家亦或带道墨诸家之色彩,董仲舒等重视人格神之天之志,亦是墨家思想也。①

十一月二十九日,唐先生再次与夫人乘机赴台湾讲学。此次在台期间,唐先生与钱穆、方东美、谢幼伟等见面,并在台湾大学、中国文化大学、辅仁大学等学校演讲。次年一月二十一日返回香港。

是年秋,中文大学"教育方针与大学组织工作小组"做出总结报告,主张学系整合。新亚书院董事会于十一月十四日对此总结报告做出声明,认为此一主张一旦实现,必将导致大学各基础学院整体的瓦解,认为此一涉及各基础学院的历史传统、教育理想、中文大学当初创设的法案,以及博雅教育在大学教育中的重要性等问题,必须根据教育学的理论与历史事实,高瞻远瞩,从长计议。结果,香港总督以大学监督身份,再敦请英国富尔敦勋爵重来香港,负责对中大改制事重加检讨。但当时的新亚同人,由于形势险恶,对富尔敦勋爵能否本其成立中文大学时所拟定的报告书之本旨对中大改制做出公正的裁决,已缺乏信心。因此,当十一月二十七日富尔敦勋爵到香港时,唐先生同钱穆、吴俊升、沈亦珍、梅贻宝诸先生,以新亚书院创办人或前任校长的名义,联名上书富尔敦勋爵。内容如下:

> 富尔敦勋爵阁下:忆十余年前,文旌数度莅港,领导富尔敦委员会,与敝校及崇基、联合三校同仁,共商合组中文大学事,后由先生拟定报告书,为中文大学组织之基本宪章,继有中文大学之正式成立,迄今学生毕业者已数千人,菁菁者莪,于先生当年之勋劳,应同感戴。比闻港督以大学监督身份,近又敦请阁下再度担任富尔敦委员会主席,负对中大制度重加检讨之责,同人等谨表示热烈欢迎之意。中大成立十余年,其行政教学,应加检讨之处自多,制度之细节,亦容有更张之处。唯窃以为先生前所拟定之报告书之确定大学之联邦制度为大学组织之基本大法,乃本于敝校与崇基、联合三校各有其历史背景、教育理想、社会关系,与联邦制度易于设施通识教育等种种理

---

① 唐君毅:致翟志成,1975年9月10日。《唐君毅全集》(九州)卷31《书简》第389页;《唐君毅全集》(学生)卷26《书简》第506页

由，此决不宜有根本上之改变。以同人等之见，十余年来之大学行政教学之未满人意，盖正由大学内部之人事，未能尊重制度，或不免只求权力运用之便利而致。故年来凡对大学制度提议作根本上之更张，其效果将归于破坏大学成立时共同约定信守之联邦制度者。基础学院与社会舆论，多加以反对。同人等深信教育为百年树人之事，以人谋之不臧，而轻率归罪制度，推卸责任，非教育家所应为。中大之联邦制度，由三校共同约定信守而建立，则三校皆有加以维护之责。孔子曰："人而无信，不知其可也。"个人间之事，固然，团体间之事，亦复如此。想先生于此，必有同感。今兹文旌重来香港主持富尔敦委员会，必将重申先生昔年拟定报告书之本旨，决不致重作建议，以便利大学权力之集中，而违悖当年三校筹组中大之共同信守也。同人等皆属终身从事教育之人，昔尝创办或主办新亚书院，又尝参与中大之筹组与成立过程，或主教席，今虽已自新亚退休，然对于香港大学教育之关心，则未敢后人，今当中大根本大法及各学院之完整性与传统性发生动摇之时，心所谓危，未敢缄默。昔人有言："可与之言而不与之言为失人。"同人等以阁下为当年手创大学体制之人，而在教育界之德望，又为同人所素仰佩，当广征众议之时，故敢进言，以渎清听，唯阁下实利图之。专此奉达，敬颂文祺。①

是年，唐先生在新亚研究所出版《中国哲学原论·原教篇》。

《原教篇》是唐先生六大卷《中国哲学原论》的最后一册。此书名《原教篇》，实为《原道篇》的续篇，乃专论宋明以降儒学的发展。《原道篇》与《原性篇》论述唐以前的心性之论互相交涉；而本篇则与《原性篇》述宋明儒心性之论互相交涉。因此，唐先生最初本拟定名为《续原道篇》或《辨道篇》。经反复思量，久而不决，但最终定名为《原教篇》。之所以如此定名，是取于《中庸》"修道之谓教"之义。唐先生认为，修道之道，故原是道，而凡对人说道，亦皆是教。故"原教""原道"本为一事，则二名固可互用。考虑到《原道篇》既已先行出版，为避免重复，故今改用《原教篇》以名此论宋明儒学的著作。而且《中庸》言"率性

---

① 转引自唐端正《唐君毅先生年谱》。《唐君毅全集》（学生）卷29《唐君毅先生年谱》第201—202页。

之谓道，修道之谓教"，唐先生谓，《中国哲学原论》既有"原性"与"原道"，亦宜有"原教"，以上契于《中庸》兼重"性""道""教"的宗旨。同时，以"原教"之名说宋明儒所言之道，归在"修道之道"，亦与宋明儒学的精神更能相应。

《原教篇》的写作，不同于《原性篇》《原道篇》的写作于两三年内一气呵成，而是按照特定的逻辑编辑唐先生不同时间写成的论宋明儒学的论文而成。所集诸文，有三十年前的旧作，如论述王船山、罗近溪之学之文；有二十年前的旧作，如分述宋明理学的各章；有九年前的旧作，如论朱、陆、阳明的三章；亦有近来补写者。今将不同时期所写诸文，整理编辑，使略具一系统，合为一书，"意在合此诸文，以彰显吾所见之整个宋明儒学之发展"①。如与《导论篇》中原太极、原命诸文及《原性篇》中述及宋明儒言太极、性命之论合观，可见唐先生对整个宋明儒学发展"三十年来固无大变而与他人所见固有不相雷同"的见解。

《原教篇》全书二十七章，基本按照宋明儒学发展的时间顺序和逻辑线索而论，涉及邵雍、周敦颐、张载、程颐、程颢、朱熹、陆九渊、王阳明、罗念庵、罗近溪、刘宗周、王船山等主要宋明儒学家之"道"，同时亦有对朱陆之争、阳明学及阳明后学的逻辑梳理，最后两章则阐释了清以来儒学的特点与发展——"事势之理在中国思想中之地位及三百年来之中国哲学中'道'之流行"。

唐先生认为，宋明儒学皆意在复兴先秦儒学。但宋明儒者复兴儒学，皆不只重一人著书，以发明此道，而尤重启发后学，共同形成学术风气，以教化风俗而转移天下世运。故自宋初三先生始，即以师道自任；周敦颐《通书》明谓"师为天下善"。程朱陆王诸儒继兴，更树立"道贯古今"之道统，以尊严此师道。孔子亦自宋明以降，被单称为至圣先师，遂不同于在汉唐时称为素王或封文宣王。所以，宋明儒学重在为世立教，乃与诸儒本怀相应。同时，宋明儒学虽重明天道人道之大本大原所在，然尤重学者如何本其身心以自体道、自修道的功夫，以见诸行事，而不只是对于此道的本原做思辨的观解。此体道、修道的功夫，往往须由面对种种"非

---

① 唐君毅：《原教篇自序：释名、内容、论述之方式及本书之限极》。《唐君毅全集》（九州）卷22《中国哲学原论·原教篇》第3页；《唐君毅全集》（学生）卷17《中国哲学原论·原教篇》第5页。

道"的事物而用，如对身心中种种邪暗之塞、气质之偏，私欲、意见、习气、意气之蔽等，以及博闻强记、情识、想象、拟议、安排、格套、气魄、光景等"似道非道"者而用。唐先生认为，对此种种"非道"之物，如邪暗之塞、气质之偏，意见、私欲等的存在，宋明儒认识最为深切，其对治功夫也最为鞭辟入里，此正是宋明儒学超越于先秦儒学的最大一端。故宋明儒者之言道，大皆可说是面对"非道"之物以修道，由非彼"非道"者，以使此道遍满天下，而无乎不在。故宜说其所言之道归在修道之教，以成此儒者之道之"非非道以为道，反反以为正"的发展。

唐先生认为，说宋明理学家是直接由儒学佛学的混合而产生的，是毫无根据的。宋明理学自有其所自起之处。此初是与宋理学家如周、张、二程等并世或其前的其他宋代儒者之学。此理学家外的宋代儒者之学初为经史之学，于经学中特重《春秋》《易》，更及于《诗》《书》《礼》之学，其天道性命之论近汉唐儒者，亦带道家色彩。由此中的经史之学及道家色彩的天道性命之论的发展，导致理学家周、张、二程诸儒的兴起。

周敦颐、张载由言天道以及于人道、圣道，与同时代的带道家色彩的邵雍，承扬雄言"观乎天地，则见圣人"之论尚不相远。但是，周敦颐、张载观天道的思想方式，已与佛家观宇宙的方式迥别，而与邵雍大不相同。邵雍重两两横观天地万物与古今历史之变。周敦颐则以人极上承太极纵通上下，以《中庸》诚明的工夫去邪暗之塞。张载则言太和，以纵横通贯天人之道，以存神与教化的两面功夫变化气质之性。至程明道，其直下言合内外而天人不二之道，以识仁、定性、下学上达为教，又与张载合天人内外之"两以为二"有不同的思路。所以，程明道对于张载多有微辞。程伊川承明道言天人不二而重"敬义立而德不孤""敬以直内，义以方外"之旨，更于一心之内外两面分性情，由性情之分以别理气，更开功夫为内在的主敬与外在的穷理致知两者相辅为功；此则又是将程明道的一本之道重开为二，有似张载的立两以见一。只是张载之学，初用心在天人之际，以存神知化、尽性至命，为乾坤孝子，以成天人之纵通；而伊川之学，则初用心在性情理气之际，意在承明道之学的"尽性至命必本于孝弟，穷神知化由通于礼乐"，以顺通此心身之内外。

宋明儒学到南宋而有朱陆的分流。唐先生认为，朱陆之学，乃缘周、张言天人之际，二程言内外之际，而直下措思于心中之明觉与天理之际。陆九渊发明本心，近程明道之言一本。陆子谓"孟子十字打开，更无隐遁"乃本孟子言"万物皆备于我"之旨，以言宇宙即吾心；亦犹如程明道亟称"孟子之发挥出浩然之气，可谓尽矣"，乃本孟子"浩然之气塞乎天地"之旨，以言仁者浑然与物同体。朱子的主敬、存养、省察、致知格物之功，以兼致中和，则出于程伊川"涵养须用敬，进学在致知"的两端并进之功。伊川之学原本于明道之学，而朱陆之学亦自有通途。明代阳明致良知之学，唐先生认为，是缘朱子格物致知之论转手，而化朱子的"知理之知"为"天理良知"，以返契陆九渊之"本心"。如此，由阳明学亦可得到缘朱通陆之途。朱、陆与阳明言为学功夫，互有异同，唐先生认为，宜相观而善，不应该像罗念庵、陈清澜及清代为程朱学者以程朱与陆王为对垒，而是应当如明代的东林学派与刘宗周等力求识其会通。唐先生此书论朱熹、陆九渊、王阳明三贤之学，特别注重达到三贤依心性本体而有的修道工夫。对此，唐先生认为，宜与《原性篇》重在直显三贤心性本体之论和《原性篇·附录》的"朱陆异同探原"重在直辨此中心性本体的问题，合参而读。

阳明以后，良知之学遍天下。唐先生认为，分别而观，大概不出"悟此良知或心性之本体即工夫"及"由工夫以悟本体"两个流派。二者之别，唐先生认为，主要是为学者入门下手功夫的先后次第之别，并无不可通的矛盾。大率浙中的王龙溪，泰州的王心斋、罗近溪，属于"悟本体即工夫"一派。浙中的钱绪山，江右的聂双江、罗念庵，则是"由工夫以悟本体"一派。主张"由工夫以悟本体"一派，在江右的传承，往往在"致知"之外兼重"格物"或"敬"之义，以通于朱子；而主张"悟本体即工夫"一派，则另有其"格物"之义。至于东林学派，乃更重"格物以明善"之义，以补王学专言"致知"之失，更求会通朱子、阳明之教。东林学派既讲求自家性命，亦关心天下世道，而重明是非、尚节义。刘宗周既感晚明王学之弊，亦以东林人虽多君子而其是非未必皆能本于好恶之正，而倡导诚其一己之好恶的"诚意之学"，此即摄动察于于穆不已之心性本体之自存，以成一慎独而致中即致和的圣学。刘宗周谓北宋五子及阳明之学皆得其统于周敦颐，更本周敦颐承太极而立人极之旨，作人极图为《人谱》，归宗于"立人极"。如此，宋明理学由周敦颐至刘宗周，形成"终始相生如一圆"之象。

至于明末的王船山，唐先生认为，其上承张载言客观之天道而重论民族历史文化，更还重《易》与《春秋》二经之义，遂颇同于宋初儒者尊此二经，及本《春秋》以别夷夏之旨。此又为一"终始相生如一圆"之象。唐先生认为，周敦颐至刘宗周之一圆，如宋明儒学的内城之圆；而张载至王船山之圆，则如宋明儒学外郭之圆。至于与王船山并世的黄梨洲、顾亭林，则上接阳明、朱子之学，下开清儒之学。此顾、黄、王与其后之儒学，皆不同于宋明理学之儒，只重天理、性理、义理，乃转而重言天下事势之理、古今文物之理；亦不专言内圣之学，而志在于外王之事功。沿此而有清代颜、李重六艺，清代学者重文字、器物之理、史学与经世之学，唐先生于最后二章略加梳理，以见宋明儒学之流委。

以上即此书内容之大旨。

此书的论述方式，与《原道篇》"即哲学史以论哲学"的方式无殊。所谓即哲学史以论哲学，即就哲学义理表现于哲人之言的历史秩序，以见永恒的哲学义理之不同形态，而合以论述此哲学义理之流行。既曰流行，则先后必有所异，亦必相续无间，以成其流，而其流亦当有其共同之所向。因此，必然涉及同中求异、异中求同之旨。唐先生谓：

> 依吾平日之见，尝以为凡哲人之所见之异者，皆由哲学义理之世界，原有千门万户，可容人各自出入；然既出入其间，周旋进退，还当相遇；则千门万户，亦应有其通。故今本历史秩序一，以论此宋明儒学中哲学义理之流行，亦当观其义理流行之方向，如何分开而齐出，又如何聚合而相交会；不先存增益减损之见，以于同观异，于异见同，方得其通。然后得于此哲学义理之流行，见古今慧命之相续。故此观同异之事，宜当循诸儒思想之先后衍生，而次第形成之序，由原至流，再穷流竟委，以观之。如专于其流之既分异之已成处，加以对比平观，则将只见思想义理型态之相对成别，以为方以智之论述，其极固可至于在义理之世界，见天开图画；然尚未必能见其义理型态之相摄之通，而为圆而神之论述，以极至于在义理之世界，如闻天音天乐之流行也。
>
> ……吾于此宋明儒之学，以先有平生涵濡浸润之功，于论述之际，多顺笔直书，不假一意安排，亦不须多言帮补，而时有王维诗所谓"遥爱云木秀，初疑路不同，安知清流转，忽与前山通"之感。此则略得由方之共，以得圆之通之意。故吾望读吾书者，亦须顺文而读，以得此义理之流行之趣。至于体之于身心，见之于行事，固治宋

明儒学之最后之目标。依吾所见，此宋明儒诸贤之言，皆可分别对不同之气质之人，于其工夫之不同阶段，当机得其受用。更以世风之偏尚、学敝之所在，种种不同；其语皆足补偏救弊以为廉顽立懦、兴教成化之资。吾对其言，亦如颜回于孔子之言，初无所不悦。读者若唯以求受用、应用为归，则其单文只句，亦有可终身受用不尽，应用无穷者。①

是年，唐先生将十七八年来曾在各杂志发表的文章，汇成《中华人文与当今世界》一书，共两册，由东方人文学会出版。

唐先生到香港后的最初六七年中，对中国文化的认识，形成《中国文化之精神价值》《人文精神之重建》及《中国人文精神之发展》诸书，当时对当今世界的文化思想虽有若干书本知识，但尚缺乏一些切身接触与体会。在之后的十多年中，由于种种因缘，唐先生曾先后离开所居的香港十四次，至世界各地漫游，并与各地民众及若干学术文化界人士有生活上的接触，由此更证验以前所想并无方向上的大错误。同时，亦更觉得，要使中华民族的人文精神真正存在于当今世界，成就自身的发展，并求对于世界文化问题的解决有所贡献，实在是非常艰难，因而常不免悲从中来，有无可奈何之感。但唐先生的信心并未动摇，而且凡有人要他谈此类问题，只要有时间，亦从不推辞。因此，此书有三分之二为讲演记录，经唐先生改正而成。

此书共分四部，收录文章近五十篇。

第一部"导言：'发乎情'之部"，包括三篇论文：《中华民族之花果飘零》《花果飘零与灵根自植》《海外中华儿女之发心》。此部文章本质上属情绪情感的语言，故名为"发乎情"之部；又因人生一切事，皆当由情志开始，故亦以此部为导言。

第二部"人文学术之意义：'止乎义'之部"，收录唐先生泛论人文学术之意义的论文十五篇，故名为"止乎义"之部。这些论文几乎涉及人文学术的主要学科，特别是对历史、文学、艺术的讨论。包括：《人的

---

① 唐君毅：《原教篇自序：释名、内容、论述之方式及本书之限极》。《唐君毅全集》（九州）卷22《中国哲学原论·原教篇》第7—8页；《唐君毅全集》（学生）卷17《中国哲学原论·原教篇》第10页。

学问与人的存在》《历史事实与历史意义》（上、下）《中国历史之哲学的省察》《人文学术与自然科学、社会科学之分际》《说学术研究之历程及其成果》《文学意识之本性》（上、下）《中国文学与哲学》《中国哲学之美的观念之原始，及其与中国文学之关系》《先秦诸子文学中之"喻"与"义"》《文学的宇宙与艺术的宇宙》《间隔观及虚无之用与中国艺术》《音乐与中国文化》《世界之照明与哲学之地位》《中国哲学研究之一新方向》《东西哲学学人会议之观感》。

第三部"世界文化问题及中国人文精神之发展：'感乎世运时势'之部"，论世界文化问题及中国人文精神之发展，乃对世界与中国的具体文化事象随事感发，加以论说，故名为"感乎世运时势"之部。收录相关文章二十二篇，包括：《当前世界文化问题》《东西哲学学人会议与世界文化中之"疏外"问题》《世界人文主义与中国人文主义》《儒家之学与教之树立及宗教纷争之根绝》《"世界六大宗教了解堂"之建立之感想》《民主理想之实践与客观价值意识》（上、下）《存在主义与现代文化教育问题》《中国教育史上之私学与官学》《中国之祠庙与节日及其教育意义》《东方人礼乐的文化对世界人类之意义》《中西文化之一象征》《中国现代社会政治文化思想之方向，及海外知识分子对当前时代之态度》《海外知识分子对当前时代之态度答问》《如何消减中共与苏俄战争的可能性》《中国文化之原始精神及其发展》《中国文化与现代化问题答问》《五四纪念日谈对海外中国青年之几个希望》《孔子诛少正卯传说之形成》《中国艺术与中国文化》《西方文化对东方文化之"挑战"及东方之"回应"（提要）》《中国与日本文化关系之过去、现在与未来》《现代世界文化交流之意义与根据》。

第四部"附录之部"，收录唐先生撰写的叙述自己生命生活的散文三篇：《海上遐思记》《怀乡记》和《记重庆联中几个少年朋友》，由此可见唐先生所真喜欢的，是在中国人文风教的社会中平淡地生活。唐先生论当今世界文化，初非有意，实因为当今世界有四面八方狂风暴雨的冲击，将中国的人文风教全部破坏，才逼使唐先生漫天盖地、四面八方地谈许多大问题，是不得已而已。此附录的三篇文章，更代表唐先生生命与生活中的真实东西。唐先生甚至自谓，无妨视此三篇附录为此书的真正的正文。

就思想内容而言，唐先生认为，此书第二部论人文学术的文章和第三部中论儒教与民主理想的文章,可补《文化意识与道德理性》一书相关问题论述的不足。

是年,唐先生发表的文章有:

在《中华月报》发表的《重申孔子在中国历史文化中之原始地位》;

在《鹅湖》发表的《泛论言说之不同方式》《孔子在中国历史文化中的地位的形成》《〈中国哲学原论·原教篇〉自序》《说中国人文中之报恩精神》;

在《哲学与文化》发表的《中西哲学比较之问题》。

《中西哲学比较之问题》一文是唐先生在台湾演讲的记录整理稿。唐先生提出比较哲学有四大问题域:

> 第一个问题:学术的比较研究,究竟其意义是什么?价值是什么?学术的比较研究,并不限于哲学的比较研究。可有任何学说的比较研究,比方教育学有教育学的比较研究,宗教有宗教学的比较研究,政治有政治学的比较研究等等。然则比较的哲学研究,其意义及价值是什么?这是第一个问题。
>
> 第二个问题:我们假定要作中西哲学比较研究的工作,我们应怎么做?作些什么工作?
>
> 第三个问题:从大的地方看,中西哲学的比较,是否可分为几个大的历史阶段来讨论?
>
> 第四个问题:哲学的比较研究是否就是哲学的最后一个问题,如果不是,则哲学的最后一个问题是什么?超出比较研究以后又是什么?①

唐先生特别强调比较研究的价值:

> 比较研究有它的价值,它的价值就在:当比较时,人可由比较中看它同的地方;或由比较中看异的地方;或可看同中之异;或看异中之同;或可看异之归向于同;或看同之归向于异。总之,比较研究可使人认识同异。认识任何一事物的同异,与分别认识事物的性质是同

---

① 唐君毅:《中西哲学比较之问题》。《唐君毅全集》(九州)卷28《中西哲学与理想主义》第337—338页;《唐君毅全集》(学生)卷18《哲学论集》第541页。

样重要。①

但是，唐先生并不认为，哲学比较研究本身是目的，相反，他强调：

> 哲学比较研究不是最后的目的。比较了许多的哲学思想，最重要的是生活，生活在哲学里。②

《说中国人文中之报恩精神》认为，中国人文中的报恩，是报在先的人对现在的我之一切生活上的事之恩德。而此报恩之道，则又不必只是我还报于对我有恩者，而恒是我转施恩德于此外、此后之其他人的"转报"，如以教养子女报父母对我之恩，以教学生报师恩。唐先生认为，如此转报，即足以成就前人与后人生活上的相续以及文化历史的相续，亦是人生一切继往开来、承先启后事业之本。如果没有人的这种报恩精神贯注，则前人与后人的生活便只有互相隔绝，而无相续，一切继往开来、承先启后的事业也都不能真实成就。

唐先生认为，中国人文中的报恩精神最基本的表现，是报父母之恩、报于世有功德之人之恩，由此而有"礼"中报本复始的祭祖宗、祭有功烈之人及圣贤之礼，以及报社稷天地之神的生物成物之功的祭礼。报恩精神除表现于尽孝以外，亦表现于夫妇之伦中。在中国人文中，于夫妇不只言爱，而兼言恩爱、恩义、恩情，人们在夫妇之间彼此互助体恤之事中感受到相互的恩爱、恩义或恩情，直顺此感，而称夫妻为恩爱夫妻，此是中国文化的一大创造。中国人文中报恩精神的第三表现，是在相知的师友君臣之间。人之"相知"，是人自父母生后的最大事情，一切家庭以外的人伦关系与社会国家的团体组织，无不根源于某一种人与人之间的"相知"，其中最为突出的，最初即为师友、君臣的相知。人能知我，此"知"即已是对我的一种"施与"、一种"恩德"。中国人文中报恩精神的最高表现是所谓气节。凡父子、兄弟、夫妇、师友、君臣间的恩义不忘，

---

① 唐君毅：《中西哲学比较之问题》。《唐君毅全集》（九州）卷28《中西哲学与理想主义》第338页；《唐君毅全集》（学生）卷18《哲学论集》第542页。

② 唐君毅：《中西哲学比较之问题》。《唐君毅全集》（九州）卷28《中西哲学与理想主义》第345页；《唐君毅全集》（学生）卷18《哲学论集》第550页。

而死生以之，皆是气节。

唐先生认为，中国文化发展到现在，此类的报恩精神似乎完全丧失崩溃，亦已很难被人同情理解。

> 此中之原因复杂，首是中国文化中不知何时起，而将君恩之观念与君权之观念结合，以君主之所为，皆是赐恩于臣民之事，考试有恩科，批准公文曰恩准。又不知何时起，而人以私人的恩惠为市恩之具。再不知何时起，而人不重自己之知恩报恩，只去想自己对他人之有恩泽，而责望他人之报恩，责望不得，而恩为怨府。然此皆只是中国文化中之报恩精神颠倒而堕落之所成。再加上现代之种种西来之曲说，而此中国人文中之报恩精神，便成不可理解。①

唐先生认为，在现代社会，人们对中国文化中的报恩精神的理解，可以从白屋诗人吴芳吉先生的一首诗契入："贵如黄金，金有五都市；逝如江水，江有回头水。人生堕地从此始，朝朝暮暮无停晷。我生不带一丝与粒米，谁非天地父母之抚育？我生不识人道与禽域，谁非圣贤豪杰之庇覆？不思答报空踯躅，奈何踯躅长碌碌。"唐先生谓：

> 一切个人，一般社会团体，以至于国家、国际，及全人类之文化历史中，凡不知承先启后、继往开来，而只以新忘旧、以今非古，及以强凌弱、以大侵小、以众暴寡、以智欺愚；收其利而忘其功，夺其实而没其名，则皆是饮水不思源，而忘本负恩之篡窃。唯有对此一切忘本负恩之事，加以平反而成一切承先启后、继往开来之事，方为人之所以报天地生人之恩，以使全宇宙合为一之大恩泽所流行之境界者。此则中国人文中报恩精神之充量发展，以至于无所不极，而待人之默识其义者。若能有识其义之"识"，亦是我们对此中国人文中之报恩精神之流传至我者之一报答也。②

---

① 唐君毅：《说中国人文中之报恩精神》。《唐君毅全集》（九州）卷27《中国古代哲学精神》第562—563页；《唐君毅全集》（学生）卷9《中华人文与当今世界补编》（上）第365页。
② 唐君毅：《说中国人文中之报恩精神》。《唐君毅全集》（九州）卷27《中国古代哲学精神》第565—566页；《唐君毅全集》（学生）卷9《中华人文与当今世界补编》（上）第369页。

一九七六年　六十八岁

一月二十一日，唐先生由台北返回香港。返港前夕，《鹅湖》创办人王邦雄、曾昭旭、袁保新诸君来访。唐先生除多所勉励期许外，并自行囊中抽出八年前在日本京都疗养目疾时所写的长稿《病里乾坤》，交《鹅湖》发表。

唐先生在台大讲学期间，吴经熊先生敦请唐先生为华冈学园哲学研究所博士班开课。当学校按月致送教授钟点费（每周两小时，每月五千元）时，唐先生认为，既有"教育部"客座教授专任薪水，便不该另受津贴，而且深知私人兴学艰难，诚愿义务授课以支持张晓峰先生，卒不肯收受。后来几经折中，始由唐先生决定将此数万元钟点费先行签收，并立即全数捐出，作为华冈哲学系所之奖学金，使不少华冈学子身受其惠。①

三月二十七日，唐先生至筲箕湾婚姻注册处为谊子徐志强君与徐枫女士结婚证婚。

是年，新亚书院将图书馆命名为钱穆图书馆。唐先生事后获悉，认为不用钱先生之号而用其名，有欠恭敬，并将此意通知当时新亚书院校长全汉升先生。此亦可见唐先生对前辈敬重之一斑。

五月二十八日，唐先生在阅读完富尔敦第二次报告书后认为，此报告书对新亚书院关于各系仍然应该有自己的教师与学生一点尚支持，但此外对制度的改革则仍为集中统一，与新亚的目标相违。唐先生并反省自己：

> 十二年来，我为有关新亚教育理想而争之事：一为十二年前之悬挂国旗之事，二为七八年前至二年前新亚研究所在大学之存在地位之事，三为二三年来为保存新亚之组织之事，凡为此等等而争之事，大皆失败，然亦必至山穷水尽而后已。今对新亚之组织之保存之争，亦将至山穷水尽之时矣，看来名义上新亚之文商社会诸科并存之形式能保持，但若干组织制度权力上之事则难保存，即得保存，而新亚内部之人无力气亦保存不了。我对此一切之事与诸同仁所共同奉献之力，

---

① 王邦雄：《从"花果飘零"到"灵根自植"——敬悼唐君毅先生》。《唐君毅全集》（九州）卷37《纪念集》（上）第324页；《唐君毅全集》（学生）卷30《纪念集》第390页。

在客观上无甚价值，在主观上则做到问心无愧而已。①

香港中文大学的改制问题，关系到三个基本学院以后有没有用人行政的权力问题。如果三院本身没有用人行政及编排课程的权力，便基本上不可能贯彻其本身的教育理想。当时，联合书院的郑栋材是港府出身，基本支持改制；崇基书院的容启东虽然对改制有顾虑，但大体能够接受改制；新亚的情况最复杂，钱穆已经离职，大部分在校元老、教师和校外的校董、校友都反对改制，他们认为这是香港政府颠覆书院法定地位的阴谋，因此对余英时极为不满。新亚校友余英时担任中文大学副校长、新亚书院院长、改制工作组主席，而同为新亚校友的刘述先当时身兼中文大学哲学系主任、研究部主任、新亚系主任，也是学校改制小组成员。唐先生当时希望哲学系出面反对报告书的建议，但身为系主任的刘述先先生认为，无论就道理、策略来说，哲学系都无法反对这一份报告书。由此，彼此之间的隔阂便不可避免地产生。

是年，富尔敦委员会报告书发表，建议香港中文大学由联邦制改行单一制，将一切权力交与以大学校长为首的中央集权行政机构。为此，六月二十五日，新亚书院董事会曾对富尔敦报告书做出评论。九月二十五日，又由新亚书院董事会主席李祖法先生署名，上书香港总督麦理浩爵士，认为此次富尔敦报告书的建议有弊无利，要求将其建议在立法程序中依照处理一般引起争议案件的惯例，暂予搁置，以俟有关学院及社会公众有从容讨论及贡献意见的机会。十月二十二日，又上书香港立法局议员，指出根据富尔敦报告书所制定的《一九七六年中文大学改制法案》，将建立一种最靡费的教育制度，且将使联邦原则破坏，基本上断送了成员学院在大学中的地位，因此，要求各立法局议员拒绝此法案。然而，香港立法局最终于是年冬三读通过中文大学改制法案，使唐先生为维护新亚书院的教育理想所做出的最后努力，亦终归失败。此一结局，尽管已在唐先生的预料之中，但缅怀自己与钱宾四、张丕介诸先生创校之艰难，背负历史文化使命之重大，而且正期此教育事业之可大可久，不料于自己退休未及两年，新亚书院的自主权力即被褫夺，令人伤感。而且争执的过程，也使唐先生与

---

① 唐君毅：日记，1976年5月28日。《唐君毅全集》（九州）卷33《日记》（下）第304页；《唐君毅全集》（学生）卷28《日记》（下）第407页。

中文大学当局之间产生了极大的嫌隙。其间所引发的口舌、是非、恩怨极多；识时务者，均择木而栖；唯唐先生处身其间，直如身处炼狱，身体和心灵皆受到巨大伤害。

在中文大学改制问题上，唐先生从未就私人方面攻击主张改制者。对于当时作为新亚校友而主要参与改制的余英时、刘述先等人，唐先生曾对同情新亚董事会立场的学生刘伍华说："这些人在中大仍算是你的老师，在事上可以据理力争，但就辈分及关系上，仍当对他们尊敬。"①

对于改制之事所引发的风波，直接参与者刘国强有如下回忆：

> 中文大学改制的时候，君毅师表示反对。……只记起君毅师一次用平静的语气说：我们（指新亚）没有经济力量，也没有教会的力量，但"理"还是一种力量，初时人们可以看不见，慢慢的"理"还是会显现它的力量的。②

曾经因为受到唐先生倡导的新亚精神的感召而放弃在国外升学的机会改投新亚的刘伍华回忆：

> 就我所知，至少还有其他人之进入新亚，或教书或念书，都是因为接受了唐师所倡言的新亚理想，由此亦可见出新亚精神并不是一片空言，亦不是唐师一私人感受到的理想。新亚精神一方面接受时代的责任，建立新的儒家，发扬中国人文传统；另一方面，它亦在道德价值失落的现代社会中，肯定学问之必需跟道德相配合，使学问能经世致用。唐师之为新亚奋斗，严格地讲，并不是为建立新亚书院之权力或地位，而是完全为了上述的客观教育理想。③

在中大改制的整个争执过程中，除了教育理想的原则性问题外，还涉

---

① 刘伍华：《悼唐君毅老师》。《唐君毅全集》（九州）卷38《纪念集》（下）第461页；《唐君毅全集》（学生）卷30《纪念集》第556页。

② 刘国强：《对于君毅师的几点深刻感受》。《唐君毅全集》（九州）卷38《纪念集》（下）第434—435页；《唐君毅全集》（学生）卷30《纪念集》第524—525页。

③ 刘伍华：《悼唐君毅老师》。《唐君毅全集》（九州）卷38《纪念集》（下）第460页；《唐君毅全集》（学生）卷30《纪念集》第555页。

及法理上的问题，及中国传统的道义信守的问题。唐先生一直以为从这几方面去讨论，总可据理力争，保持中文大学的联邦制。因此，本其理想、热情与道理，与世俗权势相抗争。此事由一九七五年开始，香港社会舆论亦多有支持新亚书院董事会立场的。唐先生当时为了表达其维护联邦制的决心，曾同意同学在新亚书院校园内，以其本人名义张贴大字报。但是，并非鼓动学生写大字报。据当时参与的新亚同学刘国强回忆：

> 改制的时候，学生中，我是写多篇反对文章的一位，但没有一篇是君毅师要我写的，并不像一些人以为的是君毅师在鼓动学生。很多时我主动地打电话或找老师问及关于改制的事情。如果说学生容易受他尊敬的老师的暗示而有某种行为，我是愿意承认自己是受当时君毅师的一股生命热切与真诚所感召，而觉得有些事情是一定要做的。君毅师看到我的文章，很多时都说写得不错，但也没有对我表现特别的亲昵，还是一脸严肃的神情。①

自新亚成立之初，唐先生即担任教务长，至一九六一年卸任，前后凡十二年；自新亚成立之初担任哲学教育系（后于一九六〇年改称哲学社会系，又于一九六七年改称哲学系）主任，至一九六八年由谢幼伟先生接任，前后凡十九年；不计新亚书院兼任文学院院长的时间，仅自一九六三年新亚书院加入香港中文大学之时担任文学院院长，即达十年之久；自一九六八年接替吴士选先生担任新亚研究所所长，直至去世，也有十年之久。

江琰先生一九七八年在香港《当代文艺》上发文说：在我的印象中，钱师超然物外，与世无争，确可当（圣人）之誉；而唐先生的执着与勇斗（当仁不让也）精神，又颇似（亚圣）孟轲。当新亚理想遭危难时，钱先生远走马来西亚，继而避居台湾。夫子"道不行，乘桴浮于海"，"亚圣"则留守新亚大营，九龙农圃道（新亚原址）与沙田马料水之间，从此多事，发生了一连串大小"冷战""热战"场面。总的战略形势是：中文大学以压倒优势，招招进逼，而新亚阵营（以唐"亚圣"挂帅）节

---

① 刘国强：《对于君毅师的几点深刻感受》，《唐君毅全集》（九州）卷38《纪念集》（下）第434页；《唐君毅全集》（学生）《唐君毅全集》卷30《纪念集》第525页。

节败退（或做战略上的阵地转移），以攻为守，连消带打，并不时相机出击逆袭，"马料水会战"结束，胜负业已判然。新亚书院被"吞并"，或"名存实亡"，而新亚研究所则被"逼出"。①

从此，唐先生不再参与作为香港中文大学下属学院的新亚书院的事务，而专一投入自始就没有并入香港中文大学，且在一九七四年因不再获得中文大学资助而与之完全脱离了关系的新亚研究所的工作。唐先生的后半生一直是新亚的中坚，每当危及新亚理想，必"虽千万人，吾往矣"，鞠躬尽瘁，对新亚做出了巨大贡献。无论是创业艰难，还是理想的荣光，无论是行政"庶务"，还是精神求索，作为主要灵魂之一，他始终与新亚荣辱一体。世人尝言新亚诸君，别人"内圣外王"，唯唐先生"内圣外忙"也。

是年，对唐先生心灵造成伤害的，除中文大学改制外，尚有哲学系的人事纠纷。新亚哲学系于是年聘请讲师，以前考取雅礼奖学金而在美国南伊利诺伊州大学取得哲学博士学位，并在新加坡大学执教多年的黄耀炯君，在是次遴选名单中资历最高，而且为新亚校友。唐先生对此亦乐观其成。但当时负责哲学系的刘述先先生，以黄耀炯君的一封私人信函偶及其来港或尚有困难之语，认为黄耀炯不能来港，遂将其排斥于候选人之外。黄君知道此事后，即去函当时新亚书院校长全汉升先生，说明其若被聘任，必回校服务；并去函刘述先先生，谓其私人信件，并无不能来港之意，并以副本送中文大学文学院及唐先生处。唐先生得到黄君副本后，认为此次遴选确欠公平，因此，尽管此时已退休，亦不能不对黄君做道义上的支持，便以私人名义、本息事宁人之心，致函刘述先先生，建议视此事为一时疏忽，谋协调补救办法。不料，刘述先先生对唐先生的忠告不独全不接受，而且反唇相讥，不惜公开表示与唐先生决裂。此事对唐先生的情感伤害甚大。为此，唐先生于六月十三日，"为黄耀炯事写一意见书"，②以公开信的方式给哲学系的执事先生，表达其对此次遴选的三点意见。信末谓："今更有所感者，以天地之大，观此事之小，实不必多费笔墨。然

---

① 江琰：《悼一位儒学斗士》，《当代文艺》第148期。唐学网，http://tjy.yibinu.cn/ReadNews.asp? NewsID=131。

② 唐君毅：日记，1976年6月13日。《唐君毅全集》（九州）卷33《日记》（下）第305页；《唐君毅全集》（学生）卷28《日记》（下）第409页。

事有大小，理无大小；个人可屈，理不可屈。尝见今之若干为哲学者，平日高谈阔论，一落到与自己有利害关系处，则不论是非，诬人自诬，敷衍情面，习为乡愿，则何贵乎哲学？"可见，唐先生对此事感慨之深。其后，对推荐刘述先先生为中大哲学系主任之事，唐先生亦有"所荐非人，至感咎心，而愧对中大"之语。

以上两件伤害唐先生身心之事，几乎同时发生，最艰难的时间是在是年五月至六月。中文大学改制，使新亚陷于艰危困顿之际，唐先生支柱其间，以贞定之心应对疑谤变幻之局。心兵之决荡，事势之煎迫，几无一日停息。尽管千挫万折，唐先生未尝动其心，但亦是心力交瘁，难以承受。老用人金妈常私下说："先生越来越不成话了，常常半夜起身，在厅里唏唏嘘嘘的！"[①]

连续的身心煎熬，唐先生的身体已经感受到了极度的疲惫。

八月七日下午，唐先生咳嗽服药不愈，至聂医生处检查身体，医生主张照X光检验。十日，照X光片。十一日，医生通过X光片观察，认为肺部有问题，希望再另请专家诊断。

八月十二日，上午至张公让医生处，下午又由赵致华同学陪同往卢观全医生处复诊。二医生根据X光片，皆言肺有肿瘤现象。卢医生认为是恶性肿瘤，主张立即动手术治疗，张医生则介绍一些中医单方，一时间很难决定。唐先生拟先服张医生介绍的中药，必要时至台湾诊治。当日，电话给台湾学生书局张洪瑜，请其速排《生命存在与心灵境界》一书，以便至台湾校对。但电话始终不通。[②]

当晚，唐先生与夫人一夜未成眠。唐先生念及自己学问功夫，谓：

> 念自己之学问，实无工夫，实庸人之不若，如何可至于圣贤之途？今日下午与廷光谈我所见之理，自谓不悟。但智及不能仁守，此处最难，望相与共勉，应视当前困境作吾人德业之考验。[③]

---

① 李武功：《在爱和希望中的安息——敬悼君毅师》。《唐君毅全集》（九州）卷37《纪念集》（上）第393页；《唐君毅全集》（学生）卷30《纪念集》第476页。

② 唐君毅：日记，1976年8月7、10、11、12日。《唐君毅全集》（九州）卷33《日记》（下）第308—309页；《唐君毅全集》（学生）卷28《日记》（下）第413页。

③ 唐君毅：日记，1976年8月13日。《唐君毅全集》（九州）卷33《日记》（下）第309页；《唐君毅全集》（学生）卷28《日记》（下）第413—414页。

唐先生见夫人精神恍惚、情绪反常，乃与之细说生死之道。谓儒家的伟大处，是从道德责任感出发来讲生死，生则尽其在我，死则视死如归，故居恒夙夜强学以待问，怀忠信以待举，若生与仁义不可兼时，则杀身成仁舍生取义。下手功夫亦略有次序，首先要超语默，即应说即说，不应说即止；其次要超去就，若义理所在赴汤蹈火在所不辞；最后是超生死，吾人能从超生死处来谈生死，则我为主死生余事也。同时，儒家承认鬼神的存在，人死幽冥相隔而精神相通。① 翌晨即决定去台湾治疗，请赵致华同学代办手续，并致电在台湾的逯耀东同学安排一切。

唐先生自知患上肺癌后，不停地清理各种事务，虽然一向性情较急，如今也变得从从容容，临事不乱，临危不惧，对夫人更是轻言细语，多方安慰，使精神几乎崩溃的夫人亦想振作起来，做点应做的事。

八月十四日，唐先生照常去学校处理所务，并向赵致华同学作各种交代，又清理办公室的书物和信件。唐先生夫人亦感到事情未做完心中不安，去国乐室找到黄树志同学，把菩庵咒最后两段的弹法告诉他，才算告一段落。午后，唐先生夫妇去慈航净苑拜祖先父母。②

八月十七日，到律师楼立遗嘱。唐先生之六妹唐宁孺与二妹唐至中均望他回大陆医治，唐先生言，一人生命的事太渺小了，仅复一电云："归不易。"唐先生女儿安仁小姐来长途电话，唐先生夫人告以应有心理准备，彼此情感大痛，泣不成声，结果还是由唐先生说些宽心话，加以解慰。③

唐先生于赴台动手术前，连日有同事、学生来探望。唐先生见面就不停地讲话，并赠送著作，犹如在留永别纪念。唐先生对唐端正同学讲义道的重要，谓仁为本，无所不包，但行义更为重要；去就取舍是非判断，其间有成全有牺牲，故行义之事，最重要亦最难。又对李杜同学讲安身立命、修心养性的重要，言下只说要赴台检查身体，态度一如平常，使人不起惊动。若棠同学去问疾，唐先生全不谈生病的事，开口就说人生有三方

---

① 谢廷光：《忆先夫唐君毅先生》。《唐君毅全集》（九州）卷38《纪念集》（下）第484页；《唐君毅全集》（学生）卷30《纪念集》第569页。

② 谢廷光：《忆先夫唐君毅先生》。《唐君毅全集》（九州）卷38《纪念集》（下）第485页；《唐君毅全集》（学生）卷30《纪念集》第569页。

③ 谢廷光：《忆先夫唐君毅先生》。《唐君毅全集》（九州）卷38《纪念集》（下）第485页；《唐君毅全集》（学生）卷30《纪念集》第570—571页。

面的事，并以自己作为例子说明，首先是成己方面的知识和思想大体已见到想到，其次为人方面社会教育文化事业，亦算尽力而为，但是最重要的第三方面安身立命修心养性的功夫全未做到，这样一切学问都是假的，所以望天假以数年闭门思过痛下功夫，但求人不知而不愠，梦魂时在清明中。刘伍华同学来看疾，劝唐先生以后不要再为一些不值得费精神的行政事务操心，有精神写点自己想写的文章，但唐先生言，眼前的事不能不管，应当尽心，虽然所做和想做的事得不到人的理解与同情，但孤心长悬天壤，真理自会与有心人感应相契。① 孙国栋同学来探望，当时茶几上放着一本小册子，是《论少年马克思思想》。唐先生遂由少年马克思思想开始，谈到大陆的形势，进而论及中国文化问题，最后提到他所写中国文化花果飘零一文。言谈之间，唐先生两眼湿润、泫然欲泣。②

唐先生并自谓，一生对人、对事、对朋友、对后辈，总算尽了一些心，不为人谅解的事亦有，但不必计较。前辈如欧阳竟无、熊十力、梁漱溟诸位老先生对自己的爱护，一些朋友后辈对自己的理解，永远记得。

八月二十日，唐先生出席新亚董事会小组会，并接见快报记者，谈中大改制事。

八月二十一日，自谓：

> 二三年来我尝念人于死无所畏惧之道，在念对此世界而言，昔之圣贤豪杰吾之父母及先辈师长，皆无不离此世界而去，则我有何德当久存于斯世乎，每一念此，即于吾一生之生死觉洒然无惧矣。吾若欲求延其生之寿，亦只以有其他尚存之人之故而已，每念他们失去了我的悲哀，我实不忍离开爱我而尚存的人。③

八月二十二日，唐先生与夫人自香港抵台北，在香港有李国钧夫妇送机，到台北有逯耀东、徐志强夫妇来接。当日即由斐文风先生陪同到荣民

---

① 谢廷光：《忆先夫唐君毅先生》。《唐君毅全集》（九州）卷 38《纪念集》（下）第 486 页；《唐君毅全集》（学生）卷 30《纪念集》第 571 页。

② 孙国栋：《一位最坚贞的中国文化卫士——记君毅师病中二三事》。《唐君毅全集》（九州）卷 37《纪念集》（上）第 182 页；《唐君毅全集》（学生）卷 30《纪念集》第 227 页。

③ 唐君毅：日记，1976 年 8 月 21 日。《唐君毅全集》（九州）卷 33《日记》（下）第 309 页；《唐君毅全集》（学生）卷 28《日记》（下）第 414 页。

医院，在门诊部作初步检查后即入荣民医院中正楼第九楼四十二病房第六病床。二十三日，做大小便检查及验痰和血，并做气管镜检查和心电图检查。当时，唐先生的最后巨著《生命存在与心灵境界》一书正在学生书局排印，唐先生天天要夫人打电话催促送校稿来。八月二十四日，出版社送来《生命存在与心灵境界》一书校稿，此后每天，除了医生吩咐应做的事外，唐先生即付出所有时间校对他的书稿。尽管因为治疗，胃口不好，但校对书稿时就提起全部精神。

八月二十七日，唐先生继续校文，但频频咳嗽，吐出不少鲜血。医生为他打了止血针，要他卧床休息。但唐先生却若无其事，左手拿着一叠草纸接着一口一口的鲜血，右手拿着笔杆一心一意校对书稿，并对夫人说：

> 不要怕，我不觉有什么痛苦，我如不校对书稿，恐以后就无时校对了。①

八月二十八日，唐先生知道自己的病严重，更是拼命地校对书稿，不盥洗，早餐亦可不吃。当日，主任医师会诊后决定手术治疗。但由于主治的卢光舜大夫，要一两日内才能由国外返回台湾，故须候他回来才动手术。以此，唐先生又得较多时间校改书稿。主任医生言，唐先生病在右肺上叶，若能切除上叶而根断病源则最理想，但此要在手术时才能决定，若发现有蔓延现象，或者整个右肺均要切除亦说不定。卢大夫返台后，决定九月九日动手术。

九月七日，唐先生与赵致华通电话再做交代，说万一不幸，这就是最后遗言。并言，治病养生之事，亦当如人生其他学问事功，只当耕耘不问收获，若有一念从结果上去想而存贪生畏死之心，即罪戾所在。是日，安仁小姐由美国赶抵医院。

九月八日是中秋节，《生命存在与心灵境界》一书已大体校完，唐先生自谓心愿已了，可以安心治病了。晚上唐先生谊子徐志强先生夫妇送来大堆佳肴美果，五人围坐，共度佳节，人月团圆，大家兴高采烈，有说有笑。

---

① 唐君毅：日记，1976 年 8 月 27 日 "廷光代笔"。《唐君毅全集》（九州）卷 33《日记》（下）第 311 页；《唐君毅全集》（学生）卷 28《日记》（下）第 416 页。

九月九日晨，唐先生见夫人和女儿心情沉重，特安慰她们，说自己的身体可以经得起这次手术，望大家放心。上午七时，夫人和女儿护送唐先生入手术室，母女忧心如焚，相拥而泣，逯耀东同学全天陪伴，并不断去打听手术情况。中午后卢大夫到病房告知，唐先生治疗时间太晚，癌细胞已有转移现象，虽说应切除的地方均已切除，但可虑者是，癌细胞常常远处移植，使人无法发现，所以待病人伤口好后还要做其他治疗。下午四点多钟，唐先生从手术室回到病房，并言自己没有什么不舒服，只觉疲倦而已。

自手术后，唐先生完全不想吃东西，身体毫无力量，无力行深呼吸，痰吐不出来，后来只好用抽痰机抽痰。晚上亦睡不好，空虚难过，呼吸迫促，抽血化验，大夫说血内氧不足，故有虚脱现象，应当使用氧气罩。医生说应当多活动，多吃东西，伤口才易恢复。唐先生便勉强下床，在大家扶助下慢慢行走，但仅仅走到病房门口，就气喘吁吁，虚汗淋淋，不能支持。幸而这些现象，一日减轻一日，体力也渐渐恢复。

九月十三日，唐先生经过几天的恢复，此日可以自己走出病房并去客厅坐一会儿。午前又照 X 光检查，医生谓，治疗医师不该给唐先生服降血压药，只希望多活动，多行深呼吸。

九月二十日，唐先生得唐端正信言："……吾师近年来为中国文化而战，老而弥坚，始终不懈，其精神魄力，超越常人远甚，唯时代病痛，非朝夕可改，而老成人在今日尤为可贵，故希吾师善自珍摄……"[①]

九月二十三日，唐先生开始接受钴六十放射治疗，弄至唇焦舌燥。

九月二十八日，新亚研究所师生来电问候。医生言，唐先生一周后即可自由行动。

十月一日，宋时选先生带来蒋经国先生赠送的台币两万元。唐先生不想接受，但盛情难却，只好暂时收下，将移作其他用途。是日，曾昭旭、王邦雄、袁保新、廖钟庆诸君到医院看病，谈新亚、论国事、说人生，偶及今人为学，多在知解上用功，因说先儒践履不可及。然后唐先生郑重地说：

在做一个圣贤的事业上，依我这几个星期以来的反省，我给自己

---

① 唐君毅：日记，1976 年 9 月 20 日 "廷光代笔"。《唐君毅全集》（九州）卷 33《日记》（下）第 315 页；《唐君毅全集》（学生）卷 28《日记》（下）第 421 页。

打不及格。①

又言：

> 自己在病中才反省到自己全无修养工夫，只是摸索到应走之路而已。②

十月四日，唐冬明来信慰问，并附美金两百元，并言有事要大家商量。唐冬明是唐先生女儿安仁的中学同学，长期以"伯伯""妈妈"称呼唐先生和夫人。此次信中言，既然叫唐先生夫妇伯伯妈妈，希望当他是子侄，他要尽一分子侄的责任。

十月五日，唐先生的不良反应已减轻，并有心情与安仁小姐谈话、读诗、唱词。

十月六日，蔡仁厚到医院与唐先生谈话，彼此颇有相契之感。走时，蔡仁厚告知唐先生夫人，谢幼伟先生已于前一日逝世，并嘱咐不必告诉唐先生。

十月七日，唐先生胃口不错，见徐志强送来的汤中有粟米，知夫人喜吃粟米，定要夫人吃，彼此相让，推来推去，最后唐先生为此生气，夫人亦感内疚。女儿安仁决定后日经香港返回美国。

十月九日，女儿安仁小姐返美，唐先生送至医院大门口。此次一别，成为永别。

十月十八日，汤承业同学到医院看唐先生，谈及算命看相事。唐先生谓，此等事不能深信，唯能借此提高警觉，要做的事，早日做好，亦有意义。如以前算命人谓，唐先生只有六十二岁寿命，故在六十二岁前，唐先生便将父亲迪风公与母亲陈太夫人的遗文、遗诗编校付印，把应做的事亦大体做了。

十月十九日，报载丁肇中荣获诺贝尔物理学奖；二十日，报又载中国科学家吴健雄、陈省身在美获科学奖；二十三日，报载李卓皓博士由脑下腺中

---

① 王邦雄：《从"花果飘零"到"灵根自植"——敬悼唐君毅先生》，《唐君毅全集》（九州）卷37《纪念集》（上）第324—325页；《唐君毅全集》（学生）卷30《纪念集》391页。

② 唐君毅：日记，1976年10月1日"廷光代笔"。《唐君毅全集》（九州）卷33《日记》（下）第316页；《唐君毅全集》（学生）卷28《日记》（下）第423页。

发现天然止痛剂，效力较吗啡强四十倍，据云此对生命科学开拓了新领域。唐先生对这些事都感到异常兴奋，并谓此足见中国人的聪明智慧不比人差。

十一月四日，钴六十治疗已经二十七次，告一段落。

十一月八日，出院，由斐先生、耀东同学帮办出院手续。唐先生脱去医院的病服，穿上自己的衣裳，虽然清瘦一点，但已不像病人，夫人祝贺从此无病无痛。承宋时选先生的美意，唐先生出院后入住剑潭青年活动中心休养。

在台湾休养期间，唐先生和夫人不时去花园散步，园中有一水池，内种白莲，二人常坐池边石上，把手谈心，觉得宇宙间一切都是美丽的。

唐先生精神稍好，即挂念新亚研究所的学生，并回信与翟志成、陈宁萍、郭少棠、王家琦、易陶天诸同学。夫人有时劝唐先生不要做太多事，先生则言："有事不作，见事不管，就是自私。"其后方东美、牟宗三、黄振华、曹慎之、刘孚坤均到医院看病问疾。

十二月四日，唐先生要做的事已完，轻轻松松，并要夫人弹弹琴。

十二月五日，唐先生和夫人告别台北返回香港。徐志强、逯耀东夫妇送至机场，李国钧夫妇在香港机场接机。回到家中，老用人金妈喜极而泣。家中虽一切依旧，但已有隔世之感。次日，即开始重校《生命存在与心灵境界》一书。

接续几日，朋友、同学登门致候络绎不绝。李幼椿先生叮咛不要再写长文章，孙德智先生讲上高楼省力的方法，虞兆兴先生教静坐方法，全汉升夫人为唐先生在慈航净苑许愿，吴士选先生设宴乐宫楼祝贺唐先生康复返港。一些同学因为知道唐先生爱说话，怕唐先生受累，就不敢来看望，只是私下问询或以书信代候。而唐先生的视力亦日有进展，唐先生因此病把四十多年的烟癖戒掉了。并谓：

> 吸烟不特害健康，且是一束缚心灵生命的习惯。好多年前就想戒，都未能下决心。现在以病而戒掉，正如《易传》所说"小惩而大戒"。虽病中受些罪而能戒去此恶习，以回复我生命心灵之清洁，还是值得的。[1]

---

[1] 唐君毅：致王家琦，1976年12月3日。《唐君毅全集》（九州）卷31《书简》第374页；《唐君毅全集》（学生）卷26《书简》第487页。

又谓：

> 三十年前熊先生即当面责我之不应吸烟，为此习惯束缚，每念其言而生愧，但终未下决心去戒，……我一生无其他习癖，今去吸烟之习癖，顿觉无异回复了一心灵生命之原始的清洁。①

是年，唐先生发表的文章有：

在《明报月刊》发表的《书生事业与中国文化》；

在《哲学与文化》发表的《略谈宋明儒学与佛学之关系》；

在《新亚学报》发表的《成实论之辨假、实、空、有与中论之异同》；

在《传记文学》发表的《从科学与玄学论战谈张君劢先生的思想》；

在《鹅湖》发表的《病里乾坤》。

《书生事业与中国文化》是为庆贺《明报月刊》十周年而撰写的一篇评论文章。"书生事业"，是指先有文化性的思想观念，而后才生根于社会的事业；这种事也不同于先有经济上的财富，然后依傍政治权力而有的一切事业。唐先生认为，书生事业原是中国文化精神的一种表现。在中国传统文化中，因商业可以是书生事业，故亦有"儒商"之名；又如医可以是书生事业，而有"儒医"之名；从政是书生事业，故有"仕学"之名；农耕是书生事业，故有"耕读"之名。在中国文化中，书生事业实际上可以遍行于一切行业。因为中国人讲学问，都要讲知行合一。"行"即实践；此"实践"或是做人的实践，或是做事的实践。因此，真正的中国学人，没有不是有知有行，有做人的实践亦有做事的实践的。而在做事的实践中，则从政、从商、从农、从医，或者其他，皆是无所不可的。

唐先生谓：

> 把求知读书的事与实践的事分离，是西方文化的传统，而非中国文化的传统。在中国，只有近百年一些西洋留学生，与受西洋式教育的现代中国知识分子，才有为知识而求知识，不会做人、做事，只知

---

① 谢廷光：《忆先夫唐君毅先生》。《唐君毅全集》（九州）卷38《纪念集》（上）第495页；《唐君毅全集》（学生）卷30《纪念集》第583页。

享现成的情形。①

中国人如果能够本其文化中的人文精神自作主宰,认识到中西文化历史的不同,以马列主义分析、批判西方近代资本主义社会,亦未尝不可。因为:

> 人对于人性的尊严,人类文化的价值,终将认识;中国人对中国民族的民族性,与中国文化的价值,亦终将认识;中国的马列主义者,对于他们自己这一些中国人,何以一时会相信马列主义的原因,亦终将认识。②

唐先生认为,中国文化传统既是马列主义之所以在一时会为一些中国人所接受的理由,同时亦是马列主义必须再被全体中国人加以转化、超越的理由。而马列主义被超化以后的中国,将是一个以人的科学知识、艺术、文学、宗教、道德的文化生活领导社会政治事业,以社会政治事业领导经济事业的,表现人文精神的中国。"此时之社会政治经济事业,全要化为书生之表现其创造性的自由之事业。"③

《病里乾坤》一文,是唐先生在一九六七年因左眼视网膜脱落,在日本京都住院治疗期间,于病榻上再次深刻反省自己的生命而断断续续写下的一篇长文。全文十三节,四万多字。唐先生为支持《鹅湖》杂志的创立,特别交给该杂志发表。该文连载于《鹅湖》第十一期至第十七期上,对于提升《鹅湖》的声誉产生了重要影响。

在撰写《病里乾坤》以前,唐先生关于生命负面的恳切反省与体验之作,原有写于一九五四年至一九六一年的《人生之体验续编》一书,那是唐先生到香港后,面对整个民族文化生命的大病痛所引发的对生命负面的深沉体验与悲悯之作。牟宗三先生曾赞叹此作为"滴滴在心头,而愧

---

① 唐君毅:《书生事业与中国文化》。《唐君毅全集》(九州)卷15《东西文化与当今世界》第294页;《唐君毅全集》(学生)卷10《中华人文与当今世界补编》(下)第498页。

② 唐君毅:《书生事业与中国文化》。《唐君毅全集》(九州)卷15《东西文化与当今世界》第298页;《唐君毅全集》(学生)卷10《中华人文与当今世界补编》(下)第504页。

③ 唐君毅:《书生事业与中国文化》。《唐君毅全集》(九州)卷15《东西文化与当今世界》第300页;《唐君毅全集》(学生)卷10《中华人文与当今世界补编》(下)第505页。

弗能道"。此书乃"唯唐先生为能道的文字般若；对一切发心立志去求道行道，却因而历尝行道途中的艰险苦痛的人，是最精警的提撕与最深切的抚慰"。而《病里乾坤》乃由唐先生个人病痛的机缘而引发，"则直可视之为《人生之体验续编》的再续编，同样值得一切以求道自命的人去沉心体味"。①

《病里乾坤》内容共十三节，包括：一、生世；二、目疾；三、超越心情与傲慢之根；四、如理作意与天命；五、忧患与死生之道；六、理与事；七、习气与病；八、痛苦与神佛；九、当与不当之辨；十、觉与无觉；十一、尽生死之道与超生死；十二、痛苦之究极的价值意义；十三、痛苦与大悲心、崇敬心及感慨祈愿心。

疾病，既是《病里乾坤》产生的机缘，也是该文切己反思的重点，同时也是唐先生由此引出儒学治疗学和生命教育的基点。在病榻上，唐先生对于自己一生进行了诸多反省察思。在对自己一生的反省中，首先悟及青少年时候的诸多经历尤其是所经历的烦恼与疾病。唐先生对疾病的认知不是局限于生理的病变与用药上，而是从生命存在的文化价值去面对疾病所带来的种种生存困惑，将疾病问题提升到身心的文化层次上来。由此，对疾病的治疗，也就不只是科学上的相关技术，而是更重视生命的伦理秩序与文化规范。

唐先生认为，疾病来自于生命的分裂，"身病"与"心病"都肇因于生命分裂的现象。他不仅从形而上学的立场来看待"心病"，也以科学的观点来解释"身病"，将"身病"与"心病"加以统合，建立了自己关于疾病的"生命自身分裂"说。他说：

> 盖此病菌之所以导致疾病，乃由有此病菌等存在于具生命之身体中，则此身体之生命，即引起一种组织机能之变化，而别有种种活动之产生。而此组织机能之变化，即由原来之此生命、此身体自身之分裂所造成。人之疾病之不由外来原因而引起者，如吾之视网膜之剥落之疾病，以及令人所最畏惧之癌症等，即无不显然由于此身体自身之组织、细胞自身之分裂而变形所造成，亦即当是由生命自身之分裂所

---

① 曾昭旭：《病里乾坤》序。《唐君毅全集》（九州）卷7《病里乾坤》第2页；《唐君毅全集》（学生）卷3《病里乾坤》第4页。

造成也。①

唐先生进一步指出，从"身病"到"心病"都是一种生命分裂的现象，除了关心身体的有机分裂，更应该重视心灵的潜在分裂问题。

唐先生真实地面对"一己之私之烦恼"，从己私处超拔出来，体悟到生命存在的"自为其义之所当为"的道德境界。将身体疾病的对应问题，摆在"当"与"不当"的价值之辨上，看自己的行为，是否能思其所当然与行其所当然。唐先生谓：

> 以吾养病之事而言，则为求康复，而求所以治病养生之道，是义，而必求病愈，则是利。然养病不求病愈，又正非易事。此中人自会有种种之转念以求其必。此则唯待于更一一思此种种之所求之"必"，皆实不可必，否则，利心终可断也。以此例之，人生一切义利之辨，莫不同于此。人能无往而不辨此义利之分，则人生觉悟之道，于是乎在矣。②

唐先生认为，作为"生命之自身内在分裂"的疾病之所以会发生，在相当程度上源于人被习气牵引而不能自作主宰、依理行事。人的生命在时间流逝中，每经历一件事情，就会留下在以后类似情境下再做此事的趋向，这就是"习气"。如果某事被多次重复，则习气就会增加而呈"习惯"，此"习惯"会进一步影响人心当下的判断。唐先生从生命力的高度分析，如果我们的心能够自作主宰，依理行事，那么习惯习气可以帮助我们节约生命力；如果人心不能自作主宰，习气就会自然流行并进而产生很多不当有的习惯行为；即使不在具体行事上产生现实的不当有的行为，也会产生种种无现实意义的意念欲念甚至妄念而浪费生命力；更为严重者，这些习气产生的诸多妄念种类不同、方向不同，时有冲突，会导致生命力的分裂，如此生命不能和谐贯通，这就会导致生理的疾病。唐先生说：

---

① 唐君毅：《痛苦之究极的价值意义》。《唐君毅全集》（九州）卷7《病里乾坤》第46页；《唐君毅全集》（学生）卷3《病里乾坤》第63页。

② 唐君毅：《痛苦与神佛》。《唐君毅全集》（九州）卷7《病里乾坤》第28页；《唐君毅全集》（学生）卷3《病里乾坤》第41页。

如人心能自作主宰，凡事之作，皆依理为权衡，以定是否当重做，则由习气所成之习惯，亦可省吾人重做时所用之生命力量，而未始无用。然当人一念不能依理，以自作主宰时，则习气自尔流行，而人乃有一纯依习惯之行为，吾人虽明知其不当有，而若不能不有者。当人在闲居静处之时，则此习气之流行，即化为无端而起之联想的意念之相续不断，而此联想的意念中，则恒夹杂欲念，与之俱行。此诸联想、意念、欲念，相续不断，因其所根，在过去之习气，恒不能化为现在当有之具体之行为，以通于客观之世界，以有其价值与意义，故纯为一妄念而浪费吾人之生命力者。此习气妄念有种种，亦有种种不同之方向，如东西南北无定。又时或互相冲突，即又为分裂吾人之生命力，以使其难归统一，以成一和谐贯通之生命者。此亦正为吾人之具生命之身体，所以有生理上之病之一根源。①

唐先生进一步分析了习气引起身体疾病的客观逻辑。他认为，我们的身体乃各种潜伏的或显出的机能、作用、活动的集结，它们彼此配合和谐构成一有机的整体。

身体之诸活动，若恒能周流不息，则身体能自保其内在之统一与和谐，人之生命力亦可用而不竭，而身体得维持其健康。然当此身体之活动成为习气，以生起种种不当有之意念欲念时，则其生命力，纯由过去之习气所驱率，乃欲罢不能，欲止不得，连绵不断，身体之活动随种种意念欲念之方向，而驱散，更无逆回归寂之机；吾人之生命力用于此者，遂纯为浪费。而吾人之整体之生命，即循不同方向之意念欲念之生起，时在分裂之中，即外若未病，而实已病矣。②

唐先生以此反省他自己之得目疾之病，也是源于自己看书时形成的一些习气：

---

① 唐君毅：《习气与病》。《唐君毅全集》（九州）卷7《病里乾坤》第21页；《唐君毅全集》（学生）卷3《病里乾坤》第32—33页。
② 唐君毅：《习气与病》。《唐君毅全集》（九州）卷7《病里乾坤》第22页；《唐君毅全集》（学生）卷3《病里乾坤》第33页。

> 吾此次病目疾，更念吾之受病之原，正由平日读书之事，实亦多是一习气之流行。当吾读书之时，吾之目光向书而注视，即目之活动之向书而趋，以与吾整体之身体之活动相离，方有此目之形体自相离散之事。①

因此，唐先生特别强调，"养病当先从事于静功，而此静功当始于求妄念之停息"。而且坚信"由此静功，必有助于身体之康复"。唐先生自己在养目病期间，为了克服"习气"所致之"目之形体"与"整体身体"之"离散之事"，便"尝试用内视及其他使心不外驰，而归在腔子里之工夫，以逆此平日习气流行之方向"，并自谓"亦不能谓其全然无功"。

在破除人的习气的过程中，或许我们不容易找到下手之处。唐先生通过自己的体证，认为我们可以从如何对治人的慢心处下手。唐先生认为，人最大的旧习在于傲慢：

> 至于吾之所以又仍觉此旧习之难夺者，则一由于此人之慢心。吾在理上，虽已心知其不当有；然在事上，则吾仍未必能时时皆以理自持，而去之。此旧习之另一表现，乃为由我对人之傲慢，而高攀其心，所化出之对人间事物与自然事物一般的轻慢心，此轻慢心尤不易去。②

这种不易去除的"轻慢心"的一个主要表现即以为事物的变化可以不经过自己的努力而发生自然的按照个人意愿的演变，"凡人之自谓我生有命在天，天必不违吾愿，其根源皆在此种慢心"。唐先生强调：

> 实则人之自谓有命在天，必有天佑，正为人之傲慢心之一种表现。此乃人所未必知，而亦吾之昔所不知。③

---

① 唐君毅：《习气与病》。《唐君毅全集》（九州）卷7《病里乾坤》第23页；《唐君毅全集》（学生）卷3《病里乾坤》第34页。
② 唐君毅：《如理作意与天命》。《唐君毅全集》（九州）卷7《病里乾坤》第11页；《唐君毅全集》（学生）卷3《病里乾坤》第20页。
③ 唐君毅：《如理作意与天命》。《唐君毅全集》（九州）卷7《病里乾坤》第11页；《唐君毅全集》（学生）卷3《病里乾坤》第20页。

强调"天从吾愿",实际上是"贪天之功以为己力",是卑视天意、天命之广大,是对天或客观世界之一大傲慢。

一九七七年 六十九岁

一月三日,新亚书院董事愤慨于政府背信弃义,强行通过中文大学改制法案。为此,唐先生与李祖法、钱宾四、沈亦珍、吴俊升、徐季良、刘汉栋、任国荣、郭正达诸先生,联署在报纸上刊登《新亚书院董事辞职声明》。内容如下:

> 香港中文大学在公历一九六三年成立时,曾于事前由多方面经长时间之磋商,始决定采用联合制之组织,并在大学条例第廿条载明:以后对基础学院之组织章程,如有更改,须先得有关学院之同意。最近立法局通过中文大学组织法案,行政当局未按规定及承诺先得同意,即进行草拟法案,提送立法局,将大学改为单一制,一切权力集中于大学本部,使基础学院名存实亡,有违当初成立中文大学之原意。同人等认为中大问题,不在于联合制之不良,而在于大学当局未按大学法规办理。因此一再提出反对改制意见,并陈述富尔敦报告书所提"学科本位"与"学生本位"之教学,在教育理论上不可通,在实际上亦不能行,不足为改革中大现制之依据。社会舆论亦多加以批评。结果仅能使法案作无关宏旨之修改,而联合制终被废弃,改为单一集权制,失去原有基础学院之教育优点。同人等过去惨淡经营新亚书院,以及参加创设与发展中文大学所抱之教育理想,将无法实现,自不能继续在新亚董事会任职,徒滋内疚。用特辞去董事及因董事一职而兼任之其他一切职务,以谢过去曾以心思财力贡献于创办及发展新亚书院之个人与机关团体,以及毕业校友,与在校师生。中大改制之是非功罪,并以诉诸香港之社会良知与将来之历史评判。谨此声明。

一月三十一日,唐先生在《明报》上读到一版由八十位新亚校友和同学联合发布的广告,题为"人之尊,心之灵",安慰因反对中大改制失败而辞职的九位董事,并表敬意。唐先生读后,非常感动。其中内容有云:

我等身受新亚书院之教育，其中有尚未毕业离校者，虽不敢自诩成材，但对新亚诚明校训与学规，每萦系于心，今中文大学改制，母校九位董事反对无效，联名辞职，其事已公之于世。中大改制事，为功为过，自有历史见证，惟我等对母校九位董事，为坚持其教育理想而毅然辞职之举，深表敬意。薪传火不尽，诸校董先生历来艰险奋进，困乏多情，为发扬中国文化，实现人文教育理想而奋斗之精神，实足为我等师法，谨录新亚学规数条，以为我辈默识勉思，并有以慰老先生们之办学辛劳。新亚学规：做人的最高基础在求学，求学的最高旨趣在做人。爱家庭、爱师友、爱国家民族、爱人类为求学做人之中心基础，对人类文化有了解，对社会事业有贡献为求学做人之向往目标。袪除小我功利计算，打破专为职业资历而进学校之浅薄观念。起居作息的磨炼是事业，喜怒哀乐之反省是学业。完成伟大学业与伟大事业之最高心情，在敬爱自然，敬爱社会，敬爱人类的历史与文化，敬爱对此一切的智识，敬爱传授我此一切智识的师友，敬爱我此立志担当继续此诸学业与事业者之自身人格。一个活而完整的人，应该具有多方面的知识，但多方面的知识不能成为一个活的完整的人，你须在寻求伟大的学业与事业中来完成你自己的人格，你莫忘失了自己的人格来专为知识而求知识。

署名的八十位校友与同学为：吴家望、孙经文、董志宏、陈祖雄、罗雅玲、温伟耀、周柏乔、谢家璋、冯正萍、李满基、李日崇、何炳坚、郑汉荣、方丽娥、李瑞全、梁煜佳、郭汉阳、刘美美、刘振强、刘国强、许志荣、叶荣枝、简洁贞、刘玉清、朱慧敏、陈善群、叶家仪、麦志毅、李蕴为、潘光明、罗盘坚、鲍伟立、梁燕城、伦炽标、吴振武、黄港生、黄慧英、黎淑仪、崔显文、梁慧文、苏文玖、苏少芹、叶保强、文思慧、谭瑞英、关厚华、杨美莉、李洁珍、许佩芬、钟洁芝、卢龙光、何景祥、万得康、刘克华、冯杰权、潘洁明、梁洁英、郭耀丰、陈茂波、缪隆生、胡伟文、卢伟东、霍玉贞、黄洁贞、李文标、梁应安、张健波、何伟雄、刘伍华、石玉如、李德仁、何炳带、张继沛、罗健明、罗启中、雷竞斌、林仲强、黄炳文、柯炳辉、陈志棠等。

中文大学改制的事尽管已经过去，但唐先生不免仍时有感触。陈特、李天命同学来看望，唐先生勉励大家，不管在任何环境之下，我们自己总可以做学问，并可以站在教育立场培养一些特立独行有挺拔之气的学生，尤其学哲学思想者更应有立场，做顺民东偏西倒摇摆不定，以顺应环境，是永远无出息的。①

二月一日，唐先生遵医嘱赴台湾做定期检查和治病。李国钧送机，并有徐志强夫妇同行，到台北逯耀东、斐文风先生来接，直赴荣民医院，一切手续皆由斐先生代办。入住医院后，即知方东美先生也因为癌疾入住该院。唐先生与夫人即往问候，并送上白药与抗癌灵，只是同病相怜，亦不知如何相慰。

次日，开始检查，抽血、照X光、做心电图等。唐先生对检查病况之事毫不关心，主要精力都用在校阅《生命存在与心灵境界》一书。

二月十三日，丙辰年十二月廿六日，是唐先生六十八岁的生日，女儿安仁前一日从美国来电话给唐先生拜生，夫人买了蛋糕和唐先生喜吃的猪手贺寿。

二月十五日，由曹慎之先生陪同去看祖传儒医张礼文先生。

二月十六日，是农历除夕前一日，唐先生和夫人移住剑潭青年活动中心，并开始服用中药。唐先生夫人谓："中医诊病是以生命与生命接触，由生命的感通以了解病者之情况，且重培元固本增加病人抵抗力量。"②

二月十七日，除夕夜，到徐志强家吃团年饭。唐先生夫人在日记中自念："回想是最不幸的一年，毅兄大病，被人误解，安儿他们撞车，不如意的事很多。吾人只有反省、思过，责己恕人。"

二月十八日，丁巳年元旦日。剑潭青年活动中心总干事及各组长均来贺年，上午潘振球先生、蒋彦士先生和他的老师沈宗瀚老先生、黄振华全家，都来中心看望唐先生，李国钧夫妇也由香港来与唐先生夫妇共度年节。许多浓情厚意，使有病不能归家的人，得到无限的温暖。唐先生也一时高兴，与夫人拍照留念。

二月二十二日，唐先生身上发痛，痛苦不堪。接下来几天，几次打电话去医院问检查结果，仍无确定的答复。二十五日，与唐先生同病的病友

---

① 谢廷光：《忆先夫唐君毅先生》，《唐君毅全集》（九州）卷38《纪念集》第496页；《唐君毅全集》（学生）卷30《纪念集》第584页。

② 唐君毅：日记，1977年2月15日"廷光代笔"，《唐君毅全集》（九州）卷33《日记》（下）第329—330页；《唐君毅全集》（学生）卷28《日记》（下）第441页。

甘家馨先生逝世。短短几月，同住医院、认识的同病的病友共有六位，如今已去了四位。

三月一日，卢大夫来电话，不说检查结果，只说要徐志强先生与他联络。在不断追问院方检查结果的情况下，医生才说，唐先生病情恶化，治愈希望甚微，并言唐先生只有数月寿命，而且痛苦很大。大家相约不告诉本人，是希望唐先生好好地过一个年。徐志强言，打听到屏东有一位中医邱开逢先生能治癌疾，主张唐先生去屏东看病，既然西医绝望，自当回头求救于中医中药。

同日，吴森同学来，唐先生将所有英文稿交他，托帮忙看看他的英文著作，并言，这些文章讲中国哲学大概亦有系统，若在国外有机会成书出版最好，否则交学生书局印行，对人亦有好处。

二日，女儿安仁打电话到医院，直接与卢大夫讲了话，已知唐先生病情恶化。再与唐先生通电话时，声音凄切，夫人不忍闻，亦不知应讲什么，只阻她不要立归，但应有准备，并忍不住放声大哭。唐先生则拿过电话筒安慰了女儿又安慰夫人。

三月四日，农历正月十五元宵节。唐先生告知夫人，昨夜想了很久，他的病是不会好的，不过他相信他还可以拖一段时间，他希望在台能有一间小屋，自己有屋，就可以少麻烦人，台湾是自己的国土，死亦应当死在这里，又说，我们应买一块墓地，不必太大，只要能葬你我二人就够了，我们生在一起，死亦要在一起。① 唐先生并要夫人与弟妹写信，不要写得太严重，徒增远念。夫人满怀辛酸，愁肠欲断，只点头表示同意。午后即顺唐先生之意，徐志强陪唐先生夫妇出外看了几处较为便宜的房子。

三月七日，由徐志强陪同飞往高雄，在澄清湖青年活动中心下榻。八日，往屏东长治乡邱开逢中医师处求诊，改服中药。由于逯耀东与赵致华同学前来探视，侍奉汤药，如同子侄，唐先生精神好了许多，胃口亦好了些。

三月十二日，唐先生感到痛处由胸背移到腰部。星云和尚电话，欢迎唐先生夫妇去佛光山休养，希望唐先生以精神力量克服一切，并祈佛佑庇保护。是日，唐先生特别思念自己的弟弟妹妹，又念女儿尚未成年立业，

---

① 唐君毅：日记，1977 年 3 月 4 日 "廷光代笔"。《唐君毅全集》（九州）卷 33《日记》（下）第 332 页；《唐君毅全集》（学生）卷 28《日记》（下）第 444—445 页。

又念自己的身体不知能够撑持到何时，一切责任皆由夫人负担，太辛苦了。

三月十四日，赵致华陪伴唐先生，侍奉汤药，如同子侄，唐先生夫妇得到极大安慰。赵致华并告知唐先生夫人，已早知道唐先生病情恶化的事，医生说癌细胞已侵入脊骨，病人恐有瘫痪的可能，生命不会超过数月。尽管医生不直接告诉唐先生夫妇是一番善意，但唐先生夫人认为，这种善意太消极了，并且剥夺了病人求生存的其他机会。①

三月十六日，唐先生返回台北，仍住剑潭青年活动中心。

三月十七日，学生书局送来《生命存在与心灵境界》书稿，赵致华帮助校对。

三月十八日，蒋经国先生又赠医疗费台币两万元，唐先生只好暂时收下。晓云法师亦让学生送来斋菜，并常常在佛前为唐先生祝福。

三月十九日，赵致华同学返回香港。唐先生女儿安仁电话欲早归，但唐先生不同意，并要她专心作论文。张洪瑜先生送来《故宫法书》一套共三十五册，是唐先生特为夫人购买的。

唐先生此时一面服张礼文先生培元的药方，一面服邱医师的抗癌秘方，张礼文医生药对他气喘有效，邱医生的药已控制了他身上的疼痛。②另外还兼服用张锦得、圆林宁先生的药，以及白药，相辅相成，唐先生痛感亦有所降低，颇见成效。唐先生夫人心中浮起一线光明，但亦不敢太过高兴。当时，英国、法国、澳大利亚、美国，各地均有同学来函问好。在台湾亦有许多朋友、学生不断探视。唐先生自己在服药之外，每日不避辛苦，坚持做柔软体操，因此，体力日有进展。

四月二日，唐先生夫人因焦虑唐先生病况，近日欲念甚多，问唐先生如何能去掉欲念，唐先生谓：

> 清静自然无欲，无欲自然清静。③

---

① 唐君毅：日记，1977年3月14日"廷光代笔"。《唐君毅全集》（九州）卷33《日记》（下）第334页；《唐君毅全集》（学生）卷28《日记》（下）第447页。

② 唐君毅：日记，1977年3月20日"廷光代笔"。《唐君毅全集》（九州）卷33《日记》（下）第335页；《唐君毅全集》（学生）卷28《日记》（下）第448页。

③ 唐君毅：日记，1977年4月2日"廷光代笔"。《唐君毅全集》（九州）卷33《日记》（下）第337页；《唐君毅全集》（学生）卷28《日记》（下）第450页。

四月七日，唐先生在夫人陪同下参观晓云法师等举办的丛林文化特展，并晤吕佛庭先生。大家说唐先生的签名秀润有力，表示身体已康复。是日展览中有晓云法师所绘峨眉、五台、普陀、九华四大名山，唐先生为夫人解说，谓峨眉山是普贤菩萨说法的道场，菩萨愿力最大，如烦恼无尽誓愿断，苦海无边誓愿渡；五台山是文殊菩萨的道场，菩萨智慧最高；普陀山是观音菩萨的道场，菩萨救苦救难，谓凡呼我名必得救；九华山是地藏菩萨的道场，菩萨入地狱救母，发誓超度地狱一切众生，谓地狱不空，誓不成佛。①

四月八日，唐先生夫妇与潘振球先生同至方东美先生家。唐先生将最近一切治疗经过报告方先生，并带了几包屏东邱医生的药，望方先生斟酌试用。是日，唐端正同学由香港来台湾看唐先生，亦住剑潭中心内，并谓霍韬晦、李杜等亦将来台湾看望唐先生。九日，唐先生告诉唐端正，他病已好转，并要唐端正返回香港后告知李杜、霍韬晦等不要来台湾了。

四月十日，唐先生约曾昭旭、王邦雄、袁保新、吴怡、潘柏世、庄秀珍等《鹅湖》诸君子与唐端正相会，恰好台湾大学同学朱健民、李淳玲、胡以娴、何淑静、尤惠贞也来到，可谓盛会。唐先生说话很多，大家谓等于上了一课。② 这天，唐先生在师道之尊而外，又表露了长者父执的慈蔼之情，在屋旁的庭园草地上，对每一个人殷殷垂询学问上的进境，大伙儿围着唐先生拍下了不少的照片。中午，唐先生在餐厅准备了一桌饭菜，邀大家入席，他说："过去，每日清晨我总是灵思泉涌，思想灵活；现在就自觉大不如前了，常是浑浑沌沌，心思不清明！"③

四月十一日，唐先生希望不让唐端正虚此一行，与唐端正同访孔庙，参拜先贤，谈学论道，并购朱子字赠送唐端正。唐先生以沉重的步伐，在大成殿、崇圣祠和东西两庑流连，徘徊不忍遽去。当日，唐端正返回香港。

四月十七日，乘活动中心的车赴金山活动中心竹林别墅小住五日。此

---

① 唐君毅：日记，1977 年 4 月 7 日 "廷光代笔"。《唐君毅全集》（九州）卷 33《日记》（下）第 337 页；《唐君毅全集》（学生）卷 28《日记》（下）第 450—451 页。

② 唐君毅：日记，1977 年 4 月 10 日 "廷光代笔"。《唐君毅全集》（九州）卷 33《日记》（下）第 338 页；《唐君毅全集》（学生）卷 28《日记》（下）第 451—452 页。

③ 王邦雄：《从"花果飘零"到"灵根自植"——敬悼唐君毅先生》。《唐君毅全集》（九州）卷 37《纪念集》（上）第 326 页；《唐君毅全集》（学生）卷 30《纪念集》第 392—393 页。

处的青年活动中心近海边,风景颇佳,饮食亦合口味。唐先生夫人谓:

> 在金山中心,前后住了五日,是我们最快乐的日子,我们常去林间小径,徘徊散步,唱诗唱词,有两日凌晨即跑去海边观气象万千的海上日出,晚上我们坐在阳台看海上远近荡漾的灯火,那是打渔回家的船。总干事又陪我们参观一军事要塞,要塞在一突出的山头上,上望青天,下临沧海,风起后松涛海潮之音不绝于耳,真是人间胜地。你说这里地方真好,不想离开了,你这愉快天真的样子,是平常不易见到的。①

四月二十一日,返回台北。

四月廿五日,返回香港。李国钧从香港来接,逯耀东夫妇、曹敏先生、张洪瑜先生、刘孚坤先生、徐志强夫妇均至机场送别。到香港有张浚华、赵致华、黄树志、梁丽云、岑咏芳等同学接机。回到家中,老用人金妈悲喜交集。

五月四日,唐端正夫妇邀请唐先生夫妇去九龙仔公园乡下游览。当日,唐先生回复翟志成同学信,鼓励其抽暇读《孟子》并提出问题,并谓:

> 孟子论舜,乃以舜为历史相传之最富于孝弟之情之人物。象对舜虽不友,而有陷害之之事,但当其忽来见舜时,舜亦可未暇思及其陷害之之事,而直本其原始之出自天性之兄弟之情,而随之忧喜。此即见其笃于兄弟之情,而其喜亦非即伪喜。依儒家义,人对其父母兄弟之情,原出自先天,而为一不须先经思虑而能自然表现者。至于兄弟相残害而相恨恶,则原出自后天,人必经一思虑,乃能再念及其事,再生其情。故人之笃于父母兄弟之情者,当其忽然相见之时,亦可未及有思虑,而已有其自然之情之昭露表现,而非伪者也。②

---

① 谢廷光:《忆先夫唐君毅先生》。《唐君毅全集》(九州)卷38《纪念集》(下)第503页;《唐君毅全集》(学生)卷30《纪念集》第592—593页。

② 唐君毅:致翟志成,1977年5月4日。《唐君毅全集》(九州)卷31《书简》第392—393页;《唐君毅全集》(学生)卷26《书简》第512页。

五月十日，吴汝钧同学将去德国深造，前来告别探望，唐先生临别赠言，说学问之事，义理词章固然重要，但学问最后必要与生命合一，交相辉映，才是最高的境界。

五月十八日，唐先生和夫人一道参观防癌中心举办的癌症展览，令人触目惊心。尤其谓患肺癌者生存希望只有百分之五，而且还要尽早发现才有此可能。唐先生阅后，谓此乃西医的说法，与服食中药者不能相提并论，以此安慰夫人。

五月二十二日，王淑陶先生来问候。唐先生对王先生当年请钱宾四先生与自己到广州华侨大学讲学，感念甚深。因为若非如此，唐先生等会否想到赴香港，不得而知。因此，今天新亚书院能留下一些文化种子，王先生亦功不可没。

六月七日，德国友人巴立可先生（Fischer Barnical）到香港，特来探视唐先生。临行时，托李杜同学代购鲜花相赠。

六月十九日，李瑞全、文思慧、刘伍华、刘国强、李文标、叶保强、冯耀明、胡栻昶、徐匡谋、萧钦松诸同学来探视。刚好唐先生收到一本由美国学人墨子刻先生所赠的近作 "Escape From Predicament: Neo-Confucianism and China's Evolving Political Culture"，这是本年由哥伦比亚大学出版社出版的一本讨论有关中国宋明理学的书，书内有专章讨论唐先生的思想。作者在扉页上写上了这样几句话："送给唐教授表示我对你的工作深切尊敬的微意，也是我设法适当报答它的大征象。"唐先生前日正读此书。① 当日对来访的同学说：外国人一向认为中国儒家精神已死亡，文化思想已堕落，近来此种态度已略有改变，像墨子刻先生的书，即重新肯定中国文化思想的价值，这是世界文化新的转机。②

七月十四日，惊闻方东美先生去世噩耗，唐先生伤悼不已，即电吊唁。并谓："方先生与我同病，今竟以医药罔效而逝世，不知其遗著由何人整理。"③ 十九日，作挽方东美师一联：

---

① 唐君毅：日记，1977年6月18日。《唐君毅全集》（九州）卷33《日记》（下）第343页；《唐君毅全集》（学生）卷28《日记》（下）第459页。

② 谢廷光：《忆先夫唐君毅先生》。《唐君毅全集》（九州）卷38《纪念集》（下）第505页；《唐君毅全集》（学生）卷30《纪念集》第595页。

③ 唐君毅：日记，1977年7月14日。《唐君毅全集》（九州）卷33《日记》（下）第345页；《唐君毅全集》（学生）卷28《日记》（下）第461页。

> 从夫子问学五十年，每忆论道玄言，宛若由天而降；
> 与维摩同病逾半载，长怀流光慧日，如何弃我先沉。

凡是丧事送挽联，总是唐先生作唐夫人写，此是二人最后一次合作。本着对方先生爱护之诚，唐先生于八月写《有关方东美先生之著述二三事》一文，对一些不合事实的纪念文字，加以澄清。①

八月二日，唐先生回复《鹅湖》杂志社袁保新、杨祖汉同学信，谓：

> 《鹅湖》第一期亦由廖钟庆同学交来两册。整个看来，亦能表现一理想，向往一承先启后的学术生命精神，甚慰。
> ……关于稿件，我的意思，仍要你们自己担当为主。前一辈先生的文章，只能作为鼓励的象征。有许多大体上相类似的道理，要用先后时代不同的人口中说出来，与不同之生命结合，才见慧命之相续。
> ……对你们的刊物，我亦希望能写点文章，表示鼓励赞助之意。等我想想看，能否抽暇写。但写文不只要时间，亦要有新的意思，如以前自己未说的。②

九月一日，墨子刻先生在台湾开会后，特别到香港探望先生。虽于事前没有联络，不知能否相遇，亦必要到香港，以了心愿。结果与唐先生叙谈许久，临别还要了唐先生一张照片，并说天天见到这照片，对他必有所启示。十年前，德国友人巴立可先生来访，正好唐先生到菲律宾治疗目疾，他就追到菲律宾，但唐先生当时已返回香港，他又追回香港相见。③对此等外国友人态度之诚恳爽直，唐先生极为感动。

唐先生自返回香港后，不停地见客、回信、办公、上课及处理种种事情。唐先生平时不分日夜地工作，一进办公室，即伏案处理文件，闻铃声

---

① 唐君毅：《有关方东美先生之著述二三事》。《唐君毅全集》（九州）卷8《哲思辑录与人物纪念》第161—163页；《唐君毅全集》（学生）卷10《中华人文与当今世界补编》（下）第673—675页。

② 唐君毅：致袁保新、杨祖汉，1977年8月2日。《唐君毅全集》（九州）卷31《书简》第386—387页；《唐君毅全集》（学生）卷26《书简》第503页。

③ 谢廷光：《忆先夫唐君毅先生》。《唐君毅全集》（九州）卷38《纪念集》（下）第507页；《唐君毅全集》（学生）卷30《纪念集》第597页。

响，又赶到课室上课，通常连续讲授两小时，仍不肯依时下课，待下一科的老师来了，才不得不离去。下课后总是大汗淋漓，显得十分疲累，但待换过衣服，擦干了脸，又向替他抄写文稿的同学索稿校改。返家后，往往直奔书房，继续写留在书桌上的稿。除非有客人到访，须要陪坐，否则很少单独坐在厅里休息。吃饭时，总要夫人三催四请才从书房出来，匆匆吃完，又转回书房去。

自唐先生从中文大学退休后，跟唐先生几十年的老用人金妈常常抱怨说："你看，先生退休了嘛！年纪大啦！房子也有一间啦！还是晚晚写呀写呀，一两点都不睡，这么辛苦做什么？辛苦得眼都瞎了，还不够吗？到底愁些什么？还怕没饭吃吗？"她为唐先生抱不平，简直到了可怜他的地步。唐先生晚年近三百万字的著作，都是只用一只眼睛的情形下写成的。一次，替他抄写文稿的李武功同学，看着唐先生微斜着头，将一只眼睛贴近桌面上的稿纸，便自然面露伤心难过的表情。唐先生发觉后，急忙抬起头，用安慰的语气说："不要紧，慢慢这只好眼的视力会加强的，医生说过了。"唐先生有近三十柜藏书，内中有些附庸风雅，近乎胡说八道的文章，多是著者赠送的。在搬家时有同学建议把它丢了，免得占地方。唐先生正色道："一篇文章总是别人的心血，何况他送给我，我就该保存，还是暂时将它摆好，将来我会看的。"①

唐先生以上的工作态度，并未因病后体弱而改变，反而好像知道自己来日无多，更是分秒必争。一次，新亚教育文化会开会，会前，唐先生给学会秘书孙国栋同学电话，声音极微弱，大异于平时，他一面喘气，一面断断续续地说："我今天不能参加会议，把我的意思转告各位，文化会应该再办一份杂志，以少年中学生为对象，中国文化的意识应该从少年时就培养起来，纵然马上不能办，亦应在这方面注意。"会后，孙国栋同学因事忙未立即回复唐先生。两日后，孙国栋同学去向唐先生报告开会情形，唐先生一面咳嗽一面说：

> 文化会的工作不应停在此阶段，应该力求开展。中学虽然渐上轨道，但中国文化的气味仍觉不足。我身体恐怕支持不了，大家要多费

---

① 李武功：《在爱和希望中的安息——敬悼君毅师》，《唐君毅全集》（九州）卷37《纪念集》（上）第390—392页；《唐君毅全集》（学生）卷30《纪念集》第472—474页。

点力。

……我们必须觉悟到中国文化必有极可宝贵者在。

唐先生说这话时,声音忽然升高,疲惫的眼神中又闪出光彩,嘴角微微上翘,表现一种无比的信心与庄严。①

九月五日,新亚研究所开学,唐先生仍坚持开两门课程:一为"中国哲学问题",一为"中国经典导读",每周上课三次,每次两小时。为了克服病痛和气喘,唐先生还发明了爬上四楼不伤气的方法,便是绕"之"字形行走,上一层楼梯后,步行到楼层另一头再上楼梯。

九月十五日,唐先生想起翟志成同学要先生为他写字尚未写的事,便让夫人准备纸墨和笔,写了"世界无穷愿无尽,海天寥阔立多时"和"有志者事竟成"一共两幅。这是唐先生最后的遗墨。

九月二十八日,为了庆祝孔子圣诞、教师节和研究所二十四周年校庆,唐先生一早即回研究所,参加迎新会、董事会,中午聚餐,在晚会中,还猜中许多灯谜,得了许多奖品,似乎忘记身体的痛苦。这个有意义的日子是唐先生最后一次参加。其时,唐先生咳嗽不止,二十五日的日记即言"咳嗽已三周矣"。

十月十五日,郭少棠同学介绍到他父亲处看病,此后每日便多服几碗中药。唐先生对吃药并不推辞,但对吃东西,则说吃不下。

大概唐先生自己知道来日无多,不顾身体的苦痛,亦不管大风和大雨,总是照常去研究所办公上课。自言,苟且偷生比做事还要痛苦,活一日就应当做一日的事。唐先生夫人亦只有硬着心肠看着唐先生鞠躬尽瘁、死而后已。

十月二十七日,唐先生开始校对《生命存在与心灵境界》一书印本,看最后改正的错字是否已改。十一月七日,校读《生命存在与心灵境界》一书完。②

十一月十二日,唐先生参加了学校的秋季旅行,与新亚研究所师生一

---

① 孙国栋:《一位最坚贞的中国文化卫士——记君毅师病中二三事》。《唐君毅全集》(九州)卷37《纪念集》(上)第183页;《唐君毅全集》(学生)卷30《纪念集》第228页。

② 唐君毅:日记,1977年10月27日—11月7日。《唐君毅全集》(九州)卷33《日记》(下)第350页;《唐君毅全集》(学生)卷28《日记》(下)第469—470页。

道旅行凌云寺。下午所会,唐先生"与学生谈新亚研究所的性质与其他研究所之异同,及新亚诸导师成学的经过各不相同,亦多有曲折,如从事政治、教育、行政等,然其所以能成其学,则在先有根底,在从事他业时于学问不忘,而其多曲折之经历乃为增其识见之用。故诸同学应自诸导师之识见向之学习。又研究所同学应重视外国语,并互相了解取法其所长云云"。①

十二月十三日,唐端正同学来看望,唐先生送他《生命存在与心灵境界》一书,并言是自己的绝笔之作了。又言,如今社会,好人不多,正义不争取就不能伸张。

十二月十四日,是学期结束最后上课日。唐先生"上课一时半,自今日起停课"。② 本学期,唐先生"中国经典导读"授《礼记》,上课时,咳嗽不时发作,步履不稳,显示健康一天不如一天。同学们都为唐先生身体担忧,劝他停课休息,但唐先生坚决拒绝,一个星期又一个星期,从未缺席。由经学史讲到《学记》《冠义》《婚义》《乡饮酒义》,至学期终结为止。

十二月二十三日,唐先生身体更感不适,至黄汉卓医生处看病,黄医生谓应住院做详细检查。二十四日,由关展文先生陪同入圣德肋萨医院检验,起初怀疑咳嗽只是肺炎所致,等待各种检查。其间,唐先生带《中国文化之精神价值》一书到医院,花七日自校一次。

十二月三十一日,医院检查结果出来,医生言仍是瘤肿不是肺炎,咳嗽气喘是因为肺渐失去功能氧气不足的关系,并主张以去台湾请原来主治医生治疗较好。当日,唐先生夫妇相互安慰,就在医院中相依为命,默默地度过。③

是年底,唐先生的《生命存在与心灵境界》一书面世。

唐先生自言,"三十余年前,即欲写此书"。在《人生之体验》一书中的"自我生长之途程"、《心物与人生》一书中的"人生之智慧"、《人

---

① 唐君毅:日记,1977年11月12日。《唐君毅全集》(九州)卷33《日记》(下)第351页;《唐君毅全集》(学生)卷28《日记》(下)第470页。
② 唐君毅:日记,1977年12月14日。《唐君毅全集》(九州)卷33《日记》(下)第352页;《唐君毅全集》(学生)卷28《日记》(下)第472页。
③ 谢廷光:《忆先夫唐君毅先生》。《唐君毅全集》(九州)卷38《纪念集》第509页;《唐君毅全集》(学生)卷30《纪念集》第600页。

文精神之重建》一书中的"孔子与人格世界"、《人生之体验续编》一书中的"人生之艰难"等篇，唐先生尝以带文学性的语言和宛若天外飞来的独唱、独语方式，涉及此书的根本义旨在人生方面的表现，并言"此乃吾一生之思想学问之本原所在，志业所存"。

关于此书根本义旨在道德哲学及文化哲学上的含义，唐先生于二十余年前所著《文化意识与道德理性》已经做系统讨论。但是，关涉哲学中的形而上学、知识论的问题，除了在《哲学概论》《中国哲学原论》中述及中西哲学时偶加道及外，则一直没有系统地述著。唐先生自谓：

> 欲及此形上学知识论之问题，须与古今东西哲人之所言者，办交涉，兴诤论；其事甚繁，未可轻易从事。尝欲俟学问之更有进，至自顾不能更有进之时，乃从事此书之写作。①

一九六四年，唐先生在母亲逝世后，曾经决定废止一切写作，也包括此书在内。

一九六六年，又罹患目疾，更有失明之忧。在日本住院治病期间，时念义理自在天壤，而此书亦不必写，以此自宁其心。又尝念，如果自己果真失明，亦可将拟陈述于此书的义理，以韵语或短文写出。幸而目疾未至失明，唐先生方可以继续完成此书及其他著述。

一九六八年，由春至夏到八月初，四月时间，唐先生撰成此书初稿五十余万字。此时，目疾加剧，旋至菲律宾就医看病。在医院中，唐先生更念及初稿应改进之处甚多。

一九七〇年初，又以五月之期，将全书重写，并自谓"此重写者较为完备，俟以后再改正"②。

在之后的七八年中，唐先生于写《中国哲学原论》四卷六册之余，又陆续对自认为的疏漏之处不时加以增补，似已较为完善整齐。因此，此书的写作，从一九六八年正式动笔到一九七七年完稿交付出版，历时十

---

① 唐君毅：《生命存在与心灵境界》"自序"。《唐君毅全集》（九州）卷25《生命存在与心灵境界》（上）第1页；《唐君毅全集》（学生）卷23《生命存在与心灵境界》（上）第4页。

② 唐君毅：日记，1970年2月13日。《唐君毅全集》（九州）卷33《日记》（下）第160页；《唐君毅全集》（学生）卷28《日记》（下）第215页。

年。唐先生谓：

> 吾于吾此书所陈述者，虽自谓其乃自哲学问题、哲学义理之本原开始处立根而次第流出，而有其真知灼见，皎然无疑者在。然天地间之义理，其支分派衍，与论述之方式，自是无穷，其流落人间，以见于人之述作者，无非泰山一毫芒。昔黑格尔于临终前一周，序其《逻辑》书之再版，谓柏拉图写《共和国》，尝改稿七次，又谓今欲从事哲学著述，当改稿七十七次，于其所著只改稿二次，乃聊以自慰云云。由此推之，则谓今之为哲学著述，当改稿七百七十七次，可也。然吾亦仍可以只改稿二次，及七八年来之络续增补，聊以自慰也。①

唐先生又谓：

> 人之自然生命，终为有限。吾数十年来，恒能于每日晨起，清明在躬，志气如神时，有程伊川所谓"思如泉涌，汲之愈新"之感，并自谓或能于有生之日，此泉涌之思，当无断绝之时。亦尝念程伊川语，人当在六十以后，不得已而著书。吾之此书，则正大皆写于吾六十前后之年。七八年来，所补此书疏漏，皆更无大创辟之见；而今之精力，更有"夕阳无限好，只是近黄昏"之叹。昔日所思，已不能尽记。自今以后，唯当使此夕阳之"余霞，散成绮"，应机随意言说，以照彼世间后来之悠悠行路人而已。唯人除其一切有限之著述之事，或任何事业之外，人更当信其本心本性，自有其悠久无疆之精神生命，永是朝阳，更无夕阳。此吾之根本信念。吾之全书，实亦唯是自种种思想之方向，万流赴海，滴滴归原，以导归于此一信念之建立，而见此精神生命之流行于天壤，实神化不测，而无方。吾之所言，皆使人游于方内，以更及于方外者也。故吾于吾书，可引志勤禅师之一诗，以自道其所信，更不问彻与不彻曰："三十年来寻剑客，几回叶落又抽枝。自从一见桃花后，直至如今更不疑。"再引忘其名之一禅师之一诗，以自道其论述皆逆流上达，滴滴归原曰："出原便

---

① 唐君毅：《生命存在与心灵境界》"自序"。《唐君毅全集》（九州）卷25《生命存在与心灵境界》（上）第2页；《唐君毅全集》（学生）卷23《生命存在与心灵境界》（上）第4页。

遇打头风，不与寻常逝水同。浩浩狂澜翻到底，更无涓滴肯朝东。"①

唐先生又谓：

> 至于吾写此书，常念在心以自励者，则为《中庸》之二段语："君子之道，本诸身，征诸庶民，建诸天地而不悖，考诸三王而不谬，质诸鬼神而无疑，百世以俟圣人而不惑。君子尊德性而道问学，致广大而尽精微，极高明而道中庸，温故而知新，敦厚以崇礼。"凡此所言，虽不能至，心向往之，而于"本诸身，征诸庶民"为始，"温故知新，敦厚崇礼"为终之旨，尤三致意焉。②

此书讨论哲学问题，甚为曲折、繁密、缴绕。对此，唐先生谓，大皆由其问题横贯西方不同学派的哲学而来。因此，对于初学者来说，或将感到艰难。只不过，对这些哲学问题的究竟答案，东方哲学智慧往往是直截、简易、明白，不经历西方哲学这样的繁复论证过程也能够加以悟会。因此，唐先生谓：

> 若有初学之士，于此书感艰难，当先自问：是否于此书所及之论题，曾有种种问题。若原无问题，则此或正见其福慧具足，原不必读此书。若真有问题，而觉此书所论稍深或枯淡无味，则宜先读吾前所写之书，尤宜先读上所提及吾早年所写之带文学性之诸文，以引发相应之心情。若既读吾昔所写书，仍觉此书无滋味，则亦唯有弃置不读。要之，吾于此书，虽亦自珍惜，然亦只是一可读亦可不读之书，亦天地间可有可无之书，唯以读者之有无此书之问题以为定。此不同于圣贤之书，先知、诗人之作，不论人之有无问题，皆不可不读者，亦天地间可有而不可无者也。世间之一切哲学论辩之著，亦皆可读可不读，可有可无者也。此非故自作谦辞，更为世间哲学论辩之著，代

---

① 唐君毅：《生命存在与心灵境界》"自序"。《唐君毅全集》（九州）卷25《生命存在与心灵境界》（上）第2—3页；《唐君毅全集》（学生）卷23《生命存在与心灵境界》（上）第5—6页。

② 唐君毅：《生命存在与心灵境界》"自序"。《唐君毅全集》（九州）卷25《生命存在与心灵境界》（上）第3页；《唐君毅全集》（学生）卷23《生命存在与心灵境界》（上）第6页。

作谦辞；而是克就哲学论辩之著之份位，作如实说。哲学论辩，皆对哲学问题而有。无问固原不须有答，而其书皆可不读也。昔陆象山尝言人之为学，不当艰难自己，艰难他人。吾既艰难自己，不当无故更艰难他人。①

《生命存在与心灵境界》一书，意在说明种种世间、出世间的境界，都是人的生命存在与心灵诸方向活动所感通而成，并说明此感通的种种方式，以求由如实观、如实知，而起真实行，使人的生命存在成真实的存在，以立人极为目的。世间出世间的境界，约有九境，而生命存在与心灵的方向，则约有三向，故此书又名《生命存在之三向与心灵九境》。

该书的主题词都有唐先生自己的特殊内涵。在该书中，"生命存在"多用作复合词，"生命"即"存在"，"存在"即"生命"。如果必须分义而说，则以"生命"为主时，言"生命存在"即谓此生命为存在的；以"存在"为主时，则言"生命存在"即谓此存在为有生命的。而"心灵"为生命存在之主。因此，唐先生认为，"存在而有心灵的生命"，或"有心灵生命的存在"，或"有生命能存在之心灵"，三者其义无别。

又，生命之"生"，乃指由未生而生，"命"则指既生而向于更生，遂有寿命之命。存在之"存"，包涵昔所已有者于内，"在"指已有者更有其今之所在。此"所在"，又可为包涵保存此已有者。又，心灵之"心"，偏自主于内说，"灵"则言其虚灵而能通外，灵活而善感外，即涵感通义。合"生""命"为一名，要在言生命为一"生而更生"的次序历程。合"存""在"为一名，要在言此生命存在，为内有所"存"，外有所"在"。外有所"在"，则有其外之"位"；内有所"存"，则所存者在其自身中，有其"位"。"心"自内说，"灵"自通外说。合"心""灵"为一名，则要在言心灵有居内而通外以合内外之种种义说。人有生命存在，即有心灵，因此，凡说生命或存在或心灵，皆可互说，三名为同一实。②

---

① 唐君毅：《生命存在与心灵境界》"自序"。《唐君毅全集》（九州）卷25《生命存在与心灵境界》（上）第4页；《唐君毅全集》（学生）卷23《生命存在与心灵境界》（上）第7页。

② 唐君毅：《生命存在与心灵境界》"自序"。《唐君毅全集》（九州）卷25《生命存在与心灵境界》（上）第4页；《唐君毅全集》（学生）卷23《生命存在与心灵境界》（上）第10—11页。

唐先生言心灵之"境"而不言"物",因为"境"的含义更广。物在境中,而境不必在物中,物实而境兼虚与实。因为"境"可以分别,其中有种种或纵或横或深的界域,故言"境界"。不过,以"境"统"界",则界域虽有分别,而仍可共合为一总的"境"。由此,言"境界",便具有了分、合、总、别之义。又,"境"为心之所对,兼通虚实,比西方哲学中所谓"对象"一词更有丰富含义。

而"感通"一词,亦不同于"知"。心能够"知"境,是心"感通"于境;但是,"感通"不限于"知",依"知"境而生"情"起"志",亦属"感通"。唐先生谓:

> 感通活动,与其方向、方式,如更说吾人之生命存在之心灵,为其体;则感通即是此体之活动或用;而此方向方式之自身,即此活动或用之有其所向,而次序进行时,所表现之义理或性相或相状,乃由此体之自反观其活动,或用之如何进行所发见者。如说此反观亦是此体之一活动,则此反观,即此体之自以其反观之活动,加于所反观之活动之上之事。而此反观所发见之方向方式,则属于此所反观之活动,兼属于能反观之活动之自身;而亦属于能次序发此二活动之生命存在之心灵之体,而此体亦即存在于其诸方向方式之感通活动中。由此即见此中之体、相、用三义之相涵。①

"境"为"心"所"感通",而非心所"变现"。因为"心"与"境"乃相互为用,而非只是心"变现"境。又,说"心变现境"时,往往是就特定的境而言,说其为心所通;但是,心之所通,并不限于特定的境,而是要超越此特定的境以别有所通,并永不停滞此已有的所通之境。"境"与"心""感通"相应,有某境即有某心,有某心亦必有某境,心与境同时俱起。

> 此初不关境在心内或心外,亦不关境之真妄。谓境在心外,乃与视此境在心外之心俱起,妄境亦与妄心俱起。而知此妄境与妄心俱起

---

① 唐君毅:《生命存在与心灵境界》"导论"。《唐君毅全集》(九州)卷25《生命存在与心灵境界》(上)第3页;《唐君毅全集》(学生)卷23《生命存在与心灵境界》(上)第12页。

者，固是真知真心。此真心知此妄境与妄心俱起者，更有其所对真境，而可依此真境，以转妄境化妄心，而去此妄境妄心。……视境在心外而感之于外、通之于外，亦是感通。感妄境通妄境，而此感通之能，或以境妄而染妄，成妄感通，亦是一种感通。①

种种境与种种心灵活动感通相应。境不一，心灵活动亦不一，心与境俱起俱息。不相应者则相离。如以视心对色境，以闻心对声境，则声境与视心相离，色境与闻心相离；然色境与视心、声境与闻心，则相应而不相离。一切心境关系，皆是如此。境有真妄，与真妄心各相应而不相离，亦复如是。比如，人见色境而忆声，谓境中有此声为所闻，常言即为妄境。此乃由其将记忆中的声当做当前所闻之声，而当前所闻中实无此声；显然，如此妄境乃依于混淆记忆中的声与当前所闻而产生。因此，说此境为"妄境"，必说此"混淆"为"妄心"，并说此妄境依此妄心而生，与此妄心相应而不相离。真知、真心、真境与真语，亦是彼此相应而不相离的。人能有此真心，知此妄心、妄境乃由于"混淆"而生，其自身即同时超越于此"混淆"之上，其中亦实无此"混"，如此即与此"混"相离而不相应。唐先生认为，对于一切心境真妄关系，都应该作如是观。

心灵活动既有种别的不同，相并立而互为内外；又有先后次序的不同和高下层位的不同。以视闻的不同为例，既有并立种别的不同，而有种种的视闻心境，其关系可互相独立，不相依赖；又有先后次序的不同，人必先有视闻而后忆其所视闻，则视闻与记忆的生起，既有先后的不同，闻与忆所闻，后者必依前者而生起；还有高下层位的不同，如认知回忆与所闻之心，与忆、闻本身的层位不同，觉察妄境妄心之心，与妄心的层位不同。互相并立的心灵活动，可称为"横观"的心灵活动，如左右的相斥相对；依次序先后而生的心灵活动，可称为"顺观"的心灵活动，如先后的相随相继；依层位高下而生的心灵活动，可称为"纵观"的心灵活动，如高下的相承相盖。凡观心灵活动之体之位，要在纵观；观其相之类，要在横观；观其呈用之序，要在顺观。综观此心灵活动，自有其纵、

---

① 唐君毅：《生命存在与心灵境界》"导论"。《唐君毅全集》（九州）卷25《生命存在与心灵境界》（上）第4页；《唐君毅全集》（学生）卷23《生命存在与心灵境界》（上）第13—14页。

横、顺三观，以观其自身与其所对境物的体、相、用三德，此即心灵所以感通于其境所循之大道。

唐先生之所以强调心灵要"如实观"，是因为人的心灵往往不能对种种境作如实观，而不免于有妄心与妄境。心灵知妄是妄，固然是真。对于一切妄，皆可由知其为妄而去妄得真，则妄亦皆可转。同时，妄亦皆依真而有。比如，以所忆为所闻是妄；但是，人之有所忆而能忆是真，人之有所闻亦是真。显然，妄皆依真而起。但是，我们又不能据此而径谓世间无妄；因为以所忆为所闻，毕竟是妄。知妄是妄，即必有妄可知；妄皆可转，亦即必有妄可转。若径谓无妄，则亦无知妄，无转妄；无转妄，亦无转妄所成之真。谓妄既转，则有真而无妄；妄可转，则此可转，即妄所以为妄之所涵；妄不能离此可转，以成其妄，则妄亦不离真，亦未尝不自即于真。唐先生认为，凡此等等，固皆可说为真，亦究极的玄谈所必至。实际上，人之妄可转，而事实上又多未转，是并存的。所以，觉不能由妄可转以谓无妄，亦不能由此可转以谓妄非妄。如果泛言妄皆可转，更言无妄，此即是以玄谈废学。因为究极处的无妄，必由先知道有种种妄，并知道转此妄之道，进而行于此道，才可能实现。此"知"、此"行"，即"学"。无此学以转妄，亦无无妄；学，必先知有妄；知有妄，即知人之知有不如实者；知人之知有不如实，故求"如实知"。

"妄"虽皆依心灵活动原可往来相通之真而起，但是妄毕竟是妄。其所以是妄，乃因其心灵活动之感通，未能依类别、次序、层位而通，如以所忆之声为所闻之声，即生混妄。若知所忆之声与所闻之声不同类别，使心兼通于二类；又知所闻先于所忆，依次序而通；又在知所忆别于所闻之上，更自知其所知，此即依层位而通。合此三者，即心兼通于横观、顺观与纵观，以观境物之类别、次序与层位，使其各如其实，各得其所，各正其位，即能去妄归真。唐先生谓：

> 此求如实知活动之进行，如人行路时，人所求知之境物之类，初乃如横陈于行路时之左右者。人唯由兼观左右，得中道行，如偏倾左右，必至倾跌。此喻不能兼知异类之异，偏知一类，而以他类同此类者，而有之类别错乱之妄。此即不能横观之妄。又人行路，必前后步次第而进，如两步并作一步，以前步混于后步，此必致趋跌。此喻不能循先后之序，而有之次序错乱之妄。即不能顺观之妄。再人行路遇

高低地,足必随之升降,如以高为低,以低为高,必致颠跌。此喻不瞻顾高低层位,而有之层位错乱之妄。此即不能纵观之妄。去此三妄,成如实之横观、顺观与纵观,即人之求如实观,得如实知之道。①

唐先生强调,哲学不仅要如实观、如实知,还要真实行。因为一切心灵活动原是行,知这一活动亦原是行,与其余非知的活动如情、意等,亦原不可分。人谓知、情、意有别,是因为,知只是对境有所感通,而不必对境有所感受、感应。感受是情,感应是意或志行。知、情、意虽皆为人心灵生命自体的活动或用,但是其为用与性相又不同。知的活动,能知人自己心灵自身与他物之体、相、用,但而不能改变之;情意之行的活动,则可对其他人物或自己心灵自体更有作用而改变之。此即知行二者的不同。感受、感应也是感通于境之事,人如果只有知的感通,不继之以感受与感应,则其对境之知的感通亦未能完成。故,只有与情、意共行之知,才是真实知;而一切知,理当皆归于成真实行。由此,唐先生认为,我们论心灵活动与其所感通之境的关系,不仅要求如实知之,亦当归于成真实行之,而不应该只是一般所谓纯知识上的事。唐先生谓:

> 纯知识上之事,皆是戏论。凡戏论皆碍真实行,亦碍真实知者。然凡戏论而归在如实知真实行者,亦终不是戏论。②

唐先生认为,哲学的任务,即在由如实知、真实行,以成就人的生命之真实存在,而立人极。如果没有如实知、真实行,人的生命就尚未真实存在。"人之生命的真实存在"意指"永恒悠久而普遍无所不在之无限生命"。这样一种"永恒、悠久、普遍、无限"的生命存在,一般人认为只属于天或神的生命,而非现实的人所可能有的。但唐先生指出,此生命为人人所可能有;只要人的生命能真实通于无限的生命,即能成为此无限之生命。唐先生认为,人的生命原本就是无限的生命,不能以我们现有的一

---

① 唐君毅:《生命存在与心灵境界》"导论"。《唐君毅全集》(九州)卷25《生命存在与心灵境界》(上)第11页;《唐君毅全集》(学生)卷23《生命存在与心灵境界》(上)第23页。
② 唐君毅:《生命存在与心灵境界》"导论"。《唐君毅全集》(九州)卷25《生命存在与心灵境界》(上)第13页;《唐君毅全集》(学生)《生命存在与心灵境界》(上)第25—26页。

生作为我们生命的限极。只不过，此无限的生命又必须表现为此有限极的一生；我们有限极的这一生，只是此无限生命的一极。

  此极，是无限生命之一极，亦吾人之为人之极。人求有如实知与真实行，即求立此人极，亦实能立此人极。①

这里所谓的"吾人"，重在每一个单独的个人即"我"，而不是抽象的个人。每一个人都应当先自视为一真实的"我"，并明白此"我"，乃唯一的我。只有我自己将自己当做唯一的"我"，我才能真正"立人极"；只有人人皆自视为唯一的我，人人才皆能立人极。

要实现无限生命的目标，必须使心灵活动循种种道路方向，遍运于一切境之上，亦即必须以次序之始的"元序"为本，以类别之始的"大类"为干，以层位之至高的"大全"为归，如此以说明宇宙与人生。古今东西的哲人，于此所提出的义理概念，有关于心灵活动求知的观点、态度、方法或方式的；有关于一般所谓知识论的义理概念的；有关于存在事物的普遍范畴、普遍内容的；有关于宇宙总体性的理念的；有关于人生价值理想的。这些义理概念，无不可使人的心灵活动可以循之以遍运于宇宙人生一切事物，亦可循之以遍观一切普遍者、永恒者与无限者。如果没有这样一种生命的目标，则人的心灵活动便不必求遍运以说明宇宙人生，则哲学即不当有，亦不能有；不仅哲学不当有、不能有，世间一般科学知识之求设定原始公理，求概括性、综合性义理之事，亦不当有、不能有。

哲学中的种种义理概念，就其本身而言，虽然都有其普遍永恒悠久等意义，但它们彼此又互不相同。人的心灵活动依其一种以遍运遍观于宇宙人生之事物所成的哲学，即不同于依其另一种以遍运遍观于宇宙人生事物所成的哲学。由此，宗不同哲学的人，便各有其不同种类的人生观、宇宙观，而不能互观其所观，并往往互相排斥其所观。如此，则宗不同哲学者，虽各能遍观，而不能互遍观其遍观，不能有对遍观之遍观。此不能有遍观之遍观，亦似有义理上的必然。而一切哲学上的冲突，亦似乎都有义理上的必然。但是，如果此"似有"义理上的必然"真为"义理上的必

---

① 唐君毅：《生命存在与心灵境界》"导论"。《唐君毅全集》（九州）卷25《生命存在与心灵境界》（上）第13页；《唐君毅全集》（学生）卷23《生命存在与心灵境界》（上）第26页。

然，那么，哲学的义理世界，即破裂的世界；而一切哲学将只能各成遍观，而无一能成就对遍观之遍观；而人之心灵活动亦终不能凭哲学以成此高层次遍观之遍观；而其心灵活动所依的生命存在，亦不能真通于或成为一无限的生命存在。

不过，唐先生此书的哲学，恰恰要以另一种方式实现此种"遍观之遍观"，以成就人的无限的生命而立人极。唐先生谓：

> 人之哲学心灵，仍有一克服上列之困难之道，此即人尚可有对哲学之哲学。此即其不特依一普遍义理概念以遍观，且能于既依之以遍观之后，更超越之，另依一普遍之义理概念以遍观。此一不断超越之历程，即为一次序之历程。由此次序之历程，而人之哲学心灵，遂可历诸遍观，而更回顾其所历，以成对诸遍观之遍观。此回顾为：对诸遍观之遍观，即属于高一层位之遍观。凡遍观之种类不同者，循此不断超越之次序历程，即可达于高层位之遍观。此中种类不同之遍观，由历此次序而达高层位，即此中之种类、次序、层位三者间之互相涵摄，以见其贯通之道，而为哲学的哲学之所为。依此哲学的哲学，以观一切哲学之冲突，可既知其必有冲突之义理上之所以然，亦可知其冲突之所以似必然，更可知其似必然者之可由此不断超越之历程，而见其非必然；以见哲学义理之世界，实非一破裂之世界，或虽破裂而仍能再复其完整之世界。此中，人之不断超越之历程，自其前程以观，纵是无尽而无穷，然自其所超越者，皆可再加以回顾，纳之于对诸遍观之高一层位之遍观，以观之，则其前程之无尽而无穷者，亦无不次第摄入于此高一层位之遍观之中，而为此遍观之无穷之所穷所极。则对人之此哲学的哲学之遍观一切遍观言，其心灵之遍运，即无"不能至乎其极"之可说，而能为此哲学的哲学者之生命存在，亦无所谓必然之限极，而未尝不可通于一无限之生命存在矣。①

当然，这样一种能为哲学的哲学者，并不意味着是超级的哲学家。实

---

① 唐君毅：《生命存在与心灵境界》"导论"。《唐君毅全集》（九州）卷25《生命存在与心灵境界》（上）第17页；《唐君毅全集》（学生）卷23《生命存在与心灵境界》（上）第31—32页。

际上，只要人们曾经学习不同的哲学，由一种哲学而及其他哲学，就已经是在超越一哲学而至其他哲学的历程之中，而其求辨其是非、明其局限，都已是在做"哲学的哲学"之事。进而言之，任何人开始有哲学性思维思考宇宙人生时，初形成似有普遍性的一些义理概念，进而知其局限以另取一些义理概念，也已经在"超越其先之哲学至另一哲学"的历程之中。故任何人之任何哲学思维的进行，皆是自超越其前的哲学思维，即"为哲学的哲学"之事。由此以观，"哲学的哲学"与"哲学"，即又可不分为二层位，当说哲学皆是哲学的哲学。不过，唐先生指出，一种哲学中所包含的"哲学的哲学"之历程越多，其为哲学也越大，亦越近乎真正的哲学；而人未尝自觉的本"哲学的哲学"以言哲学，则较远于真正的哲学，而易陷于偏执与妄执。

既然"哲学的哲学"为无穷无尽，那么，以我们有限的在世时间、有限的文字，是不可能加以穷尽的。如果一个人试图将各种不同种类、次序、层位的哲学义理统于一心而又不得观其通，则我们的心先自相割裂而不通，而生命存在即有破裂之危。因此，唐先生并不希望建立一种囊括各种哲学的"哲学之哲学"，因为这样只有导致一切哲学的死亡，而且首先是自己所造之哲学的死亡。唐先生所选择的为"哲学之哲学"的方式是：

> 吾之为哲学，以通任何所知之哲学，此通之之心，虽初为一总体的加以包涵之之心，然此心必须化为一分别的加以通达之心。此加以通达之心之所为，唯是修成一桥梁、一道路，使吾心得由此而至彼。此桥梁道路，恒建于至卑之地，而不冒于其所通达者之上。由此而吾乃知崇敬古今东西之哲学，吾不欲吾之哲学成堡垒之建筑，而唯愿其为一桥梁；吾复不欲吾之哲学如山岳，而唯愿其为一道路、为河流。循此再进以观古今东西哲学之形同堡垒之建筑或山岳者，吾亦皆渐见其实只为一桥梁、一道路、一河流。吾乃于哲学义理之世界，如只遍见一一之天桥、天河与天道，其为堡垒建筑与山岳者，乃若隐若现，存于虚无缥缈间。循此再进，吾更悟一切义理概念，即皆同只是一桥梁、一道路。凡为桥梁道路者，未至者望之，则显然是有；已经过之，则隐于后而若无。凡彼造桥梁道路者，亦正欲人经过之，而任之隐、任之无。人经过桥梁道路之时，固可见有荆棘载道，葛藤绕身，

然荆棘既斩，如过关斩将，亦归于无。①

由此以观，唐先生认为，哲学的目标便不在于彰显真理学说，而在于成教。唐先生谓：

> 故凡哲人之言说，初虽是说其所学，而其归宿，则皆是以言说成教。故说所学非究竟，以说所学成教，方为究竟。人闻哲人之言说，而知其义理概念而经过之，以有其所往，亦离其所闻之言说，而忘其言说，而不见有言说。故一切言说必归于默，言说之目标，即在离言，一切著述之目标，即在更不见有著述。此谓学以成教为归，言说以离言为归，盖为东方大哲所同契。此成教之言说，尽可涵盖万方，无穷无尽。
>
> ……唯深悟此义以为哲学者，为能澈底去除其心中之大杀机者。去此杀机，而更以知其必归默之心以为言，其言方可无碍无执，更以成教也。②

基于以上关于生命、存在、心灵、境界、感通及哲学本质与目标的认识，唐先生建构起本书生命存在三向九境，即哲学与"哲学的哲学"于一体的庞大哲学体系。

生命心灵活动有三向：种类、次序、层位。此生命心灵活动的三方向，既是"知"的三方向，亦是"情"的三方向，而根本上则是"意"或志行的三方向，可称为心灵生命的"三意向"或"三志向"。此三向，整合来看，即为前后向、内外向、上下向的互相往来。往来于前后向者，为顺观之境；往来于内外向者，为横观之境；往来于上下向者，为纵观之境。进而，唐先生由心灵活动的三向展示逻辑中、知识中以及行为实践中人的理性的真实：

---

① 唐君毅：《生命存在与心灵境界》"导论"。《唐君毅全集》（九州）卷25《生命存在与心灵境界》（上）第19—20页；《唐君毅全集》（学生）卷23《生命存在与心灵境界》（上）第34—35页。

② 唐君毅：《生命存在与心灵境界》"导论"。《唐君毅全集》（九州）卷25《生命存在与心灵境界》（上）第20页；《唐君毅全集》（学生）卷23《生命存在与心灵境界》（上）第35—36页。

于生命心灵活动之由前而后，说主观心态之次序相续；于主观心态中之思想与发出之言说，求前后一致贯通之处，说思与言说中之理性，即逻辑中之理性。于生命心灵活动之由内向外，知有客观事实；于人求思想与客观事实求一致贯通处，说知识中之理性。于生命心灵活动位于主观客观之现实事物之上，以由下而上处，说思想中之目的理想；于其以行为活动求实现此目的理想于下之现实事物之世界，而见此中之上下之一致与贯通，说生活行为实践中之理性。于此三者只说其一，皆抽象之理性；兼说其二，为半具体之理性；必说其全，方为具体之理性，亦即通主客、知行、通宇宙人生之全，或生命存在与心灵境界之全之形上学的理性。此理性之内在于生命存在与心灵境界，与之如如不二，则此理性又有超理性义。①

当生命心灵活动由前而后以进时，则觉其主体最重要，亦最大；当其由内而外以接客观之境时，则见种种客观相，而觉相大；当其由下而上，以知其目的理想更可用以变化其先前之境时，则见用大。在体、相、用三者中，体必先自竖立，初宜纵观其层位之高低；相必展布平铺，初宜横观其类别之内外；用必流行变化，初宜顺观其次序之先后。此即以纵观、横观、顺观以言观体、相、用三者之不同。纵观、横观、顺观尽管可以相互为用，但体、相、用亦相依而立。

如体以相用见，相依体之用转，用亦必自有其相而属于体。故人可谓体唯是相与用之合，相唯是体之用所呈，用唯是体之相之流行。此皆以三者中之二，界定其体之一。有如三角形之勾股弦三边，可以二边界定其余之一边，以见三者之相依而立。由此而三者之义，可互通而相转。②

由此，体、相、用三者，尽管可互通而相转，但是，其义亦不以此互

---

① 唐君毅：《生命存在与心灵境界》"导论"。《唐君毅全集》（九州）卷25《生命存在与心灵境界》（上）第24页；《唐君毅全集》（学生）卷23《生命存在与心灵境界》（上）第41页。
② 唐君毅：《生命存在与心灵境界》"导论"。《唐君毅全集》（九州）卷25《生命存在与心灵境界》（上）第27页；《唐君毅全集》（学生）卷23《生命存在与心灵境界》（上）第45页。

通相转而相泯以相无，而必相依而俱立。据此，本书的宗旨即在于，我们对于"客体""生命心灵主体"与"超主客体的目的理想自体"或"超主客之相对的绝对体"，都可以有顺观、横观、纵观之三观，而又皆可观之为体、为相、为用，此即可以由此三观与所观三境之体、相、用，开为九境。

《生命存在与心灵境界》全书，即依顺观、横观、纵观三观与体、相、用之关系展开，按照观"客体"之体、相、用三境，观"主体"之体、相、用三境，观"超主客体"之体、相、用三境的九境顺序演绎而成。全书除自序、导论和后序外，分为四篇。前三篇"客观境界篇""主观境界篇""超主观客观境"分别阐释客观三境、主观三境与超主客观三境，每一境皆分为上、中、下三章，以此成每篇九章，合计二十七章。第四篇"通观九境"包括五章，分别为："通观九境之构造与开阖"；"专观尽性立命境之通达余境义"论当下生活之理性化、超越的信仰、精神的空间、具体的理性与性情之表现为余情；"论生命存在与心灵之主体"观其升降中之理性运用，观主体之依理成用；"理事一如与理行于事之大事因缘"观生命存在之事用之理；"生命存在中之'真理或道'与'存在'之意义"观生命存在中之"存在之理"之相。

"客观境界篇"为前三境，是对生命心灵主体视为属于客体之世界而言，陈述此所觉所知的客体，乃为觉他与知他。

第一境为万物散殊境，于其中观个体界。人的生命心灵活动，最初不能自观其体与相、用。人之知，最初只是外照而非内照，即觉他而非自觉；始于人的生命心灵活动由内而外而有所接的客观境。此是生命心灵活动自开其门，观个体事物之万殊，以着物而执物。于此，人知有实体的存在，以个体事物之相不同而实体之数亦多；我为实体，亦只是万物中之一物。故此境称为"万物散殊境"。凡世间一切个体事物之史地知识，个人自求生存、保其个体之欲望，其根据都在此境；而一切个体主义的知识论、形上学与人生哲学，皆当判归此境之哲学。

第二境为依类成化境，于其中观类界。此为由万物散殊境而进以观其种类。定种类，要在观物相，而以相定物之实体之类；更观此实体之出入于类，以成变化。此境名之曰"依类成化境"。一切关于事物之类，如无生物类、生物类、人类等之知识，人之求自延其种类之生殖之欲，以成家、成民族之事，人之依习惯而行的生活，与人类社会的职业分化为各类,皆根在此境;而一切以种类为本的类的知识论,类的形上学,与重人之自延其类、人之职业活动之成类的人生哲学,皆当判归此境之哲学。

第三境为功能序运境,于其中观因果界、目的手段界。此为由观一物依类成化,进而观其对他物必有其因果。人用物为手段以达目的,于此即见一功效、功能之次序运行的世界,或因果关系、目的手段关系的世界。故此境称"功能序运境"。一切世间以事物之因果关系为中心,而不以种类为中心的自然科学、社会科学知识,如物理学、生理学、纯粹的社会科学理论,与人如何达到其生存于自然社会之目的的应用科学知识,及人之备因致果、以手段达目的之行为,与功名事业心,皆根在此境;而一切专论因果的知识论,唯依因果观念而建立的形上学,与一切功利主义的人生哲学,皆当判归此境。

"主观境界篇"为中三境,皆为以主摄客之境,因而不再是觉他境,而为自觉境;重点不在对外有所指示,而在表示其所自觉。

第一境为感觉互摄境,于此中观心身关系与时空界。在此境中,主体先知其所知的客体物之相乃内在于其感觉,而此相所在的时空即内在于其缘感觉而起的自觉反观的心灵;进而知道,以理性推知一切存在的物体,皆各是一定意义上的能感觉的"主体"。此诸主体与主体,则可相摄又各独立,以成其散殊而互摄。故此境称为"感觉互摄境"。一切人缘其主观感觉而有的记忆、想象之所知,经验的心理学中对心身关系的知识,人对时空秩序关系的一般知识,及人对其个体与所属类之外之物的纯感性的兴趣欲望,与其身体动作由相互感摄、自然互相模仿认同以成社会风气之事,而以陈述经验的语言所表示者,皆根在此境;而一切关于心身关系、感觉、记忆、想象与时空关系的知识论,心身二元论,或唯身论、泛心论的形上学,与一切重人与其感觉境相适应以求生存的人生哲学,皆当判归此境。此境与前三境中的第一境"万物散殊境"相应,皆以"体"之义为重,只不过"体"的层位不同。

第二境为观照凌虚境,于此中观意义界。此境的形成在于,人可以将一切现实事物之相视如自其所附的实体游离脱开,以凌虚而在。人即由此而发现一纯"相"的世界,或一纯粹"意义"的世界。此中之相或意义,尽管可以没有外在之体,但自有类可分。此纯相、纯意义的世界,可由语言文字符号而表示;人既有语言文字,亦必将由此而发现其所表示的纯相、纯意义的世界;人由语文符号所形成的文学、逻辑、数学论述,即以语文符号的集结间接表示种种纯相、纯意义；人的音乐、图画艺术，则是以声、音、形状的集结直接表示种种纯相、纯意义。由于此意义世界只对凌虚而观照的心灵呈现，亦不能离此心灵而存在，故此境称为"观照凌虚境"。一切由人对纯相与纯意义的直观而有之知，如对文字意义自身之知，对自然及文学、艺术中的审美之知，数学几何学对形数关系之知，逻辑中对命题真妄关系之知，哲学中对宇宙人生的"意义"之知，与人之纯欣赏观照的生活态度，皆根在此境；而哲学中重此对纯相、纯意义直观的现象学的知识论，与论此纯相之存在地位的形上学，如柏拉图哲学的核心义，与审美主义的人生哲学，皆当判归此境。此境与前三中的第二境"依类成化境"相应，皆以"相"之义为重，只不过其为"相"之义不同。

第三境为道德实践境，于此中观德行界。此境要在论人自觉其目的理想，更进而将其普遍化，求实现其意义于所感觉的现实世界，以形成道德理想，自命令其行，并以语言表示其命令；而以其行为，见此理想之用在人的道德生活、道德人格中之完成。故此境称为"道德实践境"。人之本道德的良心所知的一般道德观念，与本之而有的伦理学、道德学知识，及人的道德行为生活，道德人格的形成，皆根在此境；而一切有关"道德良心之知与其他之知之不同"的知识论，及关于"良心之存在地位与命运"的形上学，一切重道德的人生哲学，皆判归此境。此境与前三境中的第三境"功能序运境"相应，皆以"用"之义为主，但"用"之义不同，一为客体事物之功用，一为主体理想之德用。

"超主观客观境"为后三境，乃是超越主客之分，由自觉而至超自觉之境。不过，此超主客乃循以主摄客而进，故仍以主为主。故后三境，亦可称为超主客的绝对主体境。在此三境中，知识皆须化为智慧，以运于人的生活，而成就人之有真实价值的生命存在。其中之哲学，不同于世间之学分别知与行、存在与价值，亦皆不只是学，而是生活生命之教。

第一境为归向一神境，于其中观神界。此要在论基督一神教所言的超主客而统主客之神境，此神，乃以其为居最高位之实体义为主。

第二境为我法二空境，于其中观法界。此要在论佛教之观一切法界、一切法相之类之义为重，而见其同以性空为其法性、为其真如实相，亦同属一性空之类，以破人对主客我法之相之执，以得普度而与佛成同类者。

第三境为天德流行境，又名尽性立命境，于其中观性命界。此要在论儒教之尽主观之性，以立客观之天命，而通主客，以成此性命之用之流行之大序，而使此性德之流行为天德之流行，而通主客、天人、物我，而超主客之分者。此通于中三境中的道德实践境，亦可称为至极的道德实践境或立人极之境。

此书由觉他之客观境、自觉之主观境与超自觉之通主客境，及对体、相、用之义之所偏重，以开人之生命之九境。九境如以类而言，则各为一境，自成一类；以序而言，则居前者为先；以层位而言，则居后者为高。就九境可依序以升降而言，则此九境既相差别、亦相平等，而可销归于纯一之理念。第四篇"通观九境篇"各章，即将此九境销归一理念，以至由一念至无念之道，并归九境之最后根源于人之当下生活的理性化、性情化中所昭露的神圣心体。就九境中的每一境而观，又自是繁中更有繁，每一境皆可自成为无穷尽之境，而人生活于其中，或观其境之何所是，亦皆可永安居游息其中而不知出。如此，此九境又有如倚一山而建的三进九重之宫殿，尽管有回廊曲径逶迤而上，足以通之，但是也可开四面之窗以相望，而楼阁交映，即翻成幻影；而其上下、左右、内外相望，所成的复杂关系，则可使人感觉迷离而难辨。此九境，大而观之，无异九州，唐先生于此书中所做的祛迷之事，亦如大禹疏九河而辨九州方位，使各种存在、知识、思想、理想、行为各安其位。

唐先生认为，人类今日所处的时代，乃由观照凌虚境以高速度做外转、下转，向感觉世界（感觉互摄境）、功能世界（功能序运境）、类的世界（依类成化境）及个体世界（万物散殊境）转向的历程，这和古典文化重由观照凌虚境上转、内转，以形成以道德、宗教为本的社会文化，其根本方向是完全不同的。本来，西方近代文化亦可说是人类精神向外开展、向下贯彻的一种表现，但是，它完全背离向上转、向内转的方向，已经成为人类文化的一大危机。今日，唯有真实的宗教、道德与哲学智慧，能为一切专门的知识技术之主宰，以使社会中各分立的阶级、行业、职业中的个人，皆多少有其宗教上的笃实信念，道德上的真切修养，及哲学智慧所养成的识见，互相以广大高明的心境涵容覆载，然后人类世界才可能得以免于分崩离析。

但是，今日人类所需要的宗教、道德与哲学智慧，已不全同于昔日。就宗教而言，所需要的应该是能够自觉一切宗教之所以为宗教之共同核心本质的宗教；就道德而言，所需要的应该是真能体验欣赏不同形态之人格的道德，以开放的心灵与一切道德相感通的道德；就哲学而言，所需要的应该是能说明一切宗教之共同核心本质，说明如何有与一切道德相感通之仁德的哲学，以及说明此宗教道德与哲学智慧当为一切知识技术之主宰的哲学。

对于自己的哲学理想，唐先生谓：

> 世间除无意义之文字之集结，与自相矛盾之语，及说经验事实而显违事实之语之外，一切说不同义理之语，无不可在一观点之下成立。若分其言之种类层位，而次序对学者之问题，而当机说之，无不可使人得益，而亦皆无不可说为最胜。由此而吾乃有会于中国佛家之判教之论，于佛经之一一说为最胜之义，而似相异相反之言，莫不可会而通之，以见其义之未尝相碍。由此以还观东西古今之真正哲人之为相异相反之说者，吾亦尝以为无论其自觉与否，皆天之密意，使之故成此相异相反之说，以接相异相反之机，以成此哲学教化之流行者。此乃宇宙之一最深之秘密，吾亦无意必于此多加以泄漏者。要之，吾三十年来于种种东西哲学之异论异说，皆略能先本此受教之心，以观其所是；乃觉义理之天地中无不可通之阻隔，而吾之为文，亦立论立说之意少，而求有以自益而益人，亦自教而教人之意多。吾所向往者，乃立于无诤不言之地，以使此相异相反之言，皆可为当机成教之用，则于一切哲学之说相异相反之义理，亦视如文学之说悲欢苦乐之相异相反之情，而不见有矛盾。①

唐先生认为，人不能使其理想一齐实现，无碍于人之为理想主义者。但是，人若无此理想必能实现之信心，则其理想必被视为幻想，而终将萎缩而消逝。故此信心之有无，乃人是否能真实成为理想主义者的关键。此信心，可由人天生之性情而自然具有，而不待任何哲学的思维帮助以形成。但是，不能自然地具有者，亦可由哲学思维加以开启。人可由哲学思想，以知理想有必然趣向于实现之动力；此动力相续不断，即见其有本体；此本体中国先哲名之为本心、本性、本情。唐先生谓：

---

① 唐君毅：《生命存在与心灵境界》"后序"。《唐君毅全集》（九州）卷26《生命存在与心灵境界》（下）第363页；《唐君毅全集》（学生）卷24《生命存在与心灵境界》（下）第481页。

吾人之思想亦即由此信心以再顺此本原之流行，而成之实感中之情，与情所起之行为事业，而进行。则于一切不合理想之实然者，皆无不可思之为非实，而唯于合理想者，思之为实。而此整个，又可再形成为人之一绝对的信心，以有其依于绝对的信心之绝对的行为事业，即以此行为事业，证实此绝对的信心，而使此信心与行为事业互证，亦互为用，而所成之盛德大业，亦悠久而无疆，至诚而不息。此即儒者合形上学之信心，与道德之实践之天人合一之学之教。然其核心义，则在吾人上所言之由此心中本原或本心本性流出之恻怛等情。此即中国儒者所谓性情之际，亦天人之际之学之教，而非西方之理性主义理想主义之所能及。以西方之理性主义理想主义者之理性之思想，皆尚未能直顺此恻怛之情而思，以情理之如如不二，为其思想之归止，以成其内心之信，再充内形外，以成盛德大业；更即此德业成信，以使情理与信及德业相辅为用，以合哲学、宗教、道德为一体，以成一学一教之道也。①

这种合哲学、宗教、道德为一体之教，其核心即本于好善恶恶的本心本性。此本心本性实为足以旋乾转坤之天枢。人若自觉其生命力微小，而思慕有宇宙性的神圣心体，欲凭其全德大能，以实现一切当然的理想，这便趋向于一神教；人若重观一切不合理想者皆出于生命之妄执，其本性为虚幻而空，这便趋向于佛教。这两型的宗教思想都不是中国传统之教的核心。依传统儒者之教，人若真依其内心之实感，见善善恶恶的性命之源，本之充内形外以成其德业，即步步见有不合理者之自化自空，亦步步见至善本源之真实，其力其能之无尽；故不必先肯定全德全能的宇宙性神圣心体，与本性空寂的宇宙性寂灭本体。但是，中国传统思想，又多少含具此二型的宗教思想。因此，唐先生在本书中：

更明于此二型宗教思想中之种种超越的信仰，亦视之为人所当有，而亦以之为出于人之性情与理性思想之所要求；唯只当使之为存

---

① 唐君毅：《生命存在与心灵境界》"后序"。《唐君毅全集》（九州）卷26《生命存在与心灵境界》（下）第374页；《唐君毅全集》（学生）卷24《生命存在与心灵境界》（下）第495—496页。

于心之阴一面，而不当使之存于心之阳一面，即只取其消极的自卑俗拔起，与破除断见之意义，以成此当然者无不可成实然之信仰；而不重其积极的意义，以使人只作希高慕外之想，而忽其在当前境中之尽性立命之事。此则扩大中国传统思想之核心中所放射之义，以摄此二型宗教思想之说，以发展此中国传统思想之论。①

唐先生本儒家践仁尽性、天人合一之教，大开大阖，建构起融通中、西、印三大文化系统，融合耶、佛、儒三大教义，集宗教、道德、哲学于一体的理想人文主义性情形而上学哲学大厦。唐先生谓：

> 吾所尊尚之哲学，乃顺人既有其理想而求实现，望其实现，而更求贯通理想界与现实界之道德学兼形上学之理想主义之哲学。依此哲学言，人有理想求实现而望其实现，必求证明其能实现，而人在生活中，亦尝多少证明其理想之恒为能实现者，由此而理想主义者，必信此理想连于一实现之之宇宙人生中一不可见之形上的真实存在。此中，以人之理想有异同，有大小高低，则其所见之此形上之真实存在，其内涵亦有异同，有大小高低。故人于此形上之真实存在，若重其为人之理想的知识之原，则视为一全知者；若重其为理想之功业之原，则重其为全能者；若重其为理想之感情之原，则重其为全爱者；若重其使人自成圣成佛，则重在内在于人之生命，以为人之本心、本性、佛心、佛性。若重在使客观宇宙存在而有一秩序，则视为创造世界而定万物之分别目的之上帝。以人之理想，必有种种异同、大小、高低，而此种种形上学思想，与对之之宗教信仰，及所成之宗教生活，亦永有其不同，而亦永不能加以泯灭。②

是年，唐先生发表的文章有：

---

① 唐君毅：《生命存在与心灵境界》"后序"。《唐君毅全集》（九州）卷26《生命存在与心灵境界》（下）第375—376页；《唐君毅全集》（学生）卷24《生命存在与心灵境界》（下）第497—498页。

② 唐君毅：《生命存在与心灵境界》"后序"。《唐君毅全集》（九州）卷26《生命存在与心灵境界》（下）第384—385页；《唐君毅全集》（学生）卷24《生命存在与心灵境界》（下）第509—510页。

在《哲学与文化》发表的《略谈宋明清学术的共同问题》《谈中国佛学中之判教问题》；

在《明报月刊》发表的《中国文字与中国文学》《关于中大发展史》；

在《中央日报》发表的《有关方东美先生之著述二三事》；

在《鹅湖》发表的《生命存在与心灵境界》导论、《生命存在与心灵境界》后序；

在《中国学人》发表的《生命存在与心灵境界》自序。

《谈中国佛学中之判教问题》一文，是唐先生为台湾中国文化学院哲学博士班及台湾大学哲学硕士班的讲课记录整理稿，由朱建民先生记录，唐先生亲自校对。唐先生对该文比较看重，在一九七八年一月二十三日给张曼涛信中言：

> 最近学生所记，在最近期《哲学与文化》发表之《中国佛学中之判教问题》，经我改正，其中后半部分所说者或为世所忽，亦有若干处可称新见，如对圆教之义界问题，即亦一大问题。依牟先生之近著《佛性与般若》，竟贬华严为别教，皆由此问题原不清而来。此问题应有人进而细论，但我文之提出此问，亦可能有一些意义。①

唐先生认为，中国佛学家最大的一个问题是判教。判教的问题是印度佛学传入中国以后才生起的，中国佛学的派别亦见于其判教之不同，故我们亦可由不同之判教去看各派佛学之不同。判教表现了中国人对于外来佛学的消化吸收。当佛学传入时，即有许多不同的派别。各派皆为佛法，皆传为佛所说，但是其间却有许多相互冲突、不一致的说法。佛所说是不能有错的，为了消弭冲突、避免矛盾，即以判教的方式将各种说法融和消化，而谓各派皆为佛所说，只是佛在不同时，对不同根器的人说法，故有种种不同。例如释迦佛有两种说法，一种是说一切人皆可成佛，一种是说有的人永远不能成佛，或只能成声闻、独觉。这两种矛盾的说法在佛经中皆有记载。若是用判教的方式处理，这两种矛盾的说法是可以并行不悖的；即说一种是专对某些人的方便说、权说，而非究竟说、实说，另一种

---

① 唐君毅：致张曼涛，1978年1月23日。《唐君毅全集》（九州）卷31《书简》第307页；《唐君毅全集》（学生）卷26《书简》第398页。

才是实说、究竟说。

当佛学初入中国，佛教内部之判教问题未正式出现之先，原有格义之说的产生。格义就是要找出佛学与儒家、道家在义理上的相同处，拿一些名辞概念所含之义理来互相比格说明。较格义进一步的，则是拿整个儒家或道家的境界与佛学相印证，如僧肇即以为儒、道、佛之圣人的最高境界都是一样的，而拿儒、道来说明佛学。此外亦有人以佛学与中国儒、道之学是互相冲突的，如《弘明集》中所辑之当时反对佛学之文。此皆是以中国固有思想与佛学思想作一般的比较。佛教中之判教，则是对佛教本身各宗派之教义之同异做比较。

唐先生认为，中国佛教的判教首推吉藏。

> 因吉藏之三论玄义乃重在判别大小乘，并以十义判当时人所视为大乘之成实论为小乘。在大乘中，则吉藏不满摄论师之说，明归宗于般若，而引华严、法华为证。①

第二个判教大师是智𫖮。

> 智𫖮之判教，分佛说法为华严、鹿苑、方等、般若、法华涅槃之五时，又分藏、通、别、圆，为化法四教，顿、渐、秘密、不定，为化仪四教。此说比较复杂，而具一系统性。其显然进于吉藏之处，在对当时传入之地论人及摄论人之说，安排一地位于其五时教中之第三时，并属于其所谓藏、通、别、圆之化法四教中之别教，又将华严列为五时教中第一时之圆顿教，《法华经》列第五时之圆教，《涅槃经》则列为教闻法华而尚未得度者。②

第三个判教大师是华严宗的法藏。

---

① 唐君毅：《谈中国佛学中之判教问题》。《唐君毅全集》（九州）卷27《中国古代哲学精神》第297页；《唐君毅全集》（学生）卷18《哲学论集》第582页。

② 唐君毅：《谈中国佛学中之判教问题》。《唐君毅全集》（九州）卷27《中国古代哲学精神》第297—298页；《唐君毅全集》（学生）卷18《哲学论集》第583页。

> 法藏之判教，大体承智𫖮之五时四教，而成小、始、终、顿、圆之五教。于始教中，又分相始教与空始教，以位摄论一系之法相唯识，及般若之经论，又立终教以位大乘起信论，立顿教以位新起之禅宗。（后宗密判教，承法藏更依三教，以判禅宗之三宗。）此法藏之判教之进于智𫖮者，即在能为新起之禅宗，及大乘起信论之说，安排一地位。
>
> ……法藏之判教，为小、始、终、顿、圆五教，其圆教与智𫖮同，其小教即智𫖮之藏教。以顿教为禅宗列一地位；而以始教概括智𫖮之通教之般若（宗密称为空始教），及别教之摄论（宗密连唯识法相之论并称之为相始教）一流之说；更以大乘起信论高于始教之终教，其位高于始教，所论之理为圆理。然又不以圆教称之，而保存此圆教之名于顿教以上之华严。①

唐先生认为，由于法藏的判教承智𫖮之说，又能为大乘起信论及禅宗安排一地位，显然更能涵融各派之佛学。此后，天台宗的湛然为重振天台之宗风而为智𫖮之书作疏记，有心贬抑华严；而华严之澄观又谓华严乃顿圆之教，高于法华"开三乘之权方法一乘之圆实"的"渐圆"之教，华严胜于法华。对于湛然与澄观就法华与华严的高低对比，唐先生谓：

> 此湛然与澄观之二说，实永无相胜之期。因依二家同认华严在五时教中为日初出时，为始；法华在五时教中为日还照时，为终；余三时教所说三乘教为日之转照时，为中。华严为三乘教所自出之一乘，法华为三乘所同归之一乘。始必有终，终以返始，三乘出于一乘，必归于一乘，而归即归于所自始。……此中之"始""终"之相涵，"自出"与"同归"之相涵，即见佛之垂教之自行于一圆。如日之由初出而经转照时，至返照时之为行于一圆。则于此，由始之非终，而谓始不够圆，如湛然说；或由终之非始，而谓终不够圆，如澄观说；即皆于二家所同许之五时教相悖了。实则毕竟华严与法华之同为圆

---

① 唐君毅：《谈中国佛学中之判教问题》。《唐君毅全集》（九州）卷27《中国古代哲学精神》第298—299页；《唐君毅全集》（学生）卷18《哲学论集》第584页。

教，只须自二经所显示之义理定。不当自佛说之时机，而分高下。①

二经之所说之为圆教义，唯当自此二经之内容所涵之客观义理说。不可谓华严之佛只说其海印三昧中境，便与众生法不即，而非圆教。亦如不可谓法华之佛说其所忆之久远以来之事迹，便与众生法不即，而非圆教。而佛之说此圆教之时机，亦与此圆教义理之为圆教义理无关。然而湛然与澄观，乃欲自佛说二经之时机，以争胜负，实未见其可。②

唐先生认为，华严和法华皆为圆教。

圆教之标准，可以说得很多，亦可以说到很少。在很少处说，则依智颉、法藏同有之根本义，只须肯定《华严经》所谓"心、佛、众生，三无差别"（天台宗之"一念三千"，"十界互具"，华严宗之"诸佛与众生交澈，净土与秽土融通"，"一摄一切，一切摄一"，皆可为表此"心佛众生，三无差别"之义理形式）；即众生心性而修，即见佛心佛性；此中之修（各位之修）与性（各义之佛性）间，修因与证果间，无隔别不融之事，便是圆教。故圆教之异于智颉所谓别教，即以"修道工夫与所依持之体之关系之即不即、融不融"而定，而不依于对此体自身之如何说明而定。

……《法华》《华严》《楞严》《圆觉》《涅槃》等经，《维摩诘经》之一部，以至如智旭所说之《大乘起信论》，同是圆教经典。③

唐先生总结此文的核心思想，谓：

判教问题实是中国佛学中之一中心问题。智颉、法藏之判教，能显出当时自印度传入之佛学之各有其是处，而使之各得其所，其胸襟

---

① 唐君毅：《谈中国佛学中之判教问题》。《唐君毅全集》（九州）卷27《中国古代哲学精神》第301页；《唐君毅全集》（学生）卷18《哲学论集》第586—587页。
② 唐君毅：《谈中国佛学中之判教问题》。《唐君毅全集》（九州）卷27《中国古代哲学精神》第302页；《唐君毅全集》（学生）卷18《哲学论集》第587—588页。
③ 唐君毅：《谈中国佛学中之判教问题》。《唐君毅全集》（九州）卷27《中国古代哲学精神》第304—305页；《唐君毅全集》（学生）卷18《哲学论集》第590—591页。

实至阔大。但天台之湛然与华严之澄观,争为圆教,天台之山外与山家之互斥相争,又平添许多问题。此则非只取已往由宗派主义之立场,而有之判教论,所可能解决。此只有就其中争辩之一一问题,纯自其所说之客观义理之方面、层次,细加考察,方能定其是非,或加以融会贯通。此则须对其中之问题之发生之次序,多取历史的观点;对种种之客观义理,多以哲学的思辨,加以分别了解。则我们亦可对已往之判教论与由之而有之争辩,重加以批判,而对佛家之经论,虽不必信其皆本释迦一人所说,亦不堕入宗派主义之门户之见,仍可就其所说之教义,判别其类型,而重造一判教论,以补以前之说之所不足。此当是我们今后之佛学研究,一可能有之进步所在。①

一九七八年　七十岁

一月一日,唐先生离开圣德肋萨医院回家。为了调整心情,唐先生连日阅《圆觉经》,直至十九日,阅完《圆觉经疏钞》五卷。这是唐先生生前阅读的最后一本书。

一月四日,去信台北川康渝同乡会周开庆,对筹设川康渝文物馆鼓励至多,并曾立意捐款赞助。唐先生谓:

> 知台北川康渝同乡会新址完成,由兄负责成立川康渝文物馆,至堪欣贺。兄一二十年来,由《四川文献》一刊开始,而搜辑四川县志重印,刊行四川丛书,今又负责成立文物馆;由涓涓之功,积成江河,其对乡邦及国家之贡献大矣。弟则愧无涘滴之助。所索拙著,大约除一二种外,多于港台重印或新印,自当收辑寄上,以作充书架之一隅之用也。②

---

① 唐君毅:《谈中国佛学中之判教问题》。《唐君毅全集》(九州)卷27《中国古代哲学精神》第306—307页;《唐君毅全集》(学生)卷18《哲学论集》第593—594页。
② 唐君毅:致周开庆,1978年1月4日。《唐君毅全集》(九州)卷31《书简》第173页;《唐君毅全集》(学生)卷26《书简》第231页。

唐先生逝世后二年，夫人按唐先生生前意愿，捐出新台币十万元，作文物馆基金。

一月五日，唐先生回复王家琦同学信，谓：

> 我前在报知美国有用核子撞击力量治癌之法，即曾加以注意，后因我病在台手术成功，故又忘了。但近来我之病似已有由右肺转移至左肺现象。上周入医院检查，在 X 光片中于左肺见出若干轻微之灰白影子。近我并有咳嗽气喘现象。此间医院能诊断，但治疗不及台湾。故我意欲重去台湾。但亦有医生主来美国，因小女及小婿在美，可照护。但我不相信手术可再用，钴六十前已用过，一般药物副作用太大。故今想问你太太目下在美国以核子撞击治此病之效果如何？是否有专门医院用此法治病？并顺便问问"近有无副作用较少之药物发明可防治此病之转移散发者"？或我可考虑于明春来美治疗。如时间来得及，我可以作为棣之新发明之试验，则亦是我之荣幸。①

一月九日，研究所开课，唐先生仍坚持去办公和上课。只将上课和办公地点由四楼改为二楼图书馆。是日，吴森、霍韬晦、唐端正三位同学到寓所看望唐先生，唐先生将《生命存在与心灵境界》签名送学生，在将书拿给吴森的时候说：

> 这是给你的，是我最后的一本书了。②

一月十一日，往关肇硕医生处检验，认为 X 光片上灰白影子不一定是癌肿，可能是照钴六十留下的辐射现象。当日，唐先生回复陈启恩同学信。陈同学因为读唐先生的书而有所感奋兴起，立志做人，承继中国文化，并要以唐先生为师。唐先生除了表扬和鼓励外，又谓：

---

① 唐君毅：致王家琦，1978年1月5日。《唐君毅全集》（九州）卷31《书简》第376—377页；《唐君毅全集》（学生）卷26第491页。
② 吴森：《文化意识长存，道德理性不朽——敬悼唐君毅师》。《唐君毅全集》（九州）卷37《纪念集》第280页；《唐君毅全集》（学生）卷30《纪念集》第350页。

> 无论是今人或古人，相见过或不曾相见，只要其人有可为我佩敬效法之处，皆可以之为师。故孟子说"圣人，百世之师也"。所以我们之师，应当包括很多人，不必限于一二人或少数人。又师有两种，一种是能在精神上提携自己的志气，启发自己的智慧者。这种师只是把我们自己所本有的志气与智慧，提携启发出来。一种师则重在与我们一些外在的知识，或训练我们某种特殊的技能，前一种师古称为人师，后一种师即古所谓经师。我们今之学校中之教师，多是经师。或者你是以人师待我。假若是如此，则我要坦白告诉你，我并不能给与你什么，只能由我之言语或多多少少对你原有志气与智慧，有一些提携启发之作用而已——而这些都是由你之内心的反省，亦可以逐渐发见的。我的言语，有许多都用文字写出。我想你能多看我写的书，亦就算以我为师了。①

一月十二日，往曹戴熹医生处检验，亦不肯定就是癌肿。去年二月在台湾检查时，医生即说唐先生寿命只有数月，不知何以事隔一年，专家尚不能认出是否癌肿，唐先生夫人疑是服食中药使癌肿受到破坏所致，因此准备将X光片送台湾检验。当日，唐先生夫人为唐先生买了一把安乐椅，但不敢告诉真实的价钱，因为每每在自己身上多用了钱，唐先生就反对，但在别人身上用钱就很大方。

一月十四日，为《中国文化之精神价值》一书拟改的第十版新版写一篇短序。序中总结了自己著作的分类：

> 此二十五年中，吾在港、台所出版之著述，约分四类：一类为吾在大陆之时已出版或已成书，泛论人生文化道德理性之关系之著。如《人生之体验》《道德自我之建立》《心物与人生》，及《文化意识与道德理性》等。第二类为来港以后表示个人对哲学信念之理解及对中西哲学之评论之著。如《哲学概论》，及《生命存在与心灵境界》二书。此二类之书，皆可谓为本书之纯哲学理论之基础所在。第三类为与本书同时，或继本书而写之评论中西文化、重建人文精神、人文学

---

① 唐君毅：致陈启恩，1978年1月11日。《唐君毅全集》（九州）卷31《书简》第400页；《唐君毅全集》（学生）卷26《书简》第522页。

术，以疏通当前时代之社会政治问题之一般性论文。此共编为《人文精神之重建》《中国人文精神之发展》《中华人文与当今世界》三书。皆由引申发挥本书最后三章，论中国文化之创造之文中所涵蕴之义理，并讨论其所连及之问题而作。第四类为专论中国哲学史中之哲学问题，如心、理、性命、天道、人道之著。此即《中国哲学原论》中之《导论篇》《原性篇》《原道篇》《原教篇》之所以著。而此诸书，则可谓为对本书所只概括涉及之中国哲学之基本观念，而据之以论中国文化者，作一分析的思辨，与历史的发展的论述。故二十五年来吾所出版其他之著，无不与本书密切相关。本书之论述哲学与中国文化诸问题，自不如吾其他之著之较为详尽。然自本书所涵蕴之义理，并连及之问题之丰富，而富启发性言，则此吾之他书皆不如此书。①

一月十六日，上午上课两小时。唐先生夫人坐在阅览室仍听见讲课声音很大，心想病成这样何以还有这样的精神，并顿然间体悟到，当唐先生的生命与自己见到的道理合而为一时，天命天理已寄托在唐先生身上，理所在之处，亦气之所在处，道理在呼唤，人亦必大声疾呼，这是不容己的事，这全是精神生命的活动现象。② 下午校对《中国文化之精神价值》一书新版，并言不是为自己，是为读书的人。

一月十八日，唐先生觉得气不顺畅，但仍去了学校，上午上课两小时。这是唐先生生前上的最后一堂课。据当日听课的吴甿所记：

> 一月十八日"经子导读"，轮到我讲解《礼记》的乡饮酒义，由唐先生批评指点。当时临时改做课室的图书馆内，忽然寒气四起，凝聚不散，大家正襟危坐，一堂肃然。唐先生脸色苍白，声音微弱而发音异于常时，一面喘息，一面说："乡饮酒义要旨在尊贤养老，叙长幼、敬长老、排辈份。若从功利的观念说，是因为中国是农业社会，

---

① 唐君毅：《中国文化之精神价值》第十版自序。《唐君毅全集》（九州）卷9《中国文化之精神价值》第7—8页；《唐君毅全集》（学生）卷4《中国文化之精神价值》第11—12页。

② 谢廷光：《忆先夫唐君毅先生》。《唐君毅全集》（九州）卷38《纪念集》第510页；《唐君毅全集》（学生）卷30《纪念集》第601页。

特重经验之故；若从伦理哲学的观念，则是后辈人对前辈的一种承奉，是向往一种长久、敬仰一突出高出于自己的生命，在乡饮酒礼中忘掉世俗功名事业，达到每人对生命个体之认同安顿……政治不能是纯政治，西方以宗教约之，柏拉图主以哲学为政治之基础，中国孔子则以礼教为政治之本。政治的基础在社会，以尊贤为本。尊贤风尚须在社会上培养。尊贤养老，不以地位功名为取……"呜呼！此竟是唐先生几十年教学生涯的最后一课。①

一月十九日，唐夫人为唐先生买一氧气筒。晚唐端正来探望，唐先生与他讲《生命存在与心灵境界》一书自己的用心所在，一时神采飞扬，声震全屋。

一月二十日，唐先生气很急促，走路吃力，但还是念着要去学校。后来实在不能支持，才请赵致华同学陪同去看曾鉴泉医生。医生主张立刻住院，留在家中不好。午后即入了浸会医院。当日，张曼涛先生来信说，要用唐先生四篇文章放入他所编的"现代佛学丛书"中，唐先生马上回信表示意见，只要接触到学问的事，就一点不肯马虎。张先生另一信又说，要选唐先生做哲学会会长，唐先生言带病之身，在此遥领，徒成笑柄，故立即复函辞谢。

一月二十一日，在医院等待检查结果，医生劝病人好好休养，少说话，一切行动都要慢，如此可减轻气喘。李杜、霍韬晦夫妇到医院看望。

一月二十二日，唐端正前往探视，唐先生夫人告诉他，医生说唐先生不可以再上课了。唐先生则不以为然，并言，坐而论学他是可以胜任的，如话亦不说，课亦不上，精神不能与人相通，只求生命的存在，那有什么意思呢？②

一月二十三日，检查结果出来。专家一致认为，肺上影子是癌肿，且癌细胞已侵入淋巴腺，血液沉淀度数很高，并谓唯一的办法就是试用抗癌素针，但后果不能预断。

---

① 吴甿：《如何认识唐君毅先生和中国文化运动》，《唐君毅全集》（九州）卷38《纪念集》第438—439页；《唐君毅全集》（学生）卷30《纪念集》第529页。

② 唐君毅：日记，1978年1月22日"廷光代笔"，《唐君毅全集》（九州）卷33《日记》（下）第356页；《唐君毅全集》（学生）卷28《日记》（下）第478页。

一月二十四日，打抗癌针，医生表示只是尽人事而已，未必有效。是日，女儿安仁小姐从美国来电话，谓已办手续准备回来，但以居留事等待移民局接见，不能马上回来。当时唐先生正在休息，父女并未通话，终成永诀。

一月二十五日，唐先生咳嗽不停，气喘亦加剧。医生谓咳嗽多的原因可能是针药已破坏了癌细胞，被破坏的细胞侵入气管，所以增加咳嗽，并给服止咳平喘药。

一月二十六日，医生言不能完全止咳，并同意回家休养，只须一周后去他诊所注射第二针。返家后，唐先生写了不少贺年卡以代书信。在回复远方同学的贺年卡上，均题"努力崇明德，皓首以为期"或"努力崇明德，时时爱景光"相勉。

一月二十八日，唐先生给二妹、六妹回信，报告自己病情，并复贺年片。

一月二十九日，由于打针反应，唐先生胃口不开，全无食欲，咳嗽哮喘仍旧，并感气闷，身体仿佛分成上下两段。这种情形之下，不能再去注射抗癌针了。医生同意暂时停止注射，但告知，如果针药不能控制癌细胞发展，恶化下去，心脏受压迫，病人随时都有发生意外的可能。

一月三十一日，唐先生请夫人为自己理发，自行洗头、洗澡。

二月一日，是唐先生日记终止日。

是日，复王家琦同学信。这是唐先生写的最后一封信。信中言：

> 最近三周情形，是四月来已有之咳嗽气喘加剧。行一二丈路，都要休息，否则气喘。已就二医院各住一星期，经四个医生检查，说法不一。或说是钴六十照射之反应，或说是肺炎气管炎，或说是旧病由右肺转移左肺，或说是左肺新肿瘤。最后一说乃经切片检查结果，似最可靠。今即照此曾医生办法注射抗癌素，已打一针，反应是略呕，并胃口几全无。看打二三针后，咳嗽及气喘是否好一些，如不好，则其诊断可能错。今将我离台北荣民医院时医院之一报告，及此曾医生之一简单证明书附本寄上。此资料自然不够，但一时亦无详细资料。祺看看，与你太太研究研究如何。吴先生来函谓对化学治疗，美国较港台进步五年。我现仍考虑来美检查，但亦要身体稍好一些，才能任旅行之辛苦。又我虽曾来美十次，但每次都是经大学或学会邀请，故签证极易办。现在如为治病来美，不知须依何手续？是否可凭借我寄

来之二件向你太太之机关申请来美检查。如接受此申请即出一证明文件，以便我及内子 Tse Ting Kwong 将来在美领馆办签证。如此法不行，是否可请吴士选先生向圣约翰大学之薛光前先生说明，请该校出一证明？棣可斟酌。若实不便，则我亦可直向此间美领馆交涉。但恐有意外困难，故能先在美有一证明为佳耳。我来美与否，虽尚未定，但先准备好一切为佳。①

二月一日中午，赵致华同学到寓所请唐先生签署几项重要文件，唐先生首先交代几件事情，请赵志华同学返回研究所后即刻办理：

（一）将研究所最近出版之书（包括唐师之书在内），检出两套，分别寄台北钱宾四师与美国余英时学长。

（二）唐师最近接一捷克哲学家来信，请求唐师赠近作，故嘱我将最近几年研究所出版有关哲学的书，每种寄一册并须挂号（来信再三叮嘱）并且附上一函。

（三）报载大陆已经恢复孔夫子地位，这是一个值得高兴鼓舞的消息，唐师嘱我将其近作，检出两套，分别寄赠北京大学图书馆、南京大学图书馆，并且要我附上一封信，说明作者原是北大、南大（原中央大学）的学生，离校已经数十年了，并无寸进愧对母校，现特将近作数册赠母校图书馆，藉作纪念等语。

（四）明天研究所新年团聚，今年特别请了几位先生的太太，同时又是酬谢《新亚学报》《中国学人》的编者与作者，我们的菜式，应该要稍为丰富一点，座位也要稍宽敞一些，不要太寒酸。②

二月一日，再过两天便是农历十二月二十六日，是唐先生七十寿辰。接下来便是农历春节。为了喜庆，唐先生夫人请黄树志、梁丽云两位同学帮忙贴春联，其一为"室有山林趣，人同天地春"；另一为"读书何必求

---

① 唐君毅：致王家琦，1978 年 2 月 1 日。《唐君毅全集》（九州）卷 31《书简》第 377—378 页；《唐君毅全集》（学生）卷 26《书简》第 492—493 页。

② 赵潜：《哲人风范永留人间——敬悼君毅师》。《唐君毅全集》（九州）卷 37《纪念集》（上）第 301—302 页；《唐君毅全集》（学生）卷 30《纪念集》第 376—377 页。

甚解，鼓琴亦足以自娱"。两副对联均由唐先生集前人句子而成。

翌日为新亚研究所聚餐，唐先生亦准备参加，并嘱唐端正同学届时前往接他。当天下午，唐先生向夫人忆述三位前辈。唐先生夫人回忆到：

> 时间已不早，我催你去睡，但你说不想睡，你向我讲三个人的事，今记于此，以志不忘长者风范。
>
> 首先你谈William Hockeng老先生，你说你一九五六年应美国务院邀请访问，老哲学家远道来访你，见面就说知道有一东方哲人来美，特来相见，希望能解决他心中一直困扰的问题。他说他热爱中国文化，中共统治大陆后，他曾与中共领袖去信讨论唯心唯物的问题，周恩来有信回他，言中共已决定采取唯物论，不再讨论唯心的事了。老人对此一直耿耿于怀，不忍文化古国走上这条道路，拟再与中共领导去信，特来问你意见如何。你说老人说话时热泪盈眶，令人感动，你无法解答他的问题，你只说去信可以，但结果如何就很难说。你叙述至此，你为老人的无私心悲悯心难过不已。你说人类的无私心悲悯心是最高的道德感情，没有国别种族界限的。
>
> 其次你谈到日本前辈宇野哲人老先生，你说是一位有儒者风度的老人。十多年前你到日本特踵门拜候，见到中国伦常之礼，充分的表现在他家中。雍雍穆穆的气氛，使人生敬，但我们的国家礼乐之教，大家已不注意了。你唏嘘慨叹，你聊以自慰的说，只要能保存于天下，什么地方都是一样的。你又说宇野哲人老先生相貌与你父亲相似，你情不自禁就哭起来了。
>
> 最后提到梁漱溟老先生，梁先生是你父执辈，你十七岁去北京读书，当时梁先生亦在北大教书，以办文化事业需筹经费，故作公开讲演连续五次，每次收费大洋一元。开始两次你去了，后来经不起左派同学对梁先生的攻击，第三次讲演你就未去参加。梁先生以为你无钱买门票，特要人转送五元大洋给你，你想着前辈对后辈这种关怀爱护之情，你又感动又伤心。你说这些事情常在心中，你要一一写成文章，才对得起这些古道热肠的前辈。①

---

① 谢廷光：《忆先夫唐君毅先生》。《唐君毅全集》（九州）卷38《纪念集》（下）第513—514页；《唐君毅全集》（学生）卷30《纪念集》第604—605页。

学生唐端正对此也有回忆和评论：

> 君毅师去世前一个下午，无端兴感，对师母讲述三个故事。
>
> 其一是关于梁漱溟先生的。时君毅师在北大读书，太老师迪风公与梁先生稔熟，临别付托梁先生照顾君毅师，这原是朋友间的一般礼貌。后来梁先生作连续性公开的学术讲演，门券银洋一元，君毅师初亦列坐听讲，后因左派对梁先生攻击，颇受影响，遂中途缺席，梁先生以为君毅师无钱购券，乃差人送他银洋五元。此种前辈对后进关怀爱护之情，君毅师终生感念不已。
>
> 其二是关于日人宇野精一先生的。一次，君毅师访日，宇野精一先生邀请赴他家，与其父宇野哲人先生一起拍照。精一先生让君毅师与其父并坐，自己则侍立于后。当时宇野哲人先生已年逾九十，闲静少言，惟与之对坐，如沐春风。君毅师以此感念别人之盛德隆礼，对自己国家民风颓败，咨嗟不已。
>
> 其三是关于美国哲学家威廉可敬（William Hopkin）先生的。当君毅师于一九五七年应美国国务院邀请赴华盛顿访问时，已故名哲学家威廉可敬先生乘搭数小时火车与君毅师相见。谈及他曾去信与中共哲学家讨论唯心唯物问题，所得答复，谓现时中国已决定尊奉唯物论，不必讨论。他对中国文化竟沦落至此，感到非常难过，问君毅师意见，可否附寄些书刊，再去函讨论，其对中国文化前途关切之诚，君毅师重述时，不禁潸然下泪。
>
> 以上三个故事，都是在君毅师去世前几小时自述的。在感念畴昔之中，都洋溢着对国家民族历史文化的深厚感情，这是君毅师一切学问的根。君毅师在《中华人文与当今世界》的序言中，说明附录之部所载的几篇怀乡怀友的文章时，有谓："我对中国之乡土与固有人文风教的怀念，此实是推动我之谈一切世界中国文化问题之根本动力所在。"君毅师的学问，虽然气象万千，到底归本于性情，在艰深的背后，其实也是很简易的。①

---

① 唐端正：《永恒的悼念——敬悼君毅师》，《唐君毅全集》（九州）卷37《纪念集》（上）第257—258页；《唐君毅全集》（学生）卷30《纪念集》第320—321页。

二月二日，凌晨三时半，唐先生咳嗽气喘，不能安睡。用氧气筒后，虽然好些，但毫无睡意，乃与夫人讨论静坐之法。夫人谓，有时静不下来，便观想圣哲之像。唐先生谓，此时观佛像最好，因佛像俯视，静穆慈祥，不使人起念；孔子像远视前方，使人有栖栖皇皇，时不我予之感；耶稣像在苦难中，更使人不安。稍后，夫人在昏沉中入梦。

二月二日，凌晨五时半，唐先生突然气喘大作，自言不行了，难过得很，夫人给氧气筒，亦不肯使用，直奔客厅坐在椅上。唐夫人让金妈陪着唐先生，急电医生求救，并电话李国钧夫妇过来帮忙。就在两个电话之间，唐先生一时接不上气，已瞑目不动，对夫人无数声的呼唤，均无反应，只听得喉间有痰声。待救护车赶来将唐先生送至浸会医院时，已返魂无术。医生并言，唐先生这样安静地过去是幸福，否则来日的痛苦是求生不得，求死不能。

时维公元一九七八年二月二日，丁巳年十二月二十五日。若依公历计算，唐先生已度过七十寿辰（一月十七日），享年七十岁；若依农历计算，则唐先生还差一日（十二月二十六日）才满七十岁。

二月四日，唐先生女儿安仁小姐自美奔丧返回香港。

二月十二日，在九龙世界殡仪馆举行大殓。牟宗三先生报告唐先生生平，徐复观先生撰写唐先生生平事略。

是日，苦雨凄风，吊祭者有新闻界、文化界、教育界及各界人士两千余人，社团数十。"其中不仅是唐教授的亲友和他的学生，还有社会各界阶层人士，也有和他素不相识而敬慕他的人格和言论的社会青年。还有佛门的僧尼。"① 挽联花圈，挤满礼堂。部分挽联内容如下：

牟宗三先生：

> 一生志愿，纯在儒宗，典雅弘通，波澜壮阔，继往开来，智慧容光昭寰宇；
>
> 全幅精神，注于新亚，仁至义尽，心力瘁伤，通体达用，性情事业留人间。

---

① 吴俊升：《唐君毅教授与香港告别了》。《唐君毅全集》（九州）卷37《纪念集》（上）第40页；《唐君毅全集》（学生）卷30《纪念集》第54页。

徐复观先生：

  通天地人之谓儒，钜著昭垂，宇宙贞恒薪不尽；
  历艰困辱以捍道，尼山巍峙，书生辛苦愿应偿。

程兆熊先生：

  病里乾坤，据君所论，生命本长存，万代千秋君当重返；
  变中世界，由道而言，心灵开九境，六通四辟道必大行。

吴俊升先生：

  桂林街、农圃道，创校护校，二十年艰苦共尝，文化幸留一脉，弘教正仗先知，奈何天夺贤哲；
  崇圣学、育英才，经师人师，三千众菁莪同仰，赋别仅经四旬，噩耗忽传远海，可堪我哭良朋。

罗香林先生：

  论学笃实光辉，著述刊世界之林，立言不朽；
  为人聪明正直，心灵通阴阳之理，浩气长存。

李璜先生：

  菩萨心肠，圣贤抱负；
  精神不死，教泽长存。

许孝炎先生：

  巫峡起文豪，博古通今，名山事业昭来日；
  香江辍弦诵，怀人感事，太学风光忆旧时。

程石泉先生：

我与大阮同学，道义相期，谂知学究天人，不遑问百世名山，千秋竹简；

君于圣贤思齐，悲悯为怀，自然痛切慧命，却留恋五湖皓月，一点梅花。

严灵峰先生：

著作等身，居无忝所生，堪称孝子；

文章报国，死不留遗憾，可谓完人。

柯树屏先生：

结知交于年华少壮之时，当日同游，忆钟阜秦淮，雅兴幽怀尝与共；

宏绝学于世运艰屯之际，斯人遽逝，望香江台海，谈经论道更何从。

劳思光先生：

赤手争文运，坚诚启士林，离明伤入地，震垠感重阴，直论求全切，前期负望深，尘箱检遗札，汗背涕沾襟。逼眼玄黄血，人间患作师，曹随宁自画，杜断旧相知，儒效非朝夕，才难况乱离，平生弘道志，成败莫轻疑；

深密宣三性，华严演十玄，众长归役使，孤诣摄通圆，坚白观儿戏，雌黄付世缘，江河终不废，百卷视遗篇，五百摧名世，天心未易求，说难人藐藐，穷变事悠悠，司马无私语，春秋重复雠，骑箕怳回首，遗憾望神州。

陈立夫先生：

>笃学励行，守死善道，四十年文字因缘，最早知君莫如我；
>抱璞怀宝，成功弗矜，五千载道统阐述，而今继起属何人。

刘季洪先生：

>永逝痛斯人，术道宏文开世运；
>微言析大义，殷忧启圣系苍生。

黄少谷先生：

>继往哲而立言，著书渊穆信儒宗，百卷丹黄开闻奥；
>穷其力以传薪，琢玉嵯峨钦户牖，频年鼓铸说功深。

黄麟书先生：

>岭表正梅开，农圃菊花惜先谢；
>司马以文胜，卧龙经济许同彰。

任卓宣先生：

>遗言葬台岛青山，从知海外宣勤，系心宗国；
>精爽托等身钜著，共钦驰名当世，垂教来兹。

沈亦珍先生：

>相期老当益壮，共恢张新亚精神，如何腊鼓声催，遽报逍遥归帝所；
>为问天竟难凭，况值此中原溃洞，不意文昌星陨，怅无遗憝把轮扶。

潘重规先生：

艰难志业真儒学；
忧患文章烈士心。

程文熙先生：

有肉眼，有天眼，有慧眼，有法眼，有佛眼，现新儒身；
说名理，说玄理，说空理，说性理，说物理，是大菩萨。

王韶生先生：

自孟轲以来，正气凛然传道统；
溯西蜀既往，清标邈矣重人伦。

萧立声先生：

风谊感平生，记廿年艺事知交，赏我牝牡骊黄之外；
精神应不朽，待他日哲人画像，位君濂洛关闽之间。

蔡仁厚先生：

香江云天，遽陨山斗，哀仰情何限，赖有哲士盈庭，永续慧命；
蓬岛客馆，屡接音容，启沃意特多，今唯青灯含泪，常诵遗书。

张曼涛先生：

十数年前，扶桑问眼疾，病榻余情，与公畅谈三千诸法谛；
二阅月来，隔海传手书，讲筵不断，示我犹叙台贤别教圆。

陈修武先生：

辟邪说，导佞辞，敷衍文字般若，悲天悯人，苦口婆心，更欲事业以济之，客境艰难，洪水猛兽，实大多乎孟轲；

立民极，弘圣道，体证精神菩提，致知格物，居仁由义，不因否塞而馁者，先生怀抱，青天白日，真无愧乎宣尼。

余英时先生：

当年哀花果飘零，道本同归，仁为己任；
百世重人文教化，我岂异趋，久而自伤。

孙国栋先生：

忧国忧时，海内大儒；
立德立言，一代宗师。

唐端正先生：

发乎情，止乎义，感乎时，全副精神，尽瘁当今世界；
据于德，依于仁，游于艺，满腔理想，无愧百代宗师。

李杜先生：

博通于古今中外，取远取近，独尊孔孟，开新儒学；
兼究乎老释耶回，希天希圣，同存朱陆，为百世师。

赵潜先生：

传道为儒林之宗，复兴中华圣学，崇明德，作新民，鞠躬尽瘁，死而后已；
著述惟仁爱是本，重振人文精神，放淫辞，辟邪说，沐雨栉风，老而弥坚。

陈耀南先生：

百卷挽狂澜，欣浊浪终回，暮鼓晨钟匡末俗；
一身传道术，哀哲人长往，凄风寒雨悼先生。

霍韬晦先生：

花果飘零，世间眼灭；
人极既立，君子息焉。

麦仲贵先生：

泪下哭先生，江汉秋阳征气象；
心丧持弟子，杏坛洙泗仰遗风。

梁瑞明及郑捷顺先生：

哲人其萎乎，朗朗千秋后；
夫子何为者，栖栖一代中。

陈荣灼先生：

九境心灵，育才满门，涵养飘零花果，悲怀弥宇宙；
三向生命，著书万卷，彰现光辉中华，慧识启乾坤。

邝健行先生：

花果飘零，卅载艰难诲后学；
江山寂寞，几人卓绝继先生。

梁燕城先生：

湛若水岭表儒宗，鹿洞幸追随，风范感人，喜有芒编传万古；
庚子山江南物望，华阳留小住，仁心爱众，更余桃李满人间。

唐先生夫人谢廷光女士：

　　结发逾卅载，亦师亦友，君今去矣，扶灵榇东归祖国，营斋营葬，强承遗志恸何言；
　　存书有万册，移性移情，儿其勉哉，尊义理常怀父训，修德修文，盖衍全归德有知。

唐先生二妹唐至中先生：

　　六十年手足悠悠，往事悲痛欲绝；
　　五千里山川漫漫，长路奔赴何从。

唐先生女儿唐安仁小姐：

　　昊天罔极。

唐先生谊子徐志强先生：

　　义父竟长辞，对业已枯双泪眼；
　　犹子将何报，临风空结九回肠。

国立中央大学同学会：

　　师法古今，能立乎大；
　　学通中外，已见其微。

新亚书院校友会：

　　倡仁义，传圣道，化雨频霑，高山可仰；
　　轻权势，距异端，典型遽逝，后学焉依。

新亚研究所：

为新亚精神开道路，为中华学术开风声，大雅仗扶轮，久矣世仰儒家，士尊泰斗；

是东方人文之前驱，是君党蹈厉之矩范，鞠躬今尽瘁，定知身骑箕尾，气作河山。

新亚书院哲学系：

析心物，建立道德自我，原性原道原教，洋洋数百万言，先生岂好辩哉；

论中华，痛惜花果飘零，怀乡怀土怀国，默默一片悲情，夫子不得已也。

此外，挽联、挽轴、挽诗、唁电、唁函、花圈、奠仪尚多。

二月十七日，唐先生夫人和女儿到台北为唐先生选购墓地。几经比较，决定在观音山山腰地方朝阳墓园内买一块墓地，该地背山面水，气象宽阔，在两山环抱中，十分宁静，使人有舒适之感，且可以西北望故乡。

三月十一日，由李国钧、孙国栋、唐端正、赵致华（潜）、李杜、苏庆彬、逯耀东、霍韬晦诸同学护送唐先生灵柩赴台湾落葬台北观音山朝阳墓园。行前先绕新亚书院在农圃道的校址一周，并设祭台送别。

三月十二日，唐先生灵柩抵台后，由台湾当局"教育部"主持在台湾大学法学院礼堂开追悼会。由李元簇先生主祭，程兆熊、黄振华先生报告唐先生生平，孙国栋同学代致谢辞。是日，蒋经国先生亲临吊唁，并赠"痛怀硕学"挽额。

三月十三日，唐先生大葬之期。是日，风雨如晦。但冒雨送葬者络绎于途，其中很多人，只读过唐先生的书，素不相识。唐先生的灵柩落葬于台北市观音山朝阳墓园的一块墓地。唐先生的长眠之地，俯瞰淡水河，面对七星山，视界开阔，有山有水，形势景观都很好。如唐先生夫人言，唐先生会喜欢的，"就不知何年何月才可以迁葬你于家乡先人之墓地"。① 一位为中国文化、人类理想而劳瘁一生的大儒，除其智慧容

---

① 谢廷光：《忆先夫唐君毅先生》。《唐君毅全集》（九州）卷38《纪念集》（下）第519页；《唐君毅全集》（学生）《唐君毅全集》卷30《纪念集》第612页。

光、性情事业长留人间外,其为人间承受种种痛苦的生命,至此乃得到永恒的安息。

是年,唐先生的遗著被陆续发表的有:

在《鹅湖》发表的《在台讲学之感想》《人学——人文友会第五十次聚会讲辞》《覆陈同学书》《覆鹅湖杂志社书》;

在《明报月刊》发表的《致张曼涛函》《唐君毅先生遗著选刊》。

谱　　后

唐先生去世后，除了悼念活动外，学人、学生、好友及各界社会人士，发表了大量的纪念和回忆文章，发表文章之多，回忆纪念之热烈，甚至形成了独特的"唐君毅现象"。其中，也有个别文章是对唐先生的某一方面持批评立场的，而唐先生的学生又有回应文章进行辩护者，由此形成所谓的"悼唐风波"。

如今来看，所有的这些纪念与回忆文章从多个角度反映了唐先生的历史地位、思想学术、文化事业、教育教学、生命人格、家国情怀及生活态度。

（一）历史地位

治丧委员会（徐复观）：

先生之学，体大思精；长于辨析，善于综摄，驰骋于东西哲学之中，而一归于中国圣贤义理之学。其著作奥衍浩瀚，驰骛八极，要以立足于人生，开辟生命之本源，建立道德理想之人文世界，以启导我民族无限向前向上之生机为其鹄的。其一九七六年秋在医院亲作最后一校之《生命存在与心灵境界》，凡一千二百余页，乃其平生学思之综化，亦即其思想体系之完成。涵摄广大而一以儒家之尽性至命为归极。其造诣所至，著作所及，我国自"哲学"一词成立而有专科之研究以来，盖未尝有也。①

---

① 唐君毅先生治丧委员会（徐复观）：《唐君毅先生事略》。《唐君毅全集》（九州）卷37《纪念集》（上）第1页；《唐君毅全集》（学生）卷30《纪念集》第6页。

《简明不列颠百科全书》（原《大英百科全书》）：

Tang Junyi（TANG CHUN-I）（1909—1978.2.2）哲学家，中国哲学史家，四川宜宾人。一九三二年于南京中央大学哲学系毕业，后担任中央大学助教、讲师、教授、哲学系主任；后期任香港中文大学讲座教授。对西方和东方哲学进行了综合和发展，除了以六卷《中国哲学原论》对中国整个哲学传统予以系统的再解释之外，在两卷本《生命存在与心灵境界》中建立了一个新的哲学体系，将宇宙万事万物都看作是求超越的过程，生命存在不仅是为存在而存在，乃是为超越自己而存在；心灵的活动也是在这个基础上，从现实的生活逐渐向上求更高的价值，最后止于天德与人德一致的最高价值世界。他的世界观是继承和发展中国儒家传统的人文主义的世界观。他的这部著作发表后，西方有学者认为可和柏拉图、康德的著作媲美，并誉之为中国自朱熹、王阳明以来的杰出哲学家。①

牟宗三：

唐先生是"文化意识宇宙"中之巨人，亦如牛顿、爱因士坦之为科学宇宙中之巨人，柏拉图、康德之为哲学宇宙中之巨人。吾这里所谓"文化意识宇宙"与普通所谓"文化界"不同，文化意识不同于文化。这一个文化意识宇宙是中国文化传统之所独辟与独显。它是由夏商周之文质损益，经过孔孟内圣外王成德之教，而开辟出。此后中国历史之发展，尽管有许多曲折，无能外此范宇，宋明儒是此宇宙中之巨人，顾、黄、王亦是此宇宙中之巨人。唐先生是我们这个时代此宇宙中之巨人。唐先生不是此宇宙之开辟者，乃是此宇宙之继承与弘扬者。没有科学传统，不能有牛顿与爱因士坦之为科学宇宙中之巨人。没有希腊哲学传统，不能有柏拉图与康德之为哲学宇宙中之巨人。同样，没有中国文化传统，亦不能有唐先生之为此时代所需要弘扬之文化意识宇宙中之巨人。唐先生之继承而弘扬此文化意识之内蕴是以其全副生命之真性情顶上去，而存在地继承而弘扬之。"彼其充实不可以已。……其于本也，弘大而辟，深闳而肆；其于宗也，可谓调适而上遂矣。"吾再重述此数语以为唐先生生命格范之写照。

---

① 《简明不列颠百科全书》第 7 卷 677 页，中国大百科全书出版社出版。《唐君毅全集》（九州）卷 37《纪念集》（上）第 4 页；《唐君毅全集》（学生）卷 30《纪念集》第 8 页。

他是尽了此时代之使命。①

吴俊升：

唐教授的学问与师道以及他的完美的道德人格，可称集学者、大师、醇儒于一身，为并世所少有。他的去世乃是中国与世界尤其是香港无可补偿的损失。宋儒曾有"为天地立心，为生民立命；为往圣继绝学；为万世开太平"的宏愿。唐教授乃是一生抱此宏愿力求实现，直至最后一息还是永矢弗谖的。虽然为客观条件所限，这宏愿未能完全实现，但是他的成就已经很多了。他的数百万言的哲学巨著，融和中国西洋和佛家的宇宙天人，身心性命之学，体大思精，而最后归本于中国往圣昔贤的绝学。这种成就，为中国过去学人所少见。过去的中国学人，对于中国与西洋哲学和佛学，或精通其一，或会通其二，各有千秋；但能会通三者，赅括统摄成一完备体系而归结于我儒家正统为国际思想界所重视者，以唐教授为少有的一位。其伟大难能处在此。②

金耀基：

唐先生是廿世纪一位非常重要而杰出的中国哲学家，他不但承继，而且进一步发展、扩大了中国的哲学传统。他在中国哲学史上将占一崇高而稳固的席位。

唐先生也是当代一位伟大的知识分子。唐先生的眼睛、心灵所注视，所扣系者不限于抽象的知识观念，而毋宁更是天下苍生与文化慧命。他站在政治之外，却立于社会之中。他本其所知、所信，对社会人生的大问题负责而勇敢地发表了他的意见，这是中国传统书生伟大风格的表现。

唐先生对新亚来说，更是一位极可尊敬的、为学不厌、诲人不倦的教师。他与新亚有无比的深厚关系，他与钱宾四、张丕介两先生创办新亚，二十余年来，唐先生一直是新亚教育事业辛勤的播种与耕耘者。他的讲堂风采和居常论学待人的形象无不深烙在大家的心中；他的贡献已成为新亚

---

① 牟宗三：《悼念唐君毅先生》。《唐君毅全集》（九州）卷37《纪念集》（上）第17页；《唐君毅全集》（学生）卷30《纪念集》第26页。

② 吴俊升：《唐君毅教授与香港告别了》。《唐君毅全集》（九州）卷37《纪念集》（上）第38—39页；《唐君毅全集》（学生）卷30《纪念集》第51—52页。

历史不可分割的一部分。①

王煜：

唐师晚年最高的荣誉，就是一九七五年哥伦比亚大学出版、汉学家 Th. de Bary 主编的《新儒学之开展》(The Unfolding of Neo-Confucism)，劈头便以整页标明："献给唐君毅教授"。此项殊荣，可谓多次赴夏威夷、纽约、京都、罗马、苏黎世等地出席国际会议的后果。②

（二）思想学术

黄振华：

唐先生为维护中国文化延续中国文化生命所撰各种著作之完成，使中国文化生命之延展，获得坚强之韧带，任何人想要毁灭中国文化，都不易达到其目的的。③

司马长风：

《中国文化的精神价值》一书对中西文化问题，开启了新路向，扫清过去一切的肤浅、纷扰和偏歧。因为这新路向正道大路。它既不是固步自封，抱残守阙，也不是盲弃传统，媚从外国；又不是一厢情愿地中体西用；而是"上穷碧落下黄泉"，踏遍中国、印度、西方三大文化洪荒，融会贯通诸文化，发现文化的本源，然后疏通源流，安立各文化，以及各文化各层面的价值体系。这不止是中国人的书，实是全人类的书。这一通达豁朗的文化远景，使我对世事纷扰，能够颔首会心，同时对中国和世界的前途，怀抱乐观的精神，这点乐观精神即使在最昏暗的日子，也从未动

---

① 金耀基：《敬悼唐君毅先生》，《唐君毅全集》（九州）卷37《纪念集》（上）第185—186页；《唐君毅全集》（学生）卷30《纪念集》第231—232页。

② 王煜：《唐君毅先生对香港大学与我的影响》，《唐君毅全集》（九州）卷37《纪念集》（上）第357页；《唐君毅全集》（学生）卷30《纪念集》第430页。

③ 黄振华：《唐君毅先生与现代中国——悼念一代文化巨人之殒落》，《唐君毅全集》（九州）卷37《纪念集》（上）第116页；《唐君毅全集》（学生）卷30《纪念集》第145页。

摇；并且成为我思想和创作的动力，从不气馁。①

寿而康：

君毅先生一生的成就，在哲学史上，上承孔孟，融通程、朱、陆、王之学，而且吸收西方哲学的精华，真正做到取长补短，发挥了道德形而上学的庄严博大和精微，比之柏拉图和康德、黑格尔，也并不逊色的。②

温心园：

唐君毅先生的《中国哲学原论》可以说是中国哲学研究的里程碑。③

翟志成：

《中国哲学原论》这部长达数百万言的巨著，是中国哲学史上第一块划时代的丰碑。我想，在中外古今的所有哲学大师中，只有唐师一人，才能有如此高的学养，如此宽广的胸怀和如此宏大的气魄，有系统地把中国由先秦到明清的圣哲先贤思想中的所有精彩部分，共冶于一炉，再从中发挥引申，提炼出既来源于先哲但又优于先哲的宏大思想体系。④

林继平：

唐先生系由西方哲学入门，即对西方哲学思想理解后，再回头来理解中国思想，进而印度思想，以尽量扩展其思想理解的范畴，为他浩瀚磅礴的思想，奠一广大宏深之基础。进而纯从"哲学知识"的路线，把中、西、印三方面的思想融为一体，于是即完成了他自己的庞大思想体系，如

---

① 司马长风：《忆唐君毅先生》。《唐君毅全集》（九州）卷37《纪念集》（上）第145—146页；《唐君毅全集》（学生）卷30《纪念集》第182页。

② 寿而康：《同忆唐君毅先生》。《唐君毅全集》（九州）卷37《纪念集》（上）第178页；《唐君毅全集》（学生）卷30《纪念集》第222页。

③ 温心园：《悼唐君毅先生——一代哲人之逝》。《唐君毅全集》（九州）卷37《纪念集》（上）第207页；《唐君毅全集》（学生）卷30《纪念集》第259页。

④ 翟志成：《恩重如山粉身难报——哭君毅师》。《唐君毅全集》（九州）卷38《纪念集》（下）第419页；《唐君毅全集》（学生）卷30《纪念集》第507页。

其巨著"生命存在与心灵九境"之所代表者。①

杜维明：

唐先生对西方哲学曾下过系统而深入的工夫；从苏格拉底以前的希腊到海德格后期的德国都在其观照之中。他对黑格尔自然知之甚稔，不过说他因为用黑格尔的思考方式来研究中国哲学结果犯了语无伦次的毛病是无稽之谈。推崇英美自由主义的学者常不自觉地就暴露出对欧洲大陆哲学，特别是德国哲学的偏见和无知。

唐先生的接触面极广，思想极丰富，行文时又常主动地采用辩证的方式，如果用一般所谓文从字顺的尺度来衡断，自然会得出糊里糊涂的结论。但是我们假若肯以"学心听"的态度慢慢地去体味他的心迹，即使不能登堂入室，至少也会意识到唐先生鞠躬尽瘁以毕生精力开拓的心灵境界，当有其庄严雄伟的门墙。

唐先生在佛学方面确也下过系统而深入的工夫。他对华严宗有精湛的妙悟是可以想见的。

唐君毅先生任重道远，死而后已的学术生命是当代儒学经过好几代花果飘零后得以灵根再植的明证。他这种夙兴夜寐不辞辛劳地既研读哲学名著，向西方知者如黑格尔学习，又细嚼佛教宝典向中土大德如杜顺学习的求道精神，是使得淡泊如今的儒门，能够一阳来复，逐渐光大其思想境地的动源。②

唐端正：

君毅师之最后遗著《生命存在与心灵境界》，乃其平生学问的结穴。目的在合哲学、宗教、道德为一体，以成一学一教之道。他认为人可由哲学的思维，以知理想有一必然趋向于实现的动力，如是实见得一切不善者不合理想者终当被化除，而趋向于非实在、不实在；而一切善者合理想者，终当获得实现，而趋向于实在。如是我们便可形成一只有善的合理的才是实在，恶

---

① 林继平：《天涵地负忆哲人——追怀唐君毅先生逝世一周年》。《唐君毅全集》（九州）卷37《纪念集》（上）第234页；《唐君毅全集》（学生）卷30《纪念集》第290页。

② 杜维明：《一阳来复的儒学——为纪念一位"文化巨人"而作》。《唐君毅全集》（九州）卷37《纪念集》（上）第239—241页；《唐君毅全集》（学生）卷30《纪念集》第297—298页。

的和不合理的都不实在的绝对信心。人依于此绝对信心而成的盛德大业，亦可反过来证实这信心。如是形上学的信心与道德上的行为互证，即成中国儒者天人合一之教。这种合哲学、宗教、道德为一体之道，其核心即本于好善恶恶的本心本性。此一本心本性，实为一足以旋乾转坤的天枢。但人若自觉生命力微小，而思慕有一宇宙性的神圣心体，这便趋向于一神教。人若不观此一宇宙性之神圣心体，而遍视一切不合理想者皆出于生命的妄执，其本性皆虚幻而空，随而彰显潜隐的真实，这便趋向于佛家。这两型的宗教思想，都不是中国传统性情之教的核心，但又非不为儒家思想所多少涵具，而视为人所当有。但依儒家观点，人对于具全体大能之宇宙性神圣心体，与出于生命妄执的一切虚幻，只当取其消极的超拔卑俗与破除断见的意义，不应使人只作希高慕外之想而忽略当前尽性立命之事。人若真依内心之实感，见一善善恶恶的性命之原，至诚不息，充内形外，以成其盛德大业，即步步见有不合理者之自化自空，终至完成灭度，亦步步见此合理者之彰其德，终至全德全能，实不必先肯定一缘生性空之宇宙性的寂灭本体，与全德全能之宇宙性的神圣心体。君毅师以儒家践仁尽性之教，天人合一之教，大开大阖，终于融通基督教与佛教，其智慧之高，魄力之大，悲愿之弘，可谓得未曾有。君毅师的生命，即此便可以不朽了。①

李杜：

唐先生的学问确是博通于中外古今。他的《哲学概论》《中西哲学思想之比较论文集》《人文精神之重建》《文化意识与道德理性》《心物与人生》《人生之体验》《道德自我之建立》之等书是通中外古今以为说，其他看似专论性的书，如《中国哲学原论》《原性篇》《原道篇》《原教篇》《生命存在与心灵境界》等亦是通中外古今以为说。

唐先生在世时曾被称为人文主义者、新儒者、道理的理想主义者、文化哲学家、超越的唯心论者等；逝世后更有"文化意识中的巨人""大儒"等推尊。此等称谓或推尊皆表现了唐先生的思想或人格的一方面。我们由此可约略地知道他是怎样的一位哲学家。

称他为人文主义者是一种很相应的称谓。因为他不仅写了《人文精神

---

① 唐端正：《永恒的悼念——敬悼君毅师》。《唐君毅全集》（九州）卷37《纪念集》（上）第258—259页；《唐君毅全集》（学生）卷30《纪念集》第321—322页。

之重建》与《中国人文精神之发展》二书以倡言人文主义，更与钱穆先生、张丕介先生和其他爱好中国文化与维护学术自由的人士共同创办新亚书院推行人文主义的教育。他深深感觉到现代的学术思想有使人失去其为人的危机。唯物论、共产主义否定人性，物化人生，固是使人不能安身以树立高尚人格的思想；现代的西方思想太过分重视抽象的知识而忽略具体的个人，亦是不能正视人生与人文的事，故有现代存在主义的运动；又西方神本主义的宗教哲学以上帝为绝对的外在而超越于人，亦使人永远与上帝疏离而不能有人神真正的交通。因此他乃倡言人文主义以试图纠正现代学术思想的流弊。

称他为新儒者亦是很相应的称谓。因为他不但对孔子、孟子与传统儒家的圣贤人物有崇高的敬意，他的学术思想亦以儒学为归宗。他的思想本甚广博，于中国儒家之外其他各家的思想无不注意，中国之外的印度与西方的哲学亦一生用力研究。但他由对儒家以外的哲学思想的注意与研究中而了解到它们多有可为儒家思想所涵摄之处，他亦常借对它们的比较与讨论，尤其对西方哲学思想与儒家的比较与讨论，以引发传统儒学的新义理。他对于宗教形而上学、逻辑、知识论、科学知识等无不用心，但他在对它们从事分辨与了解之后，最后皆纳入儒学中去，而成为以道德心灵为主导的儒学所应具有的内容。因此他对儒学的论述不是抱残守阙的论述，而是相对于现代人类学术的新成就而来的新开展的论述。宋明儒者相对于宋明两代的新的学术环境而从事儒学的新阐扬，后世称他们为新儒者。唐先生相应于现代的学术的新成就以阐扬儒学而使其有更进一步的开展，亦应被称为新儒者或新新儒者。

称他为道德的理想主义者亦是很相应的称谓。他自从肯定了一"道德自我"为他的哲学的中心观念之后，即一直在说明此一观念，并依此而建立他的道德的理想主义的哲学。他的《道德自我之建立》《人生之体验》《心物与人生》《文化意识与道德理性》是对此一理想的肯定与展示的书，他的《生命存在与心灵境界》亦以道德的理想为归宗而显示"学在成德"成其"一学一教之道"的书。

称他为文化哲学家则是从他所肯定与倡导的人文主义的文化理想、儒家的文化理想，或道德的理想主义的文化理想上说的。他所著的《人文精神之重建》《中国人文精神之发展》《文化意识与道德理性》《中国文化之精神价值》，以及其他的著作所一再表现的人文世界、人格世界、价值世界等亦皆是由人的仁心善性或人的道德心、道德理性以建立一理想的文化哲学，以说明人生的意义与人生的价值所在。

称他为超越的唯心论者则是就他由人的超越的心灵以建立他的哲学系统上说的。他曾由此心灵以反省人所经历的不同生活，亦由此心灵以辩论心物与人生的关系，以说明心灵的先在性及人生的意义。前面所已说过的《道德自我之建立》是他依超越的心灵的反省活动以肯定其自己的表现，《文化意识与道德理性》则是依此心灵的活动以见道德理性的分殊表现。于此外，他对于上面所说有关人文主义的文化理想，儒家的文化理想，道德理想主义的文化理想，理想的人格世界、价值世界等的论述亦皆为由人的超越的心灵的反省、肯定与开展等上说的。他的《生命存在与心灵境界》的心通九境论的系统的建立更是由超越的心灵的活动而来对心灵与客观事物的个体、类、因果关系的了解，对心灵自己反省其自身所表现的感觉活动、理解活动、道德实践活动的了解，以及对心灵反省其超主客的向往而显示或为归向一神，或为去除我法二执以向往一涅槃境界，或为由尽心知性以知天以上达于天德流行的境界而写成的巨著。

唐先生既是如上所说的人文主义者、新儒者、道德的理想主义者、文化哲学家、超越的唯心论者，则他不应被误解为一位狭义的中国文化本位者。但由于唐先生于其著述中常流露出一种对民族文化爱护的深厚感情，故容易被误解为一位狭义的文化本位者。但如我们在前面所多次提到的，唐先生虽然有深厚的民族感情，亦有清明的理智。在他本他的超越的心灵或道德的理性去了解问题时，中西哲学思想与人类文化问题皆成为他心灵了解的对象。它们的是非得失，归向所在皆依理性了解的自然归向而定。他对中国古圣先贤的推重为本于人的道德理性而来的要求，对西方知识问题的疏论亦为依于人的理解而来的辨别。因此，就唐先生哲学所依以建立的中心观点上说，他对中西哲学与文化思想的论述没有先在的偏见，任何文化与学术都同等地看待，皆为世界学术思想的一部分。中国的学术文化亦成为人类文化或世界思想的一部分。依唐先生论述《生命存在与心灵境界》的意义上说，即成为表现人的超越的心灵活动的了解的一部分。

唐先生既不是狭义的民族文化本位者，自然亦不是受西方思想影响甚深，以西方的概念去曲解中国传统学术的人。我们不否认，唐先生更肯定，中国传统学术有其特殊的意义。要对此一特殊的意义有了解，自然要顾及形成此特殊意义的历史环境、地理因素、民族气质、社会形态、思考方式等。但我们却不能因此而将所要了解的意义永远特殊化，而不可普遍化，和不能用普遍的概念去了解。此处所说的普遍的概念，在其初被用时虽或是西方的或中国的，但当其被大家所熟习，而为人的理性所应用以从事了解时，则不再为任何一民族所私有，而成为公共的概念。因此，我们不能以唐先生运用很多西方的概念以论述中国传统的学术思想问题，而即认为他曲解了传统的中国学术。事实上，任何一学术传统所用的概念、词语都不断在生长。就中国传统来说，魏晋时人所有的概念与所用的词语已不同于两汉与先秦，宋明理学家更是融会了佛学而获得了新的概念与应用新的词语去开拓儒家。没有任何人要对传统的学术有继承与发展而不运用新概念与新词语的。唐先生对传统学术，尤其是对儒学的一大贡献，正在通过现代学术的观念去重新肯定与发扬传统的儒学涵义，为其开新面目，而建立一新的儒家哲学系统。①

王邦雄：

先生著述之丰，在当代学人当中，可谓无出其右者，在人生苦痛的负面反省与生命价值的正面开拓上，有《人生的体验》《人生之体验续编》与《病里乾坤》；在文化理想与人文精神的重建上，有《道德自我之建立》《中国文化之精神价值》《人文精神之重建》（上下册）《文化意识与道德理性》（上下册）《中国人文精神之发展》《中华人文与当今世界》（上下册）；在这一系列的著述中，可见先生一生思想的用心之处。在中国哲学的疏导阐释上，有《中国哲学原论》之《导论篇》一、《原性篇》一、《原道篇》三、《原教篇》一等六巨册，此先生隐寓《中庸》"天命之谓性，率性之谓道，修道之谓教"之意；在中、西、印三系哲学的贯通统合上，有《哲学概论》二巨册，此在东西方哲学家的著述中，尚属首见；而代表其一生哲学思想之体系的完成者，乃其病中自校，去年年底甫告出版的《生命存在与心灵境界》二巨册。在这一最后的定论中，先生透过生命内在的性情发心，去次第展现超越的价值理境，而其归极就在立人极成教化的儒教。此正是先生一生文化理想与人文精神的生命所在。

这一系统的建立，这一间架的撑开，可以说是先生志在综摄中西印三

---

① 李杜：《对唐君毅先生的哲学的不同称谓及不应有的误解》。《唐君毅全集》（九州）卷37《纪念集》（上）第269—275页；《唐君毅全集》（学生）卷30《纪念集》340—344页。

系哲学，使古往今来每一家每一系的思想都能各有其位之大心愿的完成。这当然是绝大的成就，先生之成其为哲学家者就在此。惟先生自谓："吾不欲吾之哲学成堡垒之建筑，而唯愿其为一桥梁；吾复不欲吾之哲学如山岳，而唯愿其为一道路，为河流。"先生亟愿由此一桥梁道路的沟通，使哲学仅成一历程，以导向其文化理想与人文精神的实现。①

霍韬晦：

唐师哲学的体系极大，固非一文所能尽；但在根底上，亦可以说是很简单（此非轻率语，望读者垂察），盖即自唐师之真性情始。由于唐师对人生的体验极深，不禁为人类思想世界的分裂嗟叹，尤其是哲人之孤独，更使人耿耿于怀。哲人求道的精神，非人所能及，但何以古今中外之道有不同？这些不同是否永远不能消解？若永远不能消解则人类岂不陷于永恒的分裂？这是明显地违反人类的道德良心的。所以唐师认为：依于人类的真性情，这些不同的思想必然可以有超越的会通，因为这都是人类性情的表现。至于在内容上如何接合，则必须依赖对一思想的反省，以判别其义理之方向与层次。唐师认为所有世间的义理，都可以在一观点之下成立，问题是我们对此观点的选取。所以在这里我们不妨借取佛家的判教方法，首先安排此古今中外之义理之位置，然后会而通之，使两家即使是相反之言，仍可以在不同的标准下对机成教，分别发挥其大用；正如百川灌海，不见其矛盾。当然，在位置的安排时，必须恰当，这就系于对别人的思想要有真实相应的了解，而这一了解之所以可能，则仍然须从人的无私的性情始。所以唐师说，人必须"先本此受教之心，以观其所是"；只有人自身虚怀若谷的时候，别人的思想才能进来，别人的优点才能为我所知。这种做法，并不表示我自身立场的放弃，这只是我的思想的拓大与开辟。所以唐师著"中国哲学原论"时，即率先提出"即哲学史以言哲学"的方法；每论述一概念，必循其义理之次第开展以言其义蕴，并尽量少用今世流行的哲学名词，以免这些名词的固定意义损害或影响我们对原来意义的了解。这可以说是一个最无成见的了解方法。本此态度，唐师续撰其晚年

---

① 王邦雄：《从"花果飘零"到"灵根自植"——敬悼唐君毅先生》。《唐君毅全集》（九州）卷37《纪念集》（上）第326—327页；《唐君毅全集》（学生）卷30《纪念集》第393—394页。

大著"生命存在与心灵境界",分天下之道,为三进九重,各依种种心灵活动所感通之境而成立,以分别收摄世间说客观境界、主观境界与超主客观境界之哲学,并展示其升进之通路,气魄之大,得未曾有;但是,最后仍以儒家的尽性立命境为依归,此即显示了唐师在经历了如此浩瀚的观境之后,反躬自问,仍肯定中国文化有最高最真实的智慧,这不能单以民族心理一名来解释。因为唐师此书所对向的,是人类当前的共同命运,而不是纯为哲学而哲学,以成一家之概念系统。固然,后世人或不免如是想,此于唐师书中亦尽可得其根据,但唐师著此书之本怀则不如是。由中国的命运以至西方的命运,现代人可说已经是濒临毁灭。从前人类还有哲学、宗教、道德以提升人类的存在,但今天一切神圣的观念都可以工具化,于是价值颠倒,力量全无。人类的前途可谓一团漆黑,能挽救它的只有儒家尽性立命的观念,由时代的苦难而知我们之所命,以承担人类罪恶。这一方面是大勇,另一方面是大仁,由此人类方能幡然悔改,而生真知灼见,则其中的动力,仍须端赖人无私的性情。所以唐师于全书卷末,论性情的形上学意义,其用心可谓至远。赖性情的流行,一切哲学固可相通,而理想亦必下贯于现实,不似今日之徒为虚语。智及之,仁守之,形上与形下之两层间隔消,则人道成矣。所以,归根到底,我们不可无对此悱恻性情存在之大信,人类自救之机,即肇于此。如果说唐师此书之披露此义即是哲学,则此哲学亦无非是应时代之召唤,以当机成教而已。所以唐师于本书序中有言:福慧之士,此问题原可不发生,因此本书亦可读可不读。这几句给予我无穷的启发。唐师胸怀的高洁,与气度的宽弘,的确是世所罕及。唐师一生,只是自尽己心,有行必践,倒不是要成为人皆赞颂的救世主的。①

(三) 文化运动

徐复观:

我可以这样断定,香港之有一点中国文化气氛,有少数中国人愿站在

---

① 霍韬晦:《人极既立,君子息焉——敬悼君毅吾师》。《唐君毅全集》(九州)卷37《纪念集》(上)第344—346页;《唐君毅全集》(学生)卷30《纪念集》第415—417页。

中国的立场做中国学问,从新亚书院始。……唐先生与吴俊升先生们支撑其间,所得到的可以说是遍体鳞伤、满身血污的结果,这也是此时此地应当有的结果。①

牟宗三:

唐先生可以作事,亦有作事之兴趣。但是他作事不是政务官之作事,亦不是事务官之作事,亦不是革命家之作事,而乃是立于文化意识之立场来作事。他之参与新亚校政以及承担了新亚后期之痛苦奋斗与悲剧结束,皆是以文化意识之弘扬为背景。参与新亚校政者多矣,不必皆有此文化意识,即或有之,亦不必能如唐先生之真切与充其极。故到后来,几等于只唐先生一人承当了这痛苦的奋斗与悲剧的结束。痛苦之所以为痛苦,悲剧之所以为悲剧,即在一般人之立场与唐先生之文化意识有距离,甚至可以说有冲突。

……一般人之立场大抵皆是事便、利便、智巧、恩怨之立场,很少有能忠于原则、忠于理想者。唐先生身处此种冲突中,其奋斗之痛苦可想而知,其为悲剧之结束亦可想而知。唐先生可以作事,而其作事竟陷于此种局面,此亦可说在如此之现实中是注定的。盖他本不是事业宇宙中之巨人,而只是文化意识宇宙中之巨人。

……唐先生之文化意识可以表现而为新亚事业,但不等于新亚事业。此一意识可以在新亚表现,亦可以在别处表现,亦可以其他方式表现。他之对新亚一往情深,只是忠于原则,忠于理想。若客观言之,问值得不值得,这不是唐先生所顾及的。他之不考虑此值得不值得,而承当此痛苦与悲剧,正反映其文化意识之强烈。他在痛苦的奋斗中耗损了其有限的生命,然而其文化意识宇宙中的巨人身份却永垂于不朽。②

吴俊升:

唐教授不是一个单纯的学者,他也是悲天悯人具有救世弘愿的。他对

---

① 徐复观:《悼唐君毅先生》。《唐君毅全集》(九州)卷37《纪念集》(上)第12页;《唐君毅全集》(学生)卷30《纪念集》第19页。

② 牟宗三:《悼念唐君毅先生》。《唐君毅全集》(九州)卷37《纪念集》(上)第18页;《唐君毅全集》(学生)卷30《纪念集》第26—27页。

于祖国的分裂、文化的损害,永怀不忍人之心,常发言论,希望丧失文化意识与民族意识者迷途知返。直至逝世的前夕,听到中国大陆有平反毁孔的言论,大喜过望,还漏夜将他有关的论文寄往大陆为平反者助其声势。这种爱护民族文化,渴望太平的天真热情,实在是可爱可敬。至于他对世界列强的凭借物质文明,逞胜争霸,有毁灭全人类的危机,也常思以我国圣贤忠恕仁爱之道作西洋霸道的平衡,以求获得万世的太平。虽然愿宏力绌,成效一时难见,但是他为国际知名学者,他的言论迟早必会发出影响而有助于万世开太平的。①

黄振华:

唐先生以其毕生精力从事于保卫中国文化、阐扬中国哲学的工作,可分两方面来说,一是著书立说以延续中国文化生命,二是躬行实践从事阐扬中国文化启发后人之工作,后者见之于他从创办新亚书院以至与新亚研究所相终始的百折不挠的努力。②

劳思光:

唐先生从早年办刊物,到晚年办学校,目的始终是要建立一个文化方向上的大肯定;这个大肯定解说起来虽可以极繁,但宗旨只是以儒学为本的"人文主义"。"人文"与"神权"及"物化"互别,因此"人文主义"的精神方向,与依神的宗教精神不同,更与排拒人之自发主宰而视人为一"物"的任何思潮或主义直接对立。唐先生中年以后,著作甚富;但千言万语,只是对这一个大肯定作种种理论上的铺陈。学者如果真明白唐先生的"人文主义"的中心意义所在,则是否了解那些理论内容、铺陈细节,反而不是最重要的问题。

唐先生这样的"人文主义"的理想或精神方向,倘若只孤立地看,或许不容易显出它的重要性。甚至于有人可以说,这样主张十分宽泛,使人难以把握其确定意义。但我们若将这个大肯定纳入当前文化问题(尤其

---

① 吴俊升:《唐君毅教授与香港告别了》。《唐君毅全集》(九州)卷37《纪念集》(上)第18页;《唐君毅全集》(学生)卷30《纪念集》第52页。

② 黄振华:《唐君毅先生与现代中国——悼念一代文化巨人之殒落》。《唐君毅全集》(九州)卷37《纪念集》(上)第113页;《唐君毅全集》(学生)卷30《纪念集》第141页。

是中国的文化问题）的大脉络中，则它的重要性立即凸显出来。它显示出中国文化方向要摆脱外来种种压力和迷惑的要求，显示出中国这个民族要冲破历史的困局而卓立天地之间的要求；缩小一点说，更直接显示中国知识分子担承历史文化的重担的精神气概。凡此种种，可以在许多层面上作许多不同角度的说明，约而言之，则是：人文主义代表一个真正的中国文化运动。唐先生本人就是这样一个运动的倡导者与推动者。这个运动就其实际发生的影响力讲，不能说是已经很强大，但在近百余年来中国历史的背景中看来，它正如夜空中一星高悬，虽是孤明，却正是照着历史道路的确定方向。

唐先生所以会成为这样一个运动的中心人物，自然以他内在的道德自觉、价值自觉与文化自觉为基础动力，但内在的自觉外化为平生的言行，成为客观化的实在后，又反射到唐先生自身的具体人格上；于是"人文主义的运动"与"人文主义宗师的人格"相依而立。①

孙守立：

唐先生以一个知识分子的身份，从事教育工作、言论工作，这都是做为一个知识分子的本分，但是唐先生在这三十年来，是以全副精神、整个生命投入的，他的成绩与留给后人的遗产，就是他全部的著作，其中对这一个文化运动最有直接贡献的，如《文化意识与道德理性》《中国文化之精神价值》《人文精神之重建》《中国人文精神之发展》《中华人文与当今世界》等几部不朽的大作。以及唐先生晚年栖栖遑遑、仆仆风尘在往世界各地出席各种学术会议，应聘来台讲学、印行其全部著作遗留人间，这些都是唐先生以各种方式对这一个中国文化运动所贡献的智慧，所倾注的心力。如果我们检讨三十余年来中国文化的得失，我的评估，是整个文化运动仍未成功，仍在向前推进，但唐先生个人已是"功成身退"，并且是以身殉此一文化运动的。这当然在唐先生个人是一个悲剧结局，在整个文化运动仍然是一个大悲剧。尤其是唐先生最后几年为"新亚"所作的奋斗，

---

① 劳思光：《成败之外与成败之间——忆君毅先生并谈"中国文化"运动》，《唐君毅全集》（九州）卷37《纪念集》（上）第122页；《唐君毅全集》（学生）卷30《纪念集》第152—153页。

这种悲剧的结局是必然的。①

唐端正：

君毅师回应西方文明长期以来的挑战，是通过大判教的方式来重新肯定中国文化的价值的。他树起儒家人文主义的旗帜，疏导一切文化问题，融摄一切价值理想，使各种不同的思想理论、价值观念均在适当的层次中回复其应有的地位，因此在君毅师的思想中，对人类文化采取大肯定而非大否定的态度，他对于孝悌、人伦、人性、理性、正义、理想、自由、民主、科学、知识、家庭、国家、大同、宗教，以至个体性、普遍性，都无不加以肯定，无不加以成全。他确实能够开拓万古之胸襟，却不必推倒一世之智勇，而要成全一世之智勇。其智慧之高，悲愿之弘，魄力之大，都是惊人的。由西方思想观念东来所掀起的澎湃怒潮，经君毅师为之批判疏导，融和统摄后，已如百川归海，各得其所了。因此君毅师的成就，实具有划时代的意义，他代表着中华文明在近百年来回应西方文明挑战所取得的伟大成就。②

君毅师在穷究了近代中国的文化问题后，他认为中华民族自救之路，仍应本着原始的文化精神去回应西方文化的挑战。要中华民族站起来，亦必须同时使中国文化的原始精神复兴过来。他反对冬烘式的抱残守阙，因为这不能取人之长，补己之短；也反对袭取式的便宜采摭，因为这种吃现成的功利态度，不但无法成为文化的创造者，而且无原则地随便采获，也容易招致矛盾与冲突。君毅师当然更不是一个全盘西化论者。中国文化的优点，不但不应捐弃，而且也是捐弃不了的，那么君毅师是个中体西用论者吗？也不是，因为张之洞的中体西用论，虽有他的时代意义，但在接受西方文化的时候，对创造西方文化的精神是缺乏同情了解的。西方文化也有体有用，体用原是不能分离的，如今截取其用而舍弃其体，结果便成为无根之木，无源之水，不旋踵便会枯竭，这又怎能获致功用的价值呢？君毅师对创造西方文化的精神，有很深切的体会，他在接受西方文化的时

---

① 孙守立：《记唐君毅先生晚年三二事》，《唐君毅全集》（九州）卷37《纪念集》（上）第139页；《唐君毅全集》（学生）卷30《纪念集》第174—175页。

② 唐端正：《伟大的中国文化运动者》，《唐君毅全集》（九州）卷37《纪念集》（上）第260—261页；《唐君毅全集》（学生）卷30《纪念集》第324。

候，更重视摄受他们的文化精神，因此我们不宜称他为中体西用论者。

君毅师认为中国文化的原始精神，为理想的人文主义精神，人文主义从最宽泛的意思讲，乃指以人类生命主体为本，并肯定此主体为实现其价值理想而创造出来的一切文化的一种观点。一般学术文化都是要实现生命主体所向往的一部分价值理想，但因这些观点本身没有全幅肯定一切人文价值的自觉，因此他们只能是人文主义者所当尊重的，却不能说是人文主义的观点。一个人文主义者，必须自觉地肯定及实现生命主体的一切价值理想，并须努力开发生命主体的价值理想，使我们的生命，成为一个完美的生命。因此，西方文化中的一切优点，只要和人文精神不觝触，都是人文主义者所当容纳和摄受的。

君毅师认为一个人文主义者的心灵，在理上是可以通达于以上九境的，这九境中如依类成化境、观照凌虚境、归向一神境等，均为西方文化精神之特色所在，然亦为理想的人文主义者的心灵所必涵，如是由体起用，乃能将西方文化之优长，原原本本地摄受过来，这是和中体西用论者不同的地方。然而，这种兼容并包、宏纳众流的胸襟与度量，却是中国文化的原始精神所本具的，因此，在摄受西方文化精神的同时，不但不必打倒中国文化，相反地，这正所以使中国文化在原来的基础上有新的开展和转进。我们于此不必自卑，亦不必自满，而大可以用不亢不卑的平正态度去接受西方文化的优长，其间若有矛盾冲突的地方，亦须依生命之三向与心灵之九境，重新安排一个适当的层位，使一切文化无不调适而上遂，化戾气为祥和，而达致中庸所谓万物并育而不相害，道并行而不相悖的境界。这是君毅师为中西文化问题所开示的一条康庄大道，也是中华民族唯一可以自救之道。①

霍韬晦：

唐师逝世之后，有一种说法是：唐先生的学问很好，但作事失败。辛苦创办的新亚书院不能守，毕生努力的中国文化运动似乎亦没有甚么具体的成效。新亚书院耗尽了唐先生晚年的心力，但最后所得到的，借用徐复观先生的话来说，就是"遍体鳞伤，满身血污的结果"，至于他所领导的

---

① 唐端正：《回应西方文化挑战的巨人》。《唐君毅全集》（九州）卷37《纪念集》（上）第264—267页；《唐君毅全集》（学生）卷30《纪念集》第327—332页。

文化运动,在唐先生死后两月,已经有人批评是"运而未动"了。

唐先生的事业是否失败了呢?

若取个人观点,事业未能及身而成,则自然是失败了。但是,有些事情不能只从个人的观点看,亦不能只从眼前的成败论,特别是民族的理想和文化的理想为然,因为这些理想能够实现,绝非个人的能力所能达致。而且,理想之所以为理想,必有某种超越现实的性质在内,当其面对现实人心之时,亦必然不可能全部相应,甚至理想愈高,实践愈难,其不相应的程度亦愈大。由此我们可以看出理想的艰巨性和早期行者的悲剧性了。唐先生的事业,亦可作如是观。①

(四) 教育教学

陈文山:

唐先生毕生在教育上著作上努力,其中心精神即在讲求中国文化生命与民族生命之接得上。亦常强调"横通天下之志,纵贯百世之心"。文化生命固可由师生之讲授传承,以密传心印、密付本心以维学脉于不坠;然此于纵贯百世之心则有余,横通天下之志则不足。至于民族生命则必须在现实上奋斗以求存,在奋斗求存中,它不能没有文化生命居中以为指导,故如文化教育若只限于面对院校内之学生,而不面向全民,不介入社会,不介入民族生命在现实上之奋斗而应机指导,则文化生命与民族生命便如隔了一层玻璃板——看得到却接不上。接不上,则文化生命便要受屈,民族生命便要受辱。中国的文化生命与民族生命,今日就正是挣扎于这种屈辱的状态之中。②

吴森:

他在堂上从不讲闲话,从不批评或嘲讽别人,每一句都是严肃而正当

---

① 霍韬晦:《唐先生的事业——唐君毅老师逝世三周年祭》,《唐君毅全集》(九州) 卷37《纪念集》(上) 第348页;《唐君毅全集》(学生) 卷30《纪念集》第419—420页。

② 陈文山:《敬悼唐君毅先生吊唁新亚精神——并告新亚研究所师友同仁书》,《唐君毅全集》(九州) 卷37《纪念集》(上) 第129页;《唐君毅全集》(学生) 卷30《纪念集》第162页。

的话题。每一堂课，都从平淡的语调讲起，似愈讲愈吃力，而思路愈弯曲而迂回。有时像"山穷水尽"，有时若"四顾无人"，有时仿佛"前无去路、后有追兵"，有时却像"雨过天晴，豁然开朗"。峰回路转之际，蓦然回首，真理却在路旁。冬天的时候，唐氏穿着大衣进课堂来，脱下大衣开始讲。但讲到一半的时候，外衣也要脱下来了。唐氏一面讲，一面苦思，用心力的时候，往往额上冒出汗珠儿来。不一会儿，背心儿也要脱下来了。大抵到领带解下来，便是一节告终的时候。唐氏的教书，真可谓鞠躬尽瘁、丝毫不苟。他对古代先贤及西方诸哲的学说，都能提要钩元、画龙点睛地复述出来；而对时贤及其他学者，从没有作夸大的颂扬和有意的贬抑。但他常常自我批评、自我咎责、自我检讨，从来没有一句自大独断的话。①

汤承业：

唐师上课，从不演述自己之思想，亦不介绍自己之著作，但却常闻"知我者其天乎！"不求人知，只求天知，则自然"人不知而不愠"矣。可见儒家所开之君子标格极低，所辟之君子门径极易。……

每以衣装整齐走进教室，必以衣装零荡走出教室，虽然只有七八学生，唐师亦必振动腹肌，由内发音，一开始就如"火之始然，泉之始达"。音量愈提愈高，汗珠愈忍愈涌。尝以"学生不多，何需高音"而劝请唐师节惜体力，唐师曰："不然，不如此讲不出我之生命来！"于是汗水漓漓而下，智慧汩汩而出，领带解开，外衣脱下，一面苦思苦讲，一面揩额揩颈，两条手帕湿尽，两件衬袷摆平，有时及于内层之恤衫，有时只剩福身之背心。此刻唐师气愈充，神愈振，讲得愈透彻，动得愈坦荡，吸气腹涨则扶其肩洃，吐气腹缩则提其裤带，两手分工，动作不辍。此所以唐师双颊之汗水，一边频频揩与一边任其流之原因。大抵未揩之汗水湿透半边衬衣，复将半边衬衣抓出裤带之外，则为接近一课之终止时间。但亦不尽然，有时性起，则往往不闻铃声，不知饥饿，记得一次下课时间为十

---

① 吴森：《文化意识长存，道德理性不朽——敬悼唐君毅师》。《唐君毅全集》（九州）卷37《纪念集》（上）第278页；《唐君毅全集》（学生）卷30《纪念集》第347—348页。

二时五十四分。儒家"诲人不倦"之精神果如斯乎！①

麦仲贵：

其中尤其是听唐老师讲宋明理学一科，最初则觉得海阔天空，如一片无物的空宇，寥廓寂然，了无挂搭。后来听了唐老师的讲话，从北宋诸儒开始，胡安定、孙明复、石徂徕、张横渠、周濂溪、二程、象山、朱元晦，而至元儒明儒吴草庐、吴康斋、陈白沙、王阳明等等大儒，次第出现。其人物之学派、师承、学问、思想，以及精神志趣所在，都一一加以析述详叙，使听讲者不独知道诸儒之学问思想的主旨，彼此学派间之异同，而更唤起人们对这些大儒的精神、人格、学问的崇敬与向往，由于此而有进一步之研究的兴趣。这是我听唐老师的课之一感想。②

小思：

上过唐老师课的人，都必然难忘他授课时"忘我"和"投入"的情况，这该是他说的"你当自教育中，看出人类最高之责任感、最卓越之牺牲精神"了。正因如此，他的授课，包含了两重意义：一是用语言文字表达的知识学问，一是用精神行为暗示的道理。对于我，后者的启导力最大。③

雷金好：

他讲课时真是投入，难怪听他课的人也浑忘了课外的事和时间的过去。

他喜欢一面讲着，一面在黑板上写着字，又在字旁画着直线或圆圈。当他把黑板上的空位都写满、画满了，发觉没位置下笔了，便擦掉一角或一边来写，很少把整个黑板擦干净才写的。

每次他来上课时，身上恤衫总是很整洁的，但在他讲课不久后，他的

---

① 汤承业：《慕念唐师》。《唐君毅全集》（九州）卷37《纪念集》（上）第287—288页；《唐君毅全集》（学生）卷30《纪念集》第359—360页。

② 麦仲贵：《记忆中的哲人——敬悼唐君毅老师》。《唐君毅全集》（九州）卷37《纪念集》（上）第364页；《唐君毅全集》（学生）卷30《纪念集》第439—440页。

③ 小思：《承教小记——谨以此段文字追念唐君毅老师》。《唐君毅全集》（九州）卷37《纪念集》（上）第369页；《唐君毅全集》（学生）卷30《纪念集》第445页。

恤衫便会有一边角抽了出来。又即使在寒冷的天气里，他也会常常讲得满头满脸都是汗的，其他的日子更不用说了。当汗珠一滴滴沿着面颊往下流时，他便先用手去揩，接着掏出一条洁净的手帕来，一面讲着课、一面抹着汗。奇怪的是每次他总是只揩抹一边额头和鬓角上的汗便算，另一边额头和鬓角上的汗滴却任由它流滴到衣上去。到他讲够了——他常常过了时才下课的，最高纪录是个半小时左右——他才带着半边湿脸和不整的衣衫离开课室。[1]

翟志成：

无论是与学生谈话，或是在讲课，唐师都例不见客，不接电话，也不许任何人打扰。他是那么专注，简直是以整个精神和生命完全地投入。同学们有时甚至会觉得，站在面前的不是唐师，而是孔子、孟子、朱子、王阳明等先哲亲自站出来现身说法。师生们一道在先哲的圣殿里飞翔，忘了疲倦，忘了外在的客观世界，当然更忘了时间。唐师讲课，没有一次不大大超出了规定的时间。这时最苦恼与最尴尬的，便要数贵叔了。只见他每隔五分钟十分钟，就要悄悄地推开教室的门，把头从门缝中伸了进来，呆呆地望着唐师，想开口说，又不敢说，终于又把头缩了回去，悄悄的又再把门掩好。……

唐师年事已高，视力又很不好；贵叔受了师母的委托，负责唐师在研究所时的安全。每当唐师到应该回家的时候还未回到家，师母一焦急，便要打电话追问贵叔，于是贵叔便奉了师母之命，来请唐师起驾回家。但他一进门，慑于唐师讲学时森严气象，溜到唇边的话又被逼回肚子里去了。有一天，在贵叔第八次推门时，唐师才发现了他，问他有什么事？那时贵叔的神态，就如一个逃学的小学生被先生当街捉住；只见他涨红了脸，结结巴巴地说："师母……来很多……电电话……请请老师……下下课。"唐师看了看表，十二点五十五分钟，比原来规定的授课时间，多讲了五十五分钟。……

唐师晚年的心境，是很有点寂寞和悲凉。记得一次，他巡视研究所后，走进我的研究室小坐。我看见他的脸色很不愉快，不用说，整个研究

---

[1] 雷金好：《悼唐君毅老师》。《唐君毅全集》（九州）卷37《纪念集》（上）第378页；《唐君毅全集》（学生）卷30《纪念集》第456—457页。

所又只走剩我一个学生。他叹了口气,突然很认真的问我:"有什么办法能使同学们都坐下来读书?"他的问题我实在不能回答。我能有什么办法?如果我是有办法的人,也未必会每天泡在研究所。沉默了好一会,他告诉我:光靠一个人不能造就一个时代的风气,孔子、孟子、朱子、王阳明所以能影响一个大时代,有两个条件是必不可少的,那就是除了先要有好的先生,然后还要有好的学生。他又说:现在努力做学问的只有牟师、徐师和他这几个老人,还有严师和全师这几个中年人;青年一代的学者,肯脚踏实地用功做学问的,真是凤毛麟角了。他突然又长长地叹了一口气:"我从前很喜欢提拔和引荐学生,特别是那些有潜质而天分高的学生到大学和中学担任高薪的教职,我原来以为只要生活环境改善,没有了柴米之忧,就能使他们安下心来做学问了。现在证明是我错了。玩物可以丧志,舒适的生活来得太易,也能令人不肯再做学问!"①

(五)生命人格

梁漱溟:

唐君毅先生,最近一代贤哲之士也。②

程石泉:

君毅兄终身衣不尚华、食不重味、淡薄名利、修辞立诚,俨然古之君子而志在圣贤者也。故能使同侪钦佩、后辈景从。③

安冈正笃(日本全国师友学会会长):

不知是什么奇缘,与唐先生见面或分别,总使我想起《易经》的谦卦。唐先生我想就是《易》的谦卦的生存形态之一。《易》的六十四卦之

---

① 翟志成:《恩重如山粉身难报——哭君毅师》。《唐君毅全集》(九州)卷38《纪念集》(下)第417—420页;《唐君毅全集》(学生)卷30《纪念集》第504—508页。
② 梁漱溟:《悼念哲人唐君毅先生》。《唐君毅全集》(九州)卷37《纪念集》(上)第5页;《唐君毅全集》(学生)卷30《纪念集》第10页。
③ 程石泉:《敬悼唐君毅兄》。《唐君毅全集》(九州)卷37《纪念集》(上)第46—47页;《唐君毅全集》(学生)卷30《纪念集》第62页。

中各有其教诫、警慎的语句;此卦全爻通篇没有一点危险,这样稳重、吉利的卦,只有谦逊的谦卦。

和唐君毅教授会谈时,即想到这一谦卦。唐君毅的"毅"字诚然很好,但若称为唐君谦先生,谦逊的"谦"字我想也很合适。(唐先生)的确是一位具有稳重人格的先生。……唐君毅先生是一位把谦卦具象化、具体化了的先生。和他谈话时我常常感受到他就是深沉厚重的转化,的确是一位有修养的学者。有这样风格的人,无论日本和中国都少。①

查良镛:

凡是识得唐先生的人,无不为他诚挚厚道、温和可亲的性格所感动。读过唐先生著作的人,无不敬佩他的博学深思、真知灼见。唐君毅先生的为人和学问,都代表了中国文化中最优秀的部分。②

陈文山:

唐先生在其《孔子与人格世界》一文内对豪杰精神更有一段传神之论列,说到"豪杰者之行径,常见其出于不安不忍之心,而只是一独行其是。……在晦盲否塞之时代,天地闭而贤人隐,独突破屯艰而兴起,是豪杰之精神。积暴淫威之下、刀锯鼎镬之前,而不屈不挠,是豪杰之精神。学绝道丧、大地陆沉,抱守先待后之志,悬孤心于天壤,是豪杰之精神。学术文化之风气已弊,而积重难返,乃独排当时之所宗尚,以荡涤一世之心胸,是豪杰之精神。豪杰者,乃个人无待于外,自作主宰之精神,以一人百折不回之心,使千万人为辟易,为天地正气之所寄,斯真堪尊尚已"。此一段话,直是气冲斗牛,沛然莫御,读之凛然如与唐先生同在。实为唐先生全副真性情真肝胆之自然流露,满心而发,无所假借。而此夫子自道之一段文字,其足以表达唐先生生平之气象与行状者,实胜过他人

---

① [日]安冈正笃等:《日本学者追悼唐君毅先生的谈话》。《唐君毅全集》(九州)卷37《纪念集》(上)第75—76页;《唐君毅全集》(学生)卷30《纪念集》第93—94页。
② 查良镛:《中国文化的损失》。《唐君毅全集》(九州)卷37《纪念集》(上)第119页;《唐君毅全集》(学生)卷30《纪念集》第149页。

千万首挽词。①

司马长风：

在为人方面，先生祥和厚重的气象，见者无不感铭。但是临到重大关节，先生每有凛然不可犯的勇毅。

……通常人患上了不治之症，悲恼涕泣之不暇，因为意志崩溃，生命随之急遽败坏；而唐先生在动大手术之后，即校对一千二百页的大书，返港之后并照常工作达一年半，逝世前一周仍照常上课；这是何等精神！其意志力已达宗教境界；使人想到古代舍身喂虎的高僧，想到被钉在十字架上、血流如注不忘众生的基督；也使人想到曾子临终易箦的故事，以及那番话："士不可以不弘毅，任重而道远。仁以为己任，不亦重乎？死而后已，不亦远乎？"唐先生谨厚、坚毅，"死而后已"都恰似曾子。②

朱明伦：

（一）孝思不匮

先生事母至孝，虽因远在海隅，未能昏定晨省，然有较名贵物品，必寄奉其太夫人，虽时遭退回，亦必再寄，以达成甘旨之奉。数年前，得其太夫人仙逝消息后，悲痛哀毁逾恒，守制成礼，并在沙田佛教院诵经追悼，其仁孝可风。

（二）功成不居

先生务实，凡事只求有益于学校社会，不计个人名位得失。如创办数学系，延聘君璞师主持，皆先生全力达成，从不矜功。在璞师周年纪念特刊之纪念文中，从不提及。

（三）器度恢宏

先生自律甚严，对人则不苛求，度量恢宏，能容能忍。会议中遇到他人意气上攻击，亦只温婉解释，不作尖刻反驳。闲谈中如有不同意之观点，亦不当面指出。

---

① 陈文山：《敬悼唐君毅先生吊唁新亚精神——并告新亚研究所师友同仁书》。《唐君毅全集》（九州）卷37《纪念集》（上）第130页；《唐君毅全集》（学生）卷30《纪念集》第163页。

② 司马长风：《忆唐君毅先生》。《唐君毅全集》（九州）卷37《纪念集》（上）第147—148页；《唐君毅全集》（学生）卷30《纪念集》第183—184页。

（四）择善固执

研究人文科学者，须赖自身感受，不易客观，每被人误会为固执。先生独不然，对重大事情，原则上问题，则坚定不移，如维持中大之联邦制，宁可辞去新亚董事职位，决不妥协。此外细节，则极随和。①

胡菊人：

我们观察一个人，最好在他单独的时候。这个人平常你见的态度是雍容闲静的，有一天你搭巴士的上座，俯视街边，却见他在道路上慌急忽遽如丧家之狗。平日你见到他时，他都笑口常开，某次你和他狭道相逢，他看不见你，但见他愁皱着眉头满脸的焦虑。这是我们现代都市人常见的现象，不识的每张孤独的脸，几乎都是焦愁的。这是我们内心的表露。只在你和他打招呼，他认得你，才会转过颜色来。奇怪的是唐君毅先生的貌颜和态度，几乎都一样。……他西服的颜色常常一样，他步路的姿态常常一样，但他的头部和眼睑，给我最深刻的印象的正是他有恒常的姿态。我未见过他在个人独步的时候，低头缩缩地沉思，亦未见他仰首高视阔步地走路。他的头部总是平直的，略略地小仰，应该说是"平仰"，眼睛又总是向前望，打个恰当的譬喻，便是在古画中唐代人常见的那种姿态。②

唐端正：

君毅师给我的印象，始终有沉重的道德的担负与历史文化的担负。这种感觉，越到他的晚年越甚。在他走路的时候，就像一个负担的老人，随时都会被重担压倒似的。去年三月，他和我到台北孔庙参观，拖着沉重的步伐，在大成殿、崇圣祠和东西两庑流连，从他内心深处流露出来的怀古怀乡之情，实在使人感动得不忍卒睹。……

倘使人世间没有完人的话，那末君毅师也不是一个完人，特别是拿他所担负的伟大理想和他的现实生命相对照时，显出他还有许多不足的地方，他不讳言自己生命的夹杂，更深切地认识到生命的负面是不容易克服

---

① 朱明伦：《敬悼唐君毅先生》，《唐君毅全集》（九州）卷37《纪念集》（上）第193—194页；《唐君毅全集》（学生）卷30《纪念集》第241—242页。

② 胡菊人：《中国人的姿态》，《唐君毅全集》（九州）卷37《纪念集》（上）第249页；《唐君毅全集》（学生）卷30《纪念集》第309—310页。

的,因此时常都流露出艰难之感。尽管君毅师的现实生命和所担负的理想仍有距离,但为了实现这些理想,他确实认真地、不断地策勉自己和敦促自己。君毅师最使我感动的,不是他所担负的伟大理想,而是他负荷着这个伟大理想时所作出的努力。他用他的躯体来背负时代的重任和文化的理想,就像当年耶稣背负着十字架一般。我们觉得君毅师很吃力,但他始终没有卸下来,一直担当到死。就此而言,他实在是个宗教道德的人物,而不止是一个学术文化的巨人。①

赵潜:

唐师的伟大人格,及其高贵的品德,我们常可从一些极平凡的事件中体念出来,窥见出来,以下数件小事,或不为人所知,谨录出借以敬悼吾师在天之灵。

(1) 唐师一生耿介、廉洁,生活淡薄、简朴,除薪俸、稿酬、演讲之车马费及上课之钟点费外,终其一生绝未接受任何金钱方面之馈赠。

(2) 唐师性情敦厚、温和,从不疾言厉色;人或有一言可取,一行可法,虽其人不足道,或众人皆不与者,唐师仍然到处为之揄扬、奖掖。

(3) 唐师度量宽宏,亦非常人可及。犹忆数年前,有某人焉,因一小事,写了一封措辞极不恭之信给唐师,申言从此以后与新亚研究所并唐师断绝往来。而某人者,并非新亚之学生,唐师念其为故人之子,特别加以奖掖、提携,因此乃在中文大学中飞黄腾达,意气风发,此尽人皆知实受唐师所赐也。唐师读了某人的来信之后,一笑置之,仅轻描淡写说了一句:"他应该也要与新亚书院绝交才对。"又另有一位所谓"学人"焉,居留美国,据说此人对中国哲学所知有限,但又要赖在美国的所谓哲学界中混饭吃,又据说此君平时专靠翻译别人的著作,尤其常常窃取唐师在有关中国哲学著作中的一些论点据为己有以蒙混外行人,欺骗外国人,此事在美国的圈内人,大都知道,有一个时期此公在美国居然大肆攻击、诋毁唐师,事后有人将此事告诉唐师,唐师听了之后只说了一句:"他既然骂我这么厉害,又要用我的东西,他将如何向中外人士交待呢?"不加责备反而担心他今后如何自处,唐师这种风度也是常人不可及的。

---

① 唐端正:《永恒的悼念——敬悼君毅师》。《唐君毅全集》(九州) 卷37《纪念集》(上) 第256—257页;《唐君毅全集》(学生) 卷30《纪念集》第318—319页。

（4）唐师负责、任劳、烦怨不避的精神也是令人佩服的，"义所当为，毅然为之"，绝不犹豫，而且锲而不舍。无论何时、何地，只要是涉及中国文化之发扬以及有关新亚教育理想等等，有时虽明知不可为，然总是奋全力以赴不畏缩，亦不妥协。自唐师获悉身患恶疾之后，态度仍如平常一样，并无恐惧之感，日用行事之间，始终从容不迫，办公、上课亦如常进行。唐师任所长外，尚担任两门课，一是中国哲学问题研究，一是中国经子导读，每周上课二次，每次两小时，因此每周至少要来所三次至四次，有时夜间亦来所（所内夜间有课）。研究所设在五楼，无电梯设备，唐师每次来所均由师母陪同沿梯而上，数月以前尚可一口气直上五楼，以后只能逐楼小息后再继续上，近月来，唐师因为气喘的关系，每次上五楼都是用迂回方式，即先上第一楼再沿走廊横走数十步，再上另一层楼，据说这样可以省却一点气力。唐师每次上课，常常连续两小时不停，中途亦不休息，然虽下课钟响了，他仍然滔滔不绝讲个不停，落堂后，唐师的衬衫、汗衫完全为汗水湿透。凡有问难、质疑，不管是所内同学或所外人士，唐师都是循循善诱，反复解说，详加印证，务必使其领悟而后止。研究生的作业、论文、报告，唐师必亲加批改，一而再，再而三，有改至五六次者，不惮其烦，亦从来不表示厌倦，或有怨言。

（5）唐师无宗教信仰，但他拜天地、圣贤、父母。他对长一辈的学人，极为尊敬，居常推尊熊十力、马一浮、欧阳竟无、梁漱溟诸先生的道德文章，凡有人自大陆来，必殷殷询问有关诸先生的近况。新亚书院图书馆，命名为"钱穆图书馆"，唐师先不知，事后获悉，即以电话告知当时任校长的全汉升师。谓用钱先生之名，不用他的号，这对钱先生来说是不恭敬的，希望他能将之改过来，如是者再。虽然此事无结果，唐师对于长一辈学人的这份敬意，也是令人崇敬的。唐师对新亚去世同仁的家属，非常关注，每逢年节，必亲自携带礼物登门问候，所中先生或同学无家在香港者，每逢年节，必邀请至其家中欢聚。唐师那份坦率而毫无掩饰的情意，处处都可以流露，处处都可以看到，确是难能而可贵的。唐师治学，态度认真、谨严，方面亦广，世仅知唐师为一哲学家精于哲学，鲜有人知其对文学、史学有精湛的造诣者。唐师能写诗，亦擅唱诗、词。对中国音乐，尤爱欣赏，故师母每次奏古琴，唐师每次均浸淫其中，悠然神往，常不自觉。

唐师是一位仁者，也是一位智者，是一位学人，也是一个书生，一生经历变乱，又遭逢中华文化存亡绝续之关头，栖栖皇皇，其劳苦、忧伤每倍于常人。哲人不死，精神长存，所幸吾师之学已有传人，吾师之志亦有继之者，吾人今后当节哀顺变，奋发图强，继成吾师之遗志继续努力，使中华文化发扬光大于世界，人文精神宏扬全国。①

张尚德：

殷师（殷海光）向我说："唐先生是一位真正的儒者，他有作为一位学者所表现的忠诚，作为一位儒者所应有的风格，这是我们每个人，特别是研究哲学的人应该学的。"②

霍韬晦：

唐师生前，待人宽厚，处处替人着想，见一善即生随喜之心，因此在他眼中没有恶人。唐师常说：人是可以改好的。唐师坚信：在人的心灵深处，毕竟是善，只是为了现实的理由，而生芒昧；我们对此，不应深责，而应悲悯之，设法使其自善。因此唐师特重视教化，认为我们所能尽之责即在此；开智慧门、启良心幕，最终目标即在人人自尽其心而兼尽他心。所以在这一意义下，唐师对自己的要求极严，老是觉得自己事情未办、责任未了、良心不安。平日应付校务之余，坚持读书、撰述不必说，动大手术后，仍然照常上课、照常工作、照常读书。最后半年，由于气喘，爬不了那么多的楼梯，于是把课室改在二楼的图书馆；办公有时则借寓所进行。③

麦仲贵：

纯从一个人的外貌作粗浅的说，唐老师的身型不算是魁梧奇伟的一类人，可是由于他身体的结构关系，和涵蓄着饱和的精光，使人一旦接触其謦欬，却不期然地有着一种刚健和弘毅的充实感。然而从他的内在来说，

---

① 赵潜：《哲人风范永留人间——敬悼君毅师》。《唐君毅全集》（九州）卷37《纪念集》（上）第303—305页；《唐君毅全集》（学生）卷30《纪念集》第378—381页。

② 张尚德：《初次见唐君毅先生记》。《唐君毅全集》（九州）卷37《纪念集》（上）第330页；《唐君毅全集》（学生）卷30《纪念集》第398页。

③ 霍韬晦：《人极既立，君子息焉——敬悼君毅吾师》。《唐君毅全集》（九州）卷37《纪念集》（上）第340页；《唐君毅全集》（学生）卷30《纪念集》第409页。

唐老师不唯是一位理智很强的人,而且也是很有情感的学者。这无论是流露在他的言谈举止,或是著作文字,我们都可以随处加以印证的。作为这样的一位儒家的学者,他对学问以及一切事情的处理,那就不仅是一般智者的判断,而更是一位仁者的包涵。这就是说:一位由刚毅与忠厚结合而成的儒者,一种浑然自成的独特形象了。①

雷金好:

高高胖胖的他,第一眼就给了人一个温文、敦厚、善良而又真纯的学者型的印象。他有一头微斑而不贴伏的浓发,两道粗阔而微斑的浓眉,一管高大的鼻子和两片宽厚的嘴唇。他的眼睛也许很大,但看来不大,因为一来被那副粗边的玳瑁眼镜遮着,二来他老半眯着眼睛在思想着什么似的——相信是一些有关人生或宇宙的哲学问题吧!②

李武功:

先生一进来办公室,就立即伏案急急地处理文件,直到铃声响了,将他惊醒,才不得不直起身子,赶去课室上课。既来到课堂,又顾不得时间表上订的是一节还是两节,总是一口气连续讲授两小时,不肯依时下课休息,往往待到有下一科目上课的先生来了,才不得不离去。无论是哪个季节,先生由讲堂下来,都是大汗淋漓,看样子是十分累了,必得休息了,可是待换了衣服,擦干了脸,他又过来向我索取抄好的文稿,坐回去校改了。

先生由学校回家,也不会坐下休息,或等着开饭,他多是直奔书房,继续写他留在书桌上的文稿。除非有客人到访,须要出来陪坐说话,我没有见过他单独坐在厅上休息的。有时留在先生家里工作,到了吃饭的时候,师母和我先坐到饭桌旁,总是等了好久,也无先生动静,每由师母说:"先吃吧!先吃吧!"常是我们吃了一半的时候,他才出来,匆匆地夹几筷子菜,吃几口饭,前后不会多过五分钟,又转身要回书房了。这时

---

① 麦仲贵:《记忆中的哲人——敬悼唐君毅老师》,《唐君毅全集》(九州)卷37《纪念集》(上)第362页;《唐君毅全集》(学生)卷30《纪念集》第437页。

② 雷金好:《悼唐君毅老师》,《唐君毅全集》(九州)卷37《纪念集》(上)第376页;《唐君毅全集》(学生)卷30《纪念集》第454—455页。

每被师母叫住，让他喝了面前的那碗汤才放他走。其实，先生并不晓得刚才吃了些甚么，他仍然在他的沉思之中。天晚了，师母为我向先生说："不早啦！让李武功回去吧！"先生只在房里漫应一声"噢！"我出到街头，眼睛有些昏花，腰也要些酸，觉得着实是累了。回头望望先生的书房，我知道他还在工作，他会工作到深夜。其实，此时他不曾晓得我是回家了，他也不晓得此刻是甚么时候了，他的神志全贯注在他的工作中。这几年，我去先生家里探望，老佣人金妈常私下对我抱怨先生说："你看！先生退休了嘛！年纪大啦！房子也有一间啦！还是晚晚写呀！写呀！一两点都不睡！这么辛苦做甚么？辛苦得眼都瞎了，还不够吗？到底愁些甚么？还怕没饭吃吗？"好心的金妈，跟先生几十年了，她虽不了解先生愁的是甚么，她却能看见他的辛苦，几十年的辛苦全在她的眼里，她疼爱先生可能多过我们这班学生；她不了解？她也似乎了解，她为先生焦急，好似为先生的生命抱不平，简直到了可怜他的地步。①

卢干之：

唐先生自奉俭约，且不拘小节，常见衣陈裳旧，领带亦结得随随便便。当其讲学之时，津津乐道，侃侃而谈；尤其炎热酷暑，汗流满面，毫无倦容。

唐君毅先生很乐意助人，尤其对于学生，扶掖关怀，无微不至。凡有学生请其担任介绍工作任咨询人，必从不考虑，从不推辞。只要你把表格或信件交在他手中，他就挥笔签名。有人对他说："唐教授要不要看清楚才签名呀？"他爽快地说："不必呀！难道学生会欺骗老师，难道助人也会有罪吗？"这种中国儒者的风度，的确令人深省，也值得我们效法！②

陈祖雄：

老师素有仁厚长者之称誉。与他谈话的人，莫不如沐春风，如饮醇

---

① 李武功：《在爱和希望中的安息——敬悼君毅师》。《唐君毅全集》（九州）卷37《纪念集》（上）第389—390页；《唐君毅全集》（学生）卷30《纪念集》第472—473页。

② 卢干之：《敬悼唐君毅教授》。《唐君毅全集》（九州）卷37《纪念集》（上）第399—400页；《唐君毅全集》（学生）卷30《纪念集》第483—484页。

醪。你会随着他那沉着有力的手势而点头,你也会凝视着那一根又一根燃着他的指头的火柴和口中还没有点着的香烟,你更会在他的春雷之下梦醒。

老师为人诚挚厚道,待人谦逊有礼,为君子的典范。与后学闲谈时,老师除话家常外,莫不鼓励向善,劝勉敬学乐业;遇有谈及学人时,也莫不称人之长。这些无不是"诚体"充沛和尊敬每一个人的表征。

在课堂中,你会永不忘记那挂满了汗珠的脸,那湿透了汗的衬衣,那狠狈地揪着裤子的手,那频密的脚步,那大花脸似的黑板,和那充满了神采的面孔。老师的活动是生命的投入而所发的光,则是生命的燃烧。①

刘伍华:

唐师最值得我们尊敬的地方,是他完全是一个有真性情的人。他的学问著作及事业也就是一全幅理想化的人格之表现。②

谢廷光:

我跟唐先生两人虽是夫妇,不过,我当唐先生是我的老师。同时,我觉得我们是朋友。在夫妻关系方面,唐先生也很能够对我体贴。此外,他总是希望我在精神生活方面,有一点修养。比方弹琴啦、写字啦、绘画啦,这些都是他鼓励我去学的。他又时常希望我去看一些浅近的哲学书籍。此外,艺术的书和文学的书,他都希望我去看。他的目的是要培养我在精神方面有一点生活的情趣。他让我看《四书》《近思录》《维摩诘经》《约翰福音》、柏拉图的《对话集》和马志尼的《人的义务》。还有希腊的神话故事,他都希望我去看。此外尚有陶诗啦、杜诗啦,苏东坡和辛稼轩的词,泰戈尔的《新月集》《飞鸟集》等。他要我看这些书,无非是要提高我的精神生活的境界。在这方面,他好像老师一般地教我。我觉得很幸福。其次,我有什么缺点,有什么亏欠的地方,唐先生总是从旁规劝我。我小的时候在家里给宠惯了,所以很容易生气。对人的猜疑心也很重。面

---

① 陈祖雄:《悼念唐君毅老师》。《唐君毅全集》(九州)卷38《纪念集》(下)第452页;《唐君毅全集》(学生)卷30《纪念集》第546—547页。

② 刘伍华:《悼唐君毅老师》。《唐君毅全集》(九州)卷38《纪念集》(下)第462页;《唐君毅全集》(学生)卷30《纪念集》第558页。

对困难的时候，我没有什么意志力，好像很软弱的。唐先生就在这几方面给我劝导和鼓励。从智育和德育这两方面看，唐先生可以说是我的老师，也可以说是我的朋友。所以我说我很幸福。①

唐先生是重视祭祀的。他不单只供奉祖先，也供奉天地圣贤。换言之，古往今来的圣人他都追思。牌位上刻的就是"天地祖宗圣贤神位"几个字。东海南海西海北海都有圣人，都在他祭祀范围之内。当然，诸位圣贤之中，他最尊敬孔孟。至于释迦、耶稣等，亦未尝不包括在他的祭祀对象之内。他也没有遵从一定的祭祀仪式，就是喜欢早晚上一炷香。如果有空的话，就在祖先牌位对面的沙发上，默坐一段时间。至于民间通俗宗教流行的烧纸衣、纸钱这一套，唐先生和我都没有这个习惯。唐先生不注意这些事情。他只求在祭祀当中，有一种"祭神如神在"的心情，仿佛与前人的精神互相感通。如何能够与前人沟通呢？就要觉得我所祭的人是存在的，这样做才能与前人的人格互相交感。你一定要用很虔诚的心情来进行这种祭祀，认定前人的精神永恒地存在。②

（六）家国情怀

司马长风：

唐先生对祖国的深情。中国的大地山河，五千年的历史文化，本是客观的存在，但是必须恢宏情怀的涵育，伟大生命的体现，崇高智慧的照耀，在人文史上才能呈现生机与活力。唐先生在五十年代和六十年代，在无数篇章里，都洋溢着这种深情和智慧，个体生命与祖国命运，浑然一体的悲忱和忧患。这些文章多数收辑在《人文精神之重建》《中国人文精神之发展》《人生之体验》及《中华人文与当今世界》诸遗著中，中国除非永远颠倒沉沦，否则异日复兴机运来时，无数的仁人志士，必将从这些书

---

① 廖宝泉等：《家居生活中的唐君毅先生——访问唐夫人谢方回女士》，《唐君毅全集》（九州）卷38《纪念集》（下）第524页；《唐君毅全集》（学生）卷30《纪念集》第617—618页。

② 廖宝泉等：《家居生活中的唐君毅先生——访问唐夫人谢方回女士》，《唐君毅全集》（九州）卷38《纪念集》（下）第528—529页；《唐君毅全集》（学生）卷30《纪念集》第623—624页。

中，获得智慧和勇气。①

曾祥铎：

唐先生说，他曾在香港认真观察过中共发行的宣传影片，发觉那些在天安门前涌现过的几百万小孩子（红卫兵），几乎个个都声泪俱下的拼命喊口号，那是当年纳粹德国方式的再版。唐先生认为将一个民族导向这个途径是危险的，他提醒陈裕清先生要特别留意这情形。唐先生又说，他又曾经仔细观察过站在天安门上那些中共高层头子的举止表情，他说，林彪状貌萎缩，固不足以成大事，而姚文元轻佻冲动，一副好勇斗狠的样子，显得火候不够，子曰："戒之在斗"，恐怕这个人将来会出乱子的。唐先生自称他阅人多矣，所以"善观气色"。他说："要统治八亿人的大民族，不是一件容易的事，林姚辈气象不够恢宏，当然不足以语此，……"今果一一言中。

唐先生当时又透露，中共曾经向他进行统战，派人到香港邀他回大陆去看看。唐先生说，回去看看未尝不可，但要中共答应三个条件，而这三个条件都与唐先生个人利害无关的。我记得条件之一是，希望中共将高悬于大陆各地的马、恩、列、斯的照片拿下来，唐先生的理由是："研究马列的学问是一回事，但是让八亿人在头上顶着这些外国人来过日子，晨昏礼拜，这个简直是民族之耻，老是这个样子下去，将来中国人还能抬头吗？咱们从前捧孔子，再怎么说，总是走中国人自己的路，现在却变成八亿人的民族不靠外国人便不能过日子，在精神上都无法自立了，这怎么行呢？"②

刘伍华：

唐师……并没有像右派人士般完全否定中共存在的现实。他希望中共会慢慢地修正过来；因此他对自己的学生说，一旦中共政权变得开放，则新亚培育出来的学生，大可回到祖国的学校中教书，提倡人文精神以代替

---

① 司马长风：《忆唐君毅先生》。《唐君毅全集》（九州）卷37《纪念集》（上）第146页；《唐君毅全集》（学生）卷30《纪念集》第183页。

② 曾祥铎：《敬悼唐君毅先生》。《唐君毅全集》（九州）卷37《纪念集》（上）第396页；《唐君毅全集》（学生）卷30《纪念集》第479—480页。

马列思想,由此可见他心目中的新亚,是为中国而立的。

……唐师之批评中共,纯是来自道德意识中的文化理想。他关注的问题,大多是涉及大是大非的原则性问题,而非现实政治中的个别功过问题。个别的政治策略问题,绝不应脱离大原则的影响。唐师批评中共的立国思想方向及意识形态的基础,基本上是希望中共因原则性之思想问题之修正,而修正个别政策之不合理地方。近百年中国民族受尽外侮,因此中国人都重视民族自立。但唐师于此指出,我们除了要求民族自立,不受外侮外,更需要在文化上之自立,在思想上回归中国的人文传统,而不能永受马列思想所摆布,此即为民族跟文化双脚并立论。唐师于有形的物质建国外,更洞悉精神建国之重要,中国人一天未能回归自身的优良文化传统中,则中国还未算是真正的独立自主。这一混乱的时代中,对中国传统儒家精神重新阐释,以解决建国中的理想问题,我相信唐师是用力最深的一个人。①

岑咏芳:

有一段时期,我的心是很漫荡的,我徘徊在《牛虻》《卓娅和舒拉的故事》中,常于深夜,为书中的人物而哭泣;我参加保卫钓鱼台的示威运动,为祖国的危机而呐喊,我召开"五四运动"的研讨会,崇尚于那个时代的狂热与激情。那时候,我心底隐着莫明的苦闷,下意识地有一种求变的欲望,哪怕是翻天覆地的变。许许多多的日子就是在这种无根的求索中漫荡过去了,直到我在《明报》月刊拜读了唐君毅老师的文章:《谈中国现代社会政治文化思想的方向与海外中国知识分子当前时代之态度》,才清醒过来,重新反省自己,认识中国文化。唐先生说:"若问中国在那里?就在诸位的生命里。我们每一人,皆有资格代表中国,毫无惭愧。要说认同,即要先认同于自己个人心中之中国民族与中国文化生命。"几句说话,刹那间把我从歧途中纳回正轨,多年的疑窦,得以化除。我明白,前面的路还是困难重重,但我已坚定了自己的方向,并决心投考新亚研

---

① 刘伍华:《悼唐君毅老师》。《唐君毅全集》(九州)卷38《纪念集》(下)第461—462页;《唐君毅全集》(学生)卷30《纪念集》第557—558页。

究所。①

李武功：

先生关心国事，但不喜言及政治人物个人的是非。看到台湾政局安定，工商业得以繁荣，农民生活改善，常言："其实中国社会不必清算斗争，也可致国家于富强。"听说大陆放了一个人造卫星上天，也面有喜色地说："只要政治安定，科学是容易赶上人家的。"及至听到两方面政治上有什么黑暗的事情，则又会兴起嗟叹。"文革"时，历史文物遭受毁坏，先生真是忧心如焚，又看到知识分子在报纸上受到围攻，先生更为不安，问道："怎不见他们也在报上反驳回去呢？"我说："凡为党交给群众斗争的人，罪已确定，就是要他挨骂，消灭他留在社会群众中的影响，被斗者是无权反驳的，就算有文章写出，也没有刊物让他登。"先生愤然说"这样是非如何得辨明，真理怎能彰显？"先生外甥久患肝炎，闻此地有特效药——片仔癀出售，先生即命我去买，当时，听说日本人患此病甚多，将香港存货搜购一空，我只好空手回报。先生对师母说："还是多寄些钱由他们自己买吧！"师母说："就是没得卖，才来香港买的嘛！"先生不能理解。我说："外贸政策是内销服从外销，外面有人买，里面自然就少了。"先生闻言很是惊讶，随后面有愠怒之色说："这样说来，中国人发明的救命的药，反而救不到中国了？"卒至叹息不已。

"四人帮"消失后，先生心里再烧起国家前途的期望，尝对我说："不怕！只要能向好的方面变，总有希望。"此时先生病情已日渐沉重，多了气喘，说这话时已感到吃力了。我看得出：先生对民族前途的关切，已超过了自己生命的存活。②

唐端正：

君毅师的千言万语，其源头也不过是我们自己的性情。所以他在《中华人文与当今世界》的序言中，说到附录之部所载几篇忆友、怀乡的文章

---

① 岑咏芳：《敬悼唐君毅教师》。《唐君毅全集》（九州）卷38《纪念集》（下）第468页；《唐君毅全集》（学生）卷30《纪念集》第565页。

② 李武功：《在爱和希望中的安息——敬悼唐君毅师》。《唐君毅全集》（九州）卷37《纪念集》（上）第392—393页；《唐君毅全集》（学生）卷30《纪念集》第475—476页。

时谓："我对中国之乡土与固有人文风教的怀念，此实是推动我之谈一切世界文化问题之根本动力所在。"在《怀乡记》的篇末也说："处此大难之世，人只要心平一下，皆有无尽难以为怀之感，自心底涌出。人只有不断的忙，忙，可以压住一切的怀念。我到香港来，亦写了不少文章，有时奋发激昂，有时亦能文理密察，其实一切著作与事业算什么，这都是为人而非为己，亦都是人心之表皮的工作。我想人所真要求的，还是从那里来，再回到那里去。为了我自己，我常想只要现在我真能到死友的坟上，先父的坟上，亲宗的坟上与神位前进进香，重得见我家门前南来山色，重闻我家门前之东去江声，亦就可以满足了。"①

（七）生活轶事

卢干之：

唐先生不但坐于书房用心写作，在讲堂全神讲学；即在行街、如厕之际，亦常常想及学问之事。有一次，他往访友，友人在露台见其抵埗，乃开门迎接，但唐先生拾级而上，过门不入。友人知其脑际必在想及哲学问题，乃高呼"唐教授"。时唐先生始察觉已登上另一层楼，急忙应声。又有一次，他与夫人谢方回在市区漫步，夫人边行边谈，久久不闻唐先生答话，回头一看，不禁呆然，原来不见唐教授。于是折回找寻，发觉唐站在一店门前，好像在想什么似的，追问之下，始悉唐先生因为想及中国人的道德问题，偶有发现，乃停步不前。②

谢廷光：

许多有趣的事情的产生，恐怕都是由于唐先生常常处于一种"忘我"的状态之下，把全副思想集中到某一个问题上，对其他的事情就不注意了，甚至把自己也忘掉了。于是就发生许多有趣的事情。可以这样说：一

---

① 唐端正：《伟大的中国文化运动者》，《唐君毅全集》（九州）卷37《纪念集》（上）第262—263页；《唐君毅全集》（学生）卷30《纪念集》第327页。

② 卢干之：《敬悼唐君毅教授》，《唐君毅全集》（九州）卷37《纪念集》（上）第400页；《唐君毅全集》（学生）卷30《纪念集》第485页。

个学者的生命与他所想的东西常常是合在一起的——是不是可以这样讲?

比方说,刚吃过了饭不久,他就问:"我有没有吃过饭啊?"有时候,唐先生出外开会,或者是有什么事情要看朋友,回来之后,我就发现他身上有别人的东西:别人的手帕啦、文具啦,甚至手表啦,他都拿回来了,但是他自己的东西就不在了。我就说:"你为什么把别人的东西拿回来?"他说:"这些东西本来是我的嘛!"——他当那些东西好像是他自己的。那么他自己的东西是不是属于他的,他也不晓得。这些情形,都是因为他自己忘掉了自己,所以才发生这样的事。

还有一次最有趣:我跟他去看一个朋友。这个朋友的佣人先开门。佣人问:"先生你是哪一位呀?你是贵姓?"你道唐先生怎么回答呢?他说:"我姓熊。"我就奇怪,怎么他自己讲自己姓熊的呢?——啊!原来他要看的这个朋友姓熊。可见他只想到当前要做的事情,专注于眼前的问题,根本不晓得自己是怎么样的存在了。①

唐安仁:

伯伯又常常说,一个人的胸襟,要读万卷书,行万里路,才能广大开阔。要常常与自然接触,才能够纯真。香港这个花花世界,太小、太挤,也太人工化了。因此,伯伯尽量寻求幽静偏僻的地方,带妈妈与我去散心。

早年家里经济拮据,每月还要汇款与阿婆及在大陆各处的姑姑叔叔。所以我们常常都是去不必花太多钱,便能得半天清静的地方。牛头角仍未发展的时候,巴士总站附近有一家小小的杂货店。伯伯喝一杯三蒸米酒,妈妈跟我吃花生米。吃完了我们便沿着小路往山坡上去。伯伯走在最前面,一手提着一块揩汗水的小毛巾,一摇一摆的,妈妈提着大皮包走在最后面,皮包里面鼓鼓地塞满了伯伯要替换的汗衫和手巾等。我在中间跑来跑去。

我们常去的另一个地点,是在香港筲箕湾,电车站不远有一个小小的海湾,岩石曲折之间,长了许多水草,风景说不上优美;不过背着后面零

---

① 廖宝泉:《家居生活中的唐君毅先生——访问唐夫人谢方回女士》,《唐君毅全集》(九州)卷38《纪念集》(下)第525—526页;《唐君毅全集》(学生)卷30《纪念集》第619—620页。

乱的废地，放眼望出去的是海天辽阔。伯伯纵目远眺，若有所思。如今回想起来，此情此景，晰然在目，我说不出那是怎么的一种感觉。伯伯凝视大海茫茫，似有无限的向往；而眉宇之间，又往往有一种难以解释的悲悯。在那一刹那，我觉得仿佛他也不觉母亲与我在他旁边的存在了。我能够联想的，只是陈子昂的《登幽州台歌》："前不见古人，后不见来者，念天地之悠悠，独怆然而涕下。"我常常感觉到伯伯那超越时空，刹那成永恒的眼神。①

伯伯也喜欢唱歌，他爱唱《渔樵问答》，柳永的《雨霖铃》，周邦彦的《风流子》。伯伯更爱吟诵诗词。他所喜诵的，多半是闲适清逸的作品，如陶渊明、苏东坡者。大概是因为这些作品能表现他对闲隐的向往，而又不能真的舍去罢。在百忙的生活中，伯伯唱歌的声音，低回不尽情；唱歌之际的面容也是专注的、思索的。有时候还闭上眼睛，仿佛是要尽情深切体会歌词的意境，又仿佛是要尽量以歌来表达自己的心情。

我们一家三人共享的一乐，是在风清月白的晚上，坐在天台上一齐唱歌或诵诗文。伯伯兴致来了，便随便讲话，有时候说他对各种事物的观感，对生命的体会，儿时的趣事，师友的情谊，随手拾来，滔滔不绝。我常常觉得伯伯不一定是在对妈妈对我说话，他说起来，常常不能自已，类乎诗剧中的独白。有时候说到别有会心之处，反复又重覆地说某事某意之后，终于找到恰当的语言来表达他的心情或思想，便笑得满意得有如小孩子吃巧克力糖似的。

在桂林街的时候，林仰山先生送我一只狸猫。伯伯把纸团套在猫的尾巴上，猫儿便追着自己的尾巴打转，伯伯哈哈大笑，得意极了。我家小狗花花最喜伯伯。伯伯回家的时候，它总是万分兴奋地跳起来推伯伯直推到书房里去。可是花花不喜欢香烟，伯伯抽烟，有时候就喷花花一口烟，花花转头又跑又叫，伯伯也是笑得一副顽童的模样。

我们在漆咸道南海大厦住了几年。一年夏天大台风刮来，把向海的大玻璃窗整个抬走了，雨水直扑进来，不多会儿屋里便淹了几寸水。我们赶快用碗和杯子舀水，用桶装了倒进抽水马桶。伯伯也要帮忙，可是一点忙也帮不上，反而把衣服都弄湿了，妈妈怕他弄感冒了，规定他缩着脚坐在

---

① 唐安仁：《伯伯》。《唐君毅全集》（九州）卷38《纪念集》（下）第538—539页；《唐君毅全集》（学生）卷30《纪念集》第636—637页。

沙发上不许下来，可是妈妈一转身，伯伯便故意把光脚伸下来泼水，妈妈一回头，他赶快缩起脚，又做鬼脸又笑。大风雨中，大家都笑了。

七〇年伯伯妈妈来美主持我的婚礼后，我们一家人到北部旅行。在多伦多博物馆中，伯伯热心着要替妈妈拿相机，妈妈不肯，说他一定会弄掉，他说不会，妈妈坚持不过，便给伯伯拿了。大家走到二楼，才突然发现伯伯双手空空，赶快分头去找相机，伯伯急着也要去找，妈妈说："你坐在椅子上不要动，不然等会儿还要找你呢！"伯伯只好伸伸舌头坐在长椅上。后来终于在失物部领回相机，要离开的时候，伯伯仍然坐着不动，妈妈问他。他说："我做了错事，哪里敢动。"

伯伯在日常生活上，比三岁小孩还不会自顾，所以有许多关于他的笑话。洗澡的时候，妈妈要先替他准备好热水、毛巾和替换的衣服袜子。但是他还会把脱下来的脏衣服又穿上，把干净的丢在水里。

有一次在一位佛教的出家朋友家里，不知道为了什么缘故，众人说起广东俗语骂人"三姑六婆"，伯伯就专心专意地算是"道姑、尼姑……"幸而那位朋友很了解伯伯，一点也不在意，伯伯自己倒很不好意思。

照小时候的我看起来，伯伯不是妈妈照管着，把牙膏挤在牙刷上，他不会刷牙；吃一顿饭要到书房里去催无数次，自己吃了几碗饭也不清楚，还得问别人"我添过饭没有？"伯伯向来胃口不错，不过他的原则是吃两碗饭，所以如果添过了就不再添。伯伯看书写作，一坐下来就是好几个钟头动也不动，天黑了，也不会自己开灯。出门的时候，妈妈得给他口袋里装好手巾、钱、烟、火柴，他自己是决不记得的。

我小的时候，新亚的学生常常拉我说："安安，讲伯伯的笑话！"我就一件件地讲，也想不通伯伯那么大的人，为什么会做这么滑稽的事。[①]

[①] 唐安仁：《伯伯》。《唐君毅全集》（九州）卷38《纪念集》（下）第539—541页；《唐君毅全集》（学生）卷30《纪念集》，第637—640页。

附　　录

（一）唐君毅先生夫人

唐先生夫人谢廷光，字方回，四川省眉山人氏，一九一六年十二月十一日（农历十一月十七日）出生，为人性情纯和，宁静淡泊。

一九三八年，唐先生在华西大学任教，谢廷光女士从四川省立女子中学毕业，入读设在陕西省城固县的西北联大附属师范学院教育心理学系。当年，经谢廷光女士的哥哥、唐先生的同学好友谢绍安先生介绍，唐先生与谢廷光认识交往。唐夫人言：

> 我大哥跟他同是中央大学的同学，二哥跟他也是好朋友。我一岁就没有母亲，我的两个哥哥同我，都是靠祖母养大，所以哥哥同我的感情很好。他们对我很爱护、很照顾。到我长大以后，他们对我的婚姻就很关心。他们觉得唐先生是我最理想的对象，所以希望把我们两个人撮合起来。于是就正式"介绍"我们互相认识。那个时候，我刚刚进大学。我入学的年龄比较晚，不像你们十七八岁就进大学。我是过了二十岁才上大学的，我进大学以前，并不是没有见过唐先生的面，他的家我也常常去。不过，以前见面，跟后来通过兄长正式"介绍"的会面，情况就不同啊。当时我哥哥先把他们的意思告诉我，征求我的同意。我也觉得可以，然后才跟唐先生单独见面。①

---

① 廖宝泉、徐珍妮：《家居生活中的唐君毅先生——访问唐夫人谢方回女士》。《唐君毅全集》（九州）卷38《纪念集》（下）第529页；《唐君毅全集》（学生）卷30《纪念集》第624页。

二人认识之初,由于年龄、气质、性格、学识等的差异,谢廷光女士对唐先生的印象并不是很好。唐夫人谓:

> 一九三八年的事,我在大学读书。就在那年的五月的某日,忽然收到你的来信,我心里很是惊怕,虽然父兄事前曾向我提过我们的婚事,但我想到你品格的高,学问的好,你已在大学教书,我什么都不懂,心中出现一种配不上你的感觉,所以一直不敢与你回信。但我向来佩服你,尊敬你,或者这是天意,注定我将有幸福的婚姻,于是我就鼓起勇气与你回信。因为我是你朋友的妹妹,你比我大,我就以兄妹的称呼开始与你通信。可惜自开始至我们成都见面,那中间的信几乎全部散佚了,幸而你给我的第一封信还存在。散佚的信不可得了,亦不知那段时间我们究竟谈过些什么。同年暑假,我们成都见面,时间不短,你与我讲的话很多,方面亦广,但我总是怕羞不敢讲话,连看也不敢多看你。因我转学西北联大,暑假完时,就离开你赴城固读书去了。不过我们曾在成都山野上有过口头的心许。如今想来,那时我们并无深的了解,只不过我佩服你,你觉得我本质尚好,大家就顺着家庭的意思建立了婚姻关系,其实这婚姻关系是来得太快了。①

唐夫人又谓:

> 第一印象,我当时就觉得不好。这个印象不好,现在回想起来,事实上应该怪我自己不好,并非唐先生他不好。当时我刚刚上大学,差不多有二十一二了。那个时候我仍很喜欢玩,心里根本就没有想到什么人生问题。对于一些有性格、有个性、思想比较有深度的人,我根本不能了解。我跟唐先生首次单独会面的时候,看着他就觉得这个人很严肃。他跟我谈话,一开口就谈人生的意义,说什么人生要吃苦啦、要尽责任啦。我就是想玩嘛,还没有达到这么高的境界哩。所以第一次见面,我就不喜欢。我的不快,当然全是我的错啊。除了该吃苦、尽责任之外,他还要我看书。那些书我不是一定喜欢看的。我念

---

① 谢廷光:《致廷光书》"后序"。《唐君毅全集》(九州) 卷30《致廷光书》第200页;《唐君毅全集》(学生) 卷25《致廷光书》第293—294页。

的是"教育"系。同学们在一块,大家贪好玩,没有一定的抱负。所以,看到唐先生这么严肃,说到人生意义的问题,我心头就感到紧张。这是我当时幼稚的缘故。不是他不好,是我不好。①

二人异地恋爱长达五年,即一九三八年至一九四三年。其间,感情经历过波折,也有不少的情感碰撞,彼此基本靠通信联系,并以此维持感情、交流思想。谢廷光女士在唐先生去世三年后,将唐先生写给她的书信整理为《致廷光书》出版,并在序中言:

> 先夫逝世已三周年,我思念他,常常看他婚前给我的书信,觉得每看一次,都发现有不同的意义和价值,这些意义和价值给予我无尽的安慰,给我幸福的感受,亦给我无限的内疚。惜大半的书信已散佚了,留在我身边的只是一小部分。我实在宝贵这些书信,我恐再有散佚,如果全部散佚了,我认为不单是我个人的损失,亦是人间的损失,所以我把尚存的信件整理成书印行,这是我成书印行此书信的一个理由。还有一个理由就是我们的婚姻是经过变化而来的,其间一切经过有各种不同的阶段,在各阶段中我们所持之态度,我认为值得作青年男女谈论婚姻时之参考,所以我愿把私人的事客观化,献给青年朋友,愿天下千千万万的青年男女皆有崇高的爱情与幸福的婚姻。不过请注意书信是随手写成的,文句多有不切贴之处,望青年朋友不要只注重文字的本身,而要透过文字,注意文字后面的意味,这才是此书信的真精神。②

一九四一年,在唐先生要求下,谢女士暑假后直接从陕西到重庆,然后一道从重庆经泸州,回宜宾唐先生老家,然后到嘉定(乐山)、眉州,回谢女士家,后又到新都、成都。唐夫人谓:

---

① 廖宝泉、徐珍妮:《家居生活中的唐君毅先生——访问唐夫人谢方回女士》。《唐君毅全集》(九州)卷38《纪念集》(下)第529—530页;《唐君毅全集》(学生)卷30《纪念集》第625页。

② 谢廷光:《致廷光书》序。《唐君毅全集》(九州)卷30《致廷光书》第1页;《唐君毅全集》(学生)卷25《致廷光书》第49—50页。

暑假我回家看父亲,先到重庆来看你,相见时大家都有说不出的难过,彼此痛哭一场。那些日子我们流了许多忏悔的泪,亦流了许多欢乐的泪,亦有吵架的时候,吵了架我爱赌气,最后都是你安慰我,使我破涕而笑。但当你教我如何读书如何为人的时候,我就恭恭敬敬当你是老师。由重庆又到了你宜宾的家,又到了眉山我的家,最后到成都,你又把我送走,让我回到学校读书。那时我们了解深、爱亦深,离别真是痛苦。因为我汽车失事受了伤,住进医院,很久才与你写信,使你挂念不小,并来电报问我是否平安,如今想起未能早与你写信,尚有歉意。我回到学校,恢复了学生的生活,我有朋友同学言笑谈天,你则回到中大分校柏溪,那里你少有人来往,更无人可以谈心,你感到孤寂,感到空虚。空虚使你生出许多幻想,造成你大的痛苦。你觉得你相信的真善美已幻灭,甚而你说真想毁灭自己,不愿再见我。你又说你的痛苦与我无关,你说你痛苦的原因,是把过去未来现在分不清楚,是神性与人性的冲突,你说是你自己造成的烦恼,别人是不能解除你的痛苦的。可是毅兄:我知道你的痛苦全是我造成的。离别使你空虚,空虚使你怀疑我或者又会生变化,这是人之常情,我真不知如何才能安慰你,但你总是原谅我责备自己,一切责任都归到你身上。你说你曾说话伤害我,如今你不忍再说一句伤害我的话。你说你情感动荡时苦痛心情写的信,会使我难过,所以有时写了信莫有寄给我。但你又说你的苦痛亦只有向我才能说,同时你愿意把你心中任何的念头都使我知道,如不让我知道,有所隐瞒,就是对不住我。我了解你有天生的对宇宙人生荒凉的情调,你烦恼多苦痛多悲剧意识甚浓,情感有时动荡难安,所以我亦希望你情感尽量发泄,不管给我任何苦痛,我都应当承担。后来你想通了,你作了一个伟大的梦,我们大家的情感才平静下来,并感到我们的心有了更深的接触。我对你的爱中添增了无限的敬意,觉得你实在值得我佩服,我佩服你有崇高的理想,佩服你有无私的感情,和你对民族文化的使命感。我当下生起了一种强烈的责任心,我觉得我对你的责任很大,我要好好培养自己,希望多少有点能力,能够帮助你,与你共同实现你一部分的理想。可是毅兄:当我怀疑我多半在学问上、事业上不能帮助你时,我对自己感到失望,我很难过,觉得对不住你。但当我想到我有生命,我有热血,我有眼泪,我至少可以以我的生命热血和眼泪,照拂你，使你精神和情感都有所慰藉，可以一心一意去实现你人生的理想，我亦以此自慰。①

一九四三年，谢廷光大学毕业，在重庆洛碛国立师范学校担任教育学及教育心理学等课程。二人由相识、相知到相爱，经历五年长的书函往来和情感上的波折与考验，于是年结婚。婚礼在重庆上清寺鲜英老先生家宅"特园"举行。唐先生母亲、弟妹都到场参加，出席婚礼的男女宾客有程兆熊、鲜老先生、鲜季明、程行敬、李长之、柯柏薰及唐先生在中央大学的同事一百多人。

婚后二年，谢廷光患宫颈癌而终生不育。后经唐母同意，过继四妹唐恂季的长女安仁为子。自同唐先生结婚后，二人相互敬爱，相依为命，彼此以"光妹""毅兄"相称，伉俪情深，一直为亲友侪辈所钦羡，受学生后辈所敬重。

唐夫人谓：

> 你一直等我大学毕业，我们在一九四三年才结婚。婚后共同生活，初初亦有不习惯之处，但你对我的爱是无微不至的，我感到你的爱有许多方面，除了男女之爱而外，我好像在你那里得到了一种类似保育的母爱，因为你念我是一无母的孤女，你处处体贴我照顾我。有时又觉得我们是兄妹之爱，朋友之爱，师生之爱……总之我整个的生命都给你的爱包裹着了，我觉得我是世界上最幸福的人。那时是国难期间，你的家庭负担很重，我亦工作了几年。一九四九年我们先后到了香港，那是一个大动乱，亘古未有，天翻地覆，失去了人性的时代，整个民族沉沦在苦难中，每个人都在患难中。在患难中我们相依为命，爱护对方，体谅对方，互相容让，无不以对方之心为心。你常说使我受苦，你心不安，但是我觉得我有一个像你这样爱我的你，我是很满足了。我不觉得什么是辛苦，哪怕是菜根亦是香的，淡饭亦是甜的。难为的事亦觉得有趣味。毅兄：你记得吗？我们莫有钱的时候，把空瓶空罐都送到收荒店去卖，本来可以卖一角钱一个的，但有

---

① 谢廷光：《致廷光书》"后序"。《唐君毅全集》（九州）卷30《致廷光书》第205—206页；《唐君毅全集》（学生）卷25《致廷光书》第297—299页。

一次送去，店家只出五分钱一个，我们很生气，拿着一大袋大大小小的空瓶空罐掉头就走，一不小心失手，把瓶瓶罐罐倒得满街都是，途人大笑，我们并不在乎，我们亦跟着大笑，后来这件事常成我们谈话的资料，觉得很有趣味。不久安儿来了香港，你开始去香港大学兼课，逢星期六你午前去港大上课，待安儿放了学，我母女就带给你一盒菜饭，饭后如有足够的钱，我们就乘缆车登太平山游览，若钱不多就坐电车由港大坐到东边筲箕湾最后一站，再由筲箕湾坐到西边坚尼地城最后一站，站旁有一小店，售花生和米酒，我们买些来吃，真是津津有味。无奈卅年的时光匆匆过去，你亦弃我而去了，这才使我感到什么是人生最大的苦痛。毅兄：你说过夫妻死别的痛苦是与爱情的深浅成正比例的，实在不错。我有时痛苦之极，真想毁灭自己早日到你那里。但身体发肤受之父母，你一定不赞成我这种举动的。我只有转移我凄怆的情绪，想着你尚有未完的心愿，未完的责任，我应当替你完成。而且我们相信精神不朽、灵魂常在，死不过是形质寂灭，我们的心灵是永远相通的。毅兄：这是我最大的安慰。每当我在你灵前焚香默念时，我真不觉你已不在人间，犹如就在我目前。我亦时在梦中见到你，有一次你向我说，阴阳本是一体，不过你在阴面我在阳面，但阴阳两面是相通的。有一次你还教我读书哩，你说读书最重要是要有宁静的心境，要以整个生命性情去接触著者的心，如不能了解，可以暂时放下，过一些时间再读，自能有与著者心灵默契之时。又有一次梦见你将有远行，朋友催你早日就道，你说你迟迟不走，就是怕你走后我太孤寂……毅兄：这些都不是梦，这是你生死不渝的念我之情。本来被人怀念是人生的幸福，可是我们的怀念是生死间的怀念，毅兄：我是含着眼泪在感受啊！①

唐先生与唐夫人恩爱一生，共同演绎了二十世纪中国学人中最为经典又最具中国传统爱情婚姻特质的幸福婚姻生活，同时共同见证和践行了唐先生于《爱情之福音》《致廷光书》《人生之体验》等书中所倡导的神圣爱情理想。

---

① 谢廷光：《致廷光书》"后序"。《唐君毅全集》（九州）卷30《致廷光书》第206—207页；《唐君毅全集》（学生）卷25《致廷光书》第299—301页。

一九七八年，唐先生去世后，直到过完唐先生的七七（三月二十三日），为了调节心情，唐夫人随女公子安仁到美国生活一年多。唐夫人谓：

> 三月二十四在你灵前辞别，带着你的遗像、遗书和我的琴书纸笔，就远道赴美，朋友同学又专程机场送别，高谊隆情，令我感激零涕。到了美国，那里还是冰天雪地，瑞婿来接我们，大家无话，只有伤心在一团。到家后安儿立刻设下你的灵台，从此他们日日去忙工作，我就日日在你灵前与你为伴，有时心情不好，沉沦沮丧，但当我望着你的遗像时，觉得你亦在望我，似乎在对我说话，我当下即有一种跃然的心情，你说过死亡是永远不能补偿的悲痛，我要承担这应有的悲痛，我要化悲痛为力量，我要加倍尽我应尽之责任，我要向往你由责任使命感出发作事的心情，我要学你生则尽其在我，死则视死如归的精神。你常说苟且偷生是大大的耻辱，我亦永远记得。①

一九七九年三月，唐夫人从美国回到香港，并于五月二十日完成三万余字的《忆先夫唐君毅先生》的回忆文章，详细叙述了从一九七六年八月十一日唐先生被确诊罹患肺癌到一九七八年三月二十四日唐先生满七七唐夫人离开香港的唐先生治病、逝世和追悼的过程。

唐夫人谓：

> 在美虽有儿辈侍养，生活舒适，但念香港尚有许多大事未了，故于两月前归来，友好及同仁同学照顾我十分周到，我常到研究所，常与同学共习琴书。②

回到香港后，除了到新亚研究所为学生上书法、古琴课程外，唐夫人开始整理唐先生给自己的书信《致廷光书》，一九八一年二月二日唐先生逝世三年祭日，唐夫人以书信方式撰写《致廷光书》后序，谓：

---

① 谢廷光：《忆先夫唐君毅先生》。《唐君毅全集》（九州）卷 38《纪念集》（下）第 521—522 页；《唐君毅全集》（学生）卷 30《纪念集》第 615 页。
② 谢廷光：《忆先夫唐君毅先生》。《唐君毅全集》（九州）卷 38《纪念集》（下）第 522 页；《唐君毅全集》（学生）卷 30《纪念集》第 615 页。

你去世已三年了，我亦有勉强自己打起精神作事的时候。思念你时，我就看你的书和你给我的信，虽然我心酸难过，但在冥冥之中我得到许多启示，觉得你的智慧和情感都贯注渗透到我全部的生命，使我有一精神上的实在感，并觉精神在上升有一幸福感。当我看到你信中说：我们婚姻的变化，使我们受了许多痛苦，但若莫有我们婚姻的变化，我们不会互相认识对方品质之可爱。许多人生问题也许就想不到，也写不出那许多悲悯见性见情触动人心深处的信。你说你《爱情之福音》一书或者就不会写了。你又说你《人生之路》第八部上半部写成许久，而下半部总是写不出，后来因为我们婚姻变化，使你体验到许多人生问题，后半部才写成的。毅兄：想到这些因婚姻变化而来的意外收获，我许多对不住你的心情似乎得到一点安慰。去年重阳节我第一次去台扫墓，见那碑上是我们二人的名字，墓是双穴，我们是生在一起，死在一起，我亦感到满意。毅兄：我们有生死不渝的爱，在无量的未来世中，我相信我们仍是恩爱的情侣。或者如你所说，我们是道义的情侣，我们要在未来世中共同实现我们人生的理想，我们的爱是帮助对方完成人格的爱。①

又谓：

你在给我的信中说过，你晚年写自传时，你要把我们的婚姻经过如实记叙，以作青年朋友的参考，惜你未能亲自完成此愿，我把你婚前给我的信，成书印行，并在后序中略述我们婚姻的经过，毅兄：我知道你是不会反对我的。这亦是你逝世三周年我对于我们往事的追念，我即以此来纪念你。②

一九八一四月二十五日，唐夫人召门人唐端正、李杜、霍韬晦、黎华标于青山容龙别墅茶叙，提出由上述五人组成《唐君毅全集》编辑委员

---

① 谢廷光：《致廷光书》"后序"。《唐君毅全集》（九州）卷30《致廷光书》第207—208页；《唐君毅全集》（学生）卷25《致廷光书》第301—302页。
② 谢廷光：《致廷光书》"后序"。《唐君毅全集》（九州）卷30《致廷光书》第208页；《唐君毅全集》（学生）卷25《致廷光书》第302—303页。

会，编辑出版《唐君毅全集》。经十年之工，一九九一年，三十卷《唐君毅全集》由台湾学生书局出版。在此过程中，唐夫人又费心整理唐先生书信、日记。

在完成"继志述事"的大事后，二〇〇〇年八月二十四日下午一时，唐夫人谢廷光在香港九龙明爱医院辞世，享年八十四岁，距离唐先生去世时日，有二十二年六个月又二十二天。

对于唐夫人一九四九年到香港后与唐先生的生活，黎华标在《唐谢廷光师母事略》中谓：

> 一九四九年，国内政局不稳，他们一家人先后来到香港团聚。初期生活不安定，但他俩的伉俪殷情并没有丝毫受到影响，一直为亲友所钦羡，受学生敬重。以后在香港与台湾的二十多年间，唐先生在大学主掌讲坛，参与校政，兼在刊物发表论文，发扬祖国文化，更多番应邀出席国际学术会议，实大声宏，名声卓振，师母默默地从旁赞襄，全心照料先生起居。唐先生晚年多病，师母也一直随侍不离。到一九七八年，唐先生逝世，师母一度痛不欲生。但经过很短期的静居后，重新振作，决心要为先生完成未竟志业。
>
> 首先，师母主持编辑唐先生全集，商定几位学生与后学，校阅先生已印行的全部书刊，并收集未发表的演讲录和笔记。她自己则专力誊录先生累积数十年的全部日记，并整理她一直收存先生从过往直到现在写给她的书函，另成专集，作为全集里的新增内容，取名《致廷光书》。她说要用这个专集方式达成先生原定在退休后撰写自传的遗愿，更希望他们二人的爱情经历可以作为青年男女的参考。唐先生的全集经过她师徒们十年努力，终于出版了。
>
> 此外，师母还应新亚研究所邀聘，将她数十年积学中国书法和琴艺传授给学生。多年下来，培育青年无数。她又为学生组织书社和琴社，间时亦举办欣赏会，增进课余艺术生活，并担任他们的艺术顾问。教学工作直到九十年代初期，才逐渐交卸。晚年师母家居，有女儿安仁和女婿王清瑞先生回港奉侍。
>
> 师母在先生逝世后的二十年来生活，可以用"继志述事"四字概括，一意以继承先生志业稍抒情天莫补的悲怀。除了书法和琴艺造诣外，师母的文学才华亦常掩映透现于她所编辑的先生全集之中。在她

另外出版的《毅光集》中又可以见到她的国画天才。

在全集里，她附有侍病日志和相当多的忆念文字，委婉动人。她忆述说，她每天在先生灵前上香，常觉得先生精神如在左右，又说经常在梦里见到先生，跟她讲阴阳不隔之理。他们都相信，人的精神与心灵可以超越物质的身体，永存在宇宙的人心灵之中。当年师母随侍先生在台湾治病，到了病况末期，知道无法可挽，双方在互相慰藉，难舍难离的悲苦时刻，共同主誓要在来世再成夫妇。迄真是现世中一段可歌可泣的爱情和结合。①

二〇〇〇年九月九日，唐夫人丧礼在香港大围宝福纪念馆举行，新亚研究所所长李杜主祭。丧事由新亚教育文化有限公司、新亚研究所、中文大学新亚书院、法住学会、新亚书院校友会联合负责。丧礼没有采用宗教仪式，而以欧美的追思会形式融入我国传统的公祭和大殓的丧仪。整个丧礼简单而隆重。

主要挽联和挽词有：

新亚研究所：

> 世事难期，未到中秋，黯黯骑鲸西去；
> 高风堪仰，如何华表，蘧蘧化鹤南归。

新亚教育文化有限公司：

> 齿德并推崇，典范常留学子颂；
> 音容长宛在，嘉风堪作后人师。

鹅湖杂志社全体同仁：

> 懿德斯终。

---

① 黎华标：《唐谢廷光师母事略》。刘国强主编：《懿范千秋》第2—3页；《唐君毅全集》（九州）卷38《纪念集》（下）第695—696页。

新亚琴社：

> 琴继泛川一曲高山曾仰止；
> 书传汉石满门桃李尽哀荣。

香港人文哲学会：

> 往事未成空想见音容存手泽；
> 春风长作伴筹编全集述人文。

唐冬明：

> 慈德化我顽愚性；
> 琴书调我弱幼心。

李国钧、张浚华：

> 新儒家思想千载不朽；
> 古妇德风范万世流芳。

蔡仁厚：

> 名标彤史星沉宝婺；
> 望断白云驾返瑶池。

唐端正、冯笑芳：

> 德慧潜藏存信札；
> 才情泄露在书琴。

韦金满、叶群娣：

当年新亚，懿范深留心底；
今日灵堂，泪珠痛湿襟边。

刘国强、陈宝珊：

内刚外柔辅助唐师心细志坚显怀抱；
涵质泳文修治孔道琴雅书致见性情。

梁琰伦：

摩挲周盂鼎楷隶迷顽石草诀恩永志；
抚弄焦尾桐琴箫忆故人弦歌意难忘。

黄树志、梁丽云：

高山仰止，新亚门人瞻母范；
细水流长，泛川弟子沐师恩。

唐夫人遗体在香港火化后，骨灰葬于位于台湾观音山朝阳公墓的唐先生墓，实现了在生时二人所期待的"毅光之墓"的神圣爱情理想——唐先生于一九四一年十二月十四日所记述的那个伟大的爱情之梦：

他于是引我走上一条宽广的玉石砌成之路，那路逶迤的上一高山，我忽然便同他到了山顶，看见满天的朝霞，铺成五颜六色的云海，一望宇宙，如锦绣织成。忽然，山不见了，原来我同他都立在重重锦绣的云中。我们步着云走，忽然云中又现出一座宫殿，用碧绿之琉璃筑成。我同他进去，见着一屋陈列希腊的雕刻，一屋陈列中国之古画古字，一屋陈列古今圣哲大伟人的像片，一屋摆很多书架，都是世间第一流的著作，印刷得非常精致，一屋有多少蒲团，四方有佛祖的神龛，屋后是围绕一池塘满是水仙花，我们走进装图书那室，我忽然发见一奇怪的事，在那书架的中间，有一书桌，书桌旁边坐一女子，正倚窗凝视窗外池中的水仙花，我们的足步声惊动那女子，她回头来看我们，她很惊喜的突然立起，喊一声"毅哥，原来才是你"。我不禁狂喜，回头见老人不在了，我抱着你深深的一吻后，才细细的看你，原来你已变得更美丽可爱，也穿着彩霞作成的衣，头发披到两肩，然而在热情的流露中，你却非常端庄沉静，又似不可侵犯的样子，同时莫有一点忧郁拘束的表情。我看你桌上的书，都是世界上第一流的作品，等一会，那老人进来，于是引我们到那佛堂，要我们双双跪下道，你们应当感谢神力，使你们今天会见，你们的人格都已超化，你们是真正再生了。从今后，你们要澈底改去你们之过失，对于一切过失，要割草除根。他说完话便不见了，我们起来，想起我们之小别，因许多对不住对方的事，不觉又抱着痛哭一场。但是，哭完后如雨过天青，内心非常的晴朗，于是我们一道出去，经度池塘边的小路过去，便是一大森林，有一点像我们在眉州你乡间之某家坟园，不过大得多，我们携着手向着林木走进，忽然又见一空地，四围都是参天大柏，中间原是一遍开野花的坟墓。我们走上去看那碑上写的是毅光之墓四个大字，我们非常惊讶，才知道我们是真死了而再生。①

晚年的唐夫人，除了完成"继志述事"的《唐君毅全集》的编辑出版，为新亚学子及人类留下琴音和墨宝，还留下不少隽美深刻的遗稿。弟子刘国强编辑的《懿范千秋——唐君毅夫人谢廷光女史遗稿暨纪念集》，收录"往事"二十三篇，"人生小品"二十八篇。

对于唐夫人的生命人格，同辈及学生有诸多好评：

唐先生治丧委员会：

夫人谢方回女士，学养深纯，长于琴书；居家接物，悉以先生之心为心，对先生之照顾，无微不至，有长才而未尝以才自见；先生于校务所务丛错之中，仍得专心学问，从事著作，盖内助之力也。②

---

① 唐君毅：致廷光书，1941年12月14日。《唐君毅全集》（九州）卷30《致廷光书》第182—183页；《唐君毅全集》（学生）卷25《致廷光书》第261—263页。
② 唐君毅先生治丧委员会：《唐君毅先生事略》。《唐君毅全集》（九州）卷37《纪念集》（上）第1页；《唐君毅全集》（学生）卷30《纪念集》第7页。

李杜：

师母可说是传统中国所称颂的才德兼备的人。其才，表现于其协助唐先生著作和其自己著作，以及以书法、琴艺的教学上；其德，表现于其内在的修养，宁静澹泊，家庭中的生活，既为贤妻，亦为慈母，社会上的待人接物，温文有礼，而关心着意上。故师母的一生可说无憾，而可垂范于后世矣。①

蔡仁厚：

唐夫人是唐先生的真实知己。她对唐先生的学问性情，欣钦感佩；对唐先生的生活照顾，更一贯地体贴入微；而唐先生的全集，也是在唐夫人的关切指点之下，由门弟子分工合作而编印出版……唐夫人才性明慧而不以才显，学养深雅而不以学鸣。她以全幅生命融入唐先生的德慧天地中，从容涵泳，如如润化。我们或者会致憾于上苍少给唐先生二十年禄命，使得两老的世缘未臻圆满，但气命世界原本就有无可奈何的限制，只要典型永在，仪范千秋，便可将缺憾还诸天地，而当下与时推移，顺理安命。更何况唐夫人留下遗作二万余言，虽吉光片羽，亦自玉润珠圆，而流芳人间。②

霍韬晦：

她很有才情，又很有深情，更有厚重的性情。师母的才情首先见诸她的文字、书画和琴艺，这些都是大家所称道的。但师母并不以此示人。我记得有一次我想给她开办一次书画展览，她毫不迟疑拒绝；她说她只是自娱。师母真正重视的，是与唐先生的感情。

唐师母很有才气，很有深情，但除此之外，我感受到唐师母的生命中还有很深厚的性情。正如《易经·坤卦》所言："君子厚德载物"，唐师

---

① 李杜：《主祭悼词》。刘国强主编：《懿范千秋》第5页；《唐君毅全集》（九州）卷38《纪念集》（下）第704页。

② 蔡仁厚：《哲人合德、四言颂歌》。刘国强主编：《懿范千秋》第207—209页；《唐君毅全集》（九州）卷38《纪念集》（下）第728页。

母的性情正是如此之"厚",所以她能够才高而不露、情深而不激,显示女性的内在之美、内在之光辉,她毋须在世间中凸显自己,亦毋须有何骄人的创造;她只是助人创造,所以说"或从王事,无成有终"。一切英雄豪杰、君子贤人,都是赖有成全力的坤德,方有成就。唐师母的一生,我想是真实地展示了《易经》坤德的精神。

……我相信唐先生与师母的感情与婚姻,已为人间留下光辉的典范。①

桂中枢:

唐公治学,得其贤内助之力而能历久不间断,唐夫人精于书法,不少唐公遗留的墨宝,乃出于其夫人之手,以减其执笔之劳。唐夫人又善操古琴,常在唐公病床之旁,弄琴以使其忘记癌症之痛苦,这正是百年偕老,琴瑟好合之雅事也。以是唐公得享古稀之年,未始非其夫人扶持之功也。如唐夫人能秉承唐公教学之遗志而以书法及古琴启示后辈,则唐公之音容虽渺,而其发扬中国文化之精神,将长存而无远弗届也。②

逯耀东:

师母谢方回女士是一位伟大的中国传统的女性,在她的这一生完全融于君毅师的生活之中,达到了无我的境界。在君毅师过世时,她站在君毅师的遗体旁,说:"我觉得我是个无用的人,先生才是个有用的人,所以,我把我这一生完全奉献给他,照顾他,让他做更多有用的事。"事实上,虽然她的生活中无我却有我,因为她是君毅师生活的支柱,如果君毅师没有师母的照顾,也许一天也无法生活。君毅师前些时眼睛视网膜脱落,师母恐怕他坐车颠簸,便无论远近都到处地亲自驾车接送。君毅师的生活除了读书写作讲学外,似乎没有其他的休闲生活,生活是非常单调的。师母平日抚琴练字自娱。君毅师每部著作封面的题字,都出自师母的手笔,从那些墨迹里,可以发现师母外柔内韧的性格。这些年来,她只是默默地在旁照顾君毅师的生活,却从来不干涉他的生活。尤其君毅师这一

---

① 霍韬晦:《才情、深情、厚情——纪念唐师母》。刘国强主编:《懿范千秋》第6页;《唐君毅全集》(九州)卷38《纪念集》(下)第709—712页。

② 桂中枢:《悼唐君毅教授》。《唐君毅全集》(九州)卷37《纪念集》(上)第191页;《唐君毅全集》(学生)卷30《纪念集》第238—239页。

年半得病以来，她默默地承受一切，但是没有听过她一句怨叹。过去，我读中国历史发现许多伟大的中国女性，她们的伟大倒不是有什么丰功伟绩，她们只是默默地不平凡地生活着，奉献了她们伟大的一生。当时，我无法完全了解，如今我终于在唐师母的身上体认到。①

唐冬明：

伯母是一位中国典型的贤妻良母与好老师，她谦婉温和慈爱亦从不居功。就贤妻而言，伯伯一生的成就一半归功于她，她的一生以照顾伯伯成就他理想为事业，对伯伯生活起居，照顾得无微不至，大由家庭经济，伯伯的眠息娱乐，小至衣服、零用钱，早上牙膏牙刷，都亲力亲为，事事安排妥当，井井有条，务令他能专心学术、教育与著作，但亦不使他过于劳累，及伯伯逝世后，她全力地整理遗稿，得使完成。

……她以伯伯的事业为己业。伯伯在世时她的笑纯良自然，很开心，伯伯过去后，我就感到她像经过秋天和冬天的霜雪，虽然还是一样的温良，但笑容少了，也不同了。后来她整理失落的心怀，把时间和心意全放在出版《唐君毅全集》上，把伯伯的遗稿一一整理完成，她的心情才似好些，在我偶然见到她时，或在她看见我蹦蹦跳跳时，才找到那往日开心的笑容。她曾与我写道，有快乐与人分享，有痛苦自己承当。因为我知道她有一个心愿，就是希望伯伯的事业更光大，那该是我们大家各人共同努力的事，但她已尽了最大的努力，她的名字是廷光，使伯伯这辈子的"廷"（学问事业）得大大的光大，她的名字也是方回，做完了这事才回去。她已做了一位最完善的典型贤妻良母与老师，她自己的优点，牺牲的精神，不但没有被伯伯盖住，反而相得益彰，只有她才能配得伯伯，从古而今不知何日才能找到这样的一对圣贤夫妇，我们生而何幸，得闻得见得亲近得受教育熏陶，天下何心不可归于道，何物不可化于仁，但视乎自己而矣。②

---

① 逯耀东：《花果未飘零》，《唐君毅全集》（九州）卷37《纪念集》（上）第284—285页；《唐君毅全集》（学生）卷30《纪念集》第355页。

② 唐冬明：《悼伯母》。刘国强主编：《懿范千秋》第126、132页；《唐君毅全集》（九州）卷38《纪念集》（下）第719、726—727页。

吴甿：

我所认识的唐师母，是完全自觉承担作为一位文化意识之巨人与伟大哲学家身旁的伴侣、知己和永远的支持者，众弟子心目中这样一位永远的师母；客观地说，则唐师母是在唐先生逝后，继志述事，延续并扩大先夫的哲学和文化功德；无愧为儒林学案里一位最杰出的师母。

……唐先生几十年来所写字稿，整篇或片断，凡未发表者，师母皆郑重保藏；已发表但未入书，包括记者访问，则剪贴成册；唐先生所写书信，师母在寄出前都誊写一遍，一字不易地抄写在学生用的练习簿上。唐先生讲演前写的大纲，随手写的字条，开会简记，审查学生论文的评语，即使词组只字，师母都保存下来。当我接过师母交给我的这些多年"字纸"时，我想我真领略了"珍惜"二字之意。于是想：唐先生真有福气，是幸福，也是道福。扩大而言，师母一生为《唐君毅全集》准备，亦正是中国学界的大福气。没有几位当代中国学者有这份福气，也不配有这福气。①

黄树志：

唐师母性格比较严肃内向，早年并不着意于书画琴艺等艺术修养，唐先生在书信中就曾鼓励她要练习写字："此外你的毛笔字太坏……我望你有闲时把字抄抄。"（《致廷光书》第十九信）但是她后来的书法却能自成一格，无论篆、隶、真、草都有所成。她的隶书古拙中带着天真，真书纯朴中蕴含着秀气，令人看了趣味盎然，充分表现出她的个性。她的画，无论山水、松竹、罗汉、鱼虫都各有师承，我仅记得她的跟萧立声先生画罗汉，从丁衍庸先生画八大风格的兰竹虫鱼等，从她的书画可知这些都不是随便学学，一年半载之功可达到，可知她学习之认真，用功之深。她开始学琴已在四十岁以外，但是蔡老师要求学习的曲目她基本都弹了，《潇湘水云》般大曲指法之复杂，也不是三两年功夫可以掌握的。唐师母自己也承认曾经下过功夫的："为了不辜负先夫的爱护，和教我学书、画、琴的老师，我还是用过心，下过功夫，亦留下一些字稿和画稿。"（《毅光集》

---

① 吴甿：《为了怀念的记念——忆与唐师母在一起的日子》。刘国强主编：《懿范千秋》第172、173页；《唐君毅全集》（九州）卷38《纪念集》（下）第738、739页。

卷前语)

……唐先生能以整个生命投入哲学思想,为中国文化从新疏解,建立起自己一套哲学体系,完全是师母在背后默默支持与配合。"我对你的爱中添增了无限的敬意,觉得你实在值得我配合,我佩服你有崇高的理想,佩服你有无私的感情,和你对民族文化的使命感。我当下生起了一种强烈的责任心,我觉得我对你的责任很大,我要好好培养自己,希望多少有点能力,能够帮助你,与你共同实现你一部分的理想。"(《致廷光书》后序》)她知道唐先生的抱负在于民族文化,能助唐先生完成理想,也是贡献于民族,贡献于文化。所以她身体力行,无论在唐先生生前或死后,她都把整个生命与精力投入协助完成唐先生的文化学术事业。

……中国传统上女性在史册上的记载比例上都不及男性,很多影响历史至大的女性在史册上也没有独立篇章的记载,都是在历史伟人史传中提起及而已,这可以看出传统中国女性的德性,就是以自己的能力去配合男性完成伟大的事业,并不计较自己的名与利,钱穆先生对此有所简述(见《人生十论》十二章"中国人生哲学第三讲")。如此看来,唐师母可说是一个传统中国女性的典范。但唐师母并不止如传统女性般牺牲个人去成全唐先生的学问。她和唐先生的爱是帮助对方完成人格的爱,她是与唐先生在精神上交往中直接影响和提升唐先生的思想和学问,在唐先生去世后又能以自己所学去教导影响自己的学生,这又比传统女性的德性更高一层次。①

(二) 唐君毅先生著述年表

1. 唐君毅先生出版专书

唐先生生前自己撰写、编辑出版的专书共二十种,其中第一部《中国历代家书选》为编著,《中西哲学思想比较论文集》尽管为专著,但唐先生自认为其思想尚不成熟,故以《人生之体验》为自己出版的第一部专著。

一九三五年,《中国历代家书选》

---

① 黄树志:《亦师亦母——唐师母逝世周年祭》。刘国强主编:《懿范千秋》第173—187页;《唐君毅全集》(九州)卷38《纪念集》(下)第755—763页。

一九四三年，《中西哲学思想比较论文集》

一九四四年，《道德自我之建立》《人生之体验》

一九四五年，《爱情之福音》

一九五三年，《中国文化之精神价值》

一九五四年，《心物与人生》

一九五五年，《人文精神之重建》

一九五八年，《中国人文精神之发展》《文化意识与道德理性》

一九六〇年，《青年与学问》

一九六一年，《哲学概论》《人生之体验续编》

一九六六年，《中国哲学原论导论篇》

一九六八年，《中国哲学原论原性篇》

一九七三年，《中国哲学原论原道篇》（上、中、下三卷）

一九七四年，《中华文化之花果飘零》

一九七五年，《中国哲学原论原教篇》《中华人文与当今世界》（上下）

一九七七年，《生命存在与心灵境界》

2. 唐君毅先生发表论文

唐先生发表的论文近三百篇。最早发表的论文为十五岁时撰写的《荀子的性论》，最晚的论文为唐先生去世后于一九七九年发表的、学生整理的唐先生中文大学退休演讲《民国初年的学风与我学哲学之经过》录音整理稿。

一九二四年

《荀子的性论》

一九二六年

《论列子杨朱篇》

一九二九年

《孟子言性新论》

一九三〇年

《嘉陵江畔的哀歌》

《研究中国哲学应注意之一点》

《柏格孙与倭铿哲学之比较》

《对行为派心理学之论理的批判》

一九三二年

《英法德哲学之比较观》

《中国哲学对于中国文学之一般的影响》

《孔子与歌德》

《西南的夷人与诸葛孔明》

一九三三年

《真伪问题》

《评许思园著"人性与人之使命"》

《有关科学的相对论之哲学问题》

一九三四年

《治中国学术应改变之几种态度》

《诗人与词人——杜甫与李白》

《中国今后所需要介绍之西洋思想》

《中国民族自救运动之最后觉悟》

《柏溪随笔》（一）

《三论宗与柏拉德来现象论之比较》

《〈中国历代家书选〉编辑旨趣》

一九三五年

《中国文化根本精神之一尝试论文集"之一"导言"》

《论不朽》

《中国艺术之特质》

《二十世纪西洋哲学之特质》

一九三六年

《杂论哲学》

《庄子的变化形而上学与黑格尔的变化形而上学之比较》

《中国宗教思想之特质》

《中西哲学问题之不同》

《赴西南评论社欢迎夷族代表宴会后之感想》

《论中西哲学中本体观念之一种变迁》

《老庄易传中庸形而上学之论理结构》（大纲）

《国人对文化应改变之态度》

《论中国艺术之特色》

一九三七年
《柏溪随笔》（二）
《中国哲学中自然宇宙观之特质》
《朱子道体论导言》
一九三八年
《抗战之意义》
《中国哲学中天人关系论之演变》
《宣传民众者应有之认识——再论抗战之意义》
《中国教育应有之根本改造》
《中西哲学问题之不同》
一九三九年
《中西哲学问题的分野》
《中西哲学中关于道德基础论之变迁》
一九四〇年
《略论作中国哲学史应持之态度及其分期》
《生活之肯定》
《心灵之发展》
《心、理、道颂》
《如何了解中国哲学上天人合一之根本观念》
一九四一年
《物质与生命》
一九四二年
《〈理想与文化〉发刊辞》
《道德之实践》
一九四三年
《略论中国哲学与中国文学之关系》
《心在自然之地位》
《世界之肯定》
《精神之表现》
《自我生长之途程》（上、下）
一九四四年
《中国文化中之艺术精神》

《写在哲学专号之前》
《辨心之求真理》
《〈意味之世界〉导言》
一九四五年
《介绍〈科学思想概论〉》
《易传之哲学浅释》
《中国原始民族哲学思想之特征》
《孟子性善论新释》
《中国原始民族哲学心灵状态之形成》
《〈人生之体验〉序》
一九四六年
《易经经文所启示之哲学思想》
《略辨老庄言道之不同》
《汉代哲学思想之特征》
《佛学时代之来临》
《宋明理学之精神论略》
一九四七年
《中西文化精神之不同论略》
《论墨学与西方宗教精神》
《朱子理气关系论疏释》（上、下）
《王船山之性与天道论通释》（上、中、下）
《中国科学与宗教不发达之古代历史的原因》（上、下）
《中国古代民族之凝合意识》
《当前时局之回顾与前瞻》
一九四八年
《论中国原始宗教信仰与儒家天道观之关系，兼释中国哲学之起源》
《中西文化之一象征》
《泛论阳明学之分流》
一九四九年
《从科学世界到人文世界》（"理想的人文世界"上篇）
《人文世界之内容》（"理想的人文世界"下篇）
《至圣先师孔子二千五百年纪念》

《唯物论文化效用平论》（一、二）
《论家庭之道德理性基础》
《王船山之文化论》
《王船山之人道论通释》
《道德意识通释》

一九五〇年

《略论真理之客观性普遍性》
《宗教精神与人类文化》
《述本刊之精神兼论人类文化之前途》
《人类宗教意识之本性及其诸型态》
《中国近代学术文化精神之反省》
《孔子与人格世界》
《胡思杜批判胡适感言》
《辩证法之类型》
《人类罪恶之根源》
《斥拉丁化中国文字运动——论中国文字拉丁化之不必要与不可能》

一九五一年

《人生之智慧》
《西洋文化精神之发展》（上、下）
《圣经是"狂幻的传奇"？》
《中国艺术精神》
《中国文学精神》（上、下）
《中国艺术精神下之自然观》
《人究竟是不是人？》
《说生命世界、心灵精神世界之存在与客观性》
《从纪念孔子诞辰论中国自由》
《人格之类型》（上、下）
《泛论中国文学中之悲剧意识》
《中国传统之人生态度》（上、中、下）
《家庭、国家、天下之观念再建立序论》
《诺斯诺圃论东西文化之会通》
《论人类免于毁灭的道路与联合国之文化使命》

《经济意识与道德理性》
一九五二年
《人类的创世纪》
《论西方之人格世界》
《中国民主思想之建立》
《论中国之人格世界》（一、二）
《中国传统社会文化之精神》
《中国之乱与中国文化精神之潜力》
《自然与人文》
《"五四"谈青年教育》
《如何了解儒家精神在思想界之地位》
《我所了解的新亚精神》
《试说收复大陆后之立法精神》
《说人生在世之意义》
《论接受西方文化思想之态度》（上、下）
《宗教精神之伟大》
《西维宅论现代文明生活的弊端》
《中国知识分子如何而有气概》
《说青年之人生》
《美之欣赏与人格美之创造》
《自由、人文与孔子精神》（上、下）
《联合国的文化使命》
《纪念意大利名哲克罗齐逝世》
《与青年谈中国文化》
《人文与民主之基本认识》
《论知识中之真理之意义与标准》
《康德哲学精神》
《费希特之理想主义哲学》
《私立学校登记与社会人士心》
《生命世界与心灵精神世界》
《海德格之存在哲学》
一九五三年
《新年向世界人士敬陈二义》

《亚洲国际社会主义者大会感言》
《〈中国文化之精神价值〉自序》
《王著〈人类自救之路〉再版序言》
《人心如何会求真善美》
《怀乡记》
《宋著〈人生的艺术〉序》
《精神与文化》
《学问与哲学》
《与青年谈学问之阶段》
《人文世界之概念》
《西方文化之根本问题》（上、下）
《学问与学问方法之限度》
《精神空间之开拓》
《说读书之难与易》
《学术思想之自由与民主政治》
《印度与中国宗教道德智慧之方向》
《中西文化之反本与开新——〈人文精神之重建〉序》
《说日常的社会文化生活》
《科学意识与道德理性》
《文学艺术与道德理性》

一九五四年
《张横渠之心性论及其形上学之根据》
《人类精神之行程》（上、下）
《人文主义之名义》
《说学问之生死关》
《罗近溪之理学》
《答劳思光先生书》
《感觉界与超感觉界》
《西方人文主义之发展》
《说中国今后之翻译工作》
《对新政府之希望》
《与青年谈阅读与听讲》

《海上遐思记》
《我对哲学与宗教之抉择》
《覆牟宗三先生书》
《钱宾四先生还历纪念》
《王龙溪学述》

一九五五年

《希望、警觉与心愿》
《论人生中之毁誉现象》
《悲观主义与乐观主义》
《爱情之真谛》
《与劳思光先生论宗教书》
《〈人文精神之重建〉前言》
《致谢扶雅先生论宗教书》
《中国人文精神之发展》（上、下）
《科学与中国文化》（上、中、下）
《敬告绿野神州之海外青年》
《心灵的开发与凝聚》
《论中国哲学思想史中理之六义》
《六十年来中国青年精神之发展》
《敬告新同学》
《华侨社会中的文教事业》
《百年来中国民族之政治意识发展之理则》
《略论与今后建国精神不相应之观念气习》
《我与宗教徒》
《中国历史之哲学的省察》
《理性心灵与个人、社会组织及国家》（上、中、下）
《耶稣圣诞正名》

一九五六年

《中国人的心情向世界宣诉的开始》
《人与人之共同处之发现与建立》
《谈人生路上的艰难》
《我们的精神病痛》

《论精神上的大赦》
《孟墨庄荀言心申义》
《侨民教育的新问题》
《敬悼亡友韩裕文先生》
《我所喜爱的人生哲学》
《再说希望、警觉与心愿》
《我所感之人生问题》
《精神上的合内外之道》
《述江右王门学（聂双江与罗念庵）》
《说"仁"》
《王塘南与王一庵》
《中、西文化之一象征》
《吴在炎先生画展之感想》
《读张君劢致丕理教授书有感》
《略说中国佛教教理之发展》
《论孔学精神》
《晚明王学修正运动之起原》
《西方人文主义之历史的发展》
《西方人文主义之现阶段及其祖国》
《顾宪成与高攀龙》
《中西文学家艺术家之人格类型》
《立志之道与人生之沈沦与超升之关键》
On the Attitude of China and the West in Seeking Mutual Understanding
《宗教信仰与现代中国文化》
《略述刘蕺山诚意之学》
《中国人文世界之礼让精神》
《黑格尔之精神哲学》

一九五七年

《略述明道之学与横渠之学之不同》
《先秦思想中之天命观》
《道德生活之基础》
《略述伊川之学》

《谈旅美观感》
《告新亚第六届毕业同学书》
《东洋的智慧》
《东方文化的优点》
《人类的进步和自觉》
《中美文化教育之比较》
《人生之歌》
《张横渠学述要》

一九五八年

《为中国文化敬告世界人士宣言》
《国人的信仰问题——从圣诞一词说起》
《死生之说与幽明之际》
《人类社会科学与人的学问及人的真实存在》（上、下）
《谈西方哲学家对中国文化之认识》
《人生之真实化》
《新亚书院之原始精神与同学们应自勉之一事》
《〈文化意识与道德理性〉自序》
《〈中国人文精神之发展〉自序》
《国庆、校庆、月会》
《民主理想之实践与客观价值意识》
《恕之意义》

一九五九年

《对未来教育方针的展望》
《创造之歌》
The Development of Idea of Spiritual Value in Chinese Philosophy
《张君劢先生"自唐宋迄明清新儒家思想史"书后》
《世界人文主义与中国人文主义》
《论价值之存在地位》
《参加东西哲人会议之感想》
《一个堂堂正正的中国人》
《自然进化与文化兴亡》

一九六〇年

《墨子小取篇论"辩"辨义》

《办学的三大义与教学的三大事》
《价值之分类与次序》
《价值选择之原则》
《〈青年与学问〉自序》
《人道之实践之始点》
《告第九届毕业同学》
《开学典礼讲词》
《论知识中之真理之意义与标准》
《意志自由问题释疑》
《儒家之形上学之道路》
《辩证法之类型》
《音乐与中国文化》
《悼陈伯庄先生》
一九六一年
《中国之友道意识》
《哲学之方法与态度》
《〈哲学概论〉自序》
《海德格之"人生存在性相论"》
《在新亚研究所第三十五次学术月会上的发言》
《说中华民族之花果飘零》
《间隔观及虚无之用与中国艺术》
《哲学的研究法》
《告第十届新亚毕业同学》
《人生之颠倒与复位》
《智慧之意义及其性质贯论》
《当前世界的文化问题》
《儒家精神在思想界之地位》
《世界六大宗教了解堂建立之感想》
《孔诞暨新亚十二周年校庆讲词》
《说人生之正面与反面》
《略释孔门言恕》
一九六二年
《事实之意义之主观性与客观性》

《论保守之意义与价值》
《艺术的独特性能》
《〈新亚文化讲座录〉序》
《告新亚第十一届毕业同学》
《中国之祠庙与节日及其教育意义》
《论智慧与德行之关系》
《关于东方人文学会》
《人文学的性质与目标》
《说成事中之道德实践》

一九六三年
《记重庆联中的几个少年朋友》
《答健耕书》
《荀子正名与先秦名学三宗》
《论越南僧人之络续自杀与人类之良心》
《儒家之学与教之树立与宗教纷争之根绝》
《学术标准之外在化与花果飘零及灵根自植》
《历史事实与历史意义》（上、下）
《〈伍宪子先生传记〉序》
Confucianism and Chincse Religions

一九六四年
《人文学术之分际》
《中国文学与中国哲学》
《老子言道之六义贯释》
《秦汉以后天命思想之发展》
《世界之照明与哲学之地位》
《文学意识之本性》（上、中、下）
《太极问题疏抉》
The Individual and the World in Chinese Methodology
《先秦诸子文学中之喻与义》
《赵蔚文先生二三事》
《中国思想中对"言""默"态度之变迁》
《艺术的宇宙与文学的宇宙》

《中国哲学研究之一新方向》
一九六五年
《白沙在明代理学之地位》
《艺术宇宙与文学宇宙之形成》
《告第十四届新亚毕业同学书》
The Reconstruction of Confucianism and The Modernization of Asian Countries
《中国先哲对"言""默"之运用与墨庄孟荀之辨"辩"》
《孔诞、教师节暨新亚十六周年校庆典礼讲词》
《中国先哲对"言""默"之运用》
一九六六年
《〈中国哲学原论〉自序》
《唐君毅先生与日本学人谈话录》
一九六七年
《朱陆异同探源》
《致王贯之先生书》
The Development of the Concept of Moral Mind from Wang Yang-Ming to Wang Lung Ch
一九六八年
《答陆达诚神甫书》
《原性自序》
《原性篇总论》(上、下)
《阳明学与朱陆异同重辨》(一)
《论老子言"法道"之层面》
《朱子与陆王思想中之一现代学术意义》
一九六九年
《吴士选先生〈农圃讲录〉序》
《略释"诚明"》
《阳明学与朱陆异同重辨》(二)
《在中华哲学学人联谊会上的发言》
《在新亚董事会欢宴吴校长、沈校长会上的讲词》
《麦著〈宋元理学家著述生卒年表〉序》
《存在主义与现代文化教育问题》(上、下)

《新亚二十周年校庆典礼讲词》
《欢送张丕介先生》
《香港之大学教育》
一九七〇年
《参加东西哲学学人会议观感》
《学术研究及其成果》
《在新亚研究所第一百一十三次月会上的发言》
《在香港北大同学会"五四运动座谈会"上的发言》
《对人文双周刊的几个期望》
《晓云法师〈印度艺术〉序》
《书萧立声先生罗汉画》
《对香港学生的期望》
《现在这样,将来怎样?》
《存在主义与现代文化问题》
《论道家思想之起源与其原始诸型态》
《辨孔子教中之求仁之道与其言天命鬼神之涵义》
《敬悼张丕介先生》
Lun Tsung-Chou's Doctrine of Moral Mind and Practice and His Critique of Wang Yang-Ming
Spirit and the Development of Neo-Confucianism
The Criticism of Wang Yang-Ming's Teaching by His Comtemporaries
《翻译与西方学术殖民主义》
一九七一年
《东方人之礼乐的文化生活对世界人类之意义》
《海外之中华儿女应为创造二十一世纪之人的中国而发心努力》
《中国教育史上之私学与官学》
《悼王贯之兄》
《荀子言心与道之关系辨义》
《辨墨学中之义道》
《沈燕谋董事的生平》
一九七二年
《儒教之能立与当立》

《天下归仁》
《中国哲学中美的观念之原始及其与中国文学之关系》
《阳明学与朱子学》
《谈中国现代社会政治文化思想之方向与海外中国知识分子对当前时代之态度》
《理想与现实——中文大学的精神在哪里?》
《孟学中之兴起心志以立人之道》
《从学术思想独立谈冯友兰》
《丁衍庸画册序》
《谈新亚研究所到哪里去》
《新亚中学校歌》
《中国文化之创造》

一九七三年

《略谈中国大陆与俄国之战争之可能性及放弃马列主义之必须》
《风气败坏,上下争利,学者理应坚守原则》
《如何消灭中共与苏俄战争的可能性及中共继所谓文化大革命后之学术思想革命》
《麦著〈王门诸子致良知学之发展〉序》
《股市狂飚与知识分子》
《谈新亚与中大的教育理想》
《关于中国当前问题与海外知识分子之态度》
《中国文化之精神及其发展》
《〈思复堂遗诗〉编后记》
《中国文化精神及其发展余论》
《敬告新亚二十二届大学部及研究所毕业同学书》
《唐君毅谈"五四"》
《〈中国哲学原论原道篇〉自序》
《一千八百年来的中国学生运动之历史发展》
《华严宗之判教论》
《新亚的过去、现在与将来》
《校庆、孔子诞、教师节讲词》
《评古尹明之建议》

《吉藏之般若学》
一九七四年
《西欧文明对东方文明之挑战及东方之回应》
《孔子诛少正卯传说之形成》
《孔子诛少正卯问题重辩》
《孔子在中国历史文化中的地位之形成》
《〈孟子大义〉重刊记》
《中国文化与现代化问题》
《中国人与中国文化》
《五四纪念日谈对海外中国青年之几个希望》
《忆南京中央大学》
《试论中国与日本文化关系之过去、现在与未来》
《僧肇三论与玄学》
《上下与天地同流——唐君毅先生访谈录》
《现代世界文化交流之意义及其根据》
《中国艺术与中国文化》
《孔子在中国历史文化中地位如何形成》
《论晚明东林顾宪成与高攀龙之儒学》
一九七五年
《重申孔子在中国历史文化中之原始地位》
《泛论言说之不同方式》
《〈中国哲学原论原教篇〉自序》
《孔子在中国历史文化中的地位的形成——在台湾师范大学演讲词》
《中西哲学比较之问题》
《说中国人文中之报恩精神》
一九七六年
《书生事业与中国文化》
《略谈宋明儒学与佛学之关系》
《成实论之辨"假""实""空""有"与中论之异同》
《从科学与玄学论战谈张君劢先生的思想》
《病里乾坤》
一九七七年
《略谈宋明清学术的共同问题》

《中国文字与中国文学》
《有关方东美先生之著述二三事》
《生命三向与心灵九境》
《〈生命存在与心灵境界〉后序》(上、下)
《〈生命存在与心灵境界〉自序》
《关于"中大发展史"》
《谈中国佛学中之判教问题》

一九七八年(二月二日作者逝世)

《唐君毅先生遗著选刊》
《在台讲学之感想》
《人学——人文友会第五十次聚会讲辞》
《复陈同学书》
《复鹅湖杂志社书》
《致张曼涛函》(二封)

一九七九年

《民国初年的学风与我学哲学之经过》(录音整理稿)

(三)《唐君毅全集》简目(学生书局1991年)

一九八一四月二十五日,唐先生夫人谢廷光女士召集唐先生弟子唐端正、李杜、黎华标、霍韬晦等于青山容龙别墅茶叙,提出由上述五人组成《唐君毅全集》编辑委员会,搜罗遗文,并决定已出版者亦重加校订,以臻完善。七月,编委会委任霍韬晦为执行秘书,兼摄主编事,由霍韬晦提出"全集编纂计划草案",分《唐君毅全集》为六编三十卷。翌年,增黄振华、吴森、吴甿先生为编委,而以吴甿为执行编辑。历经十年,一九九一年,《唐君毅全集》由学生书局正式出版。

甲编　人生体验 [9种3卷]

第一卷　《人生之体验》《道德自我之建立》
第二卷　《心物与人生》《爱情之福音》《青年与学问》
第三卷　《人生之体验续编》《智慧与道德》《病里乾坤》《人生随笔》

乙编　文化理想 [6 种 7 卷]

第四卷　《中国文化之精神价值》《中国文化与世界》
第五卷　《人文精神之重建》
第六卷　《中国人文精神之发展》
第七卷　《中华人文与当今世界》（上）
第八卷　《中华人文与当今世界》（下）
第九卷　《中华人文与当今世界补编》（上）
第十卷　《中华人文与当今世界补编》（下）

丙编　哲学研究 [7 种 9 卷]

第十一卷　《中西哲学思想之比较论文集》
第十二卷　《中国哲学原论导论篇》
第十三卷　《中国哲学原论原性篇》
第十四卷　《中国哲学原论原道篇》（一）
第十五卷　《中国哲学原论原道篇》（二）
第十六卷　《中国哲学原论原道篇》（三）
第十七卷　《中国哲学原论原教篇》
第十八卷　《哲学论集》
第十九卷　《英文论著汇编》

丁编　思想体系 [3 种 4 卷]

第二十卷　《文化意识与道德理性》
第廿一卷　《哲学概论》（上）
第廿二卷　《哲学概论》（下）
第廿三卷　《生命存在与心灵境界》（上）
第廿四卷　《生命存在与心灵境界》（下）

戊编　书简、日记 [3 种 4 卷]

第廿五卷　《致廷光书》
第廿六卷　《书简》
第廿七卷　《日记》（上）

第廿八卷 《日记》（下）

附编　年谱、纪念集 [5 种 2 卷]

第廿九卷 《年谱》（唐端正撰）、《著述年表》（吴甿编）、《先人著述》
第三十卷 《纪念集》（唐至中编）、《编后记》（霍韬晦撰）

（四）《唐君毅全集》简目（九州出版社 2016 年）

　　《唐君毅全集》的新编工作，由宜宾学院唐君毅研究所、四川思想家研究中心组织协调，由唐君毅研究所前所长、浙江传媒学院生命学与生命教育研究所所长何仁富教授，四川思想家研究中心主任、宜宾学院唐君毅研究所所长杨永明教授，浙江传媒学院生命学与生命教育研究所汪丽华副教授，九州出版社张海涛总编辑和唐君毅先生外甥王康先生组成编委会，由何仁富教授具体负责编辑工作。香港中文大学刘国强教授、台湾东吴大学黄兆强教授、宜宾学院何一教授、四川思想家研究中心邵明博士、北京大学博士生雷爱民先生，对编辑工作提供了许多宝贵意见。《唐君毅全集》新编于 2012 年立项，历时四年，于 2016 年 8 月由九州出版社出版。

　　新编《唐君毅全集》力求完整地呈现唐君毅先生在"花果飘零"的时代对中华民族、中华传统文化的热爱和执着，以及其"灵根自植"的信念坚守和返本开新的创造精神；同时也真实地呈现其"立三极""开三界"，融通中西印三大文化系统的理想人文主义思想体系，以及做一个真实的人、一个真实的中国人、一个真实的现代世界的中国人的独特人生轨迹。

　　新编《唐君毅全集》以台湾学生书局版《唐君毅全集》为基础，以"善""全""真"三原则为标准，对唐先生部分论著进行重新编辑、校对、增补和分类。"善"者，力求体例、体系更趋合理完善；"全"者，力求穷尽唐著全貌以利研读，力求展示唐学研究大观以便进一步研究；"真"者，校雠前编正误以求真，不事删节务尽本真。至于台湾学生书局版《唐君毅全集》的内容以及原编者的注解说明等，新编本保持其原貌。

　　基于此，《唐君毅全集》的新编出版，主要做了以下几方面的工作。

　　一、新编。将台湾学生书局版本中收录于《中华人文与当今世界补编》及《哲学论集》中的论文，以及少量收录于其他各卷的论文，重新按照主题分类和时间顺序编辑成册，分为：《早期文稿》《东西文化与现代世界》《新亚精神与人文教育》《宗教精神与人文学术》《中国古代哲学精神》《中西哲学与理想主义》《人生体验与人物纪念》。

二、新增。在不同卷次，新增加了一些资料。其中包括：《书简》新增加了唐先生致徐复观书信；《亲人著述》新增加了唐先生夫人谢廷光的遗著；《纪念集》新增加了唐先生亲人撰写的回忆文章、纪念唐先生夫人的文章、纪念唐先生的挽联及新闻报道等内容。

三、新撰。由何仁富教授、汪丽华副教授新撰了唐先生《年谱》，由何仁富教授新编了唐先生《图传》，由杨永明教授新编了《唐学研究文献索引》。

四、新校。对唐先生的所有著作和文章，重新进行了校对，对于错漏地方进行补正。

五、新类。对唐先生的全部著述进行了重新分类。依据唐先生自己对其论著"立三极"性质的界定和著述分类，重新将《唐君毅全集》分为五编三十九种三十九卷。

第一编：早期文稿（思想萌芽之作）[2 种 2 卷]

第一卷《早期文稿》。《早期文稿》收录唐君毅 1940 年以前撰写和发表而未收入《中西哲学思想之比较论文集》（1943 年正中书局）、《人生之体验》（1944 年中华书局）、《道德自我之建立》（1944 年商务印书馆）等早期专书的文章及少年诗作十五首。

第二卷《中西哲学思想之比较论文集》(1943)。《中西哲学思想之比较论文集》是唐君毅先生自著出版的第一部著作，1943 年由正中书局出版，原名"中西哲学思想之比较研究集"。1991 年学生书局版《唐君毅全集》编入第十一卷。全书辑录研究中西哲学思想及其比较的论文 16 篇，其中 11 篇撰写于 1934 — 1937 年。该书以对比中西文化之不同为撰述主旨，从文化观点立意，以天人合一为中心观念，以鸟瞰为视角，分析中西哲学之异趣。

第二编：道德人生（立人极之作）[9 种 6 卷]

第三卷《人生之体验》(1944)。《人生之体验》是唐君毅先生自己更愿意作为"第一部著作"的专著，1944 年中华书局初版，到 1946 年即发行五版，后经作者亲自校订，交由人生出版社、学生书局多次印行。1991 年学生书局版《唐君毅全集》收入第一卷。该书收录作者三十岁左右所著《人生之路》十部曲中的五部，包括《生活之肯定》《心灵之发展》

《自我生长之途程》和哲学童话《人生的旅行》及作为《人生之路》最后一部的《心理道颂》。五篇文字风格、体例相近，更多是以文学语言讨论人生诸多问题，重在肯定人生的正面，直陈人生理趣。

第四卷《道德自我之建立》（1944）。《道德自我之建立》1944年由商务印书馆出版，到1946年即发行五版。1963年人生出版社重印，增加《智慧与道德》和"重版自序"。1991年学生书局版《唐君毅全集》编入第一卷，并将《智慧与道德》单列编入第三卷。本书是唐君毅先生三十岁左右所著的《人生之路》十部曲中的三部，分别是教训体的《道德之实践》、默想体的《世界之肯定》、描述体的《精神之表现》，另有一随笔体的附录《人生略赋》。本书各部，文体相异，义蕴相贯，互相照应，以表示一个中心观念，即超越现实自我，于当下一念中自觉地自己支配自己，以建立道德自我。

《智慧与道德》。本书由两篇关于智慧与道德的论文组成。其二文原名《智慧之意义及其性质贯论》与《论智慧与德行之关系》，分别发表于《新亚书院学术年刊》第三期与第四期。1963年人生出版社再版《道德自我之建立》时，作者将此二文冠以"智慧与道德"之名，作为该书附编，并自注："此附编二文，乃我之近著，曾发表于《新亚书院学术年刊》，性质本较专门，亦可自成一书。然二文主旨不外说明道德实践之价值，亦表现于运用知识之智慧之中，而归于以德慧兼具之心灵，为人生之祈向。"1991年学生书局版《唐君毅全集》将此二文独立成书《智慧与道德》，编入第三卷。今遵循此体例。

第五卷《心物与人生》（1953）。《心物与人生》1953年由亚洲出版社出版，到1957年共发行三版。1991年学生书局版《唐君毅全集》编入第二卷。该书包括两部分，第一部《物质、生命、心与真理》是作为《人生之路》十部曲的一部写成于1941年，第二部《人生与人文》各篇则写成于1950—1953年。1953年，作者将各篇编订为今名出版。全书之意在于使人对自然宇宙人生的认识逐步深入，并对人生人文形成一高远阔大的理境和崇仰之心情。

第六卷《爱情之福音》（1945）。《爱情之福音》写成于1940年，1945年由正中书局出版，到1974年共发行五版。原署名"克尔罗斯基（Killosky）著，唐君毅译"，实为唐君毅自著。1991年学生书局版《唐君毅全集》收入第二卷。全书五章，以寓言形式阐释了对爱情的理解。著述的主旨在于为青年的爱情与婚姻作一指导，与写于同期的致恋人谢廷光的情书（收入《致廷光书》）相映成趣。

《青年与学问》（1957）。《青年与学问》原由流亡出版社出版，1960年改由人生出版社出版，1973年三民书局收入"三民文库"印行。1991年学生书局版《唐君毅全集》编入第二卷。本书辑录作者有关青年读书治学及为人的一些论文，全书十四篇短文，两篇附录，均写于1952—1957年间。作者立足个人经验体会，总论人生、读书、问学与中国文化等，以激励青年发奋读书做学问，成就自己，开拓中国文化之前途。

第七卷《人生之体验续编》（1961）。《人生之体验续编》1961年由人生出版社出版，1991年学生书局版《唐君毅全集》编入第三卷。该书所辑，是作者连续七年写成的七篇论文，意在作为《人生之体验》的续编。两书在思想上有一致性，但《人生之体验》更重在对人生正面及向上性的肯定，以求超拔于现实烦恼之外，因此多在自勉而无心说教；而《人生之体验续编》则更能正视人生之反面及艰难罪恶悲剧等，意在转化阻碍人生之上达的反面事物，以归于人生正道，既在自勉，亦有说教。

《病里乾坤》（1980）。唐君毅先生于1967年2月、3月在日本治疗眼疾期间于病床上写就《病里乾坤》一文，1976年在《鹅湖》月刊分期发表。1980年9月，鹅湖月刊杂志社将该文与另外九篇曾经刊发于《鹅湖》月刊上的唐先生文字结集出版，书名《病里乾坤》。1991年学生书局版《唐君毅全集》将此书抽出两篇文章后，编入第三卷，《病里乾坤》以外的其他文章依类同时收入卷三之《人生随笔》，卷九、卷十《中华人文与当今世界补编》和卷十八《哲学论集》。今单列《病里乾坤》，并附录其他各文收入《全集》书目卷次。

第八卷《哲思辑录与人物纪念》。本书收录唐君毅先生三十岁以后写成的人生随笔、人物纪念文字以及散篇的人生哲学论文，分为"人生随笔""人生反思"和"人物纪念""书评序跋"四编。"人生随笔"包括收入学生书局版《唐君毅全集》卷三之"人生随笔"的第四至第九篇；"人生反思"包括收入学生书局版《唐君毅全集》卷九、卷十的关于人生反思的论文、讲词七篇；"人物纪念"包括收入学生书局版《唐君毅全集》卷十的人物纪念文字十三篇；"书评序跋"收录唐先生三十岁以后写作的书评、为他人书所做的序或者跋十六篇及论文审查和讲评文字五篇。书名为编者所加。

第三编：人文精神（立皇极之作）[9 种 8 卷]

第九卷《中国文化之精神价值》（1953）。《中国文化之精神价值》写成于 1951 年，1953 年正中书局出版，到 1977 年共发行数版。1978 年经作者修订，加入"第十版自序"，到 1981 年再印行三版。1991 年学生书局版《唐君毅全集》编入第四卷。该书目标在本哲学观点以论中国文化之精神价值，以通论为主，几乎涉及中华文化的所有方面和所有要素的品质特征及其发展，全面论证了中华文化的精神价值及其创新路径。该书是唐君毅先生学术思想和学术体系承上启下的核心著作。

《中国文化与世界》（1958）。《中国文化与世界——我们对中国学术研究及中国文化与世界文化前途之共同认识》，是由牟宗三、徐复观、张君劢、唐君毅联署发表的"文化宣言"，1958 年 1 月以《为中国文化敬告世界人士宣言》（以下简称"《宣言》"）为名，同时在《人生》和《民主评论》发表。《宣言》的大标题下面还有一段小标题，即"我们对中国学术研究及中国文化与世界文化前途之共同认识"。1957 年，唐君毅到美国访问，他在与张君劢谈及欧美学人对中国文化的研究方式及观点多有不当时，拟联名发表一份文件以纠正西方学者对中国文化问题的偏见。后由张君劢致函在台湾的牟宗三、徐复观征求意见，然后由唐君毅负责起草，寄给张君劢、牟宗三、徐复观，往复函商，遂成此文。此文初意，本重在先由英文发表，故内容与语气，多为针对若干西方人士对中国文化的意见而说，其最重要者乃在要中国人反求诸己，对其文化前途先有一自信。1991 年学生书局版《唐君毅全集》将《中国文化与世界》与《中国文化之精神价值》一起编入第四卷。

第十卷《人文精神之重建》（1955）。《人文精神之重建》又名《中西人文精神之返本开新》，1955 年新亚研究所出版，1974 年新亚研究所和台北学生书局分别再版。全书主旨在于疏导百年来中国人所感受到的中西文化的矛盾冲突，并在观念上加以融解。1991 年学生书局版《唐君毅全集》将该书编入第五卷，而将附录四篇文章之《人文主义之名义》《学术思想与民主自由》抽出编入卷九、十《中华人文与当今世界补编》，《怀乡记》另编入卷八《中华人文与当今世界》附录之部。前两文现编入《东西文化与现代世界》。

第十一卷《中国人文精神之发展》（1957）。《中国人文精神之发展》

别名《科学、民主建国与道德、宗教》，1957年香港人生出版社出版，1974年台湾学生书局再版，至1979年发行五版。1991年学生书局版《唐君毅全集》编入第六卷。本书主旨和中心思想与《人文精神之重建》一脉相承，重在中国人文精神之今后发展，特用心于如何发展中国人文精神，以与科学、民主建国及宗教思想相通融，以重建中国人的道德生活。

第十二卷《文化意识与道德理性》（1958）。《文化意识与道德理性》1958年香港友联出版社出版，分上、下册。1975年台湾学生书局再版，到1980年共发行四版。1991年学生书局版《唐君毅全集》编入第二十卷，归入唐君毅先生"思想体系"系列著作。该书在理论上直承《道德自我之建立》，论证人类一切文化活动都统属于道德自我或者道德理性，是道德自我或道德理性的分殊表现。

第十三卷《中华人文与当今世界》（上）（1975）。《中华人文与当今世界》1975年东方人文学会出版，台北学生书局发行，1978年学生书局再版发行，分上、下两册。该书出版时收录了作者1974年三民书局出版之《中国文化之花果飘零》和《中华文化与世界》文化宣言。1991年学生书局版《唐君毅全集》编入第七、八卷，而将《中华文化与世界》文化宣言独立成书编入第四卷。全书辑作者论述中国文化有关的文章，主旨在中华文化如何存在于当今世界。

第十四卷《中华人文与当今世界》（下）（1975）。

第十五卷《东西文化与当今世界》。本书收录唐君毅先生关于东西方文化精神、时代问题之反思的散篇论文。依据论文主题的相关性分为"东方与西方"17篇、"时代与感受"21篇，合计38篇。这些论文在学生书局版《唐君毅全集》中大多收于卷十《中华人文与当今世界补编》（下）之"东西文化与时代问题"。书名为编者所加。

第十六卷《新亚精神与人文教育》。《新亚精神与人文教育》收录唐君毅先生关于新亚书院的各种讲词、撰写的有关新亚书院的文章及一般性论教育的文章，总计41篇，是唐先生教育理念、教育哲学、教育思想的集中体现。这些文章在学生书局版《唐君毅全集》中收入卷九《中华人文与当今世界补编》（上）之"人文教育"。书名为编者所加。

《宗教精神与人文学术》。《宗教精神与人文学术》收录唐君毅先生讨论宗教信仰和人文学术的散篇论文，依据论文主题的相关性分为"宗教与信仰"10篇、"人文与学术"11篇，合计21篇。这些论文在学生书局版

《唐君毅全集》中分别收入卷九《中华人文与当今世界补编》（上）之"人文学术与历史文化"和卷十《中华人文与当今世界补编》（下）之"东西文化与时代问题"。书名为编者所加。

第四编：思想体系（立太极之作）[9种13卷]

第十七卷《中国哲学原论·导论篇》(1966)。《中国哲学原论·导论篇》1966年由香港人生出版社出版，原题为"中国哲学原论（上册）"；1974年经作者修订易为今名，由东方人文学会再版，新亚研究所发行；1978年学生书局三版发行。1991年学生书局版《唐君毅全集》编入第十二卷。该书为唐先生从学理上梳论中国传统哲学之著，内容述及中国哲学各方面问题。

第十八卷《中国哲学原论·原性篇》(1968)。《中国哲学原论·原性篇》原题为"中国哲学原论·原性篇——中国哲学中人性思想之发展"，1968年新亚研究所出版，1974年再版。1991年学生书局版《唐君毅全集》编入第十三卷。本书历论春秋至明清中国哲学中的人性观。

第十九卷《中国哲学原论·原道篇》（一）(1973)。《中国哲学原论·原道篇》副标题为"中国哲学中之'道'之建立及其发展"，共三册，1973年新亚研究所初版，1976年、1977年学生书局修订再版。1991年学生书局版《唐君毅全集》编入第十四至十六卷。该书主要内容是对中国传统哲学中最基本、综摄性及关联性最强的"道"进行历史与逻辑的论述，上及先秦，下至隋唐，大体按照时代顺序论述，类哲学史但又近乎哲学，是即哲学史以言哲学和即哲学以言哲学史的结合。

第二十卷《中国哲学原论·原道篇》（二）(1973)。

第二十一卷《中国哲学原论·原道篇》（三）(1973)。

第二十二卷《中国哲学原论·原教篇》(1975)。《中国哲学原论·原教篇》副标题"宋明儒学思想之发展"，1975年新亚研究所出版，1977年修订再版。本书出版时曾附有《附录前言》《孔子在中国历史文化的地位之形成》《孟子大义重刊记》《思复堂遗诗编后记》四文。1991年学生书局版《唐君毅全集》将本书正文编入第十七卷，而将前两文编入第九卷《中华人文与当今世界补编》（上），现编入《中国古代哲学精神》一书；而将附录中后两篇分别随《孟子大义》和《思复堂遗诗》编入第二十九卷之《先人著述》，现遵从。

第二十三卷《哲学概论》（上）(1961)。本书是应香港孟氏教育基金会大学丛书编辑委员会之约而撰写的哲学教科书，1961年孟氏基金会初版，分上、下两册，1965年再版；1974年学生书局和友联出版社分别印行第三版；至1978年共发行五版。学生书局版《唐君毅全集》编入第二十一、二十二卷。全书分总论、知识论、天道论（形而上学）、人道论（价值论），再版时附编"精神、存在、知识与人文"，收关于黑格尔、海德格尔及诺斯罗圃的论文三篇。

第二十四卷《哲学概论》（下）（1961）。

第二十五卷《生命存在与心灵境界》（上）（1977）。本书1977年由学生书局初版，分上、下册；1978年再版。1991年学生书局版《唐君毅全集》经重新校订，编入第二十三、二十四卷。

第二十六卷《生命存在与心灵境界》（下）（1977）。

第二十七卷《中国古代哲学精神》。本书收录唐君毅先生三十岁以后写就和发表的关于中国古代哲学研究的论文和相关讲词，依据讨论主题的历史关系，分为"中国原始哲学精神""孔子的地位与精神""先秦两汉中国哲学精神""佛教与中国哲学精神""宋明理学精神""总论中国哲学精神"，各章标题为编者所加。这些论文在学生书局版《唐君毅全集》中分散收于卷九《中华人文与当今世界补编》（上）和卷十八《哲学论集》。书名为编者所加。

第二十八卷《中西哲学与理想主义》。本书收录之《西方近代理想主义之哲学精神》及《论中国哲学中说性之方式》两长文均为唐君毅先生手稿，台湾学生书局版《唐君毅全集》收于第十八卷之《哲学论集》。"哲学问题与哲学方法"包括唐先生三十岁后关于一般哲学问题和哲学研究方法的论文、讲辞和未完成手稿十篇，以及关于西方哲学家海德格尔的论文一篇，在学生书局版《唐君毅全集》中，这些文章分散收于《哲学论集》与《中华人文与当今世界补编》上、下两册。书名为编者所加。

第二十九卷《英文论著汇编》。《英文著作汇编》收录唐君毅先生参加国际学术会议所撰写的英文论文，以及唐君毅先生相关著作的英文摘译，内容主要是对中国哲学思想的讨论，并涉及中西哲学思想的比较。一九九一年学生书局版《唐君毅全集》编入第十九卷，本次出版即以此为底本影印出版，并增入补充说明一篇附于书末。

第五编：书简日记（生命实践之作）[3种4卷]

第三十卷《致廷光书》。本书收录作者致夫人谢廷光的未曾散佚的书信113封，时间跨度从1938年到1965年。初由谢廷光编订，原收作者婚前信函36封，1983年台湾学生书局初版。1991年学生书局版《唐君毅全集》编入第二十五卷，同时增收作者婚后书信77封。

第三十一卷《书简》。本书收录作者给亲友、师生等的书信（致夫人谢廷光的书信单独收入《致廷光书》），内容除同道论学、关心国是外，还体现了作者笃厚之亲情、恳切之友谊及对后辈之热忱。1991年学生书局版《唐君毅全集》编入第二十六卷。本次新编，补收书信一封（见致徐复观第十一信）。

第三十二卷《日记》（上）。《日记》收录唐君毅先生1948年5月31日至1978年2月1日（逝世前一天）的日记遗稿。初由唐夫人谢廷光抄录，于1984年编成，1991年学生书局版《唐君毅全集》编入第二十七、二十八卷。唐君毅从十五岁起有记日记的习惯，而且一日不断。惜1948年5月31日前的日记，今已不存。本书收录之日记，除母丧、病中、忙中或旅途中由唐夫人代笔外，其余皆由唐君毅亲自记录，多为简洁的记录性语言。

第三十三卷《日记》（下）。

第六编：著作附编（生命印证之作）[7种5卷]

第三十四卷《年谱》。由何仁富、汪丽华合撰的唐君毅先生生命、生活大事记及主要社会交往、学术著述简介。分谱前、年谱、谱后三个部分。

第三十五卷《图传》。由何仁富编撰的以图片展示唐君毅先生生命、生活的多维视野。全书分乡土故居、人伦根基、个人生命、家庭典范、师友交往、学教不倦、殉道归天、笔墨手迹、廷光书画、唐学流传共十章，图片300多幅。

第三十六卷《亲人著述》。《亲人著述》收录《孟子大义》《思复堂遗诗》及《谢廷光遗稿》三书。《孟子大义》系唐君毅父亲唐迪风所著，原为成都敬业书院丛刊第一集，北平京城印书局排印，1931年出版。1974年，唐君毅先生根据《学衡》第七十六期所转载将之重刊，并加收其他遗文及相关资料。《思复堂遗诗》为唐君毅先生母亲陈卓仙所著，于1973年由唐君毅先生编订出版。1991年学生书局版《唐君毅全集》收此二书，编入第二十九卷，名"先人著述"。《谢廷光遗稿》系唐先生的夫人谢廷光女士所著文章之合集，这些文章曾收录于刘国强等所编《懿范千秋——唐君毅夫人谢廷光女史遗稿暨纪念集》。

第三十七卷《纪念集》(上)。《纪念集》初由唐君毅夫人谢廷光于一九八五年编订，收录唐君毅逝世后亲友、同道、学生等发表和撰写的纪念文章。一九九一年学生书局版《唐君毅全集》编入第三十卷。《全集》简体本增入当时未收录的一些相关文章，以及唐君毅亲属新撰写的回忆文章。

第三十八卷《纪念集》(下)。

第三十九卷《著述年表》《唐学研究文献索引》《唐君毅全集总目》。

（五）唐学研究与发展

"唐学"作为对唐君毅先生生命与学问的研究之学，在唐先生去世以前就已经开始，而在唐先生去世后，伴随回忆、纪念、会议及学术研究，逐步得到推进，并呈现在香港、台湾、大陆及海外同时发展的趋势。

1975年，哥伦比亚大学出版、汉学家狄百瑞主编的《新儒学之开展》(*The Unfolding of Neo-Confucism*)，劈头便以整页标明："谨以此书献给唐君毅，借以肯认其终身致力的理学研究，并由此赞赏其在与我们的合作中所表现的精神人格。"此为唐先生晚年获得的最高荣誉，也是"唐学"开始的先兆。

1977年，美国哲学家墨子刻《摆脱困境——新儒学与中国政治文化的演进》由哥伦比亚大学出版社出版，该书第二章以"唐君毅的儒家自我完成的概念"专章介绍了唐先生的思想，尤其是《中国文化之精神价值》一书的思想。此乃海外"唐学"研究的开山之作。六月，著作刚刚出版，墨子刻就立即寄赠唐先生，并在扉页题词曰："送给唐教授，以表示我对您的工作的深切敬意和适当报答。"两个月后，乘到台湾开会之机，墨子刻未作事先联系，便专程到香港看望唐先生，请教有关中西文化诸多问题，临别之际，又请唐先生赠送一幅照片，表示自己今后要日夕观瞻，以便从中获得启示。此表明，唐先生已经成为中国文化的一个当代象征，由他所阐扬的中国文化以及他本人已经走向了世界。

1978年，唐先生去世后，牟宗三先生发表《悼念唐君毅先生》一文，谓唐先生是"文化意识宇宙中之巨人"，亦如牛顿、爱因斯坦之为科学宇宙中之巨人，柏拉图、康德之为哲学宇宙中之巨人。此文一出，"文化意识宇宙中之巨人"一语，成为对于唐君毅人格思想及其平生事业的定论。

1978年，台湾水牛出版社出版曾昭旭著《唐君毅》。

1979年，台湾学生书局出版了冯爱群编辑的《唐君毅先生纪念文集》。是年，香港《华侨日报》《人文》双周刊、《法灯》及后来的《毅圃》等报刊，开始每年在唐先生祭日印行"纪念唐君毅特刊"等，发表纪念文章，报道各种纪念活动。"唐学"在回忆与纪念中开始萌生。

1980年，《大英百科全书》将唐君毅列入"中国近代五大哲学家"，其学术专著，被奉为"二十世纪华人学术经典著作"。《不列颠百科全书》《中国大百科全书》等，均称唐君毅先生为"中国现代哲学家""中国哲学史家"。

1982年，香港李杜著《唐君毅先生的哲学》（此为首部专论唐先生哲学思想之书），后李氏又应台湾"国史馆"之约撰写《唐君毅传》。

1983年，多伦多国际中国哲学会议第三次会议，专门讨论唐君毅哲学，全面介绍唐君毅思想。

1988年，"首届唐君毅思想国际会议"在香港召开，国内外百余名学者莅会，诸多媒体予以翔实报道。会后，出版了四卷本的会议论文集，是最早的比较集中的"唐学"论著。

1990年，"当代新儒学国际研讨会"在台北举行，会上专论了唐君毅文化哲学、政治哲学与泛道德主义。此后各届会议，均有论及唐君毅学术思想。

1990年，台湾学生书局出版唐君毅全集编委会编《唐君毅年谱·著述年表·先人著述》。

1990年，香港法住出版社出版霍韬晦主编《唐君毅思想国际会议论文集》（4卷）。

1993年，大陆黄克剑、钟小霖编《唐君毅集》出版。

1994年，张祥浩《唐君毅思想研究》出版（此为大陆首部专门研究唐君毅思想的著作）。

1994年，香港新亚研究所的师生成立"以发扬中国文化，弘扬唐君毅先生的学问与道德为目标"的"毅社"。一年多后"弘毅文化教育学会"，在"毅社"基础上依港府规定注册成立，并创办出版《毅圃》刊物（刊名由唐夫人谢廷光女士题写）和"毅圃中国文化讲座"（多次在"唐学"研究之重镇、港旅游风景名胜地钻石山"志莲净苑"举行），又曾得香港艺术发展局资助，出版面向中学生的双月刊《川流》杂志。该会已是驰名海内外的研究和传播唐君毅学术思想及中国文化的一个重要基地。

1994年，台湾《鹅湖》杂志开辟"唐君毅先生专题"。之后该刊同《毅圃》、香港中文大学《新亚月刊》、新亚研究所《新亚学报》《新亚论丛》及香港东方人文学院《法灯》《性情文化》等报刊，成为海外展示研究唐君毅成果的重要窗口。

1995年，"第二届唐君毅思想国际会议"在唐君毅故乡——四川省宜宾市和成都市召开。时任四川省副省长的徐仕群在会上致辞说："这是学术界的一件盛事，也是四川人民值得庆幸的一件事情。""唐学"第一次回到故乡。会后，海内外相继发表出版了一批有关唐君毅学术思想的文章和专著，掀起一股"唐学"研究推广之风。

1995年，张祥浩等编的《唐君毅学案》由中国社会科学出版社出版。

1996年，黄克剑编《中国现代学术经典·唐君毅卷》，由河北教育出版社出版。

2000年，"宜宾唐君毅学术思想研究会"正式注册成立，并于2002年创办了《唐君毅故园文化》刊物（已出版16期，受到海内外读者高度赞扬），又编辑出版"唐君毅故园文化丛书"等。

2000年，宜宾学院建立"唐君毅研究室"，并于2004年4月升格为"唐君毅研究所"，同四川哲学社会科学重点研究基地"宜宾学院四川思想家研究中心"同时授牌。该所主办有"唐学网"，"唐君毅杯"学生论文比赛，又同四川思想家研究中心设有"唐学研究博士论文基金"，在蜀南竹海合作建立了"君毅书院"，组织编辑"唐学丛书"等。该所和"唐学会"于2005年协办了由国际儒学联合会、香港中文大学教育学院在宜宾学院主办的以"唐学"为重要议题的第一届"儒家伦理与东亚地区公民道德教育论坛""中华美德教育行动师资培训班"。此后，宜宾学院每年举办师资培训一次；宜宾市每年选派数名教师，到香港中文大学参加培训，在港费用由唐先生弟子组织资助解决。

2001年，单波著《心通九境——唐君毅哲学的精神空间》在人民出版社出版。

2002年，香港中文大学新亚书院出版由刘国强、谭志基、梁琰伦编《懿范千秋——唐君毅夫人谢廷光女史遗稿纪念集》。

2003年，美国密歇根大学为"纪念唐君毅教授在促进中国哲学学术发展上所作出的贡献",设立"唐君毅奖学基金",以帮助支持新一代学子,从事中国哲学研究。该基金的捐赠者为密歇根大学 D. Munro 教授夫妇。D. Munro 还是哥伦比亚大学研究生时,曾于1962年专程到香港拜访唐先生,并与唐先生有八次见面谈学。

2003年,香港法住文化书院成立了"唐学研究室",开设"唐学"课,制作发行了一批音像宣传资料,并有创作文艺作品上演;使"唐学"走出书斋,服务社会大众。后又在海峡两岸和新加坡、马来西亚等地,尊师兴教,践行唐先生的生命学问、道德理想,大力发展"性情文化教育",成已达人,业绩显著,已引起海内外的广泛关注。

2003年,香港中文大学为纪念唐君毅先生,提升大众对哲学的兴趣,促进本校与世界知名学者的交流,设立了"唐君毅访问教授"学术交流计划,后又设"唐君毅中国哲学及文化研究中心"。

2005年,加拿大明雍比丘撰著出版《唐君毅哲学思想研究》。

2006年,香港法住出版社出版霍韬晦著《唐君毅著作选导读》、唐端正著《千古有余情之哲人——唐君毅传略》。

2006年,何仁富主编的"唐学丛书"在中国文史出版社出版,首批包括五种:《唐学论衡——唐君毅先生的生命与学问》、《唐君毅知识论思想研究》(马亚男著)、《唐君毅形而上学研究——从道德自我到心灵境界》(王怡心著)、《唐君毅爱情书简》(唐君毅著、何仁富编)、《唐君毅人文人生思想研究》(何仁富著)。

2006年、2007年,香港志莲净苑出版梁瑞明著《唐君毅〈生命存在与心灵境界〉导读》,共分四卷,包括《心灵九境与人生哲学》《心灵九境与宗教的人生哲学》《心灵九境与知识论》《心灵九境与形而上学》。

2006年12月初,中国社会科学院学术厅召开"唐君毅思想与当今世界"国际研讨会暨《唐君毅著作选》出版纪念会,向世界宣布:为纪念唐君毅先生,推动中国哲学之研究发展,守护并弘扬中国文化之精神价值,特设立"唐君毅中国哲学奖"。该奖系首个以现代中国人命名的国际哲学大奖。

2008年,胡治洪著《大家精要——唐君毅》由云南出版社出版。

2009年,台湾林庆彰主编、苏子敬著《唐君毅孟学诠释之系统研究》作为"中国学术思想研究辑刊"之一出版。

2009年,香港中文大学哲学系为唐先生塑立铜像,召开唐先生百年冥诞纪念大会暨"中国哲学研究之新方向"国际学术会议,同法住书院等举办"中国文化精神价值之捍卫者——唐君毅先生百岁冥寿纪念展"等。同时,港台、新加坡和唐先生的故乡,也开展了形式多样的纪念活动,新闻媒体予以重点报道。重庆陪都文化有限公司同北京、香港、重庆广电传播媒体,制作发行了一批宣传唐先生的音像制品。

2009年5月23日,宜宾市主办的"纪念唐君毅先生百年诞辰暨学术思想研讨会"(含书画展)在宜宾学院召开。开幕式上,宜宾市党政主要领导强调指出:"唐君毅先生是众多优秀宜宾儿女中的杰出代表。他毕生驰骋于东西哲学之中,著书立说,传播文化,锲而不舍地致力于弘扬中华文化和培育人才,给我们留下了《人生之体验》等辉煌巨著,不愧为现代新儒家的一代宗师。在唐君毅先生诞辰一百周年之际,我们举办唐君毅学术思想研讨会议,对促进海内外学术文化交流、传承先生精神、弘扬光大中国文化,具有十分重要的意义,这也是对唐君毅先生最好的追思和纪念。"

2009年9月25日至28日,由台湾"中央大学"中文系、哲学研究所,台湾师范大学国际与侨教学院,东方人文学术研究基金会联合举办的"第八届当代新儒学国际学术会议"在"中央大学"文学院国际会议厅隆重开幕。此次会议适逢唐君毅、牟宗三二位先生的百年诞辰,为缅怀二位先生的人格风范,以及承继他们一生的学术成就与其对中国文化的关怀,本次会议以"百年儒学与当代东亚思潮——纪念唐君毅、牟宗三先生百年诞辰国际学术会议"作为会议主题。

2009年,由宜宾唐君毅学术思想研究会、《唐君毅故园文化》编辑部主办,骆为荣、王晓钟、杨晓亮、赵廷凯策划编辑出版《彩墨弘毅——纪念唐君毅诞辰一百周年中国书画邀请展作品选集》。

2010年,陈开颖著《礼乐存在的超越意识——唐君毅文艺思想研究》在光明日报出版社出版。

2011年,何一著《悲情儒者与儒者悲情——唐君毅生平、学术研究》在光明日报出版社出版。

2011年6月始,唐君毅在香港中文大学的塑像和其参与创办的新亚书院等,列入中、小学生"走进香港文学风景"的赏览景点。

2013年,九州出版社启动出版简体字版《唐君毅全集》,宜宾学院唐君毅研究所作为学术主持单位参与简体字版《唐君毅全集》的新编。

2014年，何仁富著《唐君毅说儒——儒家与现代世界的中国人》作为"大家说儒"丛书之一由贵阳孔学堂书局出版。汪丽华、何仁富著《爱与生死——唐君毅的生命智慧》由中国广播电视出版社出版。

2014年，纪念唐君毅先生诞辰105周年的"第四届新儒家论坛"在宜宾学院召开。海峡两岸唐先生门人弟子及研究学者与会研讨唐先生的文化思想。

2014年，宜宾电视台、北京时代先锋文化传播有限公司等，拍摄制作反映唐君毅生平和学术思想的人物类纪录片——《唐君毅》。

宜宾学院和宜宾县城为纪念唐君毅先生，命名了"君毅大道"。

宜宾学院在校内和蜀南竹海内建有"唐君毅书院"，立有唐君毅浮雕像。

位于宜宾县普安乡周坝的唐君毅故居，已被列为宜宾市重点文物保护单位。周坝老百姓，已自发地为其建庙、树碑、立像，逢年过节焚香燃烛虔诚祭拜。

2016年8月，大陆简体字版《唐君毅全集》39种39卷，由九州出版社正式出版。

2017年1月17日，在唐先生冥诞108周岁的当天，宜宾电视台正式播放了《中国文化的守护人——唐君毅》纪录片（上、下集）

后　　记

　　自二〇一二年开始承担《唐君毅全集》大陆简体字版的编辑任务，编著一部较为完整而具有较高学术价值的《唐君毅先生年谱》，便是我们的重点工作。

　　经过一年多的努力，二〇一五年夏完成《唐君毅先生年谱》初稿。但是，由于篇幅过长，收入《唐君毅全集》不太合适。故，收入九州出版社出版的《唐君毅全集》中的《年谱》，只是我们所撰写的《唐君毅先生年谱》的缩写本，主要删减的是学术著作和文章的介绍分析部分。

　　由于当初撰写《唐君毅先生年谱》时，大陆版全集尚在编辑过程中，我们主要参照和引用的资料，是一九九一年学生书局版《唐君毅全集》，注释也只是标明此版本的《唐君毅全集》卷册、书目和页码。二〇一六年，简体字新编本三十九卷《唐君毅全集》由九州出版社正式出版。这套新版全集，分类和卷次以及书目与学生书局版并不一致，而且因其在中国大陆出版，也必将成为大陆唐君毅研究的基础资料。因此，如果我们的《唐君毅先生年谱》不标注大陆新编本《唐君毅全集》的卷册、书目和页码，就显得有些不伦不类，也不方便阅读者通过《年谱》而进入唐君毅先生本人的著作阅读和思想理解。

　　为了方便读者进入唐君毅先生的著作和思想，也为了提升本年谱的学术性，我们从二〇一六年十二月初，开始了一项新的修订工作：将《唐君毅先生年谱》中所引用的资料，逐一与九州出版社版《唐君毅全集》相关卷次、书目进行核对，并在注释中同时标注两个版本《唐君毅全集》的对应卷册、书目和页码。

　　这项工作并非想象的那么简单！因为大陆新编本《唐君毅全集》的若干卷，是完全新编的，与学生书局版卷册和页码完全不同。因此，查找这些引用资料，尽管机械，却非常耗时。加之，为了让年谱的资料尽可能翔实和有据可依，所引用的资料十分丰富。因此，这项工作持续两月之久，而且几乎是每天若干小时。

如今，总算完成我们心之所愿，呈现一部我们所期待的《唐君毅先生年谱》给学界。假期忙碌带来的身心疲惫，已经被内心的喜悦完全淹没！

二〇一七年一月十七日，唐先生冥诞一〇八岁。当日，宜宾电视台正式播出历经三年多拍摄的纪录片《中国文化的守护人——唐君毅》（上、下集）；当日，我们刚驾车两天多从杭州到达海南白沙木棉湖，继续年谱的修订校改工作；当日，我们创建了"君毅书院"微信群，并申请了"君毅书院"公众号。这些平台，都将向更多人展现唐先生的生命世界与思想世界。

唐先生一路在指引我们的人生！我们也希望，有更多的人，能够透过《唐君毅先生年谱》而进入唐先生的著作，进入唐先生的思想世界和生命世界。如此，您个人将受益无穷，我们这个有悠久文化的民族将受益无穷，而我们生活于其中的世界也将受益无穷。

因为，唐先生要我们相信，世界会变好：

> 假如你问我，现在充满罪恶的世界，真可以变好吗？
>
> 我的答复是，你先问你自己可以变好吗？
>
> 假如你的好者亦可坏，你的一切之好可以丧失，世间莫有任何的好不可以丧失；因为好的种类虽不同，好之为好，总是一样的。
>
> 假如你的坏者都可变好，世间莫有任何的坏不可以变好；因为坏的种类虽不同，坏之为坏，总是一样的。
>
> 所以只要你好，世界便可变好，因为扩大你的好，便成世界的好。世界之好坏，不系于世界本身，而系于你自己。
>
> 假如你问我，你自己可以变好吗？我仍可与你以答复。
>
> 答复是：你可以变好的。
>
> 因为当你问世界可否变好时，你是希望世界变好，怕世界终不会好。
>
> 你问你可否变好时，你是希望你好，怕你自己终不会好。你对好坏无所取舍时，你不会发生这问题。
>
> 你发生这问题时，你已在取好舍坏了。
>
> 你反省你当下的心境，你必承认我的话。

你在取好，你在向好，我相信你可以变好的。
如是，你当相信世界真可以变好的。①

汪丽华　何仁富

二〇一七年一月二十五日除夕前，于海南白沙木棉湖

二〇一七年二月五日，修改于海南白沙木棉湖

---

① 唐君毅：《说世界之变好》。《唐君毅全集》（九州）卷3《人生之体验》第50—51页；《唐君毅全集》（学生）卷1《人生之体验》第76—77页。